DICCIONARI
ANGLÈS - CATALÀ   CATALÀ - ANGLÈS

JORDI COLOMER

DICCIONARI
ANGLÈS-CATALÀ
CATALÀ-ANGLÈS

EDITORIAL PÒRTIC

Col·lecció Diccionaris
Segona edició, novembre de 1983
Número d'edició, 223

AGRAÏMENT   ACKNOWLEDGEMENTS

A tots els qui han col·laborat a la publicació d'aquest treball, especialment a

To everrybody who has contributed to this issue, especially to

Prof. Mrs. Castel
Joan Rossinyol
Jordi Pla
Joan Balaguer
Esteve Burguesa
Rogeli Capafons

pels seus valuosos suggeriments i advertiments.

for their valuable suggestions and advice.

BIBLIOGRAFIA CONSULTADA

Fabra, Miracle, Canigó, Arimany, Collins, Vox, Cuyàs, Larousse, Oxford, Longman, Claret, Franquesa, Albertí, Duden, Salvat, Amador, Langenscheidt, Edicions Omega, Espasa-Calpe i Balbastre.

PREFACI

La sanció que va predominar sobre l'aparició del primer Diccionari Anglès-Català // Català-Anglès fou la «de massa breu». És veritat. Però, en realitat, ja no s'aspirava a més. Era breu a gratcient. Cal tenir en compte que, de fet, no n'existia cap. Era elaborat pensant principalment en els estudiants i els turistes pràctics més que no en el llançament d'un diccionari normal.

Això no vol dir que no féssim cas d'aquesta opinió, i la prova n'és que tot seguit ens vam posar a la tasca d'una seva ampliació, de manera que avui podem oferir aquest treball augmentat de manera que pugui ésser equiparat a qualsevol diccionari corrent.

Hem seguit, però, el mateix criteri de treball senzill, allunyat de tècniques i erudicions, amb vocabulari col·loquial. Hem volgut que les definicions traduint cada mot fossin més les del company volenterós que no les del docte saberut. Així, no hi ha massa signes gramaticals ni llenguatge filològic. La investigació tècnica la deixem a voluntat del consultant, amb la confiança que refermarà amb bones gramàtiques totes les flexions i formes que el simple mot requereix.

PREFACE

The general criticism of our first English-Catalan // Catalan-English Dictionary was that it was too short. This is true. But, in fact, that was our aim. It should be taken in account that before its publication there did not exist an English-Catalan // Catalan-English Dictionary of this kind. It was compiled mainly for the use of beginners and tourists.

However we have not ignored the criticism and this is our response. Today we can offer a dictionary that is more complete.

We have followed the same simple system, not using technical words or eruditions. The entries have been recorded in a natural way, just as if a pupil was answering a classmate's question. So there are not too many grammatical or philological terms. Tecnical research is left to the free-will of the reader and we trust that with the help of a good book of grammar he will be more confident about the morphological inflections that the simple word requires.

THE AUTHOR

7

ABREVIATURES PRINCIPALS — PRINCIPAL ABBREVIATIONS

adj.	adjectiu		adj.	adjective
adv.	adverbi		adv.	adverb
agr.	agricultura		agr.	agriculture
anat.	anatomia		anat.	anatomy
ant.	antiquat.		ant.	antiquated
arq.	arquitectura		arch.	architecture
art.	article		art.	article
astr.	astronomia		astr.	astronomy
bot.	botànica		bot.	botany
quím.	química		chem.	chemistry
com.	comerç		com.	commerce
conj.	conjunció		conj.	conjunction
ecl.	eclesiàstic		eccl.	ecclesiastical
elect.	electricitat		elect.	electricity
angl.	anglès		Engl.	English
ent.	entomologia		ent.	entomology
esp.	especialment		esp.	especially
f.	femení		f.	feminine
fam.	familiar		fam.	familiar
fig.	figuradament		fig.	figuratively
geog.	geografia		geog.	geography
gram.	gramàtica		gram.	grammar
heràld.	heràldica		herald.	heraldry
ict.	ictiologia		ichth.	ichthiology
jur.	jurisprudència		jur.	jurisprudence
m.	masculí		m.	masculine
mar.	marítima		mar.	maritime
mec.	mecànica		mech.	mechanics
med.	medicina		med.	medicine

mil.	militar	mil.	military
min.	mineralogia	min.	mineralogy
mit.	mitologia	myth.	mithology
mús.	música	mus.	music
n.	nom	n.	noun
nat.	natació	nat.	natation
nàut.	nàutica	naut.	nautical
orn.	ornitologia	orn.	ornithology
ortog.	ortografia	ortog.	orthography
p. p.	participi passat	p. p.	past participle
pint.	pintura	paint.	painting
pat.	patologia	path.	pathology
fot.	fotografia	phot.	photography
pl.	plural	pl.	plural
poèt.	poètica	poet.	poetry
prep.	preposició	prep.	preposition
impr.	impremta	print.	printing
pron.	pronom	pron.	pronoun
ràd.	ràdio	rad.	radio
rel.	religió	rel.	religion
ret.	retòrica	rhet.	rhetoric
sing.	singular	sing.	singular
esp.	esports	sp.	sports
teatr.	teatre	theat.	theatre
V.	vegeu	V.	vide (see)
v.	verb	v.	verb
zool.	zoologia	zool.	zoology

10

ELS MANAMENTS DE LA LLEI DE DÉU

Els manaments de la Llei de Déu són deu:

El primer, amaràs Déu sobre totes les coses.
El segon, no prendràs el nom de Déu en va.
El tercer, santificaràs les festes.
El quart, honraràs pare i mare.
El cinquè, no mataràs.
El sisè, no faràs accions impures.
El setè, no robaràs.
El vuitè, no diràs falsos testimonis ni mentiràs.
El novè, no consentiràs pensaments ni desigs impurs.
El desè, no desitjaràs els béns del proïsme.

Aquests deu manaments s'enclouen en dos; això és: amar Déu sobre totes les coses, i el proïsme com a tu mateix per amor de Déu.

THE COMMANDMENTS OF GOD

   I Thou shalt not have strange gods before Me.
  II Thou shalt not take the name of the Lord thy God in vain.
 III Remember thou keep holy the Sabbath day.
 IV Honour thy father and thy mother.
  V Thou shalt not kill.
 VI Thou shalt not commit adultery.
 VII Thou shalt not steal.
VIII Thou shalt not bear false witness against thy neighbour.
 IX Thou shalt not covet thy neighbour's wife.
  X Thou shalt not covet thy neighbour's goods.

Thou shalt love the Lord thy God with thy whole heart and with thy whole soul and with all thy strength, and thy neighbour as thyself.

LORD'S PRAYER

Pare nostre

Our Father,
Who art in Heaven
hallowed be Thy name.
Thy kingdom come.

Thy will be done
   on earth
   as it is in Heaven.

Give us this day
   our daily bread

and forgive us our trespasses
as we forgive those
   who trespass against us.

And let us not into temptation

but deliver us from evil.

Pare nostre,
que esteu en el Cel,
sigui santificat el vostre nom.
Vingui a nosaltres
el vostre regne.

Faci's la vostra voluntat
així en la terra
com es fa en el Cel.

El nostre pa de cada dia
doneu-nos, Senyor,
el dia d'avui,
perdoneu les nostres culpes
així com nosaltres perdonem
els nostres deutors.

I no permeteu
que nosaltres caiguem
en la temptació
ans deslliureu-nos
de qualsevol mal.

REIS I GOVERNANTS

Any	CATALUNYA	ANGLATERRA
819		Egbert
839		Etelwulf
857		Etelwald
860		Etelbert
866		Etelred I
871		Alfred I
878	Guifre I	
898	Borrell I (Guifre II)	
901		Eduard I
914	Sunyer	
924		Etelstan
940		Edmon I
946		Edred
950	Borrell II (Mir)	
955		Edwig
958		Edgard
966	(Final Mir)	
975		Eduard II
978		Etelred II
992	Ramon Borrell	
1013		Suenon
1014		Etelred II
1016		Edmon II
1017		Canut I
1018	Berenguer Ramon I	

Any	CATALUNYA	ANGLATERRA
1035	Ramon Berenguer I	Harold I
1039		Canut II
1042		Eduard III
1066		Guillem I // Harold
1076	Ramon B. II // Berenguer R. II	
1082	(Final Ramon Berenguer II)	
1087		Guillem II
1096	Ramon Berenguer III	
1100		Enric I
1131	Ramon Berenguer IV	
1135		Esteve de Balois
1154		Enric II
1162	Alfons I	
1189		Ricard I
1196	Pere I	
1199		Joan I
1213	Jaume I	
1216		Enric III
1272		Eduard I
1276	Pere II	
1285	Alfons II	
1291	Jaume II	
1307		Eduard II
1327	Alfons III	Eduard III
1336	Pere III	
1377		Ricard II
1387	Joan I	
1396	Martí I	
1399		Enric IV
1410	Interregne al Compromís de Casp	
1412	Ferran I	
1413		Enric V
1416	Alfons IV	
1422		Enric VI
1458	Joan II	
1461		Eduard IV
1462	(guerra contra Joan II)	
1470		Enric VI

Any	CATALUNYA	ANGLATERRA
1471		Eduard IV
1472	(fi guerra Joan II)	
1474	Ferran II	
1483		Ricard III
1485		Enric VII
1509		Enric VIII
1516	Carles I	
1547		Eduard VI
1553		Maria I
1556	Felip I (II)	
1558		Isabel I
1598	Felip II (III)	
1603		Jacob I
1621	Felip III (IV)	
1625		Carles I
1641	(Lluís XIII de França)	
1649		Oliveri Cromwell
1659		Ricard Cromwell
1660		Carles II
1665	Carles II	
1685		Jacob II
1689		Guillem III
1700	Felip IV (V)	
1702		Anna I
1706	(Arxiduc Carles d'Àustria)	
1714		Jordi I
1724	Lluís I // Felip IV (V)	
1727		Jordi II
1746	Ferran III (VI)	
1759	Carles III	
1760		Jordi III
1768	Carles IV	
1808	Ferran IV (VII) // Josep Bonaparte	
1813	Ferran IV (VII)	
1820		Jordi IV
1830		Guillem IV
1833	Maria Cristina de B.	
1837		Victòria I

15

Any	CATALUNYA	ANGLATERRA
1843	Isabel II	
1870	Amadeu I	
1873	(República)	
1874	Alfons (XII)	
1885	M. Cristina d'Habsburg	
1901		Eduard VII
1902	Alfons (XIII)	
1910		Jordi V
1931	Macià	
1933	Companys	
1936		Eduard VIII // Jordi VI
1939	Franco	
1952		Isabel II
1975	Joan Carles I	
1977	// Tarradellas	
1980	// Pujol	

NUMERALS — CARDINALS

			(name)
1	one	un, una	u
2	two	dos, dues	dos
3	three	tres	tres
4	four	quatre	quatre
5	five	cinc	cinc
6	six	sis	sis
7	seven	set	set
8	eight	vuit	vuit
9	nine	nou	nou
10	ten	deu	deu
11	eleven	onze	onze
12	twelve	dotze	dotze
13	thirteen	tretze	tretze
14	fourteen	catorze	catorze
15	fifteen	quinze	quinze
16	sixteen	setze	setze
17	seventeen	disset	disset
18	eighteen	divuit	divuit
19	nineteen	dinou	dinou
20	twenty	vint	vint
21	twenty-one	vint-i-un, vint-i-una	vint-i-u
22	twenty-two	vint-i-dos, vint-i-dues	vint-i-dos
23	twenty-three	vint-i-tres	vint-i-tres
24	twenty-four	vint-i-quatre	vint-i-quatre
25	twenty-five	vint-i-cinc	vint-i-cinc
26	twenty-six	vint-i-sis	vint-i-sis
27	twenty-seven	vint-i-set	vint-i-set
28	twenty-eight	vint-i-vuit	vint-i-vuit
29	twenty-nine	vint-i-nou	vint-i-nou
30	thirty	trenta	trenta
31	thirty-one	trenta-un, trenta-una	trenta-u

NUMERALS — ORDINALS

I	first	primer	primers	primera	primeres
II	second	segon	segons	segona	segones
III	third	tercer	tercers	tercera	terceres
IV	fourth	quart	quarts	quarta	quartes
V	fifth	cinquè	cinquens	cinquena	cinquenes
VI	sixth	sisè	sisens	sisena	sisenes
VII	seventh	setè	setens	setena	setenes
VIII	eighth	vuitè	vuitens	vuitena	vuitenes
IX	ninth	novè	novens	novena	novenes
X	tenth	desè	desens	desena	desenes
XI	eleventh	onzè	onzens	onzena	onzenes
XII	twelfth	dotzè	dotzens	dotzena	dotzenes
XIII	thirteenth	tretzè	etc.	etc.	etc.
XIV	fourteenth	catorzè	"	"	"
XV	fifteenth	quinzè	"	"	"
XVI	sisteenth	setzè	"	"	"
XVII	seventeenth	dissetè	"	"	"
XVIII	eighteenth	divuitè	"	"	"
XIX	nineteenth	dinovè	"	"	"
XX	twetieth	vintè	"	"	"
XXI	twenty-first	vint-i-unè	"	"	"
XXII	twenty-second	vint-i-dosè	"	"	"
XXIII	twenty-third	vint-i-tresè	"	"	"
XXIV	twenty-fourth	vint-i-quatrè	"	"	"
XXV	twenty-fifth	vint-i-cinquè	"	"	"
			"	"	"
XXX	thirtieth	trentè	"		
XXXI	thirty-first	trenta-unè	"	"	
XL	fortieth	quarantè	"	"	
L	fiftieth	cinquantè	"	"	
C	hundredth	centè	"	"	

18

COLORS				COLOURS	

L'ARC DE SANT MARTÍ

THE RAIN — BOW

morat	violet
indi // anyil	indigo
blau	blue
verd	green
groc	yellow
ataronjat	orange
vermell	red
ros	fair
castany	brown
rosat	pink
bru	dark
gris	grey
negre	black
blanc	white

VENTS

WINDS

tramuntana	Nord	N.	N.	North wind
migjorn	Sud	S.	S.	South wind
llevant	Est	E.	E.	East wind
ponent	Oest	O.	W.	West wind
gregal	Nord-est	NE.	N.E.	North East wind
mestral	Nord-oest	NO.	N.W.	North West wind
xaloc	Sud-est	SE.	S.E.	South East wind
llebeig // garbí	Sud-oest	SO.	S.W.	South West wind

COLOURS

DAYS OF THE WEEK

Monday
Tuesday
Wednesday
Thursday
Friday
Saturday
Sunday

MONTHS OF THE YEAR

January
February
March
April
May
June
July
August
September
October
November
December

THE FOUR SEASONS

winter
spring
summer
autumn

DIES DE LA SETMANA

dilluns
dimarts
dimecres
dijous
divendres
dissabte
diumenge

MESOS DE L'ANY

gener
febrer
març
abril
maig
juny
juliol
agost
setembre
octubre
novembre
desembre

LES QUATRE ESTACIONS

hivern
primavera
estiu
tardor

HORA — TIME

1.	la una	one o'clock
2.	les dues	two o'clock
3.	les tres	three o'clock
4.	les quatre	four o'clock
5.	les cinc	five o'clock
6.	les sis	six o'clock
7.	les set	seven o'clock
8.	les vuit	eight o'clock
9.	les nou	nine o'clock
10.	les deu	ten o'clock
11.	les onze	eleven o'clock
12.	les dotze	twelve o'clock

12.5	les dotze i cinc	five past twelve
12.10	les dotze i deu	ten past twelve
12.15	un quart d'una	a quarter past twelve
12.20	un quart i cinc d'una	twenty past twelve
12.25	un quart i deu d'una	twenty-five past twelve
12.30	dos quarts d'una	half past twelve
12.35	dos quarts i cinc d'una	twenty-five to one
12.40	dos quarts i deu d'una	twenty to one
12.45	tres quarts d'una	a quarter to one
12.50	tres quarts i cinc d'una	ten to one
12.55	tres quarts i deu d'una	five to one
1.	la una	one o'clock

de la matinada	— about	4 a.m. to	6 a.m.	at dawn
del matí	— »	7 a.m. to	11 a.m.	in the morning
del migdia	— »	12 a.m. to	1 p.m.	at noon, midday
de la tarda	— »	2 p.m. to	7 p.m.	in the afternoon
del vespre	— »	8 p.m. to	9 p.m.	in the evening
de la nit	— »	10 p.m. to	3 a.m.	at night

21

PERSONAL PRONOUNS AND ADJECTIVES

PRONOMS I ADJECTIUS PERSONALS

I	jo	me	mi	my	el meu, etc.	mine	meu, etc.
you	tu (vós)	you	tu	your	el teu, etc.	yours	teu, etc.
he	ell	him	ell	his	el seu, etc.	his	seu, etc.
she	ella	her	ella	her	el seu, etc.	hers	seu, etc.
it	allò, ell ella	it	allò, etc.	its	el seu, etc.	——	seu, etc.
we	nosaltres	us	nosaltres	our	el nostre, etc.	ours	nostre, etc.
you	vosaltres	you	vosaltres	your	el vostre, etc.	yours	vostre, etc.
they	ells, elles	them	ells, elles	their	llur, llurs	theirs	seu, etc.

el meu	my	el teu	your	el seu	his	el seu	her	el seu
la meva	my	la teva	your	la seva	his	la seva	her	la seva
els meus	my	els teus	your	els seus	his	els seus	her	els seus
les meves	my	les teves	your	les seves (d'ell)	his	les seves (d'ella)	her	les seves (d'allò, d'ell, d'ella)

el nostre	our	el vostre	your	llur	their
la nostra	our	la vostra	your	llur	their
els nostres	our	els vostres	your	llurs	their
les nostres	our	les vostres	your	llurs	their

English possessives concord with the possessor.
Catalan possessives concord with possessed things.

En anglès els possessius concorden amb el posseïdor.
En català els possessius concorden amb la cosa posseïda.

VERB

INFINITIU / GERUNDI / PARTICIPI	INFINITIVE / GERUND / PARTICIPLE
jugar	to play
jugant	playing
jugat	played

Indicatiu

	Present		Imperfet		Passat		Futur	
jo	jugo	play	jugava	was playing	valg jugar	played	jugaré	shall play
tu (vós)	jugues	play	jugaves	were playing	vas jugar	played	jugaràs	will play
ell	juga	plays	jugava	was playing	va jugar	played	jugarà	will play
nosaltres	juguem	play	jugàvem	were playing	vam jugar	played	jugarem	shall play
vosaltres, vós	jugueu	play	jugàveu	were playing	vau jugar	played	jugareu	will play
ells	juguen	play	jugaven	were playing	van jugar	played	jugaran	will play

	Condicional		Subjuntiu present		Subjuntiu imperfet		Imperatiu	
I	jugaria	should play	jugui	that I may play	jugués	if I played	—	let me play
you	jugaries	would play	juguis	that you may play	juguessis	if you played	juga	play
he	jugaria	would play	jugui	that he may play	jugués	if he played	jugui	let him play
we	jugaríem	should play	juguem	that we may play	juguéssim	if we played	juguem	let us play
you	jugaríeu	would play	jugueu	that you may play	juguéssiu	if you played	jugueu	play
they	jugarien	would play	juguin	that they may play	juguessin	if they played	juguin	let them play

jo jugo	I play	jugo jo? — Do I play?
jugo jo	I play	jo jugo? — Do I play?
jo no jugo	I do not play	no jugo jo? — Do I not play?
no jugo jo	I do not play	jo no jugo? — Do I not play?

ANGLÈS - CATALÀ

VERBS IRREGULARS

Infinitiu Present	Pretèrit	Participi	Gerundi
be - am, is, are	was, were	been	being
have - has, have	had	had	having
do	did	done	doing
arise	arose	arisen	arising
awake	awoke	awaked	awaking
bear	bore	borne/born	bearing
beat	beat	beaten	beating
become	became	become	becoming
begin	began	begun	beginning
bend	bent	bent	bending
bet	bet	bet	betting
bind	bound	bound	binding
bite	bit	bitten	biting
bleed	bled	bled	bleeding
blow	blew	blown	blowing
break	broke	broken	breaking
breed	bred	bred	breeding
bring	brought	brought	bringing
build	built	built	building
burn	burnt	burnt	burning
burst	burst	burst	bursting
buy	bought	bought	buying
cast	cast	cast	casting
catch	caught	caught	catching
choose	chose	chosen	choosing
cleave	clove	cloven	cleaving
cling	clung	clung	clinging
come	came	come	coming
cost	cost	cost	costing
creep	crept	crept	creeping
cut	cut	cut	cutting
deal	dealt	dealt	dealing

27

dig	dug	dug	digging
draw	drew	drawn	drawing
drink	drank	drunk	drinking
drive	drove	driven	driving
dwell	dwelt	dwelt	dwelling
eat	ate	eaten	eating
fall	fell	fallen	falling
feed	fed	fed	feeding
feel	felt	felt	feeling
fight	fought	fought	fighting
find	found	found	finding
flee	fled	fled	fleeing
fling	flung	flung	flinging
fly	flew	flown	flying
forbear	forbore	forborne	forbearing
forbid	forbade	forbidden	forbidding
foresee	foresaw	foreseen	foreseeing
foretell	foretold	foretold	foretelling
forget	forgot	forgotten	forgetting
forgive	forgave	forgiven	forgiving
forgo	forwent	forgone	forgoing
forsake	forsook	forsaken	forsaking
freeze	froze	frozen	freezing
get	got	got	getting
give	gave	given	giving
go	went	gone	going
grind	ground	ground	grinding
grow	grew	grown	growing
hang	hung	hung	hanging
hear	heard	heard	hearing
hide	hid	hidden	hiding
hit	hit	hit	hitting
hold	held	held	holding
hurt	hurt	hurt	hurting
inlay	inlaid	inlaid	inlaying
keep	kept	kept	keeping
kneel	kneit	knelt	kneeling
know	knew	known	knowing
lay	laid	laid	laying
lead	led	led	leading
leave	left	left	leaving
lend	lent	lent	lending
let	let	let	letting
lie	lay	lain	lying
light	lit	lit	lighting
lose	lost	lost	losing
make	made	made	making
mean	meant	meant	meaning
meet	met	met	meeting
mislay	mislaid	mislaid	mislaying
mislead	misled	misled	misleading
mistake	mistook	mistaken	mistaking
misunderstand	misunderstood	misunderstood	misunderstanding
mow	mowed	mown	mowing
outrun	outran	outrun	outrunning
overcome	overcame	overcome	overcoming
overdraw	overdrew	overdrawn	overdrawing

28

overtake	overtook	overtaken	overtaking
partake	partook	partaken	partaking
pay	paid	paid	paying
put	put	put	putting
read	read	read	reading
relay	relaid	relaid	relaying
rend	rent	rent	rending
repay	repaid	repaid	repaying
rid	rid	rid	ridding
ride	rode	ridden	riding
ring	rang	rung	ringing
rise	rose	risen	rising
run	ran	run	running
say	said	said	saying
see	saw	seen	seeing
seek	sought	sought	seeking
sell	sold	sold	selling
send	sent	sent	sending
set	set	set	setting
shake	shook	shaken	shaking
shed	shed	shed	shedding
shine	shone	shone	shning
shoot	shot	shot	shiooting
shrink	shrank	shrunk	shrinking
shut	shut	shut	shutting
sing	sang	sung	singing
sink	sank	sunk	sinking
sit	sat	sat	sitting
slay	slew	slain	slaying
sleep	slept	slept	sleeping
slide	slid	slid	sliding
sling	slung	slung	slinging
slit	slit	slit	slitting
smite	smote	smitten	smiting
speak	spoke	spoken	speaking
spend	spent	spent	spending
spin	span/spun	spun	spinning
spit	spat	spat	spitting
split	split	split	splitting
spread	spread	spread	spreading
spring	sprang	sprung	springing
stand	stood	stood	standing
steal	stole	stolen	stealing
stick	stuck	stuck	sticking
sting	stung	stung	stinging
stink	stunk/stank	stunk	stinking
strew	strewed	strewed/strewn	strewing
stride	strode	stridden	striding
strike	struck	struck/stricken	striking
strive	strove	striven	striving
swear	swore	sworn	swearing
sweep	swept	swept	swimming
swim	swam	swum	sweeping
swing	swung	swung	swinging
take	took	taken	taking
teach	taught	taught	teaching
tear	tore	torn	tearing

tell	told	told	telling
think	thought	thought	thinking
throw	threw	thrown	throwing
thrust	thrust	thrust	thrusting
tread	trod	trodden	treading
undergo	underwent	undergone	undergoing
understand	understood	understood	understanding
undertake	undertook	undertaken	undertaking
undo	undid	undone	undoing
upset	upset	upset	upsetting
wear	wore	worn	wearing
weave	wove	woven	weaving
weep	wept	wept	weeping
win	won	won	winning
withdraw	withdrew	withdrawn	withdrawing
withhold	withheld	withheld	withholding
withstand	withstood	withstood	withstanding
wring	wrung	wrung	wringing
write	wrote	written	writing

VERBS AUXILIARS

present	(negatiu)	pretèrit	(negatiu)
to be			
am	am not aren't	was	was not wasn't
is	is not isn't	was	was not washn't
are	are not aren't	were	were not weren't
to have			
have	have not haven't	had	had not hadn't
has	has not hasn't	had	had not hadn't
to do			
do	do not don't	did	did not didn't
does	does not doesn't	did	did not didn't
can	cannot can't	could	could not couldn't
may	may not mayn't	might	might not mightn't
must	must not mustn't		
will	will not won't	would	would not wouldn't
shall	shall not shan't	should	should not shouldn't
ought	ought not oughtn't	ought	ought not oughtn't
need	need not needn't		
dare	dare not daren't		
used		used	used not usedn't

31

IRREGULAR PLURALS

child	children
man	men
woman	women
die	dice
mouse	mice
foot	feet
tooth	teeth
ox	oxen
goose	geese
sheep	sheep
swine	swine

PROPER FEMININES

father	mother
husband	wife
son	daughter
brother	sister
uncle	aunt
nephew	niece
king	queen
widower	widow
bridegroom	bride
cock	hen
dog	bitch
horse	mare

NOTES

L'ordre alfabètic d'aquest Diccionari està seguit amb els mots i locucions barrejats, considerant les locucions com un mot sencer als efectes d'aquesta ordenació.

Fora de casos rigorosament necessaris, no estan indicades les *parts del discurs*. Els verbs anglesos, però, es distingeixen amb la preposició *to* postposada entre parèntesis.

Quan el mot té traducció en diferents parts del discurs, les accepcions són separades amb doble barra: //. La barra senzilla: / indica diferents accepcions sense canvi de part del discurs.

ALL LAY ON A WILLING HORSE
Els cansats fan la feina

A (mús.) la.

a art. un; una.

abandon (to) abandonar.

abase (to) rebaixar; humiliar.

abate (to) rebaixar; minvar; disminuir.

abatement minva; disminució; rebaixa.

abbess abadessa.

abbey abadia.

abbot abat.

abbreviate (to) abreujar; resumir.

abbreviation abreujament; abreviació. / abreviatura.

abet (to) ajudar (el mal); incitar; instigar.

abide (to) habitar; romandre. / aguantar; sofrir.

abigail cambrera.

ability habilitat; facultat.

ablaze cremant; en flames. / encès; brillant.

able capaç; apte.

aboard a bord; dalt (del vaixell, avió, tren).

abode estatge; domicili.

abolish (to) abolir.

about aproximadament; uns; unes; prop de. // sobre; referent a.

above damunt; més amunt de.

abreast de costat; costat per costat; cara a cara.

abroad a fora; a l'estranger.

abrupt abrupte; sobtat; brusc.

abruptly de sobte; bruscament.

absence absència.

absent absent.

absent-minded distret; abstret.

absolute absolut.

absolve (to) absoldre.

absorb (to) absorbir.

absorbing absorbent; atractiu.

absorption absorció.

abstainer abstemi.

abstract abstracte.

abstract (to) abstreure. / sostreure.

absurd absurd.

abuse abús. / ultratge.

abuse (to) abusar. / ultratjar.

abut (to) confinar; fronterejar; limitar.

abyss abisme; abís.
academy acadèmia.
accelerator accelerador.
accent accent.
accept (to) acceptar.
acceptation accepció.
accident accident; desgràcia.
accidentally casualment.
acclimatize (to) aclimatar.
accomodate (to) allotjar. / acomodar.
accomodation allotjament. / acomodament.
accomplice còmplice.
accomplishment dots; talents. / maneres.
accord acord; conveni.
accord (to) concordar. / concedir.
accordance acord; conformitat.
according (to) d'acord amb; segons.
accordion acordió.
accost (to) dirigir-se; adreçar-se.
accordion-pleated prisat.
account càlcul; compte. / informe; relació.
accountable responsable.
accountant comptable; comptador.
account for (to) respondre de (quelcom).
accoutre (to) equipar.
accredit (to) acreditar (un ambaixador).
accumulate (to) acumular.
accuracy exactitud; fidelitat; escrupolositat.
accurate precís; exacte.
accusation acusació; denúncia.
accuse (to) acusar.
accustom (to) acostumar; avesar.
ache dolor; mal.

ache (to) fer mal; punyir.
achieve (to) realitzar; portar a terme. / reeixir.
achievement realització; execució. / gesta. / èxit; reeixida.
aching dolorit; adolorat.
acid àcid.
acknowledge (to) reconèixer; acusar la recepció. / apreciar; agrair.
acknowledgement reconeixença; agraïment; compensació.
acorn aglà; gla.
acquaint (to) informar; fer saber.
acquaintance conegut; coneixença.
acquiesce (to) consentir; conformar-se.
acquiescence aquiescència.
acquire (to) adquirir.
acquit (to) absoldre; alliberar (d'una obligació).
acquittal absolució.
acre acre (mesura agrària).
acrobat acròbata.
across a través de.
act acte; fet. / llei; decret.
act (to) actuar. / representar; interpretar.
action acció; actuació. / procés.
active actiu.
activity activitat.
actor actor.
actress actriu.
actual real; efectiu; de veritat; de debò; exacte.
actually en realitat; en efecte; realment.
adamant dur; inflexible; rígid.
Adam's apple nou del coll; garganxó.
adapt (to) adaptar.
add (to) afegir; sumar.

adder escurçó. / màquina de sumar; calculadora.

addict aviciat; esclau (d'un vici); toxicòman.

addiction inclinació; toxicomania.

adding machine calculadora.

addition addició; afegiment; suma.

address adreça. / destresa.

address (to) adreçar; encaminar. / adreçar-se.

adept expert; competent.

adeptness aptitud; competència; idoneïtat.

adequate adequat.

adequate (to) adequar.

adhere (to) enganxar; adherir. / adherir-se.

adherent addicte; partidari.

adjacent adjacent; annex; contigu.

adjective adjectiu.

adjourn (to) ajornar; diferir.

adjust (to) ajustar; aplicar.

adjustment ajust; ajustament.

admiral almirall.

admire (to) admirar.

admirer admirador.

admiration admiració.

admission admissió.

admit (to) admetre; reconèixer. / deixar entrar.

admonish (to) amonestar; advertir; avisar.

ado dificultat; treball.

adopt (to) adoptar.

adoration adoració.

adore (to) adorar; estimar profundament.

adorn (to) adornar; ornamentar.

adrift al garet; a la deriva; sense direcció.

advance (to) avençar; pagar a la bestreta; avançar; progressar.

advantage avantatge; superioritat. / profit; benefici.

advantageous avantatjós; profitós.

adventure aventura.

adventurous aventurer. / audaç; arriscat.

adverb adverbi.

advertise (to) anunciar.

advertisement anunci.

advice avís; consell; advertiment.

advisability conveniència.

advisable aconsellable; recomanable.

advise (to) avisar; aconsellar; advertir.

adviser conseller; consultor.

advocat (to) advocar; defensar.

adze aixa.

aerial aeri. // antena (de ràdio, televisió).

aerodrome aeròdrom.

aeroplane aeroplà; avió.

aerosol polvoritzador a pressió.

afar lluny; llunyà.

a few uns quants; unes quantes.

affable afable.

affair afer; assumpte; cosa.

affect (to) afectar; commoure.

affection afecte; afecció.

affectionate afectuós; expressiu.

affiliate (to) afiliar. / afiliar-se.

affinity afinitat. / atractiu.

affirm (to) afirmar.

afflict (to) afligir.

afford to) proveir; subministrar.

affricate africat.

affront afront.

afield al camp.

afloat a flor d'aigua. / a bord; en vaixell.

afraid temorenc; temorós; sospitós.
African africà.
after després. / darrera. // després; passat; més endavant.
afternoon tarda.
afterwards després; més tard.
again altra vegada; novament; de nou.
against contra.
agate àgata.
age època; era. / edat. / vellesa.
aged d'edat; d'anys.
agency agència.
agenda agenda; coses a fer; ordre del dia.
agent agent.
agglomerate (to) aglomerar.
aggravate (to) empitjorar; agreujar-se. / enutjar; enfadar; fer enfadar.
aggravating provocador.
aggregate (to) agregar.
aggression agressió; atac.
aghast estupefacte; sorprès.
agitate (to) agitar; **remenar. /** inquietar.
agitator agitador; pertorbador.
ago ha; fa; passat.
agonise (to) sofrir; patir. / torturar; fer sofrir.
agony angoixa; agonia; sofriment.
agree (to) atent; dispost. / convenient.
agreeable atent; dispost. / convenient.
agreement acord; conveni.
agriculture agricultura.
ague febre; calfred.
ahead al davant; al capdavant.
aid ajut; auxili.
aid (to) ajudar.
ail (to) afligir; atribolar.

ailing delicat; malaltís.
ailment dolor; sofriment. / molèstia.
aim objectiu; objecte; **designi;** fitó. / punteria.
aim (to) aspirar; intentar. / encarar; apuntar.
ain't no sóc; no és; no són.
air aire. / melodia; tonada; aire.
aircraft aviació; avió; avions.
airliner avió de passatgers.
airmail correu **aeri.**
airport aeroport.
airship dirigible; nau aèria.
airways línies aèries. / companyia d'aviació.
aisle (arq.) passadís; ala d'un edifici; nau lateral.
ajar ajustat; entreobert.
akimbo (mans) a la cintura, als malucs.
akin emparentat; consanguini.
alabaster alabastre.
alacrity promptitud; vivacitat; ardor.
alarm alarma.
alarm-clock despertador.
alas! ai!
alb alba (túnica).
Albanian albanès.
albatross (orn.) albatros.
albeit encara que; per bé que.
album àlbum.
alcohol alcohol; esperit de vi.
alcove alcova.
alder (bot.) vern.
alderman regidor.
ale cervesa blanca.
alert alerta.
alfalfa (bot.) alfals.
alga alga.
algebra àlgebra.
alien estrany; foraster. // contrari; enemistat.

alienate (to) alienar. / enemistar; enemistar-se.
alienist alienista.
alight encès.
alight (to) descavalcar; baixar (d'un vehicle).
alignment alineació.
alike igual; semblant; mateix. // igualment.
alive viu; amb vida; vivent.
alkali àlcali.
all tot; tota; tots; totes.
all at once tot d'una; de sobte.
allay (to) alleujar; apaivagar.
allegiance lleialtat; fidelitat.
alley passatge; carreró. / caminoi, caminet (de jardí, parc).
alliance aliança.
alligator cocodril americà.
allocate (to) assignar.
allocation assignació.
allot (to) dedicar; assignar.
allotment parcel·la; divisió; part. / tros dedicat a jardí.
all over pertot arreu. // acabat.
allow (to) permetre; admetre; tolerar.
allow for (to) considerar; pensar en; tenir en compte.
alloy (to) aliar (metalls).
alloy aliatge.
all right bé; perfecte; molt bé; d'acord; conforme; bo.
all the same de tota manera; amb tot.
all together tots junts; tots plegats.
allure (to) afalagar; seduir; enlluerner; al·lucinar; atreure.
allusion al·lusió.
ally aliat.
ally (to) aliar; unir; associar.
almighty omnipotent; totpoderós.

almond ametlla.
almoner almoiner.
almost quasi; gairebé.
alms almoina; caritat.
aloft amunt; cap amunt; enlaire.
alone sol; solitari.
along al llarg; tot al llarg; en tota la llargada.
alongside al costat; de costat.
aloof lluny; a distància.
a lot of molt, molts, molta; moltes; abundància de.
aloud en veu alta; alt.
alphabet alfabet, abecedari.
already ja.
also també; àdhuc.
altar altar; ara.
alter (to) alterar; modificar; canviar.
alternate (to) alternar.
although encara que; per bé que; malgrat; jatsia; baldament.
altogether tot plegat; tot junt; en total. / del tot; totalment.
aluminium alumini.
always sempre.
amain amb vehemència; vigorosament.
amateur aficionat; amateur.
amaze (to) meravellar; admirar; sorprendre; astorar.
amazement astorament; confusió.
ambassador ambaixador.
amber ambre.
ambiguous ambigu; equívoc.
ambition ambició.
amble (to) amblar; caminar al pas (la cavalleria).
ambulance ambulància.
ambush emboscada.
amenable responsable.
amend (to) esmenar; rectificar.
amenity amenitat.

American americà.
amiable amable; amic; simpàtic.
amid enmig de; entre.
amidst enmig de; entre.
amiss impropi; inapropiat; dolent. // fora de lloc; malament.
ammeter amperòmetre.
ammonia amoníac; àlcali volàtil.
ammunition munició.
amnesty amnistia.
among entre; enmig de; entre mig de.
amongst entre; enmig de; entre mig de.
amortize (to) amortitzar.
amount quantitat; import; suma.
amount (to) ascendir; sumar; importar; pujar.
ampère amper.
amphibious amfibi.
amphitheatre amfiteatre.
amphora àmfora.
ample ampli; suficient.
amplify (to) amplificar.
amputate (to) amputar.
amuse (to) divertir; distreure.
amusement diversió; atracció.
amusing divertit; entretingut; graciós.
an art. un; una.
anaemia anèmia.
anaesthesia anestèsia.
anaesthetize (to) anestesiar.
analgesia analgèsia.
analogy analogia; semblança.
analysis anàlisi.
ananas ananàs; pinya d'Amèrica.
anatomy anatomia.
ancestor avantpassat.
anchor àncora
anchor (to) ancorar. / aferrar.
anchovy anxova; seitó.

ancient antic.
and i.
Andalusian andalús.
andirons mosses; cavallets (de la llar de foc).
and so forth i així successivament; etcètera.
and so on i així successivament; etcètera.
anecdote anècdota.
anemone anemone.
anew de nou; novament; altra vegada.
angel àngel.
angelus àngelus.
anger enuig; ira.
anger (to) enutjar; provocar; enrabiar.
angle angle.
angle (to) pescar amb canya.
angler pescador de canya.
Anglican anglicà.
anglicism anglicisme.
angry enutjat; irat; enfadat.
anguish angoixa.
animal animal. / quadrúpede.
animate (to) animar; avivar.
animosity animositat; rancor; rancúnia.
anise anís.
ankle turmell; garró.
annalist annalista; cronista.
annex annex.
annihilate (to) anihilar.
anniversary aniversari.
annotate (to) glossar; comentar; fer anotacions.
announce (to) anunciar; notificar.
announcer locutor.
annoy (to) molestar; empipar; marejar.
annoyance molèstia; lata; empipament.

annual anual; anyal.
annuity renda vitalícia; anualitat.
annul (to) anul·lar.
Annunciation Anunciació.
anode ànode.
anodyne anodí; calmant.
anoint (to) ungir. / untar.
anointment unció; acció d'ungir. / untura.
anomalous anòmal.
anon prest; immediatament. / després.
anonymous anònim.
another un altre; una altra.
answer resposta; contesta.
answer (to) respondre; contestar.
answer back (to) contestar; replicar; respostejar.
ant formiga.
antagonism antagonisme.
antarctic antàrtic.
antechamber antecambra.
antelope (zool.) antílop.
antemeridiem (a. m.) antemeridià; de les dotze de la nit a les dotze del migdia.
antenna antífona.
anthem antífona; motet. / himne.
anther antera.
ant-hill formiguer; niu de formigues.
anthology antologia.
anthropology antropologia.
antibiotic antibiòtic.
anticipate (to) anticipar; preveure.
antidote antídot.
antimony antimoni.
antipathetic oposat.
antipathy antipatia; aversió.
antiquarian antiquari.
antique antic; vell.

antiques antiguitats.
antiseptic antisèptic.
anthithesis antítesi.
antler banyam, cornamenta d'un cérvol.
anvil enclusa.
anxiety ànsia; inquietud; anhel.
anxious ansiós; inquiet; desitjós.
any algun; alguna; alguns; algunes; cap; qualsevol; qualssevol.
anybody algú; qualsevol; qualssevol; ningú.
anyhow d'alguna manera. / de tota manera; sigui com sigui.
anyone algú; qualsevol. / ningú.
anything quelcom; alguna cosa; qualsevol cosa; res.
anyway de tota manera; sigui com sigui.
anywhere onsevulga; a tot arreu. / enlloc.
apace de pressa; a grans gambades.
apart a part; separadament.
apartheid política de segregació racial.
apartment pis; habitança; domicili; estatge.
apathy apatia.
ape (zool.) mona; simi.
apex àpex.
aphasia afasia.
aphorism aforisme.
apiece per peça; per cap.
apocalypse apocalipsi.
apocryphal apòcrif.
apogee apogeu.
apologetic ple de disculpes.
apologetics apologètica.
apologize (to) disculpar-se; excusar-se; donar explicacions.
apology disculpa; excusa; explicació.

apostle apòstol.
apostrophe apòstrof. / apòstrofe.
apostrophize (to) apostrofar; interpel·lar.
apothecary apotecari.
apotheosis apoteosi.
appal (to) espantar; esfereir.
appalling espantós; esfereïdor.
apparatus aparell; parament; ormeig.
apparel vestit; ornament; roba; vestits.
apparent obvi; evident. / aparent.
apparently clarament; evidentment; palesament. / aparentment; talment.
appeal crida.
appear (to) aparèixer; comparèixer. / semblar; fer cara de; aparentar.
appease (to) apaivagar; calmar.
appellation títol; nom.
appendix apèndix.
appetite gana; apetit.
applaud (to) aplaudir.
applause aplaudiment.
apple poma.
apple tree (bot.) pomera.
appliance aparell; instrument.
applicant sol·licitant.
application aplicació. / sol·licitud; petició.
apply (to) aplicar; dedicar. / implicar; afectar. / consagrar-se; dedicar-se. / sol·licitar; demanar. / dirigir-se; adreçar-se.
appoint (to) nomenar; elegir; fixar. / decretar; instituir.
appointment cita; hora donada. / nomenament.
appreciate (to) apreciar; calcular. / augmentar.

apprehend (to) entendre; comprendre. / témer; sospitar; recelar.
apprentice aprenent.
apprenticeship aprenentatge.
apprise (to) informar; assabentar.
approach proximitat; veïnatge. / aproximació. / primeres diligències; gestions.
approach (to) aproximar. / posar-se en relació.
approbation aprovació.
appropriate apropiat; adequat; escaient.
appropriate (to) destinar; assignar. / apropiar-se.
approval aprovació.
approve (to) aprovar; sancionar; assentir.
approximate aproximat.
approximate (to) aproximar-se.
apricot albercoc.
apricot tree (bot.) albercoquer.
April abril.
apron davantal; mandil.
apt apte.
aptitude aptitud.
apt to propens; tendent a.
aqualung cilindre amb oxigen adaptat a l'esquena dels nedadors subaquàtics per a facilitar-los la respiració.
aquarelle aquarel·la.
aquatic aquàtic.
aqueduct aqüeducte.
Arabian àrab; alarb.
Aragonese aragonès.
arbitrary arbitrari.
arc arc (geomètric, voltaic).
arcade passatge cobert; porxos; galeria.
arch (arq.) arc; volta.
archeology arqueologia.

archangel arcàngel.
archbishop arquebisbe.
archduke arxiduc.
archery tir amb arc.
archipelago arxipèlag.
architect arquitecte.
architecture arquitectura.
architrave arquitrau.
archives arxiu.
archness astúcia; picardia. / entremaliadura.
arctic àrtic.
area àrea; espai.
arena amfiteatre (d'un circ); arena.
argue (to) discutir; argüir.
argument argument; raó. / discussió; debat.
arise (to) sorgir; aparèixer; / aixecar-se. / originar-se; suscitar-se.
aristocracy aristocràcia.
ark arca.
arm (anat.) braç. / arma.
arm (to) armar.
armchair butaca; poltrona; cadira de braços.
armful braçat
armistice armistici.
armlet braçal (distintiu).
armour armadura; cuirassa; blindatge.
armpit (anat.) aixella.
arms milícia.
army exèrcit.
arnica àrnica.
around al voltant de; a l'entorn de. / en cercle.
arouse (to) desvetllar; despertar.
arrange (to) arranjar; ordenar; adaptar; preparar.
arrangement adaptació; arranjament; disposició.

arrant astut; tinyeta.
array formació; ordre de batalla. / pompa; ostentació.
arrest arrest; detenció.
arrival arribada.
arrive (to) arribar.
arrogant altiu; arrogant; soberg.
arrogate (to) arrogar-se.
arrow sageta; dard; fletxa.
arsenal arsenal; drassana.
arsenic arsènic.
art art; habilitat.
artery artèria.
artful astut.
arthritis artritis.
artichoke carxofa; escarxofa.
article article.
articulate (to) articular.
artifact artefacte.
artificer artífex; artesà.
artisan artesà.
artist artista.
artistry art; talent artístic.
arty d'art fals; cursi; carrincló.
Aryan ari; indoeuropeu.
as tan. // com; tal com. // ja que; perquè; per tal com; / quan; mentre. / com a; en qualitat de.
as a matter of course com de costum.
as a matter of fact de fet; en realitat.
ascend (to) ascendir.
Ascension Ascensió.
ascension ascensió.
ascent ascensió; pujada. / costa; pendent.
asepsis asèpsia.
as far as fins; fins a. / tant com.
ash cendra. / freixe.
ashamed avergonyit; sufocat.
ashen cendrós. / de freixe.
asher cendres; restes mortals.

ashore a terra; en terra; a la costa.
ashtray cendrer.
Asian asiàtic.
aside a un costat; de banda; a part.
ask (to) preguntar; interrogar, demanar.
ask after (to) interessar-se; preguntar per (la salut de).
asleep adormit.
asparagus espàrrec; espàrgol.
aspect aspecte.
aspen (bot.) àlber.
aspersion calúmnia; difamació.
asphalt asfalt.
asphyxia asfíxia.
aspirate (to) aspirar; inhalar.
aspire (to) aspirar; ambicionar; cobejar.
aspiration; aspiració; pretensió.
aspirin aspirina.
ass (zool.) ase; ruc.
assail (to) assaltar.
assassinate (to) assassinar.
assault assalt.
assault (to) assaltar.
assay assaig; experiment.
assemble (to) congregar; reunir.
assembly assemblea; junta.
assent assentiment.
assert (to) afirmar; asserir.
assertive afirmatiu; assertiu; dogmàtic.
assets actiu. / fons; béns; valors disponibles.
assiduous assidu.
assign (to) assignar.
assimilate (to) assimilar; absorbir.
assist (to) assistir; ajudar; auxiliar. / estar present; assistir; ésser-hi.
assistance assistència; ajut.

assistant assistent; auxiliar; ajudant; dependent.
assize sessió del tribunal de justícia.
associate (to) associar; unir.
association associació.
as soon as tan aviat com; així que; quan.
assume (to) assumir; prendre; adoptar (una actitud). / suposar; presumir.
assumption suposició; hipòtesi.
assurance seguretat; certesa.
assure (to) assegurar; afirmar.
asterisk asterisc.
astern a popa; en popa; de popa.
asthma asma.
as though com si; talment com si.
as to quant a.
astonish (to) meravellar; sorprendre; deixar parat.
astonishment estupefacció; sorpresa.
astound (to) admirar; meravellar.
astounded atònit; sorprès.
astray fora de camí; esgarriat; desviat; errat.
astride a cavall de; cama ací cama allà.
astringency aspror.
astringent astringent.
astrodome cúpula transparent de la cabina de l'aviador.
astrology astrologia.
astronaut astronauta.
astronomy astronomia.
astute astut.
asunder a part; separadament.
as yet fins ara.
asylum asil.
at a; en.
at a lost desorientat; perdut;

sense saber què fer; descon-
certat.

at anchor ancorat.

at any rate de tota manera;
amb tot.

at first al començament; al prin-
cipi.

at heart en el fons; en realitat

atheism ateisme.

athirst anhelant; / sedejant.

athlete atleta.

athletics atletisme.

athwart de través; transversal-
ment; de banda a banda.

atlas atlas; llibre de mapes.

at last al final; finalment.

at least almenys.

at length amb el temps; a la
llarga; a la fi.

atmosphere atmosfera.

atoll atoló.

atom àtom.

atone (to) reconciliar. / expiar.

atonement expiació. / apaivaga-
ment.

at once tot seguit; de seguida.

at present en aquest moment;
ara.

at random a l'atzar.

atrocity atrocitat.

attach (to) fermar; lligar. / ad-
herir; adjuntar. / aferrar.

attaché case bossa de viatge;
maletí per a documents.

attached addicte.

attachment amistat; afecte; unió.

attack atac; ofensiva.

attack (to) atacar; escometre.

attain (to) atènyer; aconseguir.

attempt intent; temptativa.

attempt (to) intentar; provar de;
assajar de.

attend (to) atendre; curar. / as-
sistir; concórrer.

attendance presència; assistèn-
cia.

attendant dependent; empleat;
salta-taulells.

attention atenció; compte.

attentive atent; cortès.

attenuate (to) atenuar.

attest (to) testimoniar; atestar.

at the moment de moment; ara
per ara.

attic àtic.

attire vestit. / abillament; ador-
nament.

attitude actitud.

attorney agent; apoderat. / pro-
curador.

attract (to) atreure.

attractive atractiu.

attribute (to) atribuir; aplicar.

auburn castany; rogenc; marró
rogenc (cabell).

auction subhasta.

audacity audàcia.

audience audiència; auditori;
oients.

auger broca; barrina.

aught quelcom; res.

augment augment.

August agost.

auk ocell marí nòrdic.

aunt tia.

auntie tieta.

aurora borealis aurora boreal.

Australian australià.

Austrian austríac.

austere auster.

authentic autèntic.

author autor; escriptor.

authority autoritat; tècnic.

authorize (to) autoritzar.

authorship qualitat d'autor; pa-
ternitat literària.

autograph autògraf.

automatic automàtic.

automaton autòmat.
automobile automòbil.
autonomy autonomia.
autumn tardor.
auxiliary auxiliar.
avail profit; utilitat.
avail (to) aprofitar; beneficiar-se.
available útil; aprofitable. / obtenidor. / disponible.
avalanche allau.
avarice avarícia.
avenge (to) venjar.
avenue avinguda; passeig.
average terme mitjà; mitjana. / normal; corrent.
averse contrari; oposat; del parer contrari.
aversion aversió.
avert (to) conjurar; apartar; desviar; comunir. / evitar; prevenir.
aviation aviació.
avidity avidesa.
avocet (orn.) bec d'alena.
avoid exempt; lliure.
avoid (to) evitar; eludir; salvar; estalviar; estaviar-se de.
await (to) esperar.
awake despert; conscient.

awake (to) desvetllar. / despertar-se.
awaken (to) despertar; fer veure clar; fer notar.
award premi; recompensa; guardó.
award (to) concedir; atorgar.
aware coneixedor; sabedor; assabentat; conscient.
away enllà; lluny.
awe temor; respecte; por.
awful impressionant; grandiós. / esbalaïdor; paorós.
awfully molt; granment; enormement.
awkward difícil; perillós. / malapte; estúpid; espès; feixuc; talòs; rude.
awkwardly amb poca traça; maldestrament.
awl punxó.
awning marquesina; vela; tenderol; tàlem.
axe destral.
axis eix.
axle eix; arbre; fusell; pern.
ay sí; vot a favor.
azalea (bot.) gavet; rododèndron.
azure blau cel.

Better Late Than Never
Més val tard que mai

B (mús.) si.
babble (to) xerrar; murmurar; mormolar.
babbler xerraire; enraonador. / espieta; murmurador.

babe nen de bolquers; bebè.
baboon (zool.) babuí.
baby nen de bolquers; bebè; nen petit; infantó.
bachelor solter. / batxiller.

bacilus bacil.
back esquena; dors; revés. / defensa (futbolista). / retorn; tornada. // endarrera; de retorn. / de nou; altra vegada. // posterior.
back down (to) tornar enrera; fer-se enrera.
back ground fons (panoràmic).
back out (to) desdir-se; retractar-se.
backslider apòstata.
back up (to) donar suport; defensar; ajudar.
backward cap enrera. / endarrerit.
backwash contracorrent. / conseqüències desastroses.
bacon cansalada.
bacterium bacteri.
bad dolent; nociu, mal. // el mal.
badge ensenya; distintiu; insígnia.
badger (zool.) teixó.
badly malament; mal.
badness maldat; dolenteria.
bad-tempered de mal humor.
baffle confusió; desconcert. / pantalla d'altaveu.
baffle (to) enganyar. / frustrar.
bag sac; bossa; portamonedes; cartera de mà.
baggage equipatge; bagatge.
bagpipe gaita; sac de gemecs.
bail fiança.
bailif agutzil.
bait esquer; reclam. / pinso; refrigeri.
bait (to) esquerar; posar esquer a l'ham. / donar pinso als cavalls en ruta.
bake (to) coure al forn; torrar; rostir.

balalaika (mús.) balalaica.
baker forner.
balance balança. / balanç; equilibri.
balance (to) equilibrar; saldar; contrapesar.
balcony balcó. / llotja d'amfiteatre.
bald calb. / ras.
baldness calvície.
baldric baldric; bandolera.
bale bala; fardell.
bale (to) enfardar; empaquetar en bales.
balk obstacle; destorb; impediment.
ball pilota; bola. / ball; sarau.
ballad balada.
ballast llast.
ballast (to) llastar.
ballet ballet; dansa figurada.
balloon globus.
balm bàlsam.
baluster balustre.
bamboo (bot.) bambú.
ban ordre prohibitòria.
banana plàtan; banana.
band bena; banda; faixa. / (mús.) banda. / colla; banda; cos.
bandage embenat; embenatge.
bandage (to) embenar.
bandy (-legged) garrell.
bane flagell; ruïna.
baneful funest.
bang cop; estrèpit; patacada.
bang (to) picar, copejar (fent soroll).
bangle braçalet; anella, esclava.
banish (to) exiliar. / allunyar; treure.
banishment exili; ostracisme.
banister balustre; barrot de barana.

banjo (mús.) banjo.
bank ribera; riba. / terraplè. / banc; banca.
banker banquer.
bank-note bitllet de banc.
bankrupt fallit; insolvent.
bankruptcy fallida; bancarrota.
banner estendard; bandera; penó; senyera; ensenya.
banns amonestacions (matrimonials).
banquet banquet; festí.
banter (to) bromejar; riure's d'algú.
baobab (bot.) baobab.
bar barra; reixat. / bar; cafeteria. / taulell de bar. / (mús.) compàs. / (mús.) barra. // excepte; llevat.
bar (to) fermar (una porta); barrar; impedir. / excloure; exceptuar.
barb pua; punxa.
barbarian bàrbar.
barbarous cruel; bàrbar; salvatge.
barbed-wire filferrada amb filferro de punxes.
barbecue mena de costellada.
barber barber.
barbican (fort.) barbacana.
barbitone (med.) barbitúric.
bard bard; poeta.
bare despullat; nu. / buit; ras. / mer.
bare (to) despullar.
barefoot descalç.
bareheaded descobert; sense capell.
barely tot just; amb prou feines.
bargain tracte; acord; conveni. / regateig. / ganga. / negoci.
bargain (to) tractar; negociar. / regatejar. / intercanviar.

barge gavarra; barcassa.
baritone baríton.
barium bari.
bark lladruc. / escorça.
bark (to) bordar; lladrar; clapir.
barley (bot.) ordi.
barn graner; pallissa; paller. / granja.
barn owl (orn.) òliba.
barometer baròmetre.
baron baró (noble).
baronet títol hereditari, inferior a baró.
baroque barroc.
barracks caserna.
barrel barril; bóta; tonell. / canó del fusell.
barrel-organ piano de manubri.
barren erm; eixorc.
barrier barrera; obstacle.
barring exceptuant; llevat de; fora de.
barrister advocat.
barrow carretó simple de dues rodes petites per al transport d'embalums.
barter (to) permutar; intercanviar.
base base; fonament.
base (to) basar; fonamentar.
baseball beisbol.
basement soterrani.
bash cop violent.
bashful vergonyós; tímid; apocat; púdic.
basilica basílica.
basin palangana; cossi; rentamans. / dàrsena.
basis base; principi bàsic.
bask (to) escalfar-se.
basket cistell; paner.
basketball basquetbol.
basket work de vims.
basking escalfament; calefacció.

48

bas-relief baix relleu.
bass (mús.) baix. / contrabaix.
bass drum (mús.) bombo.
bassoon (mús.) fagot.
baste (to) embastar.
bat (zool.) rata-pinyada; rat-penat. / bat; bastó de beisbol.
batch fornada; sèrie de coses elaborades d'un seguit.
bath bany. / banyera.
bath (to) banyar; donar un bany.
bathe bany (a la platja, ribera).
bathe (to) banyar. / banyar-se.
bathing-costume vestit de bany.
bath-room cambra de bany.
bath-tub banyera.
baton (mús.) batuta.
battalion batalló.
batten (to) engreixar-se; atipar-se (a costelles d'altri).
batter debatuda de farina, ous i llet; mescla d'ingredients batuts per a coure; debatuda.
batter (to) batre; bastonejar; malmetre.
battered abonyegat; bonyegut.
battery bateria; pila.
battle batalla.
battlement merlet.
battleship cuirassat.
bay badia; golf.
bay (to) lladrar. / cridar.
bay window mirador; tribuna.
bazaar barri dels botiguers; fira. / basar.
be (to) ésser; ser. / estar. / existir. / tenir; sentir; patir.
be able (to) poder; ésser capaç.
beach platja; vora del mar.
beach (to) arribar; empènyer o arriar una barca cap a la platja.
beacon fanal; far.

bead marieta; gra de rosari.
beads rosaris.
be afraid (to) tenir por. / saber greu; sentir.
beak bec.
beaker vas de boca ampla amb bec.
be all over the place (to) estar; sortir pertot arreu.
beam raig (de llum). / biga. / canastró. / (mec.) volant; balancí.
beam (to) resplendir; radiar.
bean fava; mongeta.
bear (zool.) ós.
bear (to) portar; dur; sostenir. / suportar; tolerar; sofrir.
beard barba.
bearded barbut.
bearded redling (orn.) mallerenga de bigoti.
bear down (to) enderrocar.
bearer portador; missatger.
bearing (mec.) coixinet.
bear out (to) confirmar; corroborar.
bear up (to) refer-se.
beast bèstia; animal.
beat batec; pulsació. / temps musical; compàs.
beat (to) batre. / bategar. / (mús). portar el compàs.
beat about the bushes (to) parafrasejar; usar de circumloquis.
beating llisada; llenyada.
beat time (to) (mús.) marcar, portar el compàs.
beautiful bonic; bell; formós.
beauty bellesa; formosor.
beaver castor. / bavera (de l'armadura).
be aware (to) saber; tenir notícia.

be away (to) ésser fora.

be born (to) néixer.

be brewing (to) estar incubant-se.

be careful (to) tenir cura; tenir compte.

because perquè; per tal com.

because of a causa de; degut a.

beckon (to) cridar, amb gests; fer venir, amb senyes, amb la mà.

become (to) esdevenir; fer-se; tornar-se; convertir-se en. / escaure; convenir.

be cold (to) tenir fred. / fer fred.

bed llit.

bed (to) sembrar; plantar.

bed-clothes llençols, flassades, etc.

bedlam manicomi.

bedouin beduí.

bedroom dormitori; cambra de dormir.

bed rug catifa del costat del llit.

bedside espona; costat del llit.

bedside stand tauleta de nit.

bed-time hora d'anar a dormir.

be early (to) arribar d'hora.

bee (ent.) abella.

beech (bot.) faig.

bee-eater (orn.) abellerol.

beef carn de bou, de vaca.

beehive rusc.

beer cervesa.

beet remolatxa; bleda-rave.

beetle (ent.) escarabat.

beetroot remolatxa; bleda-rave.

be even with (to) estar en paus amb.

befall (to) succeir; passar; esdevenir.

be fed up with (to) estar tip de; estar enfadat amb.

befit (to) escaure; venir bé; convenir.

before abans; primerament; prèviament. / primer que; abans que. / davant. / al davant de.

beforehand a la bestreta; per endavant.

beg (to) demanar; pregar; implorar.

beget (to) produir; engendrar.

beggar captaire; pobre.

begin (to) començar; iniciar.

beginner principiant; novell; novençà.

beginning començament; principi.

begone! vés-te'n!; fuig!

beguile (to) seduir. / entretenir; amenitzar; divertir.

behalf favor; profit; benefici; interès.

behave (to) captenir-se; comportar-se.

behaviour capteniment; conducta; procedir; comportament.

behead (to) decapitar.

behest requeriment; ordre; comandament.

behind darrera; a continuació.

behindhand endarrerit; retardat.

behold heus ací.

behold (to) esguardar; contemplar; mirar.

be hot (to) tenir calor.

behove (to) ésser útil; caldre. / pertocar; incumbir; importar.

be hungry (to) tenir gana.

be in (to) ésser (a casa, al despatx).

be in a hurry (to) tenir pressa.

being ésser; ens. / essència; existència.

bejewelled enjoiat.

be late (to) fer tard.

Belgian belga.
belie (to) enganyar. / trair. / desmentir.
belief creença.
believe (to) creure.
believer creient; fidel.
be likely (to) ésser fàcil que; ésser probable que; semblar que. / estar en condicions; ésser propens.
bell campana; esquella; timbre.
bellow bram; bramul; bruel; mugit.
bellows manxa.
bellshaped acampanat.
belly ventre.
belong (to) pertànyer.
belongings possessions; pertinences.
below sota; inferior a. / més avall.
belt cinyell; corretja; faixa.
bemire (to) enfangar; embrutar.
bemoan (to) deplorar; lamentar.
be naughty (to) fer enfadar.
bench banc (de seure, de fuster).
bend corba; inclinació. / guerxesa. / meandre.
beneath avall. / més avall.
benefit benefici; profit.
benefit (to) beneficiar; afavorir.
benight (to) enfosquir-se; vesprejar; obscurir-se.
benison benedicció.
benumb (to) empallegar.
be out (to) ésser fora.
bequeath (to) legar; deixar.
bereave (to) privar; despullar; llevar; desheretar; prendre; arrabassar.
beret boina.
berry baia; fruit carnós.
berth ancoratge, lloc on dóna

fons la nau. / llitera de cabina (nau, tren).
beseech (to) suplicar.
beseem (to) escaure; ésser propi.
beset (to) assetjar; importunar; rodejar; voltar.
be sick of (to) estar tip de.
beside al costat.
besides a més; ultra això. / a més de. / fora de; llevat de.
besiege (to) assetjar.
be sleepy (to) tenir son.
bespeak (to) demostrar.
best millor; superior; òptim.
bestead (to) servir; aprofitar.
bestow (to) donar; regalar; atorgar; conferir; concedir; distribuir.
bestride (to) seure, cavalcar cama ací cama allà.
best-seller èxit editorial.
bet aposta; juguesca. / posta.
bet (to) apostar. / fer juguesques.
bethink (to) recapacitar; reflexionar.
be thirsty (to) tenir set.
bethought recapacitació; pensament; record.
betide (to) esdevenir. / aconseguir.
betimes amb temps.
be tired (to) estar cansat.
betray (to) trair; vendre.
betrayal traïció.
betroth (to) maridar; casar.
betrothment prometatge; esponsalles.
better millor; més bo.
betting juguesca; aposta.
between entre; entremig; al mig de (dues coses).
betwixt entre.

be up (to) estar llevat.
bewail (to) plorar; lamentar. / plànyer-se.
beware (to) guardar-se; capguardar-se; precaucionar-se.
bewild (to) atordir.
bewilder (to) perdre's; desconcertar-se.
bewitching encisador.
be worth while (to) valer la pena; ésser compensador.
bib asberc; guardapits.
bicycle bicicleta.
bid (to) oferir. / dir (adéu, bon dia).
bidding oferiment. / ordre; manament.
bide (to) aguantar. / residir; sojornar.
bier baiard. / fèretre.
big gran; gros.
bight calanca; caló.
bigot fanàtic; beat; rosega-altars.
bigotry fanatisme; beateria.
bike bicicleta.
bill nota; factura; compte. / projecte de llei. / bec.
billiards billar.
bill of fare menú; cobert.
billow onada; cop de mar.
billy-goat (zool.) boc.
bin recipient; dipòsit; arca; caixa.
bind (to) lligar; embenar. / consolidar. / obligar; comprometre. / relligar; enquadernar.
biography biografia.
birch (bot.) bedoll; beç.
bird ocell; moixó.
bird-seed (bot.) escaiola (gramínia).
birth naixement.
birthday natalici; aniversari de naixement).

biscuit galeta.
bishop bisbe. / alfil (escacs).
bison bisó.
bit tros; bocí; mica. / embocadura del fre (cavalleria).
bitch (zool.) gossa.
bite (to) mossegar; rosegar. / picar; fiblar.
bite mossegada; mossec; queixalada. / picada; fiblada.
bitter amarg. / mordaç; penetrant.
bitterness amarguesa. / odi; rancúnia.
bizarre grotesc; estrany; rar.
black negre. / obscur.
blackamoor negre; etíop; africà.
blackberry (bot.) móra.
blackbird (orn.) merla.
blackboard pissarra; encerat.
blackcurrant (bot.) grosella negra.
blacken (to) ennegrir.
black-headed gull (orn.) gavina vulgar.
blacking betum.
blackmail exigència dinerària amb amenaça de divulgar un secret.
black market mercat negre.
black wood pecker (orn.) pigot negre.
blacksmith ferrer.
bladder bufeta; veixiga.
blade ganiveta; fulla (de tall). / espasa. / pala (d'un rem).
blame (to) blasmar; censurar; culpar.
blameworthy culpable; censurable.
blanch (to) emblanquir; esblanqueir.
blank espai en blanc; blanc.
blanket flassada.

blare soroll; fressa. / so (corn, trompa).
blare (to) sonar (de trompetes; corns; trompes).
blaspheme (to) blasfemar.
blasphemy blasfèmia.
blast ventada; ràfega; bufada.
blast (to) fer saltar amb violència.
blast-furnace alt forn.
blaze flamarada; resplendor.
blaze (to) flamejar; cremar; resplendir.
blazer jaqueta de colors (esport; uniforme).
bleach (to) emblanquir.
bleak fred; gelat. / trist; desolat.
bleat bel.
bleat (to) belar.
bleed (to) sagnar; perdre sang.
bleeding sagnia. / hemorràgia.
blemish taca; titlla; màcula.
blend barreja; mescla; combinació.
blend (to) combinar; barrejar.
bless (to) beneir; santificar; agraciar.
blessed sant; sagrat; beneït.
blessing benedicció.
blest beneït; agraciat; afavorit.
blight mascaró (paràsit del blat).
blight (to) rovellar. / cremar; abrusar. / esterilitzar. / neulir-se (el blat).
blind cec; orb. / persiana.
blindfold (to) embenar els ulls.
blink (to) parpellejar.
bliss benaurança; felicitat; gran joia.
blister butllofa.
blithe joiós; alegre; content.
blizzard torb; rufada.
bloater areng fumat.

blob bombolla. / taca rodona que deixa una gota (cera, etc.).
block bloc (de paper). / bloc; illa de cases. / obstrucció.
block (to) bloquejar; obstruir.
block letters lletres majúscules, separades.
blond ros.
blood sang.
bloodhound gos coniller.
bloody sangonent; sangonós.
bloom floració; flors; flor.
bloom (to) florir.
bloomers bombatxos; pantalons femenins d'esport.
blossom brot; botó; flor.
blossom (to) florir; borronar; brotar; néixer botonar. / prosperar; excel·lir.
blot taca.
blot (to) tacar. / assecar amb paper assecant. / gargotejar.
blotter paper assecant; assecant.
blotting-pad carpeta; cartera; carpeta-assecant.
blotting-paper paper assecant.
blouse brusa; cos de teixit lleuger per a dones.
blow cop; garrotada; trompada. / sotragada; desastre.
blow (to) bufar. / fer sonar (instruments de vent). / inflar. / fer esclatar; volar. / ventejar.
blow out (to) apagar (amb l'aire, bufant).
blubber greix de balena.
blue blau.
bluebell (bot.) campaneta (flor).
blue tit (orn.) mallerenga blava.
bluff espadat; escarpat.
blunder equivocació; disbarat; bunyol; espifiada; planxa.

blunder (to) equivocar-se; fer una planxa.

blundering esmaperdut; toix; espès; maldestre.

blunt xato; rom; esmús; despuntat; obtús.

blunt (to) esmussar; romejar.

bluntly clarament; plenament; bruscament.

blur gargot; taca.

blur (to) tacar; entelar; esborrar.

blurt (to) dir de sobte.

blush enrogiment; vermellor; rubor.

blush (to) enrogir. / enrojolar-se; ruboritzar-se.

boa (zool.) boa.

boar (zool.) porc senglar. / verro.

board tauló; tauler. / taula. / junta directiva; consell directiu. / departament governamental.

boarder pensionista; hoste.

boarding-house casa de dispeses; dispesa; pensió.

boarding-school internat; pensionat escolar.

boast ostentació; vanaglòria.

boast (to) presumir; vanagloriar-se; jactar-se. / ostentar.

boasting jactador.

boastful jactanciós; vanitós.

boat barca; bot; embarcació.

boatman barquer; llanxer.

bob balanceig. / xíling. / cabell curt.

bob (to) fluctuar.

bobbin boixet; rodet; bobina.

bobsleigh parell de trineus acoblats per al transport de càrrega; trineu tobogan.

bodice cos del vestit.

bodkin punxó; forca; forqueta.

body cos. / corporació; entitat; organització.

bog aiguamoll; pantà.

bohemian bohemi; desordenat.

boil (to) bullir; coure.

boil away (to) evaporar-se per ebullició.

boiler caldera. / marmita.

boisterous violent; sorollós.

boisterousness tumult; baladreria; turbulència.

bold agosarat; audaç; atrevit; intrèpid.

boldness intrepidesa; gosadia.

bold-type (tip.) negreta.

bole tronc.

bolero bolero.

bollard norai; estaca d'amarratge.

bolster coixí. / suport.

bolt pany; forrellat; pestell. / sageta; fletxa. / pern.

bolt (to) tancar amb clau.

bomb bomba; granada.

bomb (to) bombardejar.

bomber bombarder.

bonanza filó; mina; vinya; cosa pròspera i lucrativa.

bond llaç; vincle; engatjament. / mena de pagaré oficial.

bone os. / espina.

bonfire foguera; foc a l'aire lliure.

bonito (ict.) bonítol.

bonnet còfia ajustada amb cintes. / coberta del motor dels automòbils.

bonny bonic; festiu; joliu.

bonus gratificació; paga extraordinària.

bony ossut. / ple d'espines.

boo (to) desaprovar sorollosament; xiular; rebentar.

book llibre.

book (to) reservar (entrades, seients).

bookbinder relligador; enquadernador.

bookcase llibreria (moble).

booking-office despatx de bitllets; taquilla.

book-keeping tenedoria de llibres.

booklet llibret; llibre petit, sense cobertes.

bookmaker corredor, intermediari d'apostes.

bookseller llibrer; llibreter.

bookshop llibreria (botiga).

bookstall parada, tenda de llibres.

boom botaló.

boom (to) retrunyir; fer esclafit.

boon mercè; gràcia; favor; do; donatiu; obsequi; present. // jovial; festiu.

boost (to) aixecar; alçar.

boot bota. / portaequipatge (d'automòbil).

booth barraca; tenda; parada.

bootlace cordó de sabata.

boots mosso d'hotel.

booty botí; roberia; presa.

bo-peep tat (joc de deixar-se veure i amagar-se a un infant).

borax (quím.) bòrax; borraix.

border vora; caire; frontera; límit; vorell.

bore forat. / trepant / fastigueig; lata. // molest; pesat; empipador.

bore (to) foradar; trepanar. / molestar; cansar; avorrir.

boring pesat; avorrit.

born nascut. / predestinat. / innat.

borough burg; vila. / barri.

borrow (to) manllevar.

bosky frondós.

bosom pit. / cor. / si; sina. // íntim.

boss encarregat; capatàs; contramestre.

boss (to) manar; dominar; dirigir.

botany botànica.

botch matusseria; potineria.

both ambdós; ambdues; tots dos; totes dues. // al mateix temps; igualment.

bother embaràs; nosa; molèstia.

bother (to) molestar; amoïnar; preocupar; inquietar.

bottle ampolla.

bottom fons; part inferior; fonament; peu; terra; sòl. / altre extrem; cantó oposat.

bough branca.

boulder palet; còdol gran.

boulevard bulevard; carrer ample amb arbres.

bounce bot; rebot.

bounce (to) botre; botar; rebotre.

bouncing fort; sa; vigorós.

bound límit; terme. / salt; bot.

bound (to) limitar; confinar; circumscriure. / botar; saltar.

boundary límit; frontera; termenal; partió.

boundless il·limitat.

bounteous liberal; generós.

bounty generositat.

bouquet pomell; pom; ramell.

boutique botiga de novetats.

bow ballesta; arc. / arquet. / llaç; llacet (corbata). / proa. / inclinació; reverència; salutació.

bow (to) inclinar; flectar. / fer

reverència; inclinar-se. / en-corbar-se.

bow-drill ballesta de foradar.

bowels budells; intestins.

bower enramada; brancada; pèr-gola.

bowerbird (orn.) ocell australià constructor d'enramades.

bowl bol; tassa; escudella. / pei-xera. / gerro; florer.

bowler barret de copa rodona; bolet; barret bombí.

bowline (nàut), bolina.

bowls bitlles.

box capsa; estoig; caixa; male-ta. / llotja. / boix.

box (to) encapsar. / boxar.

boxer boxador.

boxing boxa.

Boxing-Day diada de sant Es-teve.

box-office taquilla.

boy noi; nen; vailet.

boycott boicot.

boy-friend promès; galantejador.

Boy-Scout escolta; minyó de muntanya.

brace filaberquí.

braces elàstics; tirants.

bracelet braçalet.

brach brac; gos de mostra.

bracken falguera. / falguerar.

bracket cartela; mènsula.

brackets parèntesis; claudàtors.

brag (to) fanfarronejar. / jactar-se; presumir.

bragged lloat.

braid galó; trenyella; serrell.

braid (to) trenar.

brain cervell.

brake fre. / matoll.

brake (to) frenar.

brake-lever palanca del fre.

bramble (bot.) esbarzer.

brambleberry (bot.) móra (d'es-barzer).

brambling (orn.) pinsà mec.

branch branca. / ramal.

brand marca. / ferro de mar-car. / teia; tió. / bran; espasa.

brand (to) marcar al foc.

brandy conyac.

brass bronze; llautó. / (mús.) metall.

brat bordegàs; mocós.

brave valent; intrèpid; brau.

brave (to) desafiar; fer cara; encarar-se; suportar.

brawl aldarull.

brawn muscle; força muscular. / embotit.

brawny fort; musculós.

bray bram.

bray (to) bramar. / baladrejar.

brazier braser.

Brazilian brasiler.

breach bretxa; esbaldrec. / ober-tura; espitllera. / trencament; infracció; violació.

bread pa.

breadth amplària; amplada.

break interrupció; treva; des-cans.

break (to) trencar; rompre; par-tir. / revelar; comunicar; as-sabentar.

break down (to) abatre; esfon-drar; demolir; ensorrar. / col-lapsar.

breaker rompent. / ona rompent.

breakfast esmorzar; desdejuni.

break from (to) desfer-se (de).

break in (to) entrar violenta-ment; irrompre.

break of (to) rompre; trencar.

break out (to) desencadenar-se; començar; esclatar.

breakwater escullera.

breast pit; pitrera; sina. / mamella.

breast-bone estèrnum.

breast stroke (nat.) braça de pit.

breath alè; respiració. / airet; brisa.

breathe (to) alenar; respirar.

bred educat.

breeches calces. / calça curta; calçó.

breed nissaga; llinatge; família; casta; raça.

breed (to) criar; educar. / engendrar.

breeder criador.

breeding educació; maneres. / cria; niada.

breeze fresca; airet; brisa.

breezy airejat; fresc.

breve (mús.) quadrada.

breviary breviari.

brevity brevetat.

brew poció; barreja; beuratge.

brew (to) fer cervesa. / ordir; maquinar; tramar.

brewer cerveser.

briar roser de bardissa; esbarzer. / bruc.

bribe untets. / subornament.

bribe (to) subornar.

brick maó.

brick kiln bòbila.

bricklayer paleta; manobre.

bridal casament; noces. // nupcial.

bride núvia.

bridegroom nuvi.

bride-to-be futura núvia.

bridge pont.

bridle brida; regna.

brief breu; succint.

brier (bot.) esbarzer; bardissa. / bruc.

brigade brigada.

brigand bandoler; bandit.

bright brillant; viu; clar; resplendent; lluminós.

brighten (to) polir brunyir; illuminar; abrillantar. / ennoblir.

brightness resplendor.

brill (ict.) reig; corball.

brilliant refulgent; brillant; resplendent.

brim vora; vorell (d'un vas, copa, got). / ala del capell.

brimful ple fins dalt, fins al vorell.

brine salmorra.

bring (to) portar; dur (cap ací). / ocasionar; causar.

bring about (to) efectuar; realitzar. / ocasionar.

bring back (to) retornar; tornar; restituir.

bring forth (to) donar a llum.

bring over (to) convertir. / atreure; fer venir.

bring up (to) educar; criar; pujar.

brink vora; caire; extrem; estimball; marge.

brisk viu; actiu; dinàmic; alegre.

briskly vivament.

bristle cerra; pèl de porc.

bristle (to) posar-se els pèls de punta; eriçar-se.

bristly eriçat. / susceptible.

British britànic.

brittle fràgil; trencadís.

brittleness fragilitat; delicadesa.

broad ample; extens; ampli.

broadbean fava.

broadcast emissió; radiodifusió. / esbargiment; escampada. / sembra a eixam.

broadcast (to) emetre per rà-
dio.
broadcloth drap fi.
broaden (to) eixamplar.
broccoli bròquil.
brochure imprès curt, en un full
o sobrecoberta d'un llibre.
broken trencat; espatllat; des-
fet.
bromide (quím.) bromur.
bromine (quím.) brom.
bronchi (anat.) bronquis.
bronchitis (pat.) bronquitis.
bronze bronze.
brooch fermall.
brood llocada; pollada; niuada;
cria; llorigada. / progènie.
brood (to) criar covar. / cavil-
lar; meditar; forjar; tramar. /
aixoplugar; cobricelar.
brooding llocada.
brook riera; rierol; torrent.
broom escombra. / (bot.) ginesta.
broomstick mànec d'escombra.
Bros. abreviatura de brothers,
germans.
broth brou.
brother germà.
brother hood germandat.
brother-in-law cunyat; germà po-
lític.
brought up educat; criat.
brow cella. / front; templa; pols.
/ cim.
brown castany; marró.
brownie mena de follet.
bruise macadura; blau; morat;
masegament.
bruise (to) masegar; capolar. /
ferir.
brunette bruna; morena.
brush raspall. / raspallet. / bron-
ja. / mata.
brush (to) raspallar.

brush up (to) repassar; millo-
rar; polir.
brushwood mata; matoll; gar-
riga.
Brussels spout (bot.) col de
Brusselles.
brutal brutal.
brute animal irracional; brut. /
persona brutal.
bubble bombolla.
bubble (to) bombollar; bombo-
llejar.
bubbly escumós.
buck boc; cérvol; isard; daina
mascle. / conill mascle.
bucket galleda. / perol. / catú-
fol; caduf.
buckle sivella.
buckle (to) cordar la sivella.
buckler escut rodó; broquer.
bucolics poesia bucòlica; bucòli-
ques.
bud brot; gema; botó.
Buddhism budisme.
budge (to) moure's; desenvolu-
par-se.
budget pressupost.
buff anta. / brúfol; pell, de brú-
fol.
buffalo búfal; brúfol.
buffers topalls.
buffet bufetada. / fonda; can-
tina.
buffet (to) bufetejar.
buffoon bufó; joglar còmic.
bug xinxa.
bugbear espantall; fantasma.
buggy calessa.
bugle (mús.) corneta; clarí. /
boleta o canonet de vidre.
build (to) construir; edificar.
building edifici; construcció.
bulb bulb; cabeça. / bombeta
elèctrica.

bulge tossa; bony; protuberància; inflor.
bulge to) fer panxa; corbar-se.
bulk volum; embalum.
bull (zool.) brau; toro.
bulldog (zool.) buldog.
bulldozer tractor amb pala excavadora de gran potència.
bullet bala; projectil.
bulletin butlletí; comunicat.
bullfinch (orn.) pinsà borroner.
bullock vedell; bou jove.
bully perdonavides; pinxo; fanfarró.
bully (to) abusar de la superioritat física; intimidar.
bulwark baluart.
bump bony. / trompada.
bump (to) topar.
bumper para-xocs.
bumpkin taujà; rústic; toixarrut.
bun pastís; pastís amb panses; panellet. / cua de conill.
bunch manyoc; manat; grapat. / enfilall; forc; gotim. / ram.
bundle lligall; fardell; feix.
bungalow casa amb planta baixa solament; xalet d'una sola planta.
bunion galindó.
bungle (to) espatllar; frustrar.
bunk llitera de vaixell.
bunker carbonera. / refugi subterrani.
bunkum xerrameca.
bunting estamenya.
buoy boia. / salvavides.
buoy (to) animar-se. / mantenir el coratge.
buoyant flotant. / lleuger; animat.
burden càrrega; pes.
burden (to) carregar; afeixugar. / aclaparar.

bureau taula; escriptori. / oficina.
bureaucracy burocràcia.
burette proveta; bureta.
burglar lladregot; saltaterrats.
burglary assalt; robatori.
burial enterrament.
burn cremada (nafra).
burn (to) cremar; incendiar.
burning ardent; cremant; abrusat.
burrow cau; lloriguera.
burst explosió; esclat.
burst (to) explotar; esclatar; rebentar; brollar.
bury (to) enterrar; sepultar.
bus autoòmnibus; autocar; autobús.
bush arbust; mata; matoll.
bushel faneca (36.35 l = 8 galons).
business negoci; comerç. / treball; afer; ocupació.
bust bust.
bustle bullici; tràfic; tràfec; activitat; moviment. / tumult; tragí.
bustle (to) cuitar.
bustling apressament. // feiner.
busy enfeinat; aqueferat; ocupat. / actiu; dinàmic.
but però. / sinó; excepte; llevat de. / sense. / tan sols.
butane butà.
butcher carnisser.
butler majordom.
butt extrem; virolla.
butt (to) envestir; topar de cap. / cotar.
butter mantega.
buttercup (bot.) ranuncle.
butterfly (ent.) papallona.
buttock (anat.) natja.
button botó.

button (to) cordar; embotonar.
buttress contrafort.
buxom gras; rodanxó; plenet. / obedient.
buy (to) comprar.
buyer comprador.
buzz bonior; brunzit.
buzzard (orn.) aligot comú.
by per (autor), (vehicle). / arran de; tocant a; a la vora de; prop de. / de (dia, nit).
by and by aviat.
by design expressament; a gratcient; deliberadament.

by dint of a força de; per mitjà de.
by ear d'oïda; sense més auxili que la memòria auditiva.
bye-bye (fam.) adéu.
by my troth a fe.
by-path drecera; viarany; sendera.
by piecemeal de mica en mica; a porcions.
byre estable; establia.
by rote de rutina; de cor; de memòria.
by heart de cor; de memòria.

CALL A SPADE A SPADE
Al pa, pa i al vi, vi

C (mús.) do.
cab cotxe de lloguer.
cabbage col.
cabin cabina.
cabin-boy grumet.
cabinet vitrina. / caixa d'aparell de ràdio. / gabinet; govern.
cable cablegrama; cable.
cabriolet cabriolé; cotxe descapotable.
cacao cacau (fruit; arbre).
cachalot (zool.) catxalot.
cache amagatall; soterrani; sitja; rebost.
cache (to) soterrar; aplegar i amagar per a ús posterior.
cachou píndola per a endolcir l'alè.
cackle escataineig.
cackle (to) escatainar.
cacophony cacofonia.

cactus cactus.
caddy capseta; potet; llauna. / noi que porta els pals de golf.
café cafeteria; cafè.
cafeteria restaurant d'autoservei.
caffein cafeïna.
caffeine compost de cafè i te, usat en medicina.
cage gàbia.
cage (to) engabiar.
cajole (to) adular; llagotejar; lloar exageradament.
cake pastís; cóc; bescuit. / pastilla (de sabó).
calabash carbassa vinatera.
calamity calamitat.
calcify (to) calcificar.
calcium calci.
calculate (to) calcular.
calculation càlcul; calculació.

calculus càlcul (branca de matemàtiques). / (med.) càlcul; concreció.
calendar calendari.
calf (zool.) vedell. / sura; tou de la cama; garreta; panxell; sofraja.
calibre calibre.
caliph califa.
call crida. / crit. / visita curta.
call (to) cridar; requerir; avisar; atreure l'atenció; despertar; trucar. / visitar; personar-se. / anomenar-se; dir-se.
caller visitant.
call for (to) visitar (per). / reclamar; demandar.
calligraphy cal·ligrafia.
calling crida. / vocació.
callipers calibrador; compàs bomba.
call out (to) cridar; dir amb crits.
callow sense plomes; implume.
call up (to) evocar; recordar; despertar.
callus durícia.
calm serè; calmós; tranquil; plàcid. // calma; tranquil·litat.
calm (to) calmar; apaivagar.
calmy tranquil; pacífic.
calorie caloria.
calyx (bot.) calze.
cambric batista.
camel (zool) camell.
camelia (bot.) camèlia.
camelopard (zool.) V. **giraffe**.
cameo camafeu.
camera màquina fotogràfica.
camomile (bot.) camamilla.
camp campament; camp.
campaign campanya.
camphor càmfora.
camping campament.

camping càmping; campament.
camp out (to) acampar.
campus recinte universitari.
can llauna de conserva; pot de llauna. / gerra.
can v. poder. / saber.
Canadian canadenc.
canary (orn.) canari.
cancel (to) cancel·lar. / esborrar; ratllar.
cancer (pat.) càncer.
candid franc; sincer.
candidate candidat; aspirant. / examinand.
candle espelma; bugia; candela.
candlestick canelobre. / portabugia; candeler.
candy sucre candi. / caramel; llamí.
cane canya.
cane chair cadira de boga; cadira de palla.
canine tooth ullal.
canister pot de llauna. / flascó.
canker úlcera; corrupció.
cannibal caníbal.
cannon canó d'artilleria.
canny assenyat; prudent. / sagaç; astut. / temerari.
canoe canoa.
canon canonge.
canopy dosser; pavelló.
canteen cantina. / cantimplora.
canvas canemàs. / llenç; lona; tela; vela.
canvas (to) fer proselitisme; captar adhesions.
cap gorra; bonet. / tap.
capability capacitat.
capable apte; competent; capaç; amb facultats.
capacity capacitat; cabuda.
cape capa. / (geog.) cap.
capillary capil·lar.

capital capital. / lletra majúscula; majúscula.
capital letter lletra majúscula; (tip.) caixa alta.
capitulate (to) capitular.
capon capó.
caprice caprici.
capsicum (bot.) pebrot.
capstant argue; cabrestant.
capsule càpsula.
captain capità.
captain (to) capitanejar.
captious capciós.
captivate (to) captivar.
captive captiu.
capture captura.
capture (to) capturar.
car automòbil; cotxe; auto.
carafe garrafa; ampolla de servir el vi.
caramel sucre cremat. / caramel. / color caramel.
caravan caravana. / casa, habitatge ambulant.
carbolic acid àcid fènic.
carbon (quím.) carbon.
carbonic acid àcid carbònic.
carboy bombona; garrafa.
carburetor carburador.
carcase carcassa.
card targeta. / carta; naip.
cardboard cartolina.
cardigan jaqueta de punt.
cardinal cardenal. // cardinal.
care cura; sol·licitud; compte; esment; atenció.
care (to) importar; interessar; fer cas.
career carrera; curs; professió.
care for (to) plaure. / tenir cura de; preocupar-se de; basquejar-se per.
careful curós; prudent; atent; sol·lícit; acurat.

carefully acuradament; minuciosament.
careless desacurat; negligent.
caress carícia; moixaina.
cargo carregament; càrrega. / vaixell de càrrega.
caricature caricatura.
caries càries.
carilon carilló.
carmine carmí.
carnation (bot.) clavell. / (bot.) clavellina.
carnival carnaval.
carob garrofa.
carob-tree (bot.) garrofer.
carol nadala; cançó de Nadal. / cançó popular religiosa.
carousal festí; platxèria; tiberi.
carp (ict.) carpa.
car park aparcament (de cotxes).
carpenter fuster.
carpet catifa.
carriage carruatge; cotxe. / vagó de tren.
carrier ordinari; missatger.
carrion carronya.
carrion crow (orn.) cornella negra.
carrot pastanaga.
carry (to) portar (al braç, a la mà); transportar; traginar.
carry on (to) continuar; prosseguir.
carry out (to) efectuar; realitzar; dur a terme; executar acomplir.
cart carro; carretó.
cartilage cartílag.
carton capsa, caixa de cartó.
cartoon dibuix humorístic; ninot; caricatura. / pel·lícula de dibuixos.
cartridge cartutx.

carve (to) cisellar; gravar; esculpir. / trinxar (vianda).
carving escultura; talla.
carving-knife ganivet de trinxar; trinxant.
caryatid cariàtide.
case caixa; caixó; / maleta. / cas; exemple; esdeveniment.
casein caseïna.
casement finestra amb fulles articulades en frontisses; finestra.
case stand (imp.) armari de les caixes.
cash diner efectiu; moneda o paper moneda.
cash (to) cobrar; fer efectiu.
cashier caixer; comptador.
cashmere catxemira (llana).
cash-register caixa registradora.
cask bóta; barril.
casket estoig.
cast repartiment de papers escènics. / llançament; tirada; git. / motlle; cosa emmotllada.
cast (to) llançar; deixar caure; gitar; tirar; foragitar. / emmotllar; fondre. / abocar.
castanets castanyoles.
caste casta.
cast forth (to) exhalar; llançar.
cast-iron ferro colat.
castle castell.
cast lots (to) provar a sort; sortejar.
cast off descartat; exclòs.
cast off (to) deixar anar.
castor rodeta giratòria col·locada a sota de mobles per a facilitar el seu trasllat. / saler, sucrera amb abocador de forats.
castor oil oli de ricí.

castors setrilleres.
casual casual; fortuït.
casually casualment; sense voler.
casualty accident; sinistre; desgràcia. / baixa; sortida; exclusió.
cat gat.
cataclysm cataclisme.
catacomb catacumbes.
Catalan català.
catalogue catàleg.
Catalonia Catalunya.
catapult catapulta; ballesta.
cataract cascada; saltant.
catarrh catarro.
catastrophe catàstrofe.
catch botí; agafada; captura. / pestell.
catch (to) agafar; atrapar; arreplegar; aferrar; entomar. / copsar; comprendre; capir.
catch fire (to) calar-se foc; encendre's.
catch up (to) aconseguir; atrapar.
catechism catecisme.
catechize (to) catequitzar.
category categoria.
cater proveïdor; vituallador; abastidor.
cater (to) proveir; fornir; subministrar; munir.
caterpillar (zool.) oruga.
catgut corda de tripa.
cathedral catedral.
cathode càtode.
catholic catòlic.
Catholicism catolicisme.
cattle bestiar boví.
cauldron caldera; perola.
cauliflower col-i-flor.
caulk (to) calafatar.
cause causa; motiu; raó.

cause (to) causar; provocar; motivar; ocasionar.

causeway camí ferm sobre esculls; viaducte.

caustic càustic.

cauterize (to) cauteritzar.

caution caució. / precaució; prevenció; compte. / advertiment.

cautious prudent; caut; cautelós.

cavalcade cavalcada.

cavalry cavalleria.

cave caverna; cova.

cavern caverna.

caviare caviar.

cavil (to) posar obstacles; cercar cinc peus al gat.

cavity cavitat.

caw cucleig.

caw (to) cuclejar; grallar.

cayenne pebre roig.

cease (to) cessar; plegar; parar.

cedar (bot.) cedre.

cedilla diacrític de la **c** trencada (ç).

ceiling sostre.

celebrate (to) celebrar.

celebration celebració.

celery (bot.) api.

celestial celestial.

celibacy celibat.

cell cel·la. / cèl·lula. / pila; element de pila (elèctrica).

cellar celler. / soterrani.

cello violoncel.

cellophane cel·lofan.

celluloid cel·luloide.

cellulose cel·lulosa.

Celt celta.

cement ciment.

cemetery cementiri.

censer encenser.

censor censor.

censorship censura; crítica; examen.

censure censura; desaprovació.

census cens.

cent centè (moneda).

centaur centaure.

centipede (zool.) centcames; centpeus.

central central.

central-heating calefacció central.

centre centre.

centrifugal centrífug.

centripetal centrípet.

centurion centurió.

century segle; centúria.

ceorl antic pastor o camperol anglès.

ceramic ceràmic.

ceramics ceràmica.

cereal cereal.

ceremony cerimònia.

certain cert; indubtable.

certainly certament; sens dubte; segur; sí; per descomptat.

certificate certificat.

certify (to) certificar; estendre un certificat.

cetacean cetaci.

cf. (confer) compareu.

chafe (to) irritar per fricció o frec.

chaff boll (palla).

chaffinch (orn.) pinsà comú.

chagrin disgust; contrarietat.

chain cadena.

chain (to) encadenar.

chair cadira. / cadira presidencial. / càtedra.

chairman president.

chalet xalet.

chalice calze.

chalk guix; senyala; clarió.

challenge desafiament; repte.
challenge (to) desafiar; reptar.
challenger desafiador; reptador. / demandant.
chamaleon (zool.) camaleó.
chamber cambra.
chamberlain camarlenc.
chamber-maid cambrera.
chamber-music música de cambra.
chamber-pot orinal.
chameleon (zool.) camaleó.
chamois camussa; isard.
champagne xampany.
champaign campanya; camp.
champion campió; primer classificat. / paladí; defensor.
champion (to) advocar; defensar.
championship campionat.
chance oportunitat; ocasió. / atzar; casualitat; contingència; sort; fortuna.
chancel presbiteri.
chancellor canceller.
chancery cancelleria.
chandelier salamó; aranya; llum de braços.
chandler cerer.
change canvi; variació.
change (to) canviar.
change gear (to) canviar de marxa (l'automòbil).
changeling nen canviat per un altre. // babau; enze.
channel canal; estret.
chant cant pla; salmòdia.
chaos caos.
chap individu; subjecte. / minyó; xicot; noi.
chapel capella.
chaplain capellà.
chapman marxant quincallaire.
chapter capítol.

char feines domèstiques, de casa.
char (to) carbonitzar; ennegrir. / fer feines domèstiques retribuïdes.
character caràcter. / personatge teatral. / reputació.
charade xarada.
charcoal carbó vegetal.
chare feines domèstiques; treballs de casa.
charge càrrec. / càrrega.
charge (to) acusar. / encarregar. / carregar.
chariot quadriga; carro de quadriga.
charitable caritatiu.
charity caritat. / almoina.
charlatan engalipador; ensarronador; medicinaire.
charm encantament; encís. / amulet; talismà.
charm (to) encisar.
charming encisador.
charred carbonitzat.
chart carta de navegació. / diagrama; gràfic.
charter cèdula; títol; escriptura; privilegi. / noliejament.
charwoman dona de fer feines.
chase persecució; caça; percaçament; percaça.
chase (to) perseguir; percaçar. encalçar. / caçar.
chasm avenc; abisme; barranc; goleró.
chassis xassís.
chaste cast; pur.
chasten (to) castigar.
chastisement càstig.
chastity castedat.
chasuble casulla.
chat conversa; xerrada; xerrameca.

chat (to) conversar; xerrar; fer petar la xerrada.

chatter (to) xerrar; garlar.

chauffeur xofer.

cheap barat; de preus baixos.

cheapen (to) abaratir.

cheat engany; trampa; frau.

cheat (to) enganyar; fer trampa; defraudar.

check obstacle; contratemps. / control; restricció. / xec; taló bancari. / escac (al rei, en escacs); resguard; comprovant.

check (to) refrenar; alentir; reprimir. / examinar; verificar. / fer escac (en escacs).

checkmate mat; escac mat (escacs). / desfeta total; derrota.

check-stone guardacantó; guarda-rodes.

cheek galta. / impertinència; atreviment.

cheep (to) piular.

cheer aplaudiment; ovació; aclamació. / encoratjament; confort; confortació.

cheer (to) aclamar; aplaudir; victorejar. / animar; encoratjar.

cheerful alegre; joiós.

cheerfully plaentment; complagudament.

cheerio! adéu! // a la vostra salut! (brindis).

cheerless trist; ombriu; desolador.

cheer up (to) animar-se.

cheese formatge.

chef xef; cuiner en cap.

chemical químic. // producte químic.

chemise camisa (de dona).

chemist farmacèutic; apotecari. / químic.

chemistry química.

chemist's farmàcia.

cheque xec; taló bancari.

cheque-ook talonari de xecs.

chequer escacat.

cherish (to) acaronar. / fonamentar; abrigar (il·lusió, esperança).

cherry cirera.

cherub querubí.

chervil (bot.) cerfull.

chess escacs.

chess board tauler d'escacs; escaquer.

chest tòrax; pit; caixa toràcica. / arca; caixa; cofre.

chestnut castanya.

chest of drawers calaixera.

chew (to) mastegar.

chewing-gum xiclet.

chicane trampa; engany; trapelleria.

chick pollet.

chickadee (orn.) mena de mallerenga americana.

chicken pollet. / pollastre (carn).

chicken-pox varicel·la.

chickpea (bot.) cigronera. / cigró.

chicory (bot.) xicoira.

chide (to) renyar; reprovar; censurar. / lamentar-se.

chief principal. // cap; director.

chiefly principalment.

chieftain capitost; cap; capità.

chiffchaff (orn.) mosquiter groc petit.

chiffonier calaixera baixa.

chignon tannara.

chilblain penelló.

child nen; nena; criatura; fill; filla; infant.

childhood infantesa; infància.

childish infantil.
childlike infantil; pueril; innocent.
children criatures; nens; infants; mainada; canalla; fills petits.
chill calfred. / refredat.
chilling gelador.
chilly glacial.
chime tritlleig; repic; campaneig.
chime (to) tritllejar. / concordar; assentir.
chimera quimera.
chimney xemeneia.
chimney-piece escalfapanxes.
chimpanzee (zool.) ximpanzé.
chin mentó; barbeta.
china porcellana; servei de porcellana.
china cabinet vitrina; armari per a copes i porcellana.
chinaware porcellanes; objectes de porcellana.
Chinese xinès.
Chinese cracker (mús.) capsa xinesa.
chink escletxa. / dring.
chink (to) dringar.
chip estella; bocí; resquill.
chips patates, pomes, tallades a llenques o fulls; patates fregides a rodanxes fines.
chiropodist pedicur.
chirp refilada; piuladissa; piulet. / garranyic; so del grill.
chirp (to) carrisquejar; xerricar; piular; refilar.
chisel cisell. / enformador.
chivalry cavalleria (institució feudal). / cavallerositat.
chlorine clor.
chloroform cloroform.
chlorophyil clorofil·la.
chock falca.

chocolate xocolata. / xocolatí.
choice elecció.
choir (mús.) cor; coral; orfeó.
choke (to) asfixiar; ofegar. / obstruir-se. / escanyar-se; ennuegar-se.
choker coll alt. / collaret.
cholera (pat.) còlera.
choose (to) escollir; elegir.
chop costella; llonza.
chop (to) tallar; destralejar; partir; trinxar; picar.
chopper tallant.
chopsticks bastonets per a menjar l'arròs (usats pels xinesos).
choral adj. (mús.) coral.
chord acord musical. / geom.) corda. / (mús.) corda (d'instrument. / corda vocal.
chorister corista.
chorus cor (musical). / tornada (cançó).
christen (to) batejar.
Christendom cristiandat.
Christian cristià.
Christianity cristianitat.
Christmas Nadal.
Christmas-box estrenes de Nadal.
chromatic cromàtic.
chromium crom.
chronic crònic.
chronicle crònica.
chronological cronològic.
chronometer cronòmetre.
chrysalis crisàlide.
chrsanthemum crisantem.
chuck (to) llençar; treure.
chuckle (to) riure per sota el nas, entre dents.
chug (to) fer soroll (el motor d'explosió).
chum company; amic íntim.

chunk tallada, llesca massissa; porció, tros sòlid.
church església.
churchyard pati d'església; cementiri d'església.
churl antic pastor o camperol anglès.
churn manteguera.
chute tub conductor; abocador.
ciborium copó.
cicada (ent.) cigala.
cider sidra.
cigar cigar.
cigarette cigarret.
cinchona arbre de l'escorça del qual s'extreu la quinina; **quina.**
cinder carbó, tió a mig cremar.
cine film pel·lícula per a filmar.
cinema cinema.
cinnamon (bot.) canyella.
cinquefoil (bot.) **cinc-en-rama;** peu de Crist.
cipher zero (xifra). / xifra.
cipher (to) xifrar.
circle cercle; anella. / pis d'un teatre.
circling circular; rodó.
circuit circuit.
circular adj. circular.
circulate (to) circular.
circulation circulació. / tiratge (d'impremta).
circumference circumferència.
circumscribe (to) circumscriure.
circumstance circumstància.
circus circ.
cirl bunting (orn.) gratapalles.
cirrhosis cirrosi.
cirrus cirrus.
cistern cisterna; aljub.
citadel ciutadella.
cite citació; referència.
citizen ciutadà.
citric cítric.

citron (bot.) poncem.
city ciutat. / ciutat amb catedral.
civic cívic.
civil civil (estat, acte, corporació).
civilian civil (persona); no militar; paisà.
civilization civilització.
civilize (to) civilitzar.
clad cobert; vestit; revestit.
claim reclamació; demanda; reivindicació; exigència.
claim (to) reclamar; demandar; reivindicar; pretendre.
clairvoyant clarivident.
clamber (to) enfilar-se; trepar; grimpar.
clamour clamor; cridòria.
clamp cargol cenyidor; cargol de mà; abraçadora; brida.
clan clan; tribu.
clandestine clandestí.
clang (to) fer sonar.
clap aplaudiment; picament de mans.
clap (to) aplaudir; picar de mans.
claret claret (vi).
clarify (to) clarificar.
clarinet (mús.) clarinet.
clarion clar; sonor.
clarity claredat.
clash soroll; terrabastall; xoc; topada.
clash (to) fer soroll (de metalls o estris en topar); batre; topar; donar cops.
clasp gafet; bagueta.
clasp (to) cordar; enganxar; agafar; abraçar.
clasp one's hands juntar les mans.
class classe; categoria.

classic clàssic; tradicional; típic.

classical clàssic; modèlic; perdurable per excel·lent.

classify (to) classificar.

classroom aula.

clatter soroll de plats i coberts. / brogit; gatzara.

clatter (to) ressonar; dringar; cruixir.

clause clàusula; frase. / oració; proposició.

clause of result oració consecutiva.

clavichord clavicordi.

clavicle clavícula.

claw urpa.

clay argila; fang. / pols; cendres.

clean net; nítid. / aclarit; desocupat.

clean (to) netejar; aclarir.

cleanse (to) netejar; purificar; depurar.

clear serè; clar; ras; evident.

clear (to) aclarir; esbrossar; netejar. / clarejar asserenar-se.

clearance liquidació; desallotjament; buidada. / espai lliure.

clearing clariana. / compensació.

clearly clarament; ben clar.

cleat tascó; llistó (en una passarel·la, rampa) per a afermar les passes.

cleave (to) esberlar; partir; badar; fendir.

clef (mús.) clau.

cleft esquerda; clivella; esberla.

clematis (bot.) clemàtide.

clemency bonança. / clemència; benignitat.

clench (to) cloure el puny. / aferrar.

clergy clericat; clerecia.

clergyman clergue; sacerdot.

clerical clerical. / burocràtic; d'oficina.

clerk escrivent; oficial de secretaria.

clever intel·ligent; llest; destre; traçut.

click cop sec; percudida.

click (to) fer petar; topar; esclafir.

client client; parroquià. / protegit.

cliff cingle; penya-segat.

climactic culminant (relatiu a la clímax).

climate clima.

climax punt culminant; àpex.

climb pujada; escalada.

climb (to) grimpar; escalar; enfilar-se; pujar.

clinch (to) reblar.

cling (to) agafar-se; adherir-se; unir-se; enganxar-se.

clinic clínica; dispensari.

clink dring.

clink (to) dringar.

clip pinça; grapa; clip.

clip (to) tondre; xollar; esquilar. / perforar; trepar.

clipping machine màquina de tallar cabells.

cloak capa.

cloak-room guarda-roba. / sala d'espera.

clock rellotge.

clockwise direcció de les agulles del rellotge.

clockwork mecanisme, màquina, motor de corda.

clodhopper taujà; rústic; peuterrós.

clog esclop. / obstacle; trava; impediment.

clogged obstruït; empantanegat.
cloister claustre.
close clos; tancat; encerclat; re-
servat. / tapat. / ennuvolat;
núvol. // a prop; tocant. // fi;
terme.
close (to) tancar; cloure.
closely atentament; fixament.
close up tancat del tot.
cloth tela; teixit; drap. / sotana.
clothe (to) vestir; cobrir. / in-
vestir.
clothes vestits; vestuari; roba.
clothing roba; vestits.
cloud núvol; nuvolat.
cloudy nuvolós; ennuvolat; nú-
vol; nebulós.
clove gra d'un bulb (all, etc.).
clover (bot.) trèvol.
clown pallasso; clown.
club porra; garrot; maça; bastó;
clava. / societat; cercle.
clue clau; indici; pista; guia;
rastre.
clump clap d'arbres; arbreda.
clump (to) caminar feixugament.
clumsy desmanyotat; malapte;
deixat; pengim-penjam.
cluster gotim; raïm; pinya. / ma-
nat; ramell; penjoll. / eixam. /
grup.
cluster (to) arraïmar-se; aple-
gar-se; agrupar-se.
clutch embragatge.
clutch (to) aferrar; agafar forta-
ment.
clutch-pedal pedal d'embragatge.
clutter desordre; confusió.
coach cotxe; carruatge. / vagó
de passatgers. / entrenador;
preparador.
coach (to) entrenar; preparar.
coachman cotxer; xofer.
coagulate (to) coagular.

coal carbó mineral.
coalition coalició.
coalman carboner
coal-pit mina de carbó.
coal-scuttle galleda per al carbó.
coarse tosc; bast; groller.
coast costa; litoral.
coaster nau de cabotatge.
coat jaqueta; americana; casa-
ca. / pèl; pell.
coat-hanger penja-robes.
coat of mail cota de malla.
coax (to) afalagar per obtenir
quelcom; engalipar.
cob panotxa. / cigne mascle.
cobalt cobalt.
cobble palet de riera; codolell.
cobble (to) adobar calçat.
cobbler ataconador; pegot; sa-
bater.
cobra (zool.) cobra.
cob-web teranyina.
cocaine cocaïna.
cochineal (ent.) cotxinilla.
cock gall. / aixeta. / gallet; dis-
parador.
cock-a-doodle-doo quiquiriquic.
cockatoo (orn.) cacatua.
cocked hat barret de tres pun-
tes.
cockerel pollastret; gall jove.
cockle cargol de mar.
cockney londinenc.
cockroach (ent.) escarabat de
cuina; panerola.
cockscomb cresta.
cocktail còctel.
cocoa cacau.
coconut coco.
cocoon capoll; capell (del cuc
de seda).
cod (ict.) bacallà.
coda coda.
code codi.

codex còdex.
co-efficient coeficient.
coerce (to) coercir; constrènyer.
coeval contemporani; coetani.
coexist (to) coexistir.
coffee cafè.
coffee-pot cafetera.
coffee-room cafè; cafeteria; bar.
coffer cofre; arca.
coffin fèretre; taüt.
cog (mec.) dentat; dent.
cogitate (to) cogitar.
cog-wheel roda dentada.
cohabit (to) cohabitar.
coherency coherència.
coif còfia; toca.
coign angle; racó; cantó, amb bona visualitat.
coil rotlle; espiral; serpentí.
coil (to) cargolar; enrotllar. / recollir. / replegar-se.
coin moneda.
coin (to) encunyar; batre (moneda).
coincide (to) coincidir.
coincidence coincidència.
coke coc (carbó).
col coll; depressió en una serralada.
colander colador.
cold fred. / refredat. / congelació. // glaçat; gelat; fred. / impassible; indiferent; apàtic; fred.
colic mal de ventre i ventrell, sense diarrea.
collaborate (to) col·laborar.
collapse col·lapse; fallida; fracàs.
collapse (to) fallir; col·lapsar. / fracassar. / defallir; desplomar-se.
collar coll (del vestit).
collared engolat.
collar-stud botó de coll.

collate (to) confrontar; comparar.
collation col·lació.
colleague col·lega.
collect (to) recollir; aplegar; arreplegar. / col·legir; deduir.
collection col·lecta; recollida; capta. / col·lecció.
collector cobrador; recaptador; recollidor. / col·leccionista.
colleen noia irlandesa.
college col·legi; universitat.
collide (to) topar; xocar; col·lidir.
collie gos de pastor.
collier miner; minaire; carboner. / vaixell carboner.
colliery mina de carbó. / carbonera.
collision col·lisió; topada; xoc.
collocation disposició; col·locació; arranjament.
colloquial col·loquial.
colloquy col·loqui.
colon còlon. / dos punts.
colonel coronel.
colonist colonitzador.
colonize (to) colonitzar.
colonnade columnata.
colony colònia.
colossal colossal.
colossus colós.
colour color.
colour (to) colorar; acolorir; il·luminar; pintar.
colt poltre.
column columna.
coma (pat.) coma.
comb pinta.
comb (to) pentinar.
combat combat; lluita.
combination combinació.
combine (to) combinar. / unificar; unir-se.

combustible combustible.
combustion combustió.
come (to) venir. / arribar. / esdevenir.
come about (to) esdevenir; succeir; passar.
come across (to) trobar-se; trobar.
come along (to) passar.
come away (to) marxar.
come back (to) tornar.
comedian actor còmic; comediant.
comedy comèdia.
come in (to) entrar (cap ací).
come into (to) introduir-se. / ésser introduït.
comely gentil; ben plantat; formós; bell.
come on! va! vinga! vine! anem!
come on (to) progressar; créixer. / seguir; venir darrera.
come out (to) sortir.
come round (to) visitar; resseguir; recórrer.
comet cometa.
come up (to) pujar (cap ací).
comfit fruita confitada.
comfort confort; comoditat; benestar. / conhort.
comfortable còmode; confortable.
Comforter Esperit Sant.
comic còmic.
comics historieta còmica amb dibuixos.
comity cortesia; mutu respecte.
comma (ortog.) coma.
command (to) comandar; manar; governar; dominar.
commandeer (to) requisar.
commander capitost; cap.

commandment manament.
commemorate (to) commemorar.
commence (to) començar.
commencement començament.
commend (to) encomanar; pregar per. / recomanar.
commensurate proporcionat; adequat.
comment comentari; observació; glossa.
comment (to) comentar; glossar.
commentary comentari.
commerce comerç.
commercial comercial. / publicitari.
commiserate (to) compadir-se.
commissary comissari.
commission comissió. / missió.
commission (to) encarregar; comissionar.
commissionaire conserge; porter.
commissioner comissionat; delegat.
commit (to) cometre. / confiar; encarregar. / confinar; tancar.
committee comissió; junta.
commodious ampli; espaiós.
commodity article; producte; gènere.
commodore comodor.
common comú; ordinari; vulgar
commoner plebeu; del poble.
common place vulgar; comú; trivial. // vulgaritat; cosa corrent.
common sandpiper (orn.) xivitona.
commonwealth república; comunitat de nacions.
commotion commoció.
communicant combregant. / comunicant.

communicate (to) comunicar; notificar. / combregar.
communication comunicació.
communicative comunicatiu.
communion comunió.
communism comunisme.
community comunitat.
commutator commutador.
commute (to) commutar.
compact pacte; conveni. / polvorera; estoig de pólvores per a la cara. // compacte; dens.
companion company; associat.
companionship companyonia.
company companyia.
compare (to) comparar; comprovar.
comparison comparació.
compartment compartiment; departament.
compass brúixola. / límit; abast; espai.
compasses compàs (instrument de dibuix).
compassion compassió.
compatibility compatibilitat.
compatriot compatriota; compatrici.
compel (to) compel·lir; constrènyer; apressar.
compensate (to) compensar.
compete (to) competir; concursar.
competence competència; capacitat; solvència.
competition competició; concurs.
competitor competidor; concursant.
compile (to) compilar; aplegar.
complacence complaença.
complacent satisfet; complaent.
complain (to) plànyer-se; queixar-se; lamentar-se.
complainant demandant.

complaint plany; queixa. / demanda; querella.
complaint (to) reclamar; demandar; querellar-se.
complaisance complaença.
complement complement.
complement (to) complementar
complete complet.
complete (to) completar; acabar; enllestir.
completeness totalitat; integritat; perfecció.
completion acabament; compleció.
complex complex.
complexion rostre; cutis. / caràcter; faiçó; aspecte.
compliance acompliment. / condescendència.
compliant obedient; complidor. / condescendent; complaent.
complicate (to) complicar.
complicated complicat; complex.
complication complicació.
complicity complicitat.
compliment compliment; cortesia; acte obsequiós.
complimentary obsequiós; atent; gentil.
complimentary ticket invitació; autorització, permís (de passar).
compliments salutacions; records; expressions.
compline completes.
comply (to) complir; acomplir.
component component; element; integrant.
comport (to) comportar-se; captenir-se.
compose (to) compondre.
composer compositor.
composing frame (imp.) pupitre on es col·loca la caixa de tipus.

composing stick (imp.) componedor (estri).

composite compost.

composition composició; peça de música o literària.

compositor (imp.) caixista.

compost adob (per a la terra).

composure tranquil·litat; serenitat; circumspecció.

compote compota.

compound compost; mixt. // mescla; compost.

comprehend (to) comprendre; entendre; capir. / contenir; comprendre; encloure.

comprehension comprensió.

comprehensive comprensiu.

compress compresa.

compress (to) comprimir; prémer.

compression compressió; condensació.

comprise (to) contenir; comprendre.

compromise acord; conveni; compromís.

compulsion compulsió; obligança.

compulsory obligatori; compulsiu.

compunction compunció; penediment; compungiment; remordiment.

computation còmput; càlcul.

computator màquina de calcular.

compute (to) computar; calcular.

computer màquina de calcular; computador.

comrade camarada; company.

concave còncau.

conceal (to) amagar; ocultar; encobrir; tapar.

concede (to) concedir.

conceit opinió; idea; concepte. /

vanitat; envaniment; ufana; arrogància presumpció. / fantasia.

conceited presumit; vanitós; infatuat.

conceive (to) concebre; imaginar; tenir idea.

concentrate (to) concentrar; enfocar. / concentrar-se.

concept concepte; noció.

conception concepció.

concern incumbència; concerniment; participació. / cura; interès.

concern (to) concernir; interessar; incumbir. / capficar; inquietar.

concerning relatiu a; referent a; concernent.

concert concert. / acord; conveni; concert.

concerto concert (peça musical).

concession concessió.

conch corn; cargol marí gros.

concierge conserge.

conciliate (to) conciliar.

concise concís.

conclude (to) acabar; concloure. / deduir.

conclusion conclusió.

conclusive conclusiu; definitiu; decisiu.

concord concòrdia; acord.

concourse concurrència; concurs.

concrete formigó; massa feta de ciment, sorra, grava, etc.

concrete (to) concretar. / quallar. / agrumollar-se; aglevar-se.

concupiscence concupiscència.

concur (to) coincidir; estar d'acord; concórrer.

concussion concussió. / commoció; batzegada.

condemn (to) condemnar.
condense (to) condensar.
condenser condensador.
condescend (to) condescendir. / dignar-se.
condiment condiment.
condition condició; estat. / cosa de la qual una altra en depèn.
condition (to) condicionar. / regular; regir.
condole (to) condoldre's.
condolence condol; condolença.
condominium condomini.
condone (to) condonar.
condor (orn.) còndor.
conduce (to) contribuir; coadjuvar; afavorir.
conducive conduent; favorable; contribuent.
conduct conducta; conducció; direcció.
conduct (to) dirigir; conduir.
conductor director musical. / cobrador de vehicle. / conduïdor; conductor.
cone (geom.) con. / pinya; con.
cone bearer pinyer; que fa pinyes.
coney pell de conill.
confabulate (to) conversar; confabular; fer-la petar.
confection confecció. / confitura; dolç.
confection (to) confeccionar. / confitar.
confectioner confiter; pastisser.
confectionery confiteria; pastisseria.
confederate (to) confederar.
confer (to) conferir. / consultar.
conference conferència; junta; canvi d'impressions; reunió.
confess (to) confessar. / confessar-se.

confession confessió.
confessional confessionari.
confessor confessor; confés.
confidant confident.
confide (to) confiar.
confidence confidència. / confiança.
confident confiat.
confidential confidencial.
confidently confiadament.
confine (to) confinar.
confinement reclusió; confinament; captiveri.
confirm (to) confirmar.
confirmation confirmació.
confiscate (to) confiscar; comissar; decomissar.
conflagration incendi.
conflict combat; lluita; conflicte; antagonisme.
conflict (to) topar; contendre.
conform (to) conformar.
conformable conforme.
conformity conformitat.
confound (to) confondre; barrejar. / desconcertar; desbaratar.
confounded maleït; condemnat.
confront (to) acarar; confrontar. / contraposar.
confuse (to) confondre; trabucar; embullar.
confusion embull; confusió; desorganització.
congeal (to) congelar.
congested congestionat.
congestion congestió.
congratulate (to) felicitar; congratular.
congratulation felicitació; enhorabona; congratulació.
congregate (to) congregar; reunir; convocar.
congress congrés.

congruent congruent.
congruous conforme; congru; avinent.
conical cònic.
conifer conífera.
conjecture conjectura.
conjoin (to) ajuntar; unir.
conjoint conjunt.
conjugate (to) conjugar.
conjugal conjugal.
conjunction conjunció.
conjuration conjur.
conjure (to) conjurar; invocar (esperits). / fer jocs de mans.
conjurer prestidigitador; escamotejador. / fetiller; embruixador.
conjuror V. conjurer.
connect (to) connectar. / relacionar.
connection V. connexion.
connexion connexió. / referència; relació.
connivance connivència.
connive (to) consentir; tolerar; fer els ulls grossos. / confabular-se.
connoisseur entès; expert; coneixedor.
connubial connubial; conjugal.
conquer (to) conquerir; vèncer.
conqueror conqueridor.
conquest conquesta.
conscience consciència.
conscientious conscienciós.
conscientious objector objector de consciència.
conscious conscient.
consciousnes sentits; consciència; coneixement.
conscript (to) requisar. / reclutar; enrolar.
consecrate (to) consagrar.
consecutive consecutiu.

consensus consentiment; assentiment general.
consent consentiment; permís; autorització.
consent (to) accedir; concedir; autoritzar; consentir; condescendir; permetre.
consequence conseqüència. / transcendència; importància.
consequent conseqüent.
conservancy conservació; manteniment.
conservation conservació; preservació; defensa.
conservative conservador; conservatiu.
conservatoire conservatori (musical).
conservatory hivernacle. / conservatori (musical).
conserve conserva.
conserve (to) conservar.
consider (to) considerar. / creure; pensar.
considerable considerable; important.
considerate considerat; deferent.
consideration consideració.
consign (to) consignar; encomanar; confiar.
consist (to) consistir.
consistence consistència; solidesa. / manteniment de principis, conducta.
consistent conseqüent; sistemàtic; recte; dreturer. / consistent; ferm.
consistory tribunal, congrés, eclesiàstic.
consolation consol; consolació.
console (to) consolar; confortar; conhortar.
consolidate (to) consolidar.
consols fons consolidats.

consonance consonància.
consonant consonant.
consort consort.
consortium consorci.
conspicuous conspicu.
conspiracy conspiració.
constable policia; guàrdia.
constabulary policia uniformada; cos de policia.
constant constant.
constellation constel·lació.
consternation consternació.
constipate (to) restrènyer; causar restrenyiment; constipar.
constipation restrenyiment; constipació de ventre.
constituency districte electoral.
constitute (to) constituir; erigir.
constitution constitució. / complexió; constitució.
constrain (to) obligar; constrènyer.
constraint coacció; constrenyiment.
constrict (to) constrènyer; estrènyer; estretir.
constriction estrenyiment.
construct (to) construir.
construction construcció; obra; estructura.
constructive constructiu.
construe (to) construir; interpretar; traduir; explicar. / construir frases, oracions.
consul cònsol.
consular consular.
consulate consolat.
consult (to) consultar.
consultant consultor; especialista.
consultation consulta.
consume (to) consumir; gastar; esmerçar.
consumer consumidor.

consummate (to) consumar; acomplir.
consumption consumpció; consumació; consum. / tuberculosi.
consumptive tuberculós. / consumptiu.
contact contacte.
contact (to) posar-se en contacte.
contagion contagi.
contagious contagiós; encomanadís.
contain (to) contenir.
container envàs; receptacle.
contaminate (to) contaminar.
contemn (to) menysprear; desdenyar.
contemplate (to) contemplar; reflexionar; projectar.
contemplative contemplatiu.
contemporaneous contemporani.
contemporary contemporani; coetani.
contempt menyspreu; desdeny.
contemptible menyspreable.
contemptuous despectiu; menyspreador.
contend (to) contendir; contendre.
content content; satisfet. // contentament; alegria.
content (to) contentar; satisfer.
contention baralla; contesa; disputa.
contentious contenciós. / cerca-raons; buscabregues.
contents contingut; índex; capacitat.
contest contesa; disputa; disputació; altercat.
contest (to) contendir; lluitar.
contestant opositor; contrincant.
contestation disputa; contesa; litigi.

context context.
contiguity contigüitat.
contiguous contigu; immediat.
continence conteniment; domini de si mateix.
continent continent.
contingency contingència.
continual continu. / freqüent; intermitent.
continuance continuació; persistència.
continuation continuació.
continue (to) continuar; seguir.
continuity continuïtat.
continuous continu.
contort (to) retòrcer; forçar el gest, les faccions o la posició del cos.
contortion contorsió.
contour contorn; voltant; perfil.
contraband contraban.
contrabass contrabaix.
contraceptive anticonceptiu; contraceptiu.
contract contracte.
contract (to) contractar. / contreure; reduir; estrènyer.
contraction contracció; reducció; encongiment.
contradict (to) contradir; contrariar.
contradiction contradicció.
contralto contralt.
contraption artefacte; aparell; cosota.
contrariety contrarietat; oposició.
contrary contrari; advers.
contrast contrast; diferència.
contrast (to) contrastar.
contravene (to) contravenir.
contretemps contratemps.
contribute (to) contribuir.
contribution contribució.

contributor contribuent. / coŀlaborador (literari).
contrite contrit.
contrition contrició.
contrivance ajut; cooperació. / complicitat. / invenció; artifici; mecanisme. / idea; pla; estratagema; ardit.
contrive (to) inventar; idear / causar; ocasionar. / tramar; maquinar.
contriver inventor; descobridor; autor; agent; causant.
control control; domini; domini d'un mateix, de si mateix.
control (to) controlar; governar; regular.
controller inspector; interventor. / regulador.
controversy controvèrsia.
controvert (to) controvertir.
contumacious contumaç.
contumacy contumàcia.
contumely contumèlia; ofensa.
contuse (to) contusionar.
conundrum endevinalla; trencaclosques.
convalesce (to) refer-se; recobrar-se.
convalescence convalescència.
convalescent convalescent.
convene (to) convocar; citar; reunir.
convenience conveniència; comoditat; oportunitat.
convenient còmode; manejadís; manejable; adequat; convenient.
convent convent de monges.
convention convenció; pacte. / assemblea; convenció.
converge (to) convergir.
conversation conversa; conversació.

converse negació; contraposició. / tracte; familiaritat. // contrari; oposat; invers.

converse (to) conversar.

conversely inversament; a la inversa.

conversion conversió.

convert convertit; convers.

convert (to) convertir. / convertir-se.

converted transformat; convertit.

convertible descapotable.

convex convex.

convey (to) transportar; conduir. / trametre; transferir.

conveyance transport. / vehicle; mitjà de transport.

conveyer transportador.

convict convicte. / presidiari; penat; reu.

convict (to) convèncer. / declarar culpable.

conviction convicció. / condemna; declaració de culpabilitat.

convince (to) convèncer; persuadir.

convivial jovial; festiu; trempat.

convocation convocació; convocatòria.

convoke (to) convocar; cridar; citar.

convoluted cargolat; retort.

convolution convolució; espiral.

convolvulus (bot.) convolvulàcies.

convoy comboi.

convoy (to) acomboiar.

convulse (to) convulsar.

convulsion convulsió.

cony pell de conill.

cook cuiner; cuinera.

cook (to) cuinar; coure; preparar (el menjar); guisar.

cooker fogó; fogonet.

cookery cuinat; art de cuinar; cuina.

cooking-stove cuina econòmica.

cool fresc. / serè; tranquil; equànime.

cool (to) refrescar.

cooler refrigerador.

coolie bastaix; macip; mosso (xinès o indi).

coolness frescor. / serenitat; calma.

coop galliner per a pollets.

cooper boter; constructor de bótes.

co-operate (to) cooperar.

co-operative cooperatiu.

co-operative society cooperativa; societat cooperativa.

co-ordinate coordinat.

co-ordinate (to) coordinar.

coot (orn.) fotja vulgar.

cope capa pluvial.

coping cavalló (d'un edifici).

coping-stone coronació, compleció (d'una obra, treball, etc.).

copious copiós.

copper coure; aram. / xavalla; moneda de coure.

coppers xavalla; moneda de coure.

copse brolla; matoll; mata.

copulate (to) copular.

copulative copulatiu.

copy exemplar (llibre). / còpia.

copy (to) copiar.

copy-book llibreta; quadern.

copyright propietat literària; drets d'autor.

coquetry coqueteria.

coquette coqueta.

coral coral; corall. / bergansí.

cor anglais (mús.) corn anglès.

corbel mènsula.

cord cordó. / corda vocal.

cordage cordam.
cordial cordial; afectuós. // cordial (beguda).
cordon cordó; entorxat; rengle de guardes, soldats, protegint algú o quelcom.
corduroy pana; vellut de cotó.
core cor (de fruita, arbre).
co-religionist correligionari.
cork suro. / tap de suro.
corck-screw tirabuixó (per a treure taps).
cormorant (orn.) cormorà; corb marí gros. // avar.
corn gra; cereal; blat. / durícia; ull de poll.
corn buntig (orn.) cruixidell.
corncrake (orn.) guatlla maresa.
corned beef carn de vaca en conserva.
cornel sanguinyol.
cornel-berry fruit del sanguinyol.
cornelian cornalina.
corner racó; cantonada; amagatall; angle entre parets.
cornet corneta. / cucurutxo; paperina; cucurull.
cornflower (bot.) blauet.
cornice cornisa.
cornucopia cornucòpia; corn de l'abundància.
corolla corol·la.
corona anell lluminós solar o lunar, especialment en eclipsis.
coronation coronació.
coroner jutge de primera instància.
coronet coroneta; corona petita. / corona (d'escut).
corporal caporal. // corporal; corpori.
corporation municipi; ajuntament (autoritats). / corporació; gremi.

corporeal corpori; corporal; físic.
corps cos; col·lectivitat de persones que exerceixen una mateixa funció; conjunt.
corpse cadàver.
corpulence corpulència.
corpuscle corpuscle; glòbul.
correct correcte; exacte. / cortès; correcte.
correct (to) corregir; esmenar. / castigar; punir.
correlate (to) tenir relació mútua.
correspond (to) correspondre. / correspondre's.
correspondence correspondència.
correspondent corresponsal.
corridor corredor; passadís.
corrigenda fe d'errates.
corrigendum errata a corregir.
corrigible corregible; esmenable.
corroborate (to) corroborar.
corrode (to) corroir.
corrosive corrosiu.
corrugate (to) arrugar; rebregar. / ondular.
corrugated arrugat; rebregat. / ondulat; acanalat.
corrupt corrupte; corromput. / impur.
corrupt (to) corrompre; tarar.
corsage cosset.
corsair corsari.
corselet cosselet; cuirassa.
corset cotilla.
cortège seguici; comitiva.
cortex escorça.
corvette corbeta.
cosmetic cosmètic.
cosmic còsmic.
cosmos cosmos.
cossack cosac.
cosset (to) acaronar; amanyagar.

cost cost; import.

cost (to) costar; importar; valer.

coster-monger venedor ambulant de fruites i verdures.

costive constipat; amb restrenyiment.

costiveness restrenyiment.

costly costós; car.

costume vestit; indumentària. / disfressa.

cosy confortable; còmode; acollidor; íntim; agradable; calorós. // cobertor per a tetera, cafetera.

cot llit petit amb baranes i rodes. / hamaca; coi. / cabana. / corral.

cotery camarilla; capelleta; tertúlia; penya.

cotillion cotilló.

cottage casa de camp; mas; villa; xalet; cabana.

cotton cotó.

cotton-wool cotó fluix.

cotyledon cotilèdon.

couch canapè; otomana; divan.

couch (to) acotar-se; ajupir-se; arraulir-se.

couchant ajagut.

cough tos.

cough (to) tossir.

coulomb (elect.) coulomb.

coulter rella.

council consell; junta. / concili.

councilor regidor; conseller.

counsel consell; avís; advertència. / assessor; advocat.

count compte. / comte (no britànic).

count (to) comptar.

countable comptable; susceptible d'éser comptat.

count down (to) comptar a l'inrevés.

countenance cara; semblant; aire; visatge.

countenance (to) aprovar; sostenir; prestar suport.

counter taulell. // contra.

counteract (to) contrarestar; neutralitzar.

counter-clockwise en direcció contrària a la de les agulles del rellotge.

counterfeit falsificació; imitació.

counterfeit (to) falsificar; imitar.

counterfoil matriu o resguard en un talonari (de xecs, rebuts).

counterpane cobertor; cobrellit.

counterpart duplicat; còpia; doble.

counterpoint (mús.) contrapunt.

counterpoise contrapès.

counterpoise (to) equilibrar.

countersign contrasenya.

countess comtessa.

countless incomptable.

countrified apagesat; camperol.

country camp; coromina; quintà. / país; pàtria.

cuontryman camperol; home del camp.

countryside camp; regió rural.

county comtat; districte territorial.

couple parell; parella. / matrimoni.

couple (to) acoblar; unir.

couplet rodolí.

coupon cupó; butlleta; val; bo.

courage coratge.

courageous coratjós.

courier agent de turisme. / missatger diplomàtic.

course curs; curset. / cursa. / un dels diversos plats d'un àpat (sopa, peix, postres).

course (to) circular; córrer. / caçar amb gos.

court cort. / tribunal. / pati. / pista de joc.

court (to) festejar; galantejar; cortejar.

courteous cortès.

courtesan amistançada de selecció.

courtesy cortesia. / permís; autorització.

court hearing vista d'un judici.

court house palau de justícia.

courtier cortesà; palatí.

courting festeig; galanteig.

court-martial tribunal militar.

court-plaster tafetà anglès.

courtship festeig; galanteig.

courtyard pati.

cousin cosí; cosina.

covenant conveni; aliança.

cover coberta; damunt. / aixopluc. / tapadora. / cobert (de taula).

cover (to) cobrir; protegir; abrigar; amagar.

coverlet cobrellit; cobertor.

covet (to) cobejar; desitjar vivament.

covetous cobejós; cobdiciós.

cow vaca.

cow (to) acovardir; atemorir.

coward covard.

cowardice covardia.

cowbell esquella.

cow-boy vaquer de l'oest dels Estats Units, generalment cavallista.

cower (to) arraulir-se; ajupir-se (de por).

cowherd vaquer; pastor de vaques.

cow-hide cuir; corretja de cuir; fuet de pell de vaca.

cowl caputxa.

cow-man vaquer; munyidor de vaques.

cow-pox vacuna contra la verola.

cowry petita petxina de colors, univalve.

cowslip (bot.) prímula; primavera; flor de cucut.

cow-yak vaca del Tíbet.

coxcomb presumit; petimetre; gomós; presumptuós.

coy tímid; gata maula; mosca balba.

coyote (zool.) llop de praderia nord-americà.

cozen (to) defraudar; enganyar.

crab cranc verd; cranc de mar (crustaci).

crab-tree (bot.) pomera silvestre.

crabbed (escriptura) indesxifrable.

crack esquerda; clivella; escletxa. / cruixit.

crack (to) esquerdar; clivellar. / esquerdar-se; clivellar-se. / cruixir.

cracker petard. / galeta seca.

crackers trencanous.

crackle espetarrec.

crackle (to) espetarregar; crepitar. / cruixir.

crackling llardó; rostilló. / espetarrec.

cradle bressol.

craft treball d'artesania; artesania; art; treball manual. / ofici. / gremi. / embarcació. / astúcia; artifici.

craftsman artífex; artesà.

craftsmanship artesania.

crafty astut; murri; artificiós.

crag cingle; timba; estimball.

craggy escarpat.

crag martin (orn.) roquerol.

cragsman escalador.

crake V. **corncrake.**

cram ple; curull.

cram (to) apinyar; enfarfegar. / enfarfegar-se.

cramp rampa; grafospasme; engerbiment.

cramp (to) enrampar. / obstaculitzar; embarassar.

crampon placa de ferro amb pues per al calçat de caminar per la neu o el glaç.

crane (orn.) grua. / (mec.) grua.

cranium crani.

crank maneta; manubri; cigonya.

crank shaft cigonyal.

cranny esquerda o esberla petita.

crape crespó; crespó negre.

crash estrèpit. / fracàs; fallida.

crash (to) estavellar-se; petar; xocar; esclatar. / fer fallida.

crass cras; gran; gros.

crate gàbia d'embalatge.

crater cràter.

cravat corbata usada antigament.

crave (to) suplicar; implorar. / anhelar.

craving anhel; ànsia; set; desig ardent.

crawfish cranc de riu.

crawl arrosegament. / crol.

crawl (to) arrossegar. / arrossegar-se; anar de quatre grapes. / avençar molt lentament.

crayfish V. **crawfish.**

crayon llapis pastel; pastel.

craze mania.

crazy foll; dement; alienat; boig. / esbojarrat. / frisós; anhelant. / caduc; dèbil.

creak (to) cruixir.

cream crema; nata.

creamery mantegueria.

crease arruga; séc; plec; ratlla (dels pantalons).

crease (to) arrugar; rebregar; plegar.

create (to) crear.

creation creació.

creative fecund; prolífic.

Creator Creador.

creator creador; forjador; faedor.

creature criatura; ésser; ésser humà.

crèche guarderia infantil.

credible creïble.

credited estimat; reputat.

credit crèdit.

credit (to) creure; donar crèdit. / acreditar; abonar.

creditable lloable; honorable; meritori.

creditor creditor; (fam.) anglès.

credulous crèdul.

creed credo; creença; doctrina.

creek rada; desembocadura; ansa; ancó; sorramoll; esparagol.

creel cistell de pescador.

creep (to) arrossegar-se; avançar arrossegant-se cautelosament i d'amagat. / enfilar-se; emparar-se; grimpar. / esgarrifar.

creeper enfiladís; arrossegador.

creeps calfred.

creepy esgarrifador.

crematory crematori.

crenellated emmerletat; espitllerat.

creole crioll.

creosote creosota.

crepitate (to) crepitar.

crepuscular crepuscular.

crescendo (mús.) crescendo; creixent.

crescent mitja lluna; creixent (lunar).

cress (bot.) créixens.

crest cresta de plomes; cresta.

crested lark (orn.) cogullada vulgar.

crested tit (orn.) estiverol; mallerenga emplomallada.

cretin cretí.

cretonne cretona.

crevasse esquerda en un allau; esberla.

crevice clivella; esquerda; escletxa.

crew tripulació; dotació.

crib llit petit amb baranes. / menjadora. / plagi; traducció literal.

crick torticoli; rampa.

cricket grill (insecte). / críquet.

crier nunci; pregoner. // cridaner.

crime crim; delicte.

criminal criminal; delictiu. // delinqüent; criminal.

crimp (to) arrissar.

crimson carmí; roig; carmesí.

cringe capteniment servil.

cringe (to) humiliar-se, ajupir-se, per temor.

crinoline mirinyac.

cripple esguerrat; baldat; tolit; impedit; invàlid.

cripple (to) tolir-se; quedar baldat o impedit. / espatllar.

crisis crisi.

crisp ressecat i trencadís; torrat.

criterion criteri.

critic crític; censor.

critical crític; decisiu; greu.

critically críticament; perillosament.

criticism crítica; recensió.

criticize (to) criticar; censurar; fer la crítica.

croak cucleig; so ronc de la granota, del corb.

croak (to) raucar.

crochet punta de ganxet.

crochet (to) fer ganxet; fer punta.

crock cassola; olla de terra. // inútil (persona).

crock (to) inutilitzar (algú).

crockery terrisseria; plats-i-olles; terrissa; pisa.

crocodile (zool.) cocodril.

crocus (bot.) planta del safrà.

cromlech cromlec.

crook gaiato; crossa. / ganxo. / corba; meandre.

crooked encorbat; guerxo; tort. // malèvol.

croon (to) cantussejar; cantussar.

crooner vocalista; cantor sentimental de micròfon.

crop collita; recol·lecció; anyada. / pap.

crop (to) sembrar; cultivar. / collir; segar; recol·lectar. / esmotxar; retallar; escapçar; esquilar. / reproduir; rendir; fruitar.

cropper fructífer; fecund; productiu; reproductor. / recol·lector; colliter.

croquet croquet.

croquette croqueta.

crosier crossa (episcopal o abacial).

cross creu. / cruïlla. / encreuament; mestissatge.

cross (to) creuar; travessar. / ratllar; passar ratlla.

cross-bar travesser de la porta de futbol.

crossbill (orn.) trencapinyes comú.
cross-bow ballesta.
crossbowman ballester.
cross-country camps a través.
cross-examine (to) repreguntar.
cross-eyed estràbic; guerxo.
crossing travessia (per mar). / cruïlla; encreuament; pas a nivell.
cross out (to) ratllar; anullar; passar ratlla.
cross piece travesser; llistó travesser.
cross-roads encreuament de carreteres.
cross wise creuat; en forma de creu.
crossword mots creuats (passatemps).
crotch enforcadura.
crotchet (mús.) negra.
crouch (to) arraulir-se; arronsarse; agotnar-se; ajupir-se; acotar-se.
croup crup.
croupier crupier.
crow (orn.) cornella.
crow (to) cantar (el gall).
crowbar perpal.
crowd multitud; gernació; gentada.
crowd (to) apinyar-se; apilotarse; amuntegar-se.
crowded ple; apinyat.
crown corona; diadema. / garlanda.
crown (to) coronar.
crozier crossa (de bisbe o abat).
crucifix crucifix.
crucify (to) crucificar.
crude cru; natural; sense elaborar. / mal acabat; tosc.
crudity cruesa.

cruel cruel.
cruelty crueltat.
cruet setrill; canadella.
cruet set setrilleres.
cruet-stand setrilleres.
cruise creuer; viatge marítim.
cruise (to) navegar; fer un viatge per mar.
cruiser creuer (vaixell).
crumb engruna; molla de pa.
crumble (to) esmicolar; esbocinar; engrunar. / esmicolar-se; esdernegar-se.
crumple (to) arrugar; rebregar; fer arrugues.
crunch (to) rosegar amb cruixit; cruixir.
crupper gropera.
crusade croada.
crusader croat.
crush aglomeració; gentada.
crush (to) esprémer; masegar; aixafar; moldre.
crust crosta (de pa, de fregit).
crustacean crustaci.
crutch crossa (per a coixos).
cry plor. / crit.
cry (to) plorar. / cridar.
crying cridòria. / crit. / plor.
cript cripta.
crystal cristall.
crystaline cristallí.
crystalize (to) cristallitzar.
cub cadell (gos, llop, lleó).
cube cub.
cubic cúbic.
cubical cúbic.
cubism cubisme.
Cuban cubà.
cuckoo cucut.
cucumber cogombre.
cuddle (to) abraçar (una criatura, una nina).
cudgel garrot; porra.

cuff puny (de la màniga).
cuff-links botons dels punys.
cuirass cuirassa.
cuisine cuinat; cuina.
culdesac cul-de-sac; carrer sense sortida; atzucac.
culinary culinari.
cull (to) escollir; triar; elegir; seleccionar.
culminate (to) culminar.
culpable culpable.
culprit culpable; delinqüent; criminal; reu.
cult culte; devoció.
cultivate (to) cultivar.
cultivated culte; refinat; instruït.
cultivation cultiu; conreu.
cultivator cultivador; conreador; agricultor.
culture cultura. / cultiu.
culture pearls perles cultivades.
culvert claveguéro; albelló (sota una carretera o via fèrria).
cumber (to) molestar; enfardar; embarassar; enfarfegar.
cumbersome feixuc; embarassós.
cumulative cumulatiu.
cumulus cúmulus.
cuneiform cuneïforme.
cunning astut; truà; brivall.
cup tassa; xicra. / copa; trofeu.
cupboard armari. / bufet; tinell.
cupidity cobejança; cupiditat.
cupola cúpula petita.
cupping succió produïda per una ventosa.
cupping-glass (med.) ventosa.
cupreous de coure; courenc.
curable guarible; curable.
curacy vicaria. / vicariat.
curate auxiliar del rector de parròquia; vicari.
curative curatiu; guaridor; sanatiu.

curator conservador (d'un museu).
curb barballera; barbada (guarniment). / fre; repressió. / vorada; límit de la vorera.
curb (to) refrenar; reprimir.
curd mató.
curdle (to) agrumollar-se; quallar-se; perdre's; coagular-se.
cure curació, tractament. / guarició; guariment.
cure (to) curar; atendre un malalt. / guarir; sanar.
curfew queda; silenci; toc de queda.
curiosity curiositat.
curious curiós; amb afany de saber, d'aprendre. / xafarder; tafaner. / estrany; rar; interessant.
curl rínxol; bucle; rull.
curl (to) rullar; arrissar; cargolar.
curly arrissat; rull; cargolat.
curlew (orn.) becut.
currant grosella; agrassó. / pansa de Corint.
currency moneda corrent. / circulació; curs; ús corrent.
current corrent; tiratge. / curs. / fluid; fluix. // corrent; usual; comú. / actual.
current account compte corrent.
currently correntment. / actualment.
curry mena de salsa forta.
curse renec; blasfèmia. / flagell; maledicció.
curse (to) renegar; blasfemar. / maleir.
cursed detestable; odiós; abominable.
cursive cursiva.
cursory ràpid; breu; per alt.

curt breu; sec; curt; brusc; abrupte.
curtail (to) escurçar; retallar.
curtain cortina.
curtly bruscament; secament; breument.
curtsey lleu genuflexió femenina de reverència. / reverència; cortesia.
curtsy V. curtsey.
curvature curvatura.
curve corba.
cushion coixí.
custard crema; flam.
custodian custodi; vetllador.
custody custòdia; cura; salvaguarda.
custom costum; hàbit.
customary usual; de consuetud; habitual.
customer client; parroquià.
custom-house duana.
customs duana. /drets de duana.
cut tall; incisió.
cut (to) tallar; retallar. / segar.
cutaneous cutani.
cut-back reducció.
cut down (to) abatre; tallar (un arbre); assocar.

cutlass matxet; alfange. / navalla.
cutler ganiveter; afilador.
cutlery ganiveteria.
cut out (to) retallar.
cut short (to) tallar en sec; interrompre.
cutter guardacostes (vaixell).
cutting tallant; incisiu; mordaç.
cuttle-fish sípia (mol·lusc).
cybernetics cibernètica.
cycle cicle; sèrie.
cycle (to) anar amb bicicleta.
cycling ciclisme.
cyclist ciclista.
cyclone cicló.
cyclostyle multicopista.
cylinder cilindre.
cymbal címbal, plateret.
cynegetics cinegètica; art de la caça.
cynic cínic; persona cínica.
cynical cínic; fresc; impúdic.
cynicism cinisme.
cypress xiprer.
cyst quist.
czar tsar.
Czech txec.
Czechoslovak txecoslovac.

D

D OG DOES NOT EAT DOG
Llops amb llops no es mosseguen

D (mús.) re.
'd had; would.
dab toc; pinzellada; contacte lleuger.
dactyl dàctil.
dad papà; papa.

daddy papà; papa.
daffodil (bot.) narcís.
daft babau; imbecil; enze; totxo.
dagger daga.
daguerreotype daguerreotip.
dahlia (bot.) dàlia.

daily diari; quotidià. // diàriament.

dainty airós; elegant; exquisit. // llamí; llaminadura.

dairy lleteria; vaqueria; formatgeria. // lacti.

dairymaid lletera; dona que ven llet.

dairyman lleter; home que ven llet.

dais tarima; estrada.

daisy margarida.

dale vall; clotada.

dally (to) joguinejar; flirtejar, bromejar.

dam resclosa; dic; presa.

damage perjudici; dany; desperfecte.

damage (to) espatllar; fer malbé; danyar.

damask domàs.

dame dama; (ant.) senyora.

damm maledicció.

damn (to) damnar; condemnar; maleir.

damnation condemna.

damned condemnat; damnat.

damp humit. // humitat. / boira.

damp (to) humitejar; remullar.

dampen (to) humitejar.

dampness humitat; mullena.

damsel (ant.) damisella; fadrina.

dance dansa; ball; sarau.

dance (to) dansar; ballar.

dancer dansarí; dansarina; ballarina.

dandelion (bot.) bufallums; lletsó; dent de lleó.

dandle (to) gronxar, balancejar (un infant a la falda o en braços.)

dandruff caspa.

dandy dandi.

Dane danès; nadiu de Dinamarca.

Danish adj. danès. // n. (idioma) danès.

danger perill.

dangerous perillós.

dangle (to) balancejar; penjar; oscil·lar.

dank rellent; humit.

dapper menut i eixerit; polit; pulcre.

dapple (to) clapejar.

Darby and Joan (ant.) matrimoni enamorat.

dare (to) gosar. / atrevir-se.

daring atrevit; agosarat. // atreviment.

dark fosc; negre; bru. // fosquedat.

darken (to) enfosquir. / fer-se fosc; fosquejar. / entristir.

darksome fosc; obscur; ombriu.

darling estimat; dilecte. / predilecte; favorit.

darn sargit.

darn (to) sargir.

dart dard; sageta.

dart (to) disparar; llançar; engegar. / llançar-se.

dash escomesa; embat. / guió (signe ortogràfic).

dash (to) llançar; tirar; precipitar; projectar. / esquitxar.

dash-board parafang. / quadre d'indicadors d'un cotxe.

dastard covard; vil.

data dades; antecedents.

date data. / dàtil; fruit de la palmera.

date (to) datar.

date-palm datiler.

dative datiu.

daub (to) empastar; empastifar; untar.

dauber pintamones; pintor poc destre.

daughter filla.

daughter-in-law nora; jove; filla política.

daunt (to) intimidar; atemorir; descoratjar; desanimar.

dauntless intrèpid; impertèrrit.

dauphin delfí; príncep primogènit.

davits (nàut.) pescants on van penjats els bots salvavides.

dawdle (to) perdre el temps; ronsejar.

dawn alba; matinada.

dawn (to) clarejar; apuntar l'alba.

day dia.

daylight llum de dia; de dia. / alba.

daytime de dia; hores de llum solar.

daze atordiment.

daze (to) atordir; estabornir; ofuscar; enlluernar.

dazzle enlluernament.

dazzle (to) enlluernar; encegar.

deacon diaca.

dead mort. / marcit. / esmorteït.

dead beat abatut; totalment esgotat.

deaden (to) esmorteir; apagar.

dead head empat; tants a tants.

dead letter lletra retornada a Correus.

deadlock punt mort.

deadly mortal. // mortalment; extremament.

dead march marxa fúnebre.

deaf sord.

deafen (to) eixordar; ensordir.

deaf-mute sord-mut.

deafness sordera.

deal quantitat. / tracte; conveni; transacció.

deal (to) tractar; comerciar; intervenir.

deal by (to) comportar-se. / procedir.

dealer comerciant; negociant; tractant.

dealing tracte; capteniment; procedir; conducta.

deal out (to) repartir.

dean degà.

dear car; costós; de preu elevat. / benvolgut; car; distingit. // Senyor!; Déu meu!; l'hem feta bona!

death mort; la mort.

death-blow cop mortal.

deathless immortal.

death like mortal.

debase (to) rebaixar; disminuir; minvar.

debate discussió; debat.

debate (to) debatre; discutir.

debauch desordre; llibertinatge; disbauxa.

debauch (to) viciar; corrompre; depravar.

debenture (com.) obligació (valor, títol).

debilitate (to) debilitar.

debility debilitat.

debit dèbit; deure (en tenidoria de llibres).

debit (to) carregar al dèbit (en tenidoria de llibres).

debris restes; runes; desferres.

debt deute.

debtor deutor.

début presentació en societat (d'una noia). / debut; primera actuació d'un artista.

decade dècada; deu anys.

decadence decadència.

decalogue decàleg; els deu manaments.

decamp (to) desaparèixer (fam.) tocar el dos.

decant (to) abocar; decantar; transvasar.

decanter ampolla amb coll llarg i tap de vidre per a servir el vi. / garrafa.

decapitate (to) decapitar.

decasyllable decasíllab.

decay càries. / podridura. / decadència.

decay (to) corcar-se; marcir-se. / decaure.

decease defunció; decés.

decease (to) morir; finar.

deceit engany; frau; falsedat; artifici.

deceitful mentider; enganyador.

deceive (to) enganyar; estafar.

December desembre.

decency decència.

decent decent; honest. / raonable; mòdic; moderat.

deception engany.

deceptive enganyador.

decibel decibeli (unitat de mesura del so).

decide (to) decidir; determinar. / definir.

decided clar; definit. / determinat; decidit.

decidedly indubtablement; decididament.

decimal decimal.

decimate (to) delmar.

decipher (to) desxifrar.

decision decisió.

decisive decisiu.

deck sostre superior del vaixell; coberta; pis del vaixell, de l'autoòmnibus.

deck (to) revestir; guarnir.

deck-chair gandula; cadira llarga de lona.

deckle-edged de vores de barba (paper).

declaim (to) declamar.

declaration declaració.

declare (to) declarar.

declension (gram.) declinació. / desinència.

declination declinació (desviació de la brúixola).

decline decadència; declinació.

decline (to) declinar; decaure; disminuir. / refusar; declinar; no acceptar.

declivity declivi; inclinació; declivitat.

declutch (to) desembragar.

decode (to) desxifrar.

decompose (to) descompondre's; podrir-se. / dissociar; desintegrar.

decontaminate (to) desinfectar; descontaminar; purificar.

decorate (to) decorar. / condecorar.

decorator decorador.

decorous decorós; decent.

decorum decòrum.

decoy reclam; trampa; engany; parany.

decoy (to) atreure al parany, a l'emboscada; engalipar.

decrease minva; reducció.

decrease (to) minvar; decréixer; reduir.

decree decret.

decree (to) decretar.

decrepit decrèpit.

decrepitude decrepitud.

decry (to) desacreditar.

dedicate (to) dedicar. / consagrar.

dedication consagració; dedicació. / dedicatòria.

deduce (to) deduir; concloure.

deduct (to) deduir; rebaixar; descomptar.

deed fet; feta; gesta; acció.

deem (to) considerar; jutjar; judicar; creure; suposar.

deep profund; pregon; penetrant; greu. / fosc; obscur.

deepen (to) profunditzar; intensificar. / enfosquir.

deeply greument; profundament.

deep-rooted arrelat; molt arrelat.

deerstalker gorra de caçador (mena de passamuntanyes).

deer (zool.) cérvol; cervo.

deface (to) desfigurar; desdibuixar.

defalcation desfalc.

defame (to) difamar.

defamation difamació.

default incompliment; omissió; negligència.

default (to) no complir; no comparèixer.

defeat desfeta; derrota.

defeat (to) derrotar; destruir.

defect defecte.

defection defecció; deserció.

defective defectiu.

defence defensa.

defend (to) defensar.

defendant demandat.

defensive defensiu.

defer (to) diferir; ajornar. / deferir; concedir; atorgar.

deference deferència.

deferential deferent.

defiance desafiament; repte.

defiant desafiador.

deficiency deficiència; escassetat.

deficit dèficit; desavenç.

defile congost; pas entre muntanyes.

defile (to) desfilar; passar l'un darrera l'altre en files. / tacar; embrutar; enrarir.

defilement pol·lució; embrutament; contaminació.

define (to) definir.

definite definit; clar.

definitely definidament.

definition definició.

definitive definitiu.

deflate (to) desinflar.

deflect (to) desviar.

deform (to) deformar.

deformed deforme; deformat.

deformity deformitat.

defraud (to) defraudar; estafar.

defray (to) sufragar; fer-se càrrec de les despeses.

deft destre; hàbil; llest.

defunct difunt.

defy (to) desafiar; reptar.

degenerate degenerat.

degenerate (to) degenerar.

degrade (to) degradar.

degree grau. / categoria; rang; grau; condició.

dehydrate (to) deshidratar.

deice (to) desgelar; llevar el glaç.

deify (to) deïficar.

deign (to) dignar-se.

deject desanimat; abatut.

deject (to) abatre; desanimar.

delay retard. / ajornament; dilació.

delay (to) retardar; demorar; ajornar; diferir.

delegacy delegació.

delegate delegat.

delegate (to) delegar.

delegation delegació; diputació; comissió.

delete (to) esborrar; suprimir (d'un text).

deleterious deleteri.

delft mena de terrissa fina envernissada.

deliberate intencionat; premeditat.

deliberate (to) deliberar; meditar.

deliberately a gratcient; deliberadament; exprés; expressament.

delicacy delicadesa; finor. / llamí; llepolia.

delicate delicat; fi.

delicatessen rebosteria; botiga de rebosteria.

delicious deliciós.

delight delit; delícia; alegria.

delight (to) delectar.

delighted complagut.

delightful deliciós; exquisit.

delimit (to) delimitar; fitar; termenar.

delineate (to) delinear.

delinquence delinqüència; criminalitat.

deliquescence deliqüescència.

delirious delirant; delirós.

delirium deliri.

deliver (to) lliurar; distribuir; fer a mans. / alliberar; deslliurar; rescatar.

deliverance alliberació; alliberament; rescat.

delivery alliberament; salvació. / lliurament; distribució; repartició.

delta delta.

delude (to) enganyar.

deluded enganyat; il·lús.

deluge diluvi; aiguat.

delusion delusió; engany; il·lusió.

delusive enganyador; il·lusori.

de luxe de luxe; de categoria.

delve (to) cavar.

delve into (to) recercar; investigar (llibres, manuscrits antics).

demagogue demagog.

demand sol·licitud; demanda.

demand (to) demanar; requerir; exigir.

demarcation demarcació; delimitació.

demean (to) degradar-se; rebaixar-se.

demeanour capteniment; conducta; comport.

demented dement.

demesne hisenda; finca rústica; heretat; possessió.

demigod semidéu.

demijohn garrafa; bombona; dama-joana.

demimondaine (dona) llicenciosa; de dubtosa reputació.

demobilize (to) desmobilitzar.

democracy democràcia.

democrat demòcrata.

demography demografia.

demolish (to) demolir; enderrocar.

demon dimoni.

demoniacal demoníac.

demonstrate (to) demostrar.

demonstrator demostrador. / manifestant.

demoralize (to) desmoralitzar; corrompre. / desmoralitzar; descoratjar.

demote (to) degradar; rebaixar.

demur dubte; escrúpol.

demur (to) objectar; oposar.

demure reservat; callat; modest; discret. / simulador; fingit; hipòcrita.

den cova; cau; amagatall; caverna.

denatured alterat; desnaturalitzat; esbravat.

denial denegació; negativa.
denigrate (to) denigrar.
denizen habitant; natural; del país. / naturalitzat; nacionalitzat.
denomination denominació.
denominator denominador.
denote (to) denotar; indicar.
denouement desenllaç; solució; desnuament.
denounce denúncia.
dense dens.
density densitat.
dent bony; abonyegament.
dental dental.
dentifrice dentifrici.
dentist odontòleg; dentista.
denture dentadura postissa.
denude (to) denudar; desproveir; privar.
deny (to) denegar; negar.
deodorant desodorant.
dapart (to) partir; marxar. / anar-se'n. / morir; finar.
departed finat; difunt.
department departament; secció; negociat.
department store grans magatzems.
departure partida; partença; marxa.
depend (to) dependre. / confiar; refiar-se.
dependant dependent; que depèn. // servent; dependent; subaltern.
dependence dependència; subordinació.
dependent dependent; pendent de.
depict (to) descriure; presentar; pintar.
deplete (to) esgotar; buidar; exhaurir.

deplore (to) deplorar.
deploy (to) desplegar (tropes, estols de vaixells).
depopulate (to) despoblar.
deport capteniment; procedir.
deport (to) captenir-se; comportar-se; procedir.
depose (to) destituir; despullar; deposar.
deposit dipòsit; paga i senyal; entrada.
deposit (to) col·locar; dipositar.
deposition destitució; deposició.
depositor imponent; impositor.
depository dipositaria; dipòsit.
depot dipòsit; dipositaria.
deprave (to) depravar.
depravity depravació.
deprecate (to) desaprovar; censurar.
depreciate (to) desvalorar; desestimar.
depredation depredació; pillatge.
depress (to) deprimir.
depression depressió; abatiment. / clot; sot.
deprive (to) privar; llevar; desposseir.
depth profunditat; abisme; fons.
deputations diputació; delegació.
deputy diputat; delegat.
derail (to) descarrilar.
derange (to) desarreglar; espatllar; desordenar.
dereliction desempar; abandó.
deride (to) mofar-se; riure's.
derision mofa; riota; irrisió; derisió.
derisive irrisori; derisori.
derive (to) derivar.
dermatology dermatologia.
derogate (to) desmerèixer; detractar.
derogatory despectiu.

derrick càbria; grua. / màquina perforadora.

descant (mús.) acompanyament musical; mena de contrapunt.

descant (to) dissertar. / parlar elogiosament d'algú.

descend (to) descendir; baixar.

descendant descendent; fillada; rebroll.

descending descendent; de dalt a baix.

descent descens; baixada; declivi. / herència. / llinatge; origen.

describe (to) descriure.

description descripció.

descry (to) descobrir; afigurar; albirar; entrellucar.

desecrate (to) profanar.

desert desert; solitud. / mèrit.

desert (to) desertar. / abandonar; deixar sol.

deserter desertor.

desertion deserció.

deserve (to) merèixer.

deservedly merescudament.

deserving mereixedor; benmereixent.

desiccate (to) dessecar.

desiderate (to) trobar a faltar; freturar.

desideratum desideràtum.

design disseny. / designi.

design (to) dissenyar. / planejar; projectar; idear. / designar; destinar.

designate designat; nomenat.

designate (to) designar; nomenar. / fixar; precisar.

designation nomenament; designació.

designer dissenyador; projectista; dibuixant.

desirable desitjable.

desire desig; ànsia; afany.

desire (to) desitjar. / demanar; requerir.

desirous desitjós; àvid; delerós.

desist (to) desistir.

desk pupitre; escriptori.

desolate desolat; solitari; despoblat.

desolate (to) desolar; arrasar.

despair desesperació; desesper; desesperança.

despair (to) desesperar; desesperançar.

despatch V. **dispatch.**

desperate desesperat; sense esperança.

desperation desesperació; furor.

despicable menyspreable; baix; vil.

despise (to) menysprear; avorrir.

despite malgrat; a despit de.

despoil (to) robar; desposseir; espoliar; despullar de.

despond (to) desanimar-se; descoratjar-se.

despondence desconfiança; abatiment; depressió.

despot dèspota.

dessert postres; llevant de taula.

destination destinació.

destine (to) destinar.

destiny destí; fat; sort.

destitute privat de; destituït; faltat; orfe; desheretat.

destroy (to) destruir.

destruction destrucció.

destructive destructiu.

desuetude desuetud.

desultory inconnex; inconstant.

detach (to) separar; desenganxar; treure; destacar.

detachment separació; desjunyiment; destacament.

detail detall.
detail (to) detallar. / destacar.
detain (to) detenir.
detect (to) detectar; descobrir; trobar.
detection descobriment; esbrinament.
detective detectiu.
detention detenció; retenció; arrest.
deter (to) dissuadir.
detergent detergent.
deteriorate (to) deteriorar; espatllar.
determinate determinat; definit.
determine (to) determinar; decidir.
deterrant dissuasiu.
detest (to) detestar.
detestation odi; abominació.
dethrone (to) destronar.
detonation detonació; explosió.
detour desviament; torta; marrada.
detract (to) detractar.
detraction detracció.
detractor detractor; denigrador.
detriment detriment; perjudici.
detritus detritus.
deuce el dos (daus o naips); 40 iguals (tennis). / dimoni!; diable!
devalue (to) desvalorar.
devastate (to) devastar; desolar.
develop (to) desenvolupar; desenrotllar. / esdevenir; tornar-se. / (fot.) revelar.
development desenrotllament; evolució. / (fot.) revelat; operacions per a la revelació fotogràfica.
deviate (to) desviar; variar.
deviation desviació.
deviationist secessionista.

device artifici; enginy; invenció; mecanisme; dispositiu. / pla; projecte.
devil diable; dimoni.
devilish diabòlic.
devious tortuós; sinuós.
devise (to) idear; planejar; inventar.
devitalize (to) desvitalitzar; debilitar.
devoid buit; desproveït. / exempt; lliure.
devolution delegació; descentralització.
devolve (to) transmetre (poders, càrrecs).
devote (to) dedicar; consagrar. / dedicar-se; lliurar-se; consagrar-se.
devoted dedicat; consagrat; addicte; enamorat; fidel.
devotee amant; afeccionat; apassionat.
devotion devoció.
devour (to) devorar; engolir.
devout devot; piadós.
dew rosada.
dewlap barballera.
dexterity destresa.
dexterous destre; hàbil.
diabetes diabetis.
diacritic diacrític.
diadem diadema.
diagnose (to) diagnosticar.
diagnosis diagnòstic. / diagnosi.
diagnostic simptomàtic; diagnòstic; manifestador.
diagonal diagonal.
diagram diagrama.
dial disc; esfera, cara (de rellotge, indicador, telèfon).
dialect dialecte.
dialectician versat en dialèctica.
dialectics dialèctica.

dialogue diàleg.
diameter diàmetre.
diametrically diametralment; totalment; completament.
diamond diamant.
diapason diapasó; extensió de la veu o d'un instrument musical.
diaper teixit sense blanquejar amb model geomètric formant les ratlles del diamant.
diaphanous diàfan; transparent.
diaphragm diafragma.
diapositive diapositiva.
diarrhoea diarrea.
diary dietari; agenda; diari.
diatribe diatriba.
dibble plantador (eina).
dice daus (joc).
dictate (to) dictar.
dictation dictat.
dictator dictador.
diction estil, llenguatge; dicció.
dictionary diccionari.
didactic didàctic.
die filera (per a fer cargols). / encuny. / dau.
diet dieta; règim alimentari.
diet (to) seguir dieta.
differ (to) discrepar; diferir. / diferenciar-se.
difference diferència.
different diferent.
differential diferencial.
differentiate (to) diferenciar. / diferenciar-se.
difficult difícil.
difficulty dificultat.
diffidence desconfiança; timidesa.
diffident tímid; desconfiat.
diffract (to) difractar.
diffraction difracció.
diffuse difús.
diffuse (to) difondre.

dig excavació.
dig (to) excavar. / cavar.
digest codi; recopilació; sumari.
digest (to) digerir; assimilar. / captar la idea. / tolerar.
digestion digestió.
digger cercador; excavador. / excavadora.
diggins excavacions. / (col.) allotjament.
dight abillat; guarnit.
dight (to) engalanar; agençar; abillar; ordenar.
digit dígit.
digital digital.
dignify (to) dignificar.
dignitary dignitari; dignatari.
dignity dignitat.
digraph dígraf.
digres (to) fer una digressió.
dike dic; escullera; presa.
dilapidated arruïnat; enrunat: destrossat.
dilate (to) dilatar.
dilatory dilatori.
dilema dilema.
diligence diligència; activitat; esforç.
diligent diligent; dinàmic; actiu.
dill (bot.) mena de fonoll.
dilute (to) diluir.
dim fosc; confús; vague; dèbil.
dim (to) enterbolir; enfosquir; ofuscar; entelar.
dime delme.
dimension dimensió.
diminish (to) disminuir.
diminutive diminutiu.
dimly obscurament; imprecisament; borrosament.
dimness obscuretat; fosquedat.
dimple sotet; clotet (de la galta, mentó); clotxa.
din estrèpit; terrabastall.

dine (to) sopar.
diner comensal.
dinghy bot de goma inflable d'ús d'emergència.
dingy fosc; obscur; brut.
dining-car vagó restaurant.
dining-room menjador.
dinner sopar; banquet.
dinner-jacket smòking.
dinosaur dinosaure.
dint força; eficàcia. / bony; cop; abonyegament.
diocese diòcesi.
dioxide biòxid.
dip immersió; capbussament; sucada; remullada.
dip (to) submergir; remullar; sucar. / capbussar-se. / saludar amb la bandera.
diphtheria diftèria.
diphtong diftong.
diploma diploma.
diplomacy diplomàcia.
diplomat V. diplomatist.
diplomatic diplomàtic; circumspecte.
diplomatist diplomàtic; agent diplomàtic.
dipper cassó; cassa; llegidora. / (orn.) merla d'aigua.
dipthych díptic.
dire cruel; horrible; desastrós.
direct directe.
direct (to) dirigir; guiar. / regir; governar.
direction direcció.
directions indicacions; instruccions.
director director.
directorate direcció; consell d'administració; plana major.
directory indicador; llibre d'adreces o telèfons. / directori; regla; instruccions.

direful calamitós; desastrós.
dirge cant fúnebre.
dirk punyal.
dirt pols; brutícia; fang.
dirty empolsegat; brut. / impur.
dirty (to) empolsegar; embrutar; tacar.
disability invalidesa; invaliditat.
disable (to) incapacitar; inhabilitar.
disabled invàlid; tolit.
disabuse (to) desenganyar; fer veure clar.
disadvantage desavantatge; inconvenient; condició desfavorable.
disaffected desafecte; desaddicte.
disafforest (to) desboscar; aquintanar.
disagree (to) dissentir; diferir; no estar d'acord.
disagreeable desplaent.
disagreement desacord. / desavinença.
disallow (to) refusar; denegar.
disappear (to) desaparèixer.
disappearance desaparició.
disappoint (to) defraudar; decebre; desenganyar.
disappointment desengany; decepció; miquel.
disapprobation V. disapproval.
disapproval desaprovació; reprovació.
disapprove (to) desaprovar; refusar.
disarm (to) desarmar.
disarrange (to) desordenar; desarranjar.
disarray desordre; desendreçament.
disaster desastre; desgràcia; desfeta.

disband (to) dispersar; disseminar.

disbelief descreença; incredulitat.

disbeliever incrèdul; escèptic.

disburden (to) descarregar.

disburse (to) desembossar; pagar; desembutxacar.

disbursement pagament; desembós.

disc disc.

discard (to) descartar; excloure. / llevar; treure's.

discern (to) discernir; distingir.

discernment discerniment.

discharge descàrrega; descarregada. / alliberament.

discharge (to) descarregar. / alliberar. / foragitar. / destituir. / disparar. / acomplir; executar.

disciple deixeble.

discipline disciplina.

discipline (to) disciplinar; ensenyar; instruir; ensinistrar.

disclose (to) destapar; descobrir; revelar.

disclosure revelació; troballa.

discomfit (to) frustrar; desconcertar; desbaratar.

discomfort molèstia; incomoditat.

discompose (to) desconcertar; fer perdre l'aplom.

disconcert (to) desconcertar; pertorbar.

disconnect (to) desconnectar.

disconsolate afligit; dolorit.

discontent descontent; malcontent; disgustat.

discontent (to) descontentar; desplaure.

discontinue (to) interrompre; discontinuar; suspendre.

discontinuous discontinu.

discord discòrdia. / desacord.

discordance desacord; desavinença.

discount descompte.

discount (to) descomptar. / rebaixar.

discourage (to) descoratjar; desanimar.

discours discurs; dissertació.

discourteous descortès

discover (to) descobrir; trobar. / adonar-se.

discovery troballa; descobriment.

discredit descrèdit.

discredit (to) desacreditar; desmentir; posar en dubte.

discreet discret; circumspecte.

discrepancy discrepància.

discrete desigual; distint. / discontinu; separat; discret.

discretion discreció; ús de raó; seny. / llibertat; **discreció**; lliure albir.

discriminate (to) discriminar; distingir; diferenciar.

discriminating discriminant.

discursive discursiu; divagador.

discus (esport) disc.

discuss (to) discutir.

discussion discussió.

disdain desdeny; menyspreu.

disdain (to) desdenyar.

disdainful desdenyós.

disdainfully amb desdeny.

disease malaltia. / mal; malura.

disembark desembarcament.

disembarrass (to) desembarassar.

disembroil (to) desembrollar; desembullar.

disencumber (to) desembarassar; descarregar de; desfardar-se disendow (to) desdotar.

disengage (to) desengatjar; alliberar-se d'un compromís.

disentangle (to) desembrollar; desembolicar; destriar.

disestablish (to) separar; trencar les relacions.

disfavour malvolença; desgràcia; desfavor.

disfigure (to) desfigurar; desfaiçonar.

disfranchise (to) privar dels drets de ciutadania.

disgorge (to) vomitar.

disgrace desgràcia; vergonya; oprobi.

disgrace (to) desgraciar.

disgraceful vergonyós; ignominiós.

disgruntled malhumorat.

disguise disfressa. / dissimulació; fingiment.

disguise (to) disfressar; desfigurar. / dissimular; fingir; encobrir.

disgust repugnància; fàstic; aversió.

disgust (to) repugnar; fer fàstic; desplaure; disgustar.

disgusting repugnant; odiós.

dish plata; plat; guisat.

dishearten (to) descoratjar.

dishevel (to) descabellar; despentinar.

dishevelled despentinat; esbullat; desendreçat; desabillat.

dishonest fals; caragirat; fal·laç; fraudulent.

dishonour deshonor; ignomínia.

dishwasher rentaplats.

disillusion desil·lusió.

disillusion (to) desil·lusionar.

disincentive descoratjador; dissuasiu.

disinclination desinclinació; aversió; fòbia.

disinfect (to) desinfectar.

disinfectant desinfectant.

disinherit (to) desheretar.

disintegrate (to) desintegrar.

disinter (to) exhumar; desenterrar.

disjoin (to) desunir.

disjoint (to) desarticular.

disjunctive disjuntiu.

disk V. disc.

dislike aversió; antipatia.

dislike (to) desplaure; desagradar; detestar.

dislocate (to) dislocar.

dislodge (to) desallotjar.

disloyal deslleial.

dismal trist; llòbrec; tètric.

dismantle (to) desmantellar; despullar. / desmuntar.

dismay desmai. / consternació.

dismay (to) desanimar; descoratjar. / consternar; alarmar.

dismember (to) desmembrar.

dismiss (to) destituir; acomiadar; eliminar.

dismissal destitució; bandeig; bandejament; expulsió; eliminació.

dismount (to) descavalcar; desmuntar; baixar.

disobedience desobediència.

disobedient desobedient; malcreient.

disobey (to) desobeir.

disoblige (to) defraudar; fallir; desatendre.

disorder desordre.

disorderly desordenat; irregular. // desordenadament.

disorient (to) desorientar.

disown (to) desconèixer; no reconèixer; rebutjar.

disparage (to) desacreditar; bescantar; rebaixar.

disparagement descrèdit; bescantament.

disparate sense parió; desparió; desaparionat.

disparity dissemblança; disparitat.

dispassionately desapassionadament; imparcialment.

dispatch expedició; despatx; telegrama; notícia. / diligència; promptitud.

dispatch (to) despatxar; consignar; enviar.

dispel (to) dispersar; dissipar; esbargir; escampar.

dispensary farmàcia; dipòsit de medecines. / ambulatori; dispensari.

dispensation distribució; dispensació.

dispense (to) dispensar; administrar; distribuir.

dispenser administrador; distribuïdor; dispensador.

dispersal dispersió.

disperse (to) dispersar.

dispersion dispersió; diàspora.

dispirit (to) desanimar; descoratjar.

displace (to) exiliar; desallotjar; treure del seu lloc; desplaçar.

displacement desplaçament.

display exhibició; ostentació; desplegament.

display (to) exhibir; mostrar; desplegar; demostrar; ostentar; ensenyar.

displease (to) desplaure; enutjar; ofendre.

displeased descontent.

displeasing desplaent; antipàtic; repulsiu.

displeasure desplaença; disgust; descontentament.

disport (to) divertir-se; joguinejar; jugar.

disposal disposició; ordenació.

dispose (to) disposar; establir; determinar.

dispose of (to) desfer-se de; treure's del damunt; desempallegar-se. / vendre.

disposed to en disposició de; amb ganes de.

disposition disposició.

dispossess (to) desposseir; alienar.

disproof (to) rebatre; contradir.

disproportion desproporció.

disprove (to) confutar; refutar; impugnar.

disputation disputa; disputació; debat; controvèrsia.

dispute disputa; debat; baralla.

dispute (to) disputar; discutir.

disqualify (to) desqualificar; declarar inepte; inhabilitar.

disquiet inquietud.

disquiet (to) inquietar; intranquil·litzar.

disquisition disquisició; estudi; raonament.

disregard desatenció; indiferència; menyspreu.

disregard (to) menystenir; no fer cas; no respectar; menysvalorar.

disrepair mal estat per manca de reparació.

disreputable de mala reputació.

disrepute (to) desacreditar.

disrespect irrespectuositat; desconsideració.

disrobe (to) desvestir-se; treure's les vestidures.

disrupt (to) rompre; trencar.

dissect (to) dissecar; anatomit-
zar.
dissemble (to) dissimular; ocul-
tar; encobrir.
disseminate (to) disseminar.
dissension dissensió; desacord.
dissent dissensió; oposició.
dissent (to) dissentir.
dissertation dissertació.
disservice desfavor.
dissever (to) desunir; partir; di-
vidir.
dissidence dissidència; desvia-
ció; escissió.
dissident dissident; separat.
dissimilar desigual; no similar;
dissemblant.
dissimilitude dissimilitud.
dissimulate dissimulació.
dissimulate (to) dissimular.
dissipate (to) dissipar; disper-
sar.
dissipated dissipat; disbauxat;
viciós.
dissociate (to) dissociar; sepa-
rar; destriar.
dissolute dissolut; llibertí.
dissolution dissolució; desinte-
gració.
dissolve (to) dissoldre.
dissonance dissonància.
dissuade (to) dissuadir.
distaff (costat, ascendència) de
la mare; matern. // filosa.
distance distància; llunyania.
distance (to) distanciar-se;
avançar; passar al davant.
distant distant; allunyat. / reser-
vat; esquiu.
distaste aversió; repugnància.
distasteful desagradable; repug-
nant; repel·lent.
distend (to) dilatar; inflar.
distil (to) destil·lar.

distinct definit; precís; distint;
clar; intel·ligible.
distinction distinció; diferència;
superioritat.
distinctive distintiu.
distinctly netament; clarament.
distinguish (to) distingir.
distinguishable distingible; per-
ceptible. / diferenciable.
distinguished distingit; notable;
eminent.
distort (to) desfigurar; defor-
mar; falsejar; descompondre;
transmudar. / desviar; tòrcer.
distortion distorsió.
distract (to) distreure; fer apar-
tar l'atenció.
distracted pertorbat; desassos-
segat; preocupat; distret.
distraction distracció; abstrac-
ció. / diversió; deport; esbar-
giment; distracció.
distrain (to) embargar (béns).
distrait distret; inatent; absent.
distress dolor; aflicció; dolen-
ça. / desgràcia; infortuni.
distress (to) afligir; disgustar;
corferir.
distressing calamitós; angoixós;
miserable.
distribute (to) distribuir.
distribution distribució.
distributive distributiu; distribuï-
dor.
district districte. / regió; terri-
tori.
distrust desconfiança.
distrust (to) desconfiar.
disturb (to) desordenar; pertor-
bar.
disturbance disturbi; desordre;
trastorn.
disuse desús; desuetud.
disyllabic disil·làbic.

ditch fossa; trinxera; regueró; cuneta; rasa; fossat.
ditto ídem.
ditty cantarella; cançó.
diurnal diürn.
divagate (to) divagar.
divan divan; otomana.
dive capbussada; bussada; immersió.
dive (to) capbussar-se; submergir-se. / bussar. / encaparrar-se.
diver bus; escafandrer.
diverge (to) divergir.
divers diversos; molts; més d'un.
diverse divers; dissemblant; diferent.
diversify (to) diversificar.
diversion diversió. / desviació.
divert (to) divertir. / desviar.
divest (to) desvestir. / desposseir.
divide (geog.) divisori.
divide (to) dividir.
dividend dividend.
dividers compàs divisor (dibuix).
divination endevinació; divinació; endevinada.
divine diví. / teòleg.
divine (to) endevinar; vaticinar; profetitzar; conjecturar; augurar.
diviner endeví; saurí.
diving capbusada; salt (a l'aigua).
diving-suit escafandre.
division divisió.
divisor divisor.
divorce divorci.
divorce (to) divorciar; separar.
divorcee divorciat; persona divorciada.
divulge (to) divulgar.

dixie olla gran de ferro per a campaments.
dizziness vertigen; rodament de cap.
dizzy (to) atordir; fer rodar el cap; marejar.
do (to) fer. / efectuar; acomplir; acabar. / endreçar; agençar.
docile dòcil.
dock dic; moll; dàrsena. / banc dels acusats.
dock (to) atracar (una nau al dic).
docker obrer del moll; descarregador del moll.
docks moll; dic.
doctor doctor; metge.
doctor (to) medicar. / adulterar; falsificar.
doctrine doctrina; dogma.
document document.
documentary documental.
dodder (to) tentinejar; vacil·lar.
dodge evasió; evasiva. / trampa; truc.
dodge (to) evadir; esquivar.
doe daina; isard, cabirol femella. / conilla; llebre femella.
doer factor; faedor; agent; autor.
doffed descobert; desvestit. / abandonat; deixat.
dog gos.
dog-days canícula.
dog-eared amb els extrems dels fulls arrugats (llibre vell).
dogged tenaç. / obstinat; tossut.
dogma dogma.
dog tired cansat; exhaust; extenuat.
dogwood (bot.) sanguinyol.
doings activitats; quefers; accions.

dole paga; subsidi.
dolefully dolorosament; tristament.
doll nina.
doll (to) empolainar-se.
dollar dòlar.
dolly nina. / plataforma movible.
dolour dolor.
dolphin dofí.
domain domini; propietat (territorial); sobirania.
dome cúpula.
domed arrodonit.
domestic domèstic.
domesticate (to) afeccionar a la casa; interessar-se en les coses de la llar. / domesticar.
domesticated de casa; acasat; familiar.
domicile domicili.
domiciliary domiciliar.
dominant dominant; dominador.
dominate (to) dominar.
domineer (to) dominar; tiranitzar.
dominion domini; senyoriu. / domini autònom.
domino dòmino (joc). / dominó (disfressa).
donate (to) fer una donació; donar.
donation donació.
donjon torre de l'homenatge.
donkey ase; ruc.
donor donador de sang (per a transfusió).
doodle home simple, bonhomiós.
doom destí; mal presagi; mal auguri.
doom (to) sentenciar; condemnar.
doomed condemnat; predestinat.
Doomsday Dia del judici.
door porta.

door-bell timbre de la porta.
door-keeper porter.
door-plate placa (indicadora) de porta.
doorstep marxapeu; llindar; esglaó de la porta.
doorway entrada; porta d'entrada; porta.
door-to-door salesman venedor a domicili.
dope greix lubrificant. / narcòtic.
dope (to) narcotitzar. / estimular, excitar amb drogues.
Doric dòric.
dormant dorment. // ineficaç; inactiu; adormit.
dormer-window finestra en una teulada.
dormitory dormitori (col·lectiu).
dormouse (zool.) liró.
dose dosi.
dose (to) dosar; dosificar.
doss-house casa de dormir econòmica.
dossier papers; documentació (personal o d'un afer).
dot punt; pic.
dot (to) puntejar; marcar amb punts; posar punt.
dotage repapieig.
dotard caduc; xaruc.
dote (to) repapiejar. / estar exageradament afeccionat.
dotted puntejat; marcat amb punts.
dotted line ratlla de punts (per a escriure, signar-hi).
douane duana.
double doble. / duplicat. // dues vegades.
double (to) duplicar; doblar.
double-bass (mús.) contrabaix.
double-decker bus autoòmnibus de dos pisos, amb imperial.

double-entry partida doble.
doublefaced caragirat; fals.
double scotch whisky.
doublet gipó.
doubloon (numismàtica) dobla.
doubly doblement.
doubt dubte; sospita.
doubt (to) dubtar.
doubtful dubtós.
doubtless indubtable.
dough massa; pasta de farina i aigua.
doughty valent; valerós; estre-nu; brau.
do up (to) restaurar; renovar. / agençar; endreçar. / pentinar; arreglar els cabells. / cordar. / cansar; fatigar.
dour sorrut.
douse (to) ruixar. / submergir.
dove colom.
dove cot colomar.
dovetail encaix (de dues fustes).
dowager vídua amb títol marital.
dowdy malfaixat; malforjat.
dowel passador; espiga; espàr-rec; clavilla; torelló.
dower béns de l'esposa vídua.
dower (to) dotar; assignar béns.
do without (to) prescindir; pas-sar sense.
down avall; cap avall. / a baix; baix; a la part inferior. // bor-rissol; pelussa; pèl moixí.
downcast abatut; alacaigut.
downfall aiguat. / ruïna; fallida.
downhearted descoratjat; depri-mit; atuït.
downhill avall; cap avall.
downpour aiguat; xàfec.
downright ver; franc; clar i ca-talà.
downstairs al pis de baix; planta baixa; a baix.

downward descendent; davallant.
downwards en direcció avall; cap avall.
downy pelfut; pelut; vellutat.
dowry dot; béns de la dona.
dowse (to) cercar aigües o mi-nes (el saurí).
dowser saurí.
doze adormiment; sopor. / be-caina.
doze (to) dormisquejar; dormi-tar; fer una becaina.
dozen dotzena.
doziness somnolència; ensonya-ment.
drab goguenc; color terrós.
drachma dracma.
draft projecte; esborrany; pla; esbós. / corrent; tiratge. / ca-lat (d'un vaixell).
draftsman projectista; delineant.
drag draga. / matèria dragada. / càrrega; pes mort;; llast.
drag (to) dragar. / arrossegar.
draggled brut, enfangat, per ar-rossegament.
dragon (mit.) drac.
dragon-fly (ent.) libèl·lula; espia-dimonis; estiracabells.
dragoon soldat de cavall.
drain canonada; desguàs; clave-gueró.
drain (to) desguassar; drenar; assecar; esgotar.
drainage drenatge; canalització
drained sec; eixut.
drain pipe canonada del desguàs.
drake (orn.) ànec mascle.
dram glopet; traguet.
drama drama.
dramatics dramàtica.
dramatist dramaturg.
drape (to) encortinar; entapis-sar; decorar.

draper draper; telaire; venedor de robes.
drapery draperia; domassos.
drastic dràstic. / purgant.
draught corrent d'aire càlid. / beguda; glop; traguet.
draught board tauler (de joc de dames).
draughtsman peça del joc de dames.
draw atractiu; atracció. / empat.
draw (to) dibuixar. / fer córrer (cortines, telons). / estirar. / desembeinar; treure. / traçar.
drawback desavantatge; trava. / descompte; rebaixa. / reintegració; reembossament.
drawbridge pont llevadís.
drawee (com.) persona o entitat a la qual es lliura o gira (un document).
drawer calaix.
drawers calçotets.
drawing dibuix.
drawing-pin xinxeta (per a clavar).
drawing-room sala; saló (de visites).
drawl (to) parlar prolongant les vocals.
draw nigh (to) apropar-se; avançar (vers).
draw up (to) establir. / redactar.
dray carro; camió.
dray horse cavall de tracció.
dread por; temor; feresa; feredat. // espaventable.
dread (to) témer; tenir por de.
dreadful espantós; espaventable; terrible.
dream somni.
dream (to) somniar.
dreamy somniador.

dreary trist; llòbrec.
dredge draga.
dredge (to) dragar.
dredger dragador; vaixell amb draga.
dregs solatge; pòsit.
drench (to) remullar; xopar; embeure.
dress vestit de dona o noia.
dress (to) vestir; vestir-se. / empolainar; agençar.
dress circle amfiteatre.
dress coat frac; casaca.
dresser armari de cuina; bufet.
dressing ornament. / embenatge.
dressing-case necesser; estoig d'agençament.
dressing-gown bata; pentinador.
dressing-room vestuari; lloc de canviar-se la roba.
dressing-table tocador; pentinador.
dressmaker modista; cosidora.
dres suit vestit d'etiqueta; frac.
dress up (to) endiumenjar-se; vestir-se de festa.
dressy elegant; gomós; dandi.
dribble (to) avençar amb la pilota als peus (futbol). / bavejar.
driblet mica; bocí; gota.
drier assecant.
drift coses (fulles, terra, neu) arrossegades per un corrent (d'aigua, d'aire). / direcció; rumb; tendència.
drift (to) ésser arrossegat per un corrent (d'aire o aigua). / anar a la deriva.
drill barrina; filaberquí; fresa; broca. / exercici. / dril.
drill (to) foradar; barrinar. / exercitar.
drilling perforació.

drink beguda. / glop; libació; beguda.
drink (to) beure. / embriagar-se.
drinkable potable.
drinker bevedor.
drinking-fountain font; font pública.
drinking-song cançó de taverna.
drinking trough abeurador; pica.
drip gotera.
drip (to) degotar; gotejar.
dripping gotera; degotall. / greix; llard.
drive viatge amb cotxe. / recorregut (en el joc de golf). / energia; capacitat.
drive (to) conduir; menar; guiar (un vehicle). / viatjar amb cotxe particular. / impulsar; impel·lir. / fer córrer; empènyer.
drivel bava. / ximpleria; niciesa; bestiesa.
drivel (to) bavejar. / dir nicieses, poca-soltades.
driver conductor; xofer; maquinista.
driving-belt corretja de transmissió; corretja sens fi.
driving-licence permís de conducció (automobilística).
driving-wheel roda motora.
drizzle plugim; plovisqueig; pluja fina.
drizzle (to) plovisquejar; plovinejar. / ruixar.
droll divertit; festiu.
dromedary dromedari.
drone abellot.
droop inclinar-se; colltòrcer-se; neulir-se.
drop gota. / mica; bocí; gota. / rebaixa.
drop (to) deixar caure. / go-

tejar; degotar. / descendir. / deixar-se caure; caure extenuat.
drop across (to) trobar (algú) per casualitat.
drop anchor (to) tirar l'àncora; ancorar.
drop in (to) visitar de pas; deixar-se caure.
dropsy hidropesia.
dross escòria.
drought sequedat; aridesa. / sequera; eixut.
drove ramat; ramada. / gernació; gran nombre de gent; multitud.
drown (to) ofegar; negar; inundar.
drowse (to) abaltir-se ensopir-se; adormir-se.
drowsy endormiscat; somnolent.
drub (to) pegar; bastonejar; atonyinar.
drubbing allisada; mà de cops; tonyina; estomacada.
drudge escarràs; esdernec de feina.
drudge (to) escarrassar-se; esdernegar-se; matar-s'hi.
drudgery feina feixuga i ingrata.
drug droga; medicament. / estupefaent.
drug (to) adulterar amb narcòtics. / drogar.
druggist farmacèutic; apotecari.
drug-store farmàcia. / botiga on són venuts diversos articles, begudes i menjars a més dels farmacèutics.
Druid druida.
drum (mús.) tambor; timbal. / barril; cilindre.
drummer timbaler.
drunk embriac; ebri.

drunkard embriac; ebri; begut.
drunken alcohòlic; alcoholitzat.
/ embriac.
drunkenness embriaguesa; ebrietat.
drupe drupa.
dry sec; àrid.
dry (to) assecar; eixugar.
dryad dríade; nimfa.
dryness sequedat.
dub (to) armar cavaller. / greixar pells.
dubbing greix per a pells.
dubiety incertesa.
dubious dubtós; imprecís.
duchess duquessa.
duchy ducat.
duck (orn.) ànec; ànec femella.
duck (to) capbussar-se. / moure's ràpidament per amagar-se o esquivar quelcom.
duckling aneguet; anedó.
duct conducte.
ductile dúctil.
dud cosa o persona inútil.
dudgeon enutjat; ofès.
due degut; legal. // deute; obligació.
duel duel; desafiament.
duet duo; duet.
duffel teixit de llana basta.
duffer persona estúpida. / mina improductiva.
dug mugró.
duke duc.
dukedom ducat.
dulcimer (mús.) salteri (instrument).
dull avorrit; pesat; insípid; gris; mat. / enze; estúpid.
dull (to) ensopir; adormir; enervar. / ofuscar. / esmussar.
dullard persona estúpida.
dullness estupidesa.

duly degudament; al seu temps degut.
dumb mut. / callat; silent.
dumbbell halteri; pes gimnàstic.
dumbfound (to) sorprendre; deixar estupefacte; deixar sense parla; deixar parat.
dummy objecte simulat; maniquí.
dump lloc on es descarrega la runa; munt d'escombraries.
dump (to) abocar, llençar deixalles. / vessar, buidar de cop.
dumpling mena de púding arrodonit, farcit de carn i verdures.
dumpy rabassut; rodanxó.
dun creditor importú. // castany fosc.
dun (to) demanar amb insistència; importunar un deutor.
dunce estúpid; idiota. / alumne endarrerit.
dune duna.
dung fem.
dungeon calabós; masmorra.
dunghill femer.
dunk (to) sucar; mullar.
dunnock pardal de bardissa.
duodenum duodè.
dupe incaut; crèdul.
dupe (to) enganyar; engalipar; ensarronar.
duplicate duplicat; còpia.
durable durador; durable.
duration durada; duració.
during durant.
dusk crepuscle; capvespre.
dusk (to) fosquejar; vesprejar.
dusky obscur; ombriu.
dust pols; polseguera. / escombraries.
dust (to) espolsar. / empolvorar.

dustbin galleda de les escombraries.

dust-cart carro de les escombraries.

dust-coat guardapols; bata.

duster espolsadors / esborrador (de pissarra); drap de la pols.

dustman escombriaire; escombrariaire.

dustpan arreplegador; recollidor d'escombraries; pala.

dusty empolsat; empolsegat.

Dutch holandès.

Dutch tile rajola de València.

dutiful obedient; complidor. / respectuós; submís.

duty deure; obligació. / servei militar.

duty-free lliure de drets de duana.

dwarf nan; gnom. / pigmeu. // nan; diminut.

dwarfish nan; diminut; menut.

dwell (to) residir; viure; habitar.

dweller resident; habitant.

dwelling residència; domicili; habitança.

dwindle (to) minvar.

dye tint; tintura; color.

dye (to) tenyir.

dyeing tenyida; tenyiment; tint.

dying moribund; agonitzant.

dynamic dinàmic; enèrgic; actiu.

dynamics dinàmica.

dynamite dinamita.

dynamo dinamo; generador.

dynasty dinastia.

dysentery disenteria.

dyspepsia dispèpsia.

E

ARLY TO BED AND EARLY TO RISE MAKES A MAN HEALTHY, WEALTHY AND WISE
D'hora al llit, bo i matiner, hauràs salut, seny i diner

E (mús.) mi.

each cada. // cada un; cadascun. // a cadascú; per cap; per barba.

each other l'un a l'altre.

eager desitjós; impacient; àvid; ansiós. / vehement; amatent; afanyós.

eagerness anhel; avidesa; afany.

eagle àguila; àliga.

eaglet aguiló.

ear orella. / oïda. / espiga.

eardrum membrana auditiva; timpà.

earl comte.

earldom comtat.

earlier anterior; primari.

earliness promptitud.

early d'hora; aviat. // matiner; matinador. / primitiu; antic.

early bird matiner; matinador.

earmark marca d'un ramat.

earmark (to) reservar; predestinar.

earn (to) cobrar; guanyar (honoraris).

earnest formal; seriós. // paga i senyal; penyora.

earnestness bona fe; seriositat; serietat; formalitat.

earnings salari, sou; paga. / beneficis; guanys.

earphones auriculars.

ear-ring arracada.

earth terra (planeta). / terra; sòl; terrer.

earthen de terra; de fang.

earthenware terrissa; objectes de terra.

earthly terrenal; temporal; mundà.

earthquake terratrèmol.

earthworm cuc de terra; papaterra.

earthy de terra; terrós. / bast; tosc.

earwig (ent.) papaorelles; tisoreta; corcollana.

ease facilitat; comoditat; benestar. / alleujament.

ease (to) alleujar; mitigar; calmar. / distendir.

easel cavallet (de pintor).

easily fàcilment.

east est; llevant; orient.

Easter Pasqua de Resurrecció; pasqua florida.

eastern llevantí; oriental; de l'est.

easternmost el més oriental.

eastward cap a l'est.

easy fàcil. / còmode; pràctic.

easy-chair poltrona; butaca.

eat (to) menjar.

eatable comestible; menjable.

eating-house restaurant; fonda.

eaves ràfec; volada.

ebb reflux; minvament; decadència.

ebb (to) refluir; decréixer.

ebony banús; eben.

ebriety embriaguesa; ebrietat.

ebrious ebri; inclinat a la beguda.

ebullient bullent; ardorós; esclatant; exuberant.

eccentric excèntric; extravagant.

ecclesiastic eclesiàstic.

echo eco; ressò.

echo (to) ressonar. / repetir.

eclectic eclèctic.

eclipse eclipsi.

ecliptic eclíptica.

eclogue ègloga.

ecology ecologia.

economic econòmic; pecuniari.

economical econòmic; barat.

economics economia; crematística.

economist economista. / econòmic; estalviador.

economize (to) economitzar; estalviar.

economy economia; estalvi.

ecru (color) cru, natural, sense la feina de preparació.

ecstasy èxtasi.

ecstatic extàtic.

eczema èczema.

eddy remolí; torb.

edelweiss edelweiss.

Eden edèn; paradís terrestre.

edge vora. / riba. / tall (d'una eina).

edible comestible; menjable.

edict edicte.

edification edificació (moral).

edifice edifici; construcció; casal; monument.

edify (to) edificar (moralment); donar bon exemple.

edit (to) redactar, dirigir (un periòdic); editar.

edition edició.

editor director, cap de redacció (d'un periòdic).

editorial article de fons; editorial.

educate (to) educar.

educated culte; educat; instruït.

education cultura; instrucció; educació.

educator educador; pedagog.

educe (to) eduir; treure.

eel (ict.) anguila.

eerie misteriós; fantàstic; esglaiador.

efface (to) esborrar.

efface oneself (to) amagar-se; mantenir-se desapercebut.

effect efecte; resultat.

effect (to) efectuar; realitzar.

effective efectiu; eficaç; eficient; útil.

effectual eficient; positiu; adequat.

effectuate (to) realitzar; efectuar.

effeminate efeminat.

effervescence efervescència.

effete exhaust; gastat; decrèpit; caduc; eixorc.

efficacious eficaç.

efficient eficient.

effigy efígie.

efflorescence eflorescència.

effluent efluent; que emana (d'un riu o un llac).

efflux efluxió; emanació.

effort esforç.

effrontery desvergonyiment; poca vergonya.

effusion efusió; vessament.

effusive efusiu; expansiu.

eft tritó; salamandra amfíbia.

e. g. «exempli gratia»; per exemple.

egg ou.

egg-cup ouera (vaset).

egg-plant (bot.) albergínia.

egg-shell closca d'ou.

eglantine roser boscà; englantina.

egoism egoisme.

egotism egotisme; tendència a mencionar-se un mateix.

egregious egregi; insigne. / enorme; xocant; sorprenent.

egress eixida; sortida.

egret (orn.) martinet blanc.

Egiptian egipci.

Egyptian vulture (orn.) aufrany.

eider èider.

eiderdown edredó.

eight vuit.

eighteen divuit.

eighth vuitè.

eightsome animada dansa escocesa.

eighty vuitanta.

eisteddfod competició artística gallesa.

either o bé (això o allò). / un dels dos; cada un dels dos. // tampoc.

ejaculate (to) ejacular.

eject (to) expulsar; evacuar.

eke out (to) afegir; completar; produir de mica en mica.

elaborate treballat; elaborat.

elaborate (to) elaborar.

elapse (to) transcórrer, passar el temps.

elastic elàstic; dilatable; compressible; flexible.

elate (to) animar; estimular.

elation elació; exaltació; gran alegria.

elbow colze.

elbow-room amplitud; espai lliure.

elder més gran (persona). // (bot.) saüc.

elderly d'edat avançada.

eldest el més gran (persona).
elect electe; escollit.
elect (to) elegir.
elector elector.
electric elèctric (funcionament).
electrical elèctric (relatiu a l'electricitat).
electric fan ventilador.
electrician electricista.
electricity electricitat.
electric light llum elèctrica.
electric tape cinta aïllant.
electrify (to) electrificar.
electrocute (to) electrocutar.
electrode electrode.
electrolysis electròlisi.
electro-magnet magneto; màquina magneto-elèctrica; electroimant.
electron elèctron.
electronics electrònica.
elegance elegància.
elegant elegant.
elegy elegia.
element element.
elemental elemental; essencial. / simple.
elementary elemental; primari.
elephant (zool.) elefant.
elevate (to) elevar.
elevator elevador; màquina elevadora.
eleven onze.
eleventh onzè.
elf follet; esperit entremaliat.
elfin de follets; propi de follets.
elicit (to) deduir; descobrir.
elide (to) elidir.
eligible elegible; desitjable.
eliminate (to) eliminar.
elixir elíxir; pedra filosofal.
elk (zool.) dant (cèrvid).
ellipse el·lipse.
ellipsis el·lipsi.

elliptical el·líptic.
elm (bot.) om.
elocution declamació; oratòria.
elocutionist declamador; orador.
elongate (to) allargar; perllongar.
eloquence eloqüència.
else quelcom més. / més; altre. // altrament; si no.
elsewhere en altra banda; en qualsevol altra part.
elucidate (to) elucidar.
elude (to) eludir.
elusive evasiu; elusiu.
elver (ict.) angula.
Elysian elisi.
emaciation amagriment; aflaquiment; emaciació; demacració.
emanate (to) emanar.
emanation emanació; efluvi.
emancipate (to) emancipar.
embalm (to) embalsamar.
embankment dic; mur de contenció; terraplè.
embargo prohibició; suspensió.
embark (to) embarcar.
embarrass (to) desconcertar; posar en un conflicte; torbar.
embarrassed desconcertat; confós; torbat.
embarrassment desconcert; torbament.
embassy ambaixada.
embattled emmerletat. / en ordre de batalla.
embed enclavat; encastat.
embellish (to) embellir; adornar.
ember caliu; brasa.
ember days dies de dejuni. / témpores.
embezzle (to) malversar; distreure; desfalcar.

embitter (to) amargar; afligir.
emblazon (to) blasonar. / exal-
çar.
emblem emblema.
embody (to) incorporar; in-
cloure.
embolden (to) encoratjar; ani-
mar.
embosom envoltat; encerclat.
emboss (to) embotir; repussar.
embower (to) enramar; empar-
rar.
embrace (to) abraçar; cenyir. /
incloure.
embrasure tronera; obertura
aixamfranada.
embrocation embrocació; loció
per a fregues.
embroider (to) brodar.
embroidery brodat.
embroil (to) embolicar en un
conflicte.
embryo embrió.
emend (to) esmenar; corregir.
emendation esmena; correcció.
emerald maragda.
emerge (to) emergir; sorgir.
emergence emergència.
emergency urgència; accident
fortuït.
emeritus emèrit.
emery esmeril.
emetic emètic; vomitiu.
emigrant emigrant.
emigrate (to) emigrar.
eminence eminència.
emir emir.
emissary emissari.
emission emissió.
emit (to) emetre.
emolument sou; emoluments;
salari.
emotion emoció.
emotional emocional. / emocio-

nable. / emotiu; dramàtic;
sensible.
emotive emotiu.
emperor emperador.
emphasis èmfasi.
emphasize (to) emfasitzar; re-
calcar; accentuar; subratllar.
emphatic emfàtic.
emphatically emfàticament.
empire imperi.
empiric empíric.
empiricism empirisme.
empiricist empíric; partidari de
l'empirisme.
employ (to) emprar. / donar ocu-
pació, feina; ocupar; col·locar.
employee dependent; empleat;
obrer.
employer patró; amo.
employment col·locació; ocupa-
ció; càrrec; plaça.
emporium empori.
empower (to) autoritzar; facul-
tar; donar poder.
empress emperadriu.
empty buit; desocupat; inocupat;
sense res; sense ningú.
empty (to) buidar; evacuar.
empyrean empiri.
emulate (to) emular.
emulous èmul.
emulsion emulsió.
enable (to) facilitar; permetre;
facultar; capacitar; fer possi-
ble.
enact (to) aprovar; sancionar. /
representar; interpretar (tea-
tre).
enamel esmalt.
encamp (to) acampar.
encampment campament.
encase (to) encaixar; encapsar;
encaixonar.
encephalitis (pat.) encefalitis.

enchain (to) encadenar.
enchant (to) encisar; encantar.
enchanter encantador; encisador.
enchantress encantadora; encisadora.
encircle (to) encerclar; formar cercle.
enclave enclavament (territori).
enclose (to) encerclar; tancar. / incloure; adjuntar.
enclosure tancat; marge; recinte. / annex; cosa que acompanya una lletra o document.
encompass (to) encloure; encabir; encerclar; circumdar.
encore! altra vegada! bis!
encounter encontre; topada.
encounter (to) topar; encontrarse.
encourage (to) encoratjar; atiar; animar.
encouragement encoratjament.
encroach (to) passar de la ratlla; envair; usurpar; detenir il·legalment.
encrust (to) encrostar; incrustar; encastar.
encumber (to) destorbar obstaculitzar.
encumbrance destorb; càrrega.
encyclical encíclica.
encyclopaedia enciclopèdia.
end fi; final; punta.
end (to) acabar; finalitzar.
endanger (to) posar en perill; arriscar.
endearing afectuós.
endeavour esforç; intent.
endeavour (to) procurar; intentar. / esforçar-se; maldar.
endemic endèmic.
ending acabament; conclusió; fi.
endive escarola; endívia.
endless inacabable; infinit.

endorse (to) endossar.
endorsement endós.
endow (to) dotar; enriquir. / fundar.
endowment donació; fundació; dot.
endue (to) dotar; investir.
endurance aguant; paciència; sofriment.
endure (to) aguantar; suportar; sofrir. / durar; perseverar.
endways dret; dempeus.
enema ènema; lavativa.
enemy enemic.
energetic enèrgic; actiu.
energy energia.
enervate (to) debilitar; enervar; afeblir.
enfeoff (to) infeudar.
enfold (to) abraçar; estrènyer entre els braços; circuir; enrondar.
enforce (to) forçar; insistir. / donar força.
enfranchise (to) emancipar; alliberar.
engage (to) comprometre; contractar; empenyorar; engatjar. / consagrar-se; obligar-se. / encaixar; ajustar.
engaged compromès; promès; ocupat.
engagement compromís; prometatge.
engagement ring anell de prometatge.
engaging atractiu; captivador; simpàtic.
engender (to) engendrar.
engine màquina; motor. / locomotora.
engine-driver maquinista (de locomotora).
engineer enginyer. / maquinista.

English anglès. / llengua anglesa.
Englishman anglès; home anglès.
Englishwoman anglesa; dona anglesa.
engraft (to) empeltar. / imbuir; infondre.
engrave (to) gravar; cisellar.
engraver gravador.
engraving gravat; làmina; iŀlustració.
engross (to) absorbir; acaparar temps. / escriure (documents) en lletra gran.
engulf (to) engolir; sumir; submergir.
enhance (to) realçar; elevar; engrandir; augmentar.
enigma enigma.
enjoin (to) ordenar; encarregar; prescriure; manar.
enjoy (to) gaudir; fruir. / plaure.
enjoyable delectable; agradable.
enjoyment fruïció; gaudi; goig.
enkindle (to) encendre; inflamar; abrandar.
enlarge (to) engrandir; ampliar.
enlargement ampliació; augment.
enlighten (to) iŀluminar; aclarir.
enlist (to) allistar; enrolar.
enliven (to) animar; avivar.
enmesh (to) enxarxar; embrollar.
enmity enemistat.
ennoble (to) ennoblir.
ennui tedi; avorriment.
enormity ofensa; perversitat; enormitat.
enormous enorme; immens.
enough suficient; b a s t a n t; prou. // a bastament; a bastança; suficientment.
enow V. **enough.**
enquire (to) V. **inquire (to).**

enquiry V. **inquiry.**
enrage (to) enfurir; enrabiar; irritar.
enrapture (to) extasiar; arravatar; embadalir.
enrich (to) enriquir.
enroll (to) enrolar; allistar; registrar.
ensconce (to) amagar; arrecerar; protegir; cobrir.
ensemble conjunt; totalitat.
enshrine (to) servar en un reliquiari; custodiar; guardar amb reverència.
ensign ensenya; bandera; estendard.
ensilage ensitjament.
ensilage (to) ensitjar.
enslave (to) esclavitzar.
ensnare (to) entrampar; agafar amb una trampa.
ensue (to) resultar; seguir-se. / esdevenir-se.
ensure (to) assegurar.
entail vincle; heretatge.
entail (to) vincular; lligar. / heretar; llegar; deixar. / causar; ocasionar; implicar.
entangle (to) enxarxar; embolicar; enredar.
entanglement embolic; embull.
enter (to) entrar; ingressar.
enteritis (pat.) enteritis; inflamació intestinal.
enterprise empresa; iniciativa.
entertain (to) obsequiar; afalagar; festejar; convidar.
entertainer amfitrió.
entertaining entretingut; divertit.
entertainment diversió; entreteniment; passatemps. / convit; festa; acollida.
enthrall (to) captivar; esclavitzar. / dominar l'atenció.

enthrone (to) entronitzar (coronar, consagrar).
enthuse (to) entusiasmar-se.
enthusiasm entusiasme.
enthusiastic entusiàstic; entusiasta.
entice (to) atraure; seduir; temptar.
enticement incitació; temptació.
entire sencer; enter; complet.
entitle (to) intitular. / autoritzar.
entity entitat; ens; ésser.
entomology entomologia.
entrails entranyes; budells; intestins.
entrain (to) embarcar en un tren; enviar una expedició amb tren.
entrance entrada; accés.
entrant participant; entrant.
entrap (to) entrampar; agafar amb una trampa.
entreat (to) pregar; suplicar.
entreaty petició; prec.
entrench (to) establir-se; arrelar-se; fixar-se; atrinxerar-se.
entrust (to) confiar; fiar; deixar a les mans d'algú.
entry entrada; vestíbul. / partida; assentament. / article; mot en un diccionari. / ingrés; inscripció d'ingrés.
entwine (to) entrellaçar; entreteixir; enllaçar.
enumerate (to) enumerar.
enunciate (to) enunciar. / pronunciar.
envelop (to) embolicar; fer un paquet.
envelope sobrecarta; sobre.
envenom (to) enverinar; emmetzinar.
enviable envejable.

envious envejós.
environ (to) voltar; circumdar; encerclar.
environment ambient; circumstàncies; influències.
environs voltants; rodalia.
envisage (to) encarar-se. / imaginar-se; concebre.
envoy enviat; missatger. / estrofa addicional en poemes antics.
envy enveja.
envy (to) envejar.
enzyme enzim.
epaulet xarretera.
ephemeral efímer.
epic èpica.
epicurean epicuri.
epidemic epidèmia. // epidèmic.
epigram epigrama.
epilepsy (pat.) epilèpsia.
epilogue epíleg.
Epiphany Epifania.
episcopal episcopal.
episode episodi.
epistle epístola.
epitaph epitafi.
epithet epítet.
epitome epítom; compendi.
epoch època; era; edat.
equal igual.
equal (to) igualar; ésser igual; igualar-se.
equality igualtat.
equalize (to) igualar; equilibrar.
equanimity equanimitat; serenitat.
equate (to) posar en equació.
equation equació.
equator equador.
equerry escuder; palafrener.
equestrian eqüestre.
equilibrium equilibri.
equine equí.

115

equinoctial equinoccial.
equinox equinocci.
equip (to) equipar; abastar; fornir.
equipment equip; proveïment.
equipoise contrapès; equilibri.
equitable equitatiu.
equity equitat.
equivocal equívoc; ambigu.
equivocation ambigüitat deliberada; equívoc intencionat.
era era; època.
eradicate (to) desarrelar.
erase (to) esborrar.
eraser esborrador; goma d'esborrar.
ere abans de; abans que.
erect erecte.
erect (to) erigir. / construir; edificar; aixecar.
eremite eremita.
Erin (ant.) Irlanda.
ermine (zool.) ermini.
erode (to) corroir; desgastar; menjar.
erosion erosió.
err (to) errar; equivocar.
errand encàrrec; missió; diligència.
errand-boy noi d'encàrrecs; aprenent.
errant errant; rodamón; aventurer.
erratic excèntric; original; estrany.
erratum errata.
erring errant; ambulant. / erroni; errat.
erroneous erroni.
error error; equivocació; falta.
erstwhile al principi; en l'antiguitat. / fins aleshores.
erudite erudit.
erupt (to) causar erupció.

eruption erupció.
erysipelas (pat.) erisipela.
escalator escala mecànica.
escapade escapada; evasió. // trapelleria; entremaliadura.
escape fugida; escapada; fuga. / fuita; escapament.
escape (to) escapar; fugir. / alliberar-se; escapar-se; evadir-se. / esborrar-se de la memòria.
escapement escapament del rellotge.
escarpment penya-segat; escarpa; talús.
eschew (to) evitar; defugir; refusar.
escort escorta.
escort (to) escortar; acompanyar.
escutcheon escut d'armes.
Eskimo esquimal.
esophagus esòfag.
especial especial; peculiar. / notable.
especially especialment.
espionage espionatge.
esplanade esplanada.
esprit esperit; ànim.
espy (to) espiar. / albirar; afigurar.
esquire títol, tractament equivalent a En (Esq.), col·locat darrera del cognom.
essay assaig (literatura).
essay (to) intentar; assajar de.
essayist assagista.
essence essència.
essential essencial; necessari; fonamental.
establish (to) establir.
establishment establiment.
estate finca; hisenda; possessions; fortuna. / estat; condi-

ció; classe; mena; estament.
esteem estima; estimació; consideració.
esteem (to) estimar; valorar; avaluar. / considerar; respectar.
estimate càlcul; avaluació; parer.
estimate (to) avaluar; estimar; calcular; apreciar.
estrange (to) bandejar; estranyar; separar; allunyar; apartar.
estuary estuari.
etcetera etcètera; i altres coses.
etch (to) gravar a l'aguafort.
etching gravat a l'aiguafort; aiguafort.
eternal etern; eternal.
eternity eternitat.
ether èter.
ethereal eteri.
ethic (una) ètica.
ethical ètic; honrat.
ethics (l') ètica (la) moral.
ethnology etnologia.
etiology etiologia.
etiquette etiqueta cerimonial. / ètica (professional).
etwee estoig.
etymology etimologia.
eucalyptus eucaliptus.
Eucharist Eucaristia.
eugenics eugenèsia.
eulogistic elogiós; encomiàstic.
eulogize (to) elogiar; lloar.
eulogy elogi; lloança.
euphemism eufemisme.
euphony eufonia.
euphoria eufòria.
eurhythmics eurítmia.
European europeu.
evacuate (to) evacuar.
evacuee evacuat; traslladat; desallotjat (persona).

evade (to) evadir; eludir; defugir.
evaluate (to) avaluar; valorar; apreuar.
evanescent evanescent.
evangelic evangèlic.
evangelical evangèlic.
evangelist evangelista.
evaporate (to) evaporar.
evasion evasió.
eve vigília; vespra; vetlla; revetlla.
even igual; regular; uniforme; constant. / llis; pla; anivellat. / parell; divisible per dos. // fins; fins i tot; àdhuc. / ni tan sols.
even as al mateix moment que.
even if encara que; malgrat que.
evening vespre.
evening dress vestit d'etiqueta.
even now malgrat això; així i tot.
even so així i tot; amb tot i això.
event esdeveniment; fet; cas.
eventful memorable; notable; extraordinari.
even though encara que; malgrat que.
eventual contingent; eventual; que pot succeir.
eventually amb el temps; a la fi; finalment. / eventualment.
ever sempre. / alguna vegada; mai.
evergreen perennifoli; de fulles perennes.
everlasting perdurable; perpetu; etern.
evermore eternament; sempre; per sempre més.
ever since des d'aleshores; sempre d'aleshores ençà; des que.
ever so moltíssim.
every cada; tots; tot.

everybody tothom.
everyday diari; quotidià; de cada dia.
every now and then de tant en tant.
everyone tothom.
every other day dia per altre.
everything tot; totes les coses.
everywhere arreu; pertot arreu.
evict (to) desposseir legalment.
eviction evicció; despossessió legal.
evidence evidència.
evident evident; clar.
evil mal; adversitat; malvestat. // dolent; pervers.
evildoer malfactor.
evilminded malintencionat.
evince (to) mostrar; donar senyals de.
evocative evocatiu; evocador.
evoke (to) evocar; conjurar.
evolution evolució.
evolve (to) desenvolupar; desplegar.
ewe ovella.
ewer gerra (de rentamans).
exacerbate (to) exacerbar.
exact exacte. / això mateix; Àngela!; Àngela Maria!; exacte.
exact (to) exigir; requerir; imposar.
exacting exigent.
exactly exactament; això mateix.
exaggerate (to) exagerar.
exaggerated exagerat; desmesurat.
exaggeration exageració; desproporció.
exalt (to) exaltar; exalçar; elevar.
exalted exalçat; lloat; ennoblit.
exaltation alegria; gran joia.
exam exàmens.

examination examen. / exàmens.
examine (to) examinar.
example exemple.
exasperate (to) exasperar; enfellonir; irritar.
excavate (to) excavar.
excavation excavació; excavacions.
excavator excavador. / (màquina) excavadora.
exceed (to) excedir; ultrapassar.
exceedingly extremament; en alt grau.
excel (to) excel·lir; superar.
excellence excel·lència; superioritat.
Excellency Excel·lència (tractament).
excellent excel·lent.
except excepte; exceptuant; llevat de.
except (to) exceptuar; eximir.
excerpt separata; extracte.
excerpt (to) seleccionar; extractar.
excess excés; excedent.
excessive excessiu; desmesurat.
exchange canvi; bescanvi; intercanvi.
exchange (to) canviar; entrecanviar; bescanviar.
exchequer tresoreria. / fisc; hisenda.
excise impost.
excise (to) extirpar; suprimir; retallar; tallar.
excite (to) excitar. / animar. / emocionar.
excited emocionat; eufòric.
excitement excitació. / animació; eufòria. / emoció.
exciting excitant; estimulant. / emocionant.
exclaim (to) exclamar.

exclamation exclamació.
exclamation mark (ortog.) signe d'admiració.
exclude (to) excloure.
exclusive exclusiu; exclusivista.
excommunicate (to) excomunicar.
excoriate (to) excoriar; llevar la pell.
ecrement excrement.
excrescence excrescència.
excrete (to) excretar.
excruciating agudíssim (dolor).
exculpate (to) exculpar; disculpar.
excursion excursió.
excursionist excursionista.
excuse excusa; disculpa.
excuse (to) excusar; justificar. / perdonar; disculpar.
excuse me perdoneu; dispenseu; perdó.
execrate (to) execrar; abominar; detestar.
execute (to) executar.
execution execució.
executioner botxí; executor (de justícia).
executor marmessor; executor (testamentari).
exegesis exegesi.
exemplar model; exemple; exemplar.
exemplary exemplar; modèlic.
exemplify (to) iŀlustrar; exemplificar.
exempt exempt; desobligat.
exempt (to) exemptar; eximir.
exercise exercici.
exercise (to) exercitar; fer pràctica. / fer exercici; treballar.
exert (to) exercir. / esforçar-se.
exertion esforç.
exeunt (teatr.) mutis; se'n van.

exhalation exhalació.
exhale (to) exhalar.
exhaust escapament; tub d'escapament.
exhaust (to) esgotar; exhaurir; acabar; buidar.
exhausted exhaust; exhaurit.
exhaustion esgotament; exhaustió.
exhaustive exhaustiu; complet.
exhibit exposició; exhibició. / document o objecte comprovant.
exhibit (to) exhibir; exposar.
exhíbiter expositor.
exhibition exposició. / exhibició.
exhilarate (to) alegrar; divertir.
exhort (to) exhortar.
exhume (to) exhumar.
exigence exigència; necessitat; urgència.
exiguity exigüitat.
exiguous exigu; petit; escàs.
exile exili; expatriació. // exiliat; expatriat.
exile (to) exiliar; bandejar; proscriure.
exist (to) existir.
existence existència.
existentialism existencialisme.
exit sortida; eixida. / partença; marxa. / mutis.
exit (to) fer mutis.
exodus èxode.
exonerate (to) exonerar; eximir; exemptar.
exorbitant exorbitant; excessiu.
exorcism exorcisme.
exorcize (to) exorcitzar.
exotic exòtic; foraster.
expand (to) eixamplar; estendre; expandir.
expanse extensió; amplària; grandària.

119

expansion expansió; dilatació.

expansive expansiu; dilatable; / comunicatiu; efusiu; expansiu.

expatiate (to) estendre's difusament sobre un tema o qüestió.

expatriate expatriat; absent de la pàtria.

expatriate (to) expatriar-se; renunciar la pròpia ciutadania; emigrar.

expect (to) esperar; confiar en; comptar amb; suposar; témer.

expectancy expectació; expectativa; esperança.

expectant expectant. / que espera ésser mare.

expectation esperança; perspectiva; esdevenidor; expectativa.

expectorate (to) expectorar.

expedience conveniència.

expedient convenient; avantatjós; oportú.

expedite (to) facilitar. / apressar; donar pressa; acuitar.

expedition expedició; viatge; campanya. / promptitud; rapidesa; expeditesa.

expeditious expeditiu; resolutiu; prompte.

expel (to) expel·lir; expulsar.

expend (to) desembutxacar; desembossar; gastar.

expenditure despesa; desembós.

expense càrrec; compte; despeses. / despesa; cost. / (iròn.) costelles.

expensive car; costós.

experience experiència.

experienced expert.

experiment experiment.

expert expert; tècnic; pràctic.

expertise perícia; expertesa; pràctica.

expiate (to) expiar.

expiration expiració; venciment.

expire (to) expirar; finir.

expiry expiració; venciment.

explain (to) explicar; explanar; definir.

explanation explicació.

explanatory explicatiu; aclaridor.

expletive expletiu.

explicate (to) desenrotllar; exposar.

explicit explícit.

explode (to) explotar; esclatar; rebentar.

exploit proesa; gesta.

exploit (to) treure partit; explotar; beneficiar-se.

explore (to) explorar.

explorer explorador.

explosion explosió.

explosive explosiu.

export exportació.

exporter exportador.

expose (to) exposar; descobrir; destapar.

exposition exposició.

expostulate (to) protestar; reconvenir; estirar les orelles.

exposure exposició. / descobriment; despullament; exposició a la intempèrie; fred. / revelació; declaració. / acció de disparar una màquina fotogràfica; fotografia.

exposure meter fotòmetre.

expound (to) exposar; explicar; comentar; dilucidar.

express exprés; especial. / idèntic; exacte.

express (to) expressar. / expressar-se. / esprémer.

expression expressió.

expressionism expressionisme.

expressly expressament; especialment.

expropriate (to) expropiar; desposseir.

expulsion expulsió.

expunge (to) esborrar; suprimir; ratllar.

expurgate (to) expurgar; (un text).

exquisite exquisit.

extant existent; en existència; no exhaurit; conservat.

extemporary extemporani; improvisat; sense preparació.

extend (to) estendre; augmentar; ampliar.

extension extensió; ampliació; prolongació.

extent extensió; abast; magnitud; amplitud.

extenuate (to) atenuar; pal·liar.

exterior exterior.

exterminate (to) exterminar; anorrear.

external extern; forà. / exterior; extern.

exterritorial extraterritorial.

extinct extingit; apagat.

extinction extinció.

extinguish (to) extingir.

extirpate (to) extirpar; exterminar.

extol (to) exalçar; lloar.

extort (to) obtenir, assolir, per la violència.

extortionate exorbitant; desmesurat; excessiu; injust.

extra extra; etraordinari; addicional.

extract extracte.

extract (to) extreure.

extraction extracció. / llinatge; estirp; nissaga.

extradite (to) obtenir l'extradició (d'un criminal fugitiu).

extradition extradició.

extraneous estrany; aliè.

extraordinary extraordinari.

extraterritorial extraterritorial.

extravagance extravagància. / disbauxa; prodigalitat; malbaratament.

extravagant extravagant. / malgastador; pròdig; malbaratador.

extreme extrem.

extremity extremitat. / rigor; mida extrema.

extricate (to) alliberar.

extrinsic extrínsec.

extrovert extrovertit.

extrude (to) empènyer cap a fora; expulsar.

exuberance exuberància.

exuberant exuberant; abundant; ubèrrim.

exude (to) traspuar; exsudar.

exult (to) exultar; alegrar-se.

ex voto ex-vot.

eye ull. / vista; mirada.

eye (to) mirar; donar una mirada.

eyebrow cella.

eye-glasses ulleres.

eyelash pestanya.

eyelet ullet.

eyelid parpella.

eyepiece lent ocular (d'un telescopi, microscopi, on s'aplica l'ull).

eyesight vista; paisatge. / visualitat; vista.

eyesore cosa desplaent a la vista.

eyestrain fatiga visual.

eyetooth ullal.

eye-witness testimoni ocular.

FIRE IS A GOOD SERVANT BUT A BAD MASTER
El foc és un bon mosso, però un mal amo

F (mús.) fa.

fable faula.

fabric fàbrica; edifici. / manufactura. / teixit.

fabricate (to) fabricar. / inventar; fantasiar.

fabrication fabricació. / mentida; invenció.

fabulous fabulós.

façade façada.

face cara; faç; rostre; semblant; visatge. / esguard; mirada; expressió.

face (to) afrontar; fer cara; plantar cara.

facet faceta.

facetious alegre; faceciós.

facile fàcil; flexible.

facilitate (to) facilitar.

facilities avantatges; beneficis; facilitats.

facility facilitat.

facing façana. / revestiment. / parament.

facsimile facsímil.

fact fet; realitat; acció; veritat.

faction facció.

factitious factici; artificial.

factor factor. / agent.

factory fàbrica; factoria; manufactura.

faculty facultat.

fad caprici; novetat; moda.

faddy capriciós; remirat; escrupolós.

fade (to) apagar; esmorteir;

marcir. / esfumar-se; esvair-se; fondre's.

fade away (to) desaparèixer; esvair-se.

faerie V. faery; fairy.

faery meravellós; de fades.

fag esclau; marmitó. / feina enutjosa.

fag (to) fatigar; esgotar. / cansar-se; escarrassar-se; treballar com un negre.

fag-end resta; escorrialles. / burilla; punta (de cigar o cigarret).

fagot feix (de llenya).

faience faiança; pisa fina.

fail fallada; falta.

fail (to) fallar; no reeixir; fracassar. / deixar de; negligir; ometre.

failing defecte; imperfecció; flaquesa.

failure fracàs; fallada; fallença.

fain amatent; volenterós. // de grat; de bona gana.

faint dèbil; lànguid; apagat; llangorós. // desmai defalliment.

faint (to) defallir; desmaiar-se. / apagar-se; debilitar-se.

faintly dèbilment; tènuement.

fair regular; mitjà; bo; passable. / just; equitatiu. / satisfactori; plaent. / net; pulcre; polit. / ros; rossenc. // fira; mercat.

fair (to) aclarir-se (el temps).

fair and square clar i català; honradament.

fair copy còpia en net.

fair haired ros; de cabell ros.

fairly bastant; suficientment; raonablement.

fair play joc net.

fair sex bell sexe; sexe dèbil.

fairy fada. // meravellós; de fades.

fairyland país de fades.

fairy-tale conte de fades.

faith fe. / fidelitat.

faithful fidel; lleial.

faithfulness fidelitat.

faithless fals; deslleial.

fake falsificació; invenció; història falsa.

fakir faquir.

falchion simitarra.

falcon falcó.

fall caiguda. / pluja; ruixat. / fall; cascada; salt d'aigua. / tardor.

fall (to) caure. / davallar; decaure.

fallacy error; falsa raó. / fal·làcia.

fall away (to) desertar.

fall behind (to) ressagar-se.

fallible fal·lible.

fall in love (to) enamorar-se.

fallow guaret; llaurat sense sembrar.

fallow-deer daina.

fall upon (to) assaltar; atacar.

false fals; artificial; postís.

falsehood mentida, falsedat.

falseness falsedat; perfídia.

falsetto falset.

falsify (to) falsificar.

falter balbuceig. / vacil·lació. / tremolor.

falter (to) vacil·lar; tentinejar; tremolar. / balbucejar.

fame fama.

famed famós; anomenat.

familiar familiar; comú; conegut.

familiarity familiaritat; franquesa.

family família.

family name cognom.

famine fam.

famish (to) famejar.

famished famolenc; famèlic.

famous famós; conegut; remarcable; cèlebre.

fan ventall. / ventilador. // fanàtic; seguidor.

fan (to) ventar. / ventilar; orejar.

fanatic fanàtic.

fanaticism fanatisme.

fancier amic de; amant de; afeccionat; cultivador.

fanciful fantasista; capriciós; fantàstic; imaginatiu.

fancy fantasia; caprici. / afecció. // fantàstic.

fancy (to) imaginar. / figurarse. / considerar-se, creure's (un mateix). / fingir; fer veure.

fancy-free no enamorat; lliure.

fancy-work labor (de cosir o brodar).

fandango (mús.) fandango.

fanfare fanfara; toc de trompetes o cornetes.

fang ullal.

fantasia (mús.) fantasia (sobre un tema musical).

fantastic fantàstic; imaginari; fabulós.

fantasy imaginació; cosa, treball fantasiós; il·lusió.

far lluny; distant. // lluny. // llunyà.

far away llunyà; lluny.

farce farsa; comèdia burlesca.

fare tarifa; preu del viatge. /
menjar; plat.

fare (to) succeir; passar; anar;
esdevenir. / menjar; alimen-
tar-se.

farewell comiat; adéu.

farinaceous farinaci; farinós.

farm granja; casa de pagès;
mas; finca.

farm (to) cultivar la terra; criar
animals; fer de pagès.

farmer agricultor; pagès; gran-
ger.

farmhand peó de granja; mosso
de pagesia.

farmhouse masia; casa de pa-
gès; mas.

farming agricultura; cultiu; con-
reu.

farmyard corral; pati de granja.

far off lluny; enllà.

farrier ferrador de cavalls; ferra-
dor.

farther més lluny; més llunyà.

farthest (el) més llunyà (el)
més allunyat de tots.

farthing quart de penic; ardit;
fotesa.

fascia plafó d'instruments (en
un automòbil).

fascinate (to) fascinar.

fascine feix. / (mil.) feixina.

fashion moda; elegància.

fashionable de moda; en voga. /
a la moda; elegant.

fashion-plate figurí.

fast ferm; lleial. / segur; fer-
mat; fort. / ràpid. / avan-
çat. // fermament; forta-
ment. / ràpidament. / en
dejú. // dejuni.

fast (to) dejunar.

fast asleep profundament ador-
mit.

fast by prop de; molt a prop.

fasten (to) fermar; lligar. / tan-
car amb pany i clau.

fastening passador; balda.

fastidious delicat; meticulós; exi-
gent.

fasting dejuni.

fastness fortalesa; plaça forta. /
promptitud; rapidesa. / ferme-
sa; solidesa.

fat greix; sèu; matèria grassa.
// gras. / ric; fèrtil.

fat (to) engreixar.

fatal fatal.

fatally fatalment; mortalment.

fate fat; destí; sort.

fat-head talòs; estúpid.

father pare.

father (to) engendrar. / fer de
pare.

father-in-law pare polític; sogre.

fathom braça (1,6718 m), mida
aquàtica.

fathom (to) profunditzar. / son-
dejar; sondar.

fatigue fatiga; cansament.

fatten (to) engreixar; engreixar-
se.

fatty gras. / greixós.

fatuous fatu; presumptuós.

faucet aixeta; pitxolí.

faugh! malviatge! bah! vatua!

fault falta; errada; defecte;
culpa. / (geol.) falla.

faultless impecable.

faulty culpable. / deficient; de-
fectuós.

faun faune.

favour favor.

favour (to) afavorir. / preferir

favourite favorit; predilecte.

fawn (zool.) cérvol petit.

fawn (to) fer magarrufes, fes-
tes. / adular; afalagar.

fealty fidelitat; vassallatge.
fear por; temor; temença.
fear (to) témer; tenir por.
fearful temorós; aprensiu. / poruc. / espantós; terrible.
fearless valent; intrèpid.
fearsome espaventable.
feasible factible; realitzable; possible.
feast festa; festival; festivitat.
feast (to) celebrar; festejar; alegrar.
feat fet. / feta; gesta.
feather ploma. / plomatge.
feather (to) cobrir de plomes; guarnir amb plomes.
feather one's nest (to) fer el seu agost; fer un bon guany.
feature traç; tret; facció de la cara.
febrifuge febrífug.
February febrer.
feckless ineficaç; fútil.
fecund fecund.
fecundate (to) fecundar.
federate (to) federar; federar-se.
fee honoraris; emoluments. / dret d'entrada. / patrimoni; béns; herència.
fee (to) pagar; retribuir (honoraris, emoluments).
feeble feble; malaltís.
feebly dèbilment; feblement.
feed pinso; ració del bestiar. / aliment infantil.
feed (to) alimentar; péixer; nodrir.
feeder alimentador. / afluent; tributari. / pitet. / biberó.
feeding-bottle biberó.
feel tacte; palp. / percepció pel tacte o contacte.
feel (to) notar amb el tacte o pel contacte; experimentar; sentir. / palpar; tocar. / sentir-se; trobar-se; tenir el pressentiment.
feeler tentacle; antena.
feel equal to (to) sentir-se capaç.
feel like (to) tenir ganes de; voler.
feeling sensibilitat; sentiment. / sensació. / palpament; tacte.
feel up to (to) sentir-se capaç; sentir-se amb forces.
fees drets de matrícula.
feign (to) fingir; fer veure; simular.
feint ficció; engany.
felicity goig; felicitat.
feline felí.
fell pell d'animal amb pèl. // cruel; inhumà.
fell (to) abatre; aterrar; esfondrar.
fellow individu; home; company; bordegàs; membre.
fellowship companyonia. / companyonatge.
felon malvat; traïdor.
felony crim; traïdoria; delicte greu.
felt feltre.
felucca falutx; barca de mitjana.
female femení. // femella.
feminine femení.
femur fèmur.
fen fangar; fanguissar; aiguamoll; marjal.
fence estacada; barrera; tanca. / esgrima. / defensa; objecció.
fence (to) evitar; eludir; defensar-se. / tancar; encerclar. / esgrimir; practicar l'esgrima.
fencer esgrimidor.
fencing esgrima.

fend (to) defensar defensar-se; valer-se.
fender guardafoc.
fenders (mar.) defenses.
fennel fonoll.
feral feral; cruel; acarnissat.
ferment ferment.
ferment (to) fermentar.
fern falguera.
ferocious fer; feroç.
ferocity ferocitat.
ferret fura.
ferro-concrete ciment armat.
ferrous ferrós.
ferrule virolla.
ferry transbordador; rai; barca de passatge.
ferry (to) transportar, amb barca, de riba a riba.
ferry-boat embarcació per a carruatges.
ferry-man barquer.
fertile fèrtil.
fertilize (to) fertilitzar.
ferule palmeta; fèrula.
fervent fervent; ardent.
fervid fervent; fervorós.
fervour fervor.
festal festiu; joiós; gai.
fester (to) ulcerar-se. / enverinar; irritar; exasperar.
festival festa; festival.
festive festiu.
festoon fistó.
fetch (to) anar a cercar; portar (cap ací).
fetish fetitxe.
fetter grilló.
fetter (to) engrillonar; encadenar.
fettle humor; filis; caràcter.
feud feu. / enemistat entre tribus, famílies.
feudal feudal.

feudatory feudal. / feudatari; vassall.
fever febre.
feverish febril; febrós.
few pocs; poques.
fewer menys (pl.); més pocs; més poques.
fez fes.
fiancé promès; futur marit.
fiancée promesa; futura esposa.
fiasco fiasco; mal èxit.
fiat fíat.
fib falòrnia; bola; bòfia; mentida intranscendent.
fibre fibra.
fibula peroné; fíbula.
fickle variable; voluble; mudable; inconstant.
fiction novel·la de ficció; literatura novel·lesca.
fictitious fictici; irreal.
fiddle violí. / instrument d'arc, antic.
fiddler violinista.
fiddlestick arc de violí; arquet.
fiddlesticks! ximpleries!; nicieses!
fidelity fidelitat.
fidget inquietud; impaciència; nerviosisme.
fidget (to) moure's nerviosament; mostrar impaciència.
fidget with (to) joguinejar.
fidgety impacient; inquiet.
fie! uf!
fief feu.
field camp; prat.
field (to) alinear (equips esportius). / interceptar, entomar, la pilota (beisbol, críquet).
fieldfare (orn.) griva cerdana.
field-glasses binocles de campanya.
fiend malvat; pervers.

fierce fer; ferotge. / furiós.
fiery ardorós; fogós ardent.
fife pifre; flautí.
fifteen quinze.
fifth cinquè.
fifty cinquanta.
fig figa.
fight lluita; combat; contesa.
fight (to) lluitar; combatre.
figment ficció; invenció.
fig-tree figuera.
figurative figurat. / figuratiu.
figure xifra; número. / figura.
figure (to) figurar; formar; emmotllar. / figurar-se; imaginar-se.
figure-head mascaró de proa.
figurine estatueta; figureta.
filament filament (bombeta elèctrica).
filbert avellana.
filbert-tree avellaner.
filch (to) pispar; robar coses de poca vàlua.
file llima. / fila; filera. / arxivador.
file (to) llimar. / arxivar.
filial filial.
filibuster filibuster; pirata.
filigree filigrana; obra d'art, subtil.
filings llimalla.
fill fart; panxó. / porció de tabac que omple la pipa.
fill (to) omplir; omplir-se.
fillet bena; faixa; cinta. / filet (de carn o peix).
filling farciment.
fillip garguirot; garguilot. / estímul.
fillip (to) estimular; incitar.
filly (zool.) poltra; euga jove.
film pel·lícula; film. / capa; tel.
filter filtre.

filter tip filtre de cigarret.
filth porqueria; sutzura; immundícia; greixum.
filthy brut; immund; fastigós.
fin aleta (del peix).
final final; conclusiu; definitiu.
finale (mús.) final.
finality decisió; determinació; resolució.
finalize (to) finalitzar.
finance finances.
financial adj. financer.
financier n. financer; persona versada en finances.
finch (orn.) fringíl·lid.
find troballa.
find (to) trobar; retrobar; descobrir.
finder (fot.) visor; ullera. / el qui troba; descobridor.
finding trobament; descobriment. / decisió; sentència; veredicte.
find out (to) descobrir; desxifrar; treure l'entrellat; arribar a saber; assabentar-se.
fine multa; penyora. // bé; perfectament. // fi; clar; ras; bell; excel·lent; bo.
fine (to) multar; penyorar.
finery adornament; adreç.
finesse senderi; seny; tacte; delicadesa.
finger dit (de la mà).
finger-print empremta digital.
finger-tips punta dels dits.
finicky melindrós; afectat; delicat en excés; embafador.
finish fi; final; acabament; rematada; coronació.
finish (to) acabar; completar. / retocar; polir.
finite limitat; finit.
fiord fiord.

fir avet.
fire foc. / incendi.
fire (to) incendiar. / atiar; encendre. / fer foc; disparar.
fire-alarm aparell d'avís d'incendi.
fire-brigade cos de bombers; brigada de bombers.
fire-engine cotxe de bombers; bomba.
fire-escape escala de bombers.
fire-extinguisher extintor.
fire-fly insecte alat que emet llum. / lluerna; cuca de llum.
fire-house parc de bombers.
fire-irons atiador; molls, pala i altres ferros per a remenar el foc.
fireman bomber.
fire-place llar del foc; llar; escalfapanxes.
fire-proof incombustible.
firewood llenya.
fireworks focs artificals.
firm firma; casa comercial; empresa. // ferm; sòlid.
firmament firmament.
firmness fermesa; consistència.
first primer; primerenc. // primerament. // començament.
first aid primers auxilis.
first-born primogènit.
first cost preu de cost.
first name nom de pila.
first night nit d'estrena (espectacles).
first-rate de primera; excel·lent. // excel·lement.
first water flor i nata; superior; millor; extra.
firth cap de riu; estuari; braç de mar.
fiscal fiscal; relatiu al fisc.
fish peix; peixos.
fish (to) pescar.

fishbone espina (de peix).
fisherman pescador.
fishing pesca.
fishing-line llinyol; fil de pescar.
fishing-rod canya de pescar.
fishmonger peixater; pescater.
fish-shop peixateria; pescateria.
fish-slice ganivet per a tallar i servir el peix.
fishwife peixatera; pescatera.
fissile físsil; esberladís.
fission fissió.
fissiparous fissípar.
fisure fissura; clivella.
fist puny; mà closa.
fistula fístula.
fit adequat; escaient; apropiat; convenient. // atac; accés; crisi.
fit (to) escaure; caure bé; encaixar; ajustar; adequar; adaptar. / equipar; proveir.
fitful variable; irregular; voluble.
fitment moble; joc de mobles.
fitness idoneïtat; conveniència; propietat.
fitter ajustador. / tallador, emprovador (sastre).
fitting apropiat; adequat; convenient.
fittings accessoris; eines; mobiliari.
five cinc.
fix angúnia; destret; estretor.
fix (to) fixar; ajustar; fermar. / fixar-se; posar esment.
fixed fix; estable; invariable.
fixedly fixament.
fixture instal·lació.
fix up (to) arreglar.
fizz xiu-xiu; ruflet.
fizz (to) xiu-xiuar; ruflar.
flabby feble; fluix; dèbil.

flaccid flàccid.
flag bandera; estendard. / llosa.
flag (to) decaure; flaquejar; minvar. / guarnir amb banderes. / fer senyes amb banderes.
flagellate (to) flagel·lar; assotar.
flageolet (mús.) flabiol; caramella; gralla.
flagitious malvat; dolent.
flagon flascó; ampolla; fiola.
flagrant flagrant; evident.
flagstone llosa.
flail verguera.
flair instint natural; predisposició; discerniment.
flake borralló; floc; bri; espurna; escata; escama.
flambeau torxa encesa.
flamboyant flamejant; ric; florit; lluït. / vistent; cridaner; llampant.
flame flama.
flame (to) flamejar.
flamingo (orn.) flamenc; àlic roig; fenicòpter.
flange vora; pestanya; reforç; vorell.
flank flanc.
flannel franel·la.
flap coberta de la butxaca; tapeta; cartera. / tapa plegable del sobre o sobrecarta. / ala plegable d'una taula. / ala del barret tou.
flap (to) aletejar; batre (ales, veles, cortines).
flare flamarada; llampec.
flare (to) flamejar.
flash llampec; fogonada.
flash (to) resplendir; fulgurar.
flash-light llanterna elèctrica. / (fotog.) descàrrega lluminosa instantània; aparell per a produir aquesta descàrrega.

flask flascó; garrafa.
flasket flascó petit. / cistell pla.
flat pla; llis. // pis. / mús.) bemoll. // planerament; clarament; llisament; terminantment; categòricament.
flat-iron planxa (per a planxar).
flatten (to) aplanar.
flatter (to) adular; llepar; ensabonar.
flatulence flatulència.
flaunt to ostentar; lluir. / gloriejar-se.
flautist flautista.
flavour sabor; gust.
flavour (to) condimentar; amanir; assaborir.
flavourless insípid; fat.
flaw tara; defecte; imperfecció; esquerda.
flawless perfecte; impecable.
flax lli.
flay (to) espellar; escorxar; cotnar; pelar.
flea puça.
fleck clapa; taca; pic; punt.
fledge (to) emplomissar-se; cobrir-se de ploma.
fledgeling de la primera volada; novençà; neòfit.
flee (to) fugir. / escapolir-se; fer-se escàpol.
fleece velló; toís; llana tosca d'un moltó o ovella.
fleet flota; esquadra marina. // lleuger; veloç.
fleet (to) volar; passar; fugir.
Fleming flamenc; de Flandes.
Flemish flamenc; idioma flamenc.
flesh carn.
fleshly carnal; sensual.
fleshy gras; obès; ple; canut.
flex (fil elèctric); flexible.

flex (to) doblegar; vinclar; tòrcer; blegar.

flexible flexible; vincladís.

flick copet amb un dit.

flick (to) desbrossar amb el dit.

flicker (to) titiŀlar; vaciŀlar; parpellejar.

flick-knife navalla.

flight vol; volada. / tram (d'escala). / fugida; escapada.

flighty voluble; coqueta.

flimsy dèbil; fluix. // full de paper bíblia.

flinch (to) titubejar; vaciŀlar. / fer-se enrera; esporuguir-se.

fling ball escocès. / salt; bot. / cop; etzibada.

fling (to) etzibar; donar un cop sobtadament; precipitar; engegar; tirar; gitar violentament.

flint pedra foguera. / cosa molt dura.

flinty rocós; dur; pedregós; empedreït.

flip garguilot; garguirot.

flip (to) moure, fer córrer, d'un garguirot.

flippant descarat; insolent.

flipper aleta natatòria (tortuga, foca, pingüí). / peu d'ànec (homes-granota, pesca submarina).

flirt galantejador; que fa l'amor com a diversió; noia que festeja de broma; coqueta.

flirt (to) flirtejar; posturejar; coquetejar; amorejar; festejar de broma.

flirtation flirt.

flit (to) voletejar oronejar; papallonejar.

flitting papalloneig; moviment ràpid d'ales.

fload (to) flotar; surar.

floating flotant. / fluctuant.

flock ramat; folc; ramada; estol; vol; bandada. / floca.

flock (to) reunir-se congregar-se.

floe massa o camp de gel flotant.

flood inundació; negada; diluvi.

flood (to) inundar; negar.

floor terra; paviment (planta, habitació). / pis.

floor (to) enrajolar; emparquetar; empostissar; pavimentar. / tirar a terra. / derrotar.

floorboards enrajolat; empostissat.

floor-cloth baieta (de fregar l'enrajolat).

flooring enrajolat; empostissat; parquet; paviment.

floor lamp llum amb peu fins a terra.

flop caiguda; capgirell.

flop (to) caure; desplomar-se feixugament.

florist florista.

floss fils de seda tosca que cobreixen el capoll del cuc de seda. / cabellera de la panotxa.

flotsam restes flotants d'un vaixell naufragat.

flounce farbalà. / gest d'impaciència; moviment sobtat del cos.

flounce (to) moure's amb gests d'impaciència.

flounder (ict.) pelaia.

flounder (to) vaciŀlar parlant. / maldar per sortir de l'aigua, de la neu.

flour farina.

flourish prosperitat; puixança. / (mús.) toc triomfal. / traç re-

dundant en una rúbrica o cal·li-
grafia.
flourish (to) prosperar; florir. /
fer onejar una cosa per fer-la
visible.
flourishing florent; puixant.
floury farinós.
flout menyspreu; befa.
flout (to) menysprear; deses-
timar.
flow corrent; doll; raig.
flow (to) fluir; córrer; rajar; cir-
cular.
flower flor.
flower-bed massís de flors.
flower-girl noia que ven flors;
florista.
flower-pot test; torreta; vas de
terrissa per a plantes.
flu grip; influença.
fluctuate (to) fluctuar.
flue tub de xemeneia o caldera.
fluency afluència; facilitat de pa-
raula.
fluent fluent; fluid; fàcil.
fluently amb afluència; amb fluï-
desa.
fluff borrissol.
fluffy apelfat; vellutat.
fluid fluid; substància (gas, lí-
quid) fluïda. // fluid fluent.
fluidity fluïdesa; fluïditat.
fluke xamba; sort inesperada. /
dent de l'àncora.
flume canal; rec.
flummex (to) desconcertar.
fluorescent fluorescent.
flurry ràfega. / xàfec. / nevada.
flurry (to) atabalar; torbar; des-
concertar.
flush sufocació; rubor; enrojola-
ment. // plenitud; abundància.
/ volada sobtada.
flush (to) enrogir; enrojolar-se.

/ fer marxar volant un ocell o
ocells.
fluster confusió; estat nerviós.
fluster (to) posar nerviós; ator-
dir.
flute (mús.) flauta. / estria; ca-
nal.
flutter aleteig; esbategament.
flutter (to) aletejar; esvolete-
gar; voletejar; oronejar.
flux fluix; fluxió. / fusió.
fly (ent.) mosca.
fly (to) volar.
fly-catcher papamosques.
flying aviació.
flying-fish (ict.) peix volador.
fly-over nus de carreteres o
autopistes a diversos nivells.
fly-wheel volant; roda (volant).
foal poltre; cria del cavall. /
arriet; cria de l'ase.
foam escuma; bromera.
fob butxaca per al rellotge (ar-
milla, calces).
fob (to) ensarronar.
focal focal.
focus focus.
focus (to) enfocar.
fodder pinso; farratge.
foe enemic; adversari.
foetus fetus.
fog boira; broma.
fogey antiquat; d'idees antiqua-
des.
foggy boirós; bromós.
foible flac; punt flac; debilitat.
foil làmina fina, pa, de metall;
paper d'estany. / (esgrima)
floret.
foil (to) frustrar; impedir.
foist (to) encolomar; endossar;
donar gat per llebre.
fold plec; doblec. / pleta; cleda;
corral.

fold (to) plegar; doblegar. / apletar, tancar; aplegar.

foliage fullatge.

folio foli; pàgina; full.

folk gent; poble; nació. / persones.

follow (to) seguir; venir a continuació; anar al darrera.

follower deixeble; seguidor.

following següent.

follow suit (to) seguir el corrent; seguir l'exemple; fer el joc convenient.

folly atzagaiada; rucada. / follia; bogeria.

foment (to) fomentar; provocar; instigar. / aplicar locions, draps calents, com a calmants; fomentar.

fomentation foment. / fomentació; aplicació de calmant.

fond afeccionat; afecte. / afectuós.

fondle (to) amanyagar; acaronar.

fondly afectuosament.

fondness afecte. / afecció; afeccionament.

font baptisteri. / pica d'aigua beneita.

food queviures; aliment; menja; vianda; minestra; menjar.

foodstuffs comestibles; articles alimentaris.

fool enze; neci; babau.

fool (to) fer el boig; bromejar; fer el ximple. / rifar-se; burlar-se; riure's.

foolhardiness temeritat; imprudència.

foolhardy temerari; imprudent.

foolish neci; ruc; insensat.

foolscap paper mida foli.

foot (anat.) peu. / mida (12 polzades = 30,48 cm).

football futbol. / pilota de futbol.

footing peu; base.

footle (to) fer el ruc; fer l'animal.

footlights bateria; renglera de llums al peu de l'escenari.

footling insignificant.

footmark petjada.

foot-path senderó, caminoi.

foot-pound unitat d'energia (550 foot-pounds per segon = un HP.).

footprint petjada.

foot-race (esp.) cursa pedestre.

footstool escambell.

fop dandi; petimetre.

for per. / per a. / a. / de. / cap a. / durant. // perquè; per tal com.

for a change per a variar.

forage farratge.

forage (to) péixer; pasturar. / nodrir-se. / robar; pillar; saquejar.

foraging pillatge; saqueig.

foray incursió. / pillatge.

forbear (to) abstenir-se; estar-se.

forbears avantpassats.

forbid (to) prohibir; privar. / impedir.

forbidding repulsiu; repel·lent.

force força; vigor.

force (to) forçar; obligar.

forceful poderós; fort; vigorós; contundent; eficaç.

force-meat carn picada; xixina; farciment.

forceps fòrceps; pinces.

for certain de cert; de segur.

forcible convincent; poderós.

forcibly forçadament; fortament; poderosament.

ford gual.
ford (to) passar a gual.
fore davant; part frontal. / proa.
forearm avantbraç.
forebode (to) presagiar; anunciar; predir; amenaçar; assenyalar.
forecast (to) predir; presagiar; augurar.
forecastle (nàut.) castell de proa.
foreclose (to) alienar una propietat quan la seva hipoteca no és pagada.
forecourt espai tancat davant un edifici.
foredoom (to) predestinar.
forefathers avantpassats.
forefinger (anat.) dit índex; índex.
forefoot peu del davant (d'un quadrúpede).
forefront front; primera fila; avançada; avantguarda; primer; del davant.
foregoing precedent; mencionat; anterior.
foreground primer terme (en pintura, fotografia).
forehand directe; amb la mà de cara (tennis).
forehead (anat.) front.
foreign foraster; estranger; aliè.
foreigner estranger.
foreland cap; punta de terra que entra al mar.
foreleg pota del davant (d'un quadrúpede).
foreman capatàs; contramestre.
foremost capdavanter. / principal.
forename nom de pila.
forenoon matí; abans de migdia.
forensic forense.

forerunner precursor; herald.
foresee (to) preveure.
foreshadow (to) prefigurar. / simbolitzar.
foreshore part de la platja que queda coberta en la plenamar. / zona costera; litoral.
foresight previsió; prudència.
forest forest; selva.
forestall (to) anticipar-se; guanyar per la mà.
foretaste prelibació.
foretaste (to) assaborir anticipadament.
foretell (to) predir.
forethought premeditació; providència.
forever per sempre; sempre.
forewarn (to) prevenir; advertir; avisar; alertar.
fore-woman encarregada; primera oficiala.
foreword pròleg; prefaci.
forfeit càstig; mala conseqüència.
forgather (to) reunir-se; trobar-se.
forge forja; fornal.
forge (to) forjar.
forger forjador; fargaire.
forget (to) oblidar; ometre.
forgetful oblidadís; oblidós.
forget-me-not (bot.) miosotis.
forgive (to) perdonar.
forgiveness perdó. / clemència.
forgo (to) renunciar; estar-se de; abandonar.
for God's sake per l'amor de Déu.
'fork forquilla. / forca (per a palla, fenc).
for life per la vida; vitalici.
forlorn abandonat; oblidat; desemparat.

133

form forma. / formulari. / mot-
lle; model. / estil.
form (to) formar. / emmotllar.
/ concebre.
formal cerimoniós; complimen-
tós. / d'etiqueta; de vestir.
formal dinner banquet; convit.
formality etiqueta; compliments.
/ formalitat; requisit.
format format.
formation formació.
formative formatiu.
former anterior; precedent; pri-
mer.
formerly anteriorment; antiga-
ment.
formic fòrmic (àcid).
Formica làmina de plàstic.
formidable formidable.
formula fórmula.
formulate (to) formular.
forsake (to) abandonar; desem-
parar. / abjurar; renegar de;
desertar.
forswear (to) perjurar; abjurar;
renunciar.
fort fortalesa; fort; fortificació.
forth en endavant; endavant.
forthcoming futur; proper; veni-
dor; a punt de sortir, d'arribar,
de venir.
for the moment de moment; ara
per ara; ara com ara.
for the sake of per; a causa de
forthright franc; sincer; obert;
natural.
forthwith immediatament; segui-
dament.
fortify (to) fortificar.
fortitude fortitud; ànim; ferme-
sa.
fortnight quinzena; quinze dies;
quinzenada.
fortress fortalesa; ciutadella.

fortuitous fortuït; casual.
fortunate afortunat.
fortune fortuna; sort. / capital;
cabals.
fortune-teller endeví; endevina.
forty quaranta.
forward avant; endavant. //
(esp.) davanter. // precoç;
audaç; primerenc.
forwards endavant; cap enda-
vant.
fosse fossat. / fossa.
fossil fòssil.
fossilize (to) fossilitzar.
foster adoptiu; afillat.
foster (to) tenir cura de; no-
drir; criar; alimentar. / fo-
mentar; encoratjar; promoure.
foster-brother germà de llet.
foster-father pare adoptiu.
foster-mother mare adoptiva. /
dida.
foster-sister germana de llet.
foul groller; brut; desagradable.
// (esp.) joc brut; falta.
foul (to) embrutar; contaminar;
pol·luir; macular.
found (to) fundar; establir. / fo-
namentar; basar. / fondre.
foundation fonament. / fundació.
foundation-stone pedra angular.
founder fundador. / fonedor.
founder (to) enfonsar; fer anar
a fons.
foundling infant abandonat de
naixença; expòsit.
foundress fundadora.
foundry foneria; fosa.
fountain brollador. / font; deu.
fountain-pen ploma estilogràfica.
four quatre.
four-poster bed llit amb cobricel;
llit de parament.
fourscore vuitanta.

fourteen catorze.
fourth quart.
fowl aviram; polleria. / gallina; gall; au; ocell.
fowler ocellaire; caçador d'ocells.
fox guineu; guilla.
fox-glove (bot.) didalera.
fox-terrier fox-terrier, gos caçador de guineus, o rates.
foyer sala de descans (teatre); vestíbul (hotel).
fracas baralla; renyina; escàndol; avalot.
fraction fracció.
fractious enfadadís; enutjadís.
fracture fractura.
fragile fràgil.
fragment fragment.
fragrant fragant; flairós.
frail fràgil; dèbil; delicat.
frailty fragilitat; flaquesa; debilitat.
frame marc; bastigi; bastidor; armadura; carcassa; bastiment; esquelet; estructura.
frame (to) muntar; armar; dreçar. / emmarcar. / idear; forjar; tramar.
franc franc (moneda).
franchise franquícia.
Franciscan franciscà.
Frank franc (de les tribus germàniques del segle VI).
frank franc; clar.
frank (to) franquejar; afranquir. / franquejar (correu).
frankfurter salsitxa de Francfort.
frankincense encens; olíban.
frankness franquesa; ingenuïtat; sinceritat.
frantic frenètic; furiós.
fraternity fraternitat.
fraternize (to) fraternitzar.
fratricide fratricida.

fraud frau; engany. / impostor; estafador.
fraught ple; carregat.
fray baralla; raons; disputa; combat; topada.
fray (to) desgastar; esmolar. / esfilagarsar-se; desgastar-se .
frazzle esgotament; extenuació.
freak caprici. / monstruositat; extravagància; enormitat.
freckle piga.
freckled pigat; pigard; pigallós.
free lliure. / gratuït; de franc; gratis.
free (to) alliberar; deslliurar.
freebooter pirata.
freedom llibertat.
free-handed lliure de traves.
freehold domini absolut (finques).
freely lliurement. / espontàniament.
free-will lliure albir.
freeze gelada.
freeze (to) gelar; glaçar.
freezing gelat; glacial. // frigorífic.
freight càrrega; carregament; noli; nòlit.
French francès.
French bean mongeta.
French horn (mús.) trompa.
French lavender (bot.) caps d'ase.
frenzy frenesí.
frequency freqüència.
frequent freqüent.
frequent (to) freqüentar.
fresco (pint.) fresc.
fresco (to) pintar al fresc.
fresh fresc; gerd; nou; recent. / pur. / descansat; renovellat.
fresh air aire pur.
freshen (to) refrescar; restau-

rar; renovellar; fer reviure; avivar.

freshet inundació; riuada; avinguda; torrentada.

fresh paragraph punt i a part.

fresh water aigua dolça; aigua potable.

fret impaciència; preocupació.

fret (to) esculpir; tallar; decorar amb fusta treballada. / gastar; esmolar; corroir. / enutjar.

fretful molest; enutjós.

fretsaw serreta per a marqueteria; serra de vogir.

fretted rosegat; desgastat. / treballat; filigranat; decorat.

friable engrunable.

friar frare.

fricassee fricassé (guisat.).

fricative fricatiu. // fricativa.

friction fricció.

Friday divendres.

fried fregit.

fried egg ou ferrat.

friend amic.

friendliness amistat; afabilitat; cordialitat.

friendly amicalment; amistosament.

friendly society mutualitat; societat de socors mutus.

friendship amistat.

frieze (arq.) fris. / roba de llana ordinària.

frigate fragata.

fright paüra; esglai; espant.

frighten (to) atemorir; espantar.

frightful horrible; horrífic.

frigid fred; frígid.

frill ornament del vestit (farbalà; punta).

fringe serrell. / vora; voltant; franja.

frippery ornament superflu (vestits).

frisk (to) saltironar. / escorcollar.

frisky lleuger; saltironer; jogasser; juganer.

frivol (to) malversar temps, diners, insensatament.

frivolity frivolitat.

frivolous frívol.

frizzle (to) fregir. / enrinxolar; rullar; arrissar.

fro V. **to and fro.**

frock hàbit; túnica. / vestit de dona. / bata.

frock-coat levita (peça de vestir).

frog (zool.) granota.

frogman home granota.

frolic festa; diversió. // festiu; divertit.

frolic (to) divertir-se; joguinejar.

frolicsome juganer; entremaliat.

from des de; de.

front front; façana; davant. // davanter.

frontage façana. / terreny davant un edifici.

frontier frontera. / límit.

frontispice portada d'un llibre.

frost gebrada; gebre; blancor.

frostbite congelació.

frostbite (to) gelar; cremar; danyar (el fred).

frostbitten congelat; cremat pel gel.

froth escuma.

froth (to) escumejar; fer bromera.

frown enuig; mala cara.

frown (to) arrugar; el front; contreure les celles; mirar amb mal ull; malmirar.

frowzy pudent (atmosfera carregada). / mal endreçat; descurat; brut.

fructify (to) fructificar. / fertilitzar.

frugal frugal; sobri, econòmic, en el menjar.

fruit fruita. / fruit.

fruit-drops caramels de fruita.

fruiterer fruiter; venedor de fruita.

fruitful fructífer; profitós. / fèrtil.

fruition fruïció; assoliment d'un desig, d'una esperança.

fruitless estèril; eixorc. / infructuós; ineficaç.

fruity com fruita; de fruita.

frustrate (to) frustrar.

fry peixet; peixets.

fry (to) fregir.

frying-pan paella (atuell).

fuchsia (bot.) fúcsia.

fuddle (to) embriagar.

fudge dolç de llet, xocolata, sucre; etc.

fuel combustible; carburant.

fuel (to) alimentar, proveir de combustible.

fuel-oil oli pesat.

fugitive fugitiu.

fugue (mús.) fuga.

fulcrum fulcre.

fulfil (to) complir; realitzar; acomplir.

fulfilment acompliment.

full ple. / complet; sencer.

full-dress vestit d'etiqueta.

full-fledged (ocell) amb les ales aptes per a volar. / sa i condret. / a punt; entrenat.

full-grown desenrotllat; madur; ja gran, crescut.

fullness plenitud; satisfacció; abundància.

fulmar (orn.) fulmar (ocell marí semblant al petrell).

fulminate (to) fulminar.

fulness V. fullness.

fulsome exagerat; adulador.

fumble (to) intentar amb malaptesa; maldar a les palpentes; palpotejar.

fume fum; vapor; gas. / baf.

fume (to) fumigar; fumar. / enrabiar-se; empipar-se; enfadar-se.

fumigate (to) fumigar.

fun facècia; broma; diversió; alegria.

function funció; ocupació; acompliment; execució.

function (to) funcionar.

fund reserva; fons; capital; fundació.

fund (to) fundar; instituir un patrimoni o rendes amb fins benèfics.

fundament natges.

fundamental fonamental.

funeral enterrament. / funerals; exèquies. // funeral; fúnebre.

fungi (bot.) bolets.

fungus (bot.) bolet; fong; micet.

funicular funicular.

funk basarda; por.

funk (to) evadir-se per temor.

funnel xemeneia (de vaixell). / embut.

funny graciós; bromista. / divertit; còmic.

funny-bone part del colze per on passa un nervi molt sensible; os de la música.

fur pell (d'abric). / tosca; saburra.

furbish (to) restaurar; renovar; refrescar.

fur coat abric de pells.

furious furiós; frenètic.
furl (to) plegar (veles, paraigües).
furlong estadi (220 iardes = 201,08 m).
furlough permís militar; llicència militar.
furnace forn. / caldera (de calefacció).
furnish (to) fornir; proveir; equipar.
furniture mobiliari; mobles.
furore entusiasme; exaltació; furor.
furrier pelleter; pellaire.
furrow solc; arruga.
further més lluny. / altre; addicional. / a més a més; ultra això.
further (to) promoure; fomentar; afavorir.
furtherance promoció; foment; avenç.
furthermore a més; a més a més; encara.
furthermost el més llunyà, distant.
furthest el més llunyà.
furtive furtiu.
fury fúria; frenesí.
furze (bot.) argelaga.

fuse fusible; plom fusible. / espoleta; metxa.
fuse (to) fondre; aliar (metalls).
fuselage cos d'un avió sense les ales, cua ni motors.
fuse plug tap fusible.
fuse-wire fil fusible; plom fusible.
fusion aliatge. / coalició.
fusion bomb bomba d'hidrogen.
fuss inquietud; temor infundat. / escarafalls; aldarull; avalot; enrenou.
fuss (to) moure enrenou per poca cosa.
fustian fustany; bombosí; pana.
fustigate (to) fustigar.
fusty ranci; passat; florit. / antiquat; anacrònic; fusteny.
futile fútil. / inútil; va.
future futur; venidor. // esdevenidor.
futures gèneres comprats als preus d'una època determinada, però per a ésser lliurats i pagats en el futur.
futurity el futur; l'esdevenidor.
fuzz borrissol.
fuzz (to) esfilagarsar-se; esmicolar-se.
fuzzy borrós; desdibuixat.

GOD MADE THE COUNTRY, MAN MADE THE TOWN
Déu va fer el camp; l'home, la ciutat

G (mús.) sol.
gab loquacitat. / xerrameca.
gabardine gavardina (teixit).
gabble xerrada.

gabble (to) xerrotejar.
gaberdine toga o túnica usada pels jueus a l'edat mitjana.
gable gablet; frontó; frontispici.

gable-end paret lateral d'un edifici acabada en forma triangular.
gad (to) anar d'ací d'allà.
gadfly (ent.) tàvec.
gadget estri; eina; instrument; giny; utensili.
Gaelic cèltic; gaèlic.
gaff garfi; bastó amb ganxo per a abastar el peix pescat amb canya.
gag mordassa.
gag (to) emmordassar.
gaga xaruc; que repapieja.
gage penyora; gatge.
gaiety alegria; vivesa; gresca; vivacitat. / vistositat; pompa; magnificència.
gaily alegrement.
gain guany; augment; benefici.
gain (to) guanyar; millorar. / assolir.
gainsay (to) contradir.
gait comport; capteniment; aire; maneres; caminar.
gaiter botina. / botí.
gaiters botins.
galantine galantina.
galaxy galàxia.
gale galerna; vendaval.
gall (anat.) bilis; fel. / encetada; fregada; excoriació; pelada.
gall (to) encetar; irritar; excoriar.
gallant galant; valent; coratjós; gallard.
gallantry galanteria; cortesia.
gall-bladder (anat.) veixiga del fetge; bufeta del fel.
galleon galió.
gallery galeria (de pintures, etc.) / tribuna. / (teatre) galeria alta; galliner.

galley galera (embarcació).
galley-slave galiot.
gallicism gal·licisme.
gallivant (to) rondar; vagar; rodar.
gallon galó (mesura = 8 pints = 4,54 l).
gallop galop.
gallop (to) galopar.
gallows forca; patíbul.
gall-stone càlcul biliar.
galore en abundància; en gran quantitat.
galosh sabata de goma per a pluja; xancle.
galvanism galvanisme.
galvanize (to) galvanitzar.
gambit gambit (escacs).
gamble joc; jugada.
gamble (to) jugar-se diners. / provar sort; aventurar. / perdre en el joc (diners).
gambler jugador (arriscant diners); tafur; tafurer.
gamboge gutiambre.
gambol cabriola; saltiró.
gambol (to) joguinejar; saltironar; guimbar.
game joc; partit; partida. / caça. // lluitador; atrevit; decidit.
gammon pernil. // niciesa; ximpleria.
gamut gamma (música, colors).
gander (orn.) oca mascle.
gang brigada; colla. / partida; escamot; banda.
ganglion gangli.
gang-plank passarel·la; palanca.
gangrene gangrena.
gangster bandoler; bandit; gàngster.
gangway passarel·la. / portaló. / pas; passadís.
gannet (orn.) mascarell.

gantry pont metàŀlic per a mecanismes.

gaol presó.

gap obertura; pas; portell; congost. / espai buit; interval; buit.

gap (to) esberlar.

gape badall. / embadaliment; embadocament.

gape (to) badallar; mirar fix bocabadat; badar la boca; badoquejar.

garage garatge.

garb aspecte; aire; manera de vestir.

garb (to) vestir; abillar; vestir-se.

garbage deixalles; menjar per als porcs.

garden jardí.

garden city ciutat jardí.

gardener jardiner.

gardenia (bot.) gardènia.

gargle (to) gargaritzar.

gargle gargarisme.

gargoyle gàrgola.

garish enlluernador; llampant; virolat.

garland garlanda.

garlic all.

garment peça de vestir; vestidura.

garnish amaniment agençat d'un plat o menja.

garnish (to) amanir agençadament un plat o menjar.

garret golfes; àtic; capdamunt.

garrison guarnició (militar).

garrulous garlaire; xerraire; loquaç.

garter lligacama; garrotera.

gas gas.

gaseous gasós.

gas fire estufa de gas.

gash ganivetada; ferida incisa.

gas-meter comptador del gas.

gasometer gasòmetre; dipòsit de gas.

gasp tallament sobtat de la respiració.

gasp (to) trencar-se la veu; panteixar; boquejar.

gas-range cuina gran de gas.

gas-ring fogó de gas.

gassy ple de gas; inflat.

gastric gàstric.

gastronomy gastronomia.

gate portell. / portalada; portal; via; camí.

gather (to) aplegar; recollir; congregar. / collir; plegar; / inferir; coŀlegir; deduir.

gauche talòs; estúpid; maldestre.

gaudy llampant; excessivament detonant. / festa anual de reunió d'antics alumnes d'un coŀlegi.

gauge manòmetre. / calibrador; indicador de mesures. / mesura; calibre; dimensió.

Gaul Gàŀlia. / gal; francès.

gaunt flac; prim; esllanguit. / desolat.

gauntlet guantellet; manyopla; mandret.

gauze gasa; sendal.

gavel maça usada pels subhastadors, presidents d'assemblees, etc.

gavotte (mús.) gavota.

gawk enze; babau.

gay gai; alegre; joliu; festiu.

gaze mirada fixa.

gaze (to) mirar fixament; contemplar.

gazelle gasela.

gazette gaseta.

gazeteer nomenclàtor; diccionari de noms geogràfics.
gear joc d'engranatge. / mecanisme. / vestits; indumentària; abillament; equip. / guarniments.
gear (to) engranar; connectar (un mecanisme).
gear-box caixa del canvi de marxes (automòbil).
gearshift canvi de marxes.
gee tatà, cavall (en llenguatge infantil).
gee-gee V. gee.
gee-up arri!
geisha artista japonesa (cantora o balladora).
gelatine gelatina.
geld (to) castrar un animal.
gelignite explosiu elaborat amb àcid nítric, glicerina i altres substàncies.
gem gemma; pedra fina. / joiell.
gender (gram.) gènere.
genealogy genealogia.
general general.
generalize (to) generalitzar.
genarate (to) generar; produir.
generation generació; producció.
generator generador.
generosity generositat.
generous generós.
genesis gènesi.
genetics genètica.
genial simpàtic; sociable.
genie esperit fantàstic amb poders inversemblants, propi dels contes aràbics.
genitive genitiu.
genius geni; enginy; habilitat; capacitat.
genocide genocidi.
genre estil; classe. / (pint., lit.) gènere.

genteel refinat; elegant; ben educat (a vegades, irònicament).
gentian genciana.
gentile gentil (no jueu).
gentility elegància; finor. / cursileria.
gentle noble; de la noblesa. / amable; dolç; tranquil; benigne.
gentleman cavaller; senyor.
gentleness distinció; il·lustre progènie. / dolcesa, afabilitat, de tracte.
gentlewoman dama; senyora.
gently amablement; afablement. / suaument; a poc a poc; delicadament; de mica en mica; amb compte.
gentry gent benestant; classe alta.
genuflect (to) flectar el genoll.
genuflection genuflexió.
genuine genuí.
genus gènere; grup natural. / classe; sort; mena.
geography geografia.
geology geologia.
geometry geometria.
georgette crespó de seda.
geranium (bot.) gerani.
geriatrics geriatria.
gerfalcon falcó gran de l'Artic; girfalc.
germ germen; microbi.
German alemany.
German measles (pat.) rosa.
germane parent; afí, propparent. pertinent; oportú.
germinate (to) germinar.
gerontology gerontologia.
gerrymander (to) tergiversar; falsejar; contrafer.
gerund gerundi. / el verb (infi-

nitiu) en la seva funció de substantiu.

gestation gestació.

gesticulate (to) gesticular.

gesture gest; gesticulació; actitud; posat; moviment.

get (to) obtenir; aconseguir; assolir; guanyar; rebre. / agafar; captar; copsar.

get along (to) congeniar; avenir-se; entendre's. / arreglar-se-les; conjuminar; apanyar-se.

get away (to) poder escapar; escapar-se.

get back (to) tornar; retornar; regressar.

get better (to) millorar.

get by (to) poder passar. / ésser acceptable; sortir del pas.

get close (to) apropar-se.

get down (to) baixar; descavalcar.

get home (to) arribar a casa.

get in (to) entrar; penetrar.

get into (to) ficar-se; entrar; pujar (a vehicles).

get married (to) casar-se.

get old (to) envellir; fer-se vell.

get off (to) baixar; descavalcar; descendir (de vehicles).

get on (to) prosperar; progressar. / pujar; muntar.

get out (to) sortir; baixar d'un vehicle; marxar; fugir.

get over (to) establir-se.

get rid of desempallegar-se. de; desfer-se de; alliberar-se; treure's de sobre.

get spoilt (to) fer-se malbé.

get the better (to) avantatjar; superar.

get through (to) assolir; aconseguir; arribar a (algú o algun lloc).

getting adquisició; guany.

get tired (to) cansar-se.

get to (to) arribar a; començar.

get together (to) reunir-se; congregar-se.

get up (to) llevar-se. / aixecar-se.

get used (to) acostumar-se; avesar-se.

get warm (to) escalfar-se.

get worse (to) empitjorar.

geyser guèiser. / escalfador d'aigua.

ghastly esparverador; espantós; horrible. / pàl·lid; lívid.

gherkin (bot.) cogombre petit.

ghetto call; barri jueu.

Ghibelline gibel·lí (a l'Edat Mitjana, partidari dels emperadors d'Alemanya, oposat als güelfs).

ghost esperit. / fantasma; espectre.

ghoul persona d'inclinacions inhumanes.

giant gegant. // gegantí.

gibber (to) embarbussar-se; parlar embulladament; embullar-se.

gibberish galimatias; embull; sons inintel·ligibles en el parlar. / argot.

gibbet forca (de patíbul).

gibbet (to) penjar (a la forca).

gibbon simi asiàtic sense cua i de braços llargs; gibó.

gibbous geperut. / entre el quart creixent i el ple (de la lluna).

gibe mofa; burla; escarni.

gibe (to) mofar-se; riure's.

giblets menuts (de pollastre, oca, etc.).

giddiness rodament de cap; vertigen.

giddy marejador; vertiginós. / eixelebrat; esbojarrat; vel·leïtós; inconseqüent.

gift present; obsequi; donatiu.

gift (to) dotar; obsequiar.

gifted dotat (virtuts innates).

gig carruatge lleuger de dues rodes.

gigantic gegantí.

gigantism gegantisme.

giggle riure afectat; riure pocasolta; riure sorneguer.

giggle (to) riure's; mofar-se. / riure sorneguerament.

gild (to) daurar.

gilded daurat.

gill ganya (del peix).

gillyflower (bot.) violer; viola.

gilt daurat.

gimbals cèrcols de suspensió (per a mantenir horitzontals brúixoles marines).

gimcrack oripell; quincalla.

gimlet barrina de mà.

gin ginebra. / màquina per a desmotar el cotó.

gin (to) desmotar el cotó. / caçar animals amb trampes o paranys.

ginger (bot.) ginebre; amom.

gingerbeer cervesa de gingebre.

gingerbread pa de gingebre.

gingerly cautelosament. // cautelós.

gingham teixit de lli o cotó estampat.

gingival gingival.

gipsy gitano.

giraffe (zool.) girafa.

gird (to) cenyir; encercolar.

girder biga; jàssera.

girdle faixa; cenyidor; cinyell.

girdle (to) cenyir; circumdar.

girl nena; noia; minyona.

girlhood poncellatge; virginitat; fadrinatge (d'una noia).

girth cingla; sotaventrera.

gist quid; moll; punt (més important).

give (to) donar; lliurar; oferir; ofrenar.

give away (to) donar; regalar. / desfer-se de.

give back (to) tornar; restituir.

give in (to) accedir; sotmetre's; cedir.

give notice (to) acomiadar; despatxar; donar de baixa.

give off (to) llançar; exhalar; emetre; emanar; desprendre.

give out (to) exhaurir-se; acabar-se.

giver donador; dador.

give rise (to) donar lloc; causar.

give up (to) renunciar; abandonar; cessar; deixar de; deixar córrer; cedir. / rendir-se; capitular.

give way (to) fer lloc. / cedir; no resistir. / retirar-se.

gizzard pedrer (de les aus).

glacial glacial.

glacier gelera; congesta.

glad alegre; content.

gladden (to) alegrar.

glade clariana.

gladiator gladiador.

gladiolus (bot.) gladiol.

gladness alegria; goig; joia.

glamorous encisador; màgic.

glamour encís; encant; embruix; encanteri.

glance ullada; mirada; llambregada; cop d'ull. / esclat; llampec; brillantor reflectida.

glance (to) donar una ullada.

gland glàndula.

glare resplendor; enlluernament; llum intensa.

glare (to) brillar; resplendir; enlluernar.

glass vidre. / got; copa de vidre.

glasses ulleres.

glassy cristallí. / com mirall. / vidriós.

glaucoma (pat.) glaucoma.

glaucous glauc; verd clar.

glaze vernís; llustre.

glaze (to) envidrar. / envernissar; esmaltar; setinar. / envidriar-se.

glazed-tile rajola de València.

glazier vidriaire; vidrier.

gleam raig de llum somorta.

gleam (to) brillar; lluir.

glean (to) espigolar; collir.

glebe gleva.

glee joia; alegria; goig; gaubança. / cançó festiva per a veus soles.

glen fondalada; vall estreta.

glengarry mena de gorra escocesa.

glib xarlatà; loquaç; voluble; xerraire.

glide esquitllada; lliscada.

glide (to) lliscar. / planar.

glider planador; avió sense motor.

glimmer llum dèbil; besllum.

glimmer (to) brillar dèbilment; emetre llum tènue.

glimpse ullada; cop d'ull; llambregada. / entrellum; albirament.

glimpse (to) entreveure; albirar. / donar una llambregada; donar un cop d'ull. / brillar tènuement; brillar a intervals, trèmulament.

glisten (to) resplendir; brillar; reflectir.

glitter (to) rutilar; guspirejar; brillar amb llum oscillant.

gloaming crepuscle vespertí.

gloat (to) adelitar-se (amb egoisme).

globe globus; esfera; bola. / globus terraqüi.

globule glòbul.

glockenspiel carilló.

gloom obscuritat; tenebra; fosca.

gloomy obscur; fosc; gris. / trist. / ferreny.

glorify (to) glorificar; enaltir. / adorar.

glorious gloriós; esplèndid.

glory glòria; fama. / bellesa; magnificència.

gloss lluentor; llustre. / glossa.

gloss (to) glossar. / polir; allisar.

glossary glossari; lèxic.

glottal glotal.

glottis (anat.) glotis.

glove guant.

glow resplendor; incandescència.

glow (to) brillar; lluir; resplendir; irradiar. / encendre's; posar-se vermell, incandescent.

glower (to) mirar amb front arrufat.

glowing resplendent; encès. / llampant.

glucose glucosa; sucre del raïm.

glue goma; cola; aiguacuit; goma aràbiga; arabina.

glue (to) encolar.

glut fart; panxó. / sobreabundància; sobra.

gluten gluten.

glutton golut; golafre.

gluttony glotoneria; golafreria.

glycerine glicerina.
gnarled tenellut; amb grops. / nuós.
gnash (to) cruixir (de dents).
gnat (ent.) mena de mosquit petit.
gnaw (to) rosegar.
gnome gnom.
gnu (zool.) gnu.
go (to) anar. / anar-se'n; marxar.
go about (to) anar d'un lloc a l'altre, d'ací d'allà; sortir; voltar.
goad agulló; fibló; burxa.
go ahead! endavant!; avant!
goal terme; meta. / gol (futbol). / finalitat; objecte.
goal-keper porter (futbol).
go along (to) seguir el camí; fer via.
goat cabra.
goatee barbeta.
go away (to) marxar; fugir. / absentar-se; anar-se'n.
go back (to) tornar. / tornar-se'n. / remuntar-se. / procedir; venir de.
gobble (to) menjar voraçment i sorollosament; englotir; engolir. / cantar (el gall dindi).
goblin follet; dimoniet.
go-cart pollera; caminador.
God Déu.
god déu; divinitat.
godchild fillol; fillola.
goddaughter fillola.
goddess deessa.
godfather padrí.
godhead divinitat; deïtat.
godless ateu; impiadós; incrèdul.
godlike diví.
godly pietós; religiós; fervent.

godmother padrina.
godson fillol.
God willing Déu volent; si Déu vol.
goggle (to) obrir els ulls desmesuradament.
goggle-eyed d'ulls sobresortint.
goggles ulleres protectores.
go halves (to) anar a mitges, a parts iguals.
go in (to) entrar.
go in for (to) participar; prendre part.
going pas; marxa.
go into (to) ingressar; entrar; introduir-se.
goitre galtera. / goll.
gold or.
gold crest (orn.) reietó.
golddigger cercador d'or.
golden d'or; daurat; auri. / brillant; exceŀlent.
golden oriole (orn.) oriol.
goldfinch (orn.) cadernera.
goldfish (ict.) carpa.
goldsmith orfebre; orífex.
golf golf (joc).
golfer jugador de golf.
golf link camp de golf.
gondola gòndola.
gondolier gondoler.
gong gong.
gonorrhea (pat.) blennorràgia; gonorrea.
good bo. // bé, profit; benestar.
good-bye adéu; adéu-siau.
good-for-nothing inútil; inepte.
Good-Friday divendres sant.
good-looking de bon aspecte; elegant.
goodly considerable; bon. / benplantat; gentil.
good-natured bon jan; de bon caràcter.

goodness bondat; benvolença. //
Déu meu!

goods mercaderies; gèneres;
efectes. / béns.

goods train tren de càrrega, de
mercaderies.

goody-goody beat; colltort.

go on (to) continuar; seguir;
prosseguir.

goose (orn.) oca.

gooseberry V. (bot.) grosella;
riber; agrassó.

go out (to) sortir; eixir. / ex-
tingir-se.

go over (to) repassar; revisar.

go past (to) passar de llarg.

gopher (zool.) tortuga de camp
americana. / rata de camp
americana.

gore sang vessada.

gore (to) banyegar; donar ba-
nyades.

gorge gorja; gargamella. / con-
gost; gorja.

georgeous vistós; magnífic;
sumptuós.

gorilla (zool.) gorilla.

gormandize (to) golafrejar.

go round (to) fer una visita;
deixar-se caure. / fer marrada;
fer volta.

gorse (bot.) argelaga.

gory ensangonat; cobert de sang.

gosh! diantre!; manoi!

gosling oqueta.

gospel evangeli.

gossamer fil d'aranya.

gossip xerraire; garlaire. // en-
raonies. / xerrada.

gossip (to) criticar; murmurar;
xafardejar.

Gothic gòtic.

go to sleep (to) adormir-se.

gouge gúbia.

go up (to) pujar.

gourd carbassa vinera.

gourmand gormand.

gourmet gastrònom.

gout (pat.) gota.

govern (to) governar.

governess institutriu.

government govern.

governmental governamental.

governor governador.

go with (to) fer joc; anar bé
amb; fer parella.

gown bata; batí. / toga. / túni-
ca. / vestit femení.

grab (to) arrabassar; agafar
d'una revolada.

grace gràcia; aire; gentilesa. /
mercè; gràcia. / benedicció de
taula. / gràcia divina.

grace (to) agraciar; ornar; ador-
nar.

graceful graciós; gentil; agra-
ciat.

graceless sense gràcia; sense
gust.

gracious benigne; bondadós; afa-
ble; cortès. / atractiu; gra-
ciós; grat.

gradation gradació; escalona-
ment.

grade grau; classe; categoria.

grade (to) graduar; ordenar per
graus; classificar.

gradient grau d'inclinació; pen-
dent; pendís; desnivell.

gradual gradual.

gradually gradualment.

graduate graduat; amb grau uni-
versitari; llicenciat.

graduate (to) conferir un grau;
graduar. / rebre un grau; gra-
duar-se. / dividir en graus.

graft empelt.

graft (to) empeltar.

grail Graal; Grial.
grain gra (cereal, raïm). / partícula. / vetes; aigües (fusta).
grammar gramàtica.
grammarian gramàtic.
grammaticalness correcció, perfecció gramatical.
gramme gram.
gramophone gramòfon; gramola.
grampus mena de dofí gran.
granary graner; sitja; pallol.
grand gran; grandiós; esplèndid; magnífic.
grandchild nét; néta.
grandchildren néts; néts i nétes.
grand-daughter néta.
grandfather avi.
grandfather clock rellotge d'antesala ; rellotge de pesos i pèndola amb caixa alta de fusta; rellotge de caixa.
grandiloquent grandiloqüent.
grandma àvia (en llenguatge infantil); iaia.
grandmother àvia.
grandpa avi (en llenguatge infantil).
grandparent avi; àvia.
grandparents avis; avi i àvia.
grandpiano piano de cua.
grange granja; masia; casa de conreu.
granite granit.
granny àvia; iaia; baba.
grant concessió; subvenció; beca.
grant (to) concedir; atorgar; donar.
granular granular; granulós.
granule grànul; boleta; píndola molt petita.
grape raïm; fruit de la vinya.
grapefruit naronja.
grapevine cep; parra.

graph gràfic; dibuix; diagrama; corba esquemàtica.
graphic gràfic; expressat vívidament.
graphite grafit.
grapnel cercapous.
grapple (to) aferrar; agafar.
grasp agafament; captura. / comprensió; inteŀligència.
grasp (to) agafar-se. / agafar; captar. / prendre; usurpar. / capir; entendre.
grass herba; herbei; gespa. / pastura.
grasshoper (ent.) llagosta.
grate engraellat de la llar de foc.
grateful agraït. / grat; plaent.
gratification satisfacció; gust. / gratificació.
gratify (to) complaure; satisfer. / gratificar.
grating reixa; enreixat.
gratis gratis; de franc; graciosament.
gratitude gratitud; reconeixença.
gratuitous gratuït.
gratuity gratificació; estrena; paga extraordinària a la jubilació.
gravamen causa principal d'una acusació.
grave sepulcre; sepultura; fossa. // greu; seriós.
gravel grava.
gravestone làpida sepulcral; llosa.
graveyard cementiri; fossar.
gravitate (to) gravitar; ésser atret.
gravitation gravitació; gravetat; tendència; inclinació.
gravity gravetat.
gravy salsa; suc.
gray V. **grey.**

graze (to) pasturar. / fregar; passar tocant la superfície.

grazier ramader.

grease greix.

grease (to) greixar; untar.

greasing greixatge; untatge.

great gran; magne.

great crested grebe (orn.) cabussó emplomallat.

greater flamingo (orn.) àlic roig.

great grandchildren besnéts.

great grandparents besavis.

great grey shrike (orn.) botxí.

greatly molt. / granment.

great many moltíssims.

greatness grandesa; esplendor; pompa; grandor.

great tit (orn.) mallerenga carbonera.

grebe (orn.) cabussot.

Grecian adj. grec.

greed avidesa; cobdícia; avarícia; voracitat; golosia; gola.

greedy avar. / golut; golafre; voraç; cobejós; àvid.

Greek grec.

green verd. / gerd.

greenery verdor.

greenfinch (orn.) verdum.

greengage pruna clàudia.

greengrocer verdulaire.

greengrocery botiga de verdures. / verdures.

greenish verdós.

Greenlander groenlandès.

green woodpecker (orn.) pigot verd.

greet (to) saludar; donar la benvolguda; acollir.

greetings salutacions.

gregarious gregari; sociable.

Gregorian gregorià.

grenade granada.

grenadier granader.

grey gris. / nuvolós.

grey heron (orn.) bernat pescaire.

greyhound (zool.) llebrer; gos llebrer; gànguil.

grey mater substància grisa.

grey wagtail (orn.) cuereta torrentera.

grid graella. / sistema de transmissió elèctrica per fils aeris sostinguts per pals.

griddle plat de ferro per a coure pastissos.

gridiron graella.

grief aflicció; dolor; pena.

grievance greuge; ofensa.

grieve (to) afligir; contristar; ofendre; agreujar. / plorar; lamentar.

grievous lamentable; penós. / dolorós.

griffin (mit.) griu; grif.

grill graella. / rostit a la graella.

grille espiell; espiera; reixeta de la porta.

grim ferreny; sever; repulsiu; malcarós sorrut.

grimace ganyota; rictus; mala cara.

grime greixum; engrut; brutícia.

grimy tacat; brut.

grin somriure fictici, forçat. / ganyota.

grin (to) somriure burlanerament.

grind (to) moldre; triturar; trinxar. / afilar.

grindstone mola; pedra esmoladora.

grip (to) agafar; aferrar; estrènyer; empunyar. / captivar.

grippe grip; influença.

grisly espantós; terrible.

grist gra a moldre.

gristle tendrum; cartílag.
grit brossa; partícula; granet; corpuscle.
grits gra batut però no mòlt; cereals a mig moldre; farinetes; farro.
grizzled gris; de cabell gris.
grizzly gris; color terrosa. / ós gris, gran i ferotge, de Nord-amèrica.
groan queixa; gemec.
groan (to) gemegar; queixar-se.
groats gra, especialment civada, pelat i mòlt; sèmola.
grocer adroguer; especiaire.
grocery adrogueria.
grog grog; beguda alcohòlica barrejada amb aigua.
groggy atordit; vacil·lant.
groin engonal.
groom palafrener; mosso de quadra; manescal. / ajudant. / nuvi.
groom (to) curar dels cavalls. / agençar; embellir; adornar.
groove entalla; ranura; estria; solc.
groove (to) fer entalles, estries.
grope (to) caminar a les palpentes. / palpar.
gross grossa (dotze vegades dotze). // groller; vulgar. / brut (pes, guany).
grotesque grotesc.
grotto gruta.
ground terra; sòl. / terreny. / peu; fonament.
groundfloor planta baixa.
groundless infundat; sense fonament.
groundnut cacauet.
groundplan plànol.
ground-rent cens; cànon.
grounds jardins. / fonaments.

groundsel (bot.) xenixell; apagallums.
groundstaff personal de terra dels aeròdroms.
groundwork fonament; base.
group grup.
group (to) agrupar.
grouse (orn.) gallina silvestre; perdiu d'Escòcia. / queixa; plany.
grouse (to) queixar-se; rondinar; remugar.
grove arbreda; bosquet.
grovel (to) arrossegar-se; humiliar-se.
grow (to) créixer. / augmentar. / tornar-se; esdevenir. / cultivar; conrear.
grow fat (to) engreixar-se.
growl (to) grunyir; rondinar.
grown up adult; gran.
grow old (to) envellir; envellir-se.
growth creixença.
grow up (to) fer-se gran; créixer.
grub (to) netejar d'herbes i arrels dolentes; desbrossar.
grubby brut; sense netejar.
grudge enveja; rancor; ressentiment.
grudge (to) escatimar; regatejar; donar de mal grat, a contracor.
gruel farinetes amb llet o aigua.
gruesome horrible; paorós.
gruff esquerp; aspre; ronc; sorrut; brusc.
grumble regany; protesta.
grumble (to) rondinar; grunyir; remugar. / retrunyir.
grumpy malhumorat; rondinaire.
grunt gruny.
grunt (to) grunyir.

gryphon (mit.) griu; grif.
guano guano (adob fertilitzant).
guarantee garantia; fermança. / fiador.
guarantee (to) garantir; assegurar.
guarantor fiador.
guaranty garantia.
guard guarda; guàrdia. / vigilància; guarda.
guard (to) guardar; custodiar.
guardian guardià. / tutor.
Guatemalan guatemaltec.
guava (bot.) guaiaber. / guaiaba.
gudgeon (ict.) cabot; gobi.
guelder rose (bot.) viburn.
Guelph güelf (partidari dels papes, a l'Edat Mitjana, oposat als gibel·lins).
guerdon guardó.
guess suposició; conjectura.
guess (to) endevinar; conjecturar; suposar; creure.
guest convidat; hoste; foraster.
guffaw riallada; rialla sorollosa.
guidance direcció; guia; govern.
guide guia; guiador; cicerone; conductor. / manual; guia.
guide (to) guiar.
guild associació; gremi; confraria; corporació.
guile frau; engany. / astúcia; artifici.
guiltless innocent; no culpable.
guillemot (orn.) somorgollaire.
guillotine guillotina.
guilt delicte; culpa. / culpabilitat.
guilty culpable; delinqüent.
guinea guinea; vint-i-un xílings.
guinea-fowl (orn.) gallina de Guinea.
guinea-pig (zool.) conillet d'Índies; conill porquí.

Guinness mena de cervesa forta.
guise guisa; faisó; manera.
guitar guitarra.
gulf (geog.) golf. / avenc.
gull (orn.) ocell de mar; gavina.
gullet gorja; gola.
gully córrec; xargall. / desguàs.
gulp glop.
gulp (to) engolir; empassar-se.
gum geniva. / goma d'enganxar; resina; reïna.
gum (to) enganxar; adherir.
gun fusell; escopeta; canó; arma de foc.
gunman pistoler.
gun-metal aliatge de coure, estany i zenc.
gunner artiller.
gunpowder pólvora (explosiu).
gunshot tret; tir; descàrrega.
gunwale borda; regala.
gurgle glu-glu; borboleig. / xerroteig (de les criatures).
gurgle (to) xerrotejar (les criatures). / bombollejar; borbollar.
gush efusió; raig; doll; broll; borboll.
gush (to) fluir; rajar; brollar.
gust ventada; ràfega.
gustation tast; tastament; degustació; gustació.
gusto gust; complaença.
gut intestí; tripa.
guttapercha gutaperxa.
gutter desguàs. / canalera. / rieró; rasa de desguàs.
guttural gutural.
guy mamarratxo; carnestoltes; persona estrafolària. / tirant.
guzzle (to) afartar-se; beure amb desmesura.
gymkhana exhibició d'exercicis i competicions esportives.

gymnasium gimnàs.
gymnastics gimnàstica.
gynaecology ginecologia.

gypsum guix.
gypsy gitano; zíngar.
gyroscope giroscopi.

Hunger is the best sauce
Val més bona gana que bona vianda

haberdasher mercer; vetes-i-fils.
haberdashery merceria.
habergeon vestit de cota de malla, sense mànegues.
habiliments vestits; vestuari.
habit hàbit; habitud.
habitation casa; allotjament; habitació; estada; estatge.
habitual habitual.
habitually habitualment.
habituate (to) habituar.
habitude habitud.
hack cavall de lloguer. / escriptor a sou.
hack (to) tallar; dividir; separar.
hack-saw serra per a metalls.
haddock (ict.) llobina; llobarro.
haemoglobin hemoglobina.
haft mànec; puny; empunyadura.
hag bruixa; mala vella.
haggard decaigut; cansat; macilent; místic.
haggle (to) discutir (preus, condicions).
haggle over (to) regatejar.
hagiology hagiologia.
hail calamarsa; granís; calabruix. / Salve!
hail (to) calamarsejar; granissar; pedregar. / saludar; aclamar.
hair cabell; cabells; pèl.

hair-clippers màquina de tallar cabells.
haircut tallada de cabells.
hairdresser perruquer.
hairdressing pentinat; arranjament dels cabells.
hairpin agulla de ganxo.
hairpin bend corba accentuada en una carretera; revolt; zigazaga.
hair-spring molla molt fina del rellotge de polsera.
hairy pelut; pilós.
hake lluç.
halberd alabarda.
halberdier alabarder.
halcyon serè; plàcid; tranquil.
hale sa; robust.
half mig. // meitat.
half-back (futbol) mitjà.
half-crown moneda de dos xílings i mig.
half-hearted indiferent; fred.
half-length de mig cos (retrat).
halibut peix marí, pla, comestible.
halitosis halitosi; alè pudent.
hall vestíbul; saló; rebedor.
hall clock rellotge de pesos i pèndol; rellotge d'antesala.
hallelujah alleluia.

hallo hola!
hallow sant.
hallow (to) santificar.
hall-stand paraigüer (moble).
hallucination al·lucinació; quimera; barruf.
halo halo. / nimbe; aurèola.
haloed nimbat; coronat.
halt parador. / parada; aturada. // coix.
halt (to) aturar-se; fer parada. / coixejar; vacil·lar.
halter ronsal; cabestre.
halting vacil·lant. / de sojorn; parada.
halve (to) partir, dividir per la meitat.
halyard (nàut.) drissa.
ham pernil.
hamburger carn picada i fregida.
hamlet caseriu; llogarret; vilatge.
hammer martell.
hammer (to) martellejar; picar amb un martell.
hammering martelleig.
hammock hamaca.
hamper panera; cistella; canastra.
hamper (to) obstaculitzar; destorbar. / embullar; esbullar.
hamster mena de rata amb bosses de provisions a les galtes.
hand mà. / caràcter de lletra. / busca; agulla de rellotge.
hand (to) fer a mans; donar a la mà; passar.
handbag bossa; portamonedes.
handball handbol.
hand-barrow carretó de mà.
hand basin pica; lavabo; rentamans.
handbook manual; guia; indicador.
handcart carretó de mà.

hand-carved tallat a mà.
handcuffs manilles; manyoteres.
handful manat; manada; grapat; manoll.
handicap desavantatge; handicap; inconvenient; obstacle.
handicraft ofici manual; artesania.
handkerchief mocador (de mà). agafats de la mà. // solidaritat; unió.
hand in hand donant-se la mà;
handle mànec; nansa; agafador; pom; maneta.
handle (to) manejar; tractar; maniobrar; manipular.
hand-made fet a mà.
handmaid serventa; criada; minyona.
hand-organ orgue de maneta.
handrail barana; passamà.
handsome elegant; ben plantat.
handwork treball fet a mà.
handwriting escriptura; caràcter de lletra.
handy destre; traçut. / manual; manejable; amanós.
handy-dandy anell picapedrell.
hang (to) penjar.
hangar rafal; cobert; hangar.
hanging domàs; cortinatge.
hangover depressió després de la borratxera.
hang up (to) penjar (el telèfon).
hank troca; madeixa.
hanker (to) anhelar; desitjar; cobejar.
hansom cabriolé amb el pescant al darrera.
haphazard casualitat; atzar; mera contingència.
hap fortuna; sort; casualitat; atzar.
hapless desgraciat; desafortu-

nat; malaurat; dissortat; desemparat; desventurat.

haply casualitat.

happen (to) esdevenir; succeir; passar; ocórrer.

happening esdeveniment.

happiness felicitat.

happy feliç; joiós; sortós.

happy-go-lucky descurat; tant-se-me'n-dóna.

harangue arenga; peroració.

harass (to) molestar; amoïnar; pertorbar.

harbinger precursor; herald.

harbour port. / refugi.

harbour (to) emparar; refugiar; donar acolliment.

hard dur; fort; difícil; intens; treballós. // molt; intensament; durament; de ferm; de valent.

hard-boiled egg ou dur.

hard by molt a prop.

harden (to) endurir; enfortir.

hard-faced malcarat; ferreny.

hard-headed realista; pràctic; cerebral; fred.

hard-hearted inhumà; cor-dur.

hardihood intrepidesa; audàcia.

hard labour treballs forçats.

hardly amb prou feines; difícilment. / escassament. / durament.

hardly ever quasi mai.

hardness fermesa; duresa; solidesa. / rigor.

hardship estretor; dificultat; penalitats; penes i treballs.

hardware articles de metall.

hard-working treballador; assidu; aplicat; feiner.

hardy robust; fort. / temerari; valent; brau; endurit; resistent.

hare llebre.

harem harem.

haricot (bot.) mongeta. / estofat de carn amb verdura.

hark! escolta! escolteu! ep! ei!

hark (to) escoltar; oir.

hark back (to) retornar al que s'ha dit abans; referir-se al passat.

harken (to) escoltar atentament.

harlequin arlequí.

harm mal; dany.

harm (to) danyar; fer mal; perjudicar.

harmful perjudicial; nociu; danyós.

harmless inofensiu; innocu. / innocent.

harmonica (mús.) harmònica.

harmonious harmoniós.

harmonium (mús.) harmònium.

harmonize (to) harmonitzar.

harmony harmonia.

harness guarniments; arnès.

harness (to) posar els guarniments; guarnir.

harp (mús.) arpa.

harpist arpista.

harpoon arpó.

harpsichord (mús.) clavicordi.

harpy harpia.

harridan vella malcarada.

harrier (zool.) llebrer.

harrow rastrell, rampí; tragella.

harrow (to) tragellar; rampinar. / turmentar.

harry (to) saquejar; devastar; assolar.

harsh rude; aspre.

hart (zool.) cérvol mascle.

hartbeest antílop sud-africà.

harum-scarum eixelebrat; temerari.

harvest collita; anyada. / sega.

harvest (to) collir; fer la collita; recol·lectar.

harvest home festa de fi de la sega.

harvester segador. / màquina segadora.

harvest moon lluna plena de l'equinocci de tardor.

has-been vella glòria; famós caduc.

hash picada; xixina; capolat.

hash (to) capolar; trinxar.

hashish haixix.

hasp tanca; fermall.

hassock coixí per a agenollars'hi.

haste pressa; rapidesa.

hasten (to) apressar; afanyar; accelerar. / cuitar; afanyar-se.

hastily apressadament; precipitadament.

hastiness diligència; prestesa; promptitud.

hasty apressat; precipitat. / prompte; amatent.

hat barret; capell.

hatch escotilla; escotilló; / trampa. / niada.

hatch (to) covar; niar; criar. / néixer (els pollets); sortir de l'ou.

hatchet destraló; destral.

hatchway escotilla. / finestrella entre cuina i menjador.

hate odi; aversió.

hate (to) odiar; detestar; avorrir.

hateful odiós; detestable. / malèvol.

hatpin agulla (ornament) de barret femení.

hatred odi; aversió; enemistat; animositat; malvolença.

hatter barreter.

hauberk vestit de cota de malla.

haughty altiu; superb; arrogant.

haul estrebada; estirada. / tracció.

haul (to) estirar; arrossegar; estrebar.

haulage transport.

haulier transportista.

haulm rostoll; brossa; restes.

haunch anca; gropa.

haunt cau; catau. / lloc d'inclinació, tirada, volença. / redós; recer.

haunt (to) rondar; freqüentar. / obsessionar; perseguir.

haunted freqüentat; visitat; concorregut.

hautboy (mús.) oboè.

have (to) haver. / tenir. / prendre; menjar; beure. / obtenir; acceptar.

have got (to) tenir; posseir.

haven port; refugi; aixopluc; recer; asil.

have on (to) portar posat.

have recourse (to) recórrer.

haversack motxilla.

have to (to) haver de.

have to do with (to) tenir relació amb; tenir a veure amb.

havoc destrucció; estrall.

hawk falcó; esparver; astor.

hawker venedor ambulant.

hawking caça amb falcó; falconeria.

hawser cable; llibant.

hawthorn arç; arç de tanques.

hay fenc. / farratge.

hayfork forca (per a palla).

haystack paller.

hazard atzar; risc; perill.

hazard (to) aventurar. / jugar-se.

haze boira; boirina. / ofuscament.

hazel (bot.) avellaner.
hazel-nut avellana.
hazy boirós; nuvolós; nebulós. /
  confús; indistint; vague.
he ell.
head cap; testa. / director; cap-
  davanter. / capdavant.
headache mal de cap; migranya.
header de cap.
heading títol; capçalera; encap-
  çalament.
headlights llums davanters d'un
  cotxe.
headlong de cap; sense pensar-
  s'hi.
headlines titulars; rètols; encap-
  çalament.
headman capitost; cap; cabdill.
headmaster director (de col·legi).
head office oficina central.
head-on de cara; de front.
headphones auriculars.
headquarters quarter general.
heads and tails cara i creu.
headship direcció; prefectura.
headstone làpida sepulcral.
headstrong testarrut; tossut;
  obstinat.
head teacher mestre director.
headway progrés.
heady obstinat. / decidit; valent.
heal (to) sanar; guarir. / re-
  meiar; curar.
healing guariment. // guaridor;
  medicinal.
health salut; sanitat.
healthy saludable; sa; sanitós. /
  bo; trempat; sa.
heap munt; pila. / colla.
heap (to) apilar; apilotar; amun-
  tegar.
hear (to) sentir; oir. / assaben-
  tar-se. / escoltar; atendre.
hearing audició; oïda.

hearsay rumor; rum-rum; (cór-
  rer la) veu.
hearse cotxe fúnebre.
heart cor.
heartbreak angoixa.
heartbroken corferit.
heartfelt sincer; cordial.
hearth llar de foc. / rajoles del
  peu de la llar de foc. / llar;
  casa.
heartily cordialment.
heartless despietat.
heart rending angoixós; punyent.
heart's ease (bot.) pensament.
heart-strings fibres del cor.
heart-whole indiferent a l'amor.
hearty cordial; sincer. / sa;
  ferm.
heat calor; escalfor. / ardor; ve-
  hemència.
heat (to) escalfar; encalentir.
heated apassionat; intens; dis-
  putat; acalorat.
heater estufa; calorífer.
heath matossar; matoll. / bruc.
heathen pagà; gentil.
heather bruc.
heating calefacció.
heats curses prèvies eliminatò-
  ries.
heave aixecar amb esforç; his-
  sar. / aixecar-se amb feines. /
  respirar a fons; bategar.
heaven cel; paradís; glòria. / fir-
  mament.
heavenly celestial.
heavy pesat; feixuc; opressiu.
hebdomadal hebdomadari; setma-
  nal.
Hebrew hebreu; israelita; jueu.
hecatomb hecatombe.
heckle (to) fer preguntes impor-
  tunes, molestoses.
hectare hectàrea.

hectic hèctic; febril.
hector perdonavides; pinxo.
hedge clos, tanca de bardisses; bardissa, paret viva.
hedge (to) encerclar; vorellar; fer una tanca de bardisses.
hedgehog (zool.) eriçó.
hedge-sparrow (orn.) pardal de bardissa.
hedonism hedonisme.
heed cura; atenció.
heed (to) atendre; fer cas.
heedless sense miraments; desatent.
heehaw bram d'ase. / rialla sorollosa.
heel taló; retaló.
heel (to) posar talons. / escorar; decantar o decantar-se un vaixell.
heeltap restes d'una beguda en una copa.
hegemony hegemonia.
hegira hègira.
heifer vedella.
heigh! ep!; ei!
height alçària; altitud.
heighten (to) realçar; augmentar.
heinous odiós; ominós; detestable; abominable.
heir hereu.
heiress hereva.
heirloom vincle de béns immobles; herència de família.
helicopter helicòpter.
heliograph heliògraf.
helitrope (bot.) heliotrop.
helium heli.
hell infern; avern.
Hellenic hel·lènic.
hello! hola!; digueu! (telèfon).
helm canya del timó; timó; governall; roda.

helmet casc; elm.
helmsman timoner.
helot ilota.
help ajut; ajuda; remei. / socors! auxili!
help (to) ajudar; auxiliar. / evitar; remeiar. / servir (menjars, begudes).
helpful útil; servicial.
helping auxiliar. // ració.
helpless inútil. / irremeiable.
helpmate companyó; consort; cònjuge.
helve mànec (d'una eina).
hem vora; voraviu; ribet.
hem (to) fer una vora o voraviu. / encerclar.
hemisphere hemisferi.
hemistich hemistiqui.
hemlock cicuta.
hemoglobin hemoglobina.
hemophilia hemofília.
hemorrhage hemorràgia.
hemorrhoids (pat.) hemorroides.
hemp cànem.
hen (orn.) gallina.
henbane (bot.) herba queixalera; gotets.
hence d'ara en; d'aquí a. / des d'ara. / des d'ací. // per tant; per això; en conseqüència.
henceforth d'ara endavant; a partir d'ara.
henchman sequaç; prosèlit; addicte.
henna (bot.) olivella egípcia.
hepatitis (pat.) hepatitis.
heptagon heptàgon.
her el seu, la seva, els seus, les seves (d'ella). // ella (complement). / la; li.
herald herald.
heraldry heràldica.
herb herba.

herbaceous herbaci.
herbalist botànic; herbolari.
herbivorous herbívor.
herculean herculi.
herd ramat; ramada; folc. / munió; gran nombre.
herd (to) aplegar; reunir; acorralar.
herdsman ramader; pastor.
here ací.
hereabouts per ací als voltants.
hereafter en el futur; d'ara endavant.
hereditament heretatge; heretat.
hereditary hereditari.
heresy heretgia.
heretofore fins aleshores; fins ara; primerament; antigament.
hereupon en això; en conseqüència d'això.
herewith amb això.
heritable heretable.
heritage herència; heretatge.
hermetic hermètic.
hermit ermità; eremita.
hermitage ermita; cel·la d'ermita.
hernia hèrnia; trencadura.
hero heroi; campió; protagonista.
heroic heroic.
heroin (quím.) heroïna.
heroine heroïna; campiona; protagonista.
heroism heroisme.
heron (orn.) ocell de la família dels ardeids: bernat pescaire, agró roig.
herring (ict.) areng; arengada.
herring gull (orn.) gavià argentat.
hers d'ella; seu, seva, seus, seves (d'ella).
herself ella mateixa.
he's = he is; he has.

hesitant vacil·lant; indecís.
hesitate (to) dubtar; vacil·lar; titubejar.
hesitation vacil·lació; titubeig.
hessian teixit de cànem o jute; xarpellera.
heterodox heterodox.
heterogeneous heterogeni.
hew (to) tallar; obrir; fendre; treballar (la fusta, etc.).
hexagon hexàgon.
hey! ei!; ep!
heyday apogeu; la flor; el millor.
hiatus espai buit; buit; solució de continuïtat; pausa; hiatus.
hibernate (to) hivernar; passar (certs animals) l'hivern en estat de dormició.
hibernation estat de dormició (de certs animals) durant l'hivern.
hiccough singlot.
hiccup singlot.
hidden amagat; secret; ocult.
hide pell; cuir. / amagatall per a fotografiar animals en llibertat.
hide (to) amagar; ocultar.
hide-and-seek fet (joc); cuit (joc).
hidebound fanàtic; obstinat; crèdul.
hideous espantós; desagradablement lleig; repugnant; horrible.
hide-out amagatall; catau; cau.
hiding càstig corporal; allisada.
hiding-place amagatall.
hierarchy jerarquia.
hieroglyph jeroglífic.
higgledy-piggledy embrollament; confusió; desordre; barreig.
high alt; encimbellat; superior. // altament.

high altar altar major.
highbrow intel·lectual; refinat.
high-falutin ampul·lós; inflat.
high-fidelity alta fidelitat (reproduccions fòniques).
highland regió muntanyenca; muntanya.
highlander de la muntanya; muntanyenc; d'Escòcia.
high-pitched de to alt; agut.
high-status alta categoria; alta posició, condició.
high street carrer major.
high-strung sensible; nerviós.
highway carretera; camí reial, ral.
highway-man lladre de camí ral.
hike caminada.
hike (to) fer una llarga caminada.
hiker caminant; excursionista; caminador.
hilarious alegre; bulliciós; gatzarós.
hill turó; talaia; puig; pujol.
hillock petit turó; alturó.
hilly muntanyós; abrupte.
hilt empunyadura; pom; puny.
him ell (complement); el; lo; li.
himself el mateix.
hind posterior; del darrera. // cérvola.
hinder (to) obstruir; dificultar; impedir; fer nosa.
hindrance obstacle; destorb; impediment; embaràs; destret; estretor.
Hindoo hindú.
hinge frontissa; golfo; xarnera.
hint al·lusió; indirecta; suggeriment.
hint (to) insinuar; al·ludir; fer entendre.
hinterland territoris darrera les

costes marines o les ribes fluvials.
hip maluc; costat. / (bot.) gavarrera; roser salvatge.
hip-flask ampolla plana per a butxaca.
hipothesis hipòtesi.
hip-pocket butxaca del darrera dels pantalons.
hippodrome hipòdrom.
hippopotamus (zool.) hipopòtam.
hire lloguer. / salari.
hire (to) llogar.
hirsute hirsut; aspre (de pèl).
his el seu, la seva, els seus, les seves (d'ell). // d'ell; seu, seva, seus, seves (d'ell).
hiss (to) piular. / xiuxiuejar; xiuxiuar.
hist! pst!; silenci!
historian historiador.
historic històric; d'història.
historical històric. / real; viscut.
history història.
histrionic histriònic; teatral.
hit cop; xoc; topada.
hit (to) pegar; copejar; colpejar. / donar un cop. / fer diana; encertar.
hitch estrebada. / parada; aturada. / obstacle.
hitch (to) estrebar. / lligar; fermar.
hither cap ací; ací.
hitherto fins ara.
hive rusc.
hive (to) eixamenar-se.
hives (pat.) urticària.
ho! oh!
hoar canut; canós.
hoard tresor; provisió; dipòsit.
hoard (to) atresorar; acumular; acabalar.

hoarding tanca protectora d'una construcció o unes obres; tàpia per a anuncis.

hoarse ronc.

hoarseness ronquera; enrogallament.

hoary canós; gris; capblanc. / vetust; antic.

hoax enganyifa; ensarronada.

hoax (to) ensarronar; engallinar.

hob botó de roda. / plat o prestatge accessori on es mantenen calents atuells al costat del foc.

hobble (to) coixejar.

hobby diversió preferent; afecció; inclinació; entreteniment; deport.

hobby-horse cavall de joguina; cavall de fusta.

hobgoblin papu; follet; fantasma.

hobnail clau de ferrar sabates.

hobnob (to) relacionar-se; tractar-se; fer-se.

hockey (esp.) hoquei.

hoe aixada; aixadella.

hoe (to) cavar amb l'aixada.

hog porc; bacó.

hoist grua; càbria; muntacàrregues; elevador.

hoist (to) hissar; aixecar.

hold agafador; mànec; pom. / agafada. / bodega (de vaixell). / (mús.) calderó.

hold (to) agafar; aguantar; mantenir; retenir.

holder tenidor; posseïdor.

holdfast grapa (peça metàl·lica fixadora).

holding possessió; propietat.

hold up (to) aguantar enlaire; aguantar-se dret; mantenir-se. / detenir; aturar.

hole forat; cavitat.

hole (to) foradar.

holiday festa; dia festiu. / vacances.

holidays vacances.

holiness santedat.

holland teixit de lli o cotó bast i fort.

hollow buit; sense contingut; còncau. // cavitat; clot; sot; concavitat; buit.

hollow (to) excavar; cavar. / buidar; enfondir.

holly boix grèvol; grèvol.

hollyhock malva doble.

holm-oak alzina.

holocaust holocaust; destrucció pel foc.

holograph hològraf.

holster pistolera.

holy sant; sagrat.

Holy Communion Sagrada Comunió.

Holy Father Sant Pare.

Holy Land Terra Santa.

holystone pedra per a fregar la coberta d'un vaixell.

holy water aigua beneita.

Holy Week Setmana Santa.

Holy Writ Sagrades Escriptures.

homage homenatge.

home llar; casa. / habitacle. / pàtria; país nadiu. // a casa; cap a casa. // objectiu proposat; fitó; lloc adient. // casolà; de casa; fet a casa.

homeland pàtria; terra nadiua.

homeless sense llar.

homely de casa; senzill.

home-made fet a casa; casolà.

homeopath V. homoeopath.

homesick nostàlgic; enyoradís; enyorós.

homesickness enyorança; nostàlgia.

homewards cap a casa; vers la llar.

homework treballs escolars de casa; exercici, tema, per a fer a casa.

homicide homicidi.

homily homilia.

homing pigeon colom missatger.

hominy blat de moro mòlt i bullit amb aigua o llet.

homoeopath homeòpata.

homoeopathy homeopatia.

homogeneous homogeni.

homonym homònim.

hone pedra d'esmolar.

hone (to) esmolar.

honest honrat; sincer; íntegre.

honesty honradesa; integritat.

honey mel.

honeycomb bresca.

honeymoon lluna de mel.

honk cucleig de l'oca.

honk (to) grallar (l'oca).

honorarium honoraris.

honorary honorífic; no remunerat.

honour honor; honra.

honour (to) honorar.

hood caputxa. / capota.

hoodwinck (to) embenar els ulls. / enganyar.

hoof unglot; casc; peülla.

hook ganxo. / ham.

hooligan trinxeraire.

hoop cèrcol; rotllana.

hoop-la joc de fira de llançament de cercolets a objectes que són guanyats si hom encerta a col·locar-los-hi.

hoopoe (orn.) puput.

hoot xiulet (de l'òliba, de la locomotora). / crit de protesta.

hoot (to) tocar la botzina. / xiular (l'òliba); cridar.

hooter botzina; sirena; xiulet.

hop salt; saltiró. / (bot.) llúpol.

hop (to) saltironar; saltar a peu coix.

hope esperança.

hope (to) esperar; confiar; esperançar.

hopeful esperançat; confiat. / prometedor.

hopeless desesperançat; desesperat. // desnonat.

hopper saltador. / embut.

horde horda.

horizon horitzó.

horizontal horitzontal.

hormone hormona.

horn corn; banya. / (mús.) corn.

hornbill ocell grimpaire de Filipines amb una excrescència sobre el bec.

hornet vespa.

hornpipe dansa marinera. / cornamusa; xeremia. / gralla.

horny de banya.

horoscope horòscop.

horrible horrible; terrible.

horrid hòrrid; terrible; esparverador.

horrify (to) horroritzar.

horror horror.

horse cavall.

horsehair crina.

horseman genet; cavaller.

horsepower HP; cavall (potència).

horseradish rave picant.

horse-sense sentit comú.

horseshoe ferradura.

horsy cavallí; hípic.

horticulture horticultura.

hortative exhortatori.

horticulturist horticultor.

hosanna hosanna.

hose mànega (de bombers, per

a regar, etc.) / calces. / cal-
ça; mitja.

hose (to) regar (amb mànega);
rentar un cotxe (ídem).

hosier camiser; calceter.

hosiery gèneres de punt; calce-
teria.

hospice alberg; albergueria; re-
fugi.

hospitable hospitalari; acollent.

hospital hospital; clínica.

hospitality hospitalitat; acollen-
ça.

host host; exèrcit; munió; legió;
gernació. / amfitrió. / hosta-
ler; dispeser.

Host Hòstia.

hostage ostatge.

hostel pensió; residència.

hostess hostalera; dispesera;
mestressa de casa. / assisten-
ta (d'avió).

hostile hostil.

hot calent; cremant; ardent; ca-
lorós.

hotchpotch barrija-barreja.

hotel hotel.

hotness calor; escalfor.

hothouse hivernacle.

hotspur temerari; violent.

hotwaterbottle ampolla d'aigua
calenta (per a escalfar el llit).

hound (zool.) gos coniller; gos
de caça.

hour hora.

houri hurí.

hourly a cada hora.

house casa.

house (to) allotjar; donar allot-
jament; acollir a casa.

household casa; els de casa;
família.

householder amo de casa; pare
de família.

household furniture aixovar; mo-
biliari de casa.

housekeeper majordona; mes-
tressa de casa.

housekeeping maneig de la casa.

housemaid serventa; criada; mi-
nyona.

house martin (orn.) oreneta cua-
blanca.

House of Commons Cambra dels
Comuns.

House of Lords Cambra dels
Lords.

house sparrow (orn.) pardal
comú.

housetrained domesticat.

housewife mestressa de casa;
mare de família; senyora.

housework treballs de casa;
feina domèstica.

housing habitança; domicili.

hovel barraca; barracot; borda;
cobert; casinyot.

hover (to) rondar; voltar. / pla-
nar; oronejar; voletejar. / os-
cil·lar. / cobrir amb les ales.

how com; de quina manera.

however de tota manera; mal-
grat això; malgrat tot; però.
// per molt que.

how far? a quina distància?; cau
molt lluny?

how fast? a quina velocitat?

howitzer obús.

howl udol; crit planyívol.

howl (to) udolar.

how long? quanta estona?; quina
mida?

how many? quants? quantes?

how much? quant? quanta?

how often? cada quan? quantes
vegades?

how old? quants anys?; quina
edat?

how wide? quina amplària?
hoyden noia entremaliada, turbulenta, revoltosa.
hub botó de roda.
hubbub rebombori.
huckster marxant; venedor ambulant; quincallaire.
huddle amuntegament; aglomeració; tropell.
huddle (to) apilotar-se atropelladament. / arraulir-se.
hue color; matís.
huff mal humor.
hug abraçada forta.
hug (to) abraçar; estrènyer contra el pit.
huge enorme; grandiós; immens.
hulk vaixell vell retirat.
hull closca; pellofa. / carcassa (de vaixell); buc.
hullo! hola!; digueu! (per telèfon).
hum bonior; brunzit; zum-zum.
hum (to) brunzir; bonir. / cantar a boca closa.
human humà; de natura humana.
humane humà; humanitari; benèvol.
humanism humanisme.
humanitarian humanitari.
humanity humanitat.
humanize (to) humanitzar.
humankind gènere humà; humanitat; llinatge humà.
humble humil.
humble (to) humiliar.
humbly humilment.
humbug engany; farsa; falsia. / ximpleria!
humbug (to) enganyar; ensarronar.
humdrum monòton; avorrit; pesat.
humerus húmer.

humid humit (clima, aire).
humiliate (to) humiliar.
humility humilitat.
humming-bird (orn.) colobrí; picaflor.
hummock turonet; muntanyeta.
humorist humorista.
humorous humorístic.
humour humor.
hump gep; gepa.
hump (to) enarcar-se; encorbar-se.
humpbacked geperut.
humus humus.
hunch tallada gruixuda; tall gros. / gep.
hunch (to) encorbar.
hunchbacked encorbat.
hundred cent. / centena; centenar.
hundredth centèsim.
Hungarian hongarès.
hunger fam.
hunger (to) famejar; anhelar; delejar. / patir fam; famejar.
hungry famolenc; afamat.
hunk tallada gruixuda.
hunt caça; cacera; munteria. / percaçament.
hunt (to) caçar. / cercar; percaçar.
hunter caçador.
hunting caça; cacera.
huntress (lit.) dona caçadora.
huntsman caçador. / munter; encarregat dels gossos en una cacera.
hurdle barra movible per a salts esportius; obstacle. / encanyissat; tanca; estacada.
hurdy-gurdy piano de manubri.
hurl (to) llançar; disparar; tirar.
hurrah! visca!; molt bé!

hurricane huracà.
hurriedly apressadament.
hurry pressa; urgència.
hurry (to) anar de pressa; cuitar; accelerar; apressar.
hurry-scurry precipitadament; acceleradament; a corre-cuita.
hurry up! cuita! afanya't! / atropelladament.
hurry up (to) afanyar-se; cuitar.
hurt mal; ferida; cop.
hurt (to) (intr.) fer mal; dolorejar. // (tr.) malmetre; ferir. / fer malbé; espatllar.
hurtle (to) llançar-se; precipitar-se.
husband marit; espòs.
husband (to) casar-se. / estalviar; economitzar.
husbandman agricultor.
husbandry agricultura. / administració econòmica domèstica.
hush silenci; quietud. // silenci!; pst!
hush (to) fer callar; apaivagar. / emmudir.
husk pellofa; closca; clofolla; boll.
husk (to) espellofar; espanotxar.
husky ronc. / fornit; robust.
hussar hússar.
hussy dona inútil; noia desvergonyida.

hustings comicis; mítings preelectorals.
hustle activitat; dinamisme.
hustle (to) activar. / empènyer.
hut barraca; cabana; barraca provisional.
hutch gàbia de conills.
hyacinth (bot. i min.) Jacint.
hybrid híbrid.
hydra (mit. i bot.) hidra.
hydrangea (bot.) hortènsia.
hydrant boca de regatge, d'aigua.
hydrate hidrat.
hydraulic hidràulic.
hydraulics hidràulica.
hydrogen hidrogen.
hydropathy hidropatia.
hydrophobia hidrofòbia.
hyena (zool.) hiena.
hygiene higiene.
hymn himne.
hyperbola (geom.) hiperbola.
hyperbole hipèrbole; exageració.
hyphen guionet (signe ortogràfic).
hypnotism hipnotisme.
hypochondria (pat.) hipocondria.
hypocrisy hipocresia.
hypocrite hipòcrita; fals; fingit.
hypodermic hipodèrmic.
hypotenuse hipotenusa.
hypothecate (to) hipotecar.
hypothesis hipòtesi.
hyssop hissop.
hysteria histèria.

IT WAS THE LAST STRAW THAT BROKE THE CAMEL'S BACK
Una gota vessa la copa

I jo.

iambus iambe.

ibex (zool.) cabra salvatge.

ibis (zool.) ibis.

ice gel.

ice (to) gelar; congelar; refrigerar.

iceberg iceberg; massa de gel flotant.

icebox nevera.

ice-breaker vaixell trencagels.

ice-cream gelat de crema; gelat.

ice-cream freezer geladora.

Icelandic islandès.

ice-tray safata on es posa aigua a gelar a la nevera per a l'elaboració de dauets de gel.

icicle caramell; regalim glaçat que penja.

icon icona.

iconoclast iconoclasta.

icy fred; gelat.

idea idea; intenció.

ideal ideal.

idem ídem.

identical idèntic.

identify (to) identificar.

identity identitat.

ideology ideologia.

ides idus.

idiocy idiotesa.

idiom modisme; gir (del llenguatge). / parla; llenguatge.

idiosyncrasy idiosincràsia.

idiot idiota.

idle desvagat; mandrós; dropo; gandul.

idle (to) vagar; fer el dropo; gandulejar.

idleness ociositat; ganduleria.

idler dropo; gandul.

idly ociosament.

idol ídol.

idolater idòlatra.

idolatry idolatria.

idyll idil·li.

i. e. «id est» això és.

if (conj.) si. / si és que.

if only si tan sols; si almenys.

igloo cabana de gel, habitacle dels esquimals.

igneous volcànic.

ignite (to) encendre; calar foc. // (intr.) cremar.

ignoble innoble; indigne.

ignominious ignominiós.

ignominy ignomínia.

ignorance ignorància.

ignore (to) ignorar; passar per alt; ometre, no fer cas.

iguana iguana.

ilex alzina.

ill malalt. // adv. mal; malament; imperfectament. // adj. mal, mala, mals, males.

ill-bred mal educat; groller.

ill-breeding mala educació; malcriadesa.

illegal il·legal.

ill-favoured lleig; desfavorit.

illegible il·legible.

illegitimate il·legítim.
illiberal il·liberal.
illicit il·lícit.
illimitable il·limitat.
ill-intentioned mal intencionat.
illiterate analfabet; il·literat; illetrat; inculte.
illness malaltia.
illogical il·lògic.
ill-tempered malcarat; malgeniüt.
illuminate (to) il·luminar.
illusion il·lusió.
illustrate (to) il·lustrar; inserir il·lustracions (fotografies, dibuixos).
illustrator il·lustrador.
illustrious il·lustre; insigne.
ill-will malvolença; mala voluntat; tírria.
image imatge.
imagine (to) imaginar; suposar. / imaginar-se.
imam imam (noble musulmà).
imbalance desnivell; desbalanç; desequilibri; diferència.
imbecile imbecil.
imbecility imbecil·litat.
imbibe (to) embeure.
imbroglio embull; embolic.
imbue (to) imbuir; infondre.
imitate (to) imitar.
imitation imitació.
imitative imitatiu; mimètic; onomatopeic.
imitator imitador.
immaculate immaculat.
immanence immanència.
immaterial immaterial. / insignificant; indiferent; sense importància.
immature immatur; no acabat de desenvolupar.
immeasurable immesurable.
immediate immediat.

immense immens.
immerse (to) immergir; submergir.
immigrate (to) immigrar.
imminence imminència.
imminent imminent.
immobile immòbil.
immobilize (to) immobilitzar.
immoderate immoderat.
immodest deshonest; immodest; impúdic.
immolate (to) immolar.
immorality immoralitat.
immortality immortalitat.
immovable inamovible. / immoble.
immunize (to) immunitzar.
imp nen entremaliat; dimoniet.
impact impacte.
impart (to) impartir.
impartiality imparcialitat.
impasse cul-de-sac; carreró sense sortida; atzucac.
impassiveness impassibilitat.
impassioned apassionat; vehement.
impassivity impassibilitat.
impatient impacient; neguitós; frisós.
impeach (to) acusar; titllar; denigrar.
impeccability impecabilitat.
impeccable impecable; irreprotxable; irreprensible.
impede (to) impedir; privar.
impel (to) impel·lir, impulsar.
impend (to) ésser imminent; amenaçar.
impenetrable impenetrable.
imperative imperatiu.
imperfect imperfet. / imperfecte.
imperial imperial.
imperil (to) arriscar; posar en perill.

imperious imperiós.
imperishable immarcescible.
impermeable impermeable.
impersonal impersonal.
impersonate (to) interpretar un personatge; personificar.
impertinence impertinència.
impertinent impertinent. / improcedent.
imperturbable impertorbable; impertèrrit; impassible.
impervious impermeable; invulnerable.
impetigo ronya; sarna.
impetuosity impetuositat; ímpetu; vehemència.
impetuous impetuós; vehement; violent.
impetus ímpetu; empenta; força.
impiety impietat.
impinge (to) fer impacte.
impious impiu. / impietós.
impish endimoniat; entremaliat.
implacable implacable.
implant (to) implantar; establir.
implement eina; instrument; utensili.
implements eines; estris; arreus; ormeigs.
implicate (to) implicar; involucrar.
implication deducció; iHació. / complicació.
implicit implícit; tàcit.
implore (to) implorar.
imply (to) implicar; insinuar; significar.
impolite groller; grosser; descortès; incorrecte.
impolitic imprudent; insensat; inoportú.
imponderable imponderable.
import importació. / significat.
import (to) importar; introduir.

/ importar; interessar; significar.
importance importància.
importunate (to) .importú; pesat; empipador.
importune (to) importunar; insistir.
impose (to) imposar; carregar. / enganyar; aprofitar-se de la bona fe.
imposing imponent; impressionant; imposant.
impossible impossible.
impostor impostor.
impound (to) confiscar; comissar.
impoverish (to) empobrir; depauperar.
impracticable impracticable; intransitable.
imprecate (to) imprecar.
impregnable inexpugnable; inconquerible.
impregnate (to) impregnar; saturar. / fecundar.
impresario empresari (operístic, musical).
impress (to) impressionar. / inculcar; influenciar.
impression impressió.
impressionable impressionable; sensible; enamoradís.
impressive impressionant; imponent; commovedor.
imprint empremta. / peu d'impremta.
imprint (to) imprimir; estampar.
imprison (to) empresonar.
impromptu improvisació. / (mús.) impromptu.
improper impropi.
impropriety impropietat; incorrecció.
improvable millorable.

improve (to) millorar; progressar; perfeccionar.

improvement progrés; millora; avenç.

improvise (to) improvisar.

imprudence imprudència; insolència.

impudence impudència; desvergonyiment.

impudent desvergonyit; impudent.

impugn (to) impugnar.

impulse impuls; empenta.

impunity impunitat.

impure impur; immund.

impurity impuresa; immundícia.

impute (to) imputar; atribuir.

in en; a; dins; dintre; al dedins de.

inability incapacitat.

inaction inacció.

inadvertent inadvertit; accidental.

inalienable inalienable.

inane insensat; poca-solta.

inanition inanició; exhauriment.

innanity qualitat d'inútil.

inappropriate impropi; no adient.

inasmuch as ja que; vist que; considerant que.

inaugural inaugural.

inaugurate (to) inaugurar; estrenar. / presentar; fer la presentació; donar possessió.

inborn innat; connatural.

inbred innat; congènit; heretat; obtingut; rebut.

incalculable incalculable.

incandescent incandescent.

incantation encantament; encanteri; conjur.

incapable incapaç; no disposat.

incapacitate (to) incapacitar; desqualificar.

incarcerate (to) empresonar; encarcerar.

incarnate (to) encarnar.

incautious incaut; imprudent.

incendiary incendiari.

incense encens.

incense (to) encensar. / irritar; exasperar.

incentive incentiu; estímul.

incept (to) començar.

inception començament; inici.

incertitude incertesa; incertitud.

inch polsada (2,54 cm).

inchoate (to) incoar.

incidence incidència.

incident incident; esdeveniment; episodi. // concomitant; propi; inherent.

incidental incidental. / contingent; fortuït.

incinerate (to) incinerar.

incipient incipient; naixent.

incise (to) entretallar; gravar.

incisor (anat.) dent; dent incisiva.

incite (to) incitar.

incitement incitació.

incivilty descortesia; incivilitat; malcriadesa.

inclination inclinació.

incline declivi; talús; inclinació.

incline (to) inclinar; decantar.

include (to) encloure; abraçar; comprendre.

inclusive inclusiu.

incognito incògnit; amb nom fingit.

income renda. / ingressos.

income tax impost.

incoming entrada. // entrant.

incommensurate incomparable; desproporcionat; incommensurable.

incomprehension incomprensió.

incomprehensive limitat; no extensiu.
inconceivable inconcebible; incomprensible.
inconclusive inconvincent; inconclusiu.
incongruous incongruent.
inconsistent contradictori; desentonat.
incontestable incontestable; incontrovertible.
incontinent incontinent; desordenat. // en continent; immediatament; encontinent.
incontrovertible incontrovertible; incontestable.
inconvenience inconveniència; contrarietat; molèstia.
inconvenience (to) molestar; destorbar.
incorporate incorporat.
incorporate (to) incorporar.
incorporeal incorpori.
incorrigible incorregible.
incorruptible incorruptible.
increase augment; increment.
increase (to) augmentar; incrementar.
incredible increïble.
incredulous incrèdul; escèptic.
increment increment; augment.
incriminate (to) incriminar; inculpar.
incrust (to) incrustar. / encrostar.
incrustation incrustació.
incubate (to) incubar.
incubus íncube; pressió del malson.
inculcate (to) inculcar; imbuir.
inculpate (to) inculpar.
incumbency incumbència; obligació.
incur (to) incórrer.

incurable incurable; irremeiable.
incursion incursió.
incurvate (to) encorbar.
incurved corbat cap a dins.
indebted endeutat; obligat; reconegut.
indecency indecència.
indecipherable indesxifrable.
indecisive incert; indecís; insegur.
indeed en realitat; verament; veritablement; realment; en efecte.
indefatigable infatigable; incansable.
indefeasible inapel·lable; irrevocable.
indefinable indefinible.
indefinite indefinit.
indelible indeleble; inesborrable.
indemnify (to) indemnitzar.
indemnity indemnitat; incolumitat.
indent osca; escantell.
indent (to) escantellar; oscar. / (impr.) posar un quadratí al començ de ratlla.
indented dentat. / oscat.
indenture contracte d'aprenentatge.
independence independència.
indescribable indescriptible.
indeterminate indeterminat; indefinit.
index índex; indicador; taula alfabètica. / índex (dit de la mà).
Indian indi.
Indian ink tinta xinesa.
India paper paper bíblia.
India rubber goma d'esborrar.
indicate (to) indicar.
indicative indicatiu.
indict (to) acusar.

indictment acusació; denúncia.
indifference indiferència.
indigenous indígena.
indigent indigent; pobre.
indigestible indigest; indigestible; indigerible; impaïble.
indignant enutjat; indignat.
indignity ultratge; afront; ofensa.
indigo anyil; indi; blau d'indi.
indiscriminate indiscriminat; indistint; confús.
indispensable indispensable; necessari.
indisposed indisposat; destrempat; malestant. / indispost; no inclinat a; no disposat.
indissoluble indissoluble; indestructible.
indistinct indistint; imprecís; vague.
indite (to) redactar; compondre; escriure.
individual individu; persona. // individual; particular.
individualize (to) individualitzar; particularitzar.
individually individualment; un per un.
indivisible indivisible; indivís.
indolently indolentment.
indomitable indomable; indomtable.
Indonesian indonesi.
indoor interior; casolà.
indoors a casa; a dintre de casa; en local tancat; a l'interior.
indubitable indubtable; evident.
induce (to) induir; persuadir.
induct (to) instaŀlar (algú en un càrrec o benefici).
indulge (to) condescendir; tolerar; consentir. / permetre's; regalar-se.

indulgence consentiment; tolerància. / indulgència.
industrial industrial.
industrious treballador; diligent; dinàmic.
industry indústria. / dinamisme; activitat; diligència.
indwell (to) habitar; residir; viure.
indwelling vivent; present; recordat; en la memòria.
in earnest de veritat; formalment.
inebriate embriac; ebri.
inebriate (to) embriagar; inebriar.
inedible immenjable; incomestible.
ineffable inefable; indescriptible.
ineffective inefectiu; ineficient.
ineffectual ineficaç; malreeixit; fracassat; infructuós.
inefficient ineficient; incompetent.
ineluctable ineluctable; inevitable.
inept inepte.
inequality desigualtat. / irregularitat.
inequitable injust; inequitable.
ineradicable que no es pot desarrelar.
inert inert; inactiu.
inertia inèrcia; inacció.
inexorable inexorable; irreductible; implacable.
inexpiable inexpiable.
inexpressible inexpressable; indicible.
inextinguishable inextingible.
inextricable inextricable; irresoluble.
in fact de fet; en realitat. / en efecte.

infallible infal·lible.
infamous infame; vil.
infancy infància; infantesa.
infant infant; criatura.
infantile infantil; infantívol.
infantry infanteria.
infatuate (to) enamorar; enllepolir.
infect (to) infectar; contaminar; encomanar.
infection infecció.
infectious infecciós; contagiós.
infer (to) inferir; concloure.
inferior inferior; més baix; més avall. // inferior; subordinat; subaltern.
inferiority complex complex d'inferioritat.
infernal infernal.
infest (to) infestar.
infidel infidel; pagà; gentil; descreient.
infidelity infidelitat; deslleialtat.
infiltrate (to) infiltrar; infiltrar-se.
infinite infinit; il·limitat.
infinitesimal infinitesimal.
infinitive infinitiu.
infinitude infinitud; infinitat.
infinity l'infinit. / infinitat; sens fi.
infirm dèbil; flac; fluix; feble.
infirmity xacra; alifac; infermetat.
infirmary infermeria; hospital.
inflame (to) inflamar; enrogir; enardir; enfellonir.
inflammation inflamació.
inflate (to) inflar.
inflect (to) (gram.) declinar; conjugar; variar un mot per flexió.
inflict (to) infligir.
inflorescence inflorescència.

inflow afluència.
influence influència; influx.
influence (to) influir; influenciar.
influential influent; preponderant.
influenza (pat.) grip; influença.
influx afluència.
in force vigent.
inform (to) informar; notificar.
informal casolà; d'estar per casa; sense etiqueta. / no oficial.
information informació.
informer denunciant; acusador.
infraction infracció.
infra-red infraroig.
infringe (to) infringir; violar.
in front (adv.) davant; al davant.
in front of prep. davant de; davant; enfront de; davant per davant de.
infuriate (to) enfurir; enfurismar; enfuriar.
infuriated irat; furibund.
infuse (to) infondre; inspirar; imbuir.
infusion infusió.
ingathering collita.
ingenious enginyós; hàbil.
ingenuity enginy; habilitat.
ingenuous ingenu; natural; innocent.
ingle flama; foc; llar de foc.
ingle-nook racó de la llar de foc.
inglorious ignominiós; vergonyós. / obscur; desconegut.
ingot lingot.
ingrained arrelat.
ingratiate (to) congraciar-se.
ingratitude ingratitud.
ingredient ingredient.
ingress ingrés; entrada.

ingrowing toe-nail unglera.

inhabit (to) habitar; viure; residir.

inhabitable habitable.

inhabitant habitant; resident. / indígena.

inhabited habitat; poblat.

inhale (to) inhalar.

in hand en marxa; fent-se; al teler.

inhere (to) ésser inherent.

inherit (to) heretar.

inhibit (to) inhibir.

inhospitable inhospitalari.

inhuman inhumà; cruel.

inhumate (to) inhumar.

inimical enemic; contrari; hostil.

iniquitous inic; injust; maligne; dolent.

iniquity iniquitat.

initial inicial. // lletra inicial.

initiate iniciat; profés; versat.

initiate to iniciar; començar. / instruir; iniciar.

initiative iniciativa.

inject (to) injectar.

injuction ordre; manament.

injure (to) lesionar; fer mal; ferir. / ofendre; agreujar.

injured ferit; lesionat. / ofès; agreujat.

injury lesió; ferida. / dany; perjudici. / injúria.

ink tinta.

in kind en espècie; en gèneres.

inking-pad tampó.

inkling insinuació; suggeriment.

inknot (to) fer un nus; nuar.

ink-pad tampó.

ink-pot tinter.

inkstand tinter.

In-laws sobrevinguts.

inlay incrustació.

inlay (to) incrustar.

inlet badia petita; canal. / obertura; entrada.

in love enamorat.

inly interiorment. // interior.

inmate resident; internat; hospitalitzat.

inmost íntim; profund; recòndit; molt ocult.

inn hostal; fonda; posada; parador.

innate innat.

inner interior; intern; intestí.

innings entrada; torn (en jocs).

innocence innocència.

innocent innocent.

innocuous innocu.

innovate (to) innovar.

innuendo indirecta.

innumerable innombrable; nombrós.

inoculate (to) inocular.

inoffensive inofensiu.

inoperative inoperant; ineficaç.

in order to per tal de; per tal que; a fi i efecte; a l'objecte de.

inordinate desordenat; immoderat.

inorganic inorgànic.

in-patient hospitalitzat.

in play de broma.

in point of fact en realitat; de fet.

in progress en marxa.

in prospect de lluny; a distància.

input potència comunicada a un aparell (bateria, condensador).

inquest enquesta judicial.

inquietude inquietud.

inquire (to) preguntar; inquirir; indagar.

inquiry pregunta; indagació.

inquisitive preguntaire; curiós.

inroad incursió.
inrush invasió.
insalubrious insalubre.
insane dement; boig.
insanitary insà; malsà.
insanity demència; bogeria; insània; follia.
insatiable insaciable; insadollable.
insatiate insaciable.
inscribe (to) inscriure.
inscription inscripció.
inscrutable inescrutable.
insect insecte.
inseminate (to) inseminar; implantar.
insensate insensat. / insensible.
insensible inconscient; sense sentits; desmaiat.
insensitive insensible.
inseparable inseparable.
insert inserció; intercalació.
insert (to) inserir.
inset intercalació.
inset (to) intercalar; inserir.
inshore tocant a la riba; a la vora del mar.
in short en resum; en una paraula.
inside a dins; dintre; a l'interior.
insider persona introduïda (en una entitat).
inside out capgirat; al revés. / de dintre a fora.
insidious insidiós; sorneguer.
insight perspicàcia; intuïció; penetració.
insignia insígnia; distintiu.
insignificance insignificança; fotesa; bagatella.
insinuate (to) insinuar; deixar entendre; tirar indirectes.
insipid insípid.
insist (to) insistir; porfidiejar.

insistence insistència; porfídia.
insole plantilla (de sabata).
insolence insolència.
insoluble insoluble.
insolvency insolvència.
insomnia insomni.
insomuch de tal manera; en tal grau.
insouciance despreocupació; indiferència.
inspan (to) junyir, enjovar (bous) a un vehicle.
inspect (to) inspeccionar.
inspector inspector.
inspire (to) inspirar; inhalar. / omplir de força creadora; inspirar; infondre.
inspirit (to) encoratjar; animar.
in spite of a despit de; malgrat; a pesar de.
instability inestabilitat; inconstància.
instable inconstant; inestable.
install (to) instal·lar; col·locar.
installing instal·lació; col·locació.
instalment instal·lació. / termini. / fascicle; remesa.
instance exemple; cas. / instància; prec.
instant imminent; immediat. / urgent. // instant; moment.
instantaneous instantani.
instead en lloc seu; en canvi (d'alguna cosa).
instead of en lloc de; en comptes de.
instep empenya; part superior del metatars.
instigate (to) instigar; burxar.
instil (to) instil·lar. / infondre.
instinct instint. // animat; ple de.
institute institut.
institute (to) instituir.

institution institució.
instruct (to) instruir; donar instruccions. / ensenyar; instruir.
instructions instruccions; normes.
instructive instructiu.
instructor instructor; preparador; ensinistrador.
instrument instrument.
insufferable insofrible; insuportable; intolerable.
insular insular; illenc.
insulate (to) isolar; aïllar.
insulation aïllament.
insulator aïllador; isolador.
insulin insulina.
insult insult; ultratge.
insult (to) insultar; injuriar.
insupportable insuportable; intolerable.
insurance assegurança.
insure (to) assegurar; garantir contra determinats riscs.
insurgent insurgent; insurrecte; rebel.
insurmountable insuperable; invencible; infranquejable.
insurrection insurrecció; revolta.
intact intacte.
intake aspiració; succió. / vàlvula d'admissió; entrada.
intangible intangible; tabú.
integer enter; sencer.
integral integral.
integrate (to) integrar; compondre; constituir.
integrity integritat; totalitat. / honradesa; integritat.
integument integument; coberta exterior (pell, closca, valva).
intellect Intel·lecte: intel·ligència; enteniment.
intellectual intel·lectual.
intelligence intel·ligència; ta-

lent. / compenetració; acord. / informació; reportatge.
intelligentsia intel·lectualitat; persones cultes.
intelligible intel·ligible; comprensible.
intemperate immoderat; extremat.
intend (to) proposar-se; intentar; planejar. / pensar a. / voler dir.
intendedly a gratcient; amb intenció; a posta.
intense intens.
intensify (to) intensificar.
intensity intensitat.
intensive intensiu.
intent intent; intenció; propòsit. // atent; concentrat.
intention intenció; propòsit.
intentional intencionat.
intentionally intencionadament; expressament; a gratcient.
inter (to) enterrar.
interact (to) obrar recíprocament.
interbreed (to) encreuar; aparellar, acoblar (diferents races).
intercede (to) intercedir.
intercept (to) interceptar.
interchange intercanvi; reciprocitat.
interchange (to) invertir; intercanviar; preposterar.
intercourse tracte; comunicació; relació.
interdict (to) interdir; vedar; prohibir.
interest interès.
interest (to) interessar.
interesting interessant.
interfere (to) immiscir-se; intervenir; furetejar. / oposar-se.
interim ínterim; mentrestant.

173

interior interior; intern; intestí; domèstic.
interject (to) interrompre; tallar; trencar.
interjection interjecció.
interlace (to) entrellaçar.
interlard (to) intercalar; inserir.
interleave (to) interfoliar; inserir.
interlink encadenar; unir amb anelles; baules.
interlock (to) unir; conjunyir; apinyar.
interlocutor interlocutor.
interloper entremetedor; manefla.
interlude interludi. / interval; intermedi; incís.
intermediate mitjà; mig; medial.
intermediate (to) intervenir.
interment enterrament.
interminable interminable; inacabable; tediós.
intermingle (to) barrejar; entremesclar.
intermission intermissió; interrupció; interval.
intermittent intermitent; reiterant; discontinu.
intermix (to) barrejar; entremesclar.
intern (doctor, estudiant) intern.
intern (to) internar; confinar.
internal intern; interior.
internationalize (to) internacionalitzar.
internecine destructiu (mútuament).
internment confinament; internació.
interpellate (to) interpel·lar.
interplay interacció; efecte mutu.
interpolate (to) interpolar; intercalar (esp. impròpiament).

interpose (to) interposar.
interpret to) interpretar.
interpreter intèrpret; traductor.
interrogate (to) interrogar; inquirir.
interrupt (to) interrompre.
interruption interrupció.
intersect (to) intersecar-se; tallar-se.
intersperse (to) espargir; entremesclar; interpolar; adornar.
interstice intersctici; clivella.
intertwine (to) entreteixir.
interval interval. / entreacte.
intervene (to) intervenir. / interposar-se.
interview entrevista; interviu.
interview (to) interviuar.
intestate intestat; abintestat.
intestines intestins; budells.
in the event a l'hora de la realitat.
in the least en el més mínim; de cap manera.
in the long run a la llarga; tard o d'hora.
intimacy intimitat; franquesa; indiscreta.
intimate íntim; familiar.
intimate (to) donar a entendre; demostrar clarament.
in time amb temps (suficient).
intimidate (to) intimidar; amenaçar.
into cap a dins; a dins. / en.
intolerable intolerable; insuportable.
intonation entonació; to.
intone (to) entonar; cantar; salmejar; recitar.
intoxicant beguda alcohòlica. // embriagador.

intoxicated embriac; borratxo.
intoxication embriaguesa; borratxera.
intransigent intransigent.
intransitive intransitiu.
intrepid intrèpid; brau; audaç; valent.
intricacy embull; embolic.
intricate intricat; enrevessat.
intrigue intriga; conxorxa.
intrinsic intrínsec.
introduce (to) presentar; fer una presentació; introduir.
introspect (to) examinar-se; fer examen de consciència.
introvert introvertit.
intrude (to) immiscir-se; introduir-se; entremetre's; ficar-se.
intruder intrús. / manefla; entremetedor; manifasser.
in trust en profit; en benefici.
intuition intuïció; comprensió immediata.
in tune a to; afinat.
inundate (to) inundar; negar; submergir.
inure (to) avesar; acostumar; habituar.
invade (to) invadir.
invader invasor.
invalid invàlid; impossibilitat; tolit.
invaluable inavaluable; inestimable; incalculable.
invariably invariablement.
invasion invasió.
invective invectiva; diatriba.
inveigh (to) vituperar; blasmar.
inveigle (to) enganyar; entabanar.
invent (to) inventar; crear; idear; descobrir.
invention invenció; invent; descobriment. / mentida.

inventory inventari.
inverse invers; oposat.
invert (to) invertir; posar en sentit contrari; posar al revés.
invertebrate invertebrat.
invest (to) assetjar; posar setge. / invertir; esmerçar. / investir; revestir.
investigate (to) investigar.
investiture investidura.
investment inversió; esmerç. / vestició; investidura.
inveterate inveterat; antic; arrelat.
invidious envejós.
invincible invencible.
inviolate inviolat; íntegre.
invisible invisible; imperceptible.
invite (to) convidar; invitar.
invocation invocació.
invoice factura; compte; nota (comercial).
invoke (to) invocar.
involve (to) encloure; envolupar; implicar. / complicar.
invulnerable invulnerable.
inward interior; ocult. // cap endins; a dins.
inwardly interiorment; mentalment.
inwards cap endins; v e r s dins. // entranyes. // interiorment.
iodine iode.
ion (quím.) ió.
Ionic jònic.
ionize (to) ionitzar.
iota mica; borrall; gota.
irascible irascible.
irate enrabiat; enutjat; enfadat.
iridescence tornassol; canviant de color segons la llum.
iridescent iridescent.
iridium iridi.

iris iris (de l'ull). / (fot.) diafragma. / lliri; flor de lis.
Irish irlandès.
irk (to) enutjar; empipar.
irksome enutjós; empipador; enfadós; cansat.
iron ferro. / planxa (de planxar). // de ferro; ferri. / inflexible; implacable.
iron (to) planxar.
ironclad cuirassat; blindat.
ironing-board post de planxar.
ironmonger ferreter.
ironmonger's ferreteria.
ironworks foneria de ferro.
ironic irònic.
ironical irònic.
irony ironia.
irradiate (to) irradiar.
irrational irracional.
irrecoverable irrecuperable; irremeiable.
irredeemable irredimible; irreembossable.
irreducible irreductible.
irrefragable irrefragable; indiscutible; incontestable.
irregular irregular.
irrelevant inaplicable; desavinent; inoportú.
irreligious irreligiós; indiferent; impiu.
irreparable irreparable.
irreplaceable irreemplaçable; insubstituïble.
irreproachable irreprotxable; impecable.
irrespective independent; sense tenir en compte.
irresponsible irresponsable; inconscient.
irretrievable irreparable; irremeiable.

irrigate (to) regar; irrigar.
irrigation rec. / irrigació.
irritable irascible.
irritant irritant; exasperant.
irruption irrupció; escomesa sobtada.
isinglass cola de peix; ictiocol·la.
island illa.
islander illenc; insular.
isle illa.
islet illot.
isobar isòbara.
isolate (to) isolar; aïllar; separar.
isosceles isòsceles.
isotherm isoterma.
isotope isòtop.
israelite israelita; israelià.
issue edició; emissió; tirada (impremta).
issue (to) publicar. / eixir; fluir.
isthmus istme.
it el, lo, la, li. / ell, ella (impersonal). / ho.
Italian italià.
italics cursiva (lletra).
itch picor.
itch (to) picar; fer picor. / sentir picor.
it doesn't matter és igual; no importa.
item ítem; article; detall; additament.
iterage (to) iterar; repetir.
itinerant ambulant; errant.
itinerary itinerari; ruta.
its d'allò; seu; seva; d'ell; d'ella (no persones).
itself allò mateix; ell mateix; ella mateixa (no persones).
ivied cobert d'heura.
ivory vori; ivori.
ivy heura.

JACK OF ALL TRADES, MASTER OF NONE
En Jan, de tots els oficis, en cap no n'és mestre

jab punxada; cop violent.

jab (to) punxar; donar un cop de puny.

jabber xerrameca; xampurreig; patuès.

jabber (to) xerrar; xampurrejar. / embarbussar-se.

jabot farbalà davanter d'un vestit o camisa.

jacinth (bot. i min.) jacint.

jack cric; gat (d'aixecar cotxes).

jackal (zool.) xacal.

jackanapes manefla.

jackass ase; ruc.

jack bottle ampolla de viatge.

jackdaw (orn.) gralla.

jacket jaqueta; americana.

jack-in-the-box ninot de molla en una capsa de sorpresa.

jack-knife ganivet de butxaca; trempaplomes.

jaconet roba fina de cotó per a cataplasmes.

jactitation agitació; tràfec.

jaculate (to) llançar; gitar.

jade jade; actinota. / cavall vell, gastat. / donota; dona lleugera.

jade (to) cansar; esgotar.

jadish viciós; impúdic; immoral.

jag osca; escantell; dent.

jag (to) oscar; escantellar.

jaggedness osca; escantell. / desigualtat.

jaguar (zool.) jaguar.

jail presó; garjola.

jailer escarceller; carceller.

jalap jalapa.

jalousie gelosia; enreixat.

jalopy automòbil antic, d'època.

jam melmelada; confitura. / afetgegament; atapeïment.

jam (to) empantanegar; apinyar; embussar; encallar.

jamb muntant; costat d'un bastiment.

jamboree festa; xerinola. / aplec; reunió de nois escoltes.

jangle so discordant.

jangle (to) sonar desagradablement.

janitor porter; uixer.

January gener.

japan laca; vernís.

Japanese japonès.

japan (to) envernissar; enxarolar.

jar gerra; pot; terrina; gerro. / xoc; commoció. / discussió.

jar (to) grinyolar; provocar sons feridors. / discordar; discutir. / vibrar.

jargon argot; gerga; patuès.

jarring estrident; dissonant.

jasmine (bot.) llessamí; gessamí.

jasper jaspi.

jaundice (pat.) icterícia.

jaunt excursió; sortida; passeig.

jaunt (to) fer excursió; passejar.

jauntily gentilment; galantment.

jaunty airós; vistós; elegant.

177

Javanese javanès.
javelin javelina.
jaw mandíbula; barra.
jay (orn.) gaig.
jazz jazz.
jealous gelós; envejós.
jealousy gelosia; enveja.
jeans calces blaves de dril.
jeep automòbil de campanya.
jeer mofa; riota; befa; escarni.
jeer (to) riure's; mofar-se; burlar-se.
Jehovah Jehovà; Jahvè.
jehu (fam.) cotxer.
jejune mancat; buit; fred.
jelly gelatina; gelea.
jelly-fish medusa (animal marí).
jemmy palanqueta.
jenny torn de filar múltiple. / somera.
jeopardize (to) arriscar; posar en perill.
jeopardy perill; risc.
jeremiad jeremiada; lamentació exagerada.
jerk sotrac; sotragada; batzegada.
jerk (to) sacsejar; sotraguejar.
jerkin justacòs de pell, usat antigament.
jerry de baixa qualitat; mal fet.
jersey jersei.
jessamine llessamí.
jest acudit; facècia; gràcia; agudesa; broma.
jester facaciós; bromista. / bufó; joglar festiu.
jet atzabeja. / raig; doll. / tub de sortida a pressió. / brollador.
jet-plane avió a reacció.
jetsam càrrega llançada al mar d'un vaixell en perill.
jettison (to) llançar càrrega o llast d'una nau al mar.

jetty desembarcador; palanca de desembarcament. / escullera; moll.
Jew jueu.
jewel joia; joiell.
jeweller's shop joieria.
jewellery bijuteria; joies; adreç.
jib vela davantera triangular.
jib (to) refusar de continuar endavant; deturar-se sobtadament.
jiffy instant; tres i no res.
jig giga (dansa).
jig (to) fer saltets; dansar.
jigsaw serreta per a treballs de marqueteria; serra de vogir.
jigsaw puzzle trencaclosques; il·lustració, mapa, retallats irregularment en trossos que cal unir adequadament.
jilt (to) donar carbassa; carbassejar; refusar (un amor).
jimmy palanqueta.
jingle dring; dringadissa; repic. / cascavell; sonall.
jingle (to) dringar; fer sonar.
jingo patrioter; patriota; nacionalista a ultrança.
job tasca; feina; quefer. / ocupació; treball; col·locació.
job (to) treballar a preu fet.
jobber preufeter; agiotista.
jockey joquei; genet; cavaller. / firaire de bestiar; rambler.
jocose jocós; festiu.
jocular festiu; jocós.
jocund jocund.
jog cop de colze; copet; petita empenta. / incentiu; impuls.
jog (to) sotraguejar; sacsejar; sorollar. / donar cops de colze advertidors.
joggle (to) moure a batzegades
join juntura; punt d'unió.

join (to) ajuntar; unir.
joiner ebenista; el qui fa encaixos o engalzaments; fuster.
joinery ebenisteria; fusteria.
joint juntura; unió; endoll; enllaç. / articulació. // comú; col·lectiu.
joint-ruler consort.
joint stock company societat anònima.
jointure viduïtat; pensió de viduïtat.
joist fusta travessera que, de paret a paret, sosté un empostissat; biga.
joke acudit; facècia; broma.
joke (to) bromejar; xanxejar.
joker bromista; plaga.
jolly alegre; divertit; xiroi.
jolt batzegada; sotragueig; trontoll.
jolt (to) sotraguejar; batzegar.
jonquil (bot.) jacint; jonquill.
joss ídol xinès.
josser enze; babau.
jostle (to) empènyer; espentejar.
jostling atropelladament; amb empentes.
jot mica; bri; borrall; engruna.
jot (to) anotar breument; escriure de pressa.
jotter llibreta d'anotacions.
journal diari; periòdic; revista.
journalism periodisme.
journalist periodista.
journey viatge; jornada; camí.
journeyman oficial; jornaler; fadrí (d'un ofici).
joust justa (en un torneig).
jovial jovial.
jowl barra; mandíbla.
joy joia; alegria; gaubança.
joyful joiós; feliç.

jubilant triomfant; joiós.
jubilation gaubança; alegrança.
jubilee aniversari. / noces d'or.
judge jutge.
judge (to) jutjar; arbitrar.
judgement judici; sentència; veredicte.
judicature magistratura; tribunal.
judicious assenyat; judiciós.
jug pot; gerro.
juggle (to) executar jocs malabars; fer jocs de mans.
juggler malabarista; prestidigitador.
Jugoslav iugoslau.
jugular jugular.
juice suc.
juicy sucós.
jujitsu jujitsu; jujutsu; lluita esportiva japonesa.
jujube pastilla dolça i aromatitzada. / (bot.) gínjol.
juke-box tocadiscs automàtic que funciona amb monedes.
julep julep; poció calmant.
July juliol.
jumble barreja; batibull; revoltim.
jumble (to) barrejar; amuntegar confusament.
jump salt; bot.
jump (to) saltar.
jumper jersey; marinera; brusa. // saltador.
jump the queue passar davant (en una cua, tanda).
junction entroncament; bifurcació.
juncture juntura; unió; juncció. / avinentesa; escaiença; conjuntura.
June juny.
jungle jungla; manigua; selva verge.

junior jove; fill; menor; subordinat.
juniper ginebre.
junk jonc (embarcació xinesa). / trastos; mals endreços; andròmina.
junket mena de mató. / banquet; festí.
junket (to) celebrar un banquet, un festí.
juridical jurídic.
jurisdiction jurisdicció; autoritat.
jurisprudence jurisprudència.
jurist jurista; jurisconsult.
juror membre d'un jurat.
jury jurat; tribunal.
jury-mast pal suplementari en una nau (en emergències).

just justament; exactament; precisament. / solament; només. / recentment; fa un moment; suara. // just; recte; justicier.
justice justícia.
justiciary jutge; magistrat. // judicial.
justify (to) justificar.
justness justícia; equitat.
just now en aquest moment; ara mateix; adés.
jut (to) sobresortir; sortir. / avançar-se.
jute jute (fibra tèxtil per a fer tapissos, sacs).
juvenile juvenil; jovenívol.
juxtapose (to) juxtaposar.

KILL TWO BIRDS WITH ONE STONE
D'un sol tret matarem dos pardals

kaleidoscope calidoscopi.
kalendar calendari.
kangaroo (zool.) cangur.
kaolin caolí.
kapok miraguà.
kayak canoa esquimal.
keel quilla; carena d'una nau.
keelhaul (to) passar la quilla (càstig).
keen afilat; agut. / interessat; afeccionat; àvid; anhelós.
keenness agudesa. / vivacitat. / anhel; desig.
keep (to) guardar; mantenir; tenir; conservar; reservar-se; quedar-se. / complir.
keep back (to) retenir; amagar.

keeper guardador; vigilant.
keep from (to) evitar; guardar de.
keeping guarda; custòdia; càrrec.
keep off (to) restar distanciat.
keep on (to) persistir.
keep one's word (to) mantenir la paraula donada.
keepsake record; penyora; present.
kelp mena d'alga marina gran.
ken coneixement; enteniment.
ken (to) entendre; comprendre; saber.
kennel canera; caseta del gos.
kerb voravia; vorada.

kerchief mocador; mitget.
kerf osca; tall; obertura.
kermess quermes (insecte).
kern (to) granar.
kernel pinyol.
kerosene petroli per a llum.
kersey mena de moletó (teixit).
kestrel (orn.) xoriguer gros.
ketch vaixell petit de cabotatge, de dos pals; catxamarina.
ketchup salsa de tomàquet, bolets, etc.
kettle tetera; calder; olla; marmita.
kettle-drum (mús.) timbala.
key clau (f.) / to. / tecla; pistó.
keyboard teclat.
keyhole forat del pany.
keynote (mús.) clau.
keyring portaclaus; clauer.
keystone (arq.) clau (d'un arc, volta).
key up (to) (mús.) afinar. / animar; estimular.
khaki caqui.
kibe penelló; tall a la pell.
kick puntada de peu; xut; guitza.
kick (to) donar puntades de peu, guitzes; xutar.
kickshaw galindaina; bagatel·la.
kid cabrit. / cabritilla. / infant; criatura.
kid (to) ensarronar; engalipar.
kidnap (to) segrestar.
kidney (anat.) ronyó.
kidney bean mongeta vermella; fesol.
kill (to) matar; occir. / destruir.
killjoy persona tendenciosa a esguerrar festes.
kiln forn (de calcinar, d'assecar).
kilt faldilla escocesa.

kimono quimono.
kin parentiu; família; parentela. / espècie; mena.
kind classe; mena; qualitat; gènere. // amable; benèvol; afectuós.
kindergarten jardí d'infància.
kindle (to) encendre; il·luminar; inflamar; calar foc.
kindly amablement.
kindness amabilitat; bondat.
kindred parent; familiar. // parentiu; família.
kinetics cinètica; cinemàtica.
king rei.
kingdom reialme.
kingfisher (orn.) blauet; botiguer.
kink entortolligament; enrotllament; cargolament.
kinsfolk parents.
kinship parentiu.
kinsman parent.
kinswoman parenta.
kiosk quiosc.
kipper arengada fumada.
kismet fat; sort; estrella; destí.
kiss petó; bes; òscul.
kiss (to) besar; fer un petó; fer petons; petonejar.
kit equip; indumentària; equipatge; einam; joc d'eines.
kit-bag motxilla.
kitchen cuina.
kitchen garden hort.
kitchen-range cuina econòmica.
kite estel; miloca; grua. / (orn.) milà.
kitten gatet; marruix.
kitty gatet.
klaxon clàxon.
kleptomania cleptomania.
knack traça; destresa; art; manya; habilitat.

knacker tractant. / contractista d'enderrocs.
knag nus (de la fusta).
knap (to) trossejar pedra.
knap-sack motxilla.
knarled nuós; retort.
knave murri; atrevit; brètol; bergant. / sota (naip).
knavish maliciós; entremaliat; murri.
knead (to) pastar; amassar.
knee (anat.) genoll.
kneel (to) agenollar-se; flectar els genolls.
knell (to) tocar (campanes) a morts.
knickerbockers calça curta.
knickers calça curta. / calces de dona.
knick-knack galindaina; quincalla; bagatella; fotesa.
knife ganivet.
knight cavaller. / cavall (del joc d'escacs).
knight (to) condecorar.
knit (to) fer mitja.
knitting punt de mitja; treball de mitja.

knitting-needle agulla de fer mitja.
knob agafall; pom; botó. / prominència.
knock cop; pic; truc.
knock (to) pegar; copejar. / trucar; picar.
knock down (to) tirar a terra; atropellar.
knocker balda; picaporta; trucador; picador de porta; armella.
knock out (to) posar fora de combat; expulsar.
knoll pujol; tossal.
knot nus. / llaç; vincle.
knot (to) lligar; nuar.
knotty enrevessat; embrollat.
know (to) saber; conèixer.
knowing intel·ligent; llest; comprensiu.
knowledge coneixement; erudició; enteniment.
knuckle nus dels dits.
koala (zool.) mamífer marsupial d'Austràlia semblant a un ós petit.
krait (zool.) serp blavosa, molt verinosa, de l'Índia.

LIFE IS NOT ALL BEER AND SKITTLES
No tot són flors i violes

label etiqueta; tarja; rètol.
laboratory laboratori.
laborious laboriós; treballós.
labour labor; feina; treball.
labour (to) treballar.
labourer treballador; productor; bracer.

labyrinth laberint.
lac laca.
lace punta; randa. / cordó; cinta.
lace (to) lligar; enllaçar.
lace-pillow coixí de fer puntes.
lacerate (to) lacerar; esquinçar.
lachrymal lacrimal.

lack escassetat; manca; falta; fretura.
lack (to) mancar; faltar; escassejar.
lackdaisical indiferent; desinteressat.
lackey lacai.
laconic lacònic.
lacquer laca; vernís.
lacteal lacti.
lactic lacti; làctic.
lacuna llacuna; espai buit.
lad noi; minyó; xicot.
ladder escala de mà.
lade (to) carregar.
lading càrrega; carregament.
ladle cullerot; llossa. / cassó.
lady senyora; dama.
ladybird marieta (insecte).
Lady Day diada de l'Anunciació.
lag retard. // presidiari.
lag (to) ressagar-se; endarrerir-se; retardar-se; ronsejar. / revestir (un conducte) d'una capa protectora.
lager cervesa clara.
laggard ressagat; ronsejaire; ronsa.
lagging moviment retardat.
lagoon albufera; llacuna marina
laic laic; llec; seglar.
lair cau; catau; amagatall.
laity els seglars.
lake llac; estany. / laca.
lama lama; monjo budista.
lamb (zool.) anyell; xai; be.
lambent oscil·lant; radiant. / superficial.
lame coix; esguerrat.
lament lament; queixa.
lament (to) lamentar; lamentar-se.
laminate (to) laminar.
lamp llum; llàntia; llanterna.

lampblack negre de fum; matèria colorant feta de sutge del petroli.
lamplight claror d'un llum.
lamplighter fanaler.
lampoon libel; escrit satíric.
lamp-post fanal públic.
lamprey (ict.) llamprea; llampresa.
lamp-shade pàmpol (d'un llum); pantalla.
lance llança.
lancer llancer.
lance thrust llançada.
land terra. / país; pàtria. / territori.
land (to) posar peu a terra; desembarcar; aterrar.
landau landó; cotxe amb capota llevadissa.
landed hisendat; terratinent. / rústic; del camp.
landing desembarcament. / aterratge.
landlady mestressa d'hostal.
landlord hostaler. / amo; propietari; terratinent.
landlubber persona no versada en marineria.
landmarck molló; fita.
landscape paisatge.
lane carreró; carrer estret. / corriol; caminoi.
language llenguatge; llengua; idioma.
languid lànguid; dèbil.
languish (to) llanguir; decandir-se.
languor llangor; llanguiment.
lank alt i prim; esprimatxat.
lantern llanterna.
lap falda; replà de les cames en posició d'assegut.
lap (to) llepar. / embolicar. /

(esp.) avantatjar d'una volta en una cursa.
lapel solapa (del vestit).
lapidary n. i adj. lapidari.
lapislazuli lapislàtzuli.
lapse error; lapsus; relliscada; patinada; planxa.
lapse (to) caure en error. / prescriure; caducar.
lapwing (orn.) fredeluga.
larboard babor.
larceny robatori; furt; lladronici.
larch (bot.) làrix; alerç.
lard llard.
lard (to) enllardar; untar amb llard.
larder rebost.
large gran; gros; ampli. / liberal.
lark (orn.) alosa.
lark (to) bromejar; fer bestieses; fer l'animal.
larkspur (bot.) esperó de cavaller.
larva larva.
larynx larinx; laringe.
lasciviousness lascívia.
lash pestanya. / xurriaques; tralla.
lash (to) flagel·lar.
lass noia; fadrina; donzella; mossa; minyona.
lassitude lassitud.
lasso llaç escorredor.
last darrer; últim. / passat. // final; la fi.
last (to) durar; continuar.
lasting durador; permanent; sòlid.
last night anit passada.
latch balda; baldó; pestell.
late tard. / darrer; últim. / difunt. / ex-.
late-comer el qui arriba tard; tocatardà.

lateen sail vela llatina.
lately darrerament; recentment.
latent latent.
later més tard; després. / posterior.
lateral lateral.
later on més endavant; més tard.
lath llistó.
lathe (mec.) torn.
lather ensabonada; sabonera; escuma de sabó.
lather (to) ensabonar. / escumejar.
Latin llatí; d'origen llatí.
latitude latitud.
latrine latrina; comuna.
latter recent; més recent; darrer. / (el) segon; (l') últim.
lattice enreixat. / gelosia; ventalla.
laud lloança; elogi.
laud (to) lloar; glorificar.
laudanum làudanum; droga calmant extracte d'opi.
laugh riallada; rialla.
laugh (to) riure.
laughable risible; còmic; divertit.
laugh at (to) riure's de.
laughter riallada; rialla; riure.
launch llanxa.
launch (to) varar (una nau). / llançar; aviar; projectar; avarar; engegar.
launder (to) rentar i planxar.
laundress bugadera; rentadora.
laundry rentador; bugaderia.
laureate (to) llorejar.
laurel (bot.) llorer.
lava lava.
lavatory lavabo; wàter; comuna.
lave (to) rentar; banyar.
lavender (bot.) espígol.

lavish liberal; pròdig; malversador. / abundant.
law llei; dret.
lawful legal; legítim.
lawgiver legislador.
lawless il·legal; il·legítim.
lawn gespa; gasó; herbei. / prat; prada.
lawnmover talladora d'herba, gespa o gasó.
lawsuit plet; litigi.
lawyer lletrat; advocat; procurador; home de lleis.
lax lax; relaxat; fluix.
laxative laxant.
lay llec; laic; seglar; profà. / lai; balada.
lay (to) posar; dipositar. / pondre. / ajeure; allitar; ajaçar. / parar (taula).
layer estrat; capa. / au ponedora.
layette panereta dels bolquers; bolquers.
layfigure maniquí.
layman seglar; laic; llec; profà.
lay up (to) guardar; acumular; estalviar.
lazar llàtzer; nafrat.
laze (to) mandrejar.
laziness ganduleria; mandra.
lazy dropo; gandul.
lea prat; pastura.
leach (to) filtrar; colar.
lead direcció; exemple; guia. / plom. / corretja (per a gossos).
lead (to) conduir; dirigir; guiar.
leader dirigent; capdavanter; cabdill.
leadership direcció; cabdillatge; guia.
leading principal; més important.
leaf (bot.) fulla. / full (paper).

leaflet full; volant; full de paper imprès.
league lliga; confederació; aliança; conxorxa. / llegua.
leak gotera. / via d'aigua. / fuita; escapament.
leak (to) gotejar; degotar. / fer aigua.
leakage degoteig. / filtració; fuita.
lean magre; flac.
lean (to) recolzar; reclinar. / estintolar; descansar. / inclinar-se.
leaning recolzat; estintolat.
leap salt; bot; saltiró.
leap (to) saltar; saltironar. / bategar amb força.
leap-frog saltar-i-parar.
leap-year any de taspàs; any bixest.
learn (to) aprendre; assabentar-se.
learned savi; erudit; versat.
lease arrendament.
lease (to) arrendar.
leasehold arrendament.
leaseholder arrendatari.
leash corretja.
leash (to) fermar amb corretja.
least el més petit; el mínim. // menys.
leastways almenys.
leather cuir; pell.
leave permís; vènia; llicència.
leave (to) deixar; abandonar. / marxar. / anar-se'n; sortir de. / oblidar; descuidar-se.
leaven llevat; ferment.
leaven (to) fermentar. / impregnar; imbuir.
leaving sortida; partida; marxa.
Lebanese libanès.
lectern faristol.

lecture conferència; dissertació; lliçó.

lecture (to) dissertar. / ensenyar; alliçonar; professar; explicar. / renyar.

lecturer conferenciant; lector; professor.

ledge vora; replà estret. / rebaix (d'una finestra). / prestatge.

ledger (com.) llibre major. / (mús.) ratlla addicional.

lee redós; recer. / sotavent.

leech (zool.) sangonera.

leek (bot.) porro.

leer mirada impúdica (d'esquitllentes).

leer (to) mirar maliciosament, impúdicament; mirar insolentment, de reüll.

lees sediments; acaballes.

left esquerre. // esquerra.

left-handed esquerrà; esquerrer.

left luggage office dipòsit d'equipatges; consigna.

leg cama. / pota; peu.

legacy herència; llegat.

legal legal; conforme a la llei.

legality legalitat.

legalize (to) legalitzar.

legate legat.

legatee legatari.

legato (mús.) lligat.

legend llegenda; mite. / inscripció; llegenda.

legerdemain prestigiditació; joc de mans.

legging polaina.

leggy camallarg.

legible llegible.

legion legió.

legislate (to) legislar.

legislation legislació.

legislator legislador.

legitimacy legitimitat.

legitimate legítim; lícit; legal.

legitimate (to) legitimar; donar força legal.

legitime llegítima.

leg-pull ensarronada; engany.

leguminous lleguminós.

lei garlanda de flors que duen les noies hawaianes al voltant del coll.

leisure lleure; temps lliure; oci.

leman amistançada.

lemming (zool.) mena de ratolí de camp.

lemon llimona.

lemonade llimonada.

lemon-tree (bot.) llimoner.

lemon-verbena (bot.) marialluïsa.

lemur (zool.) lèmur (mena de simi).

lend (to) deixar; prestar. / proporcionar; procurar.

lender prestador (de diners).

length longitud; llargària. / durada.

lengthen (to) allargar; prolongar.

lengthy extens; prolix; difús; massa llarg.

leniency lenitat; suavitat; blanesa.

lenient indulgent; benigne; benèvol.

lenity lenitat; blanesa; clemència.

lens lent; objectiu (d'òptica). / (anat.) cristal·lí.

Lent quaresma.

lentil (bot.) llentilla; llentia.

leonine lleoní.

leopard (zool.) lleopard.

leper llebrós; leprós.

leprosy (pat.) lepra.

lesion lesió.

less menys. / menor.

lessee llogater; arrendatari; inquilí.
lessen (to) minvar; disminuir; minorar; amainar.
lesser menor; més petit.
lesser black-backed gull (orn.) gavià fosc.
lesson lliçó.
lesson (to) donar una lliçó.
lessor arrendador.
lest per tal de no; perquè no; per tal que no. / per por de; de por de; de por que.
let impediment; obstacle.
let (to) permetre; deixar; accedir. / llogar.
let fly (to) disparar; llançar; tirar. / atacar; insultar.
lethal letal; letífer; mortal.
lethargy letargia; son profund.
let off (to) deixar anar.
let out (to) deixar sortir.
letter lletra; carta. / lletra (signe ortogràfic).
letter-box bústia.
lettered lletrat; culte.
letter-opener tallapapers.
letting arrendament.
lettuce (bot.) enciam.
leucocyte leucòcit; glòbul blanc.
levant (to) amagar-se, fugir, de la justícia.
levee dic; mur de contenció. / recepció reial.
level nivell. // pla; llis. / horitzontal.
level (to) anivellar. / igualar; aplanar; allisar; arrasar.
level crossing pas a nivell.
lever palanca; alçaprem; perpal.
leveret (zool.) llebrató.
levity levitat; lleugeresa.
levy lleva (de recrutes); reclutament.

levy (to) reclutar. / imposar tributs.
lewd indecent; libidinós; luxuriós.
lexicography lexicografia.
lexicon diccionari (esp. grec o hebreu).
liable responsable. / subjecte; sotmès. / propens; tendent.
liaison enllaç; coordinació.
liana (bot.) liana; planta tropical enfiladissa.
liar mentider; fals.
libation libació.
libel libel; escrit difamatori.
liberal liberal; munificent; pròdig.
liberate (to) alliberar; deslliurar.
libertine llibertí; llicenciós.
libertinism llibertinatge.
liberty llibertat. / franquesa. / llicència.
libidinous libidinós; luxuriós.
librarian bibliotecari.
library biblioteca.
librettist llibretista.
libretto llibret; obra dramàtica.
Libyan libanès.
licence llicència; permís; autorització.
license (to) llicenciar; autoritzar; donar llicències.
licensee concessionari.
licentiate llicenciat.
licentious llicenciós; llibertí.
lichen (bot.) liquen.
licit lícit; legal.
lick llepada; acció de llepar.
lid tapadora; coberta. / parpella.
lie mentida.
lie (to) mentir. / jeure; ajeure's estirar-se; estendre's.
lie-abed dormilega.
lief de bon grat; amb plaer.

187

liege feudatari; tributari.
liegeman vassall; súbdit.
lien embarg; retenció.
lieutenant tinent; lloctinent.
life vida. / duració.
life-belt cinturó salvavides.
life-boat bot salvavides.
life-buoy salvavides (flotador).
life-jacket jaqueta salvavides.
lifeless inanimat; mort; sense
vida.
life-size mida, grandària natural.
lifetime vida; curs de la vida. //
vitalici; per tota la vida.
lift ascensor. / elevació; aixeca-
ment; pujada.
lift (to) aixecar; elevar. / pispar;
afanar.
ligament (anat.) lligament.
ligature lligada; lligadura; lligat.
light lleuger. / clar; ros. //
llum. / foc.
light (to) illuminar; encendre.
lightcake pastís lleuger; ensaï-
mada.
lighten (to) illuminar. / alleuge-
rir.
lighter encenedor.
lightly amb lleugeresa; airosa-
ment.
lightning llamp; llampec.
light opera opereta.
lights freixures.
lightsome alegre; graciós. / llu-
minós.
ligneous llenyós.
lignite lignit.
likable simpàtic; atraient.
like similar; semblant. // com;
igual que; com si.
like (to) plaure; agradar. / vo-
ler.
likelihood versemblança; proba-
bilitat; possibilitat.

likely apropiat; propici; adequat.
/ possible; probable. // pro-
bablement.
liken (to) comparar.
likeness semblança; retirada; si-
militud.
likewise igualment; de la ma-
teixa manera; semblantment.
liking afecció; simpatia; gust.
lilac (bot.) lilà. // lila; morat
clar.
lilt ritme marcat; dansa; cançó
alegre.
lily (bot.) lliri.
lily of the valley (bot.) lliri de
la Mare de Déu; lliri de maig;
muguet.
limb membre; extremitat.
limber armó.
limbo llimbs.
lime calç / (bot.) tiller. / mena
de llimona rodona molt àcida.
lime-flower (bot.) tilla (flor).
lime-juice tilla (infusió).
limerick poema, sense solta, de
cinc versos.
limestone pedra calcària.
lime-tree (bot.) tiller.
limit límit; termenal; confí.
limit (to) limitar; afitar; confi-
nar.
limited limitat; restringit. / so-
cietat anònima; (de responsa-
bilitat) limitada.
limitless illimitat.
limousine cotxe amb compartí-
ment per al xofer.
limp fluix; marcit; pansit. / coi-
xesa.
limp (to) coixejar; claudicar.
limpet pegellida.
limpid límpid; net; pur; clar.
linchpin passador; clàvia.
linden (bot.) tiller.

linden blossom tea (bot.) tiHa.
line línia. / fila; filera. / llinyol.
line (to) alinear. / ratllar. / folrar; revestir.
lineage llinatge; nissaga.
lineal lineal; recte.
lineament faccions de la cara; fisonomia.
linear lineal; de longitud.
lineman instaHador de línies (telefòniques, etc.).
linen lli; llenç; roba blanca.
liner transatlàntic; vapor, vaixell, de línia. / avió de línia.
linesman jutge de línia (futbol, etc.).
line up (to) centrar; fixar; ajustar.
ling (bot.) bruc; bruguera. / (ict.) mena de bacallà llarg.
linger (to) diferir; retardar; perllongar; dilatar. / ronsejar; fer estona.
lingerie roba interior de senyora.
lingering lent; retardat; perllongat; dilatat.
lingo argot; dialecte.
linguist lingüista; filòleg.
liniment liniment; embrocació.
lining folre; revestiment.
link baula; anella (de cadena). / atxa; torxa.
links camp de golf. / botons de puny.
linnet (orn.) passerell; passerell comú.
linoleum linòleum.
linotype linotip.
linseed (bot.) llinosa; llavor de lli.
linsecd-oil oli de llinosa.
linsey-woolsey teixit bast de llana i cotó.
lint gasa.

lintel llinda.
lion (zool.) lleó.
lioness (zool.) lleona.
lip (anat.) llavi.
lipstick pintallavis.
liquefy (to) liquar; liquidar; fondre.
liqueur licor.
liquid líquid.
liquidate (to) liquidar; saldar.
liquor licor; beguda alcohòlica.
liquorice pegadolça; extret de regalèssia. / regalèssia.
lisp balbuceig.
lisp (to) balbucejar. / papissotejar.
lissom flexible; doblegable. / àgil; desimbolt.
list llista; enumeració; rol.
list (to) allistar; enrolar; inscriure. / (nàut.) inclinar-se (una nau) a una banda. / voler; plaure; desitjar.
listen (to) escoltar.
listener oient. / oïdor.
listless indiferent; apàtic; distret.
lists born; lliça.
lit encès; iHuminat.
litany lletania.
literacy capacitat de llegir i escriure.
literal literal; textual.
literally literalment; al peu de la lletra.
literary literari.
literate literat. / que sap llegir i escriure.
literature literatura.
lithe flexible; àgil; dúctil; malleable.
lithography litografia.
litigate (to) litigar; pledejar.
litigation litigi; plet.

189

litmus tornassol.
litre litre.
litter llitera. / escombraries; deixalles; restes inservibles. / lludrigada; cria; conillada.
litter (to) desendreçar; desordenar.
litter-bin dipòsit per a restes inservibles; paperera.
little poc; un xic; una mica; poca cosa. / petit; xic; breu; menor.
little by little de mica en mica.
little owl (orn.) mussol comú.
littoral litoral.
liturgy litúrgia.
livable comportable; passador.
live viu; vivent; de carn i ossos; en persona.
live (to) viure.
livelihood mitjans de vida; subsistència; manteniment.
livelong tot; de cap a cap; complet.
lively animat; vivaç; viu.
liven up (to) animar-se; prendre vida.
liver (anat.) fetge.
livery lliurea.
livestock ramaderia; bestiar.
livid lívid.
living subsistència; mitjans de vida; manera de viure. // viu; vigorós.
living-room sala d'estar; gabinet.
living-space espai vital.
lizard (zool) llangardaix.
llama (zool.) llama (mamífer).
lo heus ací; mira; mireu.
load càrrega.
load (to) carregar.
loaf fogassa; panet; (un) pa. / piló; pa de sucre.
loaf (to) mandrejar; dropejar;

vagar; malversar (per negligència).
loam terra fèrtil.
loan préstec.
loath rebec; refractari; malganós; repropi.
loathe (to) abominar; detestar; avorrir.
loathsome odiós; repugnant.
lob bolei; cop a la pilota llançade enlaire (tennis).
lob (to) boleiar; llançar la pilota enlaire (tennis).
lobby passadís; galeria. / antecambra; vestíbul.
lobe lòbul (de l'orella).
lobster llagosta (crustaci).
local local; de la localitat; d'un lloc determinat.
locality localitat; situació.
localize (to) localitzar; donar caràcter local.
locate (to) localitzar; situar; trobar el lloc.
location localització; situació.
loch braç de mar; cala. / llac.
lock pany; forrellat. / rínxol; tirabuixó; bucle. / resclosa.
lock (to) tancar amb pany i clau.
locker armari particular que es tanca amb clau, en un lloc públic.
locket medalló (reliquiari).
locksmith manyà; serraller.
locomotion locomoció.
locomotive locomotora; màquina de tren. // locomotor.
locust (ent.) llagosta (insecte).
locution locució.
lode filó.
lode star estrella polar.
lodestone pedra imant.
lodge casa del guarda, del pastor. / lògia (maçònica).

lodge (to) allotjar; estatjar.
lodgement allotjament.
lodger estadant; hoste; llogater.
lodgings allotjament; habitança; estatge; residència.
loft golfes. / galeria (del cor, de l'orgue d'una església).
lofty elevat; noble; alt; sublim.
log tronc; tió. / aparell per a mesurar la velocitat d'una nau.
logarithm logaritme.
log-book (nàut.) llibre de navegació.
loggerhead neci; estúpid. / varietat de tortuga marina.
loggia llotja; pòrtic.
logging explotació forestal.
logic lògica; dialèctica.
logical lògic.
logistics logística.
loin (anat.) llom.
loin-cloth eslip.
loiter (to) vagar; mandrejar; rondar; deambular.
loll (to) arrepapar-se; aclofar-se; repanxolar-se. / repenjar-se.
lollipop dolç; llamí; fruita confitada.
lone sol; únic; solitari.
loneliness soledat; solitud.
lonely solitari; sol. / desolat.
long llarg. // estona; temps. // durant; llarga estona; molt de temps.
long (to) anhelar; desitjar.
long ago fa molt de temps.
longevity longevitat.
long for (to) glatir.
longing enyorança. / anhel; frisança.
longitude longitud; graus d'est a oest.
long life llarga duració; llarga vida.

long-live! visca!
long play disc microsolc gran.
longsome pesat; enutjós.
long-tailed tit (orn.) mallerenga cuallarga.
look mirada; ullada; llambregada. / aspecte.
look (to) mirar. / semblar; tenir aspecte de.
look after (to) curar; tenir cura de; atendre.
look at (to) mirar.
looker on espectador.
look for (to) cercar.
look forward (to) esperar amb delectança.
looking mirada. / aspecte.
looking-glass mirall.
look like (to) tenir l'aspecte de; semblar que.
look out! compte!; atenció!; ull!
look through (to) repassar; revisar; examinar.
look up to (to) respectar; considerar; estimar.
loom teler.
loom (to) albirar; entreveure. / aparèixer confusament.
loop volta sencera (rotlle de corda, cinta); corba; anella.
loop-hole espitllera.
loose fluix; ample; deixat anar; folgat; solt; deslligat.
loose (to) afluixar deslligar; relaxar.
loosely fluixament; alleradament; lliurement; folgadament.
loosen (to) afluixar; deixar lliure; deslligar; engegar.
looseness amplitud; relaxació; folgança; afluixament.
loot botí; roberies.
loot (to) saquejar.

lop (to) podar; escurçar; esporgar. / penjar fluixament.

lope (to) galopar; córrer fent salts.

lop-eared d'orelles caigudes.

loquacious loquaç.

lord senyor; lord.

Lord Senyor; Déu; Jesucrist.

lordship senyoria; senyoriu.

lore ciència; saber; erudició.

lorgnete impertinents; ulleres amb mànec.

lorry camió.

lose (to) perdre. / esgarriar-se; perdre's.

loss pèrdua.

lost perdut; esgarriat.

lost property objectes perduts.

lot sort; destí; lot; quantitat; porció.

loth V. **loath.**

lotion loció; líquid per a friccions.

lots of gran quantitat; molt.

lottery loteria; rifa.

lotus (bot.) lotus; nímfea; nenúfar.

loud sonor; sorollós; fort; alt. / en veu alta.

loudly fortament; sonorament; estrepitosament.

loud-speaker altaveu; portaveu; botzina.

lounge antesala; sala de descans. / canapè; sofà. / ganduleria.

lounge (to) mandrejar; vagar. / arrepapar-se.

lounge-chair butaca; poltrona.

lounge-suit vestit de carrer, de cada dia.

lour (to) arrugar el front.

louse (ent.) poll (insecte).

lout taujà; babau.

lovable que es fa estimar; digne d'ésser estimat.

love amor; afecte.

lovebird (orn). periquito.

loveknot llaç, nus, en galons o cintes.

loveliness bellesa. / amabilitat.

lovely bonic; bell; encisador.

lover amant; amador.

loving afectuós; amorós; estimador.

loving-kindness afecte; misericòrdia.

low baix; greu; inferior. // avall; baix.

low brow persona inculta.

lower més baix. // baix; inferior.

lower (to) rebaixar; abaixar.

lower case (impr.) caixa baixa; minúscules.

lowering descensió.

lowliness humilitat.

lowly humil.

lownecked escotat; escollat.

low-spirited pusil·lànime; abatut.

low-status baixa posició; baixa categoria, condició.

loyal lleial; fidel.

loyalist legalista; legitimista; governamental.

loyalty lleialtat.

lozenge pastilla (medicinal, aromàtica). / losange; rombe.

lubber ganàpia; galifardeu.

lubricate (to) lubricar; greixar.

lucent lluent; relluent; brillant; transparent.

lucerne (bot.) alfals.

lucid lúcid; resplendent.

luck sort; fortuna.

luckily afortunadament; per sort.

lucky sortós; afortunat.

lucre lucre; profit.

lucubration elucubració.

ludicrous ridícul; burlesc; grotesc.

luff (to) (nàut.) orsar; orsejar; anar contra el vent.

lug piu; golfo; nansa; agafador.

luggage equipatge.

luggage-rack portaequipatges (en un vagó de tren).

lugger petita embarcació amb una o més veles quadrades.

lugsail vela quadrada.

lugubrious lúgubre.

lukewarm tebi; ni calent ni fred.

lull treva; moment de calma.

lull (to) adormir; amanyagar; cantar la non-non.

lullaby non-non; cançó de bressol.

lumbago (pat.) lumbago; reumatisme lumbar.

lumbar lumbar; dels lloms.

lumber fusta tallada. / mobles, estris vells.

lumber (to) tallar arbres. / amuntegar trastets. / caminar feixugament.

lumberman destraler; llenyataire.

lumber-room cambra de mals endreços.

luminary llumener; astre lluminós.

luminous lluminós; il·luminat.

lump bony. / terròs.

lump (to) amuntegar. / carregar-se per força.

lunacy bogeria.

lunar lunar; de la lluna.

lunatic llunàtic; maníac.

lunch dinar; àpat del migdia.

lunch (to) dinar; fer l'àpat del migdia.

luncheon mos; mossegada; refecció.

lunettes ulleres submarines.

lung (anat.) pulmó.

lunge escomesa; estocada.

lunge (to) escometre; atacar; amenaçar.

lupine (bot.) tramús; llobí.

lupus (pat.) lupus.

lurch trontoll; tentines; bransoleig sobtat.

lurcher (zool.) gos de caça que recobra la peça.

lure reclam; esquer.

lure (to) atreure; seduir.

lurid fantàstic; suggestiu; sensacional. / violent. / llòbrec.

lurk (to) aguaitar; espiar; sotjar; amagar-se.

luscious saborós; dolç.

lush esponerós; ufanós; exuberant.

lust cobejança; afany; desig. / luxúria.

lustre llustre; brillantor.

lusty fornit; vigorós; fort.

lute (mús.) llaüt.

luxuriant gemat; gerd.

luxuriate (to) adelitar-se; viure en l'abundància.

luxurious luxós.

luxury luxe; fast; opulència.

lyceum liceu.

lye lleixiu.

lying mentida. / jacent; ajagut.

lying-in part; acte de parir.

lyke-wake vetlla d'un cadàver.

lymph limfa.

lymphatic limfàtic; flegmàtic.

lynch (to) linxar.

lynx (zool.) linx.

lyre (mús.) lira.

lyre-bird (orn.) ocell lira.

lyric lletra d'una cançó.

lyrical líric.

MAN PROPOSES, GOD DISPOSES
L'home proposa i Déu disposa

ma (abreviació de) mamà.
macabre macabre.
macadam macadam; paviment de pedra comprimida.
macaroni macarrons.
macaw (orn.) guacamai.
mace maça (insígnia o arma).
mace-bearer macer; porrer.
macerate (to) macerar; estovar.
machiavelian maquiavèl·lic.
machicolation matacà; lladronera.
machination maquinació; intriga.
machine màquina. / sistema.
machinery maquinària.
mackerel (ict.) verat.
mackintosh impermeable (vestit).
macrocosm macrocosmos.
mad boig. / enfellonit.
madam senyora.
made fet; fabricat.
madly bojament.
madrigal madrigal.
Maecenas mecenas.
maelstrom remolí; torb; romboll.
maestro mestre músic (director o compositor).
magazine revista (publicació periòdica).
magenta magenta (colorant).
maggot viró; larva. / caprici.
Magi Mags, els tres Reis.
magic màgica; màgia.
magical màgic; meravellós.
magician magià; màgic; bruixot; fetiller.

magic lantern llanterna màgica.
magisterial magisterial.
magistracy magistratura.
magistrate magistrat; jutge municipal.
magnanimous magnànim.
magnate magnat.
magnesia magnèsia.
magnesium magnesi.
magnet imant; magnet.
magnetic tape cinta magnetofònica.
magnetism magnetisme.
magnetize (to) magnetitzar.
magneto magneto.
magnificence manIfIcència.
magnificent magnífic; esplèndid.
magnifier multiplicador; augmentatiu.
magnify (to) augmentar; engrandir; amplificar. / glorificar.
magnifying glass vidre multiplicador; lent d'augment; lupa.
magniloquence grandiloqüència.
magnitude magnitud; mida; categoria.
magnolia (bot.) magnòlia.
magpie (orn.) garsa.
Magyar magiar.
mahogany caoba.
maid donzella; minyona. / serventa.
maiden noia soltera. // primer; inaugural; primer viatge, etc.
maiden name nom de soltera.
maiden speach debut oratori parlamentari.

maid-servant serventa; minyona; criada.

mail correu. / malla; cota de malles.

mail (to) enviar per correu.

maim (to) inutilitzar; esguerrar; baldar; tolir.

main principal; major. / (canonada, conducció elèctrica) principal, mestra. / continent; oceà.

mainland continent.

mainly principalment; majorment.

maintain (to) mantenir.

maintenance manteniment; subsistència.

maize (bot.) blat de moro; moresc.

majestic majestuós.

majesty majestat.

majolica majòlica; faiança.

major major; principal. // major d'edat. / comandant.

majority majoria; la major part.

make marca. / estructura. / producció.

make (to) fer; produir; fabricar.

make a difference (to) tenir importància.

make away (to) fugir; girar cua, tocar el dos.

make away with (to) destruir; matar; suprimir.

make-believe de fer veure; simulat; fingit.

make believe (to) fer veure; imaginar; simular.

make certain (to) assegurar-se. / cerciorar-se.

make fast (to) amarrar; fermar.

make for (to) dirigir-se; fer cap (a).

make friends (to) fer-se amics.

make friends with (to) fer les paus amb.

make fun (to) mofar-se; riure's.

make haste (to) afanyar-se; cuitar.

make out (to) comprendre; entendre.

Maker (the) Déu.

maker constructor; fabricant; creador; autor.

make room (to) fer lloc.

make sure (to) assegurar-se. / comprovar.

make up (to) inventar; empescar. / formar. / completar. / compensar. / reconciilar.

make up (one's) mind (to) decidir; determinar; resoldre.

makeweight torna (complement del pes).

making creació; confecció; faiçó; forma; formació.

malachite malaquita.

maladjusted inadaptat; no aclimatat.

maladroit maldestre; malapte.

malady malaltia.

malapropism disbarat; impropietat; mot usat indegudament.

malapropos impropi; improcedent; inadient; inadequat.

malaria malària.

Malayan malai.

malcontent malcontent; descontent.

male masculí. // mascle.

malediction maledicció; imprecació.

malevolence malevolència.

malevolent malèvol.

malfeasance malifeta.

malice malícia.

malicious maliciós; malintencionat.

malign maligne.
malign (to) difamar; calumniar.
malignant maligne; malèvol.
malinger (to) fer-se passar per
  malalt.
malingerer malalt fictici.
mallard (orn.) ànec coll-verd.
malleable malleable.
mallet maça, martell de fusta.
mallow (bot.) malva.
malmsey malvasia.
malodorous fètid; pudent.
malpractice mala conducta; abús.
malt malt; ordi torrat.
malt (to) preparar el malt per
  fer cervesa.
Maltese maltès.
maltreat (to) maltractar.
maltster preparador de malt.
malversation malversació.
mamba (zool.) serp verinosa afri-
  cana.
mamma mamà.
mammal mamífer.
mammon riqueses; opulència.
mammoth mamut.
mammy mamà; mama.
man home. / peça (d'escacs).
man (to) tripular. / proveir d'ho-
  mes.
manacle manilla; manyotera.
manacle (to) emmanillar; posar
  manilles.
manage (to) endegar. / arreglar-
  se-les; compondre-se-les. / ad-
  ministrar.
manageable manejable.
management administració; di-
  recció.
manager empresari; administra-
  dor; apoderat.
managerial directiu; administra-
  tiu.
manatee (zool.) manatí.

mandate ordre; manament.
mandible mandíbula; barra.
mandolin (mús.) mandolina.
mandragora (bot.) mandràgora.
mandrill (zool.) mandril.
mane crinera. / cabellera.
manful brau; resolut; determi-
  nat.
manganese manganès.
mange sarna; ronya.
mangel-wurzel (bot.) bleda-rave;
  remolatxa.
manger menjadora.
mangle calandra; màquina d'en-
  setinar, de planxar.
mangle (to) esbocinar; destros-
  sar.
mango (bot.) mangue.
mangold V. mangel-wurzel.
mangrove (bot.) mangle.
mangy sarnós; ronyós.
manhandle (to) moure a mà. /
  maltractar.
manhood virilitat. / natura hu-
  mana.
mania mania. / dèria.
manicure manicura.
manicurist manicur.
manifest manifest; evident. //
  (nàut.) manifest.
manifest (to) manifestar; de-
  clarar.
manifesto manifest (declaració
  escrita).
manifold múltiple; nombrós.
manikin nan. / maniquí.
manipulate (to) manipular.
mankind gènere humà; humani-
  tat.
manlike baronívol; homenenc.
manly baronívol; viril.
manna mannà.
mannequin model; maniquí vi-
  vent.

manner manera; faisó; mena; classe.

mannerly educat; cortès.

manners maneres; andamis; educació.

mannikin V. **mannequin.**

mannish homenívol; baronívol.

manoeuvre maniobra.

manor feu; senyoriu.

manor house casa senyorial de camp.

manorial senyorial; pairal.

mansard roof teulada amb dos aiguavessos.

mansion casal; palau.

mantelpiece faldar; lleixa de la llar de foc.

mantle mantell. / camisa del llum de gas.

mantle (to) emmantellar.

manual manual; manós. // manual; promptuari. / teclat d'orgue.

manufacture manufactura; fabricació.

manufacture (to) manufacturar.

manufacturer fabricant; manufacturer.

manumission manumissió; alliberament d'un esclau.

manumit (to) alliberar; alforrar.

manure adob; fem.

manure (to) adobar; femar.

manuscript manuscrit.

many molts; moltes.

map mapa.

maple (bot.) auró blanc; erable.

mar (to) espatllar; fer malbé.

marabou (orn.) marabú.

maraschino marrasquí.

Marathon marató (41,8 km.) prova de resistència de cursa a peu.

maraud (to) rondar pillardejant.

marble marbre. / bala de jugar. / marmori.

marcel ondulació dels cabells.

March març.

march marxa. / marca; districte fronterer.

march (to) marxar.

marchioness marquesa.

Mardigras dimarts de Carnaval.

mare (zool.) euga.

margarine margarina.

margin marge.

marguerite (bot.) margarida.

marigold (bot.) gojats; galdiró; calèndula.

marijuana (bot.) haixix; marihuana.

marinade escabetx.

marinade (to) adobar amb escabetx; escabetxar.

marine marí; marítim.

mariner mariner; home emprat en una nau.

marionette titella.

marital marital; del marit; del matrimoni.

maritime marítim.

marjoram (bot.) marduix.

mark marca; senyal. / taca; clapa. // qualificació; nota. / objectiu; fitó. / marc (moneda alemanya).

mark (to) marcar; senyalar. / qualificar.

market mercat.

marksman tirador; destre en el tir.

marl marga.

marmalade melmelada.

marmoreal marmori; com marbre.

marmoset (zool.) tití.

marmot (zool.) marmota.

marocain teixit de seda o cotó.

maroon castany.

marque (patent de) cors.

marquee tenda gran; envelat.

marquetry marqueteria.

marquis marquès.

marriage casament; maridatge; noces.

married casat; casada; maridada. / casats.

married couple matrimoni; marit i muller.

marrow medul·la; moll de l'os.

marry! diantre!; mosca!; carat!

marry (to) casar-se; unir-se en matrimoni. / maridar-se amb; unir-se en matrimoni amb.

marsh pantà. / marjal; patamoll; aiguall; fangar.

marshal mariscal.

marshal (to) dirigir; conduir; ordenar.

marsh-mallow (bot.) malví.

marsh warbler (orn.) boscarla menjamosquits.

marshy pantanós; marjalenc.

marsupial marsupial; didelf.

mart mercat; plaça.

marten (zool.) mart; marta.

martial marcial.

martin (orn.) falziot.

martinet ordenancista.

Martinmas dia de Sant Martí.

martyr màrtir.

martyrdoom martiri.

martyrize (to) martiritzar.

marvel meravella; prodigi.

marvel (to) meravellar. / meravellar-se.

marvellous meravellós; prodigiós.

marzipan massapà.

mascara cosmètic per a tenyir les pestanyes.

mascot mascota.

masculine masculí.

mash massa pastosa.

mash (to) amassar; pastar; aixafar; piconar.

mask màscara; careta; carota.

mask (to) disfressar; amagar; ocultar. / cobrir-se amb màscara; disfressar-se.

masochism masoquisme.

mason paleta; mestre de cases. / francmaçó; maçó.

masonry art del paleta.

masque màscara; careta. / drama, sovint amb música i dansa, antigament representat en castells i palaus.

masquerade mascarada; moixiganga.

Mass Missa.

mass massa; conglomerat; pa; massís.

mass (to) amassar; maurar; aglomerar.

massacre matança; mortaldat; carnatge.

massacre (to) fer una matança.

massage massatge.

massage (to) fer massatge. / maurar.

masseur massatgista (m.).

masseuse massatgista (f.).

massif massís (conjunt de muntanyes).

massive massís; voluminós; sòlid.

massy massís; sòlid.

mast pal; arbre (d'una nau). / castanya; gla; aglà.

master amo; senyor; patró. / mestre. / senyoret. / capità de vaixell.

master (to) arribar a dominar, a conèixer a fons. / sobreposar-se; dominar-se.

masterful dominant; imperiós.
masterly magistral; mestre; mestrívol.
mastership mestratge; mestria; de mestre.
mastery domini; destresa; mestratge.
masticate (to) mastegar.
mastiff mastí.
mastodon mastodont.
mastoid (anat.) mastoide.
mat estora. // mat; sense lluïssor.
match partit; combat esportiu. / llumí. / metxa.
match (to) acoblar; aparellar; agermanar. / oposar. / fer joc; avenir-se. / comparar; igualar.
matchless inigualable; únic; singular.
matchlock mosquet.
mate company. / parella.
mate (to) casar; aparellar.
material matèria; substància; material. / materials. / dades; informació. // positiu; essencial; material.
materialize (to) materialitzar; esdevenir real.
maternal matern; maternal.
matey social; sociable; amical; familiar; afable.
mathematics matemàtiques.
maths matemàtiques.
mating d'aparellament.
matinée funció (teatral) de tarda.
matins matines.
matriarchy matriarcat.
matriculate (to) matricular.
matriculation matrícula; matriculació.
matrimony matrimoni; vida matrimonial.
matrix matriu; motlle.

matron mestressa; majordoma. / matrona; mare de família.
matter matèria; substància. / assumpte; qüestió.
matter (to) importar; interessar; treure cap.
matting estora. / teixit bast per a empaquetar.
mattock aixada per a sòls durs, amb tall horitzontal per una banda i vertical per l'altra.
mattress matalàs.
mature madur.
mature (to) madurar.
maudlin llagrimós; afectat de sensibleria.
maul (to) bastonejar; apallissar.
maunder (to) parlar a la babalà.
Maundy Thursday Dijous Sant.
mausoleum mausoleu.
mauve color malva.
mavis (orn.) tord comú.
mawkish afectat de sensibleria.
maxim màxima; principi; aforisme.
maximum màxim; màximum.
May maig.
may poder; tenir autorització; tenir permís. / poder esdevenir-se; ésser factible.
maybe potser; tal volta.
mayonnaise maionesa.
mayor batlle.
maze laberint; embolic; confusió.
maze (to) embrollar; confondre; envitricollar.
mazurca masurca.
me mi. / me; em.
mead aiguamel.
meadow prada; prat.
meadow pipit (orn.) titella.
meadow-sweet (bot.) reina dels prats.
meagre magre; flac.

meal àpat; menjada. / farina no ben mòlta.

mealy farinós; enfarinat.

mean vil; indigne; mesquí; miserable. // mesquinesa. // mitjà; mitjana; terme mitjà.

mean (to) voler dir; expressar; significar. / proposar-se; pretendre.

meander meandre.

meaning significat; sentit.

meanness mesquinesa; vilesa.

means mitjans; recursos.

meantime mentrestant.

meanwhile mentrestant.

measles (pat.) xarampió.

measure mesura; mida. / (mús.) compàs. / moderació.

measure (to) mesurar; medir.

measuring-tape cinta mètrica.

meat carn (vianda).

mechanic mecànic; operari en maquinària.

mechanical mecànic. / maquinal; rutinari.

mechanician constructor de maquinària.

mechanics mecànica.

mechanize (to) mecanitzar.

medal medalla.

medalion medalló.

meddle (to) immiscir-se; ficarse; entremetre's; mitjançar.

meddlesome intrús; manefla.

medial del mig; del centre; mitgenc.

median mitjà; que és al mig.

mediate (to) mitjançar; intercedir.

medical mèdic.

medicated esterilitzat; vitaminat; medicinal.

medicinal medicinal.

medicine medicina. / medecina.

medieval medieval.

meditate (to) meditar; considerar; reflexionar.

medium mig; mitjà. / intermediari.

medlar nespla. / (bot.) nespler.

medley barreja; mixtió; mescla; miscel·lània.

meed premi; recompensa.

meek dòcil; humil; mansuet; mans; manyac.

meer llac.

meershaum argila blanca per a elaborar pipes de fumar.

meet apropiat adient; escaient.

meet (to) trobar; coincidir. / trobar-se; reunir-se.

meeting reunió; sessió; junta; míting; assemblea; aplec.

megacycle megacicle.

megalith megàlit.

megaphone megàfon; botzina.

megrim migranya. / abatiment; prostració.

melancholia malenconia; melangia.

melancholy melangia; malenconia. / malenconiós; desconhortat; melangiós.

mellifluous mel·liflu; melós.

mellow madur. / dolç. / tou.

mellow (to) madurar. / estovarse. / ablanir.

melody melodia.

melon meló. / (bot.) melonera

melt fosa; fusió.

melt (to) fondre; dissoldre; desfer. / fondre's. / entendrir; ablanir.

melting-point punt de fusió.

member sòci; associat; membre. / extremitat; membre; part del cos.

membrane membrana.

memento memento.

memoir memòria; notícia biogràfica.

memoirs memòries; narració escrita de la pròpia vida.

memorandum memoràndum.

memorial monument (d'homenatge, commemoració).

memorize (to) aprendre de memòria.

memory memòria.

memsahib senyora (tractament indi a una dona casada europea).

menace amenaça.

menacing amenaçador.

ménage administració domèstica.

menagerie parc zoològic; col·lecció d'animals salvatges.

mend reparació; esmena. / parrac; pedaç.

mend (to) esmenar; adobar; reparar.

mendacity falsedat; mentida.

mender reparador; arreglador.

mendicant mendicant; captaire.

menfolk (els) homes (de casa).

menial domèstic. / servil.

meningitis (pat.) meningitis.

mensurable mesurable.

mensuration mesurament; mesuratge.

mental mental.

mentality mentalitat.

menthol mentol.

mention menció.

mention (to) mencionar; esmentar.

mentor mentor; conseller; guia.

menu menú; cobert; llista de plats.

mercantile mercantil.

mercenary mercenari; pagat.

mercer mercer, sedaire.

mercerize (to) merceritzar.

merchandise mercaderia; gèneres.

merchant comerciant; mercader.

merciful misericordiós; compassiu.

merciless despietat; inhumà.

mercurial mercurial; de mercuri. / viu; animat. / vel·leitós; inconstant.

mercury mercuri; argent viu.

mercy misericòrdia. / mercè.

mere mer; simple. // estany; pantà; llacuna.

merely merament; solament; purament.

meretricious llampant; lluent.

merge (to) fusionar-se.

meridian meridià.

meringue merenga.

merino merí; merino.

merit mèrit; mereixement.

merit (to) merèixer.

meritorious meritori; meritós; benemèrit.

mermaid sirena; nimfa marina.

merman tritó; semidéu marí.

merrily alegrement.

merriment alegria; joia; jubilació.

merry alegre; feliç; content.

merry-go-round cavallets.

merry-making xerinola; gresca.

mesh malla; xarxa.

mesh (to) enxarxar; pescar amb xarxa. / engalzar un engranatge.

mesmerism mesmerisme; hipnotisme.

mesne (jur.) intermediari.

mess embolic; confusió; batibull; desordre. / ranxo; plat; porció.

mess (to) desordenar; embu-

llar; confondre. / compartir un àpat, un ranxo.
message missatge.
messenger missatger.
Messiah Messies.
Messrs. Srs.
messuage finca; habitatge amb dependències i terres adjacents.
metabolism metabolisme.
metal metall. / grava.
metal (to) terraplenar sots de carretera amb grava.
metallurgy metal·lúrgia.
metamorphose (to) metamorfosar; transformar.
metamorphosis metamorfosi.
metaphor metàfora; sentit figurat.
metaphysics metafísica.
mete (to) mesurar; medir.
meteor meteor; aeròlit.
meteorology meteorologia.
mete out (to) distribuir (premis, càstigs).
meter comptador; amidador; mesurador. / metre.
methane metà.
methinks em penso; crec; em sembla.
method mètode.
methodical metòdic.
Methodism metodisme.
methyl metil.
meticulous meticulós; curós.
metre metre (39,37 polzades). / ritme del vers; metre.
metrical art mètrica.
metrics mètrica.
metronome metrònom.
metropolis metròpoli; metròpolis; capital.
mettle coratge; resistència; tremp.

mettlesome coratjós; esforçat; estrenu.
mew (orn.) gavina. / mèu; miol.
mew (to) miolar. / tancar; confinar; engabiar.
mewl (to) ploriquejar; plorinyar.
mews estables; cavallerisses; quadres; garatges.
Mexican mexicà.
mezzanine entresol.
miasma miasma; emanació nociva.
mica (min.) mica.
mickle gran; molt.
microbe microbi.
microgroove microsolc.
microphone micròfon.
microscope microscopi.
mid meitat; mig.
midday migdia.
midden munt de runa; cendres; deixalles; runam.
middle mig; centre; meitat. / mitjà; mitjana.
middleman intermediari; negociant.
middling mediocre; regular; mitjà.
midge (ent.) mosquit d'aigua.
midget nan; lil·liputenc.
midland interior d'un país; part central d'un país.
Midlands comtats centrals d'Anglaterra.
midnight mitjanit.
midriff (anat.) diafragma. / abdomen.
midshipman guàrdia marina; aprenent de pilot.
midst mig; centre.
midsummer ple de l'estiu.
midway mig camí; meitat del camí.
midwife llevadora.

mien aspecte; semblant; capti-
nença.
might força; poder; energia.
mighty potent; poderós; fort.
mignonette (bot.) reseda.
migraine V. megrim.
migrate (to) emigrar; traslladar-
se de país.
milady dama de categoria, aris-
tocràtica.
milch lleter; que dóna llet.
mild mansoi; mansuet; dòcil;
benigne. / dúctil.
mildew mildiu. / floridura; flo-
rit.
mildness benignitat.
mile milla (1.609,34 metres =
1.760 iardes).
mileage distància en milles.
milestone fita; molló.
militarism militarisme.
military militar; de la milícia.
militate (to) militar; operar; ac-
tuar.
milk llet.
milk (to) munyir.
milkman lleter; el qui ven llet.
milky lacti; lletós.
Milky Way Via Làctia.
mill molí. / fàbrica; taller; fila-
tura.
mill (to) moldre.
milled estriat.
millennium millenni.
millepede (zool.) miriàpode.
miller moliner.
millet (bot.) mill.
milliard mil milions.
milliner modista de capells.
million milió.
millionaire milionari.
milord milord; gran senyor; an-
glès ric.
mime mim; pantomima; mímica.

mime (to) mimar; imitar.
mimeograph multicopista.
mimic mímic; imitat; fingit. /
imitador.
mimicry bufonada; pallassada. /
mímica. / mimetisme.
mimosa (bot.) mimosa.
minaret minaret.
minatory amenaçador.
mince carn picada.
mince (to) esmicolar; trinxar;
capolar la carn.
mind ment; enteniment; espe-
rit. / voluntat. / tendència; in-
clinació. / parer.
mind (to) atendre. / curar de;
ocupar-se de. / fer cas; donar
importància. / tenir inconve-
nient a.
minded propens; inclinat.
mindful curós; acurat; atent.
mindless descurat; deixat; ne-
gligent.
mine meu; meva; meus; meves.
// mina.
mine (to) minar.
miner miner; minaire.
mineral mineral.
mineralogy mineralogia.
mineral water aigua mineral.
mingle (to) barrejar; mesclar.
miniature miniatura.
minimize (to) minimitzar.
minimum mínim; mínimum.
mining mineria.
minion servil; mesquí. / favorit.
minister ministre.
minister (to) servir; socórrer.
ministrant ajudant; assistent.
ministration servei; atenció; mi-
nisteri; gestió.
ministry ministeri; departament
estatal.
mink (zool.) visó. / pell de visó.

minnow mena de peix menut
d'aigua dolça.
minor menor; més petit. // menor (d'edat).
minor key (mús.) mode menor.
minority minoria.
minster basílica; església d'un
monestir.
minstrel joglar; bard.
mint (bot.) menta. / fàbrica de
moneda.
mint (to) encunyar (moneda).
minuet (mús.) minuet.
minus menys (resta).
minute minut. // menut; xic.
minute hand minutera.
minutiae minúcia.
minx noia desvergonyida.
miracle miracle.
miracle play acte sacramental;
drama sacre.
miraculous miraculós.
mirage miratge. / il·lusió; engany.
mire fang; llot.
mire (to) enfangar; enllotar-se.
mirror mirall.
mirth alegria; joia; gaubança.
mirthful alegre; jovial.
miry fangós.
misadventure desventura.
misanthrope misantrop.
misapplication ús indegut.
misapprehend (to) malentendre.
misappropriate (to) malversar.
misbegotten il·legítim; bastard.
miscall (to) anomenar impròpiament.
miscarry (to) extraviar; errar;
frustrar.
miscegenation hibridació; encreuament de races.
miscellany miscel·lània.
mischance desgràcia; mala sort.

mischief perjudici; mal; malifeta; trapelleria.
mischievous entremaliat; trapella. / dolent; pervers.
miscount (to) comptar malament; descomptar-se.
miscreant descregut.
misdeed malifeta.
misdemeanour delicte de menor
quantia.
misdoer malfactor.
miser avar; mesquí; miserable;
ranci.
miserable miserable; dissortat. /
menyspreable; mesquí; miserable.
misery misèria. / dolor; angoixa;
aflicció; desgràcia. / mesquinesa; roïnesa.
misfire (to) errar el tret. / fer
falla (un motor; un mecanisme).
misfit mal ajustat; no escaient;
impropi.
misfortune mala sort; infortuni;
desgràcia; dissort.
misgive (to) recelar; fer témer;
sentir temor.
misgiving recel; temor.
mishap contratemps; adversitat.
mislay (to) perdre; esgarriar;
traspaperar.
mislead (to) enganyar; despistar; esgarriar.
mislike (to) desaprovar.
misnomer equivocació de nom.
misogynist misogin.
misplace (to) posar, col·locar
malament.
misprint errata d'impremta.
mispronunciation mala pronunciació.
misread (to) interpretar malament.

misquotation citació equivocada.
misrule mala direcció; mal govern; desordre.
Miss senyoreta; Srta.
miss errada; fallada. / pèrdua.
miss (to) fallar; errar. / ometre; passar per alt. / perdre. / no captar; no percebre. / trobar a faltar; enyorar. / faltar; no estar al seu lloc; fallar.
missal missal.
misshapen mal format; deforme; deformat.
missile projectil. / llancívol.
missing que no es troba; que manca.
mission missió.
missionary missioner. // missional.
missis senyora. / esposa; dona; muller.
missive missiva, lletra avorrida i prolongada.
mis-spend (to) malversar; malgastar; balafiar.
misstate (to) declarar malament.
missus senyora. / esposa; dona; muller.
mist boira; vapor.
mistake falta; errada; equivocació.
mistake (to) equivocar; errar; trabucar; confondre.
mistimed inoportú; intempestiu.
mistle thrush (orn.) griva.
mistletoe (bot.) vesc.
mistranslation traducció errònia.
mistress mestressa; directora. / amistançada.
mistrust desconfiança; malfiança; sospita.
mistrust (to) desconfiar; recelar; sospitar (de).

misty nuvolós; boirós.
misunderstand (to) malentendre.
misunderstanding malentès; mala interpretació.
misusage ús impropi; mal ús. / abús; maltractament.
misuse (to) emprar malament. / maltractar.
mite bocí; mica; bri. / borrall. / cèntim.
mitigate (to) mitigar; atenuar.
mitre mitra.
mitt guant de beisbol.
mitten mitena.
mix barreja; mescla.
mix (to) barrejar; mixturar; mesclar.
mixed mixt. / barrejat.
mixture barreja; mixtura.
mizzen (nàut.) messana.
mizzle (to) plovisquejar; plovinejar.
mnemonic mnemotècnic.
mnemonics mnemotècnia; mnemònica.
moan gemec.
moan (to) gemegar. / queixarse.
moat fossa amb aigua envoltant un castell.
mob gentussa; xurma; turba; turbamulta.
mob (to) armar brega, bullanga.
mobbing bullanga, tumult; avalot.
mobile mòbil.
mobster membre de la turba; avalotador.
mocha moca (cafè).
mock fictici; fals; de fer veure.
mock (to) riure's; mofar-se; burlar-se. / estrafer.
mockery mofa; escarni; burla; escarniment. / contrafaïment.

mode manera. / mode.
model model.
model (to) modelar.
moderate moderat; enraonat.
moderate (to) moderar.
modern modern.
modernize (to) modernitzar.
modest modest; senzill; humil.
modesty modèstia.
modifier modificador.
modify (to) modificar. / moderar.
modulate (to) modular.
mohair moher; roba feta de pèl de cabra d'angora.
Mohammedanism mahometisme.
moiety meitat.
moist humit.
moisten (to) humitejar.
moisture humitat.
molar (anat.) molar.
molasses melassa.
mole piga. / talp. / moll; dic.
molecule molècula.
molest (to) molestar.
molestation molèstia; vexació; importunitat.
mollify (to) mol·lificar; ablanir; assuaujar.
mollusc mol·lusc.
molly-coddle aviciat; persona que té excessiva cura d'ella mateixa.
molten fos; liquat.
molybdenum (min.) molibdè.
moment moment. / importància.
momentary momentani.
momentous important; seriós.
momentum impuls; ímpetu; embranzida; empenta.
monarch monarca.
monastery monestir.
monaural monoaural.
Monday dilluns.

monetary monetari; pecuniari.
money diners.
moneyed adinerat.
monger comerciant; venedor; botiguer.
Mongol mongol.
mongoose (zool.) icnèumon.
mongrel gos sense raça definida. / mestís.
monitor instructor; monitor.
monk monjo.
monkey simi; mico.
monocotyledon monocotiledònia.
monolith monòlit.
monologue monòleg.
monopoly monopoli.
monosyllable monosíl·lab.
monotheism monoteisme.
monotonous monòton.
monotony monotonia.
monotype monotip.
monsoon monsó, vent de l'Àsia.
monster monstre.
monstrance ostensori; custòdia.
monstruous monstruós.
month mes; dotzena part de l'any.
monthly mensual.
monument monument.
moo bramul; braol; mugit.
moo (to) mugir; bramular.
mooch (to) rondar; deambular; vagar.
mood mode; tarannà; geni. / (gram.) mode.
moodily melangiosament; malenconiosament. / de mal humor.
moody taciturn; trist; malenconiós.
moon lluna.
moon (to) anar distret, indiferent, adormit.
moonbeam raig de lluna.
mooning somnolent; negligent.

moonlight llum de la lluna.
Moor moro.
moor fangar; ermot. / pantà; terreny de llot; aiguamoll.
moor (to) ancorar; fondejar; aferrar; amarrar.
moorhen (orn.) polla d'aigua.
mooring amarra.
mooring beth amarrador.
moorland prat moll; marjal; aiguamoll.
moose (zool.) ant; dant.
moot (to) discutir; posar a discussió.
mop fregall.
mop (to) fregar; eixugar.
mope aclaparament; abatiment.
mope (to) estar pioc, decaigut, abatut.
moraine morrena.
moral moral. / virtuós.
morale disciplina; estat d'ànim; moral; confiança en un mateix.
morality moralitat.
moralize (to) moralitzar; predicar; donar consells.
morals moral; ètica.
morass pantà; indret ple de llot.
moratorium moratòria; ajornament.
morbid mòrbid; malalt; morbós.
mordant corrosiu; mordaç.
more més.
moreover a més; ultra això.
morganatic morganàtic.
morgue dipòsit de cadàvers.
moribund moribund; agonitzant.
morn albada; alba.
morning matí.
morning-coat jaqué.
morocco marroquí; cuir treballat; tafilet.
moron dèbil mental.
morose malhumorós.

morphine morfina.
morphology morfologia.
morrow demà; l'endemà; el dia següent.
morsel bocí. / mos.
mortal mortal; moridor.
mortally mortalment.
mortar morter.
mortar-board gorra acadèmica quadrada.
mortgage hipoteca.
mortgage (to) hipotecar.
mortgagee creditor hipotecari.
mortgagor deutor hipotecari.
mortify (to) mortificar.
mortise galze; solc; juntura; encaix.
mortise (to) encaixar; unir per engalze.
mortuary dipòsit de cadàvers.
mosaic mosaic.
mosque mesquita.
mosquito mosquit.
moss molsa.
most el (la, els, les) més; la majoria. // més.
mostly majorment; principalment; generalment.
mote floc; volva; brossa; engruna.
motel hotel per a automobilistes.
moth (ent.) papallona nocturna; arna.
moth-ball bola de naftalina.
moth-eaten arnat; menjat per les arnes.
mother mare.
mother-in-law mare política; sogra.
motherly maternal.
mother-of-pearl nacre; mareperla.
mother wit sentit comú; intel·ligència innata.

motif motiu; tema; assumpte.

motion moviment; marxa; impuls; moció.

motion (to) fer senyes, indicar, amb la mà.

motionless immòbil.

motionlessness immobilitat.

motivate (to) motivar; ocasionar.

motive motiu; causa; estímul.

motley bigarrat; virolat.

motor motor.

motor (to) viatjar amb cotxe.

motor-bike motocicleta.

motor-car automòbil.

motor-cycle motocicleta.

motorcyclist motorista; motociclista.

motorist automobilista.

motorship motonau.

motorway autopista.

mottle (to) clapejar.

mottled bigarrat; pigallat; clapejat.

motto lema; divisa. / motiu; renom.

moujik mugic; pagès rus.

mould humus; terra rica i flonja. // verdet; rovell; floridura; florit. // motlle; matriu.

mould (to) florir-se; cobrir-se de floridura. // emmotllar.

moulder (to) esfondrar-se; desfer-se; enrunar-se.

moulding motllura. / emmotllament.

moult muda (de pèl, ploma).

moult (to) mudar (la ploma, el pèl).

mound monticle. / terraplè.

mount mont; muntanya.

mount (to) muntar; cavalcar. / pujar.

mountain muntanya.

mountebank xarlatà; arrencaqueixals.

mourn (to) lamentar; deplorar. / doldre's. / portar dol.

mourning dol; aflicció. / dol; negre.

mouse (zool.) ratolí.

moustache bigoti.

mouth boca.

mouthful bocada; mossada.

mouth-organ (mús.) harmònica.

movable mòbil; movible.

move moviment. / canvi; mudament. / jugada (escacs).

move (to) moure. / traslladar; mudar. / commoure.

move away (to) allunyar-se. / apartar; allunyar.

move house (to) mudar-se de casa; canviar de pis.

movement moviment.

movies cinema.

moving moviment; mudança. // commovedor; emocionant; impressionant.

mow sitja; graner. / munt de palla, farratge.

mow (to) segar.

mower segadora. / segador.

Mr. Sr.; En; senyor.

Mrs. Sra.; Na; senyora.

much molt; molta. // adv. molt.

mucilage mucílag.

muck fems.

mucous mucós.

mucus mucositat.

mud fang.

mudguard parafang.

muddle desordre; confusió; embull; garbuix.

muddy fangós; de fang.

muff maniguet (de vestir). // enze; talòs; desmanyotat.

muff (to) espifiar; fallar; no entomar.

muffle mufla.

muffle (to) cobrir-se; tapar-se; abrigar-se; emboçar-se.

muffler bufanda; tapaboques.

mufti vestit de paisà.

mug vas amb nansa; boc; gobelet. // babau; bonàs; bleda.

muggy humit i càlid (temps).

mulato mulato.

mulberry móra; morera.

mulberry tree (bot.) morera (arbre amb fulles que són aliment dels cucs de seda).

mulch barreja de palla i fulles per a protegir les plantes.

mulct (to) multar; penyorar.

mule (zool.) mul.

mull (to) meditar; ponderar; pesar.

mullet (ict.) moll; roger. / (ict.) mujol; llíssera.

mulligatawny sopa molt condimentada.

mullion mainell; columneta divisòria de finestra.

multifarious múltiple; multiplicat; divers.

multiple múltiple.

multiplication multiplicació.

multiply (to) multiplicar.

multitude multitud; gernació.

mum mamà; mama. // calleu!; silenci!

mumble (to) mormolar; murmurejar; xiuxiuejar.

mummer mim; joglar (actor).

mummify (to) momificar.

mummy mamà; mama. // mòmia.

mumps (pat.) galteres.

munch (to) mastegar.

mundane mundà.

municipal municipal; del municipi.

munificent munificent; munífic.

muniment document acreditatiu.

mural mural.

murder assassinat; homicidi.

murder (to) assassinar.

murderer assassí.

murk fosquedat; obscuritat; foscor.

murky fosc; tenebrós.

murmur murmuri; remor.

murmur (to) murmurar; murmurejar.

murrain malaltia infecciosa en els ramats.

muscatel moscatell.

muscle múscul.

muscular muscular. / musculós.

muse musa. / meditació.

muse (to) meditar.

museum museu.

mushroom bolet.

music música.

musical musical.

musical-box capseta de música.

musical comedy opereta; sarsuela.

musician músic (persona).

music-stand faristol.

musk mesc; almesc; algàlia.

musket mosquet.

muslin mussolina.

muss desordre; confusió.

muss (to) desordenar; barrejar.

mussel musclo (mol·lusc).

must most.

must. v. haver de; deure; caldre; ésser necessari; convenir. / deure (suposició).

mustache bigoti.

mustard (bot.) mostassa.

muster reunió, assemblea per a revisió, passar llista; revista.

muster (to) reunir; allistar; aplegar.

musty místic; marcit; musti; ranci; passat.

mutation mutació; variació; mudament.

mute mut.

mute swan (orn.) cigne mut.

mutilate (to) mutilar.

mutiny motí; bullanga; rebulla.

mutter mormol; murmuri. / gruny.

mutter (to) mormolar; murmurejar. / grunyir.

mutton moltó; carn de moltó.

mutual mutu; recíproc.

mussle morro; musell. / morrió; boç.

muzzy enterbolit; ebri.

my el meu; la meva; els meus; les meves; mon; ma; mos; mes.

myocardium (anat.) miocardli.

myopia miopia.

myriad miríade.

myrmidon esbirro; sicari.

myrrh mirra.

myrtle (bot.) murtra.

myself jo mateix; jo mateixa; mi mateix; mi mateixa.

mystery misteri.

mystic místic.

mysticism misticisme.

mystify (to) mistificar; falsificar.

mystique mística.

myth mite.

mythology mitologia.

NEVER CROSS A BRIDGE TILL YOU COME TO IT
No cridis el mal temps

nab (to) atrapar; enxampar; sorprendre.

nabob nabab; persona rica (que ha fet la fortuna a l'estranger).

nacelle barqueta (d'un dirigible, d'un globus).

nacre nacre; mareperla.

nadir punt més baix; punt més dèbil. / nadir.

nag (zool.) haca; cavall de poca alçada.

nag (to) lamentar-se contínuament; reganyar amb persistència.

naiad nàiade; nimfa de les aigües.

nail clau (m.) / ungla.

nail (to) clavar.

naïve càndid; innocent.

naked nu; despullat.

name nom; denominació.

name (to) anomenar; denominar. / dir-se; anomenar-se.

name after (to) anomenar-se; dir-se igual que; tenir el mateix nom que.

name-day dia del sant; dia onomàstic.

namely és a dir; o sigui.

name-part paper o part en una obra teatral.

name-sake homònim.

nanny mainadera (en llenguatge infantil).

nanny-goat (zool.) cabra femella.

nap becaina; migdiada.

nap (to) dormitar.

nape clatell; nuca.

naphta nafta.

naphtalene naftalina.

napkin tovalló.

nappy pitet.

narcissism narcisisme.

narcissus (bot.) narcís.

narcotic narcòtic.

narrate (to) narrar; contar.

narrative narració; contalla. // narratiu.

narrow estret; angost.

narrow (to) estrènyer-se; estretir-se; fer-se més estret.

nasal nasal; de nas.

nasalize (to) fer veu de nas.

nascent naixent.

nasturtium (bot.) caputxina.

nasty repugnant; brut; fastigós. / antipàtic.

natal natal; nadiu.

natation natació.

natatorial natatori.

nation nació.

nationality nacionalitat.

nationalize (to) nacionalitzar.

native natiu; indígena; natural. // nadiu; vernacle.

nativity nativitat.

natty elegant; refinat; net; pulcre; polit.

natural natural; normal; senzill; ordinari.

naturalize (to) naturalitzar-se. / naturalitzar.

naturally naturalment.

nature natura; naturalesa. / caràcter; índole.

naught zero; no-res.

naughtiness maldat, dolenteria.

naughty entremaliat; desobedient; dolent.

nausea nàusea; mareig; basca; malestar.

nauseate (to) fer fàstic; marejar.

nauseous nauseabund.

nautical nàutic.

nautilus nàutil (mol·lusc).

naval naval; marítim.

nave botó de roda. / (arq.) nau.

navel (anat.) llombrígol; melic.

navel string cordó umbilical; badiella.

navigable navegable.

navigation navegació.

navigator navegant.

navvy peó; manobre; peó de camins.

navy marina militar; flota militar.

navy blue blau marí.

nay no. // no tan sols... sinó. // negativa; denegació.

neal (to) donar tremp; trempar.

neap ínfim; baix. // mínima alçària de la baixamar.

Neapolitan napolità.

near a prop; a la vora; tocant; prop. // proper.

near (to) acostar. / apropar-se.

nearby proper; a prop.

nearly quasi; gairebé; aproximadament.

near-sighted curt de vista; miop.

neat net; pulcre; nítid. // bestiar boví.

neatly pulcrament.

neb bec; nas; boca; punta.

nebula nebulosa.

nebulous nuvolós; nebulós.
necessary necessari.
necessitate (to) necessitar.
necessity necessitat. / pobresa; fretura.
neck (anat.) coll (humà, animal).
neckerchief mocador de coll.
necklace collaret.
necktie corbata.
necromancer nigromant.
necromancy nigromància.
necropolis necròpolis.
nectar nèctar.
need necessitat; fretura, misèria.
need (to) necessitar; caldre; fer falta; freturar.
needful necessari; indispensable; que cal.
needle agulla de cosir.
needless innecessari.
needle-woman cosidora.
needle-work cosit; treball d'agulla; costura.
needs necessitats. // necessàriament; forçosament.
nefarious nefand; execrable.
negation negació.
negative negatiu.
negative (to) negar; rebutjar; refusar; combatre; impugnar.
neglect negligència; abandó.
neglect (to) negligir; ometre.
negotiate (to) negociar; tractar; concertar. / negociar; negociejar.
negress negra; de color (raça, pell).
negro negre; de color (raça, pell).
negroid (adj.) negre, de color (raça, pell).
negus mena de sagnia (beguda).

neigh renill.
neigh (to) renillar.
neighbour veí.
neighbourhood veïnat. / veïnatge; rodalia. / proximitat; pels volts de.
neither ni l'un ni l'altre; cap dels dos. / ni. / tampoc.
nemesis càstig merescut; justícia.
neolithic neolític.
neologism neologisme.
neon neó.
neophyte neòfit.
nephew nebot.
nephritis (pat.) nefritis.
nepotism nepotisme; favoritisme.
nerve nervi; nirvi. / insolència; barra; desvergonyiment.
nerveless enervat; impotent; dèbil.
nervous nerviós.
nescience ignorància; nesciència.
ness promontori; cap.
nest niu.
nest (to) niar; fer niu.
nestle (to) instal·lar-se confortablement.
net xarxa; malla. // net (deduïts descomptes, recàrrecs, tares, etc.).
net (to) pescar amb xarxa; pescar; enxarxar.
nether inferior; profund; baix.
nettle (bot.) ortiga.
nettle (to) punxar-se amb una ortiga. / picar-se; ofendre's.
nettle-rash (pat.) urticària.
network xarxa.
neural relatiu als nervis; neural.
neuralgia neuràlgia.

neurasthenia neurastènia.
neurosis neurosi.
neurotic neuròtic.
neuter neutre.
neutral neutral; neutre.
neutrality neutralitat.
neutralize (to) neutralitzar.
neutron neutró.
never mai; jamai.
never mind! no té importància; no cal preocupar-se.
nevermore mai més.
nevertheless no obstant això; malgrat això; nogensmenys.
new nou; novell; de poc; recent.
newcomer nou vingut.
newel pilastra; eix d'una escala de cargol.
newlook de moda.
newly recentment; de nou.
newly-weds nuvis; recent casats.
news nova; notícia. / noves.
news-agency agència informativa.
news-agent quiosquer; venedor de diaris i revistes.
news-boy noi venedor de diaris.
newspaper diari; periòdic.
newsreel noticiari (film).
news-room sala de lectura (de diaris i revistes).
news-stand quiosc de diaris.
news-vendor venedor de diaris.
newt tritó (batraci).
next següent; pròxim; propvinent; proper; vinent. / contigu; veí. // després; seguidament; immediatament.
next door a cal veí; casa del costat.
nib tremp; plomí.
nib (to) fer punta; afilar; trempar.

nibble (to) mossegar a bocins; picar (el peix a l'esquer).
nice agradable; simpàtic; joliu; bufó. / pulcre; exacte; polit.
nicety exactitud cura; delicadesa; pulcritud.
niche fornícula; nínxol.
nick osca; galze.
nickel níquel.
nickname renom; motiu; malnom.
nicotine nicotina.
niece neboda.
niffy pudent.
nifty elegant; dandi.
niggard mesquí; gasiu; avar.
niggle (to) perdre el temps en coses insignificants.
nigh prop; a prop de.
night nit.
night cap estrenyecaps; gorra de dormir.
nightdress camisa de dormir.
nightgown camisa de dormir.
nightingale (orn.) rossinyol.
nightly nocturn; de nit.
nightmare malson.
nil zero; cap gol, punt.
nimble lleuger; àgil.
nimbus nimbe; aurèola.
niminy-piminy posturer; amanerat; afectat.
nincompoop babau; enze; ximple.
nine nou (xifra, quantitat).
ninepins joc de bitlles amb nou peces.
nineteen dinou.
ninety noranta.
ninny ximple; beneit.
ninth novè.
nip (to) pessigar.
nipple mugró; mamilla.
Nipponese nipó; japonès.

213

nit llémena.
nitrate nitrat.
nitre nitre.
nitrogen nitrogen.
no no. // cap; gens de.
nobility noblesa.
noble noble.
noblesse noblesa; aristocràcia; noblia.
nobly noblement.
nobody ningú.
nocturnal nocturn; de nit.
nocturne (mús.) nocturn.
nod inclinació de cap; salutació amb el cap. / capcinada; becaina.
nod (to) saludar amb el cap. / assentir, dir que sí, amb el cap. / fer becaines o capcinades; pesar figues.
node nus (d'una planta).
nodule nòdul.
noggin 0,142 litres; vas de licor (capacitat).
nohow de cap manera.
noise soroll.
noiseless silenciós; sense soroll.
noisome nociu; ofensiu; desagradable.
noisy sorollós.
no longer ja no; no més; prou.
nomad nòmada.
nomenclature nomenclatura.
nominal nominal.
nominate (to) nomenar; designar.
nominative nominatiu.
nonage menor d'edat; minoritat.
nonagenarian nonagenari; norantí.
nonce moment actual.
nonchalance indiferència.
nondescript indefinible; indescriptible.

none cap; res; ningú.
none but solament.
nonentity un ningú; un insignificant.
none the less malgrat tot; en canvi.
nonsense ximpleria; niciesa.
non-stop directe; sense parades.
noodle poca-solta; pallús.
nook racó; amagatall.
noon migdia.
no one ningú.
noose llaç; llaç escorredor.
nor ni.
norm norma; regla; model.
normal normal; regular; habitual.
normally normalment.
Norman normand.
normative normatiu.
Norse escandinau; noruec.
north nord. / tramuntana. (vent).
north-east nord-est. / mestral (vent).
north-easterly del nord-est. / mestral (vent).
northerly septentrional; del nord. / tramuntana (vent).
northern septentrional; del nord.
north-west nord-oest. / gregal (vent).
north-westerly del nord-oest. / gregal (vent).
Norwegian noruec.
nose nas.
nosey manefla; entremetedor; fura; indiscret.
nostalgia enyorament; nostàlgia.
nostrils forats del nas; narius.
nostrum medecina particular; panacea.
not no. / ni.
notable notable; remarcable.
notary notari.
notation notació; numeració.

not a whit ni una gota; ni un bri; ni un borrall.

notch osca; entalla; incisió.

note nota; anotació. / nota musical.

note (to) notar; observar; fixar-se.

note-book llibreta.

noted notable; famós; anomenat.

noteworthy notable; remarcable; digne d'atenció.

nothing res; no res; cap cosa.

nothingness cosa de no res; insignificança.

notice nota; notícia; anunci; advertiment; avís. / ressenya. / esment; coneixement.

notice (to) notar; observar; advertir; tenir esment.

notifiable de declaració obligatòria; que cal declarar.

notify (to) notificar.

notion noció.

notorious notori; famós. / de mala fama.

notwithstanding nogensmenys; en canvi; d'altra banda; endemés. // malgrat; a despit de. // encara que; mal que; baldament.

not yet encara no.

nougat mena de torrons; nogat.

nought no-res; zero.

noun nom substantiu.

nourish (to) nodrir; péixer.

nourishing nutritiu.

nourishment nodriment; aliment; menjar.

novel novel·la. / novell; original.

novelty innovació; novetat.

November novembre.

novice novici.

now ara; de seguida. // a veure; vejam.

nowadays avui dia.

now and then de tant en tant; adesiara.

nowhere enlloc.

nowise de cap manera; de cap de les maneres.

noxious nociu; perjudicial.

nozzle broc; boca de sortida.

nuance matís.

nub protuberància; bony; nus. / quid; essència; nus.

nubile núbil; casador. / noia casadora.

nucleus nucli.

nude nu; despullat.

nudge cop de colze.

nudity nuesa.

nugatory fútil; sense importància; inútil.

nugget tros d'or o metall, en brut.

nuisance molèstia; murga; fastig; empipament.

null nul.

numb adormit; balb; entumit.

number número. / nombre.

number (to) numerar. / comptar. / sumar; totalitzar; ascendir.

numberless innombrable; innúmer.

numerator numerador.

numerical numèric.

numerically numèricament; en nombre.

numerous nombrós.

numismatics numismàtica.

numismatist numismàtic.

numskull neci; ximple; estúpid.

nun monja.

nuncio nunci (papal).

nuptial nupcial.

nuptials núpcies; noces.

nurse mainadera. / infermera.

nurse (to) curar d'un malalt. / criar.
nursery cambra, departament per a infants. / planter.
nurseryman jardiner de planters.
nursery rhymes cançons infantils; tonades populars infantils.
nursing-home clínica; casa de repòs.
nurture criança; educació.
nurture (to) criar; nodrir; pujar; educar.

nut nou (fruit). / femella (mecànica).
nutation inclinació de cap.
nut-crackers trencanous.
nuthatch (orn.) pica-soques blau.
nutmeg nou moscada.
nutria pell d'un rosegador americà anomenat coipu.
nutritious nutritiu.
nutshell closca de nou.
nuzzle (to) fregar el morro.
nylon niló.
nymph nimfa.

ONE GOOD TURN DESERVES ANOTHER
L'amor amb amor es paga

oaf pagerol.
oafish taujà; babau.
oak roure.
oaken de roure.
oakum estopa de calafatar.
oar rem.
oar (to) remar; vogar.
oarsman remer; remador; vogador.
oasis oasi.
oast forn per a assecar el llúpol.
oat (bot.) civada.
oath jurament; prometença.
oatmeal farro de civada.
oats (bot.) civada.
obdurate tossut; obstinat.
obedience obediència.
obedient obedient; complidor.
obeisance obediència; acatament; submissió.
obelisk obelisc.
obese obès; gras.

obey (to) obeir; complir; acatar.
obfuscate (to) ofuscar; atordir.
obituary obituari.
object objecte. / (gram.) complement.
object (to) objectar; oposar; controvertir.
objection objecció.
objective objectiu.
objectively objectivament.
objurgate (to) renyar; reptar; amonestar; objurgar.
oblation oblació; ofrena.
obligate (to) obligar; comprometre.
oblige (to) obligar; compel·lir. / fer un favor; complaure.
obliged agraït; reconegut; obligat.
obliging servicial; atent.
oblique oblic; diagonal; esbiaixat.

obliterate (to) esborrar; obliterar; ratllar.

obliterator mata-segells.

oblivion oblit; oblivió.

oblivious oblidadís; oblidós.

oblong oblong; allargassat; quadrilong.

obloquy difamació; vilipendi; deshonra.

obnoxious odiós; desagradable.

oboe (mús.) oboè.

obol òbol (moneda antiga grega).

obscene obscè; impúdic; indecent.

obscure obscur; fosc.

obscure (to) obscurir; enfosquir.

obscurity obscuritat; foscor.

obsequies exèquies; funerals.

obsequious obsequiós; complaent en excés; llepa.

obsequiousness servilisme.

observable observable; que es nota.

observance observança. / cerimònia.

observant observant; complidor. / observador.

observation observació.

observatory observatori.

observe (to) observar; veure.

observer observador.

obsess (to) obsessionar.

obsidian obsidiana.

obsolescent passat; fora del temps; envellit.

obsolete antiquat; obsolet; arcaic; desusat.

obstacle obstacle.

obstacle race cursa d'obstacles.

obstetrics obstetrícia.

obstinacy obstinació.

obstinate obstinat; enterc; testarrut.

obstrepterous sorollós; estrepitós.

obstruct (to) obstruir; osbtaculitzar; impedir.

obtain (to) obtenir; adquirir. / prevaler; vigir; regir.

obtrude (to) introduir-se; imposar-se.

obtuse obtús.

obviate (to) obviar; evitar; eliminar. / capguardar; premunir; precaucionar.

obvious obvi; evident.

obviously indubtablement; òbviament; clarament; evidentment.

ocarina (mús.) ocarina.

occasion ocasió; oportunitat; saó; avinentesa.

occasional ocasional; accidental; casual.

occasionally de tant en tant; ocasionalment.

Occidental occidental.

occipital occipital.

occlude (to) tancar; tapar.

occult ocult; amagat.

occupancy possessió; domini; ocupació.

occupant ocupant; estadant.

occupation ocupació; quefer.

occupied ocupat; ple.

occupier llogater; estadant.

occupy (to) ocupar; omplir. / esmerçar.

occur (to) ocórrer; succeir. / escaure's.

occurrence esdeveniment; cas; ocurrència.

ocean oceà.

ocelot mena de lleopard americà.

ochre ocre.

o'clock hora (del rellotge).

octagon octàgon.

217

octahedron octàedre.
octane octà.
octave octava.
octavo octau.
octet (mús.) conjunt de vuit in-
tèrprets.
October octubre.
octogenarian octogenari.
octopus pop (moŀlusc).
ocular adj. ocular.
oculist oculista; oftalmòleg.
odalisque odalisca.
odd extravagant; rar; estrany. /
senar; imparell.
oddity raresa; extravagància.
oddments retalls; residus; res-
tes.
odds probabilitats; avantatges.
odds and ends retalls; restes.
ode oda.
odious odiós; repulsiu.
odium odi; aversió.
odontology odontologia.
odorous flairós; olorós.
odour olor; flaire.
oecumenical ecumènic.
oesophagus (anat.) esòfag.
of de.
of a kind d'una mateixa casta.
of course naturalment; és clar;
per descomptat.
off llunyà; enllà. / a l'altura de;
al mateix paraŀlel de. / total-
ment. / fora.
offal desferres; immundícies. /
menuts (d'animal).
off balance fora d'estabilitat; en
desequilibri; sense equilibri.
off centre descentrat.
off colour pàŀlid; malament (de
salut).
off day dia lliure.
off duty lliure de servei.
offence ofensa.

offend (to) ofendre.
offensive ofensiva. // ofensiu.
offer oferta.
offer (to) oferir.
offertory ofertori; coŀlecta.
off-hand d'improvís; sense pen-
sar; estudiar.
office oficina; bufet; despatx. /
recuina. / ofici; treball; ocu-
pació; càrrec.
officer oficial; funcionari.
official oficial; amb càrrec de
govern. // oficial; autèntic;
solemne.
officially oficialment.
officiate (to) oficiar. / exercir.
officious excessivament zelós;
manefla.
offing a la vista; en perspectiva.
offish reservat; esquiu; retret;
esquerp.
off-licence autorització per a
vendre begudes alcohòliques
a consumir fora de l'establi-
ment.
offscourings rebuig; escòria.
offset equivalent; compensa-
ció. / (agr.) murgó. / (tip.)
offset.
offshoot brot; renou; tany. /
branca; ramal.
off-side fora de joc; orsai (fut-
bol).
offspring descendència; fills;
prole.
off-stage entre bastidors; fora
d'escena.
often sovint; freqüentment.
of the kind d'aquesta mena; de
la família.
of yore en altres temps; alesho-
res.
ogle (to) mirar amorosament.
ogre ogre.

oh! oh!

ohm ohm.

oil oli. / petroli.

oil (to) untar; greixar.

oil-can llauna o bidó de petroli.

oiler (vaixell) petroler.

oil-field camp petrolífer.

oil-painting pintura a l'oli.

oil-skin tela impermeable; tela encerada.

oily oliós; untós.

ointment untura; untament; ungüent.

old vell; antic; gran (edat).

old-fashioned passat de moda; antiquat.

Old Nick el diable.

oldster vell; (el) vell.

oleaginous oleaginós.

oleander (bot.) baladre.

oleograph oleografia.

olfactory olfactori; olfactiu.

oligarchy oligarquia.

olive oliva. / olivera.

olive-tree (bot.) olivera.

Olympiad olimpíada.

Olympian olímpic.

Olympic olímpic.

omega omega.

omelette truita; truitada.

omen auguri; averany; pronòstic.

ominous ominós; funest; fatal.

omission omissió.

omit (to) ometre.

omnipotence omnipotència.

Omnipotent Omnipotent; Déu.

on sobre; damunt; a.

on account of a causa de.

on a lease de lloguer; a lloguer.

on a level with al nivell de.

on and off ara sí, ara no; alternativament.

on and on sense interrupció.

on approval a prova.

on behalf of a favor de; en nom de.

once una vegada.

once again una vegada més.

once upon a time heus ací que una vegada.

on-coming propvinent; vinent.

on duty en servei; de servei.

one un; una; u.

one another l'un a l'altre; mútuament.

one-armed manc; manxol.

one-eyed borni.

one-handed manxol.

oneness unitat; singularitat; uniformitat.

onerous onerós; pesat; immòdic.

oneself un mateix; una mateixa.

one-sided unilateral; parcial.

one-way direcció única.

on foot a peu; caminant.

on hands and knees de quatre grapes.

on horseback a cavall.

onion ceba.

onlooker espectador; badoc; observador.

only solament; únicament; només. // únic. // solament que; només que.

onomatopoeia onomatopeia.

on pain of sota pena de.

on purpose expressament; a gratcient; a posta; deliberadament.

onrush escomesa; irrupció; envestida; torrentada.

on sale en venda.

onset atac; arrencada; escomesa.

onslaught assalt; atac; escomesa; envestida.

on tap a mà; a l'abast.

on the other hand d'altra banda; en canvi.

on the spot immediatament; a l'acte.

on the wing a ple vol.

on time a temps; al temps degut; puntualment; a l'hora. // puntual.

on tip-toe de puntetes.

ontology ontologia.

on trust garantit.

onward endavant; cap endavant. // avançat; endavant.

onwards avant; endavant.

onyx (min.) ònix.

oodless abundància; grans quantitats.

ooze llot; fang.

ooze (to) traspuar; suar; fluir.

opacity opacitat; qualitat d'opac.

opal òpal.

opaque opac.

open obert.

open (to) obrir.

opening obertura. / estrena.

opera òpera.

operate (to) operar; maniobrar.

operation operació; intervenció quirúrgica; acció; funcionament.

operative operatiu; efectiu; eficaç; en vigor.

operator telefonista; operador; maquinista.

operetta opereta.

ophtalmia oftalmia.

ophtalmic oftàlmic.

opine (to) opinar.

opinion opinió; parer.

opium opi.

opossum (zool.) sariga.

opponent antagonista; oponent.

opportune oportú; convenient.

opportunity oportunitat.

oppose (to) oposar; fer la contra; fer cara.

opposite oposat; contrari. / cara a cara; oposant-se a; enfront de; davant per davant de.

oppress (to) oprimir.

oppressor opressor.

oppressive opressiu; tirànic; aclaparador.

opprobrium oprobi; ignomínia.

oppugn (to) opugnar.

opt (to) optar; escollir.

optic òptic; de la vista; de l'ull.

optical òptic; de la vista; de l'òptica.

optician òptic; versat en òptica.

optics òptica.

optimism optimisme.

optimist n. optimista.

optimistic adj. optimista.

optimum òptim.

option opció.

optional facultatiu; discrecional; no forçós.

opulence opulència.

or o. // altrament.

oracle oracle; predicció.

oral oral; de paraula.

orange taronja.

orangoutang V. **orangutan**.

orangutan (zool.) orangutan.

oration discurs. / oració gramatical; proposició.

orator orador.

oratorio (mús.) oratori.

oratory oratori. / oratòria.

orb orbe; cos celeste.

orbit òrbita.

orchard hort.

orchestra orquestra.

orchestrate (to) orquestrar.

orchid orquídia.

ordain (to) ordenar; conferir ordes.

ordeal ordalies; proves (d'innocència o culpabilitat).
order ordre (m. i f.). / orde.
order (to) ordenar; manar; demanar; encarregar.
orderly ordenat; metòdic; endreçat; amb ordre.
ordinal ordinal.
ordinance ordenança.
ordinand ordenand.
ordinary ordinary; comú; corrent.
ordination ordenació (religiosa).
ordnance material de guerra.
ordure excrement; fems.
ore mena; mineral; ganga.
organ orgue. / òrgan.
organdie organdí.
organic orgànic.
organic chemistry química orgànica.
organism organisme.
organist organista.
organize (to) organitzar.
organizer organitzador.
orgy orgia.
oriel mirador; tribuna.
orient orient; llevant. // oriental; naixent.
orient (to) orientar.
orientate (to) orientar.
orifice orifici.
origin origen.
original original. / primitiu. // patró; original; model.
originality originalitat.
originally originalment. / originàriament.
originate (to) originar; crear.
originator iniciador; creador; autor; començador.
oriole V. **golden oriole.**
orison oració; pregària.
ormulu or en pols per a daurar. / metall daurat.

ornament ornament.
ornament (to) ornamentar; decorar.
ornate adornat; engalanat; florit.
ornithology ornitologia.
orotund imponent; majestuós.
orphan orfe.
or so més o menys; una cosa així.
orthodox ortodox.
orthography ortografia.
orthopaedy ortopèdia.
ortolan bunting (orn.) hortolà.
oscillate (to) oscil·lar.
osier vimetera. / vímet.
osprey àguila pescadora.
osseous ossi; d'os.
ossify (to) ossificar. / endurir.
ostensible aparent.
ostentation ostentació; exhibició; goma.
ostentatious ostentós.
osteopathy (pat.) osteopatia.
ostler mosso d'establa.
ostracism ostracisme.
ostracize (to) exiliar.
ostrich (orn.) austruç; estruç.
other altre; altra; altres.
otherwise altrament; si no. // en canvi; d'altra banda. // d'altra manera; de manera diferent.
otiose superflu; inútil; ociós.
otter (zool.) llúdria.
ottoman otomana.
ought v. deure; haver de; caldre; convenir.
ought (to) v. cal; caldria; convindria.
ounce unça.
our adj. el nostre; la nostra; els, les, nostres.
ours pron. nostre; nostra; nostres.

ourselves nosaltres mateixos, mateixes.

oust (to) desposseir; expulsar.

out fora; a fora.

outboard fora-borda.

outburst explosió; esclat.

outcast proscrit; foragitat. // rebuig; desferra.

outcome resultat; conseqüència.

outdo (to) ultrapassar; sobrepujar.

outdoor a l'aire lliure; fora de casa.

outdoors a l'aire lliure; al camp.

outer extern; exterior.

outface (to) desafiar; encarar-se.

outfall desembocadura; boca.

outfit equip; conjunt de coses necessàries per a un objecte.

outfit (to) equipar; proveir.

outfitter proveïdor. / venedor de confecció.

outflow desguàs; eixidiu.

outgo despesa; desembós.

outgoing que marxa; que se'n va.

outhouse caseta annexa a la principal o gran.

outing sortida; passeig; excursió.

outlast (to) sobreviure.

outlaw foragitat; fora de la llei; bandit; proscrit.

outlay desembós; despesa.

outlet sortida; escapatòria; expansió.

outline perfil; silueta. / esbós; disseny; croquis.

outline (to) perfilar; delinear.

outlive (to) sobreviure.

outlook perspectiva; aspecte. / perspectives; probabilitats.

outlying dels afores; allunyat.

outmarch (to) passar; ultrapassar; deixar enrera.

outmoded passat de moda; antiquat.

outnumber (to) sobrepassar; excedir.

out of breath sense alè; panteixant.

out of focus desfocat; desenfocat.

out of hand fora de control; sense control.

out of the question totalment impossible.

out patient malalt extern en tractament en un hospital.

outpouring efusió; expansió.

output producció; rendiment.

outrage ultratge.

outrage (to) ultratjar.

out-relief ajut als pobres particulars (no asilats).

outrigger (nàut.) accessori de les barques de regates per a llur estabilitat.

outright franc; sincer; enter. / total; complet. // obertament. / totalment.

outrun (to) ultrapassar.

outrunner davanter; guia.

outset sortida; començament.

outshine (to) excel·lir en lluminositat; eclipsar; superar.

outside exterior; a fora; a la part de fora. // extern; exterior. // fora de.

outsider foraster; estrany; aliè.

outskirts voltants; suburbis.

outspoken franc; obert; sincer; el cor a la boca.

outspread estès; desplegat.

outstanding notable; excel·lent; destacat; sortint; prominent. / per fer; per resoldre; pendent; per pagar.

outstretch (to) estirar; allargar.

outstrip (to) avançar; passar davant; deixar enrera; passar.
outvie (to) superar.
outward exterior; extern.
outwardly exteriorment; aparentment.
outwards cap a fora; vers l'exterior.
outwear (to) durar; resistir; superar en duració.
outworn deslluït; desgastat; atrotinat; desmarxat.
ouzel V. **water ouzel.**
oval oval.
ovary ovari.
ovation ovació.
oven forn; fogó.
over per damunt; al damunt. / a l'altra banda; a la plana del darrera. / massa; de massa; sobrant. / del tot; completament. // acabat.
over again novament.
overall davantal; bata; brusa.
overalls granota (vestit); calces de mecànic.
over and over again una vegada i altra; repetidament.
over arm stroke doble braça (natació).
overawe (to) intimidar; cohibir; imposar.
overbid (to) oferir més, en una subhasta; licitar.
overcast ennuvolat; encapotat; cobert; carregat.
overcoat abric; gavany.
overcome (to) vèncer.
overcrowd (to) apinyar; atapeir.
overdo (to) excedir-se; exagerar. / coure massa; recoure.
overdone exagerat; excessiu. / massa cuit.
overdraw (to) exagerar. / girar

en descobert (un taló, una lletra).
overdue vençut; passat; complert (un terme).
overflow inundació; sobreeiximent.
overflow (to) sobreeixir; vessar; inundar.
overhang (to) sobrepassar, sobresortir (damunt). / estar suspès (damunt); penjar (per damunt). / guarnir amb domassos. / amenaçar.
overhaul (to) repassar; examinar; inspeccionar.
overhead damunt; enlaire; sobre; dalt. // aeri; penjat.
overhear (to) oir casualment.
overjoyed transportat d'alegria.
overland per terra; terrestre; via terrestre.
overlay (to) cobrir; donar una capa (de pintura).
overleaf al dors; al darrera de la pàgina.
overlook talaia.
overlook (to) veure des d'enlaire; dominar. / passar per alt.
overmuch massa; molt; un excés.
overpower (to) dominar; subjugar.
overrun (to) envair; infestar.
oversea ultramar. // ultramarí.
overseas ultramar.
overseer inspector.
overshoe sabata gran de goma per a protegir el calçat; xancle.
overshoot (to) ultrapassar; excedir-se.
oversight omissió; descuit; oblit.
oversleeve maneguí.
overstrung sobreexcitat; ner-

viós. / (piano) de cordes creuades.

overt obert; declarat; públic; manifest; palès.

overtake (to) atrapar; aconseguir sorprendre; sobtar.

overthrow (to) derrotar; batre; desfer.

overtime temps de més; hores extraordinàries.

overtop (to) sobrepujar; ultrapassar en alçària.

overture (mús.) obertura. / proposició; suggeriment.

overturn (to) bolcar.

overwhelm (to) aclaparar; atabalar; inundar; cobrir; afeixugar.

overwrought abatut; rendit; excitat de nervis.

oviparous ovípar.

ovoid ovoide.

owe (to) deure; debitar; estar obligat.

owing degut; no pagat.

owing to degut a; a causa de.

owl (orn.) òliba.

own propi; particular; mateix.

own (to) posseir; tenir. / reconèixer; confessar.

owner propietari; posseïdor.

ownership propietat; pertinença.

ox (zool.) bou. / animal boví.

oxide òxid.

oxidize (to) rovellar; oxidar.

oxygen oxigen.

oxygenize (to) oxigenar.

oyster ostra.

oystercatcher (orn.) garsa de mar.

P

REVENTION IS BETTER THAN CURE
Més val preveure que curar

pabular alimentari; nutritiu.

pabulum aliment; pàbul.

pace pas; passa; caminar.

pace (to) passejar; marxar a pas regular; amblar; marcar el pas.

pacha baixà; virrei, governador, turc.

pachyderm paquiderm.

pacific pacífic.

pacifism pacifisme.

pacifist pacifista.

pacify (to) pacificar.

pack ramat; pleta; colla. / paquet.

pack (to) empaquetar; fer les maletes.

package fardell.

packed atapeït; ple.

packet paquet.

packing embalatge; envàs; empaquetat.

pact pacte; conveni.

pad tampó. / bloc (de paper). / plastró; guardapits.

pad (to) folrar; reblir; farcir. / caminar amb cura; calcigar; anar a peu.

paddle pala; picador. / rem curt i ample.

paddle (to) xipollejar; caminar o córrer descalç per aigua poc fonda. / remar amb pala.

paddle-wheel roda de pales d'un vaixell.

paddock prat; camp d'herba; picador (lloc). / granota.

paddy arròs amb closca.

padlock cadenat.

paediatrician pediatre.

paediatrics pediatria.

pagan pagà.

page pàgina. / patge; grum.

pageant cavalcada; ostentació; desfilada; rua.

pail galleda.

paillasse màrfega.

pain dolor; mal; pena.

pain (to) punyir; doldre; apesarar. / fer mal; dolorejar.

painful dolorós.

painless sense dolor; indolent.

painstaking acurat; pulcre. / castigat.

paint pintura.

paint (to) pintar.

painter pintor.

painting pintura; quadre.

pair parell; parella.

pair (to) aparionar. / apariar; acoblar.

pair of compasses compàs (instrument de dibuix).

pal company; camarada.

palace palau.

paladin paladí.

palanquin palanquí.

palatable saborós; gustós.

palate paladar.

palatial palatí; sumptuós.

palaver conferència; dissertació.

palaver (to) xerrar.

pale pàl·lid. // estaca.

paleontology paleontologia.

palette paleta (de pintor).

palfrey palafrè.

palfrey rider palafrener.

palimsest palimsest; pergamí aprofitat.

palindrome palíndrom, paraula que es llegeix igual d'esquerra a dreta que al revés.

paling estacada; tanca.

palisade estacada.

pall drap mortuori.

pall (to) fer-se antiquat.

pallet màrfega; matalàs de palla.

palliate (to) pal·liar.

pallid pàl·lid; groc; esblaimat.

pallo pal·lidesa.

palm (bot.) palma; palmera. / palmell.

palm tree (bot.) palmera.

palpable palpable; tangible.

palpitate (to) palpitar; bategar ràpidament.

palsy paràlisi.

palter (to) enganyar; no ésser sincer.

paltry insignificant; menyspreable.

pamper (to) aviciar; consentir; contemplar.

pamphlet pamflet.

pan cassola; perol; atuell sense tapadora.

panacea panacea.

pancake mixtió plana i fina d'ingredients batuts i fregits a la paella.

panchromatic pancromàtic; sensible a totes les colors de la llum.

pancreas (anat.) pàncreas.

panda (zool.) ós de l'Himalaia, blanc i negre.

pandemonium infern; desordre.

pander alcavot; proxeneta.

pander (to) alcavotejar; propagar baixes passions.
pane vidre pla; làmina de vidre.
panegyric panegíric.
panel plafó.
paneled enteixinat; decorat amb plafons.
pang dolor agut i sobtat; remordiment; punyida.
pangs angoixa; turment.
panic pànic.
pannier sàrria.
panoply panòplia.
panorama panorama.
Pan's-pipes instrument musical fet per sèries de canyes; flauta de Pan.
pansy (bot.) pensament.
pant panteix.
pant (to) panteixar.
pantaloon personatge còmic de la pantomima.
pantheism panteisme.
pantheon panteó.
panther (zool.) pantera; lleopard.
panting panteix.
pantograph pantògraf.
pantomime pantomima.
pantry rebost.
pants pantalons; calces. / calçotets llargs.
pap sopes per als infants.
papa papà.
papacy papat; pontificat.
papaya papaia. / (bot.) papaier.
papaya tree (bot.) papaier.
paper paper. / diari; periòdic.
paper-knife tallapapers.
papers documentació; papers.
paper-weight petjapapers.
papier-maché cartó-pedra.
paprika pebre vermell hongarès.
pappus angelet; vil·là.
papyrus papir; papirus.

par valor normal; (a la) par.
parable paràbola; metàfora.
parabola paràbola (corba).
parachute paracaigudes.
parade parada; cavalcada; desfilada; formació militar. / ostentació.
parade (to) desfilar. / ostentar.
paradigm paradigma.
paradise paradís.
paradox paradoxa.
paraffin parafina.
paragon model (modèlic); exemplar.
paragraph paràgraf.
parakeet (orn.) periquito.
parallel paral·lel.
paralyse (to) paralitzar.
paralysed paralitzat.
paralysis paràlisi.
paralytic paralític.
paramount suprem.
paramour amant; amistançada; amor il·lícit.
paranoia paranoia.
parapet parapet.
paraphernalia estris propis d'un professional o afeccionat a treballs tècnics o d'esplai.
paraphrase paràfrasi.
parasite paràsit.
parasol ombrel·la; para-sol.
paratrooper paracaigudista.
parboil (to) socarrimar; ensajornar; coure lleugerament.
parcel paquet; embalum. / parcel·la.
parcel (to) embolicar; empaquetar. / parcel·lar.
parch (to) torrar; colrar; cremar; abrusar.
parchment pergamí.
pardon perdó; indult. // perdona; perdoneu.

pardon (to) perdonar; absoldre.
pare (to) retallar; escurçar; pelar.
paregoric paregòric; calmant.
parent pare; mare.
parenthesis parèntesi.
parents pares; pare i mare.
pariah pària.
parish parròquia; jurisdicció. / feligresia.
Parisian parisenc.
parity paritat; igualtat.
park parc. / aparcament.
park (to) aparcar.
parking lot àrea d'aparcament.
parking meter comptador d'aparcament.
parlance parla; llenguatge.
parley parlament; conferència.
parley (to) parlamentar; conferenciar.
parliament parlament; assemblea.
parliamentarian parlamentari.
parliamentary parlamentari; culte, cortès.
parlour rebedor; locutori; sala de rebre.
parochial parroquial; limitat; restret.
parody paròdia.
parole paraula d'honor; paraula.
parole (to) donar llibertat (a un pres) sota paraula.
paroquet V. **parakeet**.
paroxysm paroxisme.
parquet parquet; paviment de fusta; empostissat.
parricide parricida; regicida.
parrot (orn.) papagai.
parry (to) evadir; esquivar; parar.
parse (to) analitzar gramaticalment.

parsimony excessiva austeritat o economia.
parsley (bot.) julivert.
parsnip (bot.) xirivia.
parson rector; capellà.
parsonage rectoria.
part part (f.) / paper (teatral).
part (to) partir; dividir. / separar-se. / desprendre's.
partake (to) compartir; participar; prendre part.
parterre parterre.
partial parcial; incomplet.
partiality parcialitat; favoritisme.
participate (to) participar.
participle participi.
particle partícula.
particular particular; especial. / exigent.
particulars detalls.
partisan membre d'una resistència armada.
partner consoci; parella; còmplice.
part one's hair (to) fer-se la clenxa.
partridge perdiu; perdiu xerra.
parturition part; infantament.
part with (to) desfer-se de; desprendre's de.
party colla; grup. / partir; bàndol. / reunió; festa; tertúlia.
parvenu nou ric; nou ascendit.
paschal pasqual.
pasha baixà.
pass pas; passatge; congost. / aprovat; superació d'uns exàmens.
pass (to) passar; travessar; creuar. / transferir; lliurar; fer passar. / aprovar; superar uns exàmens.
passage pas; travessia. / passatge.

227

pass away (to) morir; desaparèixer; dissipar-se.
passer-by transeünt; vianant.
passing passatger; transitori. / traspàs; mort; trànsit.
passion passió.
passionate apassionat. / enardit; enfurismat.
passion-flower (bot.) passionera.
passive passiu.
pass on (to) prosseguir; continuar endavant.
passport passaport.
password sant i senya; consigna.
past passat; darrer; proppassat. // ultra; més de. // per davant; més enllà de. // antecedents; el passat.
paste pasta; pastetes.
paste (to) empastar; enganxar.
pastel pastel (pintura).
pasteurize (to) pasteuritzar.
pastille pastilla (medicinal, per a la gola).
pastime passatemps; entreteniment.
pastor pastor (eclesiàstic).
pastries pastissos; pastes.
pastry pastisseria; rebosteria; pastissos; pastes.
pastry-cook pastisser.
pasture pastura; devesa.
pasture (to) pasturar.
pasty pastós. // pastís (de carn o peix).
pat pastilla de mantega. / moixaina; copet.
pat (to) acaronar; amoixar; picar amb el palmell de la mà; donar copets.
patch parrac; pegat; clap; pedaç.
patch (to) apedaçar; aparracar.
patchouli patxulí (perfum indi).

patent patent; palès. / patent; exclusiva.
patent (to) palesar. / patentar.
paternal paternal.
paternity paternitat.
pater noster parenostre.
path senderó; corriol; caminet.
pathetic patètic; emocionant.
pathology patologia.
pathos sentiment; llàstima; compassió.
patience paciència.
patient pacient; malalt. / pacient; sofert; tolerant.
patina pàtina.
patois patuès; parla vulgar.
patriarch patriarca.
patrician patrici.
patrimony patrimoni.
patriot patriota.
patriotism patriotisme.
patrol patrulla; escamot; grup.
patrol (to) patrullar; fer la ronda.
patron patró; protector; mecenas. / client; parroquià.
patronage patrocini; protecció; mecenatge.
patronize (to) protegir. / donar-se-les de protector.
patronymic patronímic.
patter repic lleuger (pluja, corredisses). / argot; caló; germania.
patter (to) tamborinejar; repicar. / recitar, resar, d'esma, maquinalment.
pattern model; patró; mostra; dibuix.
patty empanada; pastisset.
paucity poquesa; poquedat; parvitat.
paunch panxa; ventre panxut.
pauper indigent; pobre.

pauperism indigència; pobresa; misèria.
pause pausa.
pause (to) parar-se.
pave (to) empedrar; pavimentar.
pavement vorera.
pavilion pavelló.
paving-stone lloseta; llosella.
paw urpa; xarpa.
pawl cadell (de roda dentada).
pawn peó (escacs). / peó (obrer). / penyora; fermança; garantia.
pawn (to) empenyorar; pignorar.
pawnage empenyorament.
pawnbroker prestador; mutuant.
pawnshop mont de pietat; establiment de préstecs.
pay paga; sou.
pay (to) pagar.
payable que s'ha de pagar.
pay back (to) restituir; retornar un préstec.
payee persona o entitat a la qual es paga.
payer pagador; el qui paga.
payment pagament.
pay off (to) pagar i acomiadar.
pay out (to) revenjar-se; fer les paus; fer pagar (per una malifeta).
pay-roll nòmina.
pea (bot.) pèsol.
peace pau; tranquil·litat. / pau; avinença.
peaceable pacífic; assossegat.
peaceful pacífic; tranquil.
peach préssec.
peach tree (bot.) presseguer.
peacock (orn.) paó.
peak pic; cim.
peal ressò; retruny. / repic; tritlleig. / joc de campanes.

peal (to) repicar; sonar fort les campanes.
peanut (bot.) cacauet.
pear pera.
pearl perla.
pear tree (bot.) perera.
peasant camperol; pagès; terrassà.
pea-shooter sarbatana.
peat torba (combustible natural).
peat-bog torbera.
pebble palet; pedreta arrodonida.
peccable pecable.
peck picada; bequerada; cop de bec; espicossada.
peck (to) espicossar; picar.
pectin pectina.
pectoral pectoral; bo per al pit.
peculate (to) malversar béns públics.
peculation peculat; malversació de béns públics.
peculiar peculiar; singular.
pecuniary pecuniari; monetari.
pedagogue pedagog. / mestre pedant.
pedagogy pedagogia.
pedal pedal.
pedal (to) pedalejar.
pedant pedant.
peddle (to) vendre de casa en casa.
peddler V. **pedlar**.
pedestal pedestal; pilar; peu.
pedestrian vianant; transeünt; peó.
pedicab tricicle oriental de transport públic.
pedicure quiropèdia; tractament de les afeccions dels peus.
pedigree línia d'avantpassats; llinatge. / genealogia d'animals. / de pura raça.

229

pediment (arquit.) frontó.
pedlar venedor ambulant; marxant; quincallaire.
peel pela; pell; closca.
peel (to) pelar; espellofar.
peep ullada d'esquitllentes; espiament. / piuladissa.
peep (to) mirar d'amagat; espiar. / eixir; apuntar; començar a sortir; treure el cap. / piular.
peer parella; company. / par (títol).
peer (to) mirar de prop.
peerage (la) noblesa.
peerless incomparable.
peevish irritable.
peg agulla d'estendre. / clavilla. / estaca. / penja-robes; penjador.
peg (to) fixar amb clavilles.
peignoir pentinador; bata.
pejorative pejoratiu.
pekinese (gos) pequinès.
pelican (orn.) pelicà.
pellet boleta; piloteta. / píndola.
pell-mell precipitadament; esvalotadament; atropelladament.
pellucid clar; transparent; cristaHí.
pelt pell (extreta d'un animal).
pelt (to) apedregar; llançar. / ploure amb força.
pelvis pelvis.
pen ploma (per a escriure). / pleta; cleda; cort; corral.
pen (to) tancar; apletar; engabiar.
penalize (to) penar; castigar; punir.
penal servitude presidi; treballs forçats.
penalty càstig; sanció.
penance penitència.

pencil llapis.
pencil (to) escriure, dibuixar, amb llapis.
pendant penjoll (joia); medalló.
pendent pendent; per resoldre. / penjant.
pending pendent; per resoldre; encara no decidit. // durant; mentre.
pendulum pèndol.
penetrate (to) penetrar; ficar-se.
penguin (orn.) pingüí.
penicillin peniciHina.
peninsula península.
penitence penediment; remordiment.
penknife trempaplomes; ganivet de butxaca.
pennant gallardet; banderola.
penniless arruïnat; sense ni cinc.
pennon banderola; flàmula.
penny penic.
penny royal (bot.) poliol.
penology criminologia.
pension pensió; dispesa. / pensió; jubilació; retir.
pensive pensarós; pensívol; meditabund.
penstock comporta. / canal; sèquia.
pentagon pentàgon.
Pentecost Pentecosta.
penthouse coberta (teulada).
pent up acorralat; reprimit.
penultimate penúltim.
penumbra penombra.
penurious indigent; necessitat; miseriós.
peony (bot.) peònia.
people gent; persones. / poble; raça.
pepper pebre. / (bot.) pebrer.
peppermint (bot.) menta.
pepsin pepsina.

per per (cent, persona, dia).

perambulate (to) transitar; anar amunt i avall.

perambulator cotxet per a nens.

perceive (to) percebre.

percentage percentatge.

perceptible perceptible.

perception percepció.

perch perxa; branquilló.

perch (to) posar-se; coŀlocar-se; allotjar-se; parar-se (ocells, papallones). / enfilar-se; pujar; asseure's damunt.

perchance tal volta; potser; possiblement; per ventura.

percolate (to) colar; filtrar.

percolator cafetera; filtradora.

percussion percussió.

perdition perdició; ruïna.

peremptory peremptori; pregnant; imminent.

perennial perenne; perennal.

perfect perfecte; exceŀlent. / perfet.

perfidy perfídia.

perforate (to) perforar; foradar; travessar.

perforce per força; necessàriament.

perform (to) acomplir; efectuar; exercir. / interpretar; representar; executar.

performance representació; execució; funció; concert.

performer artista; actor; intèrpret; executant.

perfume perfum.

perfume (to) perfumar.

perfunctory formulari; perfuntori; fet per mera obligació; superficial; per alt; sense cura.

pergola pèrgola.

perhaps potser; tal volta; qui sap.

perihelion periheli.

peril perill.

perimeter perímetre.

period període.

periodic periòdic; cíclic.

periodical periòdic; publicació; revista; butlletí. / regular.

peripatetic ambulant. / peripatètic.

periphery perifèria.

periphrasis perífrasi.

periscope periscopi.

perish (to) deperir; deixar d'existir; morir; finar.

peristyle peristil.

periwinkle planta enfiladissa amb flors blaves. / cargol marí comestible.

perjure (to) jurar en fals; perjurar.

perk (to) revifar-se; eixorivir-se. / redreçar; dreçar.

perky eixorivit; despert; espavilat.

perm permanent (pentinat).

permanence permanència.

permanganate permanganat.

permeable permeable.

permeate (to) traspuar; filtrar-se.

permission permís; autorització.

permissive permès; autoritzat.

permit permís; autorització.

permit (to) permetre; donar llicència.

permute (to) permutar.

pernicious perniciós; doŀent.

peroration peroració.

peroxide peròxid.

perpendicular perpendicular.

perpetrate (to) perpetrar.

perpetual perpetu; permanent.

perpetual motion moviment continu.

perpetuate (to) perpetuar; immortalitzar.
perpetuity perpetuïtat.
perplex perplex; indecís.
perplexed perplex; intricat; envitricollat.
perquisite plus; extra; prima.
perry beguda de suc de peres fermentat.
persecute (to) perseguir.
perseverance perseverança.
persevere (to) perseverar.
Persian persa.
persimmon nespra.
persist (to) persistir.
persistence persistència.
person persona.
personable ben plantat; que té personalitat.
personage personatge; personalitat.
personal personal.
personality personalitat.
personalty béns personals.
personate (to) personificar; representar.
personify (to) personificar; atribuir qualitats de persona a una cosa o ésser irracional.
personnel personal; dependència; plantilla.
perspective perspectiva.
perspicacious perspicaç; llest; clarivident.
perspicuous perspicu; clar; intel·ligible; palès.
perspiration suor; perspiració.
perspire (to) suar; perspirar.
persuade (to) persuadir.
persuasion persuasió.
persuasive persuasiu; convincent.
pert irrespectuós; insolent; impertinent. / viu; llest.

pertain (to) pertànyer.
pertinacious pertinaç.
pertinent pertinent; idoni; adient.
perturb (to) pertorbar.
peruke perruca llarga.
perusal lectura atenta, acurada.
peruse (to) llegir detingudament, acuradament, atentament.
Peruvian peruà.
pervade (to) estendre's; penetrar; expandir-se.
perverse pervers.
pervert pervertit.
pervert (to) pervertir.
pervious permeable; obert.
peseta pesseta.
pessimism pessimisme.
pessimist n. pessimista.
pessimistic adj. pessimista; trist.
pest cosa molesta; plaga; calamitat.
pester (to) molestar; importunar.
pestiferous pestífer.
pestilence pesta; plaga.
pestilent maligne; perniciós.
pestle mà de morter.
pet animal domesticat, de companyia, tractat amb afecte. // preferit; predilecte.
pet (to) amoixar; acaronar; amanyagar; agombolar.
petal pètal.
petard petard.
petiole pecíol.
petition petició.
petrel (orn.) petrell.
petrify (to) petrificar.
petrol benzina.
petroleum petroli.
pet shop botiga d'ocellaire.
petticoat enagos.
pettifogging meticulós; primmirat; lligamosques.

pettish rondinaire; irascible; ge-
niüt.

petty menut; petit; insignificant;
menyspreable.

petulance mal geni; impaciència.

petulancy V. **petulance.**

petulant malcarat; impacient.

petunia (bot.) petúnia.

pew banc; seient d'església.

pewit V. **lapwing.**

pewter peltre.

phaeton faetó.

phagocyte fagòcit.

phalanx (anat.) falange.

phantom fantasma.

Pharaoh faraó.

Pharisee fariseu.

pharmaceutical de farmàcia; far-
macèutic.

pharmacist farmacèutic; apote-
cari.

pharmacy farmàcia.

pharos far.

pharynx (anat.) faringe.

phase fase.

pheasant (orn.) faisà.

phenomenal fenomenal.

phenomenon fenomen.

phial ampolleta; flascó; fiola.

philander conquistador; galant.

philantropy filantropia.

philatelist filatelista; filatèlic.

philately filatèlia.

philharmonic filharmònic; melò-
man; musical.

Philippine filipí.

Philistine filisteu.

philologist filòleg.

philology filologia.

philosophy filosofia.

philtre filtre; beuratge màgic.

phlebitis (pat.) flebitis.

phlegm flegma; mucositat. /
flegma; apatia; calma.

phobia fòbia; aversió; repugnàn-
cia.

phoenix fènix.

phone (fam.) telèfon.

phone (to) telefonar.

phoneme fonema.

phonetics fonètica.

phoney fals; no genuí; imitat;
irreal.

phosphate fosfat.

phosphorescence fosforescència.

phosphorous fòsfor. // fosforós.

photocopy fotocòpia.

photocopy (to) fotocopiar.

photo-electric cell cèl·lula foto-
elèctrica.

photofinish fotocontrol; fotogra-
fia decisiva en finals esporti-
ves.

photograph fotografia; prova ob-
tinguda per fotografia.

photograph (to) fotografiar.

photographer fotògraf.

photography fotografia; art foto-
gràfica.

photogravure fotogravat.

photostat fotòstat; aparell per a
reproduir gràfics directes.

phrase frase.

phrenetic frenètic.

phrenology frenologia.

phthisis (pat.) tisi.

physical físic; corporal.

physician metge; doctor en me-
dicina.

physicist físic; expert en física.

physics física.

physiognomy fisonomia.

physiology fisiologia.

physique físic; exterior d'una
persona.

pianissimo (mús.) pianíssim.

piano piano. / (mús.) fluix; pia-
no; suau.

pibroch música marcial per a
    gaita.
picaresque picaresc.
piccalilli mena de confitat fet
    amb verdures, mostassa i vi-
    nagre.
piccolo (mús.) flautí.
pick pic (eina).
pick (to) recollir; plegar. / pi-
    car; foradar.
pick-a-back a l'esquena; a coll.
pick axe pic (eina).
picker birbador; eixarcolaire. /
    recollidor; collidor. / arreple-
    gador; veremador.
pickerel (ict.) lluç de riu jove.
picket estaca.
picket (to) estacar; fermar.
picking furt; rampinya.
pickle escabetx; salmorra.
pick out (to) triar; escollir.
pickpocket carterista; afaneta;
    pispa.
pick-up braç amb l'agulla del fo-
    nògraf.
pick up (to) collir; plegar.
picnic fontada; excursió; forada;
    berenar, menjada al camp.
picric acid àcid pícric.
pictorial gràfic; il·lustrat; pictò-
    ric.
picture quadre; gravat; pintura;
    il·lustració. / pel·lícula de cine-
    ma, televisió.
pictures cinema.
picturesque pintoresc.
pie empanada; pastís.
piebald clapat de blanc i fosc
    (pell de cavall).
piece tros; bocí; retall; peça;
    fragment.
piece (to) unir (trossos, frag-
    ments).
piecemeal de mica en mica; gra-

dualment. / a trossos; a pe-
    ces.
pied bigarrat; policrom.
pier moll; embarcador; dic.
pierce (to) foradar; traspassar;
    perforar; travessar.
piercing penetrant; agut; pu-
    nyent.
piety pietat; devoció.
piffle ximpleria; niciesa.
pig porc; garrí.
pigeon (orn.) colomí; colom.
piggish brut; llord; porc.
piglet porcell; garrí.
pigment pigment; color; tint.
pigsty porcellera; cort de porcs.
pigtail trena; cua.
pike pica (arma). / (ict.) lluci;
    lluç de riu.
pilaster pilastra.
pilchard varietat de sardina.
pile pila; munt. / conjunt edifi-
    cat; mola; edifici. / borrissol;
    pelussa.
pile (to) apilar; amuntegar.
pilfer (to) cisar; furtar.
pilferer lladre; afaneta.
pilfering sisa.
pilgrim pelegrí.
pilgrimage pelegrinatge; romiat-
    ge.
pill píndola.
pillage pillatge.
pillar pilar; columna.
pillar-box bústia de correus (co-
    lumna).
pillion sella auxiliar per a un
    segon genet; gropera.
pillory tauló de fusta que em-
    marcava el cap del malfactor
    fermat a la vergonya pública.
    / costell.
pillow coixí.
pillowcase coixinera.

pilot pilot; segon oficial d'una nau.

pilot (to) pilotar; menar; conduir.

pilot-light flama permanent dels aparells de gas en estat de repòs.

pimpernel (bot.) pimpinella.

pimple (pat.) gra, barb (de la pell).

pin agulla de cap; clavilla.

pin (to) apuntar amb agulles.

pinafore brusa, bata, guardapols infantil.

pince-nez pinça-nas; ulleres recolzades solament al nas.

pincers pinces. / tenalles; mordasses.

pinch pessic.

pinch (to) pessigar. / prémer; oprimir.

pinchbeck similor; llautó (aliatge de zinc i coure).

pine (bot.) pi.

pine (to) llanguir; decaure.

pineapple (bot.) ananàs; pinya d'Amèrica.

pineal pineal; que té forma de pinya.

pine-cone pinya.

pine-needle fulla de pi; fulla acicular del pi.

ping so sibilant de la bala o altre projectil.

ping-pong ping-pong.

pinion punta d'ala; ala.

pinion (to) eixalar.

pink rosa; rosat. // clavell rosat; clavell.

pink (to) calar; punxar; foradar.

pinnacle pinacle.

pinnate pinnat.

pint (1/8 de galó = 0,47 l).

pintail (orn.) ànec cuallarg.

pin-up retrat, retall imprès, que es clava o enganxa a la paret.

pioneer primer colonitzador; peoner. / sapador.

pious pietós; devot; creient.

pip llavor; pinyol.

pip (to) piular.

pipe pipa. / tub; canonada; mànega; conducció. / (mús.) flauta; caramella.

pipe-line oleoducte; canonada per a la conducció de petroli o altre líquid.

piper cornamusaire; gaiter.

pipes (mús.) sac de gemecs; cornamusa; gaita.

pipette pipeta; tub de vidre per a transvasar líquids.

pirate pirata.

pistachio festuc; pistatxo.

pistil (bot.) pistil.

pistol pistola.

piston pistó.

pit fossa; clot; avenc; abisme. / pinyol.

pitch brea; pega; betum. / to; entonació. / punt; grau.

pitch (to) plantar; clavar; instal·lar; fixar a terra. / (mús.) afinar; entonar; donar el to. / tirar; llançar.

pitcher gerro amb nansa i bec. / llançador (beisbol).

pitchy negre; fosc. / enquitranat.

piteous planyívol; lamentós.

pith medul·la; moll (de l'os); suc.

pitiable entendridor.

pitiful planyívol; lamentós.

pitiless despietat; cruel.

pitman minaire d'avenc.

pittance misèria; fotesa; minúcia.

pituitary pituïtari.
pity llàstima. / pietat; misericòr-
dia.
pity (to) apiadar-se; compadir-
se.
pivot eix; pern; arbre; centre de
rotació.
pixie follet.
placable apaivagable; calmable.
placard cartell; placard.
placate (to) aplacar; apaivagar.
place lloc; punt. / població.
place (to) situar; collocar.
placid plàcid; assossegat.
placket obertura o butxaca en
una faldilla.
plagiarize (to) plagiar; copiar.
plague plaga; flagell.
plaice (ict.) palaia.
plaid manta escocesa; tartà.
plain pla; plana; planície. // pla-
ner; pla; palès; senzill.
plainly clarament; òbviament;
planament.
plainsman home de la plana.
plain song (mús.) cant pla.
plaint querella; reclamació. /
plant; plany; complanta.
plaintiff demandant; querellant.
plaintive planyívol.
plait trena.
plait (to) trenar. / plegar; do-
blegar.
plan pla; plànol. / projecte; plà-
nol.
plan (to) projectar; planejar; for-
jar.
plane (geom.) pla. / garlopa; ri-
bot. / avió; aeroplà.
plane (to) aplanar; allisar; pas-
sar el ribot.
planet planeta.
plane-tree (bot.) plàtan (arbre).
plangent ressonant; vibrant.

plank tauló; post.
plankton plàncton.
plant planta. / fàbrica; installa-
ció de maquinària.
plant (to) plantar.
plantain (bot.) plantatge. / her-
ba-fam.
plant-louse (ent.) pugó.
plantation plantació.
plaque placa; làpida.
plash xip-xap; clapoteig; xipo-
lleig.
plash (to) xipollejar; clapotejar.
plasma plasma.
plaster escaiola; guix. / engui-
xat. / argamassa. / emplastre.
plaster (to) enguixar; emblan-
quinar; arrebossar.
plaster-cast bena amb escaiola.
plaster of Paris escaiola per a
motlles, enguixats.
plastic adj. plàstic; formatiu.
plasticine substància plàstica per
a treballs de modelatge a les
escoles.
plastics (material) plàstic.
plate plat. / làmina; xapa.
plate (to) xapar; niquelar.
plateau altiplà; planell.
platform andana. / empostissat;
entarimat.
plating niquelat; xapat; xapada;
argentat; daurat.
platinum platí.
platitude trivialitat; vulgaritat.
platoon escamot; patrulla.
platter plata (per a servir el
menjar).
platypus (orn.) ocell australià
petit i amb bec pla.
plaudits aplaudiment; aprovació.
plausible plausible; raonable.
play joc. / obra teatral; comèdia;
drama.

play (to) jugar. / tocar; interpretar (música). / representar (teatre).

play-bill cartell teatral.

play-boy senyoret; jove amant de la diversió; platxeriós.

player jugador (esports); actor; intèrpret; executant.

play fair (to) jugar net.

playfellow company de joc.

play foul (to) jugar brut.

playful juganer; enjogassat.

playgoer afeccionat, assidu, concurrent al teatre.

playground pati de joc.

playing-field camp de joc.

playlet sainet; entremès.

playmate company de joc.

play-suit equip; vestit de joc, d'esport.

play truant (to) fer campana; faltar a classe.

playwright dramaturg.

plea (aŀlegació; argument; descàrrec; defensa; aŀlegat.

plea (to) aŀlegar; argumentar. / defensar-se; excusar-se.

pleach (to) enllaçar tanys o branques.

plead (to) advocar; pledejar. / pregar; suplicar.

pleasant plaent; agradable.

pleasantry broma; facècia; plasenteria.

please si us plau; feu el favor de.

please (to) plaure; complaure; agradar.

pleased complagut; content.

pleasure plaer; gust; fruïció. / grat; voluntat; desig.

pleat doblec; séc; plec.

pleat (to) prisar; doblegar; plegar.

pleating prisat.

plebeian plebeu; vulgar.

plebiscite plebiscit.

plectrum (mús.) plectre.

pledge penyora; garantia; fermança.

pledge (to) prometre; donar paraula; engatjar.

plenary plenari; total.

plenipotentiary plenipotenciari.

plenitude plenitud.

plenteousness abundància; fertilitat.

plentiful abundant; copiós.

plenty abundància; còpia; profusió.

pleonasm pleonasme.

plethora plètora.

pleurisy (pat.) pleuresia.

plexus plexe.

pliable flexible; dòcil.

pliers alicates universals.

plight estat; condició. / compromís; engatjament.

plight (to) prometre; comprometre; engatjar.

plinth (arq.) plint.

plod (to) treballar feixugament; escarrassar-se; caminar lentament però sense parar.

plosive plosiu.

plot trama; argument. / complot; conspiració.

plot (to) tramar; forjar; ordir. / conspirar.

plotter conspirador.

plough arada.

plough (to) llaurar; solcar.

ploughman llaurador.

plover (orn.) família d'ocells d'aiguamolls.

pluck ànim; valor; coratge.

pluck (to) collir; arrencar. / plomar; pelar.

plucky resolut; estrenu; animós.
plug tac. / fusible; plom. / tap.
plug (to) tapar; obturar.
plug in (to) endollar.
plum pruna. / (bot.) prunera.
plumage plomatge.
plumb plomada; plom.
plumbago grafit; plumbagina.
plumber lampista.
plume plomall; flocall; ploma d'ocell.
plummet plomada (en el fil de pescar).
plump gras; robust; rodanxó.
plump (to) engreixar. / caure aplomat.
plum-tree (bot.) prunera.
plunder robatori; pillatge; saqueig.
plunder (to) saquejar.
plunge cabussada; capbussament; capbussó.
plunge (to) cabussar; capbussar. / submergir; ficar.
pluperfect plusquamperfet.
plural plural; més d'un.
plus més; i a més.
plush pelfa; peluix.
plutocracy plutocràcia; domini dels rics.
plutonium plutoni.
ply contraxapat; capa de fusta, fullola, teixit.
ply (to) aplicar-se; dedicar-se. / treballar àrduament.
p. m. V. **post meridiem.**
pneumatic pneumàtic.
pneumonia (pat.) pneumònia; pulmonia.
poach (to) caçar, pescar furtivament. / coure ous tirant el seu contingut a aigua bullent.
pock gravat que deixa a la pell la verola.

pocket butxaca.
pocket (to) embutxacar. / (fig.) aguantar; sofrir; empassar-se.
pocket-book cartera de butxaca; cartera.
pocket money diners per a petites despeses.
pod beina; càpsula (planta, cuc de seda).
podgy rodanxó.
podium podi; plataforma; tarima.
poem poema; poesia.
poet poeta.
poetry poesia; poètica.
pogrom persecució; genocidi.
poignant punyent; penetrant; punxant; acerb; aspre.
point punt; punta.
point (to) assenyalar; signar; indicar; apuntar. / posar ciment a les juntures entre maons.
point-blank frec a frec.
pointer (zool.) gos de mostra. / busca; punter.
pointless inútil; innecessari; estèril.
point out (to) indicar; advertir; fer notar.
points agulla; rails mòbils per a desviar els trens.
poise equilibri; balanç.
poise (to) equilibrar; igualar.
poison (to) enverinar; emmetzinar.
poisonous verinós.
poitrel pitral.
poke empenta; cop de colze.
poke (to) fiblar; agullonar; esperonar; furgar; burxar. / aparèixer; treure el cap; apuntar; començar a sortir.
poker barra de ferro per a remenar les brases.

polar polar.
pole pol. / estaca; pal; perxa.
polecat (zool.) mofeta (mamífer).
polemic polèmica; controvèrsia.
polemics polèmica; dialèctica.
police policia (cos).
policeman policia; guàrdia; agent de policia.
policy política; sistema. / pòlissa; contracte; document.
poliomyelitis (pat.) poliomielitis.
polish vernís; betum; llustre; poliment; lluentor; brillantor.
polish (to) polir; enllustrar.
polite atent; educat; cortès.
politeness urbanitat; educació; cortesia.
politic polític; prudent.
political polític; cívic; social.
politician polític; estadista; home públic.
politics política.
polity forma de govern; constitució política.
polka (mús.) polca.
poll votació; eleccions. / llista electoral. / sondeig, indagació de l'opinió pública.
poll (to) votar. / obtenir vots. / escornar; escapçar les banyes.
pollard arbre podat.
pollard (to) podar; esporgar.
pollen pol·len.
pollinate (to) fertilitzar (el pol·len).
pollination pol·linització.
poll-tax contribució personal.
pollute (to) contaminar; pol·luir. / profanar.
pollution pol·lució; contaminació.
polo polo (joc a cavall).
polonaise polonesa (dansa, música).

poltroon covard; coquí.
polyanthus (bot.) mena de primavera.
polygamy poligàmia.
polyglot poliglot.
polygon polígon.
polyp (zol.) pòlip.
polyphony polifonia.
polypus (med.) pòlip.
polisyllabic polisil·làbic. // polisíl·lab.
polysyllable polisíl·lab.
polytechnic politècnic.
polytheism politeisme.
polythene material plàstic per a empaquetar.
pomade pomada.
pomegranate magrana.
pomegranate tree (bot.) magraner.
pomp pompa; ostentació.
pompon plomall; pompó.
pompous pompós; ostentós; pretensiós.
pond bassa; estany.
ponder (to) ponderar; sospesar.
ponderous ponderós; pesat; voluminós.
pone pa de blat de moro.
pongee roba de seda natural sense blanquejar.
poniard daga; punyal.
pontiff pontífex.
pontifical pontifical.
pontificate pontificat.
pontoon pontó.
pony (zool.) haca; cavall de poca alçada.
pony-tail cua de cavall (pentinat).
poodle gos de pèl espès i arrissat.
pool bassa; bassiol; toll. / estany; llac. / comunitat d'inte-

ressos; fons comú; suma d'a-
postes; aposta; travessa.
poop coberta, castell de popa;
popa.
poor pobre; necessitat; indigent.
poorness insuficiència; escasse-
tat; manca de; fretura; pobre-
sa de.
poor-spirited pobre d'esperit;
abatut; pusiŀlànime.
pop beguda envasada amb gas.
pop (to) destapar una ampolla
amb esclat.
pope papa; pontífex.
popinjay gomós; petimetre.
poplar (bot.) àlber; pollancre;
trèmol.
poplin teixit de cotó per a ca-
mises.
pop out (to) sortir de cop; sob-
tadament.
poppy (bot.) rosella.
populace poble; gent de poble;
plebs.
popular popular; de moda; en
voga.
popularize (to) popularitzar; di-
vulgar.
populate (to) poblar; habitar;
ocupar.
population població; habitants;
populació.
populous populós; molt poblat.
porcelain porcellana.
porch pòrtic; porxo; vestíbul.
porcupine (zool.) porc espí.
pore porus.
pork carn de porc.
porosity porositat.
porous porós.
porousness porositat.
porphyry pòrfir.
porpoise (zool.) marsuí.
porridge farinetes de civada.

porringer escudella, atuell per
als infants.
port port. / babor. / vi d'Oporto.
portable portàtil.
portage portatge; portalatge.
portal portalada.
portend (to) pronosticar.
portent portent; prodigi.
porter mosso; factor; camàlic;
bastaix. / cervesa negra.
portfolio cartera de mà.
porthole (nàut.) portalera. /
(nàut.) ull de bou.
portico pòrtic; atri.
portion porció.
portmanteau maleta lleugera.
portrait retrat.
portray (to) retratar. / descriure
vívidament.
portrayal descripció; retrat.
Portuguese portuguès.
pose posa (per a un retrat). /
actitud; positura.
position posició; situació; càr-
rec.
positive positiu; segur; efectiu.
// realitat. / positiu (fotogrà-
fic).
positivism positivisme.
possess (to) posseir.
possession possessió.
possessive possessiu.
possessor possessor; posseïdor.
possible possible.
possibly possiblement; tal ve-
gada.
possum (zool.) sariga (marsu-
pial americà).
post estaca; pilar. / correu. /
lloc (de guarda). / avís; car-
tell; anunci; indicació.
post (to) enviar per correu. /
fixar un cartell, un avís, una
indicació.

postage franqueig postal.
postal de correus; postal.
postal order gir postal.
post-card targeta postal; postal.
poster cartell; placard.
posterior posterior.
posterity posteritat.
postern portella; porta secreta.
posthumous pòstum.
postilion postilló.
postman carter.
postmark mata-segells.
postmaster administrador de correus.
post meridiem després del migdia.
post-office estafeta de correus; servei de correus.
post-paid correu pagat.
postpone (to) posposar; diferir; ajornar.
postponement ajornament; demora; dilació.
postscript postdata.
postulate postulat.
postulate (to) postular.
posture positura; postura.
posture (to) adoptar una positura. / posturejar.
posy ramell petit de flors; pomell.
pot olla; marmita; pot; atuell.
pot (to) disparar. / posar en conserva.
potash potassa.
potassium potassi.
potato patata.
potency potència; poder.
potent potent; poderós.
potential potencial; virtual; possible.
pot hat bolet (barret).
pot-herb hortalissa.
pot-hole sot; clot.

potion poció; beuratge màgic; filtre.
potluck qualsevol cosa de menjar.
potpourri (mús.) pot-pourri. / mescla; barreja; mosaic.
pots and pans bateria de cuina; atuells.
potsherd restes arqueològiques d'atuells.
potter terrisser; terrissaire; oller.
potter (to) treballotejar; feinejar; entretenir-se en petites feines.
potter's wheel torn per a fer terrissa.
pottery ceràmica; terrissa. / terrisseria; plats-i-olles.
potty insignificant. / ximple.
pouch petaca; bossa.
poulterer gallinaire; pollastrer; bricaller.
poultice cataplasma; emplastre.
poultry aviram.
pounce envestida; escomesa; atac. / urpa.
pounce (to) atacar; escometre; envestir.
pound (to) aixafar; esmicolar; trinxar.
pour (to) abocar; vessar. / ploure a bots i barrals; diluviar.
poverty pobresa.
powder pols; pólvores. / pólvora.
powder (to) empolvorar-se.
powder-puff bronja per a empolvorar; bronja.
powdery polsós; polsegós.
power poder; potència; puixança.
power (to) activar; accionar.
powerful poderós; potent.
powerless impotent.
pox afecció cutània; sífilis.

practicable factible; practicable. / transitable.

practical pràctic; expert.

practice pràctica; exercici; assaig.

practician practicant; infermer.

practise (to) assajar; practicar; exercitar. / exercir; professar; fer pràctiques.

practitioner metge o advocat en exercici.

pragmatic pragmàtic; positiu.

prairie prada; praderia.

praise lloança; elogi.

praise (to) lloar; elogiar.

praiseworthy lloable; plausible; digne de lloança.

pram abreujament de **preambulator,** cotxet de criatura.

prance cabriola.

prank trapelleria; mala passada; broma.

prank (to) ornamentar; engalanar; guarnir.

prate (to) parlar pels descosits; xerrar.

prattle balbuceig. / xerrameca; vèrbola.

prattle (to) balbucejar; balbucitar.

prawn llagostí; gamba.

pray (to) pregar; resar; orar.

prayer oració; rés. / prec.

praying-desk reclinatori; pregadéu.

preach (to) predicar; pronunciar un sermó.

preacher predicador.

preachify (to) sermonejar; predicar prolixament.

preamble preàmbul; proemi.

prebend prebenda; canongia.

precarious precari.

precaution precaució.

precede (to) precedir.

precedence precedència. / prioritat.

precedent precedent; antecedent.

precentor xantre; cabiscol.

precept precepte.

preceptor preceptor; instructor.

precession precedència; prioritat; precessió.

precinct recinte; tancat; clos. / districte.

precincts entorns; voltants.

preciosity preciositat.

precious preat; preciós.

precipice precipici; espadat.

precipitate (quím.) precipitat. // precipitat; apressat; atropellat.

precipitate (to) precipitar.

precipitous escarpat; molt pendent.

precis resum; tema resumit.

precise precís; exacte.

precisely exactament; precisament.

precocious precoç; avançat.

precursor precursor; capdavanter.

predatory rapaç; de rapinya; de presa.

predecessor predecessor; antecessor.

predestine (to) predestinar.

predicament destret; trifulga; dificultat.

predicate predicat.

predicate (to) afirmar; assegurar; declarar.

predicative predicatiu.

predict (to) predir; pronosticar.

predictor pronosticador; endeví.

predilection predilecció.

preemption preempció; opció.

preen (to) arranjar-se; netejar-

se, les plomes (els ocells).
prefabricate (to) prefabricar.
preface prefaci; pròleg.
prefect prefecte. / nen o nena
vigilant (entre alumnes).
prefecture prefectura.
prefer (to) preferir.
preferable preferible.
preferably preferiblement.
preference preferència; prioritat.
preferential preferent.
preferment ascens; promoció;
preferència.
preferred preferit; predilecte;
preferent.
prefigure (to) prefigurar; pre-
veure; imaginar-se.
prefix prefix.
prefix (to) prefixar.
pregnant prenys; embarassada.
prehensile prènsil.
prehistoric prehistòric.
prejudge (to) prejutjar.
prejudice prejudici. / perjudici.
prejudice (to) predisposar ten-
denciosament; influir. / perju-
dicar.
prejudicial perjudicial; nociu.
prelacy prelatura; prelacia.
prelate prelat.
preliminary preliminar.
prelude preludi.
premature prematur; immatur.
premier primer; principal. / pri-
mer ministre.
premiere estrena; presentació;
primera representació.
premise premissa.
premises finca; predi; propietat.
premium prima. / premi.
premonition pressentiment; pre-
monició.
premonitory premonitori; profè-
tic.

preoccupation preocupació.
preoccupy (to) preocupar.
preparation preparació.
preparations preparatius; apare-
llament.
preparatory preparatori.
prepare (to) preparar.
prepay (to) pagar a la bestreta.
prepayment pagament avençat;
bestreta.
preponderance preponderància;
superioritat.
preponderate (to) preponderar;
dominar; predominar.
preposition preposició.
prepossess (to) predisposar; in-
fluir; influenciar.
preposterous contrari a la raó o
al sentit.
prerogative prerrogativa.
presage presagi.
presbytery presbiteri. / rectoria.
prescience presciència.
prescribe (to) prescriure; recep-
tar.
prescription recepta; prescripció.
prescriptive ordenador; director;
normatiu.
presence presència.
presence of mind presència d'es-
perit.
present present; actual. // ac-
tualitat. / oferiment; regal;
obsequi; present.
present (to) presentar. / oferir;
regalar; obsequiar.
presentiment pressentiment.
presently tot seguit; d'aquí a
poc; d'aquí a poc temps; aviat.
preservation conservació; pre-
servació.
preserve conserva; confitura. /
vedat; indret on la caça o la
pesca és vedada.

preserve (to) preservar; salvaguardar; protegir; resguardar. / conservar.
preside (to) presidir.
presidency presidència.
president president; director; cap.
press premsa. / pressió. / armari.
press (to) premsar. / prémer; polsar; empènyer. / instar; urgir; apressar.
press-box tribuna per als periodistes.
press-cutting retall de diari.
pressure pressió.
prestidigitator prestidigitador.
prestige prestigi.
presumable presumible; que es pot suposar.
presume (to) suposar; presumir; pensar; sospitar.
presumption presumpció; suposició.
presumptive presumptiu; presumpte.
presumptuous presumit; presumptuós.
presuppose (to) pressuposar.
pretence ficció; simulació; fingiment.
pretend (to) fer veure; fingir; simular.
pretension pretensió.
pretentious presumptuós.
preterite pretèrit.
pretext pretext; excusa.
pretext (to) pretextar.
prettify (to) guarnir sense massa gust; engalanar.
prettily bellament; agradablement.
pretty bell; bonic; joliu; gentil. / bastant; un xic; quelcom.

prevail (to) prevaler; dominar; predominar.
prevailing prevalent; dominant; regnant.
prevalence predomini; d'ús corrent.
prevalent comú; corrent; ostensible; prevalent.
prevaricate (to) tergiversar; deformar; falsejar.
prevent (to) evitar; impedir.
prevention evitació; impediment; prevenció.
preventive impeditiu; preventiu.
previous previ; anterior.
prevision previsió.
prey presa. / botí.
price preu.
price (to) fixar el preu; aforar; avaluar.
priceless inestimable; sense preu; que no té preu.
price-list llista de preus.
prick picada; punxada. / fibló; punxa.
prick (to) punxar; picar; fiblar. / esperonar; excitar.
prickle punxa; espina.
prickle (to) picar; sentir punxada.
prickly espinós; ple de punxes.
prickly pear (bot.) figuera de moro. / figa de moro.
pride orgull; urc; supèrbia; arrogància.
pride oneself upon (to) enorgullir-se.
prie-dieu pregadéu; reclinatori.
priest prevere; sacerdot; capellà.
prig pedant; presumit.
priggish ple de vanitat; fatxender; entonat; bufat.
prim primoter; pulcre; primmirat.
primacy primacia.

primarily originàriament. / principalment. / primerament.
primary primari. / originari.
primate primat.
prime primar; principal. / primera qualitat; exceŀlent. // plenitud; millor part.
primer cartilla; beceroles.
primeval primitiu; primari; primigeni.
priming primera capa de pintura.
primitive primititu. / simple.
primogeniture primogenitura.
primordial primordial; primitiu.
primrose (bot.) primavera; prímula.
primula primulàcies.
prince príncep.
princely principesc; esplèndid.
princess princesa.
principal principal.
principally principalment; majorment.
principle principi; origen.
principles principis; conviccions.
prink (to) abillar-se; empolainar-se.
print impressió; tipus (d'impremta). / empremta; ditada; petjada; traça.
print (to) imprimir; estampar.
printer impressor.
printing tipografia. // d'impremta; tipogràfic.
prior previ; precedent; anterior. // prior.
prioress priora; prioressa.
prism prisma.
prismatic de forma prismàtica; prismàtic. / acolorit; virolat; brillant.
prison presó; ergàstul.
prisoner pres; presoner.
pristine primitiu; original; inicial.

prithee et prego; si et plau.
privacy soledat; recés. / intimitat; secret.
private particular; privat; personal. // soldat ras.
privation privació; falta; fretura; carestia.
privet (bot.) olivella; olivereta.
privilege privilegi.
privy privat; particular. / secret. / comuna; excusat.
prize premi; guardó.
prize (to) apreciar; tenir en molta estima.
probability probabilitat.
probable probable; versemblant.
probably probablement.
probate prova legal; còpia autèntica.
probation prova; provatura; assaig.
probe exploració. / sonda.
probe (to) examinar; sondar. / sondejar.
probity probitat; honradesa.
problem problema.
proboscidian proboscidi.
proboscis probòscide; trompa d'elefant; prolongació bucal d'alguns animals.
procedure procediment; procedir; tramitació.
proceed (to) prosseguir; continuar endavant. / procedir.
proceeding procediment.
proceedings procediments; formulismes. / actes; escrits d'activitats.
proceeds rèdit; producte; ingressos.
process procés. / procediment; mètode. / curs.
procession processó; desfilada; seguici; comitiva.

proclaim (to) proclamar; pregonar.

proclivity proclivitat; propensió; inclinació.

procrastinate (to) diferir; ajornar.

procrastination ajornament; retardament; diferiment; dilació.

procreate (to) procrear; generar.

proctor procurador; censor d'Universitat.

procurator procurador; apoderat.

procure (to) aconseguir; obtenir.

procurer alcavot; proxeneta.

prod burxada; estocada.

prod (to) punxar; esperonar.

prodigal pròdig; dissipador; hereu escampa.

prodigality abundància; prodigalitat; exuberància.

prodigious prodigiós; meravellós.

prodigy prodigi; meravella; portent.

produce producte; fruit; productes agrícoles.

produce (to) produir. / exhibir; ensenyar; mostrar; treure's (un document, passi) per ensenyar; treure (de la butxaca, d'un calaix) per exhibir.

producer productor.

product producte; producció.

proem proemi; pròleg.

profane profà; irreverent; impiu. / temporal; secular.

profess (to) declarar; confessar; professar. / pretendre; aspirar.

professed declarat; autèntic; veritable.

professedly declaradament; obertament.

profession professió; ofici; carrera.

professor professor; mestre. / catedràtic.

proffer oferta; oferiment; proposta.

proffer (to) oferir; proposar.

proficient proficient; capacitat; avençat; expert.

profile perfil.

profit profit; benefici.

profit (to) aprofitar; ésser útil; beneficiar.

profitable profitós.

profiteer aprofitat; avantatgista; garsa; usurer; escanyapobres.

profligacy llibertinatge; depravació; relaxació.

profligate disbauxat; dissolut; llibertí.

profound profund; pregon.

profuse profús; abundant.

profusion profusió; abundància; devessall.

progeny progènie; prole.

prognosis prognosi; pronòstic.

prognostic pronòstic.

prognosticate (to) pronosticar; vaticinar.

program programa.

programme programa; designi; pla.

programme (to) programar; planejar; projectar.

progress progrés; desenrotllament.

progress (to) progressar; millorar.

prohibit (to) prohibir.

project projecte; pla.

project (to) projectar; planejar. / engegar; disparar; projectar; llançar. / ressortir; destacar-se.

projectile projectil; coet.

projector projector (de films).

prolegomena prolegòmens; notes preliminars.

proletarian proletari; assalariat.

proletariat proletariat; assalariats; treballadors.

proliferate (to) reproduir-se; multiplicar-se; proliferar.

prolix prolix; dilatat; esgotador.

prologue pròleg.

prolong (to) prolongar.

promenade passeig; passeig marítim.

prominent prominent. / preeminent.

promiscuous promiscu; divers; indiscriminat.

promiscuity promiscuïtat; barreja; confusió.

promise prometença; promesa.

promise (to) prometre.

promising prometedor.

promissory promissori.

promissory note pagaré.

promontory promontori.

promote (to) promoure; fer pujar.

promoter promotor; promovedor; impulsor; empresari.

promotion encoratjament; iniciativa; promoció.

prompt prompte; ràpid; expeditiu; prest.

prompt (to) excitar; incitar; impulsar. / (teat.) apuntar. / insinuar; suggerir.

prompt-box (teat.) coverol.

prompter (teatre) apuntador; avisador.

promptitude promptitud.

promulgate (to) promulgar.

prone de boca avall; bocaterrós. / propens; inclinat; procliu.

proneness inclinació; propensió; tendència; afecció.

prong punta de forca.

pronominal pronominal; pertanyent al pronom.

pronoun pronom.

pronounce (to) pronunciar; proferir.

pronounced pronunciat; prominent; marcat.

pronouncement declaració; proclama.

pronunciation pronunciació; articulació.

proof prova; experiment. / assaig; provatura. // a prova de (foc, aigua).

proof-reader (impr.) corrector de proves.

prop puntal; suport; estintol.

prop (to) apuntalar; afermar; estintolar.

propaganda propaganda.

propagate (to) propagar.

propel (to) impel·lir; propel·lir.

propeller hèlice; hèlix. / propulsor.

propensity propensió; predisposició.

proper propi; apropiat; ajustat; adequat; correcte. / particular; peculiar.

properly pròpiament; ajustadament; adequadament.

property propietat; béns; possessió.

prophecy profecia.

prophecy (to) profetitzar.

prophet profeta.

prophylactic profilàctic.

prophylaxis profilaxi.

propinquity propinqüitat; proximitat; perentiu; consanguinitat.

propitiate (to) propiciar.

propitious propici; favorable; benigne; inclinat.

proportion proporció; correlació; concordança; harmonia.
proportion (to) proporcionar; harmonitzar; adequar.
proportionate proporcionat; equilibrat.
proposal proposició; oferta. / proposició de matrimoni.
propose (to) proposar. / proposar-se. / declarar-se a una noia.
proposition proposició; proposta; projecte.
propound (to) proposar; oferir; sotmetre.
proprietary de propietat; registrat; patentat. / de propietari.
proprietor propietari; amo.
propriety conveniència; escaiença. / decòrum; correcció.
propulsion propulsió; impuls.
prorata prorrata.
prorogue (to) prorrogar; diferir.
prosaic vulgar; prosaic.
proscenium prosceni.
proscribe (to) proscriure.
prose prosa. / de prosa; en prosa.
prosecute (to) prosseguir. / processar.
prosecution acusació.
prosecutor acusador; fiscal.
proselyte prosèlit.
prosodial prosòdic.
prosodian versat en prosòdia.
prosodic prosòdic.
prosody prosòdia.
prospect probabilitat; perspectiva. / panorama; paisatge.
prospect (to) explorar; descobrir.
prospective probable; possible; futur; esperat.
prospectus prospecte; anunci imprès amb advertiments, instruccions, detalls.
prosper (to) prosperar. / donar prosperitat; afavorir.
prosperity prosperitat; fortuna; millora.
prosperous pròsper.
prostrate prostrat; estirat de cara a terra. / exhaurit; afligit; abatut.
prostrate (to) prostrar; prosternar-se; abatre.
prosy prosaic; insuls.
protagonist protagonista; heroi.
protean versàtil; mudadís; proteu.
protect (to) protegir.
protection protecció; emparança.
protective protector; defensiu.
protector defensor; paladí; protector.
protégé protegit.
protein proteïna.
protest protesta. / protest.
protest (to) protestar.
Protestantism protestantisme.
protestation protesta; declaració solemne.
protocol protocol.
proton protó.
protoplasm protoplasma.
prototype prototipus.
protract (to) prolongar; allargar.
protractor transportador; semicercle per a mesurar angles.
protrude (to) sobresortir; sortir enfora.
protruding sobresortint; sortint; relleu.
protuberance protuberància; bony; panxa.
protuberant protuberant.
proud orgullós; superb; altiu.
prove (to) provar; demostrar.

provenance procedència; origen;
filiació.
Provençal provençal.
provender pinso; farratge.
proverb proverbi; refrany.
proverbial proverbial; sabut; co-
negut; notori.
provide (to) proveir; subminis-
trar; fornir.
provided that amb que.
providence providència.
provider proveïdor; subministra-
dor.
providing amb que; sota condi-
ció de.
province província; regió. / ju-
risdicció; incumbència; àrea;
esfera; camp.
provision provisió; reserva.
provisions provisions queviures.
provocation provocació.
provoke (to) provocar; instigar;
promoure.
provoking provocatiu; irritant;
enutjós.
provost rector; prepòsit; pabor-
de.
prow proa.
prowess proesa. / valentia.
prowl aguait; emboscada.
prowl (to) pillardejar; rondar a
l'aguait (caça, robatori).
proximate immediat; pròxim.
proxy delegació; poder; potes-
tat; procuració.
prude gata moixa; exagerada-
ment cortès.
prudent circumspecte; prudent;
previsor; assenyat.
prune pruna seca.
prune (to) podar; esporgar.
pruners tisores de podar.
pruning-hook ganivet de podar.
prurient lasciu; llicenciós.

prussic acid àcid prússic; àcid
cianhídric.
pry (to) espiar; batxillejar; tafa-
nejar.
prying escrutador; tafaner.
psalm salm; psalm.
psalter llibre dels salms; saltiri.
psaltery (mús.) saltiri (instru-
ment semblant a la cítara).
pseudonym pseudònim; nom fals.
pseudonymous adj. pseudònim;
amb nom no autèntic.
psyche psique.
psychiatrist psiquiatre.
psychiatry psiquiatria.
psychic psíquic.
psychology psicologia.
ptarmigan (orn.) perdiu blanca.
ptisan tisana.
ptomaine ptomaïna.
pub taverna; bar; cafè; cervese-
ria.
puberty pubertat.
public públic; per a tothom.
publican taverner. / publicà.
public house taverna; bar; cerve-
seria.
publicist publicista.
publicity publicitat.
publicize (to) publicar; anunciar.
publish (to) publicar; informar;
assabentar.
publisher editor.
puce color vermellós.
puck follet.
pucker (to) arrufar; arrugar.
pudding púding (pastís de farina
i fruita seca).
pudding stone (geol.) pudinga.
puddle toll; xipoll; bassiol.
puddle (to) pudelar. / enfangar.
/ barrejar argila i sorra.
pudgy rodanxó; rabassut.
puerile pueril.

249

puff buf; alenada; glopada. / bombo; lloança exagerada.

puff (to) panteixar; esbufegar; bufar.

puffin (orn.) fraret.

pug mena de buldog petit.

pugnacious pugnaç; combatiu; bel·licós; cerca-raons.

puissance puixança; poder; influència; domini.

puke vomitiu.

puke (to) vomitar.

pull estirada; estrebada.

pull (to) estirar; arrossegar; estrebar. / arrencar; extreure; treure.

pulley politja; corriola; cúrria.

pullman cotxe-llit; vagó-llit.

pull out (to) treure; extreure; separar.

pull-over jersei.

pullulate (to) pul·lular.

pulmonary pulmonar.

pulp polpa.

pulpit trona; púlpit.

pulsate (to) polsar; batre el pols; vibrar; tremolar.

pulsation pulsació; batec; pulsacions.

pulse pols; pulsació; batec.

pulse (to) polsar; batre; bategar.

pulverize (to) reduir a pols; polvoritzar.

puma (zool.) puma.

pumice-stone pedra tosca.

pummel (to) apunyegar.

pump bomba (màquina). / xinel·la, sabatilla per a dansar.

pump (to) bombar; treure amb una bomba. / inflar.

pumpernickel pa morè.

pumpkin (bot.) carbassa. / (bot.) carbassera.

pun joc de paraules; equívoc.

pun (to) fer jocs de paraules.

punch cop de puny. / trepant. / ponx.

Punch personatge dels putxinel·lis.

punch (to) apunyegar. / punxar. / trepar; foradar.

punctilio picapunt. / etiqueta; educació.

punctilious puntimirat; meticulós; puntós.

punctual puntual; matemàtic; precís; a l'hora.

punctuate (to) puntuar; posar els punts i les comes.

puncture punxada (al pneumàtic); rebentada.

puncture (to) rebentar-se (un pneumàtic).

pundit (savi de l'Índia); expert; erudit.

pungency acrimònia; acritud; picantor; coentor.

pungent pungent; picant; amarg; punxant.

punish (to) punir; castigar.

punishment càstig; punició; pena.

punitive punitiu; de càstig.

punster afeccionat als jocs de paraules; facetiós.

punt mena de llanxa plana moguda per un pal que arriba a terra del riu. / xut, abans que la pilota no arribi a terra.

puny menut; esquifit.

pup cadell.

pupa crisàlide; nimfa.

pupil alumne; deixeble. / pupil·la; nina dels ulls; nineta.

puppet putxinel·li; titella.

puppy cadell de gos.

purblind quasi cec.

purchase compra; adquisició.
purchase (to) comprar; adquirir.
pure pur; immaculat.
pure blood de pura sang.
purebreed de pura raça.
purée puré.
purgative purgant.
purgatory purgatori.
purge purga.
purge (to) purgar.
purify (to) purificar.
purist purista.
puritan purità.
purity puresa.
purl relleu ornamental en punt de mitja. / murmuri d'aigües.
purl (to) barbullir l'aigua en córrer. / fer adorns en un treball de punt de mitja.
purlieus rodalies; voltants.
purloin (to) furtar; afanar; plagiar; afusellar.
purple porpra; purpurat. // morat; color de porpra.
purport sentit; significat.
purport (to) significar; intentar; voler dir; voler convèncer.
purpose propòsit; intenció; fi; objectiu.
purpose (to) proposar-se; intentar.
purr mena de ronc del gat quan està content.
purr (to) expressar el gat que està content amb un ronc especial.
purse portamonedes; bossa.
purse-proud orgullós d'ésser ric.
purser comptador, administrador d'un vaixell; sobrecàrrec.
pursuance perseverança; perseguiment; percaçament.
pursue (to) perseguir; seguir. / prosseguir.

pursuit perseguiment; caça; cerca; recerca; percaçament.
pursy asmàtic. / obès.
purvey (to) proveir; subministrar.
purview abast; esfera; radi; espai.
pus (pat.) pus.
push empenta.
push (to) empènyer; empentar.
pusillanimous pusiŀlànime; apocat; poruc; tímid.
puss mixa; gat; marruix.
pussy mixeta; marruix; gatet.
pustule (pat.) pústula; gra.
put (to) posar; coŀlocar.
put aside (to) posar a part; apartar; allunyar; deixar de banda.
put away (to) treure; guardar; endreçar.
put back (to) tornar al seu lloc. / retardar.
put by (to) estalviar; arraconar; guardar.
put down (to) abaixar. / reprimir; sufocar. / anotar; apuntar.
put forward (to) avançar; posar endavant. / proposar.
put in (to) introduir; ficar. / passar, esmerçar (temps).
put of (to) diferir; ajornar; deixar per a més endavant. / deixar córrer; desistir.
put on (to) posar-se, coŀlocar-se (vestits, barrets, calçat).
put out contrariat; vexat; enutjat.
put out (to) apagar (llum, foc).
putrefy (to) podrir-se.
puttee banda per a faixar-se les cames els excursionistes.
put to death (to) ajusticiar; executar.

251

put together (to) ajuntar; muntar; instaŀlar.
putty màstic.
putty (to) assegurar, fermar, amb màstic.
put up (to) estendre, obrir (el paraigua). / aixecar; erigir.
puzzle endevinalla; trenca-closques; embolic.
puzzle (to) desconcertar; confondre; embolicar.
puzzled atorrollat; desconcertat; perplex.

pygmean pigmeu; nan.
Pygmy pigmeu.
pyjamas pijama.
pylon torre metàŀlica (senyals, filament elèctric).
pyorrhoea piorrea.
pramid piràmide.
pyre pira.
pyrites pirita.
pyrotechnics pirotècnia.
Pyrrhic pírric (cara victòria).
python pitó (serp).
pyx píxide.

Quickly come, quickly go
El que poc costa poc dol

quack remeier; curandero; arrencaqueixals. / cucleig de l'ànec.
quack (to) xerrar. / grallar; cuclejar.
quackery xerrameca. / empirisme.
quadrangle quadrangle; quadrilàter.
quadrant quadrant; quart.
quadrilateral quadrilàter; quadrangle.
quadrille quadrilla; contradansa.
quadrillion quadrilió; un bilió de bilions.
quadruped quadrúpede.
quadruple quàdruple.
quadruplicate (to) quadruplicar.
quaff tirada (beguda).
quaff (to) engolir una beguda; beure d'una tirada, a grans glops.

quagmire xafeguer; fangar; fanguissar.
quail (orn.) guatlla.
quail (to) acovardir-se; esglaiar; abatre. / recular; retrocedir.
quaint típic; curiós; rar; original.
quake tremolor.
quake (to) tremolar sorollar; trontollar.
qualification qualificació; qualitat. / condició; requisit; mirament; compliment. / idoneïtat; aptitud.
qualifications mèrits.
qualifier qualificatiu.
qualified qualificat; apte; competent.
qualify (to) qualificar; capacitar; habilitar.
quality qualitat.

qualm escrúpol; dubte; hesitació; recança. / mareig; basca; fàstic; escrúpol.

quandary dubte; incertesa; perplexitat.

quantity quantitat.

quarantine quarantena (temps de prova).

quarrel baralla; contesa.

quarrel (to) barallar-se; discutir.

quarrelsome cerca-raons; cerca-bregues; baralladís.

quarry pedrera; llosera; pedrissa.

quarry (to) extreure pedra. / extreure dades (de llibres).

quart quart de galó = 1,13 litres **(2 pints).**

quarter quart; quarta part. / trimestre. / barri; districte. / (herald.) quarter.

quarter (to) esquarterar.

quarterly trimestralment.

quarto quart (paper); en quart (llibres).

quartz (min.) quars.

quash (to) anul·lar; derogar; cancel·lar.

quassia quàssia (arbre).

quaternary (geol.) quaternari.

quatrain quarteta.

quaver tremolor. / trinat; refiladissa. / (mús.) corxera.

quaver (to) trinar; vibrar; refilar.

quay moll; desembarcador; dàrsena.

queasy escrupolós fastigós; llepafils; delicat.

queen reina.

queer rar; estrany. / dubtós.

quell (to) apaivagar; sufocar; reprimir.

quench (to) apagar; extingir. / calmar; temperar.

quern primitiu molí de mà.

querulous queixós; descontent; displicent.

query interrogant; pregunta; dubte.

query (to) interrogar; preguntar; dubtar.

quest recerca; cerca; encalç; quest perseguiment.

question pregunta. / problema; assumpte; qüestió.

question (to) preguntar; interrogar.

questionable dubtable; discutible; qüestionable.

question-mark interrogant; signe d'interrogació.

questionnaire qüestionari.

queue cua; rengle de persones. / trena; cua.

quibble evasiva; elusió; excusa.

quibble (to) cercar subterfugis; argüir sobre minúcies.

quick ràpid; prest; diligent; viu.

quicken (to) accelerar; apressar. / vivificar; animar.

quick-freeze congelar ràpidament.

quicklime calç viva.

quick-lunch bar bar de menjars ràpids.

quickly ràpidament.

quickness rapidesa.

quicksand sorramoll; sorra insegura.

quicksilver argent viu; mercuri.

quick-witted de reacció intel·lectual ràpida.

quid mastegada de tabac.

quiescence quietud; repòs; tranquil·litat.

quiescent quiet; fix.

quiet silenciós; callat; tranquil.

// silenci; tranquiŀlitat; quietud; calma.

quiet (to) apaivagar; calmar; tranquiŀlitzar.

quieten (to) apaivagar-se; callar.

quietism quietisme.

quietude quietud.

quill ploma gran d'au; ploma d'ocell per a escriure.

quilt cobrellit; cobertor; edredó.

quince codony. / (bot.) codonyer.

quinine (quim.) quinina.

Quinquagesima Quinquagèsima; diumenge anterior al de Quaresma.

quinsy angina.

quintessence quinta essència; perfecció exemplar.

quintette quintet.

quip pulla; agudesa; acudit.

quip (to) mofar-se; mortificar.

quire mà (24 fulls) de paper.

quirk agudesa; subtilesa; acuïtat.

quisling coŀlaborador de l'enemic invasor.

quit lliure; desembarassat; alliberat; exempt.

quit (to) marxar; evacuar. / evadir-se.

quite del tot; totalment; completament; / bastant; suficient.

quits en paus; rescabalat.

quittance descàrrec. / rebut.

quiver buirac. / tremolor; vibració.

quiver (to) tremolar; vibrar.

quivive alerta; a l'aguait.

quixotic quixotesc; generós; desinteressat; imaginatiu.

quiz combat de preguntes escolar. / endevinalla.

quiz (to) preguntar endevinalles. / riure's.

quizzical divertit; còmic.

quizzing mofa; burla.

quondam que va ésser; que ja no és.

quota contingent; part; escot.

quotation citació; referència. / cotització.

quotation marks cometes.

quote citació; menció.

quote (to) citar; mencionar.

quotient quocient.

Rome was not built in a day
No tot és bufar i fer ampolles

rabbi rabí.

rabbit conill.

rabble xusma; xurma; púrria; plebs; gentussa; gentalla.

rabid rabiós; violent; furiós.

rabies (pat.) ràbia; hidrofòbia.

race raça; nissaga; casta. / cursa; regata.

race (to) fer curses; competir a córrer. / córrer.

raceme (bot.) inflorescència en raïm.

racer cavall (cotxe) de curses.

racial racial; ètnic.

racily vivament; vigorosament; coratjosament.

raciness vivacitat; vigorositat.

rack xarxa portapaquets; prestatge portaequipatges. / cremallera (engranatges). / filosa.

rack (to) turmentar; afligir; martiritzar.

rack-and-bone man drapaire.

racket raqueta. / aldarull; enrenou.

rack-railway ferrocarril de cremallera.

racquet raqueta.

racy fort; vigorós. / de raça.

radar radar (perceptor per ones de ràdio).

radiance resplendor.

radiant resplendent; radiant; brillant.

radiate (to) radiar. / irradiar.

radiator radiador.

radical radical; fonamental.

radical sign radical; signe radical, de l'arrel quadrada.

radio ràdio.

radio set aparell de ràdio.

radiograph (una) radiografia (fotografia).

radiography (la) radiografia (sistema).

radiotherapy radioteràpia.

radish rave.

radium radi (metall)

radius (geom.) radi. / espai d'acció, d'influència.

raffia ràfia.

raffish dissolut; disbauxat; llicenciós; viciós.

raffle rifa benèfica; tómbola.

raft rai; empostissat flotador.

rafter biga de teulada; cabiró. / raier.

raftsman raier.

rag parrac; pellingot de roba.

rag (to) marejar, atabalar, amb bromes pesades.

ragamuffin trinxeraire.

rage ràbia; ira.

rage (to) enrabiar-se; enfadar-se, enutjar-se.

ragged esparracat; espellifat.

raging rabiós; furibund.

raglan raglan.

ragout estofat; guisat.

ragtime música sincopada.

raid incursió; irrupció.

raid (to) irrompre; fer una incursió; envair.

rail barana; baranatge; **passamà**. / carril; riell; rail.

rail (to) injuriar. / mofar-se; riure's.

railing barana; reixat; reixa; balustrada.

raillery broma; plagasitat.

railway ferrocarril; via fèrria.

raiment vestits; indumentària.

rain pluja.

rain (to) ploure.

rainbow arc de Sant Martí.

rain cats and dogs (to) ploure a bots i barrals.

raincoat (abric) impermeable.

raindrop gota de pluja.

rainfall densitat de pluja. / ruixat.

rain-gauge pluviòmetre.

rainy plujós.

raise (to) aixecar; alçar; elevar. / criar; cultivar. / donar peu.

raisin pansa (raïm).

rajah rajà (governant indi).

rake rasclet; rampí. / inclinació; desnivell.

rake (to) rampinar; rampillar; rasclonar.

rakish de gairell.

rally restabliment; reorganitza-

ció. / reunió; reconcentració. /
reunió d'automòbils en competició per carretera.
rally (to) reorganitzar; reunir; concentrar.
rallye V. rally (cotxes).
ram martinet (màquina). / ariet. / esperó d'un vaixell. / (zool.) marrà; moltó.
ram (to) piconar; clavar; maçonar.
ramble passeig; excursió; sortida.
ramble (to) rondar; passejar. / divagar.
ramify (to) ramificar; embrancar.
ramp rampa; pla inclinat. / abús comercial.
ramp (to) saltar i córrer; enfilar-se; fer aldarull.
rampage esvalot; excitació; enrenou.
rampage (to) desenfrenar-se.
rampageous esvalotat; turbulent.
rampant (herald.) rampant. / descontrolat. / exuberant; esponerós.
rampart baluart; terraplè.
ramshackle atrotinat; esbalandrat.
ranch ranxo (casa de camp).
rancid ranci; passat; agre.
rancour rancor.
random atzar. // fortuït; impensat.
range serralada. / fila; línia. / recorregut; distància. / escala; gama; sèrie. / ordre; classe. / camp; esfera.
range (to) arreglar; arrenglerar; alinear; ordenar; classificar. / recórrer.
range finder telèmetre.

ranger guardabosc.
rank classe; posició social; rang. / fila. // exuberant; fèrtil; pletòric; abundant.
rank (to) classificar; ordenar; catalogar.
ranker soldat que ha servit sense graduació.
rankle (to) (fig.) coure; picar; fiblar; afligir.
ransack (to) escorcollar; cercar arreu; saquejar.
ransom rescat.
ransom (to) rescatar; redimir.
rant llenguatge declamatori.
rant (to) teatralitzar; declamar ampul·losament.
rap pic; repic; repicó; cop.
rap (to) trucar. / picar.
rapacious rapaç.
rape robatori; rapinya; rapte.
rape (to) robar. / raptar.
rapid ràpid. / rabent; atorrentat.
rapids desnivell, precipitació, d'un riu.
rapier estoc; espasí.
rapine rapinya; robatori.
rapport relació; connexió.
rapprochement acostament; aproximació.
rapt extasiat; absort; embadalit.
rapture èxtasi; rapte; embadaliment.
rare rar; peregrí.
rarebit torrada amb formatge.
rarefy (to) rarificar; rarejar; enrarir.
rarity raresa; raritat. / curiositat; preciositat; bellesa.
rascal bergant; brivall; truà; brètol.
rase (to) arrasar; rasar; arranar; destruir.
rash irreflexiu; prompte; impru-

dent; temerari; arriscat. /
erupció; borradura; granellada.
rasher llenca; tallada; tall.
rashness imprudència; temeritat;
irreflexió.
rasp raspa (llima).
rasp (to) raspar; ratllar; trinxar.
raspberry (bot.) gerdó; gerd. /
gerdera.
rat (zool.) rata.
rat (to) caçar rates.
ratable sotmès a contribució, a
impost.
ratch cadell (per a engranatge).
ratchet roda dentada de cadell.
rate mitjana; terme mitjà; pro-
porció. / velocitat; marxa; tren
(tant per hora). / tipus; clas-
se; ordre. / preu; taxa; tarifa.
rate (to) avaluar; estimar; jut-
jar; creure; apreciar; reconèi-
xer.
rateable taxable; susceptible
d'ésser taxat.
rates and taxes contribucions i
imposts.
rather quelcom; bastant. // més
aviat; millor dit; més que no
pas.
ratify (to) ratificar; confirmar.
rating classificació; avaluació i
fixació d'imposts.
ratio raó; quocient; terme d'una
proporció.
ratiocination raciocinació; raonar
en sil·logismes.
ration ració; porció; assignació.
ration (to) racionar.
rational racional; amb facultat
de raonar.
rationale raonament; fonament
lògic.
ratlin corda que fa de llistó d'una
escala marinera.

rattan ratània (arbre).
rattle xerrac; batzoles; xerric-
xerrac. / bergansí; sonall. /
repic; dring; soroll repetit.
rattle (to) dringar; sonar.
rattlesnake serpent de cascavell.
raucous ronc; rogallós.
ravage estrall; saqueig; des-
trossa.
ravage (to) destruir; destrossar;
saquejar.
rave (to) delirar; desvariejar.
ravel (to) esfilagarsar; desfilar;
desteixir.
raven (orn.) corb. // famolenc. /
negre.
raven (to) rondar a l'aguait de
la caça; famejar; anhelant de
caça; devorar.
ravening devorador.
ravenous famolenc. / voraç.
ravine barranc; fondalada.
ravish (to) seduir; raptar. / en-
cisar; embadalir; captivar.
ravishment èxtasi; embadali-
ment; arrapament.
raw cru. / verd; poc madur. /
novençà; passerell.
ray raig (de llum). / (geom.)
radi. / (ict.) rajada.
rayon raiona (seda artificial).
raze (to) arrasar.
razor navalla d'afaitar; raor. /
màquina d'afaitar.
razorbill (orn.) gavot.
razzle folgança; barrila; borratxe-
ra; embriaguesa.
razzle-dazzle embriaguesa; ator-
diment.
reach abast; assoliment; allar-
gada.
reach (to) abastar; assolir; acon-
seguir; arribar.
react (to) reaccionar; respondre.

reaction reacció
reactor reactor.
read (to) llegir.
reader lector; llegidor. / corrector de proves. / llibre de lectura.
readiness disponibilitat; promptitud; bona disposició.
reading lectura.
readjust (to) reajustar; readaptar.
ready llest; a punt; disponible; enllestit; dispost; preparat; amatent.
ready-made de confecció; fabricat en sèrie.
reaffirm (to) ratificar.
reagent (quím.) reactiu.
real real; veritable.
real estate béns immobles; béns rels; finques.
realism realisme.
reality realitat.
realize (to) adonar-se. / comprendre. / realitzar. / vendre; convertir en moneda.
really realment; veritable; de veritat; de debò.
realm reialme.
realty béns immobles; béns rels.
ream raima (480 fulls de paper).
reanimate (to) reanimar.
reap (to) segar. / collir; recollectar. / dallar.
reaper segador. / màquina segadora.
reaping sega. / collita.
reaping-hook falç.
reappearance reaparició.
reappraisal reexaminació; nou estudi; nova consideració.
rear darrer; posterior. // darrera; saga.
rear (to) crear; cultivar; educar.

/ aixecar; erigir; alçar. / redreçar-se; encabritar-se.
rearing cria.
reason raó; seny. / motiu; causa; raó.
reason (to) raonar. / discutir.
reassumption reassumpció.
reassure (to) tranquil·litzar; calmar; assossegar.
rebate rebaixa; descompte.
rebel n. rebel; indòcil; ingovernable; insurgent.
rebel (to) rebel·lar-se; revoltar-se.
rebellion rebel·lió; indocilitat.
rebellious adj. rebel; ingovernable.
rebind (to) relligar de nou.
rebirth renaixement; reanimació.
reborn renascut (espiritualment).
rebound rebot.
rebound (to) rebotre; rebotar.
rebuff reprensió; repulsa; desdeny; miquel; rebuf.
rebuff (to) desairar; rebutjar.
rebuild (to) reconstruir.
rebuke censura; retret; amonestació; reprensió; reny.
rebuke (to) reprovar; censurar; amonestar; renyar.
rebus jeroglífic.
rebut (to) rebatre; refutar.
recalcitrant recalcitrant; obstinat; rebel.
recall requeriment perquè torni (algú).
recall (to) fer tornar; retirar. / destituir. / recordar; fer venir a la memòria.
recant (to) retractar-se.
recantation retractació.
recapitulate (to) recapitular.
recast (to) refondre.

recede (to) recular; retrocedir. / desdir-se.

receipt rebut.

receipt (to) signar o segellar un rebut.

receipts ingressos.

receivable cobrable; cobrador.

receive (to) rebre; admetre.

receiver receptor. / auricular.

recent recent; nou; fresc.

recently recentment; fa poc.

reception recepció; acollença.

receptive receptiu; sensible.

recess fornícula; concavitat. / descans; esbarjo escolar.

recession recés; retir; reclusió.

recidivist reincident.

recipe recepta; prescripció facultativa.

recipe (to) receptar.

recipient receptor; persona que rep quelcom.

reciprocal recíproc.

reciprocate (to) correspondre; estar a la recíproca; reciprocar.

recital narració; relació. / recital; audició.

recitation recitació; declamació.

recitative recitatiu; recitat.

recite (to) recitar.

reck (to) fer cas; parar esment; preocupar-se; curar.

reckless indiferent; irreflexiu; temerari.

recklessness indiferència. / imprudència; temeritat.

reckon (to) comptar; calcular; considerar.

reckoning càlcul; compte; còmput.

reclaim (to) reclamar; vindicar. / habilitar; guanyar, fer utilitzable (un terreny).

recline (to) reclinar-se; recolzar-se.

recluse asceta; solitari. / reclús.

recognition reconeixement.

recognizance obligació concreta.

recognize (to) reconèixer; agrair. / identificar; reconèixer.

recoil (to) recular; retrocedir.

recollect (to) recordar. / recordar-se. / refer-se; recobrar-se. / recollir; reunir.

recollection record. / recolliment; aïllament.

recommend (to) recomanar; aconsellar.

recompense recompensa; remuneració.

recompense (to) recompensar; remunerar.

reconcile reconciliar; amistar novament.

recondite recòndit; amagat; ocult.

reconnaissance reconeixement; examen previ.

reconnoitre (to) reconèixer; explorar.

record document; registre. / disc gramofònic. / marca esportiva; rècord. / antecedents; historial.

record (to) inscriure; registrar; enregistrar. / gravar (en disc, cinta magnetofònica).

recorder (mús.) flauta dolça; flauta de bec. / magnetòfon. / registrador.

recording gravació.

record-player tocadiscs; gramola sense altaveu propi.

recount (to) narrar; contar; referir.

re-count (to) recomptar.

recoup rescabalament.

recoup (to) rescabalar-se; res-
quitar-se.

recourse recurs; remei.

recover (to) restablir-se; refer-
se; recuperar-se. / recobrar. /
recobrir.

recovery recuperació; restabli-
ment; recobrament.

recreant traïdor; deslleial; cara-
girat.

recreation esbargiment; distrac-
ció; recreació.

recriminate (to) recriminar; re-
treure.

recruit recluta. / novell.

recruit (to) reclutar; enrolar.

rectangle rectangle; paraŀlelo-
gram.

rectifier rectificador.

rectify (to) rectificar; esme-
nar. / purificar.

rectilineal rectilini.

rectilinear rectilini.

rectitude rectitud; honradesa.

recto recto; pàgina de la mà
dreta; anvers.

rector rector.

rectory rectoria; residència del
rector.

rectum (anat.) intestí recte;
recte.

recumbent ajagut; ajaçat; jacent;
recumbent.

recuperate (to) recuperar-se; re-
cobrar-se.

recur (to) repetir-se; tornar a
succeir, a passar.

recurrence repetició; recurrèn-
cia; reaparició.

recurve (to) recorbar.

recusancy recusació; refús.

red vermell; roig.

redbreast (orn.) pit-roig.

red deer (zool.) cérvol.

redden (to) enrogir.

redeem (to) redimir.

Redeemer Redemptor; Jesucrist.

redhead pèl-roig.

redhot roent.

Red Indian indi nord-americà.

red-lead mini.

red-legged partridge (orn.) per-
diu roja.

redness vermellor.

redo (to) refer; tornar a fer.

redolence fragància; aroma.

redoubt reducte; bastió; baluard.

redoubtable formidable; temible.

redound (to) redundar; desem-
bocar.

redpoll (orn.) passerell golane-
gre.

redress (to) remeiar; redreçar;
arranjar.

redskin indi nord-americà.

redstart (orn.) cotxa cua-roja.

reduce (to) reduir.

reducible reductible.

reduction reducció; disminució.

redundancy redundància; pleo-
nasme.

redundant redundant; de repe-
tició inútil.

reduplicate (to) reduplicar; re-
doblar; repetir.

redwing (orn.) tord ala-roig.

re-echo eco repetit.

reed (bot.) canya; jonc.

reed bunting (orn.) repicatalons.

reed warbler (orn.) boscarla de
canyar.

reef escullat; baix (d'esculls);
escull. / part de la vela que es
pot enrotllar.

reefer jaqueta marinera. / cigar-
reta de droga.

reek baf; fortor. / vapor; fum.

reek (to) exhalar. / fumejar.
reel rodet. / rotlle. / dansa escocesa.
reel (to) vacil·lar; tentinejar. / enrotllar. / recitar; enumerar.
reelection reelecció.
refection refecció.
refectory refectori; refetor; menjador.
refer (to) referir; al·ludir. / adreçar; dirigir; enviar. / atribuir.
referable atribuïble; imputable.
referee àrbitre; jutge de joc.
reference referència; menció; al·lusió.
reference mark signe tipogràfic de referència.
referendum referèndum.
refill recanvi; reemplaçament.
refill (to) reomplir; recanviar.
refine (to) refinar; purificar.
refinement distinció; refinament.
refinery refineria.
refit (to) reparar; renovar; deixar a punt altra vegada.
reflect (to) reflectir. / reflexionar.
reflection reflexió.
reflective reflexiu; prudent.
reflector reflector.
reflex reflex; automàtic; maquinal. / reflex; reflectit.
reflexive reflexiu; que recau sobre el mateix agent.
reflux reflux; marea baixa.
reforest (to) replantar un bosc.
reform reforma; renovació.
reform (to) reformar; corregir.
reformation reforma; modificació.
reformatory reformatori.
refract (to) refractar.
refractory refractari. / rebel; obstinat.

refrain tornada; retronxa; cantarella.
refrain (to) refrenar. / refrenar-se; reprimir-se; abstenir-se.
refreshment refresc; refrigeri.
refreshment room cantina; bar.
refrigerate (to) refrigerar.
refrigerator nevera; frigorífic.
refuge refugi; aixopluc.
refugee refugiat (evadit).
refulgence refulgència.
refund devolució; restitució; retorn; reintegració; reembossament.
refund (to) reembossar; reintegrar; restituir. / retornar.
refusal denegació; negativa; refús.
refuse escombraries; deixalles.
refuse (to) denegar; negar; refusar.
refute refutar; rebatre; replicar.
regain (to) recobrar; reconquerir; recuperar.
regal regi; reial.
regale (to) regalar-se; adelitar-se.
regalia insígnies; emblemes.
regard mirada. / mirament; atenció; respecte.
regard (to) mirar. / considerar; conceptuar.
regarding respecte a; quant a; en relació a.
regardless negligent; que no fa cas.
regards records; salutacions; expressions; memòries.
regatta regata; cursa d'embarcacions esportives.
regency regència.
regenerate (to) regenerar; renovar.
regent regent; governant.

regime règim; forma de govern.
regimen règim; regla de vida profilàctica o terapèutica.
regiment regiment.
region regió; demarcació; àrea.
register registre; llista. / placa o reixa graduable del pas de l'aire, etc. / indicador (força, velocitat, quantitats).
register (to) registrar; inscriure; certificar; enregistrar.
registered certificat (correu).
registrar registrador; enregistrador; arxiver.
registry registre; arxiu; padró.
regression regressió; retrocés.
regret remordiment; penediment. / enyorança.
regret (to) lamentar; sentir; penedir-se. / enyorar.
regrettable lamentable; deplorable.
regular regular; uniforme; correcte; simètric; sistemàtic; metòdic.
regularize (to) regularitzar; posar en ordre.
regulate (to) regularitzar; regular; ordenar; ajustar; normalitzar; afinar.
regulation regla; precepte. / regularització; regulació.
regurgitate (to) regurgitar; tornar a la boca.
rehabilitate (to) rehabilitar. / restaurar.
rehash refosa; fusió; renovació d'una obra prenent textos anteriors.
rehash (to) refondre; usar material literari vell per fer-ne de més nou.
rehearsal assaig.
rehearse (to) assajar; practicar;

repetir (quelcom per tal d'assegurar-ne la representació o audició).
reheat (to) rescalfar; recoure.
rehouse (to) proveir de nou habitacle els expropiats o desnonats.
reign regnat.
reign (to) regnar.
reimburse (to) reembossar; restituir; reintegrar.
rein regna; brida.
reindeer (zool.) ren.
reinforce (to) reforçar; enfortir; refermar.
reinstate (to) rehabilitar; reinstal·lar; restablir; reintegrar.
reinsurance reassegurança.
reinsure (to) reassegurar.
reissue reaparició, nova publicació (d'un periòdic, revista).
reissue (to) tornar a publicar-se a sortir.
reiterate (to) reiterar; repetir.
reject (to) refusar; rebutjar.
rejection rebuig; refús; denegació.
rejoice (to) alegrar; alegrar-se.
rejoin (to) reunir de nou. / contestar; replicar.
rejoinder rèplica; resposta.
rejuvenate (to) rejovenir.
rekindle (to) tornar a encendre; avivar.
relapse recaiguda; relapse.
relapse (to) recaure; reincidir; tornar-hi.
relate (to) relatar; narrar. / referir-se. / relacionar; emparentar.
relation relació. / parent.
relations relacions; tractes. / parents.
relationship relació; connexió;

afinitat; coherència. / parentiu.

relative parent. // relatiu; comparatiu.

relatively relativament; en relació amb.

relax (to) relaxar; ablanir; assuaujar.

relaxation relaxació; relaxament.

relay rellevament; relleu; canvi; substitució.

relay (to) retransmetre. / tornar a deixar, a col·locar.

relay race cursa de relleus.

release alliberació. / exoneració. / disparador fotogràfic. / dispar. / alliberador; obridor.

release (to) deixar anar; alliberar; exonerar; afluixar. / disparar (fotografia).

relegate (to) relegar; posposar; preterir.

relent (to) cedir; consentir; amollar; moderar; transigir; apaivagar; aplacar.

relentless implacable; inflexible.

relentlessly inexorablement.

relevant pertinent; apropiat.

reliable fidedigne; de confiança.

reliance confiança; fe; seguretat.

reliant confiat.

relic relíquia.

relict vidu; vídua.

relief alleujament; conhort. / variació; esbargiment; distracció; descans. / relleu; sortint; realç. / contrast; vivacitat.

relieve (to) rellevar. / alleujar; conhortar; mitigar.

relieve oneself evacuar; buidar els budells.

religion religió.

religious religiós. // monjo; frare; religiós.

relinquish (to) abandonar; cedir.

reliquary reliquiari.

relish condiment; amaniment; salsa. / gana; apetit. / gust; sabor.

relish (to) abellir; apetir; plaure; agradar.

reluctance reluctància; resistència; aversió.

reluctant reluctant; remís; indispost; refractari.

rely (to) refiar-se. / confiar.

remain (to) romandre; restar; quedar; quedar-se. / faltar.

remainder resta; remanent; sobrant.

remains restes; ruïnes.

reman (to) renovar el personal.

remand reempresonament.

remand (to) enviar de nou a la presó.

remark remarca; nota; observació.

remark (to) remarcar; advertir; fer notar; notar.

remarkable notable; remarcable.

remedial reparador; restaurador; medicinal.

remedy remei.

remedy (to) remeiar; posar remei; esmenar.

remember (to) recordar. / recordar-se. / no oblidar.

remembrance record; recordança. / memòria; retentiva.

remind (to) recordar; fer memòria; fer recordar.

reminder recordatori; record; advertiment per a fer recordar.

reminisce (to) pensar en coses passades; parlar de fets passats.

reminiscence reminiscència; que fa recordar.

remiss negligent; remís; indolent.

remission remissió.

remit (to) trametre; enviar. / perdonar; eximir. / remetre; cedir; minvar.

remittance remesa; transferència; gir.

remnant remanent; retall; residu.

remonstrance advertiment; reconvenció; reprensió.

remonstrate (to) protestar; oposar-se.

remorse remordiment; compunció.

remot control control, guia, a distància.

remote remot; allunyat.

remoteness distància; llunyania.

remount (to) tornar a pujar. / proveir de nova cavalleria; renovar els cavalls del tir.

removal trasllat.

remove promoció a un grau escolar més alt.

remove (to) traslladar; canviar de lloc. / traslladar-se; mudar-se. / treure; esborrar; foragitar.,

remunerate (to) remunerar; recompensar; pagar.

renaissance renaixença (època, art).

renascence renaixença; renaixement.

rend (to) esquinçar; esqueixar. / dividir; partir; separar.

render (to) rendir; retre; tributar. / subministrar; prestar; donar. / traduir; representar.

rendering interpretació; representació.

rendezvous lloc de reunió. / aplec; reunió. / cita.

rendition interpretació; execució.

renegade renegat; perjur.

renege (to) renunciar (en jocs).

renew (to) renovar. / recomençar; reprendre.

renewal renovació; represa; recomençament.

rennet coàgul; gleva; grumoll; quall.

renounce (to) renunciar; abdicar; abandonar .

renovate (to) renovar; restaurar.

renown renom; anomenada; fama.

renowned anomenat; famós; cèlebre; renomenat.

rent esquerda; esquinç; escletxa. / renda; lloguer.

rent (to) arrendar; llogar. / esquerdar; esquinçar; fendre.

renter arrendatari; llogater.

rentier rendista.

renunciation renúncia. / renunciació; renunciament.

repair reparació; adob.

repair (to) reparar; adobar; restaurar. / anar; encaminar-se; fer cap; acudir.

reparable reparable; adobable.

repartee resposta faceciosa. / ocurrent; agut; faceciós. / rèplica; agudesa.

repast banquet; àpat d'etiqueta; refrigeri.

repatriate repatriat.

repatriate (to) repatriar.

repay (to) recompensar; correspondre; restituir.

repayment reembossament; devolució.

repeal (to) derogar; anul·lar.

repeat (to) repetir.

repel (to) repel·lir.

repent (to) penedir-se.

repentance penediment; contrició.

repentant penedit; contrit.

repercussion repercussió. / contracop.

repertoire repertori (teatral, musical).

repertory repertori; arxiu; col·lecció; magatzem.

repetition repetició.

repine (to) queixar-se; exclamar-se; estar descontent.

replace (to) reemplaçar; substituir. / tornar a posar; restituir; reposar.

replaceable reemplaçable.

replay (to) tornar a jugar.

replenish (to) reomplir; completar de nou.

replete replet; replè.

repletion empatx; enfit; repleció.

replic rèplica; reproducció; còpia exacta.

reply resposta; contesta; rèplica.

reply (to) contestar; respondre; replicar.

repoint (to) renovar el ciment de les juntures entre maons.

report informe; memòria; notícia; report. / esclat; retruny.

report (to) informar; comunicar; contar; reportar.

reportage reportatge; informació.

reporter reporter; repòrter; informador.

repose repòs; descans.

repose (to) reposar; descansar.

repository guardamobles.

reprehend (to) reprendre; renyar; fustigar.

reprehensible censurable; reprovable; fustigable.

represent (to) representar.

repress (to) reprimir; dominar.

reprieve suspensió. / ajornament.

reprieve (to) suspendre; indultar. / ajornar; diferir; adiar.

reprimand reprimenda; reprensió.

reprint (to) reimprimir.

reprisal represàlia.

reproach retret; reconvenció; vituperi.

reproach (to) retreure; sermonejar; reprotxar; recriminar; renyar.

reprobate rèprobe. / viciós; malvat.

reprobate (to) reprovar; renyar; abominar.

reproduce (to) reproduir; reproduir-se.

reproducible reproduïble; reproductible.

reproof reprensió; repulsa; desaprovació. / reny; repte.

reproof (to) provar altra vegada.

reproval reny; reprensió; repulsa.

reprove (to) reprovar; censurar; acusar.

reptile rèptil.

republic república.

republican republicà.

repudiate (to) repudiar; rebutjar. / desconèixer; negar; no reconèixer.

repugnance repugnància; aversió.

repulse (to) rebutjar; repel·lir.

repulsion repulsió; refús.

repulsive repulsiu; repel·lent.

reputable respectable; de bona reputació.

repute reputació.

repute (to) reputar; acreditar; estimar.

reputed reputat; notable; renomenat.

request prec; requesta; petició.

request (to) requestar; requerir; demanar; peticionar.

requiem rèquiem; missa de rèquiem.

require (to) requerir; necessitar.

requirement requeriment.

requisite requisit. / indispensable; necessari; precís.

requisition requisa; requisició.

requisition (to) requisar; exigir.

requital paga; retribució; recompensa.

requite (to) compensar; retribuir. / rescabalar-se; revenjar-se.

reredos retaule.

rescind (to) rescindir; anuŀlar.

rescript rescripte; rescrit.

rescue rescat; salvament; alliberament; alliberació.

rescue (to) rescatar; redimir; salvar; recobrar.

rescuer salvador; rescatador.

research recerca; investigació.

research (to) indagar; investigar; recercar.

resemblance semblança; similitud.

resemble (to) assemblar-se.

resent (to) ressentir-se; afectar-se; ofendre's.

resentful ressentit; ofès.

resentment ressentiment.

reservation reserva; destinació. / reserva; circumspecció.

reserve reserva; dipòsit; retenció.

reserve (to) reservar; guardar; emmagatzemar.

reservoir dipòsit; bassa; embassament.

reset (to) recompondre; reimprimir. / afilar novament.

reside (to) residir.

residence residència.

resident resident; estadant.

residual residual; restant.

residuary relatiu al residu, a la resta.

residuary legatee legatari; hereu universal.

residue residu; resta. / superàvit.

resign (to) rendir-se; capitular; donar-se. / renunciar; dimitir. / resignar-se.

resigned resignat; pacient; conformat.

resignation renúncia; dimissió. / resignació; conformitat.

resilience poder de recuperació; elasticitat.

resilient elàstic. / de fàcil reacció; animat.

resin reïna; resina.

resist (to) resistir.

resistance resistència.

resistant resistent.

resolute resolut; ferm; determinat.

resolution resolució; decisió. / solució.

resolve resolució; acord; decisió.

resolve (to) resoldre. / decidir-se.

resonance ressonància.

resort refugi; recurs. / lloc d'afluència; indret; lloc; punt.

resort (to) freqüentar; concórrer; ésser assidu.

resound (to) ressonar; retrunyir; repercutir.

resource recurs; remei.
resourceful enginyós; llest; eixerit.
resources recursos; mitjans.
respect respecte; consideració.
respect (to) respectar; honrar.
respectful respectuós.
respective respectiu.
respectively respectivament.
respirator careta antigàs; aparell per a respirar (careta) usat per bombers, aviadors, etc.
respire (to) respirar.
respite respir; treva.
resplendent resplendent; radiant; vistent.
respond (to) respondre; correspondre.
respondent responsable; fiador.
responsability responsabilitat.
response resposta; contestació. / reacció.
responsible responsable; solvent. / causant.
responsive sensible; afectable.
rest descans; repòs; pausa. / resta; residu.
rest (to) descansar; reposar. / restar; romandre; quedar-se.
restaurant restaurant; fonda.
restful quiet; assossegat; tranquil.
restitution restitució; retorn; devolució.
restive intranquil. / reaci; indòmit; obstinat.
restless inquiet; desvetllat.
restoration restauració.
restorative reconstituent; fortificant.
restore (to) restaurar; restablir. / restituir.
restrain (to) restringir; refrenar.

restraint restricció; fre; autodomini.
restrict (to) restringir; limitar.
result resultat.
result (to) resultar.
resultant tone acord sonor.
resume (to) resumir. / reassumir; reprendre; continuar; recomençar; prosseguir.
résumé sumari; resum; compendi.
resumption represa; continuació; reassumpció.
resurge (to) ressorgir; renéixer.
resurgence ressorgiment.
resurgent renaixent.
resurrect (to) reanimar; revivificar; revifar.
resurrection resurrecció; revivifació.
Resurrection Resurrecció; Pasqua de Resurrecció.
resuscitate (to) revivificar; revifar; ressuscitar.
ret (to) remullir, reblanir (el lli, el cànem).
retail al detall; a la menuda.
retail (to) vendre al detall.
retailer detallista; botiguer.
retain (to) retenir; mantenir; contenir.
retainer servent antic. / honoraris; retribució.
retaliate (to) rescabalar-se; revenjar-se.
retaliation represàlia; revenja; rescabalament.
retard (to) retardar; alentir; refrenar.
retch (to) tenir ganes de vomitar; tenir nàusees.
retell (to) explicar novament:
retention retenció.
retentive retentiva.

reticent reticent; sobri en paraules.

reticulate reticulat.

reticule petita bossa o portamonedes.

retina retina (ocular).

retinue seguici; comitiva.

retire (to) retirar-se; retrocedir. / jubilar-se.

retirement retirada. / jubilació.

retiring retret; esquerp; esquívol. / retir; situació de jubilat.

retold contat novament; contat en nova versió.

retort retorta.

retort (to) replicar; contestar en termes semblants.

retouch (to) retocar (fotografia, pintura).

retrace (to) evocar; recordar; repassar amb la memòria. / refer un camí, viatge.

retract (to) retractar; retractar-se; rectificar. / retreure; contreure; retractar; encongir.

retread (to) renovar la goma dels pneumàtics; recautxutar.

retreat retirada; replegament. / retreta. / recés.

retreat (to) retirar-se; replegar-se; fer-se enrera; retrocedir.

retribution càstig merescut; justa sanció.

retrieval recuperació.

retrieve (to) recobrar; recuperar. / rescabalar-se.

retriever gos perdiguer.

retrogression retrocés; reculada; regressió.

retrospect revista; revisió; mirada retrospectiva.

return retorn; tornada.

return (to) retornar; tornar.

return fare anar i tornar (tarifa de transport).

return ticket bitllet d'anar i tornar.

reunion reunió; retrobament.

reunite (to) reunir-se; reagrupar-se.

revamp (to) adobar (el calçat). / refer; reconstruir.

reveal (to) revelar; descobrir; demostrar.

reveille diana (toc militar).

revel gatzara; folga; tabola.

revel (to) fer gatzara; tabolejar.

revelation revelació; descobriment.

reveller disbauxat; calavera; tabolaire; barrilaire.

revelry disbauxa; xeflis.

revels festes; gatzara.

revenge venjança; revenja.

revenge (to) venjar; venjar-se; revenjar-se.

revenue renda pública; diners que ingressa el govern.

revenue-stamp timbre mòbil; pòlissa.

reverberate (to) reverberar; reflectir; ressonar; fer eco.

revere (to) reverenciar; venerar; respectar.

reverence reverència; respecte; temor.

reverend reverend; digne de reverència.

reverent reverent; reverenciós.

reverie fantasia; somni; il·lusió.

revers gira; solapa.

reversal inversió; canvi complet.

reverse revés; contrari; oposat. / enrera; marxa enrera. / daltabaix; desfeta.

reverse (to) girar al revés. /

retrocedir; fer marxa enrera. / capgirar. / preposterar.

reversion retorn a l'estat primitiu; reversió.

revert (to) revertir; tornar al seu estat primitiu.

revetment revestiment; arrebossat.

review revista; revisió; inspecció. / revista (periòdic).

review (to) revisar; repassar; tornar a examinar, a considerar.

revile (to) injuriar; ultratjar.

revise (to) revisar.

revival renaixement; restabliment; restauració; renaixença.

revive (to) reviure; reanimar; avivar.

revocation revocació; abrogació; derogació.

revoke (to) revocar; anul·lar.

revolt revolta; rebel·lió.

revolt (to) revoltar-se; insurgir-se; insurreccionar-se.

revolution revolució.

revolve (to) girar; donar voltes; rodar. / meditar.

revolver revòlver.

revolving chair cadira giratòria.

revolving door porta giratòria.

revue revista (teatral).

revulsion revulsió; reacció.

reward recompensa; guardó.

reward (to) recompensar; premiar; gratificar.

rewind (to) tornar a bobinar (enrera, un film impressionat).

reword (to) tornar a dir amb diferents mots.

rhapsody rapsòdia. / expressió entusiàstica de goig.

rheostat reòstat.

rhetoric retòrica.

rhetorician retòric; versat en retòrica.

rheumatism reumatisme; reuma.

rhinoceros (zool.) rinoceront.

rhizome rizoma.

rhodium rodi.

rhododendron (bot.) rododèndron; gavet.

rhomb rombe.

rhubarb (bot.) ruibarbre.

rhyme rima.

rhythm ritme.

rib costella.

ribald irreverent; obscè; ribald; mofeta; brivall.

riband cinta.

ribbon cinta; galó.

rice (bot.) arròs.

rich ric.

riches riqueses; abundància; fortuna.

richness riquesa.

rick paller; garbera.

rickets raquitisme.

rickety raquític. / esgavellat; desgavellat; desmanegat.

rickshaw vehicle de dues rodes, per a un o dos passatgers, tirat per un home (Xina, Japó).

ricochet rebot.

ricochet (to) rebotre; rebotar.

rid (to) desempallegar-se; lliurar-se; treure's del damunt.

riddance desempallegament; desembarassament.

ridden dominat; trepitjat. / cavalcat.

riddle endevinalla. / garbella.

riddle (to) endevinar. / garbellar.

ride passeig, passejada, tomb (amb bicicleta, moto, a cavall).

ride (to) muntar; cavalcar.

rider genet; ciclista; motorista.
ridge serralada. / cavalló. / escull.
ridicule ridiculesa; ridícul.
ridicule (to) ridiculitzar; mofar-se.
ridiculous ridícul; grotesc; extravagant.
riding-boots botes de muntar.
riding-breeches calces de muntar.
riding school escola d'equitació.
rife difós; divulgat; estès; corrent.
riff-raff gentussa; gentalla.
rifle rifle; fusell.
rifle (to) escorcollar per robar; arrambar amb; rampinyar.
rifle-range camp de tir.
rift escletxa; obertura.
rig agençament; arranjament; disposició; decoració. / ormeig; provisió; aparell (d'una nau).
rig (to) ormejar. / agençar; decorar; equipar.
right dret; dreta (costat). // correcte; encertat; exacte; bé. / recte. // raó.
righteous just; honrat; recte.
rightful legítim; just.
rigid rígid.
rigmarole galimatias; descripció incoherent.
rigorous rigorós.
rigour rigor.
rill rierol; rieró.
rim vora, caire; sanefa; orla. / llanta; llanda.
rind pela; crosta; pell. / cotna.
ring truc; toc; so. / anell. / pista; arena.
ring (to) trucar; picar. / repicar; tocar; sonar.

ring ouzel (orn.) merla de pit blanc.
ringed plover (orn.) corriol gros.
ringlet petit rull de cabells.
ring up (to) trucar per telèfon.
rink pista de patinatge.
rinse (to) aclarir; esbandir.
riot avalot; bullanga; motí; tumult.
rip estrip; esquinç.
rip (to) esquinçar; estripar; esqueixar.
riparian riberenc.
ripe madur; assaonat.
ripen (to) madurar.
ripeness maduresa.
ripping estupend; magnífic.
ripple ona petita.
ripple (to) fer onejar; deixar ondulacions (el vent, l'aigua, a la sorra).
rise pujada; ascens; augment (de sou). / elevació del terreny.
rise (to) ascendir; pujar; brollar. / aixecar-se; elevar-se.
risible risible; rialler.
rising aixecament; insurrecció. / sortida del sol.
risk risc; perill.
risk (to) arriscar; arriscar-se.
risky arriscat; perillós.
rissole croqueta; mandonguilla.
rite ritus.
ritual ritual; cerimonial.
rival rival; competidor.
rival (to) rivalitzar.
rivalry rivalitat.
rive (to) esberlar; esquerdar; partir; obrir.
river riu.
rivet rebló.
rivet (to) reblar.
rivulet rierol.

roach (ict.) oriola.
road carretera; camí.
road-mender peó caminer; caminaire; adobacamins.
road-roller piconadora.
roads rada; badia.
roadster cotxe de dues places, descobert.
roadway calçada; via per als carruatges.
roam (to) vagar; errar; rondar; vagabundejar.
roan badana; camussa.
roar bramul; rugit.
roar (to) bramular; rugir.
roaring braolador; bruelador.
roary conspicu; insigne. / llampant; virolat; vistós. / bulliciós.
roast rostit.
roast (to) rostir.
roaster forn per a rostir. / cuiner que rosteix.
rob (to) robar.
robber lladre.
robbery robatori.
robe mantell; toga; túnica; vestidura.
robe (to) vestir; revestir. / investir. / mudar-se; vestir-se d'etiqueta; endiumenjar-se.
robin (orn.) pit-roig.
roborant roborant; reconstituent; reforçant; tònic.
robot màquina automàtica; autòmat; robot.
robust robust; fort; vigorós.
rochet roquet (sobrepellís sense màngues o amb màniga curta).
rock roca; penya; escull.
rock (to) bressolar; gronxar.
rock-dove (orn.) colom roquer.
rocket coet.

rocking-chair balancí.
rock thrush (orn.) merla roquera.
rocky rocós; rocallós.
rococo rococó.
rod canya. / vara; bastó de comandament.
rodent rosegador.
rodomont fatxenda; presumptuós; vanitós; jactador.
rodomontade fanfarronada; bravata.
rodomontade (to) fanfarronejar; jactar-se; presumir.
roe (zool.) cabirol. / ou de peix; ous de marisc.
roebuck (zool.) cabirol mascle.
rogation rogació; preguera.
rogue entremaliat; bergant; belitre.
roguery entremaliadura; trapelleria.
roguish jogasser; entremaliat; trapella.
roil (to) enterbolir.
roister barrilaire; disbauxat.
roister (to) fer barrila; armar xerinola.
roisterer barrilaire; tabolaire.
role paper, personatge teatral.
roll panet; llonguet. / rotllo; rotlle. / llista. / balanceig.
roll (to) rodar; rodolar. / passar el corró. / cabrejar (les ones). / gronxar-se; balancejar-se. / retrunyir; retronar.
roller corró. / (orn.) gaig blau.
roller-skates patins de rodes.
rollick (to) joguinejar.
rollicking jovial; festiu.
rolling-pin corró de cuina.
rolling stone inconstant; vel·leitós; voluble.
roll up (to) cargolar.
rom gitano.

romance romanç; novel·la romàntica.

Romanic rònanic.

romantic romàntic.

romantically romànticament.

Romany gitanalla; gitaneria; gitano. / llenguatge gitano.

romp enjogassat; juganer; belluguet; argent viu.

romp (to) saltironar; guimbar.

rondeau (poèt.) rondell.

rondel (poèt.) rondell.

rondo (mús.) rondó.

rood creu; crucifix.

roof teulada. / terrat.

roofless sense teulada; sense casa.

rook torre (escacs). / (orn.) graula.

rookery lloc de cria de rèptils o de peixos. / niuada de graules.

rookie novell; novençà; recluta; passerell; pipioli.

room habitació; cambra; sala. / espai; lloc.

roost pal de galliner.

roost (to) dormir (les aus) al pal.

rooster pollastre; gall.

root arrel; rel.

root (to) arrelar. / furgar; escorcollar.

root and branch de soca-rel.

rootle (to) excavar; regirar; forfollejar; furgar.

rope corda. / cable.

rope (to) lligar; amarrar; encordar. / encerclar amb cordes.

rosary rosari. / roserar.

rose (bot.) rosa.

roseate rosat; color de rosa.

rosebud poncella de rosa.

rose-bush (bot.) roser.

rose-leaf (bot.) pètal de rosa.

rosemary (bot.) romaní.

rosetree (bot.) roser.

rosette floró. / roseta (insígnia).

rose window (arq.) rosetó.

rosewood (bot.) palissandre.

rosin colofònia.

rostrum tribuna; tarima.

rosy rosat. / falaguer; optimista.

rot podridura; podriment.

rot (to) podrir; corrompre.

rota torn, en llista de persones que acompleixen una missió.

rotary rotatiu; rotatori.

rotate (to) rodar. / fer torns; alternar-se.

rotation rotació.

rote rutina.

rotor rotor; induït.

rotten corromput; podrit; corrupte.

rotund rotund.

rotunda rotonda.

rouble ruble (moneda russa).

rouge coloret (afait). / pols per a netejar objectes d'argent.

rouge (to) posar-se coloret.

rough aspre; tosc. / bast; groller. / brut; aproximat; amb tara compresa. / tempestuós; revoltat.

rough (to) enasprir. / irritar.

roughage menja poc digerible, a base de segó.

rough-cast argamassa grossa, amb grava i palets.

roughen (to) enasprir.

roughly aproximadament; en brut.

roughness aspror; tosquedat; rudesa.

roulette ruleta.

round rodó. // al voltant. // al

tombant. // perímetre. / ronda; rodada. / tirada; assalt (jocs).

roundabout volta; rodeig; giragonsa; torta. / cavallets. // indirecte; tortuós; tort; que fa marrada.

roundel disc petit; medalló.

roundelay (mús.) cançó senzilla i curta amb tornada o retronxa.

roundsman repartidor; ordinari; portador.

rouse (to) desvetllar; deixondir; excitar; espavilar; animar.

rout desfeta; derrota. / tumult; avalot.

rout (to) derrotar; desfer; vèncer.

route ruta; via.

routine rutina.

rout out (to) treure; foragitar.

rove (to) vagar; divagar; rondar; dardar.

rover vagabund; errant; rodamón.

row fila; filera; rengle. / baralla; rebombori; xivarri. / passeig amb barca.

row (to) remar; conduir remant. / barallar-se; armar soroll. / renyar; reprendre; reganyar.

rowan (bot.) server.

rowdy bulliciós; escandalós; avalotador.

rowel rodeta de l'esperó.

rower remer; remador; bogador.

rowlock (nàut.) escàlam.

royal reial.

royalist monàrquic; reialista.

royally règiament; majestuosament; augustament.

royalty reialesa. / cànon per

drets en mines, jaciments petrolífers. / drets d'autor.

rub fregada; fregatella. / dificultat; problema; entrellat; quid.

rub (to) fregar; refregar.

rub-a-dub ram-ram-rataplam.

rubber cautxú. / goma d'esborrar.

rubber band gometa; tira circular de goma.

rubbish escombraries; deixalles; rebuig.

rubble runa; enderrocs; menuts; runam.

rubicund rubicund; vermell; sanguini.

ruble ruble (moneda russa).

rub out (to) esborrar.

rubric títol en vermell (llibres).

ruby robí. // vermell.

ruck vulgaritat; mediocritat. / rebrec; arruga.

ruck (to) rebregar; arrugar.

rucksack motxilla.

ructions raons; renyina; escàndol.

rudder timó; governall.

ruddy vermell; rogenc; encès; roig de cara.

rude rude; brusc; insolent; dur.

rudiment rudiment; principi; inici; fonament.

rue (bot.) ruda.

rue (to) lamentar; plorar; penedir-se; sentir; deplorar.

ruff gorguera; coll; gola; coll d'ornament estufat. / (orn.) batallaire.

ruffian cruel; maligne; malvat.

ruffle prisat; roba prisada.

ruffle (to) prisar; frunzir; arrugar; arrufar. / arrufar-se. / irritar-se; excitar-se.

rufous ros; roig; lleonat; falb.
rug catifa; pelut; estora. / manta de viatge.
rugby (esp.) rugby.
rugged escarpat; abrupte. / tosc; bast; ferreny.
ruin ruïna; perdició; ensorrada; decadència.
ruin (to) arruïnar; malmetre; empobrir.
ruinous ruïnós.
ruins runes; ruïnes.
rule govern; poder; autoritat. / regla; reglament; ordre.
rule (to) governar; regir; dominar. / ratllar.
ruler regle. / governant; sobirà.
ruling dominant; predominant; destacat. // veredicte; sentència; decisió.
rum rom (licor). // rar; estrany; extravagant.
rumba rumba.
rumble remor; soroll continu.
rumble (to) retronar; retrunyir; produir un soroll fort i seguit.
ruminant remugant; ruminant.
ruminate (to) rumiar; reflexionar. / ruminar; remugar.
rummage recerca; regirament; escorcoll.
rummage (to) regirar; cercar; escorcollar.
rummage sale venda benèfica d'articles vells.
rumour rumor; enraonia.
rumour (to) córrer un rumor.
rump carpó; rabada; anques; gropa.
rumple (to) aixafar; rebregar.
rumpus enrenou; soroll; esvalot.
rum-runner contrabandista d'alcohols.

run correguda; marxa; curs; cursa; recorregut.
run (to) córrer. / circular; rajar. / dirigir. / fugir; marxar.
run across (to) trobar-se, topar-se casualment.
runaway fugitiu. / desbocat.
runaway to) fugir; escapar-se; marxar.
run back (to) reviure amb el pensament; recordar.
run-down reducció; restricció.
run down (to) parar-se; acabar-se la corda; acabar-se la bateria elèctrica. / topar contra; xocar. / criticar; difamar. / atrapar un fugitiu.
rung llistó travesser.
run in (to) visitar de passada; entrar a veure algú.
run into (to) xocar; topar.
runner corredor. / missatger.
running cursa; correguda. // corrent. / escorredor. / continu; seguit.
run-off cursa decisiva en un empat.
run off (to) esquitllar-se; relliscar; lliscar; passar superficialment, sense deixar rastre. / decidir un empat. / recitar, anomenar de correguda.
run on (to) procedir sense interrupció.
run out (to) esgotar-se; exhaurir-se.
run over (to) envestir; passar violentament per damunt. / repassar; repetir. / fer una visita curta.
run up (to) hissar; erigir; aixecar; ascendir.
run upon (to) versar; tractar; referir-se.

runway pista d'aterratge.
rupee rúpia (moneda oriental).
rupture ruptura. / (pat.) hèrnia; trencadura.
rural rural; camperol.
ruse astúcia; artifici.
rush pressa; precipitació; envestida; escomesa; impuls. / jonc.
rush (to) precipitar. / abalançar-se; llançar-se; assaltar.
rush hour hora d'entrada o sortida laboral; hora de màxim trànsit.
rusk pa torrat; galeta.
russet vermellós; rogenc.
Russian rus.
rust rovell; òxid; verdet.
rust (to) rovellar; oxidar. / oxidar-se; rovellar-se.
rustic rústic; camperol. / rústec.
rusticate (to) enviar (algú) al camp; expulsar temporalment de la universitat.

rusticity rusticitat. / bajanada. / grolleria.
rustle remor de fulles seques; fru-fru; xiuxiueig; cruixit; fregadís; fressa.
rustle (to) fer remor lleugera, de fregadís remorejar; xiuxiuejar; carrisquejar; cruixir.
rustless inoxidable.
rustling cruixit; remor; carrisqueig.
rust proof inoxidable.
rusty rovellat; rovellós; oxidat.
rut rodera; solc per al pas de rodes.
ruth compassió; (arc.) pietat.
ruthless cruel; inhumà; despietat.
rutilant rutilant.
rutilate (to) rutilar.
rye (bot.) sègol. / whisky de sègol.
ryot pagès de l'Índia.

SLEEP OVER IT
El millor conseller és el coixí

Sabbath dia setmanal dedicat a l'oració i al descans; diumenge; dissabte.
sable mart gibelí; marta gibelina. // (herald.) sable; negre.
sabot esclop.
sabotage sabotatge.
sabre sabre.
sac bossa, cavitat, sac, en animals o plantes.
saccharin sacarina.
saccharine sacarí; ensucrat.

sacerdotal sacerdotal.
sachet bosseta perfumada.
sack sac. / saqueig. / vi blanc espanyol.
sack (to) saquejar.
sackbut (mús.) sacabutx.
sack-cloth xarpellera; roba de sac.
sacker saquejador.
sackful (un) sac (ple, omplert) de.
sack-race cursa de sacs.

sacrament sagrament.
sacramental sacramental.
sacred sagrat; consagrat; sacre.
sacrifice sacrifici.
sacrifice (to) sacrificar.
sacrilege sacrilegi.
sacrilegious sacríleg.
sacristan sagristà.
sacristry sagristia.
sacristy sagristia.
sacrosanct sacrosant.
sad trist; apesarat; malenconiós. / pobre; trist; dolorós; ombriu.
sadden (to) entristir. / entristir-se.
saddle sella.
saddle (to) ensellar.
saddler seller; baster; quarnicioner.
sadism sadisme.
sadly tristament.
sadness tristesa.
safari expedició de cacera, especialment a l'Àfrica.
safe iHès; sa i estalvi. / segur; sense perill. // caixa de cabals; caixa de seguretat.
safe and sound sa i estalvi.
safe-conduct salconduit.
safeguard salvaguarda.
safeguard (to) protegir; salvaguardar.
safely sense novetat; fora de perill; sense perill; amb seguretat.
safety seguretat; absència de perill.
safety-curtain teló metàHic.
safety-pin agulla imperdible; imperdible.
safety-razor màquina d'afaitar.
safflower (bot.) safranó; safrà bord.

saffron (bot.) safrà.
sag concavitat; guerxesa.
sag (to) guerxar-se; encorbar-se; fer rufa; fer bossa.
saga llegenda escandinava.
sagacious sagaç.
sagacity sagacitat.
sage savi; filòsof. // (bot.) sàlvia.
sago (bot.) sagú.
sail vela. / passeig amb barca. / vaixell. / aspa; braç de molí de vent.
sail (to) navegar. / salpar; fer-se a la vela; prendre vela.
sailer vaixell de vela; veler.
sailing navegació; nàutica. / acció de salpar, de llevar àncores, de prendre vela.
sailor mariner; home de mar.
sail-plane planador; aeroplà sense motor.
sailyard verga; antena.
sainfoin (bot.) trepadella; esparceta; pipirigall.
saint sant.
sainted sant; beneït.
saintliness santedat; honestedat.
saint's day dia del Sant; dia onomàstic.
saintship santedat.
sake causa; motiu; fi; objecte; amor.
salable vendible; comerciable.
salacious indecent; obscè; immoral; salaç.
salad amanida. / enciam. / escarola; endívia.
salamander salamandra (amfibi).
salami salsa italiana, salada i aromatitzada amb all.
salary salari; mensualitat.
sale venda. / liquidació.
salesian salesià.

salesman venedor; viatjant; dependent; corredor.

sales-space horari de venda.

saleswoman venedora; dependenta; corredora.

salient prominent; sobresortint; sortint.

salifiable salificable.

saline salí.

saliva saliva.

salivary salival.

sallow groguenc; esgrogueït. // (bot.) sarga.

sally sortida; passejada. / rampell; rauxa. / ocurrència; pensada; acudit; sortida; dita graciosa.

sally poterna.

sally (to) fer una sortida, una passejada.

salmagundi xixina; carn picada i molt assaonada.

salmon salmó.

salon saló; galeria d'exposicions. / exhibició anual.

saloon sala gran; saló; cafè; bar.

salt sal. // salat.

salt (to) salar.

saltation palpitació. / salt.

salt-cellar saler de taula.

salt marsh maresme.

salt-pan salina de mar.

saltpetre salpetre; salnitre.

salty salí; que conté sal.

salubrious salubre; saludable.

salutary sa; salutífer.

salutation salutació; reverència; barretada.

salute salutació; reverència; salutació militar.

salute (to) saludar.

salvage salvament.

salvage (to) salvar.

salvation salvació; salvació eterna; salvació espiritual.

salve ungüent; pomada.

salve (to) untar. / salvar.

salver safata.

salvia (bot.) sàlvia.

salvo salva; descàrrega. / ovació.

salvolatile cordial; reconfortant (beguda).

same mateix; igual; idèntic. // de la mateixa manera.

samovar samovar (atuell rus per a fer te).

sampan embarcació plana de cabotatge, xinesa.

sample mostra; model; prova; exemple.

sample (to) tastar; degustar.

sampler mostra de labor (brodat col·legial).

sanatorium sanatori; casa de salut.

sanctify (to) santificar.

sanctimonious beat; devot.

sanction sanció.

sanctity santedat.

sanctuary santuari. / refugi; asil.

sanctum lloc sant; lloc sagrat. / sala o estudi privat.

sand sorra; arena.

sandal sandàlia.

sandal-wood sàndal.

sand-glass rellotge de sorra.

sand martin (orn.) oreneta de ribera.

sand-piper (orn.) xivitona.

sand-pit lloc reservat als infants amb sorra a l'aire lliure.

sandwich entrepà; emparedat; sandvitx; badall.

sandwich (to) col·locar entre dues persones o coses per manca d'espai.

sandwich tern (orn.) xatrac bec-llarg.

sane entenimentat; assenyat; que obra amb els seus cinc sentits.

sanguinary sanguinari.

sanguine sanguini; actiu; violent; optimista.

sanitary sanitós. / sanitari.

sanitation sanejament; higienit-zació.

sanity seny; senderi; judici; discerniment.

Sanskrit sànscrit.

Santa Claus (Sant Nicolau) persona que duu presents als infants per Nadal.

sap saba; vida. / sapa (excavació).

sap (to) soscavar; minar; fer sapes. / debilitar.

sapient sapient; docte; savi.

sapling arbre jove; plançó.

sapphire safir.

saraband sarabanda.

Saracen sarraí.

sarcasm sarcasme.

sarcastic sarcàstic.

sarcophagus sarcòfag.

sardina sardina.

Sardinian sard; de Sardenya.

sardonic sardònic; mofeta.

sari vestidura de seda o cotó de les dones hindús.

sarsaparilla sarsa; sarsaparrella.

sartorial relatiu a la sastreria.

sash banda; faixa; cinta ampla.

sash window finestra que s'obre i tanca de dalt a baix; finestra corredissa.

sassafras (bot.) sassafràs (arbre d'escorça medicinal).

satanic satànic; pervers.

satchel cartera de col·legi.

sateen setí.

satellite satèl·lit.

satiate (to) saciar; sadollar; satisfer; omplir; atipar.

satiety sacietat; saturació.

satin setí; ras.

satinwood setí (fusta).

satire sàtira; burla.

satirist satíric; escriptor satíric.

satirize (to) satiritzar.

satisfaction satisfacció.

satisfied satisfet.

satisfy (to) satisfer.

saturate (to) saturar. / impregnar; embeure; xopar.

Saturday dissabte.

saturnalia saturnals.

saturnine saturní. / malenconiós; trist.

satyr sàtir.

sauce salsa. // llenguatge impertinent, desvergonyit.

saucepan cassola.

saucer platet (de cafè); platet.

sauciness insolència; barra.

saucy impertinent; insolent.

saunter (to) vagar; gandulejar; mandrejar, rondar; passejar a poc a poc.

saunterer passejador; rondaire; rondador.

saurian sauri.

sausage salsitxa; embotit.

savage salvatge.

savanna sabana.

savant savi; erudit.

save exceptuant; llevat (de); a excepció (de). // parada (futbol).

save (to) salvar. / estalviar. / compensar. / alliberar.

saveloy mena d'embotit molt assaonat.

saving estalvi; economia. / con-

servació. // compensador. //
llevat de.
savings bank caixa d'estalvis.
Saviour Salvador.
saviour salvador; llibertador.
Savi's warbler (orn.) boscaler
comú.
savory (bot.) sajolida; saborija.
savour sabor.
savour (to) assaborir; palade-
jar.
savoury saborós.
saw serra. / dita; proverbi.
saw (to) serrar.
sawdust serradures.
sawyer serrador; el qui serra.
saxhorn saxofon.
saxifrage (bot.) saxífraga; herba
de Sant Segimon.
Saxon saxó.
say (to) dir.
saying adagi; dita; refrany; pro-
verbi.
scab crosta de cicatriu.
scabbard beina (d'arma blanca).
scabies sarna; ronya.
scabious (bot.) escabiosa.
scabrous escabrós. / aspre; ru-
gós.
scaffold bastida. / cadafal.
scald escaldada; cremada.
scald (to) escaldar; escaldar-se.
scale escata; escama. / plat de
la balança. / escala (musical,
graduació).
scale (to) escalar; grimpar.
scales balances.
scallop petxina; conquilla; ve-
nera.
scallywag bergant; brivall.
scalp cuir cabellut; cabellera.
scalpel escalpel (bisturí).
scamp bergant; brètol.
scamp (to) treballar; elaborar

matusserament; fer barroera-
ment.
scamper corredissa; fugida; fuga.
scamper (to) escapar-se; fugir.
scan (to) examinar; escrutar. /
donar una ullada. / caure bé la
mètrica; escandir.
scandal difamació; escàndol;
maldiença.
scandalize (to) escandalitzar;
ofendre els sentiments morals.
scandalmonger difamador; mal-
dient.
Scandinavian escandinau.
scansion mesura del vers.
scant escàs; limitat; exigu.
scant (to) estalviar; plànyer.
scanty petit; migrat; neulit.
scapegoat cap de turc; testa-
ferro; sac dels cops.
scapegrace picardiós; incorregi-
ble; trapella.
scapula escàpula; omòplat.
scar cicatriu.
scar (to) deixar cicatriu; senya-
lar.
scarab escarabat (esp. el sagrat
dels egipcis).
scarce rar; escàs; limitat; comp-
tat.
scarcely escassament; amb prou
feines.
scare esglai; surt; espant.
scare (to) esglaiar; espantar;
esparverar.
scarecrow espantall; espanta-
ocells.
scared esfereït; espantat; es-
glaiat.
scarf bufanda; tapaboques.
scarify (to) escarificar. / cavar;
remoure la terra. / criticar;
bescantar.
scarlet escarlata.

scarlet fever escarlatina.
scathe dany.
scathe (to) perjudicar.
scathing acerb; cruel; mordaç; coent.
scathless il·lès; estort.
scatter (to) escampar; esbarriar.
scattered escampat; disseminat.
scavenger escombrariaire; escombrador. / animal que s'alimenta d'escombraries.
scenario argument; llibret; guió.
scenarist autor teatral, cinematogràfic, etc.
scene escena. / escenari. / decoració; decoracions.
scene-painter escenògraf.
scenery paisatge; vista. / decoració teatral.
scenic pintoresc.
scent rastre de flaire; olor; ferum; fragància. / olfacte.
scentless inodor.
sceptic n escèptic.
sceptical adj. escèptic; incrèdul.
scepticism escepticisme.
sceptre ceptre.
schedule llista de coses a fer; programa. / document suplementari.
scheme esquema; projecte.
scheme (to) projectar; tramar; forjar.
scherzo (mús.) scherzo.
schism cisma.
schist esquist; pissarra; llicorella.
schizofrenia (pat.) esquizofrènia.
schnorkel tub de respiració submarina.
scholar escolar. / erudit; docte; intel·lectual.
scholarship erudició. / beca.

scholastic escolar; magisteri. / escolàstic.
scholasticism escolàstica.
school escola; col·legi (de primera ensenyança); acadèmia. / banc de peixos.
schoolfellow col·lega!; condeixeble.
schooling ensenyament; ensenyança; educació.
schoolmaster mestre d'escola.
schoolmate company d'escola; condeixeble.
schooltime hores d'escola; hores de col·legi.
schoolyard pati de col·legi.
schooner (nàut.) goleta.
schottische (mús.) xotis.
sciatic ciàtic.
sciatica (pat.) ciàtica.
science ciència.
scientific científic; de ciència.
scientist científic; expert; saberut; home de ciència.
scimitar simitarra.
scintilla guspira. / bri; indici.
scintillate (to) centellejar.
scion brot; lluc. / descendent (noble).
scissors estisores; tisores.
sclerosis (pat.) esclerosi.
scoff riota; barret de rialles; mofa.
scoff (to) mofar-se; riure's.
scold (to) esbroncar; renyar amb escàndol.
scolding repulsa; reprensió.
sconce canelobre de paret; aplic. / sopluig; cobert.
scone pastís d'ordi o blat.
scoop cullerot; llossa. / llaurador (pala per a gra, sucre).
scoop (to) buidar; excavar.
scooper cisell; buidador.

scooter patineta. / motocicleta de rodes petites.
scope abast; extensió. / camp d'acció.
scorbutic escorbútic.
scorch socarrim; cremat; cremada.
scorch (to) socarrar; socarrimar.
score vintena; vint. / gran quantitat. / puntuació en competicions. / partitura musical. / ratlla; senyal.
score (to) vèncer en una competició; puntuar en un combat, competició. / assenyalar; ratllar.
scorn menyspreu; desdeny.
scorn (to) menysprear; desdenyar.
scornful desdenyós; despectiu.
scorpion escorpí.
scot impost; taxa; penyorament; ban.
Scot escocès.
Scotch escocès; gent d'Escòcia.
scot-free il·lès; incòlume; indemne; impune.
Scotland Yard policia londinenca. / prefectura de policia de Londres.
Scottish escocès.
scoundrel malvat; indigne; brivall.
scour fregada; fregatel·la.
scour (to) fregar; polir; abrillantar. / recercar; escorcollar; furgar; donar una batuda; fer una ràtzia.
scourge flagell.
scourge (to) flagel·lar.
scout explorador.
scout (to) explorar / deixar per inútil; considerar ridícul.
scow barcassa.

scowl arrufada de front; expressió de desgrat.
scowl (to) arrufar el front; mirar amb mal humor.
scrabble (to) anar de grapes; graponar. / fer gargots; gargotejar.
scrag clatell; bescoll. / persona, animal o cosa esprimatxat, escardalenc.
scrag (to) tòrcer el coll.
scraggy prim; neulit; flac.
scram! fuig!; marxa!; vés-te'n.
scramble escalada; grimpada. / baralla; altercat; sarau.
scramble (to) grimpar; enfilarse. / remenar; barrejar.
scrambled eggs ous remenats, batuts.
scrap rosegó; deixalla; bocí.
scrap (to) bandejar; descartar; llençar. / barallar-se; renyinar.
scrapbook àlbum de retalls (diaris, revistes).
scrape dificultat; bullit; bull; compromís; conflicte.
scrape (to) gratar; rascar; raspar.
scraper rasqueta; paleta.
scrap-heap munt de deixalles, de desferres.
scrapings raspadures.
scrap iron ferralla; ferro vell.
scrappy fragmentari; incomplet.
scratch esgarrapada; esgarrinxada.
scratch (to) esgarrapar; esgarrinxar; raspar; gratar; rascar. / gargotejar; esborrallar.
scratch out (to) excloure; esborrar amb una ratlla; ratllar; passar ratlla; obliterar.
scrawl esborrany; nota, apunt, escrit de pressa; gargot.

281

scream crit; xiscle. / riallada; esclafit de riure.

scream (to) cridar; xisclar; esclafir.

scree vessant muntanyenc cobert de pedres movedisses.

screech xiscle; udol. / grinyol; garranyic.

screed escrit llarg i tediós.

screeding treballs d'aplanament del paviment i parets.

screen mampara; paravent. / reixa espessa. / pantalla. / tauler d'anuncis. / sedàs; garbell.

screen (to) protegir; resguardar; tapar; ocultar.

screw vis; cargol. / hèlice.

screw (to) collar; cargolar.

screw-driver tornavís.

screw loose tocat de l'ala; faltat d'un bull, d'un cargol.

screw-propeller hèlice (de propulsió).

scribble escrit meldestre, descurat.

scribbling-block bloc de fulls, arrencables, per a esborranys.

scribe escriba. / escrivent; copista.

scrimmage aranya i estiracabells; batibull; batussa.

scrip val; bo (bitllet, document). / sarró de vagabund, caminant o pelegrí.

script escriptura; cal·ligrafia. / (lletra) cursiva.

scriptural de la Sagrada Escriptura; bíblic.

scripture Sagrada Escriptura.

scrivener memorialista.

scrofula escròfula.

scroll rotlle de pergamí, de paper. / voluta (ornament).

scrounge (to) obtenir una cosa sense pagar, de gorra, sense permís.

scrounger gorrista; gorrer; arrossaire.

scrub matoll; garriga. / fregada.

scrub (to) fregar; netejar fregant.

scrubbing-brush raspall de fregar.

scruff of the neck bescoll; nuca; clatell.

scruffy brut; descurat.

scrummage mêlée (rugby).

scrumptious d'allò més bo; per llepar-se'n els dits.

scruple escrúpol.

scrutineer escrutador.

scrutiny escrutini.

scud (to) lliscar, recórrer, ràpidament.

scuff (to) caminar arrossegant els peus. / desgastar; fer malbé.

scuffle lluita; contesa; baralla.

scuffle (to) lluitar; barallar-se.

scufy desgastat; tronat.

scull rem lleuger.

scull (to) remar amb un rem.

scullery recuina.

scullery-maid noia que renta plats; minyona.

scullion marmitó; noi ajudant de cuina.

sculptor escultor.

sculptural escultòric.

sculpture escultura.

sculpture (to) esculpir.

scum escuma.

scummy escumós.

scupper embornal.

scurf caspa.

scurfy caspós.

scurrility grolleria.

scurrilous groller; procaç.
scurry correguda; corredissa; cursa.
scurry (to) córrer ràpidament.
scurvy (pat.) escorbut. // groller. / vil; indigne.
scut cua petita (de conill, de cérvol).
scuttle galleda per al carbó. / escotilla. / fugida precipitada.
scuttle (to) fugir precipitadament. / foradar el buc d'una nau per enfonsar-la.
scythe dalla.
scythe (to) dallar.
sea mar.
sea-calf (zool.) foca.
sea-dog llop de mar; mariner veterà.
seafaring marí; naval; nàutic.
sea-gull (orn.) gavina.
sea-horse (ict.) cavall marí; hipocamp.
seal (zool.) foca. / segell; precinte; estampilla.
seal (to) segellar; precintar; estampillar; lacrar.
sea level nivell de mar.
sealing wax lacre.
seam cosit; costura; sutura. / vena; filó (mineral).
seam (to) cosir; fer una sutura.
seaman mariner; marí; home de mar.
seamstress cosidora.
seamy miserable; lleig; dolent.
sea piece (pint.) marina.
seaplane hidroplà.
sear assecat; marcit; pansit.
sear (to) cauteritzar; cremar. / ressecar; endurir.
search (to) cercar; investigar; explorar.

seascape (pint.) marina; paisatge marí.
seashore costa; vora del mar.
seasick marejat.
seasickness (pat.) mareig.
seaside platja; litoral; costa.
season estació; temporada.
seasonable propi de l'estació. / oportú.
season-ticket bitllet d'abonament ferroviari.
seat seient; banc.
seat (to) seure.
sea-urchin eriçó de mar; castanya de mar.
seaweed alga marina; alga.
secateurs podadora; esporgadora.
secede (to) separar-se; donar-se de baixa.
secession secessió.
seclude (to) recloure; tancar. / separar; aïllar.
seclusion aïllament; retir; recés.
second segon (fracció de temps). // segon (ordre).
second (to) secundar; recolzar; afavorir.
secondary secundari.
second-hand de segona mà; usat.
second-rate de segona categoria.
secrecy secret; reserva.
secret secret; clandestí; ocult; amagat. / misteri; secret.
secretary secretari; secretària.
secretaryship secretaria; secretariat.
secretary's office secretaria; despatx del secretari.
secrete (to) amagar; ocultar. / segregar; secretar.
secretive reservat; callat.
secretiveness reserva; discreció.
sect secta.

sectarian sectari.
section secció.
sector sector.
secular secular; seglar.
secularize (to) secularitzar.
socure segur; tranquil; ferm.
secure (to) assegurar; afermar.
security seguretat.
sedan cadira individual dintre d'una cabina portada per dos homes.
sedate reposat; assossegat; serè.
sedative sedatiu; sedant.
sedentary sedentari.
sedge (bot.) jonc; boga.
sedge warbler (orn.) boscarla dels joncs.
sediment solatge; sediment.
sedition sedició; revolta.
seduce (to) seduir; temptar.
seducer seductor.
seduction seducció; incitació.
sedulous diligent; assidu.
see f. seu.
see (to) veure. / comprendre; veure clar.
seed llavor; sement.
seed (to) sembrar; plantar llavors. / granar; fructificar. / deixar caure la llavor.
seedling plançó; planta de planter.
seedy abundant de llavors. / ullerós; malalt; fatigat. / fet malbé; corroït; gastat.
seek (to) cercar. / sol·licitar; demanar.
seem (to) semblar; parèixer.
seeming aparent; semblant.
seemly correcte; decent. / convenient; escaient.
see off (to) dir adéu; acomiadar.

seep (to) escórrer-se; filtrar-se; escolar-se.
seepage escapament; fuita.
seer vident; profeta.
seesaw gronxador, balancí, de palanca. / balanceig.
seethe (to) bullir.
see the point (to) comprendre el sentit.
see to it that (to) encarregar-se de; tenir cura de.
segment segment.
segment (to) segmentar.
segregate (to) segregar; separar; isolar.
segregation segregació; separació.
seigneur senyor feudal.
seine xàvega; xarxa de pescar.
seine (to) pescar amb xàvega.
seismic sísmic.
seismograph sismògraf.
seize (to) agafar; aferrar; subjectar. / apoderar-se.
seizure captura; agafada.
seldom poques vegades; rara vegada; rarament.
select elegit; seleccionat. / selecte; escollit.
select (to) seleccionar; escollir; triar.
selection selecció; selecta; tria; floret.
self un mateix; un; si mateix. // mateix.
self-absorbed abstret; absorbit; introvertit.
self-command domini d'un mateix.
self-conscious reservat; cautelós; circumspecte; tímid.
self-control domini de si mateix; conteniment.
self-denial abnegació.

self-denying abnegat.
self-educated autodidacte.
self-esteem amor propi.
self-importance envaniment; arrogància.
self-important presumit; arrogant.
self-indulgence immoderació; manca de sobrietat.
selfish egoista.
selfishness egoisme.
self-made situat, aconseguit, per un mateix.
self-respect punt d'honor.
self-sealing reparació automàtica en puntures de pneumàtics, tancs, etc.
self-service restaurant o cantina amb bufet d'on se serveix un mateix.
self-starter mecanisme automàtic per a engegar un motor.
self-styled autodenominat.
self-will voluntat d'un mateix.
self-willed obstinat; voluntariós.
sell (to) vendre.
seller venedor.
selvage voraviu que impedeix que es desfaci el teixit.
semantics semàntica; semasiologia.
semaphore semàfor.
semblance semblança; consemblança; similitud.
semen semen; semença.
semibreve (mús.) semicorxera.
semi-colon punt i coma.
seminar seminari; classe de discussió amb els professors; classe d'estiu.
seminari seminari d'estudiants de capellà.
Semita semita; hebreu.
semolina sèmola.

senate senat.
senator senador.
send (to) enviar; remetre; trametre.
sender remitent.
send for (to) enviar a cercar.
send-off comiat; adéu.
send off (to) anar a dir adéu, a acomiadar.
senescent envellit.
seneschal senescal.
senile senil; vell.
senior gran; antic; degà. / pare.
seniority veterania; deganat.
senna (bot.) senet.
sennight setmana; vuit dies.
sensation sensació.
sense sentit.
senseless insensat; inconscient.
sensible sensat; assenyat; conscient. / perceptible.
sensitive sensible; impressionable.
sensitize (to) sensibilitzar.
sensory sensori.
sensual sensual; sibarita.
sensualist (persona) sensual.
sensuous sensitiu; sensual.
sentence oració; proposició. / sentència.
sententious sentenciós; moralista; casuista.
sentient sensitiu.
sentiment sentiment; sensibilitat.
sentimental sentimental; romàntic.
sentimentally sentimentalment.
sentinel sentinella.
sentry sentinella; guaita.
sentry-box garita.
sentry-go de guàrdia; de sentinella.
sepal sèpal.

separate separat; diferent.
separate (to) separar; distingir.
Sephsrdic sefardita.
sepia sèpia; castany fosc.
sepsis sèpsia; infecció.
September setembre.
septic sèptic; infectiu.
septuagenarian septuagenari.
Septuagint versió (del Vell Testament) dels Setanta.
sepulchre sepulcre.
sepulture sepultura; enterrament.
sequel seqüela; conseqüència.
sequence sèrie. / seqüència.
sequester (to) separar; aïllar; retirar.
sequestered separat; quiet; silenciós; reclòs.
sequestrate (to) embargar; retenir; segrestar; confiscar.
sequin lluentó.
sequoia sequoia (arbre).
seraglio serrall.
seraph serafí.
sere sec; marcit.
serenade serenata.
serene serè; clar; ras; sense núvols.
serfe serf; quasi esclau.
serge estamenya.
sergeant sergent.
serial en sèrie; per episodis.
seriatim punt per punt; un després de l'altre.
sericulture sericultura.
series sèrie.
serin (orn.) gafarró.
serious seriós; greu.
sermon sermó.
serpent serpent; serp.
serpent (to) serpejar; serpentejar.
serpentine serpentí; sinuós.

serrated dentat; amb vores en forma de serra.
serried atapeït; compacte; serrat.
serum sèrum.
serval (zool.) mena de gat o tigre africà.
servant servent; criat.
serve sacada (tennis).
serve (to) servir; ésser útil. / sacar, servir (tennis).
server safata. / escolà.
service servei; utilitat. / funció religiosa.
serviette tovalló.
servile servil; d'esclau.
servitor servent; ajudant.
servitude servitud; treballs forçats.
servomotor servomotor.
sesame (bot.) sèsam; ajonjolí; alegria.
session sessió; junta.
set posta de sol. / aparell. / grup; colla. / coŀlecció; assortit; joc; sèrie.
set (to) pondre's (el sol). / posar; coŀlocar; aplicar.
set-back retrocés; adversitat; revés.
set back (to) retrocedir; retrogradar; recular. / obstaculitzar.
set down (to) fer baixar (d'un vehicle); deixar baixar (d'un vehicle). / anotar; prendre nota; apuntar; escriure.
set forth (to) posar-se en camí; partir. / mostrar; ensenyar.
set forward (to) avançar; sortir.
set in (to) començar.
set of cruets for the Mass canadelles.
set off (to) emprendre la mar-

xa; partir; arrencar; marxar. /
adornar.
set on (to) atacar; escometre.
set on fire (to) calar foc.
set out (to) projectar; expo-
sar. / emprendre la marxa; po-
sar-se en camí; partir. / embe-
llir; ornar.
set-square cartabò.
setter gos perdiguer; gos de
mostra.
setting posta de sol. / muntura;
encast. / escenari; marc. /
ajustatge; aplicació.
settle escó.
settle (to) decidir; determinar. /
quedar-se; instal·lar-se; roman-
dre. / sedimentar. / fixar;
afermar.
settled fixat; arrelat; estable.
settle down (to) establir-se.
settlement instal·lació; establi-
ment. / colònia; poblat. / col·-
locació. / liquidació.
settler colonitzador.
set to (to) iniciar; emprendre;
posar-s'hi.
set up (to) alçar; aixecar; eri-
gir. / muntar; armar.
seven set; número set.
sevenfold set vegades; sèptuple.
seventeen disset.
seventh setè.
seventy setanta.
several diversos; alguns; dife-
rents; uns quants.
severe sever; dur; greu.
severity severitat.
sew (to) cosir.
sewage aigües residuals.
sewer claveguera.
sewing costura; art de cosir.
sewing-machine màquina de co-
sir.

sex sexe.
sexagenarian sexagenari.
sex appeal atracció sexual.
sextant sextant.
sextet (mús.) sextet.
sexton sagristà sepulturer.
shabby deslluït; espellifat. /
mesquí; miserable.
shack barraca; cabana.
shackles grillons; manilles.
shad (ict.) llíssera.
shaddock (bot.) naronja.
shade ombra. / matís.
shade (to) ombrejar; fer om-
bra. / matisar.
shading gradació. / petita dife-
rència.
shadow ombra (projectada).
shadow (to) fer ombra. / encal-
çar; perseguir; seguir d'ama-
gat.
shadowy indefinit; borrós.
shady ombriu; obac; obagós; om-
brejat.
shaft mànec (destral, llança, sa-
geta). / obertura, boca de
mina. / tronc. / vara; verga. /
canó (d'una ploma).
shaft of light raig de llum.
shafts braços (d'un carro).
shag picadura; tabac picat, no fi.
shaggy pelut; llanut; vellós; pi-
lós.
shagreen xagrí.
shah xa (sobirà de Pèrsia).
shake sotragada; batzegada; vi-
bració. / estreta de mans.
shake (to) sacsejar; tremolar;
brandar; bellugar; remenar.
shake hands (to) estrènyer la
mà; encaixar.
shake (one's) head (to) fer que
no amb el cap.
shakiness feblesa; inestabilitat.

shaky tremolós. / inestable; insegur; mòbil.

shale esquist; llicorella; pissarra. // esquistós; fullat.

shall (forma verbal per al temps futur). / haver de.

shallop (nàut.) xalupa.

shallot (bot.) escalunya.

shallow poc pregon; superficial.

sham fingiment; imitació. // fals; postís.

sham (to) fer veure; simular.

shamble (to) caminar arrossegant els peus.

shambles (lloc d') hecatombe.

shame vergonya; deshonor.

shame (to) avergonyir.

shamefaced tímid; vergonyós.

shameful vergonyós; ignominiós.

shameless poca-vergonya; insolent; desvergonyit.

shampoo sabó especial per al cap; xampú.

shampoo (to) rentar el cap, els cabells.

shamrock trèvol (emblema d'Irlanda).

shandy cervesa i llimonada.

shanghai (to) narcotitzar.

shank cama (del genoll al turmell); garra.

shantung mena de seda xinesa, sense tenyir.

shanty cabana; barraca.

shape forma; figura; faiçó.

shape (to) donar forma; modelar; afaiçonar.

shapely ben format; ben proporcionat.

shard tros de test trencat.

share part; porció; participació. / rella (de l'arada).

share (to) repartir; distribuir. / participar; compartir.

sharecropper rabassaire; pagès que paga a l'amo del terreny amb una part de la collita.

shareholder accionista.

shark (ict.) tauró.

sharp afilat; punxegut; agut. // en punt; puntualment. // (mús.) sostingut.

sharpen (to) afilar; fer punta.

sharpener afilador; maquineta de fer punta.

sharper trampista; trampós.

sharply finament; subtilment.

sharpness acritud; acrimònia. / agudesa.

sharp-witted d'ull viu; subtil; perspicaç.

shatter (to) esbocinar; trencar a miques; destrossar.

shave afaitada; afaitament.

shave (to) afaitar; rasurar.

shaving-brush brotxa d'afaitar.

shavings encenalls.

shawl xal; cobriespatlles.

she ella.

she- femella. / femení.

sheaf garba; feix.

shear (to) esquilar; tondre.

shearer esquilador; xollador.

shears tisores grans. / cizalla.

sheath beina; funda; coberta.

sheathe (to) embeinar.

shed cabana; cobert; hangar; barraca.

shed (to) deixar caure; vessar; treure's desvestir-se; gitar; llançar.

sheen brillantor.

sheep (zool.) ovella; be; moltó.

sheep-fold cleda; pleta; corral.

sheepish tímid. / enze.

sheer complet; total; absolut. / abrupte; escarpat; tallat. / (teixit) fi; transparent.

sheer (to) desviar-se; fer marrada; girar; tombar; trencar.

sheet llençol; làmina; full. / extensió; capa.

sheet-anchor àncora de salvació.

sheet-lightning llampec.

sheik cabdill àrab.

shekel sicle (moneda jueva d'argent).

sheldrake (orn.) (m.) ànec blanc.

shelduck (orn.) (f.) ànec blanc.

shelf prestatge; post.

shell petxina; conquilla; closca; valva; pelegrina.

shell (to) esclofollar; llevar la closca.

shellac laca.

shellfish marisc; mol·lusc; crustaci.

shelter refugi. / aixopluc.

shelter (to) aixoplugar-se; arrecerar-se; refugiar-se; allotjar-se. / allotjar.

shelve (to) col·locar en prestatges. / arraconar; deixar per a més endavant. / fer pendent; formar declivi.

shepherd pastor.

shepherdess pastora.

sherbet refresc, gelat de fruites.

sheriff agutzil; agutzir; encarregat de fer complir la llei.

sherry xerès.

shibboleth sant i senya; consigna. / creença que era tinguda com a dogma.

shield escut; protector; broquer; pavès.

shield (to) escudar; protegir; defensar.

shift torn; tanda. / canvi; renovació.

shift (to) mudar; canviar de lloc; desplaçar; llevar; renovar.

shiftless inepte; incapaç.

shifty informal; irresponsable; enganyador.

shilling xíling.

shilly-shally indecisió.

shilly-shally (to) estar indecís.

shimmer resplendor feble; llum trèmula.

shimmer (to) brillar amb llum trèmula; pampalluguejar.

shin canella; canyella de la cama.

shindy avalot; aldarull; enrenou; rebombori.

shine resplendor; lluentor; lluïssor.

shine (to) brillar; resplendir.

shingle palets; còdols. / teules de fusta plana.

shingles (pat.) brià; herpes.

shining resplendent; lluent.

shiny lluminós; resplendent; lluent.

ship vaixell; nau.

ship (to) embarcar.

shipbuilding drassana.

shipment embarcament; expedició; remesa.

shipping embarcament; expedició.

shipshape polit; endreçat; en bon ordre; ordenat.

shipway grada de drassana.

shipwreck naufragi.

shipyard drassana.

shire comtat; districte.

shirk (to) eludir; esquivar; desentendre's de l'obligació; ometre.

shirt camisa.

shirt-front pitrera (de camisa).

shiver tremolor; tremor.

shiver (to) tremolar; tremir; trèmer.

shoal banc (de peixos). / multitud; gernació. / baix; baixos; fons elevat que dificulta la navegació marina.

shock xoc; topada; batzegada. / ensurt; sobresalt. / garbera.

shock (to) sorprendre's; astorar-se; sobresaltar-se; escandalitzar-se.

shocking escandalós; espantós. / pèssim; dolentíssim.

shockingly extremadament; exageradament.

shockproof a prova de cops.

shoddy de baixa qualitat; artificial.

shoe sabata. / llanda; llanta; coberta del pneumàtic.

shoe (to) calçar. / ferrar.

shoeblack enllustrador; cirabotes.

shoehorn calçador.

shoelace cordó de sabata.

shoemaker sabater.

shoestring cordó de sabata.

shoo! a fora!

shoot tret. / rebroll; plançó.

shoot (to) disparar; afusellar. / ferir o matar amb arma de foc. / brotonar.

shooting-range camp amb rodelles per a exercitar-se al tir.

shop botiga. / taller. / magatzem.

shop (to) anar a comprar; botiguejar.

shop-assistant dependent de botiga.

shopkeeper botiguer; amo de botiga.

shopper comprador.

shopping de compres; de botigues; a comprar.

shop steward enllaç sindical.

shop-window aparador.

shore costa; vora; riba; marge. / puntal.

shore (to) apuntalar, posar puntals.

shorn tos; esquilat; xollat.

short curt; breu; escàs; baix; petit.

shortage escassetat; insuficiència; fretura.

short circuit curt circuit.

shortcoming insuficiència; negligència.

short cut drecera.

shorten (to) escurçar; abreujar.

shorthand taquigrafia; estenografia.

shorthanded mancat de personal, de mà d'obra.

short-lived efímer; caduc; passatger.

shortly breument. / aviat; abans de no gaire; d'aquí a poc temps.

shortness brevetat; curtedat; petitesa.

shorts calces curtes, d'esport.

short-sighted curt de vista; miop.

short-toed tree creeper (orn.) raspinell comú.

short wave ona curta.

shot perdigó; bala. / tret; tir (descàrrega). // tornassolat.

shot-gun escopeta.

shot marriage casament forçat.

shot silk seda tornassolada.

sould (forma verbal per al condicional). / cal; caldria.

shoulder espatlla.

shoulder-blade omòplat.

shoulder-flash tireta a l'espatlla d'un uniforme.

shoulder-strap tireta a l'espatlla d'un uniforme.

shout crit; exclamació.
shout (to) cridar; escridassar.
shove empenta.
shove (to) empènyer; donar empentes.
shovel pala.
shoveler (orn.) ànec cullerot.
shovelful palada.
shove off (to) marxar; allunyar-se.
show exposició; exhibició; demostració; mostra. / espectacle; diversió pública.
show (to) exhibir; mostrar; exposar; ensenyar.
show case vitrina; escaparata.
shower ruixat; xàfec. / dutxa.
shower (to) fer un ruixat; ploure.
shower-bath dutxa.
showery plujós.
showiness ostentositat; aparat.
showing actuació; activitat.
showman empresari (d'espectacles).
showmanship teatralitat; manera de cridar l'atenció.
show trough (to) transparentar-se.
shrapnel granada o projectil amb metralla.
shred bocí; mica; tros; fragment; tira.
shred (to) estripar; esquinçar; fer trossos.
shrew musaranya. / dona de mal geni.
shrewd astut; sagaç.
shrewdness astúcia; sagacitat.
shrewish reganyós.
shriek xiscle; crit.
shriek (to) xisclar.
shrift confessió (sacramental); confessió i absolució.

shrike mena d'ocells entre els quals hi ha el botxí, l'escorxador, el capsigrany.
shrill agut; estrident; penetrant.
shrimp gamba. / nan; gnom.
shrine santuari. / reliquiari.
shrink (to) encongir-se; empetitir-se. / minvar; disminuir.
shrinkage encongiment; minva.
shrive (arc.) oir la confessió i donar l'absolució.
shrivel (to) assecar-se; marcir-se; arrugar-se; apergaminar-se.
shroud mortalla; sudari.
shroud (to) amortallar.
Shrove tide dies de carnaval.
Shrove Tuesday dimarts de carnaval.
shrub arbust; matoll.
shrug encongiment d'espatlles.
shrug (to) arronsar les espatlles.
shuck bajoca; tavella.
shuck (to) espellofar; pelar.
shudder tremolor; estremiment.
shudder (to) tremolar. / estremir-se; esgarrifar-se.
shuffle arrossegament de peus. / barreig de naips.
shuffle (to) barrejar; mesclar. / arrossegar els peus.
shun! atenció!
shun (to) defugir; esquivar. / abstenir-se. / negligir.
shunt (to) desviar; posar en derivació.
shunter guardaagulles.
shut (to) tancar; cloure; aclucar.
shutdown (to) tancar, plegar (una fàbrica, una empresa).
shutter finestró. / obturador (fotogràfic).
shutter release disparador (fotogràfic).
shuttle llançadora.

shuttle (to) fer anar d'ací d'allà.

shuttle service servei de transport públic entre dos punts propers.

shut up (to) fermar una tanca. / empresonar; confinar.

shy vergonyós; apocat; tímid; suspicaç; recelós. / intent; prova; tirada (jocs).

shy (to) espantar-se; esglaiar-se; sobresaltar-se.

sibilant sibilant; xiulant.

sibling consanguini; germà de pare o mare.

sibyl sibil·la.

sibylline sibil·lí.

sick malalt; malament; marejat.

sick (to) incitar; induir; atiar; aquissar.

sicken (to) emmalaltir; indisposar-se. / marejar-se.

sickening nauseabund; fastigós; desplaent.

sickish malaltís; morbós; mal.

sickle falç.

sickly malaltís; anèmic.

sickness malaltia; mal.

side costat; banda; ala; flanc. / lateral.

side (to) fer costat; donar suport; ajudar.

side-board tinell; armari de paret.

side-car motocicleta amb departament individual adherit al costat; sidecar.

side-drum timbal; tambor.

side-face de perfil.

sidelong literal. // lateralment.

sideral sideral; dels estels.

side-saddle sella per a muntar de costat, femenina.

siding via de ferrocarril auxiliar; via morta.

sidle (to) caminar nerviosament, amb cautela.

siege setge.

sienna siena; ocre.

siesta migdiada; sesta.

sieve garbell; sedàs.

sieve (to) garbellar; tamisar.

sift (to) garbellar; crivellar. / analitzar; controlar.

sifter sedasset; colador; sedàs de cuina.

sigh sospir.

sigh (to) sospirar.

sigh vista. / espectacle.

sight (to) albirar; distingir; entrellucar.

sightless cec; orb.

sightly plaent a la vista; vistós.

sign senya; senyal; signe.

sign (to) signar; rubricar; subscriure.

signal senyal; signe. / notable; assenyalat; insigne.

signalize (to) distingir; caracteritzar.

signatory signant; signatari; firmant.

signature signatura; rúbrica; firma.

signet segell; signacle.

signet-ring anell amb segell.

significance significança; valor; importància.

significant significatiu; important.

significative significatiu.

signify (to) significar.

signing acte de signar.

sign on (to) contractar-se; fitxar.

sign-post fita; molló. / rètol indicador.

silage ensitjament; emmagatzemament a la sitja.

silence silenci.

silencer silenciador.
silent silenciós; silent.
silhouette silueta.
silica sílice.
silicate silicat.
silicon (quím.) silici.
silicone composició orgànica emprada en vernissos; pintures, lubricants.
silicosis silicosi.
silk seda.
silken sedós. / de seda.
silk-hat barret de copa.
silkworm cuc de seda.
silky sedós; sedenc.
sill ampit (de finestra).
silliness niciesa.
silly neci; babau; enze.
silo sitja.
silt sediment; llot d'un riu.
silt (to) obstruir (el sediment, el llot).
silver argent. / vaixella d'argent.
silver (to) argentar; sobreargentar.
silver-fish mena d'insecte habitual en biblioteques, forns, cuines.
silver jubilee noces d'argent.
silvern d'argent.
silversmith argenter.
silver wedding noces d'argent.
silvery argentat. / argentí; com d'argent.
simian simiesc.
similar similar; anàleg; semblant.
similarity semblança.
simile símil; comparació.
similitude similitud; afinitat.
simmer (to) coure a foc lent.
simony simonia.
simoom simun; tempesta de sorra (vent del desert).

simoon V. simoom.
simper somriure forçat.
simple simple; incomplex. / càndid.
simple-hearted franc.
simple-minded ingenu; veraç.
simpleton beneitó; tanoca.
simplicity senzillesa; simplicitat.
simplify (to) simplificar.
simply senzillament; simplement. / merament.
simulacrum simulacre; simulació.
simulate (to) simular.
simulation fingiment; simulació.
simultaneity simultaneïtat.
simultaneous simultani.
sin pecat.
sin (to) pecar.
since des de; d'ençà. // d'aleshores ençà. // ja que; puix que; per tal com.
sincere sincer; genuí; lleial.
sincerely sincerament; lleialment.
sinecure sinecura; canongia.
sinew tendó.
sinewy vigorós; forçut; nerviüt.
sinful pecaminós; pecador.
sing (to) cantar.
singe (to) socarrimar.
singer cantaire; cantor; cantant.
singing boy escolà que canta en un cor.
single senzill. / sol. / solter. // individual.
single (to) singularitzar; distingir; assenyalar.
singlet samarreta.
single ticket bitllet d'anada, senzill.
singly individualment; per separat.

singsong cantada improvisada. / nyigo-nyigo; cançó monòtona.

singular singular. / desacostumat; inusitat; singular.

singularize (to) singularitzar; particularitzar.

singularly singularment; peculiarment.

sinister sinistre; funest.

sink aigüera; pica (amb desguàs). / clavegueró.

sink (to) enfonsar; submergir; anar-se'n a pic. / apagar-se; declinar.

sinker plomada (de pescar).

sinking enfonsament. / reflux. / descens.

sinology ciència del xinès.

sinuous sinuós.

sinus sinus (craneal).

sip glop; xarrupada.

sip (to) xarrupar; beure a petits glops.

siphon sifó.

sir senyor, En.

sire progenitor. / senyor; senyoria; majestat.

siren sirena; nimfa marina. / xiulet; sirena.

sirloin llom; filet.

sirocco xaloc; vent africà.

sisal planta fibrosa emprada per a la fabricació de corda.

siskin (orn.) lluer.

sister germana.

sisterhood germandat; associació o comunitat religiosa o benèfica femenina.

sister-in-law cunyada; germana política.

sit (to) seure.

sit back (to) reposar; descansar.

sit down (to) asseure's.

sit-down strike vaga de braços caiguts.

site lloc; indret; situació.

sith puix; ja que.

sit still (to) estar-se quiet.

sitting assegut. // sessió.

sitting-room gabinet; sala de rebre; sala d'estar.

situation situació; col·locació; lloc; plaça.

sit up (to) incorporar-se (al llit). / vetllar.

six sis; número sis.

sixpence moneda de sis penics.

sixpenny sis penics.

sixteen setze.

sixth sisè.

sixty seixanta.

sizable de mida regular o més que regular.

size mida; dimensió; grandària; magnitud. / llustre; aprest; cola.

size (to) adobar amb aprest; aprestar.

sizzle calor abrusadora. / soroll de fregir.

sizzle (to) ressecar; marcir. / fer soroll (com) de fregir.

skate patí. / patinatge. / (ict.) rajada.

skate (to) patinar; lliscar amb patins.

skater patinador.

skating-ring pista de patinatge.

skein troca (de llana, seda).

skeleton esquelet. / carcassa. / esquema.

skep cistell ó rusc de vímet.

sketch disseny; croquis. / sainet.

sketch (to) esbossar; fer un croquis; dissenyar.

skew oblic; esbiaixat.

skewer ast.
skewer (to) enastar.
ski esquí; patí.
ski (to) esquiar.
skid (to) lliscar; relliscar.
skier esquiador.
skiff embarcació lleugera a rem; esquif.
skiing (l')esquí; (l')esquiar; pràctica de l'esquí.
skilful hàbil; traçut, expert.
ski-lift funicular per a esquís (tele-esquí).
skill habilitat; traça; perícia.
skilled experimentat; expert; hàbil.
skillet paella (generalment) amb potes.
skilly brou.
skim escuma; nata.
skim (to) rasar; fregar; llepar. / desnatar; treure el tel (d'un líquid que ha bullit).
skimmer (orn.) ocell aquàtic de llargues ales. / escumadora.
skim-milk llet desnatada.
skimp (to) escatimar; economitzar; aprofitar.
skimpy escàs; just; escarransit; esquifit.
skin pell. / pellofa.
skin (to) pelar; espellofar.
skin-deep superficial; epidèrmic; extern.
skin-diving natació submarina.
skinflint gasiu; avar; agarrat.
skin-gafting empelt quirúrgic de pell.
skinner pelleter.
skinny magre; descarnat.
skip salt; bot.
skip (to) saltar a corda; saltironar.
skipper capità de vaixell.

skipping-rope corda de saltar.
skirl so agut; penetrant.
skirmish batussa; baralla; brega; topada.
skirmish (to) escaramussar; embrancar-se en una batussa.
skirt falda; faldilla. / faldellí. / vora; marge.
skirts voltants; rodalia.
skit paròdia; sàtira.
skittish capriciós; frívol; enjogassat.
skittles bitlles; joc de bitlles.
skua (orn.) mena de gavina gran.
skulk (to) sotjar; rondar; aguaitar.
skull crani; calavera.
skunk (zool.) mofeta.
sky cel; firmament.
sky-blue blau cel.
skylark (orn.) alosa vulgar.
skylarking rebombori.
skylight claraboia. / finestra de teulada.
skyrocket coet.
skyscraper gratacels.
slab llosa; planxa; post; tauler.
slack negligent; lent. / fluix; relaxat.
slacken (to) afluixar; relaxar; deixar anar. / moderar; retardar; alentir.
slacks calces de dona.
slag escòria.
slag-heap munt de runa; runam.
slake (to) apaivagar; extingir; calmar. / remullar.
slalom cursa d'esquí amb obstacles.
slam cop de porta.
slam (to) tancar de cop.
slander calúmnia.
slander (to) calumniar.
slanderer calumniador.

slang argot; patuès; llenguatge baix, ordinari.

slang (to) ofendre; usar un llenguatge groller; insultar; deixar com un drap brut.

slant oblic; inclinat. // obliqüitat; inclinació.

slant (to) inclinar-se; esbiaixar-se.

slap bufetada.

slap (to) pegar; donar una bufetada.

slash tall; incisió.

slash (to) fuetejar. / tallar; entallar; acoltellar.

slat full; planxeta; peça plana de fusta, metall, etc.

slate pissarra; llicorella.

slate (to) cobrir (una teulada) amb pissarra. / elegir; nomenar.

slate-pencil pissarrí.

slattern dona deixada.

slaughter matança; mortaldat.

slaughter (to) fer una mortaldat; matar; sacrificar.

Slav eslau.

slave esclau.

slave (to) esclavitzar. / escarrassar-se; treballar com un negre.

slaver bava; saliva. / negrer.

slavery esclavatge; esclavitud.

slave-trade tràfic d'esclaus.

slavey serventa d'hostal; fregaplats.

slavish servil.

slaw amanida de col.

slay (to) occir; matar; assassinar.

slayer assassí.

sled trineu.

sledge trineu. / mall; martell gran.

sleek fi; llis; suau; ras.

sleep son; descans; dormir.

sleep (to) dormir.

sleeper dorment. / felipa; travessa (de ferrocarril). / vagó llit.

sleepily amb son.

sleepiness son; somnolència; ganes de dormir.

sleeping adormit; dorment.

sleeping-bag sac de dormir.

sleeping-car vagó llit (ferrocarril).

sleeping-draught narcòtic; soporífer.

sleeping partner soci comanditari, que aporta una part al capital però no participa en la direcció.

sleeping-pill pastilla per a dormir.

sleeping-sickness malaltia de la son (causada per la mosca tse-tse).

sleepwalker somnàmbul.

sleepy ensonyat; somnolent.

sleepy-head toca-son; adormit; dormilega; tocatardà.

sleet aiguaneu.

sleeve mànega; màniga.

sleeve protector maneguí.

sleigh trineu tirat per un cavall o bé per gossos.

sleigh (to) viatjar amb trineu.

sleight astúcia; arteria.

sleight of hand prestidigitació.

slender esvelt; llarg i prim.

sleuth rastre; traça; pista.

sleuth-hound gos coniller.

slew (to) girar; virar; tombar.

slice llesca; tallada; llenca.

slice (to) llescar; tallar a llesques; fer tallades, talls.

slick llis; lliscós.

slide diapositiva. / lliscador; rossola. / tobogan.

slide (to) lliscar; llenegar. / esmunyir-se.

sliding corredís.

sliding-door porta corredissa.

slight lleu; lleuger; insignificant. // desdeny; desatenció.

slight (to) desdenyar; menysprear; desatendre; menystenir.

slim prim; esvelt.

slime fang; llot.

slimy fangós; llefiscós.

sling cabestrell; carrabistell. / fona; mandró. / braga; corda per a hissar.

sling (to) posar en cabestrell. / tirar amb mandró. / hissar amb braga. / penjar; oscil·lar.

slink (to) esmunyir-se; escapolir-se.

slip relliscada. / lapsus.

slip (to) relliscar. / lliscar. / esmunyir-se.

slip-knot llaç escorredor.

slipper sabatilla; xinel·la.

slippery lliscós; llenegós; llenegadís.

slip-road carretera especial per a entrar o sortir a una autopista.

slipshod malfardat; malfaixat. / en sabatilles.

slit tall; obertura.

slit (to) tallar; obrir.

slither (to) relliscar; rodolar.

sliver estella; resquill.

sliver (to) estellar; fer estelles.

slobber bava.

slobber (to) bavejar.

sloe (bot.) aranyó.

slog (to) pegar fort. / caminar decidit. / treballar de valent.

slogan eslògan; lema; frase anunciadora, de propaganda. / crit de combat.

sloop balandra.

slop aigua bruta. / líquid vessat.

slop (to) vessar un líquid.

slope rampa; declivi; talús; pendís.

slope (to) inclinar; esbiaixar.

slop-pail galleda per a aigua bruta; galleda de rentamans.

sloppy mullat; enfangat; ple de xipolls.

slosh (to) pegar. / xipollejar; fanguejar.

slot ranura (per a monedes: guardiola, etc.).

sloth mandra.

slot-machine màquina expenedora automàtica.

slouch (to) positura, moviments de mandra.

slough pell que canvia regularment la serp.

slough (to) mudar; alliberar-se (d'un mal hàbit).

sloven deixat; brut; negligent.

slow lent; a poc a poc; xano-xano. // ganso; lent; calmós; ronsejaire; cançoner.

slow (to) retardar; alentir.

slow down (to) afluixar la marxa; retardar.

slowly a poc a poc; lentament.

slowness lentitud; gansoneria.

slow-worm (zool.) lliseta; serp de vidre.

sludge llaca; llot; llim; fang.

slug (zool.) llimac. / lingot; línia de linotip.

sluggard persona lenta; mandrosa.

sluggish inactiu; indolent.

sluice resclosa; presa; canal. / comporta.

slum suburbi; barri baix.

slumber becaina; entreson; dormida llarga.

slumber (to) dormisquejar; dormitar; dormir.

slump depressió; davallada (econòmica, d'activitat).

slump (to) deixar-se caure; desplomar-se.

slur estigma; titlla; taca; deshonra. / (mús.) lligat.

slur (to) amagar; dissimular; velar; disfressar. / (mús.) lligar.

slush neu mig fosa; aiguaneu; neu enfangada. / aiguamoll. / greix lubricant. / literatura fulletonesca, sentimental.

slut dona deixada, bruta.

sly astut. / sorneguer.

slyly d'amagatotis.

smack sabor; gust; regust. / manotada. / esclafit. / petita barca de pesca a vela.

smack (to) pegar una manotada. / besar sonorament.

smacking pallissa; estirada d'orelles.

smack one's lips (to) llepar-se els llavis.

small petit; xic; diminut.

small beer cervesa fluixa.

small change xavalla; moneda menuda; canvi.

small flute caramell; flabiol.

small fry gent insignificant.

smallholder petit terratinent.

smallholding petita hisenda; terreny petit; parcel·la.

small hours (the) les primeres hores després de mitjanit.

small letter minúscula; caixa baixa.

smallness petitesa.

smallpox verola.

smarmy llagoter; llepa; ensabonador; adulador.

smart elegant; polit; pulcre. / diligent; eixerit. // coïssor.

smart (to) coure; cremar; picar.

smartness elegància; polidesa. / llestesa. / enginy.

smash topada; catàstrofe; destrossa. / bancarrota; fallida; desfeta.

smash (to) destrossar; anihilar; esfondrar.

smashing imponent; formidable.

smattering lleugers coneixements; petita idea.

smear emmascara; taca.

smear (to) tacar; emmascarar; embrutar; untar; impregnar amb greix, oli.

smell olor; flaire; perfum.

smell (to) fer olor; exhalar olor; flairosejar. / olorar; flairar.

smelling bottle flascó de sals aromàtiques.

smelling-salts sals aromàtiques per a retornar, animar.

smell out (to) ensumar.

smelt (to) fondre; extreure metall de la ganga mitjançant fusió.

smile somriure; somrís.

smile (to) somriure.

smirch taca.

smirch (to) tacar; embrutar.

smite (to) colpir; pegar fort; etzibar un cop. / punyir. / remordir.

smith ferrer; forjador.

smithereens bocins; petits trossos.

smithy farga; forja; fornal.

smitten afligit; contrit.

smock brusa; bata.

smog boira i fum barrejats.
smoke fum.
smoke (to) fumar.
smoker fumador.
smoky fumat. / fumejant; fumós.
smooth suau; llis; fi.
smooth away (to) aplanar; allisar; fer planer.
smooth (to) suavitzar; polir; allisar; aplanar; igualar.
smooth-chinned barbamec.
smother fumarada. / polseguera.
smother (to) ofegar; sufocar; asfixiar; apagar.
smoulder foc sense flames.
smoulder (to) cremar fumejant sense flama.
smudge taca; mascara; emmascara.
smudge (to) fer una taca (escrivint).
smug satisfet; content de si mateix; presumit.
smuggle (to) passar d'amagat; fer contraban.
smuggler contrabandista.
smuggling contraban.
smut brutícia; emmascara de carbó. / obscenitat; indecència.
smut (to) emmascarar.
snack mos; mossada; queixalada; refecció lleugera; refrigeri.
snack-bar taulell per a refrigeris; bar; cafè.
snaffle bridó (de cavalleria).
snaffle (to) agafar sense permís; prendre; furtar.
snag obstacle imprevist, amagat.
snail (zool.) cargol.
snake (zool.) serp; serpent.
snake-charmer encantador de serpents.

snaky serpentí; ondulant; sinuós.
snap instantània. / esclafit; espetec. / mossegada ràpida. / tancador de molla a pressió.
snap (to) disparar una instantània fotogràfica. / reaccionar bruscament. / clavar una dentegada. / tancar de cop.
snapdragon (bot.) vedella; boca de conill; conillets; boca de dragó.
snapping turtle tortuga gran, molt voraç.
snappish irascible; de mal geni.
snapshot (fotog.) instantània.
snare parany; trampa.
snare (to) caçar amb trampa.
snare drum timbal.
snarl regany; gruny. / embolic; confusió.
snarl (to) rondinar; remugar; botzinar.
snatch arrabassada; revolada.
snatch (to) agafar d'una revolada; arrabassar.
sneak traïdor. / afaneta. / espieta. / covard.
sneak (to) xerrar; dir secrets; acusar d'amagat; espiar; moure's sense ésser vist.
sneakers sabates amb sola flonja, que no fan soroll.
sneer mofa; rictus, ganyota de menyspreu.
sneer (to) mofar-se amb menyspreu; riure's despectivament.
sneeze esternut.
sneeze (to) esternudar.
snick estisorada; tall.
snicker renill. / rialleta dissimulada.
sniff ensumada.
sniff (to) ensumar; alenar amb el nas.

snigger rialleta dissimulada; riu-
re cínic.
snigger (to) riure cínicament.
snip estisorada. / retall.
snip (to) retallar; donar una es-
tisorada; xollar; esquilar.
snipe (orn.) becadell comú.
snipe (to) disparar d'amagat.
snipper persona que dispara
ocult.
snippet retall; bocí.
snitch (to) delatar. / robar fo-
teses.
snivel (to) plorar; marranejar;
plorar de rabiola.
snob esnob; el qui menysprea
els inferiors. / imitador dels
superiors.
snood xarxa que duen les dones
per a no despentinar-se.
snook pam i pipa.
snooker billar amb boles de co-
lors.
snooker (to) enxarxar en un
compromís.
snoop (to) investigar; batxille-
jar; ficar el nas.
snooper tafaner; manefla.
snooty arrogant; altiu; superb.
snooze dormideta; migdiada.
snooze (to) fer una becaina;
trencar el son.
snore ronc; rauc; ruflet; ronxet.
snore (to) roncar.
snorkel V. schnorkel.
snort estufit; bufec.
snort (to) rebufar de ràbia; dir
amb mal geni.
snot moc; mocositat; mocs.
snout morro; musell; boca.
snow neu.
snow (to) nevar. / (fig.) venir
abundosament; ploure.
snowball bola de neu.

snowberry (bot.) arbust de jardí
amb baies blanques.
snow-bound tancat, empresonat
per la neu.
snow-bunting (orn.) sit blanc;
verdum de les neus.
snowdrop (bot.) flor de neu.
snowfall nevada.
snowflake borralló de neu.
snowman ninot de neu.
snowplough llevaneus; escom-
bradora de neu.
snow-shoes raquetes (calçat per
a la neu).
snowy nevat. / nivi. / nevós.
snowy-owl (orn.) duc blanc.
snub camús; de nas arremangat.
snuff rapé.
snuff (to) ensumar; aspirar pel
nas. / tallar el ble consumit;
esmocar.
snuffer esmocadores; moca-
llums.
snug arrecerat; abrigat; còmode;
íntim; acollidor. / net i polit.
snuggery recer; refugi; aixopluc.
snuggle (to) ajuntar-se, apinyar-
se cercant calor, defensa o
protecció.
snugness comoditat; confort.
so així. / igualment. / tan. //
per això.
soak remull. / embriaguesa. /
embriac.
soak (to) xopar; amarar; em-
beure; calar.
soap sabó.
soap (to) ensabonar.
soap dish sabonera.
soar (to) enlairar; pujar; ascen-
dir; elevar el vol.
so as to per tal de; a fi de; a
fi que.
sob sospir; sanglot.

sob (to) sanglotar; sanglotejar; sospirar.
sober sobri; abstemi; moderat; serè.
sobriquet motiu; malnom; renom.
so-called anomenat; conegut vulgarment per; anomenat inexactament.
soccer futbol.
sociable sociable; amiguer; cortès.
social social; comunal.
socialize (to) socialitzar.
socially socialment.
society societat.
sociology sociologia.
sock mitjó. / bufa; cop de puny.
sock (to) etzibar un cop. / etzibar; tirar.
socket portabombetes. / forat per a encaixar-hi quelcom.
socket of the eye conca de l'ull.
sod terròs. / gespa. / sodomita.
soda sosa. / soda; sifó.
soda-biscuit galeta salada.
soda-water aigua carbònica; sifó.
sodden xop; amarat; calat.
sodium sodi.
sodomite sodomita.
soever per més que sigui; de qualsevol classe.
sofa sofà.
so far as per tot el que.
soft tou; flonjo; bla; suau.
soft-boiled passat per aigua.
soften (to) amollir; amorosir; ablanar; endolcir.
soft-footed sense fer soroll amb els peus; de puntetes.
soft-headed cap buit; ximple.
soft-hearted de bon cor; amable.
soft palate paladar tou.

soft-soap (to) adular; ensabonar; llepar; llagotejar.
soft-solder soldadura molt fusible.
soft-solder (to) soldar amb soldadura molt fusible.
soft-spoken de parlar dolç; de parla agradable.
soft-witted enze; desbaratat.
soggy humit; amarat.
soigné meticulosament vestida; amb tot detall.
soil sòl; terreny; terra. / taca de brutícia.
soil (to) embrutar.
soil-pipe canonada de desguàs.
scirée vetllada; festa vespertina.
sojourn sojorn; estada.
sojourn (to) sojornar; estar; parar; viure.
solace conhort; alleujament; consol.
solace (to) conhortar; animar; confortar; consolar.
solar solar; de sol.
solarium lloc envidriat per a prendre banys de sol.
solder soldadura; aliatge metàllic per a soldar.
solder (to) soldar; estanyar.
soldering iron soldador.
soldier soldat; guerrer; milicià.
sole sola. / planta del peu. / llenguado. // sol; solter. // sol; únic.
sole (to) posar soles.
solecism solecisme.
solemn solemne.
solemnity solemnitat.
solemnize (to) solemnitzar.
sol-fa sistema de notació musical sil·làbic (do, re, mi, fa, etc.).
sol-fa (to) solfejar.

solicit (to) soŀlicitar; pregar; demanar.

solicitation soŀlicitació.

solicitor procurador; advocat. / pretendent.

solicitous soŀlícit; diligent.

solid sòlid; massís; ferm; compacte. // cos; sòlid.

solidarity solidaritat.

solidify (to) solidificar; endurir; refermar.

soliloqui soliloqui; monòleg.

solipsism (fil.) solipsisme.

solitaire solitari (joia, gemma). / solitari (joc de cartes).

solitary solitari; desert; sol; retirat; aïllat.

solitude solitud.

solo solo; monodia; ària.

soloist solista.

so long as amb tal que.

solstice solstici.

soluble soluble; diluïble.

solution solució. / dissolució.

solve (to) resoldre; solucionar.

solvent dissolvent. / solvent; complidor; garant.

somber V. **sombre.**

sombre ombriu; obac; trist; pessimista; hipocondríac.

sombreness pessimisme.

sombrero barret d'ales amples usual a Sud-amèrica.

some uns; uns quants; alguns. // quelcom de; una mica de.

somebody algú.

someday algun dia.

somehow d'una manera (o altra); d'alguna manera.

someone algú.

somersault tombarella; salt mortal.

something alguna cosa; quelcom. / cosa semblant; cosa així.

something like com un; igual que un.

sometime alguna vegada; algun temps; algun dia.

sometimes a vegades; algunes vegades; unes vegades.

somewhat una mica; quelcom; un xic. / en certa manera.

somewhere en algun lloc; algun lloc.

sonambulism somnambulisme.

somnolence somnolència.

son fill.

sonata sonata.

song cançó.

song thrush (orn.) tord comú.

sonic del so.

son-in-law gendre; fill polític.

sonnet sonet.

sonny fillet; xiquet.

sonorous sonor.

soon aviat; d'hora; prompte.

soon after poca estona després; no gaire més tard.

sooner or after tard o d'hora.

soot sutge.

soot (to) embrutar; ensutjar.

sooth realitat; veritat.

soothe (to) calmar; apaivagar.

soothing calmant; confortador.

soothsayer endeví; endevinaire; pronosticaire.

sop sucada; bocí de pa sucat.

sop (to) sucar; suquejar.

sophism sofisme.

sophist sofista; capciós.

sophisticated sofisticat; sofístic; capciós; artificiós.

sophistication sofisticació; adulteració.

sophistry sofisteria.

sophomore que fa el segon any a la Universitat.

sopor sopor; adormiment.

soporific soporífic; hipnòtic; narcòtic.

sopping xop; mullat.

soppy xop; mullat; completament moll.

soprano soprano; tiple.

sorcerer bruixot.

sorceress fetillera; bruixa.

sorcery bruixeria.

sordid brut; desagradable; miserable; sòrdid.

sordine (mús.) sordina.

sore dolorit; nafrat; ressentit. // nafra; úlcera; mal.

sorely severament; fortament; imperiosament; greument.

sorghum mena de mill. / mena de sucre de canya xinès.

sorority germandat femenina; societat femenina escolar.

sorrel (bot.) agrella; agreta. // de color castany vermellós.

sorrow dolor; pesar; greu; aflicció; dolença.

sorrow (to) afligir-se; plorar; lamentar.

sorrowful afligit; desconsolat.

sorry trist; apesarat; compungit. // ho sento!; perdó!

sort mena; classe; espècie; sort.

sort (to) classificar; col·locar. / triar; escollir.

sorting classificació; ordenació; distribució.

sort out (to) classificar.

S O S missatge, crit demanant socors; socors!

so-so així, així; mitjanament bé; regular.

sot embriac habitual.

so that per tal que. / de manera que.

sou cèntim; sou; cinc cèntims.

sough murmuri; remor.

sough (to) remorejar; xiuxiuejar; xiuxiuar.

soul ànima; esperit.

soulless sense sentiments; prosaic.

sound so. // sa; sòlid; solvent; enter; sencer.

sound (to) sonar. / semblar; tenir l'aparença; aparentar.

sound-film pel·lícula sonora.

soundproof (to) fer insonar.

soup sopa.

soup-kitchen servei de sopa per a pobres o damnificats.

soup tureen sopera.

sour aspre. / àcid. / agre; acre.

sour (to) agrejar; amargar.

source font; deu; origen; procedència; naixement.

sourness agror; agritud.

souse (to) remullar; escabetxar.

soutane sotana.

south sud.

southern meridional; del sud.

southwards cap al sud; vers el sud.

souvenir recordatori; record.

souvereign sobirà; monarca; emperador. / lliura esterlina d'or.

sou'-wester gorra amb ala prolongada per a protegir el clatell, usada per mariners.

soviet soviet.

sow (zool.) truja.

sow (to) sembrar.

sower sembrador.

sow wild oats (to) cometre ximpleries.

soy mena de salsa feta de soja (Xina, Japó).

soya soja.

spa balneari.

space espai; distància; tros; tirada; extensió.

space-heater calefactor per convecció o radiació.

spacious espaiós; folgat.

spade palafanga; pala; fanga. / espasa (naip).

spadeful palada.

span pam; extensió; espai. / arcada; ull d'un pont.

span (to) estendre's. / apamar. / abraçar; incloure; comprendre; englobar; contenir. / fer de pont.

Spaniard n. espanyol.

spaniel gos d'aigües.

Spanish adj. espanyol.

Spanish white blanc d'Espanya.

spank (to) pegar; assotar; atonyinar; apallissar.

spanking pallissa; estomacada; natjada; surra.

spanner clau de collar femelles, cargols.

span roof teulada de dues vessants.

spar (nàut.) pal; verga; arbre.

spar (to) combatre com a entrenament, exhibició (boxa). / discutir una qüestió.

spare sobrant; disponible; de recanvi.

spare (to) estalviar; economitzar; enguardiolar.

spare part peça de recanvi.

spare room habitació per a forasters.

spare time temps lliure; temps.

spark guspira; espurna.

spark (to) espurnejar.

sparking-plug bugia de motor d'explosió.

sparkle guspira; espurna.

sparkle (to) espurnejar; brillar; guspirejar.

sparring lluita a cops de puny.

sparring match combat de boxa d'entrenament.

sparring-partner persona amb la qual s'entrena un boxador.

sparrow (orn.) pardal.

sparrow-hawk (orn.) esparver vulgar.

sparse escampat; espargit; dispers; esclarissat; clar; espaiat.

Spartan espartà.

spasm espasme.

spasmodic espasmòdic; espàstic.

spastic espàstic; que sofreix paràlisi cerebral.

spat botí (calçat). / ous d'ostra.

spatchcock aviram morta i cuinada seguidament.

spate crescuda; avinguda; rierada; torrentada.

spatial espacial.

spatter esquitxada.

spatter (to) esquitxar.

spatula espàtula.

spavin esparavany (malaltia òssia cavallar).

spawn ous de peix, de rèptil.

spawn (to) fresar; pondre els peixos.

speak (to) parlar; enraonar.

speaker orador; locutor; conferenciant.

spear llança; venable. / arpó.

special especial.

specialist especialista.

speciality especialitat.

specialize (to) especialitzar. / especialitzar-se.

specie (en) efectiu, moneda.

species espècie; classe; varietat; grup. / mena.

specific específic; determinat.

specification especificació; aclariment; amb tot detall.

specifications pressupost. / detalls.

specify (to) especificar.

specimen exemplar; mostra; model.

specious especiós; d'enganyosa aparença.

speck mica; bocí. / piga; taca.

speckle clapa.

speckle (to) clapejar; marcar amb petites clapes.

specs ulleres.

spectacle espectacle.

spectacles ulleres.

spectacular espectacular; atractiu.

spectator espectador; concurrent.

spectre espectre; fantasma.

spectroscope espectroscopi.

spectrum espectre; dispersió de la llum.

speculate (to) especular.

speculation meditació; contemplació. / especulació.

speech discurs; parlament; xerrada. / parla; paraula; llenguatge.

speechify (to) discursejar.

speechless estupefacte; mut; sense paraula.

speed velocitat; marxa; pressa.

speed (to) córrer veloçment.

speedwell varietat de créixens, amb flors blaves.

speedy ràpid; accelerat; veloç.

speleology espeleologia.

spell tongada; sèrie; temps. / paraula màgica. / encanteri; bruixeria.

spell (to) lletrejar; confegir; escriure amb bona ortografia.

spell-bound encisat; embruixat.

spelling acció de lletrejar. / ortografia.

spelt (bot.) blat alemany o suís.

spend (to) esmerçar; despendre; usar; passar.

sperm esperma.

spermaceti esperma de balena.

spew (to) vomitar.

sphenoid (anat.) esfenoide.

sphere esfera.

spherical esfèric.

sphinx esfinx.

spice espècia.

spice (to) condimentar amb espècies.

spick and span agençat; polit; empolainat; net.

spicy especiat; condimentat amb espècies. / picant; excitant.

spider aranya.

spigot pitxolí; aixeta de barril.

spike punta, pua de ferro; clau. / espiga.

spike (to) posar claus (al calçat esportiu). / punxar; burxar.

spike heel taló alt de calçat femení.

spikenard (bot.) espicanard.

spiky eriçonat; armat de punxes. / indòmit.

spill caiguda d'un cavall o d'un carruatge. / lluquet.

spill (to) vessar.

spill blood (to) ésser culpable de vessament de sang.

spillway abocador; sobreeixidor.

spin moviment rotatori donat a una bola, pilota.

spin (to) filar. / fer rodar, giravoltar. / tirar enlaire.

spinach (bot.) espinac.

spinage (bot.) espinac.

spinal column (anat.) columna vertebral; espina dorsal.

spindle eix; arbre. / fus.

spindly llarg i prim; esprimatxat.

spindrift escuma o ruixim de la sobrefaç del mar.

spine (anat.) espina dorsal. / punxa de cactus. / llom (d'un llibre).

spinet (mús.) espineta; clavicordi petit.

spinnaker (nàut.) vela triangular.

spinner filador; filadora.

spinney bosc petit i espès.

spinning-wheel torn de filar; filosa.

spinster soltera.

spiral espiral.

spire (arq.) agulla; punxa; pinacle.

spirit esperit. / alcohol.

spirited animat; viu; coratjós.

spiritless desanimat; abatut.

spirits of wine esperit de vi; alcohol pur.

spiritual espiritual.

spiritualism espiritisme.

spiritualist espiritista.

spiritualistic d'esperitistes.

spirituality espiritualitat.

spiritualize (to) espiritualitzar; sublimitzar.

spiritually espiritualment.

spirituous espirituós; que conté alcohol.

spit ast. / escopinada. / estampa, figura (que s'hi assembla).

spit (to) enastar. / escopir. / plovisquejar. / espetarregar.

spite despit; mala voluntat; rancor.

spite (to) mortificar; afligir; vexar.

spiteful malèvol; rancorós.

spittle saliva.

spittoon escopidora.

spiv estraperlista; negociant illegal; fraudulent; trampista.

splash patatxap; patatxup. / ruixada; esquitxos.

splash (to) esquitxar; ruixar; mullar.

splay bisell.

splay (to) aixamfranar.

spleen melsa. / malenconia; tedi; esplín.

splendid esplèndid.

splendour esplendor.

splenetic displicent; malhumorós. / esplenètic; malalt de la melsa; hipocondríac.

splice junció; unió.

splice (to) unir; ajustar; encastar; enllaçar.

splint llenca de fusta o altres materials aplicada a un embenat per a subjectar una fractura òssia.

splint (to) restablir un os fracturat amb l'auxili de llenques de fusta o altre material rígid aplicades a la fractura.

splinter resquill; estella; fragment.

splinter (to) estellar-se; fragmentar-se; fer-se trossos.

splinter-bone peroné.

splinter-proof que no pot fer-se estelles, a prova de trompades.

split esquerda; fenedura; escletxa; clivella; esberla. // esberlat; badat; partit; esquerdat.

split (to) esquerdar-se; dividir-se; clivellar-se. / fendre; badar; partir.

split up (to) repartir; dividir.

splotch taca; esborrall.
splotch (to) tacar; macular.
splurge fatxenderia; fatxenda; presumpció.
splurge (to) fatxendejar; presumir.
splutter (to) enfarfollar-se; quequejar; parlar nerviosament, entrebancadament; embarbussar-se.
spoil (to) espatllar; fer malbé. / consentir; aviciar.
spoiled child nen aviciat, consentit.
spoke raig (d'una roda).
spokesman portantveus; representant.
spoliate (to) espoliar; expropiar; confiscar.
spoliation espoliació; desposessió.
spondee (poèt.) espondeu.
sponge esponja.
sponge (to) esponjar; passar l'esponja. / esborrar. / viure a compte d'altri; gorrejar.
sponger gorrista; que manlleva diners i no els torna.
spongy esponjós.
sponsor fiador; responsable; padrí.
spontaneity espontaneïtat.
spontaneous espontani.
spoof (to) enganyar; ensarronar.
spook fantasma; visió.
spool rodet.
spoon cullera.
spoonbill (orn.) espàtula; bec planer.
spoonerism joc de paraules.
spoor rastre de ferum.
sporadic esporàdic.
spore espora.
sporran escarsella; bossa coberta de pell que duen els escocesos penjada al davant de la cintura.
sport esport. / deport; diversió.
sport (to) divertir-se; joguinejar.
sporting esportiu.
sportive juganer; alegre.
sportsman esportista. / cavaller. / persona temerària, amiga de riscs.
spot lloc; indret; punt. / clapa; taca; llepada.
spot cash diner efectiu; diner comptant.
spotless net; nítid; impecable.
spotlight reflector; projector de llum.
spotted picat; clapat; clapejat; pigallat; pigat.
spotty pigat; pigallat; tacat de punts.
spouse cònjuge; espòs; esposa.
spout broc de cafetera, tetera. / canaló; conducte.
spout (to) córrer, sortir amb força un líquid. / esquitxar. / recitar pomposament.
sprain dislocació; torçada; desllorigament.
sprain (to) torçar-se; desllorigar-se; desarticular; luxar.
sprat (ict.) sardina petita.
sprawl (to) jeure amb els braços i cames estirats. / estendre's.
spray escuma; ruixada. / polvoritzador; ruixador.
spray (to) polvoritzar; ruixar; brufar.
sprayer ruixador; brufador; polvoritzador.
spread desplegament; difusió; expansió.

spread (to) estendre; escampar; espargir. / untar. / divulgar.

spread the table (to) parar la taula.

spree folgança; barrila; xerinola.

sprig petit branquilló amb fulles.

sprigged ornamentat amb dibuixets de branquillons.

spring primavera. / font; fontana; deu. / molla; ressort; ballesta. / elasticitat.

spring (to) saltar; saltironar. / sortir; brollar; sorgir; aparèixer de cop.

spring-balance balança de molla.

spring-board trampolí; saltador.

springbok (zool) mena de gasela africana.

spring-mattress matalàs de molles. / somier.

springtide temporada de primavera.

sprinkle esquitxada; ruixada.

sprinkle (to) esquitxar; regar; aspergir; sembrar.

sprint correguda ràpida i curta; final de cursa accelerat.

sprint (to) córrer ràpidament un tram curt, a tota velocitat.

sprit (nàut.) botavara.

sprite follet; fada.

sprocket dent d'engranatge per a cadena.

sprocket-wheel roda dentada per a cadena; pinyó de bicicleta.

sprout brot; lluc; renou; rebrot. / (bot.) col de Brusseŀles.

sprout (to) germinar; brotar; brostar.

spruce (bot.) avet roig. // pulcre; polit; net.

spruce (to) abillar-se; endiumenjar-se.

spry despert; desvetllat.

spud aixadell.

spume escuma; espuma.

spunk coratge; esperit; ànim.

spun out prolongat; prolix.

spur esperó. / contrafort; estrep (d'una serralada).

spur (to) esperonar.

spurious espuri; fals.

spurn (to) rebutjar; menysprear.

spur stone guarda-rodes; guardacantó.

spurt glopada; broll; raig.

spurt (to) brollar; sorgir; sortir a doll.

sputnik satèŀlit artificial.

sputter (to) espetarregar; crepitar.

sputum esput.

spy espia.

spy (to) espiar. / veure; llucar.

squab colomí; pollet; petit d'un ocell.

squabble discussió; brega; renyina.

squabble (to) barallar-se; discutir amb gran bullit.

squabbler cerca-raons.

squad escamot; esquadra; patrulla.

squadron regiment de cavalleria. / conjunt de vaixells de guerra; estol. / esquadreta d'aviació.

squalid desendreçat; brut; deixat; fastigós.

squall xiscle; crit de dolor; esgüell; esgarip. / turbonada; tamborinada; borrasca.

squall (to) xisclar; cridar.

squaloid esquals; del grup de peixos dels taurons.

squalor brutícia; sutzura; llordesa.

squander (to) malversar; dissipar.

squanderen malversador; dilapidador; pròdig.

square quadrat; exacte; just; escaire. // escaire; cartabò. / quadre; quadratura. / plaça; espai no edificat que forma un quadre.

squarely netament; quadradament; ajustadament; exactament.

squash llimonada; taronjada.

squash (to) aixafar; aplanar; planxar; premsar.

squat arraulit; a la gatzoneta.

squat (to) seure a la gatzoneta. / ocupar iŀlegalment una estança, una finca.

squeak grinyol; garranyic.

squeal xiscle prolongat; crit de dolor, d'esglai; grinyol.

squeal (to) xisclar; grinyolar. / confessar; delatar; cantar.

squealer delator; informador.

squeamish delicat; malaltís. / escrupolós; aprensiu; susceptible; impressionable.

squeegee estri eixugador de superfícies per mitjà d'un corró de goma.

squeeze espremuda; pressió.

squeeze (to) prémer; premsar; atapeir; esprémer.

squeezer espremedora.

squelch xipolleig; clapoteig; xipxap.

squelch (to) xipollar; xipollejar; clapotejar.

squib coet de focs artificials. / sàtira; mordacitat.

squid calamars.

squiffy un xic alegre (per la beguda).

squint estràbic; guenyo.

squint (to) mirar guenyo; mirar contra el govern.

squint-eyed guerxo; guenyo; estràbic.

squire escuder. / cavaller. / hisendat. / galant.

squirm retorciment; contorsió; retortilló.

squirm (to) serpejar; contorçarse.

squirrel (zool.) esquirol.

squirt xeringada; raig; esquitxada.

squirt (to) xeringar; injectar; projectar (pols, líquid).

St Sant; St.

stab punxada; punyalada.

stab (to) clavar (una arma blanca).

stabilize (to) estabilitzar.

stable estable; quadra. // estable; fermament establert.

stable to estabular.

stable-boy mosso d'establa.

stable-companion cavall de la mateixa quadra.

stable-man mosso d'establa; establer.

stabling estabulació.

stack pila; munt. / paller; garbera. / estiba; rastellera.

stack (to) apilar; amuntegar; estibar.

stadium estadi.

staff personal; conjunt de persones d'una oficina. / plana major. / cos de redactors. / pal; vara. / pentagrama.

stag cérvol (mascle).

stage etapa; grau; fase; període. / escenari; estrada.

stage (to) posar en escena; representar. / dramatitzar.

stage-box llotja de prosceni.
stage-coach cotxe públic; diligència; correu.
stage-craft art escènic.
stage-fright nerviosisme davant el públic.
stagger (to) fer esses; trontollar; oscil·lar.
staginess teatralitat.
staging bastimentada; bastida; encavallada. / presentació en escena.
stagnant estancat; aturat; estacionat.
stagnate (to) estancar-se; paralitzar-se; adormir-se.
stagy teatral.
staid seriós; callat; callantívol.
stain taca; tint.
stain (to) tacar. / acolorir.
stained glass window vidriera de colors; vitrall.
stainless impecable. / inoxidable.
stainless steel acer inoxidable.
stair graó; esglaó.
stair-carpet catifa d'escala.
staircase escales; escala; graonada.
stairs escales; escala.
stake estaca; jaló. / posta; aposta.
stake (to) posar estaques. / apostar; envidar; jugar-se.
stalactite estalactita.
stalagmite estalagmita.
stale ranci; anyenc; vell; suat.
stalemate (escacs) taules; ofegat. / estancació; estancament.
stalemate (to) (escacs) ofegar; fer taules. / estancar.
stalk (bot.) tija; espiga.
stalk (to) caminar amb pas ma-

jestuós, amb parsimònia. / caminar amb cautela, de puntetes; avançar cautelosament.
stalking-horse pretext; cobertora; capa; excusa.
stall estable; establa. / parada; tenda. / butaca de pati.
stall (to) establar; posar un animal a l'establa per engreixarlo. / encallar-se.
stalwart fort; robust; fornit. / addicte; lleial.
stamen estam (de la flor).
stamina vigor; resistència.
stammer quequeig; returada.
stammer (to) quequejar; returar.
stammerer quec; balbuç.
stamp segell de correus; segell; pòlissa. / estampilla; timbre.
stamp (to) segellar; estampillar; estampar. / franquejar amb segells de correus. / assenyalar. / piafar; potollar.
stamp-album àlbum de segells.
stamp-collector filatèl·lic; col·leccionista de segells.
stampede fuga precipitada.
stance positura del jugador de golf en disparar.
stanchion estaca.
stand parada; tenda; quiosc; plataforma; tribuna; pedestal. / resistència.
stand (to) estar dret; esperar dret. / aguantar; suportar; resistir; defensar; insistir.
standard estendard. / estàndard; model; patró. / mitjana; terme mitjà. // uniforme; normal; corrent.
standardise (to) estandarditzar; uniformar; unificar; reglamentar.

standby addicte; fidel; defensor; paladí; campió.

standby (to) fer costat; defensar.

stand for (to) defensar; advocar. / representar; significar. / ésser candidat a.

stand-in actor que fa el paper d'un altre personatge.

stand in (to) doblar un personatge, substituir-lo.

standing dret; dempeus. / reputació; posició; crèdit. / durada; duració.

stand off (to) allunyar-se; apartar-se.

stand out (to) destacar; sobresortir.

stand over (to) posposar; ajornar; diferir.

standpoint punt de vista.

standstill parada; pausa.

stand up (to) aixecar-se; dret; posar-se dempeus.

stand up for (to) defensar; advocar.

stanza estança; estrofa.

staple grapa (peça metàl·lica per a ésser clavada). / producte principal; tema dominant. / primera matèria; matèria.

staple (to) unir, cosir, amb grapes o gafes.

stapler maquineta per a cosir papers.

star estel; estrella; astre.

star (to) guarnir; decorar, posar, estrelles.

starboard estribor.

starch midó.

starch (to) emmidonar.

stare mirada fixa; mirada amb ulls molt oberts.

stare (to) mirar fix, de fit a fit;

clavar la vista; mirar amb els ulls molt oberts.

starfish (zool.) estrella de mar.

stark rígid. / complet; absolut. // completament; totalment.

starling (orn.) estornell vulgar.

star-lizard (zool.) dragó.

starry estelat.

start sortida; partida; començament. / surt; ensurt; esglai; sobresalt.

start (to) sortir; començar; partir. / engegar; arrencar. / espantar-se; esglaiar-se.

starter aparell d'arrencada, de marxa.

starting point punt de partida; punt d'arrencada.

startle sobresalt.

startle (to) espantar; alarmar; donar un surt; sobresaltar.

starvation inanició; fam.

starve (to) famejar; morir de fam; patir fam, fred.

state estat; situació; condició. / Estat.

state (to) declarar; manifestar; exposar.

stated palès; manifest; establert; fixat.

stateless desnacionalitzat; sense pàtria.

stateliness majestuositat.

stately majestuós, sublim; august.

statement declaració; manifestació.

statesman estadista; personatge en afers estatals.

statesmanlike (propi) d'estadista.

static estàtic.

statics estàtica.

station estació. / lloc.

station (to) situar; estacionar.
stationary fix; estacionari; estable.
stationer llibreter; paperer; venedor d'objectes d'escriptori.
stationery papereria; objectes d'escriptori.
station master cap d'estació (de ferrocarril).
station wagon furgoneta; camioneta.
statistics estadística.
statuary estatuària; estàtues.
statue estàtua.
statuesque estatuari; escultural.
statuette estatueta; figura; figureta.
stature estatura.
status estat; condició; rang; categoria; posició.
statute estatut.
statute-book codi de lleis estatutàries.
statutory estatutari; legal.
staunch (to) estroncar.
stave pentagrama. / estrofa. / doga.
stave in (to) esbotzar; rompre; obrir; foradar.
stay estada; residència; sojorn. / pròrroga.
stay (to) estar; romandre; sojornar; residir. / quedar-se; estatjar-se. / aturar. / reprimir.
stead (en) lloc (de)
steadfast ferm; decidit; resolut.
steadily assíduament; de ferm; constantment.
steadiness constància; estabilitat; assiduïtat.
steady ferm; segur. / regular; estable.
steak filet; tall (carn, peix).
steal (to) robar. / esquitllar-se.

stealing furt. // furtiu.
stealth cautela; secret; reserva.
stealthily d'amagat; furtivament.
stealthy reservat; silenciós.
steam vapor; fum; baf.
steam (to) produir vapor. / funcionar a vapor.
steamboat nau a vapor; vapor.
steam-engine màquina de vapor.
steamer vaixell a vapor; vapor.
steam-heat calefacció produïda per vapor.
steam-roller piconadora a vapor.
steamship vaixell a vapor.
steamy carregat de vapor; entelat pel vapor.
steed corser.
steel acer.
steel-clad revestit d'acer; invulnerable.
steel-works fàbrica d'acer; fundició d'acer.
steely d'acer; inflexible; dur.
steelyard romana; balança.
steenbak (zool.) gènere d'antílops africans.
steep escarpat; espadat; abrupte. / enlairat. // timba; precipici.
steep (to) fer, tornar-se, escarpat. / saturar; impregnar; amarar; sadollar. / banyar; remullar; xopar; sucar.
steeple torre punxeguda; agulla; campanar.
steeplechase cursa d'obstacles.
steeplejack home que grimpa xemeneies per reparar-les.
steepness el declivi; el pendís.
steer (zool.) bou jove.
steer (to) menar el timó; portar el volant; guiar una bicicleta. / menar; guiar; conduir.
steerage direcció; govern. /

proa. / coberta per a passatgers de tercera; entrecoberta; entrepont.

steering conducció; govern; timó; guia; guiatge.

steering-wheel roda del timó. / volant de direcció.

steersman timoner.

stele estela; monolit; làpida.

stellar estel·lar; sideral.

stem tija; pecíol; tany. / arrel; (gram.) radical. / peu (de copa). / tallamar; roda de proa.

stem (to) envestir (de proa); anar, navegar, contra el corrent. / resistir; retenir; contenir; detenir; deturar; estancar.

stench pudor; fortor; fetor; pestilència.

stencil patró per a estergir.

stencil (to) fer un clixé per a estergir. / estergir.

stenographer taquígraf; estenògraf.

stenography taquigrafia; estenografia.

stentorian estentori; que retruny.

step pas; passa; petjada. / pas; passera. / graó; esglaó. / llindar; marxapeu.

step (to) caminar; fer passes.

step aside (to) deixar lloc; deixar pas.

stepbrother germanastre.

step by step pas a pas.

stepchild fillastre; fillastra.

stepdaughter fillastra.

step down (to) baixar.

stepfather padrastre.

step-ladder escala de mà, plegable.

stepmother madrastra.

step out (to) sortir. / avivar, accelerar el pas.

steppe estepa.

stepping-stone passera; pedra passera.

stepsister germanastra.

stepson fillastre.

stereophonic estereofònic.

stereoscope estereoscopi.

stereotype estereotip.

sterile estèril; eixorc; erm.

sterilize (to) esterilitzar. / desinfectar.

sterling genuí; de llei.

stern popa. // auster; rígid; aspriu. // cua.

sternness severitat; rigor.

sternum (anat.) estèrnum.

stertorous amb ranera; amb roncor.

stethoscope estetoscopi.

stevedore estibador; carregador; descarregador.

stew estofat; guisat.

stew (to) estofar; coure; ofegar; guisar.

steward majordom. / cambrer de vaixell, avió.

stewardess cambrera, assistenta d'avió. / administradora; majordoma.

stewardship majordomia; majordomatge.

stick bastó. / estaca; barra. / batuta.

stick (to) clavar; enganxar; ficar. / aturar-se; quedar-se.

stick at (to) aturar-se; dubtar.

sticking plaster esparadrap.

stickler porfidiós; infatigable; insistent.

sticky enganxós.

stiff rígid; dret; enravenat; encarcarat; cerimoniós.

stiffen (to) enravenar; tibar; endurir.

stiff-necked tossut; obstinat.

stifle (to) asfixiar; sufocar; ofegar.

stigma estigma; marca; senyal. / deshonra; estigma. / (bot.) estigma.

stigmatize (to) estigmatitzar; blasmar.

stile estrep en una tanca.

stiletto estilet; punyalet. / taló alt i prim.

still immòbil; fix; quiet. // encara. // malgrat això; això no obstant; amb tot i això. // alambí.

still (to) aquietar; calmar. / alambinar; destil·lar.

stillness quietud.

stilt xanca; pal.

stilted pompós; emfàtic; altisonant; inflat.

stimulant estimulant; cordial; esperonador.

stimulate (to) estimular; incitar.

stimulus estímul; agulló; esperó.

sting fibló. / picada; punxada.

sting (to) picar; fiblar.

stingy ranci; escàs; avar; escarransit; garrepa; gasiu.

stink mala olor; pudor.

stink (to) pudir; fer mala olor.

stinker pudent. / menyspreable; vil; brètol.

stint límit; mida. / restricció. / treball, tasca, a preu fet.

stint (to) limitar; restringir.

stipend estipendi; honoraris.

stipendiary estipendiari.

stipulate (to) estipular; convenir; condicionar.

stir aldarull; bullícia.

stir (to) remoure; remenar; agitar. / commoure; excitar; exaltar.

stirring emocionant; commovedor; apassionant.

stirrup estrep (del cavall).

stir up (to) excitar; afuar; incitar.

stitch embasta; punt; puntada.

stitch (to) embastar; cosir; apuntar.

stoat (zool.) ermini.

stock estoc; existències; assortit. / capital; reserves; valors. / tronc; llinatge. / mena de plastró antic.

stock (to) proveir; abastar. / tenir en magatzem.

stockade estacada; mur d'estaques.

stockbreeder ramader; criador de bestiar.

stockbroken corredor de borsa.

stock exchange borsa.

stockholder accionista.

stockinet gènere de punt; teixit elàstic.

stocking mitja; calça.

stockist proveïdor de gèneres per a la venda.

stock-jobber especulador en borsa.

stock-size mida corrent, normal.

stock-still immòbil.

stock-taking inventari.

stocky rabassut i fort.

stockyard tancat on es confina el ramat (mercat, escorxador).

stodge menjar feixuc, atapeït.

stodgy pesat; pesant; atapeït; feixuc; avorrit; tediós.

stoic estoic; impassible.

stoically estoicament.

stoicism estoïcisme.

stoke (to) posar carbó al forn.

stoker fogoner; fogainer.
stole estola.
stolid impassible; apàtic; estòlid; estúpid.
stomach estómac.
stone pedra. / pinyol.
stone (to) apedregar; lapidar.
Stone Age edat de la pedra.
stone-blind cec del tot.
stonechat (orn.) bitxac comú.
stone curlew (orn.) torlit.
stone-dead ben mort.
stone-deaf sord com una campana; sord com una tàpia.
stonemason paleta; que treballa la pedra.
stone-pit pedrera; llosera.
stone's throw (a) curta distància; (a) tret de pedra.
stone to death (to) alapidar; lapidar.
stone trough abeurador; pica.
stony de pedra; empedreït. / pedregós.
stooge ase dels cops; còmic que fa el paper de ridícul.
stool tamboret. / escambell.
stoop inclinació d'espatlles.
stoop (to) encorbar-se; anar inclinat.
stop parada; detenció. / lloc de parada; parada. / (fotog.) diafragma.
stop (to) parar; detenir; cessar. / aturar-se; fer parada i fonda.
stop a tooth (to) empastar un queixal.
stop dead (to) parar en sec, de cop.
stop over (to) interrompre un viatge; per una parada intermèdia.
stoppage interrupció; cessació; suspensió.

stopping empastament (en una càries dental).
stop-watch cronòmetre.
storage magatzematge.
store magatzem; dipòsit.
store (to) emmagatzemar; acumular.
store-room rebost.
stores magatzems; basar.
storey pis; planta (d'un edifici). / casa de planta a peu pla i dos pisos.
storied de pisos. / historiat; amb història.
stork (orn.) cigonya.
storm tempestat; temporal; tempesta.
storm-bound impedit per la tempesta.
storm-lantern llum exterior amb protecció contra el vent.
storm petrel (orn.) ocell de tempesta.
stormy tempestívol; tempestuós.
story conte; rondalla. / pis, planta, d'un edifici.
stoup pica d'aigua beneita.
stout fort; sòlid; ple; corpulent; robust. // cervesa negra forta.
stout-hearted coratjós.
stoutness corpulència; solidesa.
stove estufa; forn. / cuina econòmica.
stove-pipe tub de xemeneia d'estufa.
stow (to) guardar empaquetat i apilat; estibar.
stowaway polissó; viatger clandestí.
straddle (to) eixarrancar-se.
strafe (to) bombardejar. / esbroncar; castigar.
straggle (to) escampar; desordenar. / ressagar-se. / disper-

sar-se; desbandar-se; esgar-
riar-se.
straggler ressagat. / dispers.
straggling desordenat; malendre-
çat.
straight recte; dret. / honrat; ín-
tegre; sincer. // recatament;
directament; de dret.
straight away tot seguit; imme-
diatament.
straightforward franc; obert; na-
tural; sincer.
straightway immediatament; en-
continent.
strain esforç; tensió. / torçada;
revinclada. / propensió; ten-
dència; inclinació. / estil; to;
aire.
strain (to) estirar; torçar; for-
çar; fer tota la força. / can-
sar-se; esgotar-se. / colar; fil-
trar.
strainer colador; filtre; barre-
tina; sedasset.
strains melodia; compassos;
aire.
strait estret; braç de mar. / es-
tretor. // estret; rigorós; pu-
rità.
straiten (to) estrènyer; restrin-
gir; estretir; empobrir.
strand ribera; platja. / filassa;
fibra; fil; bri.
strand (to) encallar; embarran-
car.
stranded desemparat.
strange estrany; rar; peregrí.
stranger foraster; estrany; des-
conegut.
strange to say encara que sem-
bli mentida.
strangle estrangular.
strangle-hold domini total; cop
fatal.

strap corretja.
strap (to) assotar amb una cor-
retja. / subjectar amb corret-
ges.
strap-hanger viatger de peu dret
en un vehicle públic (que s'ha
d'aferrar a un agafador pen-
jant).
strapping corpulent; robust; for-
nit.
strata capes; nivells.
stratagem estratagema.
strategics estratègia.
strategy estratègia.
stratify (to) estratificar-se.
stratosphere estratosfera.
stratum estrat.
straw palla.
strawberry maduixa.
strawberry plant (bot.) madui-
xera.
strawberry-tree (bot.) arboç; ci-
rera d'arboç.
straw-coloured color de palla.
straw-hat barret de palla.
stray esgarriat; perdut.
stray (to) marrar. / esgarriar-se;
perdre's.
straying esgarriament; esgarria-
da.
streak ratlla; traç; llista. / traç;
pinzellada; senyal.
streak (to) córrer, fugir, com un
llamp.
stream torrent; riera; rierol. /
corrua; caravana.
stream (to) fluir; brollar; córrer.
streamer flàmula; bandereta;
serpentina.
streamlet rierol; escòrrec; rieró.
stream-lined aerodinàmic; con-
dicionat a la millor fluïdesa de
l'aire o aigua.
street carrer.

strength força; potència.
strengthen (to) enfortir; reforçar.
strenuous estrenu; esforçat.
streptococcus estreptococ.
streptomycin estreptomicina.
stress pressió; força; imperi; impetuositat; violència. / accent; èmfasi.
stress (to) accentuar; emfasitzar. / insistir; pressionar.
stress-mark diacrític d'accent.
stretch espai; extensió. / estirada; expandiment.
stretch (to) estendre; estirar. / estirar-se; expandir-se.
stretcher baiard; llitera; civera. / dilatador; eixamplador.
stretcher-bearer sanitari que trasllada malalts o ferits amb llitera.
strew (to) escampar; espargir; cobrir.
strewn sembrat; cobert.
striated amb estries; estriat; amb solcs.
stricken damnificat; afectat; afligit; ferit.
strict estricte; exacte. / rigorós.
stricture censura; crítica.
stride gambada; camada; passa.
stride (to) caminar a grans gambades; fer passes de frare convidat.
strident estrident.
strife disputa; baralla; contesa. / rivalitat; enemistat. / conflicte.
strike vaga. / cop; impuls.
strike (to) copejar; colpejar; picar. / topar. / tocar (el rellotge). / rascar (un llumí). / impressionar; afectar; encunyar.

strike-bound afectat per una vaga; paralitzat.
strike-breaker esquirol; obrer que no secunda una vaga.
striker vaguista.
strike up (to) iniciar; començar; entaular.
striking sorprenent; admirable; extraordinari; impressionant.
string cordill. / corda (d'instrument musical). / enfilall; collaret; filera; rosari.
string (to) encordar; posar cordes a un instrument.
string band orquestra; orquestra de corda.
stringency estretor; tibantor. / rigor; severitat.
stringent estricte; rigorós. / tibant.
string up (to) penjar; enforcar.
strip tira; faixa.
strip (to) pelar; despullar; llevar la cobertor, l'escorça, el vestit.
stripe franja; llista; barra; galó. / assot.
stripe (to) ratllar. / assotar.
stripling jovencell; vailet; xicot; adolescent.
strive (to) maldar; esforçar-se.
stroke cop. / campanada. / pinzellada. / jugada. / feridura; atac.
stroke (to) acaronar; passar la mà suaument; amanyagar; amoixar.
stroll passejada; volt; tomb; passeig; excursió.
stroll (to) passejar; rondar; vagar; donar el volt.
strong fort; ferm; dur. / robust. / carregat.
strong-box caixa forta; caixa de cabals; arca.

317

stronghold plaça fortificada; fortalesa.

strong-minded resolut; determinat; decidit.

strong verb verb (anglès) irregular.

strontium (quím.) estronci.

strop corretja per a afilar; suavitzador.

strop (to) afilar; suavitzar amb corretja.

strophe estrofa.

structure estructura; construcció; edifici.

struggle lluita; pugna; brega.

struggle (to) lluitar; pugnar; contendir.

strum arpegi desmanyotat.

strum (to) tocar un instrument musical sense traça, descuradament (piano, guitarra).

strut reforç en una encavallada o armadura. / fatxenderia, ostentació (en caminar).

strut (to) caminar pomposament, amb aires d'importància.

strychnine estricnina.

stub resta; cua; burilla. / rostoll; soca. / conjunt de matrius d'un talonari.

stub one's toe (to) ensopegar.

stubble rostoll.

stubbly raspós; sense afaitar.

stubborn tossut; testarrut; repatani; porfidiós; tenaç.

stubby rodanxó; rabassut.

stucco estuc.

stucco (to) estucar.

stuck-up estarrufat; envanit; superb.

stud botó del coll.

stud (to) tatxonar.

stud-book registre genealògic de cavalls.

student estudiant; alumne.

stud-farm cavallerissa.

studio estudi; cambra de treball d'un artista; salons de ràdio, televisió, cinematografia.

studious estudiós. / assidu.

study estudi; assignatura. / meditació; atenció mental. / cambra d'estudi.

study (to) estudiar; investigar; examinar.

stuff matèria; material; substància. / gèneres. / drap; teixit. / farciment; farcit.

stuff (to) farcir; embotir; omplir; atapeir; reblir; inflar. / dissecar; preparar un animal perquè tingui aparença de viu.

stuffing farciment.

stuffy sufocat; mal ventilat; caldejat d'atmosfera; encofurnat.

stultify (to) anuŀlar; treure importància; ridiculitzar.

stumble ensopegada; relliscada; entropessada.

stumble (to) ensopegar; entropessar.

stumble aloŋg (to) fer tentines. / parlar confusament.

stumbling-block obstacle; objecte que fa ensopegar; entrebanc; impediment.

stump soca; calcinal; monyó.

stump (to) abatre; tombar. / fer discursos polítics. / esfumar (un dibuix).

stump-orator orador de carrer.

stump up (to) pagar; afluixar; desembutxacar.

stumpy rabassut; baix i gras.

stun (to) estabornir; atordir; torbar; trastornar.

stunning atordidor; estupefaent; encisador; esplèndid.

stunt gran reclam publicitari; maniobra sensacional.

stunt (to) impedir la creixença; atrofiar.

stupefaction atordiment; estupor; estupefacció.

stupefy (to) atordir; esbalair; astorar; deixar estupefacte.

stupendous estupend; admirable.

stupid estúpid; enze.

stupidity estupidesa.

stupor estupor; estupefacció.

sturdy robust; ferm; fort. / rude; tosc. / tenaç.

sturgeon (ict.) esturió.

stutter quequesa; quequia.

stutter (to) quequejar; repetir les síl·labes inicials.

stutterer quec; que repeteix les síl·labes inicials.

sty soll; cort de porcs. / mussol (inflamació de la parpella).

style estil; punxó. / estil; moda. / títol; designació honorífica.

style (to) adreçar-se a alguna personalitat amb indicació del títol o tractament.

stylish a la moda; elegant.

stylist estilista; d'estil refinat.

stylograph ploma estilogràfica primitiva.

stylus agulla de gramola.

suasion persuasió.

suave suau.

suavity suavitat.

subaltern subaltern; alferes.

subconscious subconscient. // subconsciència.

subcutaneous subcutani.

subdue (to) subjugar; conquerir; sotmetre.

subdued tènue; suau; apagat. / subjugat.

subheading subtítol.

subhuman infrahumà; menys que humà.

subject subjecte. / assumpte; tema; matèria. / súbdit. // propens; exposat.

subject (to) sotmetre; dominar.

subjective subjectiu; personal.

subject to subjecte a; dependent de.

subjoin (to) afegir al final; adjuntar.

subjugate (to) subjugar; sotmetre.

subjunctive subjuntiu.

sublease sots-arrendament.

sublease (to) sots-arrendar; rellogar.

sublet (to) sots-arrendar; rellogar.

sublimate sublimat.

sublimate (to) sublimar; solidificar; gasificar. / sublimar; idealitzar.

sublime sublim.

subliminal sots-liminar; fora de l'abast de la consciència.

submarine submarí.

submerge (to) submergir.

submission submissió; subjecció; obediència.

submissive submís.

submit (to) sotmetre. / sotmetre's.

subnormal inferior a la normalitat.

subordinate subordinat. / (oració) subordinada.

subordinating conjunction (gram.) conjunció de subordinació.

subordination subordinació; subjecció.

suborn (to) subornar.

subpoena citació (judicial).
subpoena (to) citar (judicial-
ment).
subscribe (to) subscriure. /
subscriure's.
subscriber subscriptor.
subscription subscripció.
subsequent subseqüent; subse-
güent.
subserve (to) ajudar; protegir;
servir.
subservient servicial; complaent;
cortès.
subside (to) minvar; baixar
de nivell; enfonsar-se; ensul-
siar-se.
subsidence ensulciada; enfonsa-
ment.
subsidiary subsidiari; tributari;
dependent.
subsidize (to) subvencionar.
subsidy subvenció; subsidi.
subsist (to) subsistir; viure;
existir.
subsistence subsistència; mit-
jans de vida.
subsoil subsòl.
subsonic subsònic; velocitat in-
ferior a la del so.
substance substància; element.
substantial substancial; sòlid;
considerable.
substantiate (to) justificar; apor-
tar proves en un plet o litigi.
substantive substantiu; real; ve-
ritable.
substitute substitut; suplent.
substitute (to) substituir; reem-
plaçar.
substratum substrat; substrà-
tum.
subtend (to) (geom.) subtendir.
subterfuge subterfugi; excusa;
escapatòria.

subterranean subterrani; de sota
terra.
subtitle subtítol; segon títol.
subtle subtil. / astut.
subtlety subtilitat; astúcia.
subtly subtilment.
subtopia uniformitat; monotonia.
subtract (to) sostreure; restar.
subtraction subtracció; resta.
subtrahend subtrahend.
suburb suburbi; raval.
suburban suburbà.
subvention subvenció; subsidi.
subversion subversió; capgira-
ment.
subversive subversiu; revolucio-
nari.
subvert (to) subvertir; desorde-
nar.
subway pas subterrani.
succeed (to) reeixir; triomfar;
tenir èxit. / succeir; reempla-
çar; heretar.
success èxit; triomf; reeixida.
successful reeixit; satisfactori.
succession successió.
successive successiu.
successively successivament.
successor successor; hereu.
succint succint; concís.
succour socors; ajuda.
succour (to) socórrer; ajudar.
succulent suculent; sucós. / car-
nós; polpós.
succumb (to) sucumbir; rendir-
se; perir; morir.
such tal; semblant. // tan.
suchlike semblant; d'aquesta
classe.
suck xuclada; mamada; succió.
sucker xuclador. / ventosa. /
brot: grífol. / ingenu; crèdul.
suckle (to) alletar; nodrir; criar.
suckling nodrissó; lactant.

suction succió.
Sudanese sudanès.
sudden sobtat; d'improvís; de sobte.
suddenly sobtadament; improvisadament.
suddenness brusquedat; sobtositat.
suds sabonera; escuma; bromera de bombolles petites.
sue (to) suplicar; sol·licitar; demandar.
suède mena de pell per a guants o calçat.
suet sèu; saïm (greix); sagí.
suffer (to) sofrir; patir. / aguantar; tolerar.
sufferance permís; llicència; consentiment de mal grat.
sufferer pacient; víctima; perjudicat.
suffice (to) bastar; ésser suficient.
suffix sufix.
suffocate (to) sufocar; asfixiar.
suffragan sufragani; auxiliar; dependent.
suffrage sufragi; vot.
suffuse (to) difondre; amarar; banyar; escampar.
sugar sucre.
sugar (to) ensucrar; endolcir.
sugar basin sucrera.
sugar beet (bot.) remolatxa per a sucre; bleda-rave per a sucre.
sugar bowl sucrera.
sugar candy sucre candi.
sugar cane (bot.) canya de sucre; canya dolça.
sugar loaf pa de sucre.
sugar-tongs pinces per a sucre en terrossos.
suggest suggerir.

suggestible suggestible; influïble.
suggestion insinuació; influència. / suggestió; suggeriment.
suggestive suggestiu; incitant.
suicidal suïcida; greument temerari.
suicide suïcida. / suïcidi.
suit vestit (de sastreria). / plet; litigi. / petició. / sol·licitació de la mà d'una noia.
suit (to) ajustar; escaure; caure bé; convenir.
suitable adequat; escaient; convenient.
suit-case maleta.
suite seguici; escorta; acompanyament. / joc de mobles; mobiliari pertinent. / sèrie de cambres essencials en un departament hoteler. / (mús.) composició amb diversos motius d'una mateixa obra.
suiting roba per a vestit.
suitor pretendent; seguidor. / demandant.
sulk (to) estar de mal humor. / emmurriar.
sulks emmurriament; abatiment; marriment.
sulky emmurriat; sorrut. // calessa petita, individual.
sullen malhumorat; malcarós; malagradós. / ombrívol; obagós.
sully (to) embrutar; tacar.
sulphate (quím.) sulfat.
sulphide sulfur.
sulphonomides sulfamides.
sulphur sofre.
sulphuric sulfúric.
sulphuric acid àcid sulfúric; oli de vidriol.
sultan sultà.

321

sultana mena de pansa.

sultry xafogós; calorós; sufocant.

sum suma. / quantitat. / operació aritmètica; problema aritmètic.

sum (to) sumar; compendiar.

summarize (to) resumir; condensar.

summary sumari; compendi; resum.

summer estiu.

summersault salt mortal.

summit cim; cimadal; cima; pinacle; cúspide.

summon (to) convocar; citar; cridar; emplaçar.

summons requeriment; notificació; citació.

sump colador; embornal; desguàs.

sumpter atzembla.

sumptuous sumptuós.

sum up (to) resumir; recapitular.

sun sol (astre).

sun (to) assolellar; assolellarse; posar-se al sol.

sun-bath bany de sol.

sun-bathe (to) prendre un bany de sol.

sunbeam raig de sol.

sun-bonnet mena de còfia d'ala ampla.

sunburn cremada del sol (a la pell).

sunburned torrat del sol; bronzejat.

Sunday diumenge.

sunder (to) separar; dividir.

sun-dial rellotge de sol.

sundry variats; diversos; diferents.

sunflower (bot.) gira-sol.

sun-glasses ulleres de sol.

sunken enfonsat; ensotat.

sun-lamp llum de sol artificial, de raigs ultravioleta.

sunless sense sol; ombriu; obac.

sunlight llum del sol; sol.

sunlit il·luminat pel sol; que hi toca el sol.

sunny assolellat.

sun-rays raigs ultravioleta.

sunrise sortida del sol.

sunset posta del sol; posta.

sunshade ombrel·la.

sunshine llum del sol; sol.

sun-spot taca del sol.

sunstroke insolació; assolellada; solellada.

suntan colrat pel sol.

sup glop; xarrupada.

sup (to) xarrupar.

superabundance sobreabundància; abundància.

superannuate (to) jubilar; retirar.

superb superb; magnífic.

supercilious desdenyós; altiu; arrogant.

supererogation supererogació; fer més del compte; ultrapassar el compliment del deure.

superficial superficial; extern; epidèrmic. / lleuger; frívol.

superficies superfície. / aparença exterior.

superfluous superflu.

superhuman sobrehumà.

superimpose (to) sobreposar.

superintend (to) dirigir; vigilar; inspeccionar.

superintendence superintendència.

superior superior.

superlative superlatiu.

superman superhome.

supermarket supermercat; gran botiga d'autoservei.

supernal suprem; diví; celestial; supernal.

supernatural sobrenatural.

supernumerary supernumerari.

superscription sobrescrit.

supersede (to) substituir; reemplaçar.

supersonic supersònic.

superstition superstició.

superstitious supersticiós.

superstructure construcció sobre d'una altra, que fa de base.

supervene (to) sobrevenir; esdevenir-se.

supervise (to) inspeccionar; revisar.

supervisor inspector; interventor.

supine supí; de sobines.

supper ressopó; sopar.

supplant (to) reemplaçar; suplir. / suplantar; substituir.

supplanter suplantador.

supple flexible; mal·leable.

supplement suplement.

supplement (to) afegir; incrementar.

suppliant suplicant; implorant.

supplicate (to) suplicar; instar; implorar.

supplier proveïdor; subministrador.

supplies subministre; provisió.

supply forniment; subministre; abastament; provisió.

supply (to) subministrar; abastar; fornir; proveir.

support suport; estrep; empara. / ajut.

support (to) suportar; sostenir; mantenir.

supporter partidari; sostenidor.

suppose (to) suposar; creure; pensar.

supposition suposició; suposança; probabilitat.

suppress (to) suprimir; eliminar; abolir. / reprimir; sufocar; apagar.

suppressor (elect.) aparell supressor d'interferències en ràdio o televisió.

suppurate (to) supurar.

supremacy supremacia.

supreme suprem.

supremely supremament.

surcharge sobrecàrrega. / sobretaxa; excés d'impost.

surcharge (to) sobrecarregar.

sure segur; cert; sens dubte. // certament.

surely segurament; certament.

sureness seguretat; certesa.

surety seguretat. / garantia.

surf rompent; l'ona quan romp; trencant.

surface superfície; cara exterior.

surfeit fart; tip; satisfet. / excés (de).

surfeit (to) afartar-se; atipar-se.

surf-riding esquí aquàtic; esport marítim amb una mena d'esquí a grat de les ones rompents.

surge ona; onada.

surge (to) onejar; ondular.

surgeon cirurgià.

surgery cirurgia. / gabinet; clínica mèdica.

surgical quirúrgic.

surliness mal humor; aspror; mal geni.

surly rondinaire; aspre; brusc; malcarat.

surmise conjectura; suposició; hipòtesi.

323

surmise (to) conjecturar; pressuposar; preveure.

surmount (to) superar; vèncer; coronar.

surmountable superable.

surname cognom.

surpass (to) ultrapassar; millorar; exceŀlir; superar.

surpassing superior; exceŀlent; incomparable.

surplice sobrepellís.

surpliced revestit amb sobrepellís.

surplus sobrant; restant. / excés.

surprise sorpresa.

surprise (to) sorprendre.

surprised sorprès; admirat.

surprising sorprenent.

surrealism surrealisme.

surrender rendició; submissió. / cessió; renúncia.

surrender (to) lliurar-se; donar-se; rendir-se. / abandonar; renunciar.

surreptitious subreptici.

surreptitiously subreptíciament; secretament.

surrogate vicari. / substitut.

surrogate (to) substituir; subrogar.

surround (to) encerclar; circumdar.

surrounding circumdant.

surroundings rodalies; voltants; encontorns.

surtax taxa addicional.

surveillance inspecció; revisió; vigilància.

survey ullada general; inspecció; examen; reconeixement.

survey (to) inspeccionar; reconèixer; examinar.

surveying agrimensura.

surveyor topògraf; agrimensor.

survival supervivència. / vestigi; relíquia.

survive (to) sobreviure.

survivor supervivent; sobrevivent.

susceptible susceptible.

suspect persona sospitosa. // sospitós; suspecte.

suspect (to) sospitar; creure; imaginar-se; malfiar-se.

suspend (to) suspendre; penjar.

suspender lligacama; garrotera.

suspenders elàstics; tirants.

suspense incertesa; espera; inquietud; ansietat; dubte.

suspension suspensió.

suspension bridge pont suspès, penjant.

suspicion sospita.

suspicious sospitós; suspecte. / suspicaç; recelós.

sustain (to) sostenir; aguantar; sustentar. / resistir; suportar; sofrir.

sustenance aliment; qualitat nutritiva. / sustentació.

suture sutura.

suzerain sobirà; senyor; príncep.

svelte esvelt; airós (persona).

swab fregall. / cotó per a netejar; compresa.

swab (to) netejar amb fregall.

swaddle (to) bolcar; posar bolquers.

swaddling-clothes bolquers.

swag farcell; bagatge. / objectes robats; roberia; botí.

swagger fanfarroneria; insolència.

swagger (to) fanfarronejar; pinxejar; bravejar.

swain enamorat; galant. / vailet; minyó; rabadà; sagal.

swallow (orn.) oreneta. / glop; tirada.

swallow (to) empassar-se. / engolir.

swallow-tailed coat frac.

swamp fanguissar; fangar; aiguamoll; indret ple de llot.

swamp (to) inundar; cobrir (de).

swampy pantanós; marjalenc.

swan (orn.) cigne.

swank ostentació. / fanfarró; presumit; elegant.

swank (to) presumir; fanfarronejar.

sward gespa; herbei; verd.

swarm eixam. / formiguer; multitud; gernació.

swarm (to) amuntegar-se; arremolinar-se; pul·lular; infestar; envair.

swarthy bru; colrat; negre.

swashbuckler pinxo; perdonavides; espadatxí.

swastika esvàstica; creu gammada.

swat (to) aixafar; esclafar.

swater (pala) matamosques.

swath rastellera d'herba dallada.

swathe (to) embenar; enfaixar.

sway preponderància; superioritat; domini; influència poder; imperi.

sway (to) oscil·lar; vinclar; brandar. / trontollar. / empunyar; manejar.

swear (to) jurar. / renegar; blasfemar.

swear at (to) maleir.

swear-word blasfèmia; renec.

sweat suor.

sweat (to) suar.

sweated labour treball mal pagat.

sweater suèter; jersei.

sweaty suorós; suós; suat; laboriós; treballós.

Swede n. suec.

Swedish adj. suec.

sweep escombrada. / curs; via. / ala de molí de vent. / escuraxemeneies.

sweep (to) escombrar. / passar corrents, de pressa.

sweeper escombrador.

sweepstakes juguesca en curses de cavalls.

sweet dolç; llamí; bombó. // dolç. / perfumat; olorós.

sweet-brier (bot.) rosa silvestre.

sweeten (to) endolcir.

sweet-heart enamorat. / amat; amant; aimia; promès; promesa.

sweetmeat llamí; dolç; xocolatí.

sweetness dolçor; dolcesa.

sweet-oil oli d'oliva.

sweet-pea (bot.) pèsol d'olor.

sweet potato (bot.) batata; moniato.

sweet-william (bot.) clavell de pom.

swell inflor. / mar grossa. / (mús.) creixent.

swell (to) inflar. / inflar-se; augmentar; créixer.

swelling inflor; bony; banya.

swelter (to) sufocar-se; ofegarse de calor.

swerve desviació; viratge.

swerve (to) desviar-se; apartarse; fer-se a un costat.

swift ràpid; veloç; prompte. // (orn.) falciot negre.

swiftness rapidesa; velocitat.

swig glop; beguda directa de l'ampolla.

swig (to) beure a grans glops.

swim nedada.

swim (to) nedar.
swimmer nedador.
swimming costume vestit de bany.
swimming-pool piscina.
swindle estafa; estafada; entabanada.
swindle (to) estafar; enganyar; engalipar.
swindler estafador; afaitapagesos.
swine (zool.) porc; porcs.
swineherd porcairol; porquerol.
swing gronxador; engronxadora.
swing (to) gronxar; bressolar. / gronxar-se; balandrejar; balancejar.
swinge (to) assotar; pegar fort.
swipe cop fort.
swipe (to) picar fort; donar un bon cop.
swirl remolí.
swirl (to) girar; giravoltar; fer remolins.
swish brunzit; brunziment; xiulet; fru-fru.
swish (to) brunzir; brunzinar; xiular.
Swiss suís.
switch interruptor; commutador; agulla ferroviària.
switch (to) commutar; desviar.
switch back muntanyes russes.
switch board quadre de distribució (telefònic o elèctric).
switch off (to) desconnectar; apagar.
switch on (to) connectar; encendre.
swivel baula giratòria; dispositiu giratori.
swivelling giratori; rotatori.
swoon desmai; esvaniment; basca.

swoon (to) defallir; desmaiar-se.
swoop abatiment; descendiment ràpid (d'una au de rapinya) sobre la presa.
swoop (to) abatre's; abalançar-se; precipitar-se damunt; llançar-se al damunt.
swop intercanvi; bescanvi; barata.
swop (to) intercanviar; bescanviar; baratar.
sword espasa.
sword-fish (ict.) peix espasa.
swordsman esgrimidor.
swot treball, estudi ardu.
swot (to) estudiar molt; cremar-se les celles.
sybarite sibarite.
sycamore sicòmor.
sycophant adulador; llepaire.
syllable síl·laba.
syllabus sumari; programa; catàleg.
syllogism síl·logisme.
sylph sílfide.
sylvan silvestre; selvàtic; boscós.
symbol símbol.
symmetry simetria.
sympathetic afí; simpàtic. / comprensiu; compassiu.
sympathize (to) simpatitzar; concordar.
sympathizer simpatitzant; adepte; sequaç.
sympathy simpatia; afinitat; comunitat de sentiments. / compassió; condolència. / comprensió.
symphony simfonia.
symposium col·lecció de treballs de diferents autors sobre un mateix tema.
symptom símptoma.

synchromesh (mecàn.) canvi de marxes sincronitzat.
synchronize (to) sincronitzar.
syncopate (mús.) sincopar; anar contra el ritme.
syncope (med.) síncope. / síncope.
syndicate sindicat.
synod sínode.
synonym sinònim.
synopsis sinopsi.

syntax sintaxi.
synthesis síntesi.
synthetize (to) sintetitzar.
syntonize (to) sintonitzar.
syphilis sífilis.
Syrian sirià.
syringa (bot.) xeringuilla.
syringe xeringa.
syringe (to) xeringar; injectar.
syrup xarop.
system sistema; mètode.

THE MORE THE MERRIER
Com més serem més riurem

tab etiqueta de roba; bocí de cinta com a senyal distintiu.
tabard tabard. / túnica usada en temps antics sobre l'armadura.
tabby gat tigrat.
tabernacle tabernacle.
table taula.
table-cloth tovalles.
table-land (geog.) calm; pla; calma; tossol.
table-linnen joc de taula; tovalles i tovallons.
table-spoon cullera gran, per a servir de la plata.
tablet pastilla; comprimit. / placa. / làpida. / planxa.
table-tennis ping-pong.
table-ware plats i coberts, vaixella; escudellam; servei de taula.
tabloid periòdic amb molts dibuixos, il·lustracions i notícies breus.

taboo tabú.
tabor tamborí.
tabouret tamboret. / bastidor.
tabulate (to) arranjar (noms, quantitats) en columnes.
tacit tàcit; sobreentès.
taciturn taciturn; callat; eixut.
tack xinxeta (per a clavar).
tack (to) embastar. / clavar amb xinxetes. / navegar en zig-zag.
tackle equip; ormeig; conjunt d'estris.
tackle (to) interceptar; sortir al pas; atallar. / abordar; afrontar. / lluitar. / forcejar.
tacky humit; moll.
tact tacte; discreció.
tactful discret; diplomàtic.
tactician tàctic; expert en tàctica; estrateg.
tactics tàctica; estratègia.
tactile tàctil; tangible.
tactual expert en el tacte; amb sensibilitat de tacte.

327

tadpole (zool.) cap-gros; culle-reta.

taffeta tafetà.

taffrail passamà, barana de la coberta d'un vaixell.

taffy mena de caramel.

tag capçat; virolleta metàl·lica del cap dels cordons de sabata. / frase comuna; additament.

tag (to) seguir (enganxat); anar darrera.

tail cua; apèndix posterior d'alguns animals.

tail after (to) seguir (algú); trepitjar els talons.

tail-less escuat; sense cua.

tail-light fanal vermell del darrer vagó (d'un tren).

tailor sastre.

tailor (to) confeccionar; tallar un vestit.

tail piece cul-de-llàntia; vinyeta.

tails creu (oposat a cara). / frac.

taint taca; tara.

taint (to) corrompre; infectar.

take (to) agafar; prendre. / emportar-se; portar (algú o quelcom a algun lloc). / capturar; caçar. / menjar; beure; prendre.

take advantage (to) aprofitar-se; beneficiarse.

take away (to) treure; expulsar; extreure.

take back (to) retractar-se.

take cover (to) aixoplugar-se; arrecerar-se.

take down (to) despenjar; baixar; demolir.

take exception (to) desaprovar; oposar-se.

take in (to) admetre; rebre; ac-ceptar. / enganyar; engalipar. / captar; entendre.

take it easy (to) prendre-s'ho amb calma.

take off (to) treure's (vestits).

take on (to) encarregar-se; responsabilitzar-se.

take out (to) extreure; extirpar.

take over (to) prendre possessió; encarregar-se.

take place (to) tenir lloc; realitzar-se.

take to (to) dedicar-se; consagrar-se; donar-se a.

take up (to) aixecar; recollir. / esmerçar; ocupar. / emprendre.

taking atractiu; encisador.

talc talc.

talc powder pólvores de talc.

tale conte; contarella; rondalla.

tale-bearer espieta; trompeta; delator.

talent talent.

tale-teller contista; rondallaire.

talisman talismà.

talk conversa; xerrada.

talk (to) parlar; enraonar; xerrar.

talkative garlaire; xerraire; parlador.

talkie film sonor.

tall alt; espigat. / exagerat.

tallness alçada; talla; estatura.

tallow sèu; greix animal.

tally etiqueta; bitllet; resguard.

talon urpa; grapa.

talus talús.

tamarind tamarinde.

tamarisk (bot.) tamariu.

tambourine pandereta.

tame domesticat; domat.

tame (to) domesticar; domtar; domar.

tamer domador.

tam-o-'shanter boina escocesa.

tamp (to) piconar; atapeir.

tamper (to) espatllar; fer malbé; potinejar; maneflejar; tafanejar.

tan castany; lleonat. / torrat; colrat.

tan (to) assaonar; adobar. / colrar.

tandem tàndem.

tang regust; gust picant, fort.

tangent tangent.

tangerine mandarina. / (bot.) mandarí.

tangible tangible; palpable.

tangle embolic; embull.

tangle (to) embolicar; enxarxar; embullar.

tango tango.

tank dipòsit.

tankard boc; got per a beure cervesa, amb tapa unida.

tanker petroler (vaixell).

tanner assaonador; blanquer; adobador. / mig xíling.

tannic tànnic.

tannin taní; àcid tànnic.

tansy (bot.) atanàsia.

tantalize (to) tantalitzar; fer glatir, gruar, glatir, delir.

tantamount equivalent.

tantrum rabiola; enrabiada; rebequeria.

tap aixeta. / cop lleuger; truc; pic; tust; repicó.

tap (to) donar copets; picar lleument.

tape cinta; veta.

tape-line cinta mètrica.

tape-measure cinta mètrica.

taper candela; candeleta.

taper (to) afilar; esprimatxar d'una punta.

tape-recorder magnetòfon.

tapestry tapís. / tapisseria.

tapeworm tènia; solitària.

tapioca tapioca.

tapir (zool.) tapir.

tapster mosso de cerveseria; taverner.

tar quitrà.

tar (to) enquitranar.

taradiddle bòfia; mentida; bola.

tarantella (mús.) tarantel·la.

tarantula taràntula; aranya.

tarboosh mena de fes (casquet).

tardiness tardança; ganseria; trigança.

tardy tardà; lent; tocatardà.

tare tara; diferència del pes brut al pes net.

tares cugula; mala herba.

target objectiu; fitó; meta.

tariff tarifa.

tarn petit llac de muntanya.

tarnish deslluïment.

tarnish (to) deslluir; desenllustrar; entelar.

tarpaulin tela encerada; tela de lona.

tarpon (ict.) peix d'aigües càlides de l'Atlàntic.

tarragon (bot.) dragonet; estragó.

tarry enquitranat.

tarry (to) tardar; ésser lent; quedar-se enrera.

tartan teixit escocès de llana; tartà.

tartar tosca; carrall. // persona violenta, molestosa, rude.

task tasca; labor.

tassel borla.

taste tast; gust; sabor.

taste (to) tastar; paladejar. / assaborir; sentir el gust, el sabor. / tenir gust de.

tasteful saborós. / de gust; elegant.

tasteless fat; insípid.

taster tastador; degustador.

tasty saborós; gustós.

tat (to) fer puntes, brodats, frivolité.

tata adéu (en llenguatge infantil).

tatter pellingot; pelleringa; parrac.

tatterdemalion persona espellifada, esparracada.

tattered espellifat; fet pelleringues.

tatting puntes; brodats; frivolité.

tattle xerrameca; parloteig; vèrbola.

tattle (to) xerrar; garlar.

tattoo tatuatge. / retreta. / repic amb els dits.

tattoo (to) tatuar.

tattooing tatuatge.

tatty brut; descurós; deixat; espellifat.

taunt mofa; sarcasme; retret sarcàstic.

taunt (to) mofar-se; satiritzar; fer befa.

taut tibant. / a punt; en regla; enllestit.

tautology tautologia; repetició.

tavern taverna.

tawdry virolat; llampant; estrident.

tawny lleonat; colrat; groc castany; falb.

tawny owl (orn.) gamarús.

tax impost; taxa; contribució.

tax (to) establir impostos. / taxar.

taxation tributació.

taxi (cotxe) taxi.

taxidermy taxidèrmia; dissecació.

taxi-driver taxista; conductor d'auto-taxi.

taxpayer contribuent; contributari.

tea te. / berenar.

tea-caddy pot per al te.

tea-cake pastís per al te, generalment amb mantega.

teach (to) ensenyar; instruir.

teacher mestre; professor.

teacup tassa per al te.

teak (bot.) teca.

tea-kettle recipient per a escalfar l'aigua del te.

team equip; colla; bàndol.

tea-party festa, reunió, de tarda, per al te.

teapot tetera.

tear llàgrima. / estrip; set; esquinç.

tear (to) estripar; esquinçar.

tearful llagrimós; plorós.

tear up (to) arrencar. / fer trossos; trossejar.

tease persona amiga de fer la guitza; empipador. / importunitat; broma.

tease (to) empipar; fer la guitza; turmentar.

teasel (bot.) cardot.

teaser empipador; enutjós.

teaspoon cullereta de te.

tea-trainer colador per al te.

teat mugró; mamella.

tea-time hora del te; hora del berenar.

technical adj. tècnic.

technician n. tècnic; expert en tècnica.

technique tècnica.

technology tecnologia.

teddybear ós de joguina.

teddy boy trinxeraire; jove descurat per exhibició.

tedious tediós; fatigós; avorrit.

teem (to) produir; generar; criar; fornir. // abocar; buidar. / abundar; pul·lular.

teenager jove de tretze a dinou anys.

teens edat entre els tretze i els dinou anys.

teeter (to) balancejar-se, oscil·lar, en un balancí de palanca.

teethe (to) treure les primeres dents.

teething dentició.

teetotal adj. abstemi; aiguader.

teetotaller n. abstemi.

teetotum virolet; petita baldufa. sisavada o quadrada amb números als cantells per a fer sorts.

teg be de dos anys.

tegument closca protectora de certs animals.

telecast teledifusió.

telegram telegrama.

telegraph telègraf.

telegraph (to) telegrafiar.

telepathy telepatia.

telephone telèfon.

telephone (to) telefonar.

telephotography telefotografia; fotografia a distància amb teleobjectiu.

teleprinter teletip; procés mecanogràfic a distància.

telescope telescopi.

telescopic telescòpic.

teleview (to) veure per televisió.

televiewer televident.

televise (to) televisar; emetre per televisió.

television televisió.

tell (to) dir; comunicar; contar.

teller narrador; escrutador (en una votació).

tell off (to) designar per a un servei; cridar l'atenció; advertir.

telltale delator; revelador; indicador.

telpher transportador per cable; telefèric.

temerity temeritat; imprudència.

temper geni; humor; jeia; tarannà. / tremp.

temper (to) temperar; moderar. / trempar; temperar. / ajustar.

temperament temperament; manera d'ésser.

temperance moderació; temprança; autodomini.

temperate temperat; moderat.

temperature temperatura; febre; grau de calor o fred.

tempest tempesta; tempestat.

tempestuous tempestós; tempestuós.

template plantilla; model.

temple temple. / templa; pols.

tempo (mús.) temps; moviment.

temporal adj. temporal (temps). / temporal; secular; material.

temporary temporal; transitori; provisori.

temporize (to) fer temps; perdre temps; temporitzar.

tempt (to) temptar; induir.

temptation temptació.

tempter temptador; diable.

ten deu; una desena.

tenable sostenible; defensable.

tenacious tenaç.

tenant arrendatari; llogater; estadant.

tench (ict.) tenca.

tend (to) tendir; propendir. / atendre; vetllar; guardar.

tendency tendència; propensió; inclinació.

tendentious tendenciós; propens.

tender tendre. / susceptible; sentit. // **tènder**. / remolcador; bot auxiliar. / oferta; oferiment.

tender (to) oferir; fer una oferta.

tenderfoot novençà; passerell; pipioli; inexpert.

tender-hearted compassiu; apiadat.

tenderness tendresa.

tendon tendó.

tendril circell; filament de plantes enfiladisses.

tenement pis de lloguer; apartament.

tenet principi; doctrina; credo; dogma.

tenner bitllet de deu lliures.

tennis tennis.

tenon piu; peça sortint que encaixa en un buit.

tenor tenor.

tenpins joc de bitlles amb deu peces.

tense tens; tibant. // temps (verbal).

tense (to) tesar; tibar; estirar.

tensile de tensió.

tension tensió.

tent tenda; pavelló.

tentacle tentacle.

tentative provisional; d'assaig.

tentatively provisionalment.

tenth desè.

tenuous tènue; prim; subtil.

tenure tinença; possessió.

tepee tenda de campanya dels indis d'Amèrica.

tepid tebi.

tergiversate (to) tergiversar; deformar; falsejar.

term curs; període; trimestre. / paraula; terme; vocable. / condició; clàusula. / terme (algebraic).

term (to) anomenar. / anomenar-se.

termagant harpia; bruixa; dona baralladissa.

terminal trimestral; de temporada. / terminal; final. // fi de trajecte; estació terminal. / (elect.) contacte terminal.

terminate (to) acabar; cloure; finir.

termination terminació; tancament; consumació.

terminology terminologia; vocabulari.

terminus estació terminal.

termite tèrmits. (pl.).

terms termes; condicions. / relacions.

tern (orn.) xatrac.

terrace terrat; terrassa. / terraplè.

terra-cotta terra cuita; terrissa.

terrain terreny; sòl.

terrapin tortuga comestible americana.

terrestrial terrestre. / terrenal.

terrible terrible.

terribly terriblement.

terrific terrífic.

terrify (to) aterrir; espantar.

territory territori.

terror terror.

terse concís; succint.

tertian (febre) terçana.

tertiary terciari.

tessellated tessellat; (mosaic) fet de tesselles.

test prova; examen.

test (to) provar; examinar; experimentar; comprovar.

testament testament.

testator testador.

tester dosser; cobricel; baldaquí. / reactiu. / assajador.

testicle testicle.

testify (to) testificar.

testimony testimoni.

testy enfadadís; irritable.

tetanus tètanus.

tetchy irritable; enfadadís.

tête-a-tête entrevista; conversa confidencial.

tether corretja per a fermar animals.

tether (to) fermar (un animal).

Teuton teutó.

text text.

textbook llibre de text.

textile teixit. // tèxtil.

textual textual.

texture contextura; estructura; textura. / teixit.

than que (conj. de termes comparats desigualment; més que, menys que.).

thane cavaller; gentilhome; militar; hisendat.

thank (to) agraîr; donar gràcies; regraciar.

thankful agraït.

thankfulness agraïment; gratitud; reconeixença.

thank God gràcies a Déu.

thank goodness per sort; gràcies a Déu.

tankless ingrat; desagraït.

thanks gràcies; mercès.

thanks awfully moltíssimes gràcies.

thanks be to God donem gràcies a Déu.

thanksgiving acció de gràcies. / gratitud.

thank you gràcies; mercès.

that aquell; aquella; aqueix; aqueixa. // allò, aquell; aquella; aqueix; aqueixa. / que, el, la qual; els, les quals. // conj. que.

thatch teulada de palla, de canyes.

that is why és per això que; per consegüent.

that's right això mateix; exactament; exacte.

thaw desglaç; desgel.

thaw (to) desglaçar. / fondre's.

the art. el; la; els; les.

theatre teatre.

theatregoer aficionat al teatre; assidu del teatre.

theatrical teatral.

the best el, la millor; els, les millors.

thee (arcaic) tu (complement).

theft robatori; furt.

their llur; llurs.

theirs d'ells; d'elles; seu; seva; seus; seves.

theism teisme; creença en Déu.

the less quant menys; com menys (comparatiu directament o inversament proporcional).

them (complement) ells; elles. / els; les; -los.

theme tema.

the more quant més; com més (comparatiu directament o inversament proporcional).

themselves ells mateixos; elles mateixes; si mateixos; si mateixes.

then aleshores; llavors. / després.

thence d'allà; d'allí; des d'allà; des d'allí. / per això; per conseqüent.

thenceforth d'aleshores ençà; des d'aleshores.

thenceforward d'aleshores ençà.

theodolite teodolit.

theologist teòleg.

theology teologia.

theorem teorema.

theoretical adj. teorètic. / teòric.

theoretically teòricament.

theory teoria.

theosophy teosofia.

therapeutic terapèutic.

therapeutics terapèutica.

therapy teràpia; terapèutica.

there allà; allí. / hi.

thereabout a prop de; aproximadament; uns; unes; a bell ull; poc més o menys.

thereafter després d'això.

there are hi ha (plural).

thereby per això; d'aquesta manera. / en relació amb això.

therefore per conseqüent; per aquesta raó.

therein en això; en aquesta cosa.

there is hi ha (singular).

thereof d'això; de la qual cosa.

thereupon per tant; per conseqüent.

there was (sing.) hi havia.

there were (plu.) hi havia.

therewith amb això; amb la qual cosa.

therewithal al mateix temps; a més d'això; a més a més.

therm unitat tèrmica.

thermal termal.

thermometer termòmetre.

thermos termos; recipient que conserva el calor.

thermostat termostat.

thesaurus diccionari literari.

these aquests; aquestes. // (plu.) això.

thesis tesi.

thews músculs. / força muscular.

they ells; elles.

thick gruixut; espès; dens. // espessament.

thicken (to) espesseir.

thicket brolla; sotabosc; espessor; frondositat.

thickheaded estúpid; malapte; talòs; llondro.

thickly espessament; densament.

thickness espessor; gruix.

thief lladre.

thieve (to) furtar; robar.

thievery robatori.

thievish de lladres; propi de lladre.

thigh cuixa.

thimble didal.

thimbleful didal; quantitat molt petita de líquid.

thin prim; fi.

thine (arcaic) teu; teva; teus; teves.

thinness primesa; primària; primor; tenuïtat.

thing cosa.

thingamy dallonses; com es digui; en daixonses.

think (to) pensar; creure.

thinkable pensable; concebible.

think about (to) considerar; pensar; estudiar.

thinker pensador; filòsof.

thinking adj. pensador; reflexiu; que pensa.

think of (to) pensar-hi; tenir-ho en compte.

third tercer; terç.

third-rate de baixa qualitat.
thirst set; assedegament. / desig; anhel; set.
thirst (to) tenir set de; anhelar; sedejar.
thirsty assedegat; sedejant.
thirteen tretze.
thirteenth tretzè.
thirty trenta.
this aquest; aquesta. // això.
thistle (bot.) card.
thither cap allí. / d'aquella banda.
thole escàlem.
thong corretja; tira de cuir.
thorax tòrax.
thorn punxa; espina.
thorough complet; del tot; detallat.
thoroughbred de pura sang.
thoroughfare via pública; carrer de trànsit.
thoroughly completament; totalment; perfectament.
those aquells; aquelles. / (plur.) allò.
thou (arcaic) tu.
though encara que; malgrat que.
thought pensament; pensada; idea.
thoughtful reflexiu; atent; previsor.
thoughtless irreflexiu; impulsiu; eixelebrat.
thousand mil; miler.
thousandth mil·lèsim; milè. / mil·lèsima.
thraldom esclavatge; esclavitud.
thrall esclau; captiu.
thrash (to) apallissar; fustigar; assotar. / batre; desgranar.
thrasher trillaire; batedor.
thrashing allisada; batussa. / batuda.

thrashing floor era.
thrash out (to) remoure's.
thrasonical fatxenda; jactanciós.
thread fil.
thread (to) enfilar (una agulla).
threadbare desgastat; ratat.
threadlike com un fil; primíssim.
thready fibrós; que fa fils.
threat amenaça.
threaten (to) amenaçar.
three tres.
threefold triple.
threepence tres penics.
threepenny de tres penics; de cinc cèntims; insignificant; de poca vàlua.
threescore seixantena; seixanta anys.
threnody complanta; plant.
thresh (to) batre; desgranar; fer sortir el gra de l'espiga o tavella.
thresher (ict.) tauró gros, de cua llarga. / batolla; verguera; màquina de batre. / trillaire.
threshold llindar; marxapeu.
thrice tres vegades.
thrift sobrietat; economia.
thrifty estalviador.
thrill emoció; calfred; estremiment; esgarrifança.
thrill (to) emocionar; estremir. / commoure's; entusiasmar-se.
thriller drama o novel·la sensacional.
thrilling esgarrifós; esborronador; emocionant.
thrive (to) créixer; prosperar. / enfortir-se.
thriving florent; esponerós; puixant.
thro V. **through.**
throat gargamella; gola; gorja.
throb vibració; batec; pulsació.

throb (to) vibrar; bategar; batre; palpitar.
throbbing batec; vibració.
throe angoixa; sofriment.
throes dolors del part.
thrombosis trombosi.
throne tron; soli.
throng multitud; gernació; gentada.
throng (to) atapeir.
throstle (orn.) tord comú.
throttle gola; coll. / vàlvula de regulació.
throttle (to) escanyar; estrangular.
through a través; per. // de cap a cap; de punta a punta. // completament. / directe; sense parades intermèdies.
through bolt passador (vareta).
throughout pertot; pertot arreu; arreu. // per tot; en tot.
through-train tren directe.
throw (to) llançar; tirar; impel·lir; empènyer.
throw away (to) llençar; desfer-se de. / deixar perdre.
thrum (to) tocar la guitarra només fent arpegis.
thrush (orn.) tord. / (pat.) afta.
thrust atac; empenta; assalt. / estocada; burxada.
thrust (to) clavar; ficar. / escometre.
thud cop; patacada.
thug brutal; violent.
thumb polze; dit gros.
thump cop de puny; cop; porrada.
thunder tro. / estrèpit.
thunder (to) tronar.
thunderous eixordador; atronador.

thunderstorm tronada; tamborinada.
thunderstrike (to) atordir; deixar estupefacte; sorprendre.
Thursday dijous.
thus així; d'aquesta manera.
thwart transversal; travesser. // seient per al remer d'una barca.
thwart (to) obstaculitzar; obstruir; impedir; frustrar.
thy (arcaic) el teu; la teva; els teus; les teves.
thyme (bot.) farigola.
thyroid tiroide.
tiara diadema. / tiara.
tibia (anat.) tíbia.
tic tic (nerviós).
tick tic-tac (del rellotge); moment; instant. / (zool.) paparra. / tela de matalàs. / crèdit; fiat; sense pagar a l'acte.
ticker aparell telegràfic que registra damunt de cinta els signes que rep.
ticket bitllet; entrada; tiquet.
tickle (to) fer pessigolles. / tenir pessigolles. / divertir.
tickled divertit.
ticklish pessigollós; sensible a les pessigolles.
tidal de marea; de la marea.
tidal-wave ona gegant; sisme submarí.
tiddly-winks joc de la puça.
tide marea. / temps; temporada; època; ocasió.
tide over (to) superar; vèncer.
tidiness netedat; pulcritud; polidesa.
tidings noves; notícies.
tidy polit; net; endreçat.
tidy (to) netejar; agençar.
tie corbata. / llaç; vincle. /

(mús.) lligadura. / empat;
igualtat; igualació.
tie (to) lligar. / fermar.
tie a bow (to) fer un llaç.
tie-pin agulla de corbata.
tier fila; rengle; renglera.
tie up (to) lligar; subjectar.
tiff renyina; petita desavinença.
tiffin lleuger àpat del migdia.
tiger (zool.) tigre.
tight tibant; tens; cenyit; ata-
peït.
tighten (to) tibar; tensar; es-
trènyer; atapeir.
tightness tibantor; estretor; es-
trenyiment.
tights vestit de malla per a ba-
llet, gimnàstica; mallot.
tilde titlla; signe diacrític.
tile teula.
tile (to) teular; fer teulada.
tile-kiln bòbila.
till fins. / fins que. // calaixet.
/ cultiu.
till (to) llaurar .
tiller llaurador. / canya del timó.
tilt inclinació; declivi. / torneig;
justa. / llançada; cop de llan-
ça.
tilt (to) inclinar; decantar. / jus-
tar; bornar; fer armes en un
torneig.
tilth terra cultivable; terra culti-
vada.
tilt-yard born; lliça; camp per a
torneigs.
timber fusta per a construcció;
biga.
timbre timbre; qualitat del so.
timbrel mena de tambor tocat a
mà.
time temps; època. / vegada. /
hora. / compàs; ritme.
time (to) cronometrar. / com-

passar. / portar, marcar el
compàs.
timely oportú. // oportunament.
timepiece rellotge.
time-server interessat; egoista;
llepaire.
time-table llista; horari; progra-
ma amb dies i hores.
timid tímid; apocat; espantívol.
timorous poruc; tímid; timorat.
timothy (bot.) mena d'alfals.
timpani (mús.) timbales.
tin (miner.) estany. / envàs de
conserva; llauna.
tincture tintura.
tinder esca.
tine pua; punta.
tin-foil paper d'estany.
tinge matís; to; tic; tint.
tinge (to) tenyir; matisar.
tingle formigueig.
tingle (to) formiguejar; picar;
adormir-se (un membre del
cos).
tinker adobacossis.
tinkle dring; trinc.
tinkle (to) dringar; tritllar; din-
dar.
tinned envasat en llauna de con-
serva.
tinny d'estany; de llauna.
tin-opener obrellaunes.
tin-plate llauna; planxa estanya-
da de ferro.
tinsel oripell; ornament molt
lluent i de poca valor.
tint de color. // matís; mitja
tinta.
tint (to) tenyir; acolorir; posar
color.
tiny minúscul; petitó; insignifi-
cant.
tip gratificació; propina; estre-
nes. / punta; extrem.

tip (to) donar estrenes, propina. / inclinar; posar de gairell; bolcar.

tip-cart bolquet; vagoneta.

tippet bufanda; estola.

tipple beguda alcohòlica.

tipple (to) beure massa; beure alcohols.

tippler bevedor; borratxo; embriac.

tipster conseller en apostes; vaticinador.

tipsy embriac; intoxicat.

tip-toe punta del peu.

tip-top primera categoria; primera classe.

tire V. **tyre.**

tire (to) cansar; molestar; fatigar.

tired cansat; esgotat; avorrit.

tiredness cansament.

tireless incansable; infatigable.

tiresome molest; pesat; enutjós.

tiring esgotador.

tiring-room cambra vestuari d'actors de teatre.

tiro novell; principiant; inexpert.

tissue teixit. / gasa.

tit (orn.) mallerenga.

titanic titànic; enorme.

titanium titani.

titbit llamí; menjar fi, delicat.

tithe delme; tribut.

titillate (to) estimular; picar; excitar.

titillation pessigolleig.

titivate (to) empolainar-se.

titlark (orn.) titella.

title títol; encapçalament.

title (to) intitular; titular.

titmouse V. **tit.**

titter (to) riure per sota del nas, sorneguerament.

tittle mica; bri; engruna.

titular titular; nominal; nominatiu.

to a; cap a; vers; envers; devers. / per a.

toad tòtil; gripau.

toadstool bolet de mena verinosa.

toady adulador; llausanger.

toady (to) adular; llepar; ensabonar.

to all intents and purposes pràcticament; en realitat.

to and fro d'ací d'allà; amunt i avall.

to a nicety exactament; amb tota justesa.

toast torrada; rosta. / brindis.

toast (to) torrar. / brindar.

toaster torrador; instrument per a torrar. / el qui brinda.

toasting brindis.

tobacconist tabaquer; estanquer; venedor de tabac.

tobacco shop tabaqueria; estanc.

toboggan tobogan.

tocsin toc; sometent.

today avui.

toddle tentines.

toddle (to) tentinejar; fer tentines.

toddler nen que tot just camina.

toddy ponx; beguda d'algun licor amb aigua calenta.

to-do aldarull; enrenou; excitació; commoció.

toe dit del peu. / punta del peu.

toe-nail ungla del peu.

toff dandi; elegant.

toffee caramel de sucre i mantega.

tog (to) abillar; mudar; empolainar.

toga toga (dels romans).

together junts; plegats.

toggle passador de fusta per a cordar, usat a tall de botó en batins o jaquetes.

togs roba; vestits; estris; endergues.

toil esforç; treball; fatiga; afany.

toil (to) treballar àrduament; escarrassar-se; esforçar-se.

toilet lavabo; comuna; wàter.

toilet-paper paper higiènic.

toilet-table tocador; lligador.

toils trampa; llaç; xarxa.

toilsome treballós; fatigós; feixuc.

token senyal; indici. / record; penyora.

token payment paga i senyal.

tolerable tolerable; suportable.

tolerably tolerablement.

tolerance tolerància.

tolerate (to) tolerar.

toll peatge; arbitri.

toll (to) sonar lentament (la campana).

tomahawk destral de guerra dels indis nord-americans.

tomato tomàquet.

tomato-plant (bot.) tomaquera.

tomb tomba.

tombola tómbola.

tomboy noia entremaliada, enjogassada, revoltosa.

tomb-stone llosa sepulcral.

tomcat gat mascle.

tome tom; llibre voluminós.

tomfool nici; neci; estúpid

tommyrot niciesa; poca-soltada; estirabot.

tomorrow demà.

ton tona.

tonal (mús.) tonal.

tonality tonalitat.

tone to. / elegància. / tendència. / matís. / entonació.

tone (to) entonar; donar el to.

tone down (to) atenuar; esmorteir; degradar.

tone up (to) entonar; tonificar; fortificar. / acolorir; harmonitzar (color).

tongs pinces. / molls. / tenalles.

tongue (anat.) llengua. / llenguatge; llengua; idioma; parla.

tongue-tied tímid. / embalbit; atuït; travat de llengua.

tongue-twister embull; difícil de pronunciar.

tonic (mús.) tònica. // tònic; reconstituent; tonificant.

tonic-solfa sistema musical amb les síl·labes do, re, mi, fa, sol, la, si.

tonic water aigua tònica, amb quinina.

tonight aquesta nit (que ve); anit (d'avui, després d'aquest vespre).

tonnage tonatge; capacitat; volum.

tonsils (anat.) amígdales.

tonsure tonsura.

tonsure (to) tonsurar.

too massa; excessivament; en demesia. // també.

tool eina; utensili; instrument.

tool (to) filetejar; fer adorns (en les cobertes d'un llibre) amb eina.

too many excessius; massa.

too much excessiu; massa.

tooth dent. / queixal.

toothache mal de queixal.

toothbrush raspallet de les dents.

tooth-paste dentifrici; pasta per a les dents.

toothpick escuradents.
toothsome saborós; gustós.
top cim; cimadal; part superior; capdamunt. / cúspide; cap; punta. / baldufa.
top (to) acabar; rematar; coronar; enllestir.
topaz topazi.
top-boot bota alta.
top-coat abric; gavany.
tope (to) beure alcohols excessivament.
topee casc per al sol, de campanya; salacot.
top-hat barret de copa.
top-hole de primera classe; excel·lent.
topiary art art de retallar arbusts decorativament.
topic tema; assumpte; qüestió; punt de controvèrsia.
topknot tannara; castanya.
topmost el més alt.
topography topografia.
topple (to) enderrocar; fer caure; bolcar.
topsy-turvy capgirat; trabucat; invertit.
toque toca; capell femení molt ajustat.
torch torxa; atxa.
torment turment.
torment (to) turmentar.
tornado tornado; vent tempestuós; vent en remolí.
torpedo torpede.
torpedo (to) torpedinar; destruir; atacar; hostilitzar.
torpedo-boat torpediner.
torpid inactiu; abaltit; ensopit.
torrent torrentada; avinguda; riuada. / doll.
torrential torrencial.
torrid tòrrid.

torsion torsió.
torso tors.
tort tort; dany; greuge.
tortoise (zool.) tortuga.
tortoise-shell carei; closca de tortuga. // bigarrat; clapat; jaspiat.
tortuous tortuós; sinuós.
torture tortura.
torture (to) torturar.
Tory conservador; del partit polític conservador.
to scale a escala; proporció entre l'objecte i el dibuix.
tosh ximpleria; bestiesa.
toss batzegada; sotragada; moviment ràpid.
toss (to) llançar enlaire. / tirar una moneda a cara o creu. / sotragar; batzegar; sorollar.
tot criatura molt petita. / copeta de licor.
total total; complet.
totalize (to) totalitzar.
totally totalment.
totem tòtem; animal adorat per salvatges.
totem-pole pal tòtem; pal on està gravat o pintat el tòtem venerat pels indis americans.
to the point a propòsit; pertinent.
totter (to) vacil·lar; tentinejar; oscil·lar.
tottery insegur; vacil·lant.
tot up (to) totalitzar; sumar.
toucan (orn.) tucan.
touch tacte; toc.
touch (to) tocar; palpar. / emocionar; commoure.
touched emocionat. / tocat; tocat de l'ala.
touching emocionant; commovedor.

touch lines ratlles que delimiten un camp de joc (esportiu).

touchstone pedra de toc.

touchy susceptible; sensible.

tough dur; fort; resistent; difícil. / tossut; obstinat; violent; aspre.

toughen (to) endurir; enfortir.

toughness duresa; resistència; tenacitat.

toupee tupè; floc de cabells postissos.

tour excursió; sortida; volta; viatge.

tour (to) recórrer; visitar; viatjar.

touring de turisme; turístic.

tourism turisme; viatge per esplai.

tourist turista; visitant; excursionista.

tournament torneig; justa; concurs.

tourney torneig; justa; born.

tourniquet torniquet; instrument quirúrgic per a contenir hemorràgies.

tousle (to) despentinar.

tousled despentinat; deixat; malendreçat.

tout agent venedor.

tout (to) actuar d'agent per a vendre, llogar o obtenir uns serveis.

tow estopa; cànem. / remolc.

tow (to) remolcar.

toward V. **towards.**

towards envers; vers; cap a; devers. / en relació a.

towardly dòcil; apte; complaent.

towel tovallola.

towel-horse tovalloler de fusta.

towel-rail tovalloler.

tower torre; torrassa.

to wit és a dir; o sigui.

town ciutat; població; vila.

town council consistori; ajuntament; municipi; consell municipal.

town concillor conseller municipal; regidor.

town hall casa consistorial; ajuntament; casa de la vila, de la ciutat.

townsfolk ciutadans.

tow-rope corda per a remolcar.

toxaemia enverinament de la sang.

toxic tòxic; metzina. // tòxic; metzinós.

toxin toxina.

toy joguina.

toyshop botiga de joguines.

trace rastre; pista; indici; petja.

trace (to) seguir la pista, el rastre. / calcar. / traçar.

trace elements elements necessaris per al desenvolupament animal o vegetal.

tracery treball ornamental arquitectònic.

trachea tràquea.

trachoma tracoma.

tracing-paper paper transparent per a calcar.

track pista; via fèrria. / rastre; petja; petjada.

track (to) rastrejar; seguir la pista.

tracked vehicles cotxes amb cinta sens fi, engranada a les rodes per a terrenys dificultosos.

trackless sense camins.

tracker rastrejador; seguidor de rastre.

tract extensió de terreny; regió;

àrea. / sistema (orgànic). / tractat.

tractable tractable; fàcilment controlat o guiat.

traction tracció.

tractor tractor; vehicle de tracció.

trade indústria; comerç; negoci; tracte. / ofici; professió. / gremi.

trade (to) comerciar; negociar; comprar i vendre.

trade-mark marca de fàbrica; marca registrada.

trader negociant; comerciant; tractant.

tradesman botiguer.

trade-union sindicat; gremi.

tradition tradició.

traduce (to) calumniar; difamar.

traducer calumniador; difamador.

traffic tràfic; trànsit; circulació; transport.

traffic (to) traficar; comerciar; mercadejar.

traffic-lights semàfor de circulació.

trafficator llums indicadors del canvi de direcció d'un cotxe.

trafficker traficant; trafica.

tragedian tràgic; autor o actor de tragèdia.

tragedy tragèdia.

tragic adj. tràgic.

tragi-comedy tragicomèdia.

trail pista; rastre; cua. / caminet; senderó; sendera.

trail (to) seguir la pista. / deixar rastre. / arrossegar; remolcar; estirar.

trailer remolc. / resum avençant fragments d'un film. / planta enfiladissa.

train tren. / seguici. / caravana;

corrua. / cua (de vestit); ròssec.

train (to) educar; ensinistrar; entrenar.

trainer ensinistrador; preparador; entrenador. / domador.

training entrenament; ensenyament.

trait tret; característica; peculiaritat.

traitor traïdor.

traitorous traïdor; traidorenc.

trajectory trajectòria.

tram tramvia.

tram-line via de tramvia.

trammel (to) posar traves, obstacles.

trammels traves; dificultats.

tramp vagabund; captaire. / caminada, passejada amb pas feixuc. / soroll de petjades. / vaixell de càrrega.

tramp (to) caminar amb petjades fortes. / fer una llarga caminada; recórrer, travessar a peu.

trample (to) trepitjar; calcigar.

tramway tramvia.

trance èxtasi; estat hipnòtic.

tranquil tranquil; calmós.

tranquilize to) tranquil·litzar.

tranquilizer sedatiu; sedant; calmant.

transact (to) tramitar; executar. / despatxar; donar curs.

transaction transacció; negoci; operació.

transcend (to) transcendir; ultrapassar.

transcendent transcendent; sublim; superior.

transcendental inexplicable per la raó o l'experiència humana.

transcribe (to) transcriure.

transcription transcripció.
transept (arq.) braç del creuer; creuer.
transfer transferència; traspàs.
transfer (to) transferir; traspassar.
transferable transferible.
transfiguration transfiguració.
transfigure (to) transfigurar.
transfix (to) traspassar; travessar.
transfixed astorat; esparverat.
transform (to) transformar.
transformation transformació.
transformer transformador.
transfuse (to) transfondre.
transfusion transfusió.
transgression transgressió.
transgressor transgressor.
transience el que és transitori; la cosa passatgera.
transient transitori; passatger.
transistor transistor.
transit trànsit; transport.
transition transició.
transitive transitiu.
transitory transitori.
translate (to) traduir. / traslladar; ordenar un trasllat (episcopal).
translation traducció.
translator traductor.
transliterate (to) transcriure (una paraula o un fragment) amb els mateixos caràcters de la llengua original.
translucent translúcid.
transmission transmissió.
transmit (to) transmetre. / trametre.
transmogrify (to) transformar com per encanteri.
transmute (to) transmutar.
transom travesser; llinda. / fi-

nestra supletòria damunt una porta o finestra; tarja.
transparency transparència; qualitat de transparent.
transparent transparent. / clar; sincer.
transpire (to) transpirar. / traspuar.
transplant (to) trasplantar.
transport transport.
transport (to) transportar; desplaçar; portar.
transpose (to) (mús.) transportar; transposar. / preposterar; intercanviar.
trans-ship (to) transbordar.
trans-shipment transbord.
transubstantiation transsubstanciació.
transverse transversal; transvers.
trap trampa; parany. / (hidr.) sifó de dipòsit.
trap (to) atrapar; caçar; amb trampa.
trapdoor escotilla; escotilló.
trapes (to) caminar d'esma, sense objectiu. / caminar per força.
trapeze trapezi (aparell gimnàstic).
trapezium (geom.) trapezi.
trappings ornaments; guarniments.
trappist trapenc; monjo de la Trapa.
traps estris; bagatge.
trash fullaraca; coses sense valor. / enderrocs.
trauma trauma; ferida.
traumatic traumàtic.
travail dolors del part. / treball; afany.
travel viatge.

travel (to) viatjar; recórrer.

travelled que ha corregut molt de món. / transitat; freqüentat; fressat.

traveller viatger. / viatjant; dependent comercial que viatja.

travelogue conferència sobre viatges.

traverse travessia; travessada.

traverse (to) travessar; creuar; recórrer.

travesty paròdia; caricatura; imitació.

travesty (to) parodiar; imitar; contrafer.

trawl mena de xàvega (xarxa de pesca).

trawl (to) pescar amb palangre.

trawler palangrera. / palangrer.

tray safata. / caixó; cubeta.

treacherous traïdor; fals; enganyador.

treachery traïció; traïdoria.

treacle xarop de sucre.

tread pas; trepig; petjada. / llanda; part de la coberta del pneumàtic que toca a terra. / sola de la sabata.

tread (to) trepitjar; calcigar. / fer via.

treadle pedal.

treadle (to) pedalejar; fer anar el pedal o pedals.

treason traïció; falliment; violació.

treasure tresor.

treasure (to) atresorar; tresorejar. / emmagatzemar; recollir; acumular.

treasurer tresorer.

treasury tresoreria; hisenda; tresor. / antologia; glossari; florilegi.

treat convit; obsequi; homenat-

ge; afalac. / plaer; benestar.

treat (to) tractar. / convidar; obsequiar.

treatise tractat; llibre de text sobre una matèria determinada.

treatment tracte; tractament.

treaty pacte; tractat.

treble triple. // tiple; soprano.

treble (to) triplicar.

tree arbre.

tree (to) fer enfilar a un arbre; obligar a refugiar-se dalt d'un arbre.

tree creper (orn.) raspinell pirinenc.

trefoil trèvol; trifoli.

trek viatge amb carro.

trek (to) viatjar amb carro de càrrega. / emigrar.

trellis entramat de llistons de fusta per a emparrats.

tremble tremolor; estremiment.

tremble (to) tremolar.

tremendous tremend; formidable.

tremolo (mús.) trèmolo.

tremor tremolor.

tremulous tremolós; trèmul.

trench trinxera; rasa; fossa.

trencher piló; pilona; carner; trinxador.

trencher (persona) menjadora, que té bona gana.

trend tendència; inclinació. / direcció; marxa.

trepan (to) trepanar.

trephine V. **trepan.**

trepidation agitació; alarma.

trespass delicte; culpa; pecat; infracció.

trespass (to) infringir; violar. / pecar; faltar; delinquir.

trespasser transgressor; delinqüent; pecador.

trestle cavallet; suport; bastida.

triad tríade; terna; trinitat.

trial judici; vista. / prova; assaig.

triangle triangle.

triangular triangular.

tribal tribal; de tribu.

tribe tribu.

tribulation tribulació.

tribunal tribunal; jutjat.

tribune tribuna; plataforma de l'orador.

tributary tributari.

tribute tribut.

trice instant; breu moment.

trice up (to) hissar.

trick estratagema; facècia; broma; enganyifa; ardit; truc; passada; jugada.

trick (to) ensarronar; enganyar; estafar.

trickery astúcia; berganteria; ensarronada.

trickle rajolí; regalim.

trickle (to) regalimar; gotejar.

trickster entabanador; ensarronador; afaitapagesos.

tricolour tricolor.

tricycle tricicle; vehicle de tres rodes.

trident trident.

triennial triennal.

trier esforçat; treballador.

trifle futilitat; bagatel·la. / pocs diners.

trifle (to) mofar-se; xanxejar.

trifler informal; frívol; persona lleugera.

trifling insignificant; sense importància.

trigger disparador; gallet.

trigger off (to) provocar; promoure.

trigonometry trigonometria.

trilby barret flexible, tou.

trill refilet; trinat. / vibració (la consonant **r**).

trill (to) refilar; trinar. / vibrar; pronunciar la **r**.

trillion trilió.

trilogy trilogy.

trim net; polit; elegant; endreçat.

trim (to) arreglar retallant les vores gastades; ajustar. / podar.

trinity Trinitat. / tríade.

trinket galindaina; joia de poca vàlua, de bijuteria.

trio trio; tercet.

trip excursió; forada; sortida.

trip (to) caminar amb pas lleuger. / ensopegar. / fer ensopegar.

tripartite tripartit.

tripe tripa; estómac comestible de certs animals. / conversa insubstancial; ximpleries.

triple (mús.) ternari. / triple.

triple (to) triplicar.

triplet naixement triple; bessonada triple. / (mús.) treset.

triplex sistema de vidre irrompible.

triplicate triplicat.

triplicate (to) fer per triplicat.

tripod trípode; trespeus.

tripper excursionista.

triptych tríptic (retaule).

trip up (to) ensopegar. / fer ensopegar.

trireme trirrem.

trisect (to) trisecar; dividir en tres parts iguals.

trishaw carruatge tirat per una bicicleta o motocicleta.

trite vulgar; antic; gastat; sabut.

triumph triomf.
triumvirat triumvirat.
triune tres en un.
triune Godhead (the) (la Trinitat).
trivet trespeus; mossa; trípode.
trivial trivial; banal.
trochee troqueu (peu poètic).
troglodyte troglodita.
troll gnom; follet. / gegant mitològic.
troll (to) giravoltar. / pescar amb esquer en moviment.
trolley carret-safata per a repartir o recollir els estris de taula; tauleta amb rodes. / rodeta de contacte dels vehicles elèctrics amb el fil de la línia; tròlei.
trolley-bus tròleibus.
trolley-car tramvia.
trollop dona deixada; dona de mal caràcter.
trombone trombó.
trombonist trombó; músic que toca el trombó.
troop tropa; banda; grup.
troop (to) apinyar-se; aglomerar-se.
trooper soldat de cavalleria.
trope trop; metàfora.
trophy trofeu.
tropic tròpic.
trot trot.
trot (to) trotar.
troth veritat; fidelitat. / compromís; engatjament.
troth (to) prometre's; comprometre's.
trotter trotador; trotaire.
troubadour trobador.
trouble entrebanc; molèstia; dificultat; contrarietat; contratemps.

trouble (to) molestar; fastiguejar; torbar; empipar.
troublesome molest; empipador.
troublous dificultós; turbulent; agitat.
trough abeurador; menjadora; trullola. / depressió; concavitat; espai entre dues ones.
trounce (to) apallissar; pegar; estossinar.
trouncing pallissa; allisada.
troupe companyia d'actors, d'artistes.
trouper artista d'una companyia.
trousers calces; pantalons; calçons.
trousseau noviatge; equip de núvia.
trout (ict.) truita.
trow (to) creure; suposar.
trowel paleta (eina). / plantador (eina).
truant campaner (col·legial). / dropo; mandra.
truce treva; armistici.
truck camió. / vagó descobert, per a transport.
truckle (to) sotmetre's amb timidesa o covardia.
truckle-bed llit baix amb rodes que quan no s'utilitza pot ésser col·locat a sota d'un altre.
truculent agressiu; violent.
trudge caminada; caminar feixuc.
trudge (to) fer una caminada; cansar-se caminant.
trudgen en curses de natació, braçada ràpida en el crol, amb el braç per damunt de l'espatlla.
true ver; veritable; exacte; cert; veritat.
true up (to) ajustar; acoblar exactament; encaixar.
truffle (bot.) tòfona; trufa.

truism tòpic; veritat massa sabuda.

truly verament; lleialment; realment.

trump trumfo; atot. / so de trompeta.

trumpery oripell; quincalla.

trumpet (mús.) trompeta.

trumpet (to) pregonar; proclamar.

trumpeter trompeter; trompeta.

truncate (to) truncar; escapçar.

truncheon porra (de guàrdia, policia).

trundle rodeta.

trundle (to) fer rodar; fer córrer rodant.

trundle-bed llitet amb rodes.

trunk bagul. / tronc. / trompa (d'elefant).

trunion monyó.

truss feix; munt; pila. / (arq.) entramat. / braguer (per a hèrnies).

truss (to) lligar; cenyir; aferrar; immobilitzar.

trust confiança. / deure; obligació; responsabilitat. / monopoli; exclusiva; trust.

trust (to) confiar; creure; refiar-se.

trustee fideicomissari; dipositari.

trusting confiat.

trustworthy digne de confiança; de confiança.

truth veritat; veracitat.

truthful verídic; veraç.

try intent; temptativa; assaig; prova.

try (to) intentar; tractar de; procurar; provar de. / emprovar. / jutjar.

trying penós; pesat; difícil; que posa a prova la paciència.

tryist cita; lloc de cita (amorosa).

tryist (to) acordar una cita.

tsetse (ent.) tsetsé (mosca danyosa).

tuatara (zool.) mena de llangardaix neozelandès.

tub tina; cossi; cubell.

tuba (mús.) tuba.

tubby rabassut; rodanxó. / de forma tubular.

tube tub. // tubular.

tuber tubercle.

tuberculosis (pat.) tuberculosi.

tuberose (bot.) vara de Jessè; nard; tuberosa.

tuck tavella; plec. / llamí; pastís. / bon àpat.

tuck (to) fer plecs, tavelles. / arremangar. / acotxar; abrigar.

tucker cobertor de coll i espatlles usat antigament per les dones.

Tuesday dimarts.

tuft floc; manyoc; tannara; borla.

tug remolcador. / estrebada.

tug (to) remolcar. / estrebar; estirar.

tug of war lluita a la corda.

tuition instrucció; quota d'ensenyament.

tulip tulipa.

tulle tul.

tumble desordre; renou. / capgirell; capitomba.

tumble (to) caure feixugament; esfondrar-se; aclofar-se. / rebolcar-se; agitar-se. / sacsejar.

tumbler vas; got. / acròbata.

tumbrel carro; carreta.

tumescent tumescent.

347

tumid inflat; bombat; túmid.

tummy panxeta. / ventre; estómac.

tumour tumor.

tumult tumult; avalot; bullanga.

tumulus túmul.

tun tonell; bóta.

tundra tundra.

tune tonada; melodia; aire. / to.

tune (to) entonar; afinar; trempar; temperar (instruments músics). / sintonitzar.

tungsten tungstè.

tunic túnica.

tunnel túnel.

tunny (ict.) tonyina.

turban turbant.

turbid tèrbol.

turbine turbina.

turbojet turbo-reactor.

turbot (ict.) rèmol; turbot.

turbulent turbulent; agitat; violent.

tureen sopera; atuell amb tapadora per a servir sopes, verdura.

turf gasó; herbei; gespa.

turfy cobert de gespa.

turgid túrgid; inflat.

Turk turc; natural de Turquia.

turkey gall dindi.

Turkish turc (llenguatge).

Turkish towell tovallola russa.

turmeric (bot.) cúrcuma.

turmoil tumult; aldarull; agitació.

turn passeig; volt; tomb. / girada; tombada; canvi; inclinació. / torn; tanda.

turn (to) girar; tombar; donar voltes. / tornar-se; esdevenir.

turn aside (to) desviar-se; girar.

turncoat renegat; desertor.

turn down (to) doblegar; plegar.

turning desviació; girada.

turn inside out (to) capgirar; capitombar.

turn into (to) convertir-se en.

turnip (bot.) nap.

turn off (to) tancar (una aixeta, una vàlvula, un interruptor).

turn on (to) obrir (una aixeta; una vàlvula; un interruptor).

turn out (to) resultar. / apagar; tancar (aixetes, interruptors).

turn over (to) capgirellar; girar la truita.

turn round (to) girar; tombar.

turnstile torniquet (de pas individual).

turnstone (orn.) remena-rocs.

turn up (to) comparèixer; presentar-se. / tombar-se cap amunt. / arromangar.

turpentine trementina.

turpitude infàmia; vilesa; oprobi; depravació; abjecció; baixesa.

turquoise turquesa blau-verd.

turret torre (d'una muralla o fortificació).

turtle (zool.) tortuga de mar. / (orn.) tórtora.

turtle-dove tórtora.

tusk ullal (d'elefant, de porc senglar).

tussle baralla; altercat; renyina; agafada.

tussle (to) tenir una agafada; barallar-se; abraonar-se.

tussock pilot d'herba; herba que creix apilotada.

tussore seda forta i basta.

tut! bah!

tutelage tutela.

tutelar tutelar; protector; guardià.

tutelary tutelar; protector; guardià.

tutor tutor; mestre particular.

twaddle xerrameca banal, insulsa; enraonies.

twaddle (to) xerrar; garlar.

twain (arcaic) dos; dues.

twang veu nasal. / vibració musical d'una corda polsada.

twang (to) pinçar una corda (de guitarra, banjo).

tweak pessic recargolat.

tweak (to) pessigar i recargolar.

tweed drap de llana de colors barrejats.

tweet refilet; refilada.

tweezers pinces.

twelfth dotzè.

twelve dotze.

twelvemonth any; anyada.

twentieth vintè.

twenty vint.

twice dues vegades.

twiddle (to) joguinejar; entretenir-se ociosament fent anar els dits, fent moure quelcom.

twig branquilló.

twig (to) endevinar; intuir; adonar-se.

twilight crepuscle.

twill sarja; sargé.

twin bessó. // idèntic; exacte.

twine cordill; ficeŀla.

twine (to) enroscar; enfilar; entortolligar; circumdar; cenyir.

twinge dolor agut, sobtat.

twingle instant; llampec; obrir i tancar d'ulls.

twinkle (to) titiŀlar. / parpellejar.

twinkling instant; moment; absència, no-res (de temps).

twirl volt; volta ràpida.

twirl (to) giravoltar; rodar; voltar.

twirp menyspreable; detestable. / capsigrany; ximple.

twist torçada; torsió.

twist (to) cargolar; tòrcer; retòrcer.

twit (to) retreure; tirar en cara; humiliar.

twitch estrebada; sotragada; batzegada. / contracció nerviosa.

twitch (to) estirar; arrabassar. / crispar; convulsar.

twite (orn.) passerell bec-groc.

twitter piuladissa; piular; piulet; refilada.

twitter (to) piular; refilar.

two dos; dues.

twofold doble. // doblement.

twopence dos penics.

tyke (home) vil, abjecte, indigne.

tympanum timpà (membrana auricular).

type tipus. / lletra d'impremta.

type (to) escriure a màquina.

typewriter màquina d'escriure.

typhoid febre tifoide.

typhoon tifó.

typhus tifus.

typical típic.

typify (to) simbolitzar; representar.

typist mecanògraf.

typography tipografia.

tyrannize (to) tiranitzar; governar despòticament.

tyranny tirania.

tyrant tirà; dèspota.

tyre llanta; llanda (pneumàtica, metàŀlica).

tzar tsar.

UNION IS STRENGTH
La unió fa la força

uberty fertilitat.
ubiquitous ubic; omnipresent.
ubiquity ubiqüitat.
udder mamella.
ugh! uf!
ugly lleig. / odiós.
ukase ucàs; edicte del tsar.
Ukrainian ucraïnès.
ukulele (mús.) guitarra petita hawaiana.
ulcer úlcera.
ulcerate (to) ulcerar-se; supurar.
uliginous llotós; fangós.
ullage minva d'una bóta, barril, etcètera.
ulna cúbit; ulna.
ulster abric llarg i folgat.
ulterior ulterior; posterior.
ultimate últim; final; decisiu.
ultimatum ultimàtum.
ultimo proppassat; últim; darrer.
ultrasonic supersònic.
ultraviolet ultravioleta.
ululate (to) ulular. / udolar.
umber burell; gris rogenc.
umbilical cord cordó umbilical.
umbilicus melic; llombrígol.
umbrage ressentiment.
umbrella paraigua.
umbrose ombrívol.
umpire àrbitre; jutge (de joc).
umpteen enèsim.
unable incapaç; inhàbil.
unadvised irreflexiu.
unanimous unànime.

unarmed desarmat; indefens.
unassuming modest; moderat; pusil·lànime.
unattached solter; sense compromís.
unavailing ineficaç; sense efecte.
unavoidable inevitable.
unaware desconeixedor; ignorant.
unawares inesperadament; de sorpresa.
unbearable insuportable; intolerable; inaguantable.
unbeaten imbatut; invicte; insuperat.
unbecoming no escaient; inescaient.
unbelief descreença; incredulitat.
unbend (to) afluixar; cedir; relaxar.
unbiased imparcial.
unbid no convidat; espontani.
unbidden V. unbid.
unbleached sense blanquejar. / cru (teixit).
unblushing desvergonyiment; insolència.
unbosem (to) desfogar-se.
unbounded il·limitat.
unbrakeable irrompible.
unbroken intacte; sencer; inviolat. / ininterromput.
unburden (to) descarregar.

350

unbutton (to) descordar.

uncalled no demanat. / no cridat.

uncalled for ni desitjat ni necessari.

uncanny misteriós; extraordinari; estrany.

uncared-for abandonat; negligit; desatès.

uncertain incert.

uncharitable dur; sever; gens caritatiu.

uncharted que no consta al mapa.

uncivil incivil; descortès.

unclad desvestit; despullat.

unclaimed no reclamat.

uncle oncle.

unclean brut; impur.

unco singular; extraordinari. // notablement; extremadament.

uncommitted no compromès; independent; no aliat.

uncommon insòlit; desusat; rar; poc comú.

uncouth estrany; grotesc. / groller.

uncover (to) destapar; descobrir.

unction unció.

unctuous melós; efusiu. / llagoter; afalagador.

undaunted impertèrrit; impàvid; intrèpid.

undeceive (to) desenganyar.

undecided indecís; perplex. / en suspens; pendent.

undemonstrative inexpressiu; reservat; poc comunicatiu.

undeniable innegable.

under sota; dessota; dejús.

under age menor d'edat.

underclothes roba interior.

undercover secret; subreptici.

undercurrent corrent subterrani, submarí.

undercut (to) oferir a preu més baix.

underdog desvalgut; humil; fluix; freturós.

underdone no prou guisat; a mig coure.

underestimate (to) menysvalorar; menystenir.

underexpose (to) donar poca exposició a una fotografia.

underexposure exposició insuficient (fotogràfica).

underfed desnodrit; mal menjat.

undergarment roba interior (peça de).

undergarments roba interior.

undergraduate estudiant d'universitat; estudiant sense graduar.

underground metro; ferrocarril subterrani. // secret; subterrani.

underhand secret; clandestí. / secretament; de sotamà.

underlie (to) formar la base (d'una teoria, conducta).

underline (to) subratllar.

underling manefla. / subordinat.

undermanned mancat de personal; falta de braços.

undermine (to) minar; soscavar.

underneath sota; dessota.

underpass pas inferior.

underpay (to) pagar poc, insuficient.

underpin (to) posar puntals; apuntalar.

underpopulated poc poblat; poc habitat.

underrate (to) menysprear; menystenir.

undersecretary sots-secretari.

undersell (to) vendre a baix preu.

undershirt samarreta.

undershot roda hidràulica (impulsada per sota).

undersign (to) signar; sotascriure.

undersigned sotasignant.

underskirt enagos.

understand (to) comprendre; entendre.

understate (to) declarar menys que la realitat.

understudy suplent (teatral).

undertake (to) decidir; emprendre. / garantir.

undertaker agent funerari.

undertaking contracta; contractació.

undertow ressaca.

undervaluation desvaloració; valorar a preu més baix que el real.

under way en moviment; en marxa; en camí.

underwear roba interior.

underwood devesa; boscatge.

underworld abismes; profunditats; infern. / xusma; briva; púrria.

underwrite (to) assegurar; reassegurar. / subscriure.

underwriter agent d'assegurances marítimes. / subscriptor.

undesigned impremeditat.

undesirable indesitjable.

undeterred impertèrrit; gens intimidat.

undeveloped subdesenvolupat; subdesenrotllat.

undo (to) desfer; deslligar; descordar; destruir.

undoing ruïna; desfeta; perdició.

undone desfet; arruïnat; perdut. / per fer; inacabat.

undoubted indubtable.

undreamed insomniat; inimaginable.

undress (to) despullar-se.

undue indegut; excessiu.

undulate (to) ondular; onejar.

undying immarcescible; immortal.

unearth (to) exhumar; desenterrar; descobrir; portar a la llum.

unearthly sobrenatural; de l'altre món.

uneasy incòmode; inquiet.

unemployed parat; sense feina; desocupat.

unemployment parada forçosa en el treball; atur.

unending inacabable.

unequal desigual. / sense forces ni aptitud per a una tasca.

uneven desigual; desnivellat.

unexampled incomparable.

unexceptionable impecable; irreprensible; irreprotxable.

unexpected inesperat.

unfailing infal·lible.

unfair injust; brut; de mala fe.

unfaltering ferm; decidit; resolut; sense vacil·lar.

unfathomable insondable. / incomprensible.

unfeeling insensible.

unfit inepte; incompetent.

unfit (to) inhabilitar; invalidar.

unfold (to) desplegar; obrir-se; revelar.

unfortunate desgraciat; desafortunat.

unfrock (to) degradar; expulsar.

unfurl (to) desplegar.

ungainly desmanyotat; llosc.

ungenial no gaire partidari.

ungodly irreligiós; impiadós.

unguent ungüent.

unhallowed profanat; impiadós. / no consagrat.

unhand (to) deixar anar; treure les mans; soltar.

unhappy trist; desgraciat.

unheard-of mai no oït; inaudit; increïble.

unhinge (to) desequilibrar; trastornar (l'enteniment); desnivellar.

unholy profà; impur; impiu; impiadós.

unhorse (to) desarçonar; fer caure de la sella del cavall.

unicorn unicorn; alicorn.

uniform uniforme.

uniform (to) uniformar.

unimpaired iŀlès; indemne; intacte.

unimpeachable inqüestionable; irrecusable; irrebatible; fidedigne.

union unió.

unique peregrí; no igual. // únic.

unison uníson.

unit unitat.

unite (to) unir; ajuntar.

united unit; reunit.

unity unitat.

universal universal; general.

universally universalment.

universe univers.

university universitat.

unkempt descabellat; despentinat; malgirbat.

unknown desconegut; incògnit; ignorat.

unlearn (to) desaprendre; oblidar.

unleash (to) deslliurar de la corretja (un gos).

unleavened sense llevat; àzim.

unless a menys que; fora que; excepte.

unlettered illetrat; mancat de cultura.

unlike desigual; dissemblant. / diferent de.

unlikely improbable; inversemblant.

unload (to) descarregar.

unlock (to) obrir un pany.

unlooked-for inesperat; inopinat.

unloose deixar anar; deslligar; soltar.

unlucky desafortunat.

unman (to) acovardir; desarmar; desanimar; deixar sense esma.

unmanned sense tripulació (vehicle controlat a distància).

unmannered groller; mal educat; rude.

unmannerly groller; mal educat; rude. // rudement; grollerament.

unmask (to) desemmascarar. / desemmascarar-se.

unmatchable incomparable.

unmeaning sense significat; sense sentit.

unmistakable inequívoc; inconfusible.

unmitigated total; absolut; acabat; del tot, inqualificable; cent per cent.

unmoved impassible; indiferent. / inflexible.

unnecessary innecessari.

unnerve (to) enervar; fer perdre el control; acovardir.

unnoticed inadvertit; inapercebut.

unnumbered innombrable; nombrós.

unobstrusive discret; modest.

unpack (to) desempaquetar; desembalar; desfer les maletes.

unpick (to) descosir; treure els punts d'un cosit.

unpleasant desagradable.

unprincipled sense principis; sense escrúpols.

unprintable no publicable (per massa groller o indecent).

unprovided desemparat; desproveït.

unqualified sencer; sense restricció. / no apte; inhàbil.

unquiet inquiet; agitat.

unquote final de la citació (d'un text).

unravel (to) desfer; desprendre; desenredar; desfilar (fil); desembullar.

unrelieved sense relleu; monòton; sense variant.

unremitting incessant; constant.

unrequited no compensat; no correspost.

unreservedly sense restricció; incondicionalment.

unrest inquietud; malestar.

unruly indisciplinat; indòmit.

unsavoury desagradable; repugnant.

unscathed il·lès; indemne; sense fer-se mal.

unscrew (to) descargolar; desenroscar; descollar.

unseat (to) desposseir; destituir.

unseemly indecorós; indigne.

unseen invisible; ocult. / a primera vista.

unsettle (to) inquietar; alterar; pertorbar.

unsightly lleig; desagradable.

unskilled inepte; poc destre.

unsound defectuós; malaltís.

unsparing pròdig; liberal. / sever; inclement.

unspeakable indicible; inexplicable; inefable.

unspotted immaculat; net.

unstring (to) desencadenar; desfermar; desenfilar.

unstrung amb els nervis desfets; amb la ment incontrolable.

unstuck no adherit; desenganxat.

unstudied natural; espontani.

unsuitable inescaient; inadequat.

unsullied immaculat.

unsung no elogiat; desconegut; no cantat; no glorificat.

unswerving inflexible; recte; dreturer.

untidy desendreçat; malforjat; malendreçat.

until fins. // fins que.

untillable incultivable.

untilled erm; no cultivat.

unto cap a.

untold incalculable; immens; desmesurat.

untoward desfavorable; funest; advers.

untruth mentida; falsedat.

unusual desuet; desacostumat; fora d'ús.

unutterable indicible; inenarrable.

unvarnished planer; clar i català; directe.

unwell malament; malalt; malaltís; xacrós.

unwieldy feixuc; voluminós; immanejable; indúctil; indòmit.

unwilling malganós; displicent.

unwise imprudent.

unwitting inconscient; sense voler.

unworthy indigne; desmereixedor.

unwritten no escrit; oral; de tradició; que no es troba en escrits.

up amunt; dalt. // ascendent; dret; aixecat. // cap amunt; amunt. / del tot; completament.

up and down amunt i avall; d'ací d'allà.

upbraid retret; reconvenció.

upbraid (to) censurar; reprendre.

upbringing educació; formació; criança.

upheaval cataclisme; aixecament; sollevament.

uphill costa amunt; muntanya amunt. // costerut.

uphold (to) sostenir; protegir; defensar.

upholster tapisser.

unholster (to) entapissar; recobrir.

upholstery tapisseria.

upkeep conservació; manteniment.

upland terra alta; altiplà.

uplift (to) elevar; alçar; aixecar; bastir; edificar; inspirar.

upmost el més alt; predominant.

upon sobre; damunt.

upper superior; de dalt.

upper case (impr.) caixa alta; majúscules.

upper hand superioritat; avantatge.

uppermost predominant; culminant.

upper storey pis de dalt. / (fig.) cervell.

uppish vanitós; fanfarró; superbiós; tibat; bufat; bombat; altiu.

upright dret; vertical. / honorable. // biga.

uprising aixecament; rebel·lió.

uproar aldarull; cridòria; cridadissa.

uproot (to) arrencar de soca; desarrelar; extirpar.

ups and downs vicissituds; vaivé; alternatives.

upset trasbals; enrenou; trastorn. // preocupat; disgustat.

upset (to) bolcar; capgirar; enderrocar. / desballestar; trasbalsar; trastornar.

upshot resultat; conseqüència; conclusió.

upside-down a l'inrevés; cap per avall; invertit; capgirat.

upstage bufat; fanfarró; bombat. // fons de l'escenari.

upstairs a dalt; al pis de dalt.

upstart impensat. / ric de poc; nou ric. / arribista.

upstream riu amunt; contracorrent.

upsurge gran augment; accés.

up-to-date al dia; modern.

up to date fins a la data. / al dia; al corrent.

upturn millora; alça; puja.

upturn (to) regirar; capgirar.

upward ascendent.

upwards cap amunt.

uranium urani.

urban urbà; pertanyent a la ciutat.

urbane urbà; educat; cortès.

urbanity urbanitat.

urchin trinxeraire; noi de carrer.

urge impuls; ganes.

urge (to) urgir; apressar; constrènyer.

urgency urgència.

urgent urgent; improrrogable.
urgently urgentment.
uric acid àcid úric.
urine orina.
urinal orinal; gibrelleta. / orinador; urinari.
urinary orinari (relatiu a l'orina).
urn urna. / cafetera; recipient per a fer cafè; dipòsit per a te o cafè.
us nosaltres (complement); ens; -nos.
usage ús; utilitat; tractament. / usatge; usança; costum.
use ús; profit. / servei; utilitat.
use (to) usar; emprar; utilitzar. / soler; tenir costum; acostumar.
used usat; vell.
used to solia, solies, solíem, solíeu, solien; acostumava, etc. // acostumat a; avesat a.
useful útil; utilitzable.
useless inútil; nul; que no fa servei.
user usuari; beneficiari.
usher uixer. / acomodador; porter.
usual usual; habitual; corrent.

usually generalment; correntment.
usufruct usdefruit.
usufructuary usufructuari.
usurer usurer; prestador; escanyapobres.
usurious usurari.
usurp (to) usurpar; detentar.
usury usura.
utensil utensili; estri.
uterus úter; matriu.
utilitarian utilitari; positivista.
utility utilitat.
utilize (to) utilitzar; usar; emprar.
utmost (el) màxim; (el) que més.
Utopia utopia.
Utopian utòpic; quimèric; imaginari. / utopista.
utter total; complet.
utter (to) pronunciar; proferir.
utterance llenguatge; expressió.
utterly completament; totalment; absolutament.
uttermost súmmum; màxim; tot el possible.
uvula úvula; campaneta; gargamelló.
uxorious calçasses; marit massa condescendent.

VIRTUE IS ITS OWN REWARD
En la virtut hi ha el premi

vacancy buidor; buit. / oci; lleure.
vacant vacant; lliure; buit; desocupat.

vacate (to) buidar; evacuar. / marxar; deixar.
vacation vacances. // vacant.
vaccinate (to) vacunar.

vaccination vacunació; vaccinació.
vaccine vacuna.
vacillate (to) vacil·lar.
vacuity vacuïtat; buidor.
vacuous vacu; buit.
vacuum buit; vacu.
vacuum-cleaner aspirador (elèctric).
vademecum vademècum; manual.
vagabond vagabund.
vagary extravagància; caprici.
vagrancy vagabunderia; vagància.
vagrant vagabund.
vague vague; indeterminat; ambigu.
vain inútil; va. / vanitós.
vainglory vanaglòria; presumpció.
vainly vanament; infructuosament.
valance sanefa; orla.
vale f. vall.
valediction mots de comiat.
valence sanefa; orla; cortineta que voreja les potes del llit (art sumptuària). / (quím.) valència.
valentine carta postal d'enamorats (que s'envia el dia de Sant Valentí).
valerian (bot.) valeriana.
valet lacai; criat.
valetudinarian valetudinari; malaltís; capficat per la pròpia salut.
valiant valent; brau.
valid vàlid; valedor; eficaç.
validity validesa.
valise valisa; maleta petita.
valley f. vall.
valorous valerós; coratjós; valent.

valour valor; coratge.
valuable valuós.
valuation taxació; avaluació; apreciació.
value vàlua; valor.
value (to) avaluar; valorar.
valuer taxador.
valve valva; closca. / vàlvula.
vamp vampiressa. / empenya (del calçat).
vampire vampir.
van camioneta; furgoneta. / furgó. / avantguarda.
vanadium (quím.) vanadi.
vandal vàndal.
vandalize (to) destruir.
vane penell; gallet. / ala, aspa de molí de vent.
vanilla (bot.) vainilla.
vanish (to) desaparèixer. / esfumar-se.
vanishing point punt de fuga (perspectiva).
vanity vanitat.
vanquish (to) conquerir; vèncer; derrotar; subjugar; sotmetre.
vantage avantatge.
vapid insípid; fat; insuls.
vaporization vaporització.
vaporize (to) vaporitzar. / evaporar; evaporar-se.
vaporous vaporós.
vapour vapor; emanació.
vapour-bath bany de vapor.
vapour-trail rastre de vapor.
variable variable; mudable; mutable.
variably variablement.
variance discrepància; desacord; discòrdia. / variació; oscil·lació.
variant variant; manera diferent.
variation variació.
varicoloured multicolor.

357

varicose varicós. // varicosi; va-
riça.
varied variat; diferent; divers.
variegated jaspiat; diasprat; bi-
garrat.
variety varietat.
variform multiforme.
variola verola.
various variat; vari. // diversos.
variously variadament.
varlet lacai; patge. / truà; brè-
tol.
varmint trapella; endimoniat; tri-
bulet.
varnish vernís.
varnish (to) envernissar.
vary (to) variar; canviar.
vascular vascular; vasculós.
vase gerro; pitxer.
vaseline vaselina.
vassal vassall.
vast vast; immens; extens; es-
paiós.
vastness vastitud; immensitat.
vat tina; tanc; dipòsit; gran re-
cipient; cup.
Vatican Vaticà.
vault cripta; soterrani. / volta;
arc. / celler; caverna.
vault (to) saltar per damunt;
saltar amb perxa; saltar aju-
dant-se amb la mà o les mans.
vaulting-horse poltre; cavallet
per a exercicis gimnàstics.
vaunt ostentació; jactància.
vaunt (to) vanar-se; presumir
de; vanagloriar-se.
vaunted fatxenda; fatxender; pre-
sumit; ostentós.
vaunter V. **vaunted.**
veal vedella (carn).
veer (to) virar; girar; canviar de
direcció.
vegetable verdura; llegum.

vegetarian vegetarià.
vegetate (to) vegetar; viure sen-
se esforços mentals.
vegetation vegetació.
vehement vehement; efusiu; en-
tusiasta; viu.
vehicle vehicle; carruatge.
veil vel.
vein vena. / nervi (de les fu-
lles). / veta (d'una roca o pe-
dra).
vellum pergamí; vitel·la.
velocity velocitat.
velvet vellut.
velveteen vellutet.
velvety vellutat.
venal venal; subornable.
vend (to) vendre.
vendee comprador; persona a la
qual hom ven.
vender venedor; venedor de dia-
ris.
vendor V. **vender.**
veneer fullola; xapa.
veneer (to) cobrir (amb xapa
o tela).
venerate (to) venerar.
veneration veneració.
venereal veneri.
Venetian venecià.
vengeance venjança.
vengeful venjatiu.
venial venial; excusable; lleu.
venison carn de cérvol.
venom metzina; verí.
venomous verinós; metzinós.
venous venós.
vent orifici; respirall; forat de
ventilació.
vent (to) desfogar; donar pas;
esbravar.
ventilate (to) ventilar.
ventilator ventilador.
ventricle ventricle.

ventriloquist ventríloc.
venture ventura; risc.
venture (to) aventurar; arriscar.
veracious verídic; veraç; veritable.
verandah galeria; pòrtic; porxo.
verb verb.
verbal verbal; oral; literal.
verbally verbalment; oralment; literalment.
verbatim literalment; literal.
verbena (bot.) berbena.
verbiage verbositat.
verdancy verdor.
verdant verd; fresc; tendre. / inexpert; passerell; novençà.
verdict veredicte.
verdigris verdet.
verdure verdor; vegetació; frescal.
verge límit; vora; voral; vorada; marge.
verger porrer; sagristà.
verify (to) verificar.
verisimilitude versemblança.
veritable veritable; ver; autèntic.
verity veritat.
vermicelli fideus (pasta de sopa).
vermiform vermiforme.
vermilion vermelló.
vermin animàlia; feristeles; bestioles. / paràsits.
verminous verminós; pollós; infestat d'animàlia.
vermouth vermut.
vernacular vernacle.
vernal primaveral; vernal.
veronal veronal.
veronica créixens; morrons negres; grinxots.
versatile hàbil en diverses matèries.

verse vers; versicle.
versed versat.
versify (to) versificar.
version versió.
verso verso; revers; pàgina de la mà esquerra.
versus contra.
vertebra vèrtebra.
vertebrate vertebrat.
vertex vèrtex.
vertical vertical.
vertiginous vertiginós; marejador.
vertigo vertigen; rodament de cap.
verve entusiasme; esperit; brio; vivacitat.
very adv. molt. // mateix; propi; veritable; ver; bell; just.
vespers (ecl.) vespres.
vessel vaixell. / vas; atuell.
vest jersei; elàstica; samarreta. / armilla.
vest (to) investir; vestir; conferir (drets).
vestal vestal. // pura; casta.
vestibule vestíbul (peça d'entrada d'una casa gran).
vestige vestigi.
vestment vestimenta; vestidura.
vestry vestuari d'església; sagristia. / junta parroquial.
vesture vestidura.
vetch (bot.) veça.
veteran veterà.
veterinary veterinari.
veto veto.
vex (to) vexar; exasperar.
viable viable.
viaduct viaducte.
vial flascó; ampolleta.
viands viandes; provisions; vitualles; queviures.
vibrant vibrant; que fa vibrar.

vibrate (to) vibrar.
vibrating vibrant; commovedor; emotiu.
vicar vicari.
vicarious experimentat per altri.
vice vici. / cargol (de fuster, de manyà). // en substitució de. // vice-.
vice versa viceversa.
vicinity veïnatge; rodalia.
vicious viciós. / maligne.
vicissitude vicissitud.
victim víctima.
victimize (to) fer víctima.
victor vencedor.
victorious victoriós; triomfant.
victory victòria; èxit.
victual vitualles; comestibles.
victual (to) avituallar.
victualler proveïdor; abastador (de queviures).
vicuña (zool.) vicunya (mena de camell americà).
vide vegeu.
videlicet a saber; és a dir.
vie (to) competir; rivalitzar.
view vista; paisatge; escena; panorama.
view (to) mirar; examinar; contemplar.
viewer televident.
view-finder visor (de màquina fotogràfica).
viewless invisible.
viewpoint punt de vista. / mirador panoràmic.
vigil vetlla; vigília.
vigilance vigilància.
vigilant amatent; vigilant; atent.
vignette vinyeta.
vigour vigor; fortalesa.
viking antic pirata escandinau; víking.
vile vil.

vilify (to) vilipendiar; difamar.
villa vil·la; casa al camp.
village poble; vila; llogarret; aldea.
villager vilatà; aldeà.
villain bergant; brivall.
villein vilatà; plebeu; tributant de drets feudals.
villus pèl moixí; borrissol; vellositat.
vim vigor; força; empenta.
vindicate (to) vindicar; defensar.
vine vinya. / cep; parra. / planta enfiladissa.
vinegar vinagre.
vinery emparrat; hivernacle.
vineyard vinya.
vinous de vi; vinós.
vintage verema.
vintager veremador.
vintner vinater; comerciant en vins.
viol viola antiga.
viola (mús.) viola. / (bot.) viola.
violate (to) violar.
violent violent; intens.
violet (bot.) violeta; viola boscana. / olor de violeta.
violin (mús.) violí.
violinist violinista.
violoncellist violoncel·lista.
violoncello (mús.) violoncel.
viper escurçó; vibra.
virago dona de mal geni; dona reganyosa.
virgin verge.
virginal virginal. // virginal, mena d'espineta antiga.
virginia tabac de Virgínia.
virginia creeper (bot.) mena de planta enfiladissa ornamental.
virginity virginitat.
virile viril; baronívol; mascle.

virtu objectes rars, curiosos, antics; afició a les antiguitats artístiques.

virtual virtual; implícit.

virtue virtut.

virtuoso virtuós; conspicu; que excel·leix.

virtuous virtuós; amb virtut.

virulent virulent; càustic.

virus virus; infecció.

visa visat (documents).

visage visatge; semblant; cara.

vis-a-vis cara a cara; de cara. // en relació amb; comparat amb.

viscera víscera.

viscount vescomte.

viscous viscós.

visibility visibilitat.

visible visible.

vision visió.

visionary visionari. / imaginari.

visit visita.

visit (to) visitar

visitant visitant (ocell transeünt).

visitation registre; inspecció; visita pastoral. / flagell.

visitor visitant.

visitors' book llibre d'honor; llibre de visitants; llibre d'or.

visit with (to) parlar amb.

visor visera (de gorra, de l'elm).

vista perspectiva; vista; panorama.

visualize (to) imaginar-se; representar-se mentalment.

vital vital; relatiu a la vida. / vital; essencial; transcendental.

vitality vitalitat.

vitalize (to) vitalitzar.

vitally vitalment.

vitals parts vitals; òrgans vitals.

vitamin vitamina.

vitiate (to) viciar; malmetre; corrompre.

vitreous vitri.

vitrify (to) vitrificar.

vitriol vidriol.

vituperate (to) vituperar.

vituperation vituperi; blasme.

vivacious viu; vivaç; animat; alegre.

viva voce de viva veu; oralment.

vivid vívid; viu.

vivisect (to) practicar la vivisecció.

vixen (zool.) femella de la guilla. / dona dolenta, bruixa.

viz (llatí, **videlicet**) és a dir; és a saber.

vizier visir.

vocabulary vocabulari.

vocal oral; vocal; de la veu. / (mús.) cant; cantat.

vocal cords cordes vocals.

vocalist vocalista.

vocation vocació.

vocative vocatiu.

vociferate (to) vociferar; cridar.

vogue voga; moda.

voice veu.

voiceless sense veu. / (consonant) sorda.

void buit; espai en el buit; espai.

void (to) invalidar; anul·lar. / buidar.

voile teixit lleuger per a vestits femenins, de seda, cotó o llana.

volatile volàtil. / voluble; versàtil.

volcano volcà.

vole rat buf; rata d'aigua; rata de camp.

volition volició; voluntat.

volley descàrrega (d'armes de foc).

volley (to) fer una descàrrega (d'armes de foc).

volleyball voleibol.

volt (elect.) volt.

voltage (elect.) voltatge.

voltametre voltàmetre.

volte-face canvi radical; canvi d'opinió.

voltmeter voltímetre.

voluble loquaç; de paraula fàcil; que parla ràpid i clar.

volume volum; tom. / volum; corpulència.

voluminous voluminós.

voluntary voluntari. / solo d'orgue.

volunteer voluntari; espontani.

volunteer (to) oferir-se voluntari.

voluptuary sibarita; voluptuós.

voluptuous voluptuós.

volute (arq.) voluta.

vomit vòmit.

vomit (to) vomitar; perbocar.

voracious voraç.

vortex vòrtex; remolí.

votary devot; oblat; terciari. / partidari; addicte.

vote vot; parer.

vote (to) votar.

vote down (to) refusar (en votació).

voteless sense vot; sense dret a vot.

voter elector; votant.

voting votació.

votive votiu.

vouch (to) testimoniar; afirmar.

voucher resguard; rebut; comprovant; albarà.

vouch for (to) respondre de; garantir.

vouchsafe (to) condescendir; permetre; accedir.

vow vot; prometença.

vow (to) fer vot; consagrar. / prometre; jurar.

vowel vocal; so vocal.

voyage viatge; travessia (per mar o aire).

voyage (to) navegar; viatjar (per mar o aire).

voyager viatger; navegant.

vulcanite ebonita; vulcanita.

vulgar vulgar; baix; plebeu. / vulgar; corrent.

vulgarian persona (rica) vulgar, de mal gust.

vulgarism vulgarisme.

vulgarize (to) vulgaritzar.

Vulgate (ecl.) Vulgata.

vulnerable vulnerable; damnable.

vulpine vulpí; propi de la guineu; astut.

vulture (orn.) voltor.

vying rivalitzant; competint.

WHERE THERE'S LIFE THERE'S HOPE
Mentre hi ha vida hi ha esperança

wabble osciŀlació; balanceig.

wabble (to) osciŀlar; balancejar-se; gronxar-se; ballar.

wad borra per a coixins; buata. / lligall (papers, documents).

wad (to) omplir; farcir.

waddle (to) caminar xano-xano amb balanceig; caminar gronxant-se, com els ànecs.

wade gual.

wade (to) passar a gual.

wader (orn.) camallarg.

wading bird. V. **wader.**

wafer hòstia; pasta prima; neula.

waffle neula plana. / xerrameca; mot incoherent.

waffle (to) xerrar; garlar.

waft bafarada; bravada; bufada; ventada. / gronxada.

waft (to) voleiar; flotar; surar.

wag bromista; faceciós.

wag (to) moure; remenar; cuejar.

wage (to) emprendre; abordar; començar.

wager juguesca; envit; aposta.

wager (to) envidar; apostar; jugar-se.

waggle bellugueig; remenada.

waggle (to) remenar; moure.

waggon carro de transport; furgó.

wagon vagó d'equipatges, de càrrega. / carro de transport.

wagon-lit vagó-llit; cotxe-llit.

wagtail (orn.) cuereta.

waif s. vagabund; sense casa; sense amo.

wail lament; gemec.

wain carro de treball camperol.

wainscot enfustat; arrimador.

waist cintura. / cossatge. / cinyell.

waistcoat armilla; justacòs.

wait espera; esperada.

wait (to) esperar. / servir; atendre.

waiter cambrer; mosso. / plata; safata.

wait for (to) esperar (quelcom o algú).

waiting-room sala d'espera.

waitress cambrera.

waits cantaires nadalencs; cantada nadalenca.

wait up (to) vetllar; no anar a dormir.

wait upon (to) atendre, servir les conveniències o necessitats (d'algú).

waive (to) renunciar; deixar de reclamar.

waiver renúncia; abdicació.

wake deixant; solc a l'aigua pel pas d'una nau.

wake (to) despertar; desvetllar. / vetllar.

wakeful desvetllat; despert; insomne.

waken (to) desvetllar; despertar; despertar-se.

wake up (to) despertar-se. / despertar.

walk caminada; passeig.

walk (to) caminar; passejar; anar a peu.

walker caminador; excursionista.

walkie-talkie transmissor-receptor portàtil.

walking stick bastó (de passeig).

walk out (to) declarar-se en vaga.

walk over victòria fàcil.

wall paret. / mur; muralla.

wall (to) emmurallar.

wallaby (zool.) mena de cangur petit.

wallet cartera de butxaca; bitlletera. / sarró.

wallflower (bot.) violer.

wallop cop fort. / estrèpit.

wallop (to) pegar fort.

walloping gros; gran. // desfeta; derrota.

wallow rebolcada. / rebolcador; lloc on es rebolquen certs animals.

wallow (to) rebolcar-se (en el fang); enllotar-se. / aviciar-se.

wall-painting fresc; pintura al fresc.

wallpaper paper de paret, d'empaperar; paper pintat.

wall tile rajola de València.

walnut (bot.) noguera. / nou.

walrus (zool.) morsa.

waltz vals.

wan pàŀlid; descolorit; lànguid; llangorós.

wand vareta. / batuta.

wander (to) vagar; rondar; errar.

wanderer errant; vagabund; rodamón.

wanderlust ganes de viatjar; passió de viatjar.

wane minva.

wane (to) minvar.

wangle frau; artifici; martingala.

wangle (to) obtenir quelcom fraudulentament.

want necessitat; fretura; manca; carència.

want (to) voler; desitjar; anhelar; necessitar; freturar; freturejar.

wanted hom necessita; hom cerca; hom soŀlicita.

wanting deficient.

wanton juganer; entremaliat; capriciós; llicenciós. / malèvol.

wantonly alegrement. / maliciosament.

war guerra.

warble refilet; cant d'ocell; refiladissa.

warble (to) refilar; trinar.

warbler (orn.) bosqueta.

ward guarda; custòdia; tutela. / sala d'hospital.

ward (to) protegir; guardar; custodiar.

warden guarda; guàrdia; vigilant.

warder escarceller.

wardrobe armari; guarda-roba.

ware atuell; recipient. / terrissa fina.

ware! compte!; precaució!

warehouse guardamobles; magatzem; dipòsit.

wares mercaderia; mercaderies; gèneres; articles.

warfare art militar; vida militar. / hostilitats.

warily cautelosament; amb prudència.

warlike bèŀlic; marcial; guerrer.

wariness cautela; precaució; prudència.

warm calent; càlid. / afectuós. / entusiasta.

warm (to) escalfar; abrusar; encalentir.

warm-blooded de sang calenta (mamífer).

warming-pan escalfallits; frare; maridet.

warmly acaloradament. / càlidament; calorosament; afectuosament.

warmth calor; entusiasme.

warn (to) avisar; advertir; orientar; prevenir.

warning avís; advertència; nota.

warp bombat; convexitat; (fer) panxa.

warp (to) torçar; desviar; revertir.

warrant autorització; justificant.

warrant (to) autoritzar. / respondre de; garantir.

warrantee persona fiançada, avalada.

warrantor garant; avalador.

warranty autorització; permís. / garantia.

warren terreny on hi ha molts caus de conills.

warrior guerrer; soldat.

warship vaixell de guerra.

wart berruga.

wart-hog (zool.) mena de porc senglar africà.

wary cautelós; prudent.

wash rentada; rentament; bugada.

wash (to) rentar; banyar. / fer bugada.

wash basin lavabo; pica.

washer volandera; roseta. / màquina de rentar; rentadora.

washerwoman rentadora; bugadera.

washing day dia de bugada.

washing machine màquina de rentar; rentadora.

washing place safareig. / rentador.

washing up fregada; fregatella; rentada de plats.

wash tub cubell de rentar roba.

wash up (to) rentar els plats.

washy aigualit; insípid; insuls.

wasp vespa.

waspish mordaç; punxant; agressiu.

wassail festí amb begudes i gatzara; brindis.

wastage desgast; minva; pèrdua.

waste desert; descobert; erm. / superflu; desolat. // desferra; rebuig.

waste (to) malgastar; malbaratar; balafiar.

wasteful balafiador; dilapidador. / ruïnós; antieconòmic.

wastefulness malversació; malbaratament.

waste-paper basket paperera; cistella paperera.

waste-pipe tub de desguàs; canonada.

waster cosa inútil. / persona inútil; inutilitat; zero a l'esquerra.

wastrel dilapidador; balafiador. / bo per a no res; inútil.

watch observació; contemplació; vigilància; aguait. / rellotge de butxaca, de polsera.

watch (to) observar; contemplar; vigilar.

watchful amatent; vigilant; alerta.

watchfulness vigilància.
watchmaker rellotger.
watchman vigilant; guarda.
water aigua.
water (to) regar. / abeurar.
water-bottle ampolla per a aigua.
/ cantimplora.
water-closet wàter; comuna amb
aigua corrent.
water-colour aquarel·la.
water-cress (bot.) créixens.
water-fall salt d'aigua; saltant;
cascada; fall.
watering regatge; reg; irrigació.
watering-can regadora.
water-lily (bot.) nenúfar.
water-line línia de flotació.
waterman barquer.
water-melon síndria; xíndria.
water ouzel (orn.) merla d'aigua.
water-pipe tub per a l'aigua;
canonada; canó.
water-polo (esp.) wàter-polo.
waterproof impermeable.
water-spout mànega; tromba.
water trough abeurador; pica.
water-wheel turbina; roda hidràu-
lica.
watery aquós. / plujós. / aigualit.
watt (elect.) vat.
wattle moc (del gall dindi).
wave ona; onada. / salutació
amb la mà.
wave (to) onejar. / fer senyes,
saludar, amb la mà.
waver (to) oscil·lar; trontollar;
fluctuar. / vacil·lar; dubtar.
waverer irresolut; perplex; titu-
bant.
wavy ondulant. / ondulat.
wax cera.
wax (to) créixer (la lluna).
waxbill (orn.) ocell petit africà
o asiàtic de bec translúcid.

wax-chandler cerer; candeler.
wax-paper paper parafinat.
waxwing (orn.) ocell sedós.
way via; camí. / direcció; sentit;
curs. / distància. / manera;
faisó.
waybill full de ruta; llista de
passatgers.
wayfarer caminant; viatger.
waylay (to) sotjar; aguaitar.
Way of the Cros Via crucis; cal-
vari.
wayside vora del camí.
wayward volenterós. / tossut;
tendenciós; inclinat.
we nosaltres.
weak dèbil; feble.
weaken (to) debilitar.
weakness debilitat; flaquesa.
weal benestar; felicitat. / ver-
danc; vergassada.
weald bosc; planúria; camp
obert.
wealth riquesa, fortuna.
wealthy ric; acabalat.
wean (to) deslletar; desmamar;
desmugronar.
weapon arma.
weaponless desarmat; sense ar-
mes.
wear ús; desgast; moda.
wear (to) portar (posat); ves-
tir. / gastar; desgastar; gas-
tar-se.
wear away (to) consumir; esbor-
rar, llevar per l'ús continu.
wear down (to) desgastar; alli-
sar per l'ús.
weariness cansament.
wearisome avorrit; pesat; llarg i
insuls.
weary cansat; fatigat.
weary (to) fatigar; cansar; avor-
rir.

weasel (zool.) mostela.
weather temps (atmosfèric).
weather (to) airejar; orejar. /
madurar a l'aire.
weather-board (mar.) costat del
vent.
weather-bound impedit pel mal
temps.
weather-chart carta atmosfèrica;
mapa del temps.
weathercock penell en forma de
gall.
weather-vane penell.
weave teixit.
weave (to) teixir.
weaver teixidor.
web tela; teranyina.
webbed feet palmípede.
webbing cingla (guarnició). /
teixit fort i estret per a ci-
nyells, tapisseria, vores d'es-
tora, etc.
wed (to) casar-se. / casar.
wedding noces; casament.
wedge falca; tascó.
wedge (to) falcar.
wedlock matrimoni.
Wednesday dimecres.
wee petit; diminut. // xic; mica.
weed cugula; mala herba; brolla;
malesa.
weed (to) eixarcolar; birbàr.
weeds vestit de dol (de vídua).
week setmana.
week-day dia d'entre setmana;
dia laborable.
week-end cap de setmana.
ween (to) creure; opinar; pen-
sar.
weep (to) plorar.
weevil mena de gramanera o
corc del gra.
weft trama; teixit.
weigh (to) pesar; sospesar.

weigh anchor (to) llevar àncora;
salpar.
weigh down (to) sobrecarregar;
excedir el pes. / cedir al pes.
weighing-machine bàscula (per a
grans pesos).
weight pes.
weight (to) carregar amb pes;
sobrecarregar; fer recaure un
pes.
weir assut; resclosa; presa.
weird sobrenatural; estrany; fan-
tàstic.
welcome benvinguda; salutació
al qui arriba. // benvingut.
welcome (to) donar la benvin-
guda; ben acollir.
weld (to) soldar.
welder soldador; persona que
solda.
welfare benestar.
welkin cel; firmament.
well bé. // bo. // ben. // pou.
wellingtons botes altes de goma.
wellknown renomenat; conegut;
cèlebre.
wellnigh gairebé; quasi.
well off benestant; acomodat.
wellread instruït; culte; erudit.
Welsh gallès.
welt vira (del calçat).
welter confusió; embrolla.
welter (to) rebolcar-se; enllotar-
se.
wen llúpia; bony; talpa.
wench mossa; minyona; frega-
dora.
wend one's way (to) fer el seu
camí.
west oest; occident; ponent.
westerly cap a l'oest; de l'oest.
western occidental; de l'oest.
westwards cap a l'oest; a po-
nent.

wet moll; humit; plujós.

wet (to) mullar; humitejar.

wet dock dic que s'omple d'aigua per a fer flotar vaixells.

wetness humitat; mullena.

wet-nurse dida.

wet paint pintat de fresc; pintat de nou.

wetting remullada; mullada; mullament.

whack cop fort. / temptativa.

whack (to) pegar fortament. / intentar.

whacking pallissa; surra. // gran; bon; gros; majúscul.

whale balena.

whaler balener.

whang estrèpit.

wharf embarcador; moll.

what què. / quina cosa. / la cosa que.

whatever qualsevol; sigui el que sigui; tot el que.

what on earth! què redimoni!; què diantre!

whatsoever V. **whatever.**

wheat blat.

wheatear (orn.) còlit gris.

wheaten de blat.

wheedle (to) obtenir amb afalacs o magarrufes.

wheel roda.

wheel (to) rodar; fer rodar.

wheeze respiració dificultosa.

wheeze (to) panteixar; bleixar; respirar asmàticament.

whelk cargol de mar.

whelm (to) submergir.

whelp cadell.

when quan.

whence des d'on; d'on.

whenever sempre que; quan sigui; cada vegada que.

where on.

whereabouts lloc, indret on es va a parar; per on; on; cap a on.

whereas mentre que; al mateix temps que; alhora que; encara que; quan contràriament; mentre per altra banda.

whereat a la qual cosa.

whereby per la qual cosa.

wherefore per tant; per conseqüent.

wherein en la qual cosa.

wheresoever onsevulga; onsevulla; arreu.

whereupon després de la qual cosa; en conseqüència.

wherever onsevulla; onsevulga.

wherewith amb la qual cosa; amb què.

wherewithal amb la qual cosa; amb què. / mitjans; recursos.

wherry xalana; barqueta de riu.

whet afilament; esmolada. / estímul; aperitiu.

whet (to) esmolar; afilar; afuar. / estimular.

whether si (alternatiu); sia... sia...

whether or no tant si és com si no és; de tota manera.

whetstone pedra esmoladora; esmeril; pedra de llima.

whew! caram!; vols dir!

whey la llet un cop extreta la caseïna i el greix; xerigot.

which quin; quina; quins; quines. / el qual; la qual; els quals; les quals. / que (relatiu de cosa).

whichever qualsevol; qualsevulla; qualssevol; qualssevulla.

whiff bufada; buf.

while mentre; mentre que. // estona.

whilst mentre; mentre que.
whim caprici; antull; rampell.
whimper plany; queixa; gemec.
whimper (to) queixar-se; somi-
car.
whimsical capriciós.
whimsicalness extravagància; sin-
gularitat.
whimsy fantasia.
whinchat (orn.) bitxatc rogenc.
whine ploricó; gemec.
whine (to) ploriquejar; somicar.
/ queixar-se. / piular.
whinny renill.
whinny (to) renillar.
whip xurriaques; tralla.
whip (to) fuetejar; xurriaquejar;
fustigar.
whipper-snapper manefla; entre-
metedor.
whippet llebrer; gànguil.
whip-poor-will ocell petit americà
de cant vespertí o nocturn.
whir esvoletec; batre d'ales;
aleteig. / grinyol.
whir (to) aletejar; esvoletegar.
/ grinyolar.
whirl remolí; giravolta.
whirl (to) giravoltar; rodar rà-
pidament.
whirligig virolet; mena de bal-
dufa.
whirlpool remolí; xuclador.
whirlwind remolí; terbolí.
whisk espantamosques. / bate-
dor; remenador.
whisk (to) brandar; bellugar; es-
polsar; agitar; sacsejar; mou-
re.
whiskers patilles.
whisky whisky.
whisper xiuxiueig; murmuri.
whisper (to) xiuxiuejar; remore-
jar; mormolar.

wisperer murmurador; remorer.
whispering campaign campanya
difamadora o detractora.
whispering-gallery galeria o cor-
redor que té condicions acús-
tiques per a transmetre sons
entre punts distants.
whistle xiulet.
whistle (to) xiular.
whit mica; bocí; gota; borrall;
bri; engruna.
white blanc.
white ant (ent.) tèrmits.
whitebait (ict.) seitó; anxova.
white bear (zool.) ós blanc; ós
polar.
white coffee cafè amb llet.
white meat carn blanca; carn
d'aviram, de vedella, de porc.
whiten (to) blanquejar; emblan-
quir.
whiteness blancúria; blancor.
white pelican (orn.) pelicà vul-
gar.
white stork (orn.) cigonya blan-
ca.
whitethroat (orn.) tallereta vul-
gar.
whitewash emblanquinament.
whither cap a on.
whithersoever onsevulla; onse-
vulga; arreu.
whiting blanc d'Espanya. / (ict.)
llúcera.
whitlow panadís.
Whit Monday dilluns de Pasqua
de Pentecosta.
Whitsun Pentecosta.
Whit Sunday Diumenge de Pen-
tecosta.
Whitsuntide Pentecosta; setma-
na de Pasqua de Pentecosta.
whittle (to) tallar a trossos, a
tires, a rodanxes.

whittle down (to) treure de mica en mica.

whizz (to) brunzir; xiular; bromir.

whizzing sibilant; brunzent.

who qui. / que; el, la qual; els, les quals.

whoever quisvulla qui; qualsevol qui.

whole tot. / totalitat. // sencer; complet; total.

wholehearted sincer; cordial.

wholelength de cos sencer (retrat, estàtua).

wholesale al major; a l'engròs.

wholesome sa; saludable; sanitós.

wholly totalment; completament.

whom a qui; qui (complement).

whomsoever quisvulla (complement).

whoop crit fort.

whooping-cough catarro; tos ferina.

whop (to) pegar; copejar; cascar.

whoping enorme.

whore prostituta.

whorl espira; espiral. / verticil. / espiral del cargol.

whose de qui. / del qual; de la qual; dels quals; de les quals.

whosoever V. **whoever.**

why per què? // pel, per la qual; pels, per les quals; per què. // Com!

why on earth! per què diantre!

wick ble.

wicked malvat; inic.

wickedness dolenteria; malignitat.

wicker vim. // de vims.

wicket finestró. / finestreta. / portella.

wide ample; ampli. // a distància.

wide-awake despert del tot. / vigilant; alerta.

widely àmpliament; extensament. / molt.

widen (to) eixamplar; dilatar.

wide-spread estès; escampat.

widgeon mena d'ànec silvestre.

widow vídua.

widower vidu.

width amplada; amplària.

wield (to) manejar; empunyar.

wife esposa; dona; muller. / dona de sa casa; senyora. / dona vella i mal educada.

wig perruca.

wiggle (to) moure ràpidament.

wight ésser humà; persona; subjecte; individu.

wigwam tenda dels indis americans.

wild salvatge; silvestre; feréstec.

wilderness desert; soledat; erm; terreny no cultivat.

wildfire foc follet.

wild radish (bot.) ravenissa blanca.

wild woad (bot.) gualda; gabarró.

wile engany; ardit; artifici.

wilful volenterós.

will voluntat; albir; ganes; voler.

will v. voler; desitjar. / soler; acostumar. / obstinar-se; insistir. // (auxiliar dels verbs en futur).

willing volenterós.

willingly de bon grat; amb ganes; volenterosament.

will-o'-the-wisp foc follet.

willow salze.

will-power força de voluntat.
wilt (to) marcir-se.
wily astut; murri.
wimple toca.
win (to) vèncer; guanyar; superar.
wince gest de dolor.
wince (to) fer un gest de dolor.
wincey teixit fort de llana per a camises.
winch càbria; torn muntacàrregues.
wind vent. / alè.
wind (to) cargolar; enrotllar; debanar. / ventilar; bufar.
winding sinuós; serpentejant. // enrotllament; bobinatge.
winding-sheet mortalla.
winding-staircase escala de cargol.
wind-instrument (mús.) instrument de vent.
windjammer vaixell mercant (veler).
windlass torn (de pou, per a galledes).
windmill molí de vent.
window finestra.
window envelope sobre amb espai transparent.
window-pane vidre de finestra o vidriera.
window-screen parabrisa.
wind-screen parabrisa.
wind up (to) cargolar; donar corda (al rellotge). / acabar; finalitzar.
windy ventós.
wine vi.
wine-skin bot; odre.
wing ala.
wing (to) aletejar; esbategar; batre les ales.
winged alat.

wink parpelleig. / acció de fer l'ullet; ullet.
wink (to) fer l'ullet. / parpellejar. / titil·lar.
winking lights llums vermells o àmbar del darrera dels automòbils per a indicar un canvi de direcció.
winkle cargol marí comestible.
winner vencedor; guanyador.
winning-post (esp.) meta; final.
winnow (to) ventar; ventejar; tirar enlaire la batuda perquè el vent separi el gra de la palla.
winsome atractiu; seductor; simpàtic.
winter hivern.
winter (to) hivernar; eixivernar; passar l'hivern.
wintry hivernenc; d'hivern. / fred.
wipe (to) eixugar; assecar; fregar; refregar.
wipe out (to) anihilar; destruir; netejar de.
wiper eixugador; netejador. (elèctrica, telegràfica). / telegrama. / telegrafia.
wire (to) estendre una línia (elèctrica, telegràfica). / telegrafiar.
wire fence filferrada; tanca de filferros.
wireless ràdio; telegrafia sense fils; telefonia sense fils.
wire-netting filat; xarxa de filferro.
wiring sistema, instal·lació de fils elèctrics, cables, etc.
wiry de filferro. / nervut. / fibrós.
wisdom saviesa; seny; prudència.

wise savi; assenyat; prudent.

wiseacre set-ciències; saberut; que creu saber molt.

wisecrack dita, observació encertada.

wish desig; ganes; anhel; deler.

wish (to) desitjar; anhelar; delejar.

wishful desitjós.

wishing meravellós; que té poder màgic de realització.

wishy-washy aigualit; rebaixat; insípid.

wisp manoll; manyoc.

wistaria (bot.) glicina.

wistful pensiu; nostàlgic.

wit enteniment; juí; raó; seny; intel·ligència. / enginy; gràcia; sentit.

wit (to) saber. / és a dir.

witch bruixa.

witchcraft bruixeria; fetilleria.

Witenagemot antic Gran Consell britànic.

with amb.

withal també; semblantment; a més a més; al mateix temps.

with child embarassada.

withdraw (to) retirar; anul·lar. / expulsar; foragitar. / fugir. / retirar-se; evacuar. / desdir-se; retractar-se.

withdrawal retirada. / retractació.

withe jonc; vímet.

wither (to) marcir-se; assecar-se.

withered marcit. / avergonyit.

withers creuera (d'un quadrúpede).

withhold (to) detenir; suspendre; contenir; impedir.

within dintre; a l'interior. // dins dels límits; dintre de.

within call a prop; a l'abast; a punt; a l'aguait.

without sense. / fora; als afores.

without doubt sens dubte.

without fail sens falta.

withstand (to) resistir; aguantar-se ferm.

withy vímet.

witless estúpid.

witness testimoni; prova.

witness (to) donar testimoni; donar fe; testimoniar.

witticism acudit; agudesa; dita.

wittingly intencionadament; a gratcient.

witty graciós; faceciós.

wizard bruixot.

wizened sec; arrugat; apergaminat.

woad herba de la qual s'extreu un tint blau; gualda.

wobble (to) trontollar; tentinejar; oscil·lar; ballar.

wobbly inestable; oscil·lant; que balla.

woe infortuni; angoixa. // ai!; pobre!

woebegone abatut; aclaparat.

woeful trist; afligit. / lamentable.

wold planúria; plana; camp; quintana; coromina. / ermot.

wolf llop.

wolf (to) engolir; menjar àvidament.

wolf-cub llobató; cadell de llop.

wolfram wolfram; tungstè.

woman dona.

womb matriu; claustre matern; si; ventre.

wombat (zool.) mena d'ós australià.

wonder meravella; prodigi.

wonder (to) meravellar-se; interrogar-se; no saber pas què; dubtar.
wonderful meravellós; prodigiós.
wonderland terra de meravelles.
wonderstruck esbalaït; admirat; sorprès.
wondrous meravellós.
wonky insegur; desballestat.
wont costum; ús. // acostumat; avesat.
wont (to) acostumar; soler. / estar avesat.
woo (to) festejar; galantejar; fer l'amor.
wood fusta. / bosc.
wood block (mús.) capsa xinesa.
woodcock (orn.) becada.
wood cranesbill (bot.) gerani boscà.
wooden de fusta.
woodlark (orn.) cotoliu.
woodlouse (ent.) panerola.
woodman llenyataire. / guardabosc.
woodpigeon (orn.) tudó.
woodwarbler (orn.) mosquiter xiulaire.
woodwind (mús.) instruments de vent.
woodwork treball en fusta.
wooer festejador; galant; galantejador.
woof trama.
wooing galanteig; festeig.
wool llana.
woollen de llana.
woolly llanós; llanut.
word paraula; mot.
wordbook vocabulari.
work treball; labor; tasca; obra; feina.
work (to) treballar; fer feina. / funcionar.

workable elaborable; factible; explotable.
workaday de cada dia.
workbag bossa de costura.
workday dia laborable; dia d'entre setmana.
worker treballador; obrer; productor.
working funcionament; explotació.
workman operari; treballador; obrer.
works fàbrica; factoria. / maquinària; mecanisme. / obra; producció (literària, musical).
workshop taller; obrador.
world món; terra.
worldiness mundanitat.
world-wide universal; mundial; internacional.
worm cuc; verm.
worm (to) arrossegar-se. / ficar-se; introduir-se.
worm-gear pinyó d'engranatge de vis sens fi.
wormwood (bot.) donzell.
worn usat; pelat; ratat.
worn thin desgastat. / suat; sabut.
worn out esgotat.
worried preocupat; capficat.
worry angoixa; preocupació; maldecap.
worry (to) preocupar; capficar.
worse pitjor (comparatiu).
worsen (to) empitjorar.
worship adoració. / veneració. / culte. // reverend.
worship (to) adorar. / venerar; reverenciar.
worshipful adorable. / venerable.
worshipper adorador. / assistent a un acte religiós; fidel.
worst (el) pitjor.

worsted estam (fil, teixit).
worth vàlua; preu. / utilitat. //
equivalent a; igual a. // digne;
mereixedor.
worthless inútil; menyspreable.
worthwile digne d'atenció; que
val la pena.
worthy digne; mereixedor. / no-
table; illustre.
would solia, solies, solíem, so-
líeu, solien. / (auxiliar) dels
verbs en condicional).
wound ferida; lesió.
wound (to) ferir; malferir.
wounding feridor; ofensiu; mor-
tificant.
wrack (bot.) fucus (alga que
serveix d'adob).
wraith fantasma; aparició.
wrangle querella; disputa.
wrangle (to) querellar-se; bara-
llar-se; esbatussar-se.
wrangler bronquinós; batusser.
wrap xal; cobriespatlles; mantó.
wrap (to) cobrir; embolcallar;
embolicar; abrigar.
wrapper embolcall; coberta; co-
bertor; faixa d'un periòdic.
wrath ràbia; ira.
wrathful rabiós; colèric; irasci-
ble; iracund.
wreak (to) descarregar; desbo-
tar (mal humor, ira).
wreath garlanda; corona de flors.
wreathe (to) engarlandar; coro-
nar; cenyir.
wreck naufragi; desferra; restes
d'un naufragi; despulles.
wreck (to) naufragar; arruïnar;
fer malbé.
wreckage restes; desferres; part
de nau enfonsada.
wren (orn.) cargolet.
wrench punyida. / estrebada;

torçada; revinclada. // clau
anglesa.
wrench (to) arrencar; estrebar.
/ tòrcer; desllorigar; dislocar.
wrest (to) arrabassar; arrencar
amb violència.
wrestle (to) lluitar. / practicar
la lluita lliure.
wrestler lluitador; combatent;
atleta.
wrestling lluita lliure; lluita gre-
co-romana.
wretch desgraciat; infortunat;
miserable; malaurat.
wretched adj. desgraciat; dissor-
tat; infeliç.
wrick torçada; girada; distensio;
revinclada.
wriggle ziga-zaga; essa; gira-
gonsa.
wriggle (to) serpejar; serpente-
jar. / retòrcer-se; cuejar; be-
llugar sinuosament i amb viva-
citat.
wriggler larva del mosquit.
wriggling bellugueig com d'an-
guila.
wright artífex; manufacturer;
productor.
wring (to) retòrcer; esprémer;
masegar. / escórrer. recargo-
lar.
wrinkle arruga; séc.
wrinkle (to) arrugar; arrufar. /
fer arrugues.
wrist canell; puny.
wrist-band puny de la camisa;
puny de la màniga; tirella.
wristlet manilla; polsera; braça-
let.
wrist-watch rellotge de polsera.
writ escrit autoritari; nota ofi-
cial.
write (to) escriure.

write down (to) anotar; escriure; prendre nota.

writer escriptor.

writhe retòrcer-se; cargolar-se.

writing escrit; cosa escrita; manera d'escriure.

writing-pad bloc (de paper per a escriure).

writings escrits; obres escrites.

wrong equivocat; erroni; incorrecte. // malament. // mal; greuge; error; pecat.

wrong-doer malfactor.

wrong-doing malifeta; delicte.

wrongheaded obstinat.

wroth enutjat; irat.

wrought treballat; tallat; forjat.

wrought iron ferro forjat.

wry tort; girat. / tergiversat; forçat.

wry face ganyota; gest (amb la cara).

wryneck (pat.) tortícoli.

wye i grega; en forma d'i grega.

E**X**AMPLE IS BETTER THAN PRECEPT
Més val obrar que predicar

xebec (nàut.) xabec; embarcació de vela llatina.

Xmas abreviatura de Nadal.

X-ray raigs X; raigs de Röntgen.

xylograph gravat en fusta.

xylography xilografia.

xylonite cel·luloide.

xylophone (mús.) xilofon.

YOU CANNOT GET BLOOD OF A STONE
D'allà on no n'hi ha no en pot rajar

yacht (nàut.) iot.

yam (bot.) nyam.

yank estirada; estrebada.

yank (to) estirar; donar una estrebada.

yap lladruc curt i agut.

yap (to) lladrar; fer lladrucs curts i aguts.

yard iarda (0,91 m). / pati; corral; clos; tancat. / (nàut.) verga.

yardstick norma; criteri.

yare lleuger; diligent; actiu; prest; prompte.

yarn fil; filat; filassa.

yarrow (bot.) aquil·lea.

yashmak vel que usen les musulmanes.

yataghan espasa turca.

yaw (nàut.) guinyada; desviació de popa.

yaw (to) (nàut.) guinyar.

yawl iol. / embarcació de vela amb dos pals, el segon més curt.

yawn badall; acció de badallar.

yawn (to) badallar.

yawning badall; acció de badallar.

yaws malaltia tropical d'irritació a la pell.

ye (arcaic) vós; vosaltres.

yea (arcaic) sí; certament.

year any.

yearling primal; animal d'un a dos anys.

yearly anual; anyal. / anualment; anyalment.

yearn (to) anhelar; desitjar.

yearning anhel; desig ardent.

yeast s. llevat.

yeasty escumós.

yell crit; xiscle.

yell (to) xisclar; cridar.

yellow groc.

yellowhammer (orn.) verderola.

yelp clapit; lladruc; guinyol.

yelp (to) guinyolar; lladrar.

yelping lladrucs; quinyols; grinyols.

yeoman pagès que treballa la terra pròpia. / guarda reial; alabarder.

yes sí.

yesterday ahir.

yet encara. / ja. // així i tot; no obstant això.

yew (bot.) teix.

yield producte; rendiment. / collita.

yield (to) produir; rendir. / deixar; cedir.

yielding flexible; dòcil.

yodel cant amb modulacions de falset, com el tirolès.

yodel (to) cantar amb modulacions de falset, com els tirolesos.

yoga ioga.

yoghourt iogurt.

yo-heave-ho! oh hissa! (crit mariner hissant veles).

yoke jou.

yokel pagerol; rústec; taujà.

yolk rovell; gema (d'ou).

yonder més enllà.

yore antigament.

you vós. / vosaltres. / -vos; -us. / et; -te. / tu.

young jove. // cria; petits; cadells.

younger (el) jove; (el) petit. / més jove (que).

youngish jovença; més aviat jove.

young lady senyoreta; damisel·la.

youngling petit; menut; cria (humà o animal).

young man jove; senyoret.

young shaver xicot; noi; vailet; bordegàs.

youngster noi; xicot.

your el teu; la teva; els teus; les teves. / el vostre; la vostra; els, les vostres.

yours pron. teu; teva; teus; teves. / vostre; vostra; vostres. / de vós, de vosaltres.

yourself vós mateix, -a; tu mateix, -a.

yourselves vosaltres mateixos, -es.

youth joventut. / jove; jovencell.

youthful jovença; jovenívol.

yucca (bot.) iuca.

yule Nadal.

yule-log tió de Nadal; tronc que es crema la nit de Nadal.

yule tide temps de Nadal; festes de Nadal.

Z

zany còmic que fa el paper d'enze; bufó; graciós.

zeal zel; ardor; fanatisme; entusiasme.

zealot fanàtic; incondicional.

zebra (zool.) zebra.

zebra crossing pas zebra; indret per a creuar, els qui van a peu; la calçada senyalada amb franges blanques i negres.

zebu (zool.) zebú.

zenana harem indi.

zenith zenit.

zephyr zèfir; vent suau de ponent.

zero zero.

zest delit; interès.

zig-zag ziga-zaga; zig-zag.

zig-zag (to) zigzaguejar.

zinc zenc; zinc.

zinnia (bot.) mena de plantes de jardí, de flors de colors vius, de Mèxic.

Zionism sionisme.

zip xiular d'una bala disparada; brunzit; siulet.

zip fastener tanca de cremallera; dispositiu per a tancar peces de vestir, carteres, estoigs.

zither (mús.) cítara.

zodiac zodíac.

zone zona.

zoo parc zoològic; zoo.

zoologist zoòleg.

zoology zoologia.

zoom brunzit. / objectiu fotogràfic de focus variable.

zoophyte zoòfit.

zounds! crit d'indignació, de protesta; diantre!

zymotic epidèmic.

zyp fastener V. **zip fastener.**

CATALÀ - ANGLÈS

ACCENT

Written accent is placed on:
* proparoxitone words
  fàbrica, església, cèlica, física, mòmia, fórmula, fúria.

* paroxitone words not ending in
  àlbum, préssec, gíngol, sòrdid.

* oxitone words ending in
  demà, arròs, emprèn, veí, illús.

} a, e, i, o, u,
  as, es, is, os, us,
  en, in.

When **i** or **u** are not consonants (semivowels) —joia, cauen— or diphtongs —mai, seu— an accent is put if falls with the previous rules: deífic, teúrgic, or diaeresis in other cases: lluïa; lluït, diürn.

Moreover have written accent to distinguish similar written words (homographs).

bé	good	óssa	bear (f.)
bóta	barrel	pèl	hair, fur
cóc	small biscuit	què	what
déu	god	sé	(I) know
dóna	gives	séc	crease
dónes	(you —sing.) give	sèu	suet
és	is	sí	yes
féu	(he) did, made	sóc	I am
fóra	(I, he) was (subjunctive)	són	they are
mà	hand	té	has
més	more	tòt	big spout
mòlt	milled, ground	ús	use
món	world	vénen	they come
móra	blackberry	véns	(you —sing.) come
nét	grandson	vés	go (sing.)
néta	granddaughter	véu	he saw
ós	bear	vós	you (sing.)

An acute (') or grave (`) sign is put according with its **close** or **open** sound on **é è** and **ó ò**. The other vowels are always **à** (grave), **í, ú** (acute).

PLURALS

Plurals are generally made by adding **s** = camell**s**.
changing endings in atonic **a** into **es** = casa/cas**es**
adding **n** before the **s** when the word in singular end in stressed
   vowel; n**s** pl/pi**ns**

Notice the verbal endings -es   mir**es**,   miraves,   miraries
                           -em   mirem,   miràvem,   miraríem
                           -eu   mireu,   miràveu,   miraríeu
                           -en   miren,   miraven,   mirarien

FEMININE (ADJECTIVES) — (exemples)

hebreu, -a	hebrea		mig, -tja	mitja
europeu, -a	europea		roig, -ja	roja
plebeu, -a	plebea		boig, -ja	boja
jueu, -va	jueva		tou, -va	tova
eburni, -a	ebúrnia		manyac, -ga	manyaga
aeri, -a	aèria		embriac, -ga	embriaga
acurat, -da	acurada		orfe, -na	òrfena
decidit, -da	decidida		partitiu, -va	partitiva
humà, -na	humana		viu, -va	viva
aliè, -na	aliena		poruc, -ga	poruga
espès, -sa	espessa		amic, -ga	amiga
escàs, -sa	escassa		sarraí, -na	sarraïna
comprès, -a	compresa		genuí, -na	genuïna
anglès, -a	anglesa		suís, -sa	suïssa
inic, -qua	iniqua		postís, -sa	postissa
oblic, -qua	obliqua		submís, -a	submisa
bonic, -a	bonica		concís, -a	concisa
cònic, -a	cònica		vague, -a	vaga
innocu, -a	innòcua		xato, -a	xata
vacu, -a	vàcua		agre, -a	agra
lleig, -tja	lletja			

382

THE APOSTROPHIZED DEFINITE ARTICLE

EL = L'
(masculine)

Before vowel. Always.
Ex.: **l'avió; l'èxit; l'índex; l'ocell; l'ull.**

LA = L'
(feminine)

Before strong vowel.
Ex.: **l'almoina; l'edat; l'honradesa.**
Before weak vowel with tonic accent.
Ex.: **l'illa; l'ungla.**
But: **la il·lusió; la humanitat.**

CONTRACTIONS

$$AL = (A\ EL)$$
$$DEL = (DE\ EL)$$
$$PEL = (PER\ EL)$$
$$CAL = (CA\ EL)$$
$$CAN = (CA\ EN)$$

But they are undone before a vowel owing to the apostrophized article.

Ex.: A L'HOME
DE L'OFICI
PER L'AMO
CA L'ONCLE
CA N'EUGENI

PERSONAL ARTICLE

Before personal names or surnames.

en before consonant (masculine)
Ex.: **en Joan; en Rius.**

la before consonant (feminine) or unstressed **i u.**
Ex.: la Maria; la Ferrer
la Isabel; la Iglésies
la Humberta; la Ullastre.

l' before vowel (masculine or feminine)
Ex.: l'Andreu; l'Oller
l'Emília; l'Abelló

Remember unstressed feminine **i u:**

la Isabel; la Iglésies
la Humberta; la Ullastre
but: l'Isidre; l'Iglésies   (masculine)
l'Umbert; l'Ullastre   (masculine).

PERSONAL TREATMENTS

En before masculine Christian names beginning with a consonant.
Na before feminine Christian names beginning with a consonant.
N' before masculine or feminine Christian names beginning with a vowel.
Ex.: **En Joan; Na Maria; N'Eugeni; N'Enriqueta.**

Always in capital letter.

REMARKS

Parts of speech are indicated when it is necessary only; and gender or number, between claudators. However, **nouns** are noted by **m.** masculine gender), or **f.** (feminine gender), and **adjectives,** when have different endings in the feminine form: **bo, -na (bo, bona).**

OBSERVACIONS

Les parts del discurs solament estan indicades en els casos necessaris. El gènere i el nombre estan indicats entre parèntesis. Hom pot distingir, però, els **noms substantius,** els quals estan assenyalats amb **m.** o **f.** (masculin o femenin). Els **adjectius** es distingeixen per portar indicada la seva forma femenina —quan en tenen— mitjançant la terminació corresponent.

A PAGÈS ENDARRERIT CAP ANYADA NO LI ÉS BONA
He that goes a-borrowing goes a-sorrowing

a to; at; for; in; on.
abadessa f. abbess.
abadia f. abbey.
a baix down; below; downstairs.
abaixador m. cloth shearer.
abaixar to lower.
abalança-se to rush.
a balquena in abundance; in plenty.
abaltiment m. drowsiness.
abaltir-se to become lethargic.
abandó n. abandon; neglect.
abandonar to abandon; foresake; leave; give up; surrender.
abans before; formerly.
abans dahir the day before yesterday.
abans de before; earlier than.
abans que before; earlier than.
abaratir to cheap.
abarrotar to overstock; pack.
abassegar to monopolize; corner.
abast m. reach; extent; scope.
a bastament enough.
abastament m. supplying; supply.
a bastança enough.

abastar to supply; stock; equip. / to reach; get to; go as far as.
abat m. abbot.
abatiment m. dejection; low spirits.
abdicar to abdicate; renounce.
abdomen m. abdomen; belly.
abecedari m. alphabet.
abella f. (ent.) bee.
abellaire m. bee-keeper.
a bell doll plenty.
abellerol m. (orn.) bee-eater.
abellir to long for.
abellot m. (ent.) drone
a bell ull by guess; without taking any measurement.
a betzef abundantly.
abeurador m. trough; drinking trough.
abeurar to give water to (cattle, horses); water (cattle).
abisme m. depth; pit; abyss; abysm.
abismes m. pl. underworld.
abissini, -ínia Abyssinian.

387

abjecció f. abjection; abjectness.

abjecte, -a abject; base; wretched.

abjurar to abjure; forsake; promise to give up.

ablació f. ablation.

ablanir to soften.

ablatiu m. ablative.

ablució ablution.

abnegació f. abnegation.

abocar to pour.

a bocons face downwards.

abolir to abolish.

abominar to abominate; loathe.

abonament m. payment; subscription.

abonançar to calm.

abonar to vouch for; guarantee.

a bon dret by rights.

abonyegament m. dent.

abonyegar to dent.

a bord aboard.

abordar to board.

abordatge m. boarding.

aborigen aboriginal.

abraçada f. embrace; hug.

abraçadora f. brace; clasp; bracket.

abraçar to embrace; hug; include.

abrandar to inflame; excite; enliven.

abraonar to seize; overtake.

abreujament m. abridgement.

abreujar to abbreviate; shorten.

abreviatura abbreviation.

abric m. overcoat. / shelter.

abrigall m. warm clothing.

abrigar to wrap; cover; tuck; fold.

abril m. April.

abrillantar to brighten.

abriüll m. (bot.) caltrop; star thistle.

abrivar to excite; to inflame.

abrogar to abrogate; cancel.

abrupte, -a abrupt; steep.

abrusar to burn; parch.

abscés m. abscess.

abscissa f. abscissa.

absència f. absence.

absent absent.

absentar-se to go away; absent.

absis m. apse; apsis.

absoldre to pardon; absolve.

absolta f. responsory; response.

absolució acquittal; absolution.

absolut, -a thorough; absolute.

absolutament utterly; thoroughly.

absolutisme m. absolutism.

absorbent absorbing.

absorbir to absorb.

absorció f. absorption.

absort absorbed in thought; ecstatic.

abstemi, -èmia sober; teetotaller; abstemious.

abstenció f. abstention; non participation; refraining.

abstenir-se to abstain.

abstergent abstergent.

abstinència f. abstinence.

abstracte, -a abstract.

abstret, -a absentminded; inattentive.

abstreure's to become absorbed in thought.

absurd absurdity; nonsense.

absurd, -a absurd; preposterous.

abúlic, -a abulic.

abundància f. plenty.

abundant plentiful; abundant.

abundor f. plenty.

abús m. abuse.

abusador, -a abuser.

abusar to abuse.

acabalar to hoard.

acaballes f. pl. last years of life. / end; termination.

acabament m. ending; completion.

acabar to finish; end; conclude; do; terminate.

acabat, -ada finished; over.

acabdilar to lead command (troops, a group).

acaçar to pursue closely.

acàcia f. (bot.) acacia; locust tree.

acadènia f. academy.

acaderat forming chain.

acalorada f. heat; excitement; ardour.

acaloradament warmly.

acalora-se to get overheated. / to become heated.

acampada f. camp.

acampar to camp; encamp; camp out.

acanalar to groove; striate.

acanala, -ada blowing through a narrow place (wind). / grooved; striated; corrugated.

acaparar to corner; monopolize.

acapte n. collection (money collected at a meeting).

acariciar to caress; fondle.

acarnissar-se to fight fiercely.

acaronar to pat.

acatament m. homage; respect.

acatar to respect; revere.

acatarrarse to catch a cold.

a cau d'orella in the ear; confidentialy.

a causa de because of; owing to; on account of.

a cavall on horseback.

accedir to accede; consent.

accelerador m. accelerator.

accelerador, -a accelerating; accelerative.

accelerar to hasten; accelerate; hurry.

accent m. stress.

accentuar to stress; emphasize.

accepció f. meaning; sense.

acceptar to accept; recognize.

accés m. access; approach; attack.

accèssit m. second prize; consolation prize.

accessori affix; appendix; accessory.

accident casualty; accident.

accidental occasional; casual.

accidentat, -ada rough; hilly. / stormy; troubled; eventful.

acció f. action; deed; operation.

accionar to work; gesticulate.

accionista m. f. shareholder.

acendrar to purify; refine.

acensar to tax.

acer m. steel.

acerb, -a sour; cruel.

acer inoxidable m. stainless steel.

acèrrim, -a staunch; fierce; trustworthy.

acetilè m. acetylene.

acetona f. acetone.

ací here.

àcid m. acid.

àcid, -a sour; acid; sharp; tart.

acidesa f. acidity.

acidular to acidulate.

aciençadament wisely.

aciençar to instruct.

aciençat, -ada erudtie; learned; illustrated.

acimat, -ada to raise high.

acinglat, -ada abrupt; cliffy; steep.

aclamació f. cheer; acclamation.

aclamar to cheer.

aclaparar to overwhelm.

aclaridor, -a explanatory; illumin-
anting.
aclariment explanation.
aclarir to clean; clear; enlighten
aclimatar to acclimatize.
aclivellar-se to crack; fissure.
aclofar-se to shrink; sink; go
down.
aclucar to shut; half-close (the
eyes).
acme f. (pat.) acme; crisis.
acoblar to match.
a coll on one's arms, shoulders.
acollença f. welcome; reception;
hospitality.
a coll-i-be on one's shoulders.
acollidor, -a cosy; welcomig.
acolliment m. reception; enter-
tainment.
acollir to greet; welcome; re-
ceive.
acolorar to gloss; make plausi-
ble; palliate.
acolorir to tint; stain.
acomboiar to convoy.
acomiadar to dismiss; say good-
bye; give notice.
acomodador m. usher (theatre).
acomodadora f. usherette (thea-
tre).
acomodar to arrange; accommo-
date.
acomodat, -ada well-off; well-to-
do; wealthy.
acomodatici, -ícia adaptable;
pliable.
acompanyament m. accompanni-
ment; attendance. / train; cor-
tege.
acompanyant m. squire; atten-
dant; accompanier . / (mus.)
acompanist.
acompanyar to assist; escort;
attend; go with; accompany.

acompliment m. fulfilment.
acomplir to do; fulfil; realize.
acompte m. payment on account.
acondiciament m. conditioning.
aconduir to fit; arrange; get
ready.
acònit m. (bot.) aconite.
aconseguir to get; procure;
reach.
aconsellable advisable.
aconsellar to advise; counsel.
acontentar to content; please;
satisfy.
a contracor reluctantly.
a cop calent at once.
acoquinar to daunt; intimidate.
acorament m. anguish; distress-
fulness; distress.
acord m. agreement; bargain;
intelligence; consonant; in
harmony. / (mus.) chord.
acordar to agree upon; decide. /
to harmonize.
acordió m. (mus.) accordion.
acordionista m. f. accordionist.
acordonar to sorround with a
cordon of men.
acorralar to corner; round up;
intimidate.
a corre-cuita hastily; as quickly
as possible.
acorruar to rang; align.
acostar to approach.
acostat, -ada nearby; next to.
a costelles de at (someone)
else's expense.
acostumar to use; get used. /
accustom; habituate
acostumat, -ada accustomed;
used. / usual; habitul.
acotació f. annotation; marginal.
note.
acotar to incline; bow
acotxar to tuck.

acovardir to intimidate; cow. / (reflexive) to quail.

àcrata anarchist.

acre sour.

acreditar to prove to be. / to credit.

acréixer to increase.

acrimònia f. acrimony; acridity.

acritud f. sourness.

acrobàcia f. acrobatics.

acròbta m. f. acrobat.

acròstc m. acrostic.

acta f. stament of facts; minutes; record.

acta ntarial f. affidavit.

acte n. act; function.

actitud f. attitude.

actiu, -a active; energic; brisk.

activar to activate; energize. / to hsten.

activita f. activity; promptness; movement.

actor m performer; actor; player.

actriu actress.

actuació f. action; performance. / behviour.

actual resent; of the day.

actualitt f. present time; (at) preset.

actuar t act; operate; work.

acudir come up; go to; frequent

acudir-se to occur; strike; took into ne's head.

acudit n jest; joke.

acuit mursuit; chase.

acuitar t pursue; chase.

acumula to accumulate; store; hoard.

acunçar polish; carve; cut.

acuradannt carefully.

acurat, -la mindful; careful.

acusació f. accusation; charge.

acusadom. accuser.

acusar to accuse.

acusat m. accused; defendant.

acusatiu m. accusative.

acústic, -a acoustic.

acústica f. acoustics.

acutangle acute-angled.

adagi adage; saying.

a dalt up; above; upstairs.

adamantí, -ina adamantine.

adaptar to adapt; fit; arrange.

addenda f. addenda.

addició f. addition; adding-up.

addicte, -a devoted to. // supporter.

adduir to adduce.

adelerat, -ada hasty; hurried.

adelitament m. delight; pleasure.

adelitar-se to take delight.

adepte, -a supporter; follower.

adequar to adapt; fit.

adequat, -ada suitable; adequate; fit.

adés a short time since. / then; next.

adés... adés now... now.

a desdir abundantly; in abundance.

a desgrat de in spite of.

a deshora untimely; out of season; inopportunely.

a despit de in spite of.

adéu good-bye. // farewell.

adéu-siau good-bye. // farewell.

adherència f. adherence.

adherir to adhere; stick.

adhesió f. adhesion; support.

adhesiu, -iva adhesive.

àdhuc even; including.

adiar to appoint (date).

adient fit; suitable.

adinerat, -ada well-off; moneyed.

a dins into; in; within; inside.

adipós, -osa adipose; fat.

adir-se to acord; agree.

a distància at a distance.
adjacent adjacent.
adjectiu m. adjective.
adectivar to apply epithets to.
adjudicació f. award.
adjudicar to award; assign.
adjunt, -a adjunct; joined.
admetre to admit; recognize.
administració f. management.
administrador m. manager.
administrar to administer; manage.
admirable wonderful; admirable.
admiració f. wonder.
admirador, -a admirer.
admiració f. wonder; admiration.
admirar to admire; amaze.
admissible admissible.
admissió f. admission.
adob m. manure. / repair.
adobador m. tanner.
adobaire m. cobbler.
adobar to mend; repair. / to tan; make into leather.
adoctrinar to indoctrinate.
a dojo abundantly; in plenty.
adolescència f. adolescence.
adolescent m. f. adolescent.
adolorir to ache; pain; hurt.
adolorit, -ida pained; plaintive; grief-stricken.
adonar-se to realize; discover.
adoptar to adopt.
adoptiu, -va adoptive; adopted.
adorable adorable.
adoració f. worship.
adorador m. worshipper; adorer.
adorar to worship.
adormiment m. doze.
adormir to make sleepy; lull; put to sleep.
adormir-se to fall asleep.
adormit, -ida asleep.
adorn m. adornment; ornament.

adornament adornment; ornament.
adornar to adorn; grace; embellish.
adossar to lean.
adotzenat, -ada commonplace; ordinary; vulgar.
adquisició f. perchase; acquisition.
adquirir to acquire.
adreç m. jewelery; set of jewelry.
adreça f. address; directions; domicile.
adreçar to address; refer / to redress.
adreçar-se to go to; make one's way to.
a dreta llei by rights.
a dretcient on purpose; by intention.
adroguer m. grocer.
adrogueria grocer's; grocery.
adscriure to add; attach.
a dues llums in the twilight.
adulació f. flattery; inincere praise.
adulador, -a flatterer.
adular to flatter; praise in order to please.
adúlter m. adulterous.
adúltera f. adulteress.
adulterar to adulterate.
adulteri m. adultery; misconduct.
adunar to join; unite.
adust, -a adust; sunburn. / surly; unsociable.
adustesa grimness; austrity.
adveniment m. advent; coming; arrival.
advenir to happen; come to pass.
Advent m. Advent.

adverbi m. adverb.

advers, -a adverse; contrary.

adversari m. adversary; opponent.

adversitat f. adversity; trouble; setback; evil; reverse.

advertència f. warning; advice; admonition.

advertiment m. advice; notice.

advertir to advice; warn; admonish. / to remark; notice.

advocació f. appellation of a church, chapel, shrine.

advocadessa f. mediatrix; advocatress.

advocar to stand for; plead; advocate; champion.

advocat m. lawyer; barrister; solicitor; advocate; counsel.

a entrada de fosc at nightfall.

aeri, aèria aerial.

aerinau f. aircraft; airship.

aerodinàmic, -a aerodynamic.

aeròdrom m. airfield; aerodrome.

aeronauta m. f. aeronaut.

aeroplà m. aeroplane; plane.

aeroport m. airport.

a excepció de except; excepting.

afabilitat affability; civility.

afable affable; agreeable; kind.

afaiçonar to shape; form.

afaitar to shave.

afalac m. flattery.

afalagar to flatter. / to entertain.

afamat, -da famous.

afanar to steal.

afaneta m. f. pickpocket; young thief.

afany m. eagerness.

afanyar-se to hasten; hurry up; make haste.

afartar to glut.

afàsia aphasia.

a favor de in favour of.

afavorir to benefit; favour.

afeblir to weaken.

afecció f. affection; hobby.

afeccionar-se to grow fond of.

afeccionat fancier; fond.

afectació f. affectation; artificialness; refinement.

afectar to affect; feign; make an impression. / to apply.

afectar-se to resent; be moved.

afectat, -ada affected; unnatural; stilted.

afecte m. affection; love.

afecte, -a fond.

afectuós, -osa kind; fond; affectionate.

afectuositat f. fondness; affection.

afegiment m. addition; additament.

afegir to add.

afegit m. addition.

afegitó m. addition.

afeixugar to oppress; weigh down.

afer m. affair.

afèresi f. apheresis.

afermar to make fast; fasten; settle.

aferrar to grip; seize; clutch; catch.

aferrissadament bloodily; boldly; resolutely.

aferrissament m. fierceness; fury.

aferrissat, -ada grim; inflamed.

afetgegar to tamp; press down.

afí sympathetic.

aficionat, -ada amateur.

a fi de in order to.

afigurar-se to fancy.

afilador m. knife-grinder. / sharpening.

afilar to grind; sharpen; nib; taper.
afilerar to put into line.
afiliació f. affiliation.
afiliar to affiliate.
afiliar-se to affiliate with. / to join.
afillar to adopt.
afinament m. tuning.
afinar to tune.
afinitat f. affinity.
a fi que so that.
afirmació f. affirmation; assertion.
afix m. affix.
aflaquiment m. emaciation; loss of flesh.
aflicció f. distress; sorrow; grief.
afligir to grieve.
afligit, -ida sorrowful.
a flor d'aigua afloat.
.afluència f. fluency.
afluent m. tributary; feeder.
afluir to flow.
afluixar to loosen; slacken.
afonia f. aphonia.
afònic, -a aphonic.
a fora abroad; out.
aforament m. capacity (theatre, cinema, etc.).
a força de by means of; by dint of.
afores m. f. environs; outskirts.
aforisme m. aphorism.
afortunadament luckily; fortunately.
afortunat, -ada fortunate; lucky.
afrau f. dell; ravine; hollow.
africà, -ana African.
afront m. affront; offence; outrage.
afrontar to affront. / to face.
afrontós, -osa insulting; outrageous.

afuar to sharpen; put a point on.
afusellament m. execution by shooting.
afusellar to shoot.
agabellar to monopolize; corner.
agafada f. catch; hold; grip.
agafadís, -issa catching; contagious.
agafador m. handle; hold; grip; knob.
agafall m. knob; handle.
agafar to grip; grasp; take; seize; hold; catch.
agafar-se to grasp; cling; grapple.
a galet (drink) from the small spout of a vessel to the mouth in aerial stream.
agalla f. (bot.) fall-nut.
agarrat, -ada niggard; avaricious.
àgata f. agate.
agemolir-se squat; huddle oneself; humble oneself; crouch.
agençament m. dressing; adorning.
agençar to dress; tidy; do.
agència f. agency; bureau.
agenda f. diary; memorandum book.
agenollar-se to kneel.
agent m. agent.
agermanar to match; fraternize.
àgil nimble; agile; quick.
agilitat f. agility; lightness.
agiotatge m. speculation; jobbery.
agitació f. shaking; commotion; agitation.
agitar to stir; wave.
aglà m. f. acorn.
aglevar-se to concrete.
aglomeració f. agglomeration; mass.

aglomerar to form a mass; agglomerate.
aglutinar to agglutinate.
agombolar to caress; fondle.
agonia f. agony; pain.
agonitzar to agonize.
agosarat, -ada daring; bold.
agost m. August.
agotnar-se to crouch.
agraciar to grace.
agraciat, -ada graceful. / well-favoured.
agradable nice; pleasant.
agradablement prettily; pleasantly.
agradar to please; like; love.
agradós, -osa nice; pleasant.
agraïment m. acknowledgement; gratitude; thankfulness.
agrair to thank; acknowledge.
agraït, -ada grateful; thankful.
agrament bitterly; sourly.
agrari, -ària agrarian.
agràs m. sour grape. / sour grape juice.
a gratcient on purpose; intentionally.
agre, -a sour; tart.
agredir to do violence to; attack; assail.
agredolç, -a bittersweet.
agregar to aggregate; add; attach to.
agregat, -ada aggregate; annex; attaché.
agrella f. (bot.) common sorrel.
agremiar to form a union.
agressió f. aggression; attack.
agressiu, -iva aggressive. / assertive; pushing.
agressor, -a aggressor; assailant.
agrest, -a rural; rustic; wild.
agreujament m. getting worse; aggravation.

agreujar to aggravate; get worse.
agrícola agricultural.
agricultor m. farmer.
agricultura f. agriculture.
agrifoll m. holly.
agrimensor m. surveyor; topographer.
agrimònia f. (bot.) agrimony.
agrir to sour; acetify.
agrònom m. agronomist; farming expert.
agror f. sourness.
agró roig m. (orn.) purple heron.
agrumollar-se to concrete; clot; become clotted.
agrupació f. association; group.
agrupar to group.
aguait m. ambush; spying.
aguaitar to observe; peep; spy on; lie in wait for.
aguant m. endurance.
aguantar to endure; suffer; undergo; stand. / to hold; hold up.
agudesa f. keenness. / jest.
àguila f. (orn.) eagle.
àguila calçada f. (orn.) booted eagle.
àguila pescadora f. (orn.) osprey.
aguilot m. (orn.) eaglet.
agulla f. needle. / spire; steeple. / switch.
agulla de cap f. pin.
agulla de ganxo f. hairpin.
agulla imperdible f. safety-pin.
agulló m. sting.
agullonar to prick; sting; poke.
agut, -uda keen; sharp.
agutzil m. sherif.
ahir yesterday.
ai! alas!; woe!
aidar to aid; help.

aigua f. water.
aiguabarreig m. confluence.
aiguacuit m. glue.
aiguada f. V. **aiguat**.
aigua de Colònia eau-de-Cologne;
   cologne water.
aiguader, -a abstemious.
aigua destil·lada f. distilled wa-
   ter.
aigua dolça f. fresh water.
aiguafort m. etching.
aigualir to dilute with water.
aigualit, -ida watered; watery.
aiguall m. marsh.
aiguamel f. hydromel.
aiguamoll m. marsh; fen.
aiguanaf m. orangeflower water.
aiguaneu f. sleet.
aiguardent m. spirits; inferior
   brandy.
aiguarràs m. oil of turpentine.
aiguat m. deluge; rainstorm.
aiguavés m. slope of a roof.
aiguavessant m. watershed.
aigüera f. sink.
aïllador m. insulator.
aïllar to insulate. / to isolate.
aïrar-se to grow angry.
aïrat, -ada angry.
aire m. aire. / grace. / tune.
aireig m. aeration.
airejar to air; ventilate.
airejat, -ada breezy.
airós, -osa dainty; graceful. /
   breezy; airy.
airosament lightly; airily.
aital such a; such.
aixada f. hoe.
aixadella f. weeding hoe; hoe.
aixadó m. weeding hoe.
aixafada tread on someone's
   foot; flattening; quashing.
aixafament m. prostration; low
   spirits.

aixafar to crush; flatten.
aixamfranar to chamfer; bevel.
aixecament m. rising; uprising.
aixecar to lift; raise; hoist;
   heave.
aixecar-se to get up; arise; stand
   up;; heave.
aixella f. armpit.
aixeta f. tap; faucet.
aixì so; thus.
aixì aixì so-so.
aixì com in the same way as;
   just as.
aixì i tot at any rate.
aixì mateix likewise; in like
   manner.
aixì que as soon as.
això pron. this; these.
això mateix exactly; that's right.
això no obstant still; notwith-
   standing; nevertheless.
aixopluc m. shelter; refuge; ha-
   ven.
aixoplugar to give shelter; take
   in; cover.
aixoplugar-se to take cover.
això rai never mind; that is the
   least of it.
aixovar m. household furniture;
   trousseau.
ajaçar-se to lie.
ajeure to lay.
ajeure's to lie.
ajeure-s'hi to lie back lazily.
ajocar-se to retire (to nest); to
   go home; go bed. (birds,
   poultry).
ajornament m. postponement.
ajornar to adjourn; postpone; put
   off.
ajuda f. help.
ajudant m. helper.
ajudanta f. helper (woman).
ajudar to help; aid; assist.

ajuntament m. townhall. / city council.

ajuntar to join.

ajupir to lower; bow down.

ajustadament properly.

ajustador m. finisher; fitter.

ajustar to adjust; suit; fit; frame.

ajustat, -da proper.

ajusticiar to put to death.

ajut m. help; aid.

al (contraction A + EL).

ala f. wing.

a la babalà recklessly; unsystematically; haphazard.

alabar V. lloar.

alabarda f. halberd.

alabarder m. halberdier.

alabastre m. alabaster.

a la bestreta beforehand; in advance.

alacaigut, -uda with drooping wings; downcast.

a la dreta to the right (hand).

a la dreta de to the right (hand) of.

a la gatzoneta in a crouching position; sit squat on one's heels.

a l'aire lliure outdoor; in the open air; outdoors.

a la matinada at day-break.

alamberner m. (bot.) hybrid of orange and citron.

alambí m. still.

alambinar to distil.

alambó m. kund of bitter orange

a la menuda retail.

a la nit at night.

alapidar to stone; stone to death.

alarb Arab; Arabian; Arabic.

alarma f. alarm.

alarmar to alarm; startle; dismay.

a la tarda in the afternoon.

a la valenta with great fuss.

a la vora near; close; nearby; by; nigh; close by.

a la vora de near close to; in the neigbourhood of.

albada f. dawn.

albada f. dawn.

albanell m. (orn.) lanner.

albarà delivery note.

al bell mig in the very centre; in the middle.

àlber m. (bot.) poplar.

albercoc m. apricot.

albercoquer m. (bot.) apricot tree.

albereda f. poplar grove.

alberg m. shelter; lodging.

albergar to shelter; harbour.

albergínia f. (bot.) eggplant.

albir m. will; free will.

albirament m. glimpse.

albirar to glimpse

albíxeres f. pl. a reward for good news.

albufera f. lagoon.

àlbum m. album.

albúmina f. albumin.

alça f. overlay; lift; rise.

alçada f. tallness; height; altitude.

alcalde m. mayor; lord mayor.

alcaldessa f. mayoress.

alcaldia f. the mayor's office; mayoralty.

alçament m. raising; uprising.

al capdamaunt at the top.

al capdavall at the bottom. / at bottom. / in the end.

al capdavant ahead.

al cap de at the end of.

al cap (d'un any) in (a year).

al cap i a la fi in the end.

alçaprem m. lever; fulcrum.

397

al capvespre at dusk.
alçar to rise; get up; rear.
alçària f. height.
alcàsser m. fortress; castle.
alcavot m. procurer; bawd.
alcohol m. alcohol; spirit.
alcorà m. alcoran.
al costat beside.
al costat de beside; next to; near.
alcova f. bedchamber; alcove.
al damunt above; over.
al darrera behind; at the back; in the rear.
al darrera de behind.
aldarull m. racket; tumult.
al davant in front; ahead; opposite; before.
al davant de in front of; before; ahead of.
aldea f. village; hamlet.
aldeà m. villager; countryman; peasant.
al dedins in; inside.
al defora on the outside; externally.
al de fora de ouside of.
al dessota underneath; below; on the underside.
al dessota de under; beneath; below.
al detall retail.
al dia up-to-date.
alè m. breath; breathing. / courage.
alegrança f. joyfulness; gladness.
alegrar to rejoice; gladden; cheer up.
alegre gay; glad; merry; jolly; mirthful.
alegrement merrily.
alegria f. joy; gladness; content; merriment.

alegrois m. pl. rejoicings.
alemany, -a German.
alena f. awl.
alenada f. puff.
alenar to breathe.
a l'endemà on the following day.
a l'endemig in the meantime.
a l'engròs wholesale.
alentir to slow.
a l'entorn around; about.
alerta alert; watchful.
a les fosques in the dark.
aleshores then.
a les palpentes gropingly.
a l'esquerra on the left. (hand).
a l'esquerra de on the left (hand) of.
a l'estranger abroad.
aleta f. fin.
aleteig m. fluttering; flapping.
aletejar to flutter; flap.
alexandrí, -ina Alexandrine.
alfabet m. alphabet.
alfàbrega f. (bot.) basil; sweet basil.
alfals m. (bot.) lucern.
alfil m. (chess) bishop.
alforja f. saddle-bag.
al foscant de la nit at dusk.
alga f. seaweed.
al garet adrift.
àlgebra f. algebra.
algerí, -ina Algerian; Algerine.
àlgid, -a cold; chilly.
algú anybody; anyone; somebody; someone.
alguerès, -esa from the city of Alguer (Alghero, Sardinia, Italy), where Catalan language is spoken nowadays.
algun, -a some; any.
alguna cosa something; anything.
alguna vegada sometime; ever.
algunes vegades sometimes.

alguns, -es some; several.
algutzir V. **agutzil.**
alhora together; jointly.
alhora que whereas.
aliança f. aliance; league.
aliar to fuse; ally.
àlias alias; also called.
aliat, -ada ally; allied.
aliatge m. alloy.
alicates f. pl. pliers.
alic roig m. (orn.) greater flamingo.
aliè, -ena foreing; another's.
alienat, -ada crazy; alienated.
àliga f. (orn.) eagle.
aligot comú m. (orn.) buzzard.
aliment m. food.
alimentar to feed.
alimentós, -osa nourishing.
alineació f. alignment.
alinear to line; range; align; line up.
a l'inrevés upside-down.
a l'instant immediately.
alíquota aliquot; proportional.
aljub m. cistern.
all m. garlic.
allà there; over there.
allarg m. elongation; extension.
allargada f. reach.
allargar to lengthen; outstretch.
allau f. avalanche.
allegar to plea; allege.
allegat m. bill; pleading.
allegoria f. allegory.
alleluia hallelujah.
allèrgia f. allergy.
alletar to suckle.
alleugerir to lighten; alleviate.
alleujament m. relief.
alleujar to relieve.
allí there; over there.
alliberament m. delibery; rescue; release.

alliberar to free; deliver; liberate; release; discharge.
alliberar-se to escape; get rid.
allicient m. incentive.
alliçonador, -a instructive; enlightening.
alliçonar to instruct; coach; give lessons to; teach.
allioli m. garlic and oil sauce.
allisada f. beating; thrashing.
allisar to level; smooth.
allistar to enlist; list.
allitar-se to lay down; stay in bed.
al llarg de along.
allò that; those.
allocució f. allocution; address.
allotjament m. lodgings.
allotjar to lodge; house; shelter.
allucinar to hallucinate. / to fascinate.
alludir to refer; hind.
alluentar to brighten; polish.
allunyament removal to a distance.
allunyar to move away.
allusió f. reference; hint.
alluvió m. alluvium.
al major wholesale.
almanac m. almanac.
al matí in the morning.
almenys at least.
al migdia at noon.
almirall m. admiral.
almivar m. syrup (as used in confectionery).
almogàver m. (medieval Catalan soldier).
almoina f. alms; charty.
almoiner m. almoner.
almorratxa f. glass recipient with several spouts for spreading water or eau de Cologne.
alosa f. (orn.) lark; sky lark.
alou m. alodium; allodium.

alpaca f. (zool.) alpaca. / (min.) German silver.

al peu de at the foot of.

alpí, -ina Alpine.

alpinisme m. climbing mountaineering.

alquímia f. alchemy.

als (contraction A + ELS).

alt adv. aloud.

alt, -a tall. / high; loud.

altament highly.

altar m. altar.

altaveu m. loud-speaker.

alteració f. alteration; mutation.

alterar to alter.

altercar to quarrel.

altercat m. altercation; argument.

altern, -a alternate; alternating.

alternar to alternate.

alternativament alternatively.

alterós, -osa elevated; lofty.

altesa f. height; sublimity. / Highness.

alt forn m. blast furnace.

altiplà m. plateau.

altímetre m. altimeter.

altisonant high-sounding.

altitud f. height.

altiu, -iva proud.

altivesa f. haughtiness; arrogance.

altívol, -a lofty; high.

altrament else; or; otherwise.

altra vegada again.

altre, -a other; else.

altri the other people.

altruisme m. altruism.

altruista altruistic.

altura f. height; tallness.

a l'últim at last; finally.

alumini m. aluminium.

alumna f. pupil; student (girl).

alumne m pupil; student (boy).

alvèol m. alveolus.

al voltant around; round.

al voltant de around.

alzina f. (bot.) evergreen oak; holm-oak; ilex.

alzinar wood of holm-oaks.

amabilitat f. kindness; loveliness.

amable kind; gentle.

amablement kindly; gently.

amador m. lover.

amagar to conceal; cover; hide; keep back.

amagar-se to hide; lurk.

amagat, -ada secret.

amagatall m. hiding-place; den; lair.

amagriment m. loss of weight; weakening.

amagrir to make thin. / to get thin; lose weight.

amainar to calm; moderate.

amalgama f. amalgam.

amalgamar to amalgamate.

amanerar-se to adopt mannerism.

amanerat, -ada full of mannerisms.

amanida f. salad.

amanir to flavour; season.

a mans besades willingly.

amansir to tame; soften; soothe.

amant m. f. lover.

amanyagar to caress; fondle.

amar to love.

amarar to soak; drench.

amarg, -a bitter.

amargar to embitter; upset. / to make bitter.

amargor bitterness. / grief; affliction.

amarrador m. bollard.

amarrar to rope; fasten; lash.

amassar to mass; knead.

amatent watchful; vigilant.

amazona f. amazon.
amb with.
ambaixada f. ambassy.
ambaixador m. ambassador.
ambdós, -dues both; either.
amb escreix with interest; amply; more than.
amb ganes willingly.
ambició f. ambition.
ambicionar to covet; strive after; yearn.
ambiciós, -osa ambitious.
ambient m. ambient.
ambigu, -a vague; ambiguous; uncertain.
ambigüitat f. ambiguity.
àmbit m. ambit; confines.
amb prou feines hardly; scarcely.
amb que provided that so long as.
ambre m. amber.
ambrosia f. ambrosia.
ambrosià, -ana Ambrosian.
amb segones with double meanings.
amb tot however; still; none the less.
amb tot i això still; however.
ambulància f. ambulance.
ambulant walking; travelling.
ambulatori ambulatory.
amb vida alive.
amè, -ena pleasant; delightful.
amén amen; so be it.
amenaça f. menace; threat.
amenaçador, -a threatening; intimidating; menacing.
amenaçar to threaten; menace.
amenitzar to make pleasant.
a menys que unless.
americà, -ana American.
americana f. jacket; coat.
a més besides; moreover.

amesurat, -ada circumspect; moderate.
ametista f. amethyst.
ametlla f. almond.
ametller m. almond tree.
ametlló green almond.
amfibi, -íbia amphibious.
amfiteatre m. balcony; amphitheatre; dress-circle.
amfitrió m. host; entertainer; amphitryon.
àmfora f. amphora.
amiant m. amianthus.
amic, -iga friend.
amical amicable; friendly.
amidador m. meter.
amidar to measure; gauge; size.
a mig aire half through.
amígdales f. pl. tonsils.
amistançada f. mistress; concubine.
amistat f. friendship.
amistós, -osa friendly; amicable.
amitjanar to average.
amnèsia f. amnesia.
amnistia f. amnesty.
amo m. landlord; master; employer; proprietor.
amoïnar to bother.
amoïnar-se to worry; trouble oneself.
amoixar to pat.
amollar to loosen; slacken; release; let go.
amollir to soften; mollify.
amom m. (bot.) ginger.
amonestació f. rebuke; admonition. / banns.
amonestar to admonish; warn; reprove.
amoniac m. ammoniac; ammonia.
amor f. love.
amoretes f. pl. endearing expressions.

amorf, -a amorphous.
amorós, -osa loving; affectionate; gentle; of love.
amorosament lovingly; amorously.
amorosir to smoth; soften.
amorrar to pull down.
amortallar to dress for burial.
amortir to absorb; soften.
amortitzar to amortize.
amotinar-se to mutiny; rebel.
amperòmetre m. ammeter.
ampit m. window sill.
amplada f. width; breadth.
amplària f. breadth; width.
ample, -a wide; broad; loose.
ampli, àmplia extensive; ample; broad; wide.
àmpliament widely.
ampliar to amplify; enlarge; extend.
amplificador, -a amplifier.
amplificar to magnify; enlarge; amplify.
amplitud f. fullness; amplitude; extent; breadth.
ampolla f. bottle.
ampullós, -osa bombastic; pompous.
amputar amputate; cut off.
amullerar-se to marry (the man to a woman).
amunt up; aloft; upstairs; uphill; upwards.
amuntegar to heap; pile jumble.
amunt i avall to and fro.
anacoreta m. anchorite; anchoret; hermit.
anacrònic, -a anachronic; anachronical.
anacronisme m. anachronism; out–of-date object.
anada f. going; outgoing.
anagrama m. anagram.

anàleg, -loga analogous; similar.
analfabet, -a illiterate.
analfabetisme m. illiteracy.
analgèsia f. analgesia.
analgèsic, -a analgesic.
anàlisi f. analysis.
analista m. f. analyst.
analitzar to analyse.
analogia f. analogy.
ananàs f. pineapple; ananas.
anar to go.
anar a cercar to fetch.
anar a la deriva to drift.
anar i tornar return fare.
anarquisme m. anarchism.
anar-se'n to depart; go away; leave; go.
ancestral ancestral.
ancó m. creek; little bay; cove.
àncora f. anchor.
ancorar to anchor.
ancoratge m. berth; anchorage.
andamis m. pl. manners; pace.
andana f. platform.
ànec m. (orn.) duck; drake.
ànec coll-verd m. (orn.) mallard.
anècdota f. anecdote.
aneguet m. duckling.
anell m. ring.
anella f. link; circle; bangle; loop.
anèmia f. anaemia; anemia.
anemòmetre m. anemometer.
anemone f. (bot.) anemone.
anestèsia f. anaesthesia.
anestesiar to anaesthetize.
anestèsic, -a anaesthetic.
annex m. annex; dependency.
annex, -a annexed; joined.
annexió f. annexation.
àngel m. angel.
àngela! that's right!; exact!
angelets f. pl. (bot.) corn flower; bluebottle.

angina f. (path.) angina; sore-throat; quinsy.

angina de pit f. (path.) angina pectoris.

angle m. angle.

anglés, -esa English.

anglès m. Englishman.

anglesa f. Englishwoman.

anglicà, -ana Anglican.

angoixa f. agony; woe; worry.

anguila f. (ichth.) eel.

anguilejar to wriggle; meander; wind.

angula f. (ichth.) elver; young eel.

angular angular.

angúnia f. anguish; agony.

anhel m. anxiety; eagerness; thirst; keenness.

anhelar to long; yearn.

anihilar to ripe out; smash; anihilate.

ànim m. fortitude; pluck.

ànima f. soul.

animació f. vivacity; life; liveliness.

animador m. animator; encourager; inspirer.

animadversió f. animadversion; ill-will.

animal m. beast; brute; animal.

animalada f. stupidity; silly thing.

animaló m. small animal.

animar to animate; give life to; cheer up; encourage.

animat, -ada lively; buoyant; gay; in high spirits.

anímic, -a psychic; psychical.

animós, -osa plucky; spirited; brave.

anís m. anise; anise seed; anisette.

anit tonight. / last night.

anit passada last night.

anivellar to level.

aniversari m. anniversay.

annals m. pl. annals.

anodí, -ina anodyne; inoffensive.

anòmal anomalous.

anomalia f. anomaly.

anomenada f. renown.

anomenar to name; call.

anomenar-se to be called.

anomenat, -ada so-called. / noted.

anònim, -a anonymous.

anorac m. anorak.

anormal abnormal; aberrant.

anormalitat f. abnormality; irregularity.

anorrear to wipe out; anihilate.

anotació f. note; entry.

anotar to put down; jot.

anquilosar to ankylose.

anquilosi f. ankylosis.

ans but. / sooner.

ansa f. creek. / handle.

ànsia f. anguish; anxiety.

ansiejar to desire; long; wish.

ansietat f. anxiety; worry; carefulness; suspense.

ansiós, -osa anxious; avid.

ant m. (zool.) dant.

antagònic, -a antagonistic; contrary.

antagonisme m. antagonism; conflict.

antagonista m. f. opponent; antagonist.

antany last year. / long ago.

antàrtic, -a antarctic.

antecambra f. antechamber; anteroom; lobby.

antecedent m. antecedent.

antecedents m. pl. past; record.

antecessor m. predecessor. // preceding.

antediluvià, -ana antediluvian.

antelació f. anteriority; previousness.

antena f. antenna. / aerial.

antepenúltim, -a antepenultimate.

anteposició f. anteposition.

anterior former; prior; previous.

anteriorment formerly.

antesala f. antechambrer.

antevigília f. the day before the eve of; two days before.

antibiòtic m. antibiotic.

antic. -iga old; ancient; senior.

anticicló m. anticyclone.

anticipació f. anticipation; advance.

anticipadament in advance; beforehand; previously.

anticipar to anticipate; advance. / to lend.

antídot antidote.

antieconòmic, -a wasteful; uneconomic.

antigalla f. antique; old-fashioned.

antigament formerly; anciently.

antigor f. ancient time.

antiguitat f. antiquity.

antihalo m. antihalo.

antílop m. antelope.

antimoni m. antimony.

antipara f. legging.

antipatia f. dislike; aversion; antipathy.

antipàtic, -a unpleasant; not nice; abhorrent.

antípoda antipodal.

antiquari antique dealer.

antiquat, -ada obsolete; old-fashioned.

antítesi f. antithesis.

antologia f. anthology.

antònim, -a antonymous.

antònim m. antonym.

antonomàsia f. antonomasia.

antropòfag m. cannibal.

antull m. whim; caprice; fancy.

anual annual; yearly.

anuari m. annuary; yearbook.

anular annular. // ring finger.

anuŀlació f. nullification; abrogation.

anuŀlar to cross out; make void; annul; nullify; repeal.

anunci m. advertisement; notice.

Anunciació Annunciation.

anunciació f. announcement.

anunciant m. advertiser.

anunciar to advertise; announce; herald.

anus m. anus.

anvers m. obverse.

anxova f. anchovy.

any m. year.

anyada f. season; year; good or bad year.

anyal annual; yearly.

any de traspàs m. leap year.

anyell m. lamb.

anyenc, -a stale; aged; old.

anyil indigo. / blue (in laundering). / indigo plant.

aorta f. aorta.

apa! go on!; get up!; hey.

apadrinar to sponsor. / to stand godfather for (a child, etc.).

apagallums m. candle extinguisher: / (bot.) groudsee; hedge mustard.

apagar to quench; switch off; suppress; put out; extinguish.

apagesat, -ada rustic; peasant; villager.

apaïsat, -ada broather than high.

apaivagar to calm; soothe; quell.

apallissar to spank; thrash; beat.

apamar to span.

apanyar-se to manage; contrive.

aparador m. shopwindow.

aparatós, -o s a ostentation; showy; spectacular.

aparcament parking; car park.

aparcar to park.

aparèixer to appear, show up; come into sight.

aparell m. set; apparatus; device.

aparellador m. foreman; overseer.

aparellar to match; prepare; get ready.

aparença f. appearance; look; likelihood.

aparent apparent; seeming.

aparentar to feign; seem to be.

apariar to pair; mate. / to put in order.

aparracar to patch; mend.

a part apart; aside; separately.

apartament m. tenement. / retirement.

apartar to part; separate; remove; set aside.

apartar-se to retreat; swerve; retire.

apartat isolated; secluded.

apartat de correus post-office box.

apassionar to stir deeply; infatuate.

apassionat, -da passionate; impassioned.

àpat m. meal.

apatia f. apathy.

apàtic, -a apathetic; listless.

apedaçar to patch; mend.

apedregar to stone.

apeixar to feed; nourish; sustain.

apelfat, -ada plush; velvety.

apel·lació f. appeal.

apel·lar to appeal.

apendicitis f. appendicitis.

apèndix m. appendix.

a penes scarcely; as soon as.

apercebre to perceive; notice; observe.

apergaminar-se to become dried-up.

apergaminat, -da parchment-like.

aperitiu m. aperitif; appetizer.

apesarat, -ada sad; sorry.

a pesar de in spite of.

apetit m. appetite.

a peu on foot.

a peu coix hopping on one foot.

a peus junts firmly; absolutely.

àpex m. apex; summit; top.

api m. (bot.) celery.

apiadar-se to pity; have mercy on.

apicultor m. beekeeper; apiarist.

apicultura f. beekeeping; apiculture.

apilar to heap; heap up; pile up.

apilonar to pile; up; heap up.

apilotar to crowd.

apilotar-se to crowd together.

apinyament m. crowding; congestion.

apinyar-se to crowd together.

aplacar to appease; placate; calm down.

aplanadora f. road roller; steamroller.

aplanar to level. / to squash.

aplaudiment m. applause; approval; acclaim; clap; cheer.

aplaudir to applaud; cheer.

aplec assembly; party. / gathering at a shrine.

a plec de braç hanging from one's arm.

aplegar to collect; gather.

a pler with pleasure; willingly.

apletar to fold; to gather the sheep in the fold.

aplicable applicable.
aplicació f. application.
aplicar to apply; adjoust.
aplom m. aplomb; prudence; tact; assurance.
a poc a poc slowly; little by little.
Apocalipsi m. Apocalypse.
apocat, -ada shy; narrow-spirited.
apòcope f. apocope.
apòcrif, -a apocryphal.
apoderar-se to seize.
apoderat m. manager.
apogeu m. apogee.
apol·lini, -ínia Apollonian.
apologètica f. apologetics.
apologia f. apology; eulogy.
a popa astern.
apoplexia f. appoplexy.
aportació f. contribution.
aportar to contribute; bring; furnish.
aposentador m. lodginghouse keeper.
aposentar to lodge; house.
a posta on purpose; purposely.
aposta f. bet.
apostar to bet.
apostasia f. apostasy.
apòstata m. f. apostate; abjurer.
apostatar to apostatize; abjure.
apòstol m. apostle.
apostòlic, -a apostolic.
apòstrof m. apostrophe.
apostrofar to apostrophize.
apòstrofe m. apostrophe; rebuke.
apotecari m. a p o t h e c a r y; chemist.
apotegma m. apothegm; wisdom; maxim.
apoteosi f. apotheosis.
apreciable appreciable; worthy.
apreciació f. appreciation; appraisal; valuation.

apreciar to appreciate.
aprendre to learn.
aprenent m. apprentice; errand boy; beginner.
aprenentatge m. apprenticeship.
aprensió f. apprehension; scruple; suspicion.
aprensiu, -iva aprehensive; fearing illness.
aprés afterwards; later.
apressadament hastily.
apressar to compel; urge; hasten.
apressar-se to hurry; hasten; make haste.
aprest m. size (sticky substance).
aprimar to make slim.
aprimar-se to grow thin; lose weight.
aprofitable available; profitable.
aprofitar to profit by; make good use of.
aprofitar-se to take advantage.
aprofitat, -ada improved; proficient; resourceful.
aprofundir to deepen; make a careful study.
a prop near.
apropar to approach.
apropiar-se to appropriate.
apropiat, -ada appropriate; fit; proper.
aprovació f. approval.
aprovar to approve. / to pass.
aprovat m. pass (mark); pass certificate.
aproximació f. approximation; nearness; closeness. / consolation prize.
aproximadament about; nearly; roughly.
aproximar to approach; bring near.

aproximat, -ada approximate; rough.

apte, -a apt; able.

aptitud f. aptitude; suitability; fitness; ableness.

apujar add to; elevate; raise; put up.

a punt ready.

apunt m. note; annotation.

a punta de dia at dawn.

apuntalar to prop; underpin.

apuntar to put down; jot down. / to point; aim. / to stitch.

apunyalar to stab.

apunyegar to punch.

aquarel·la f. water-colour.

aquarel·lista m. f. water-colourist.

aquari Aquarius.

aquàrium m. aquarium.

aquàtic, -a aquatic.

aqüeducte m. aqueduct.

aquaferat, -ada busy.

aqueix, -a that.

aqueixos, -xes those.

aquell, -a that.

aquells, -lles those.

aquest, -a this.

aquesta nit tonight.

aquests, -tes these.

a qui whom.

aquí there.

aquiescència f. acquiescence.

aquietar to quiet; pacify.

aquissar to set dogs on to; to incite.

aquós, -osa aquous; watery.

ara f. altar slab.

ara now.

àrab Arabian; Arabic; Arab.

aràbic, -ga Arab; Arabic.

arada f. plough.

aram m. cooper.

aranya f. spider. / chandelier.

aranzel m. tariff of customs, duties or fees.

ara per ara at the moment; for the moment.

arbitrar to referee; umpire; arbitrate.

àrbitre m. referee; umpire; arbiter.

arbitri m. free will; choice; discretion.

arbitris m. pl. taxes; excise.

arboç m. strawberry-tree.

arboricultura f. arboriculture.

arbre m. tree.

arbreda f. groove; wooded ground.

arbre fruiter m. fruit tree.

arbrissó m. small tree.

arbust m. bush; shrub.

arc m. arch. / bow.

arç m. bramble; blackberry bush.

arca f. ark. / chest; bin.

arcabús m. harquebus.

arcada f. span.

arç blanc m. (bot). hawthorn.

arc de Sant Martí m. rainbow

ardent burning; hot.

ardiaca m. archdeacon.

ardidesa f. bravery; daring.

ardit, -da bold; intrepid.

ardor f. heat; ardour.

ardu, àrdua hard; arduous.

àrea f. area; tract. / are.

aregar to train (an animal).

arena f. sand. / ring; circus.

areng m. (ichth.) herring.

arenga f. harengue; speech.

arengada f. (ichth.) herring; kipper.

arengar to harengue.

areng fumat m. bloater.

areny m. sandy ground; sandpit.

areòmetre m. areometer.
aresta f. adge; intersection.
argamassa f. mortar.
argelaga f. (bot.) gorse.
argent m. silver.
argentat, -ada silvery; silver-plated.
argenter m. silversmith; jeweller.
argenteria f. silversmith's; jeweller's.
argentí, -ina Argentinian.
argila f. clay.
argolla f. large ring. / ring for napkins.
argot m. slang.
argúcia f. sophistry; subtility.
argüir to argue.
argument m. plea; plot.
argumentar to plea; argue.
ari, ària Aryan.
ària f. (mus.) aria.
àrid, -a dry; arid.
aridesa f. drought; dryness; aridity.
àries Aries.
ariet m. ram; battering ram.
aristocràcia f. aristocracy.
aritjol m. (bot.) sarsaparilla.
aritmètica f. arithmetic.
arlequí m. harlequin; buffoon.
arma f. weapon; arm.
armadillo m. (zoll.) armadillo.
armador m. outfitter; ship-owner.
armadura f. armour; frame.
armar to arm. / to set up; adjust. / to build.
armari m. cupboard; wardrobe.
armari de cuina m. dresser; kitchen side-board.
armat m. man dressed as a Roman soldier (in Holy Week processions).

armella f. latch; knocker.
armeni, -ènia Armenian.
armilla f. waistcoat.
armistici m. armistice.
arna f. (ent.) moth.
arnar-se to get moth-eaten.
arnat, -ada moth-eaten.
arnès m. harness.
àrnica f. arnica.
a rodolons bumbing along; overturning; rolling dow (fall).
aroma f. aroma; smell; fragrance.
a rossegons dragging; crawling.
arpa f. harp.
arpegi m. arpeggio.
arpelles f. pl. winnowing fork.
àrpies f. pl. tool similar to a hoe but with three long prongs.
arpillera f. sack-cloth.
arpiots m. pl. **àrpies** with only two prongs.
arpó m. harpoon; spear.
arquebisbe m. archbishop.
arqueig m. carrying capacity of a ship. / verification of money.
arqueòleg m. archaelogist.
arqueologia f. archaelogy.
arquer m. archer.
arquet m. fiddle-bow; bow.
arqueta f. little chest.
arquetipus m. archetype.
arquitecte m. architect.
arquitectònic, -a architectural.
arquitectura f. architecture.
arquivolta f. archivolt.
arrabassar to grab; snatch.
arracada f. ear-ring.
arraconar to aside. / to corner.
arraïmar-se to cluster together.
arraïmat, -ada clustered.
arrambar to bring close; draw up to; put against. / to get hold of; seize.

arrambatge m. reprimand; reprehension.

arran by; against. / close to the root.

arranjament m. repair; arrangement; regulation.

arranjar to arrange; **redress**; settle.

arrapar-se to seize; grip; take hold.

arrasar to raze to the ground; demolish.

arraulir-se to crouch; cuddle.

arrauxat, -ada daring; dashing; fickle; changeable.

arravatadament violently.

arravatament m. rage; paroxysm.

arrebossar to plaster.

arrecerar-se to take cover; shelter.

arreglar to range; settle; adjust.

arreglar-se-les to manage.

arrel m. root. / stem.

arrelar to root; take root.

arremangar to turn up; roll up; tuck up.

arremangat, -ada lifted upward.

arremetre to assail; attack.

arremolinar-se to swarm; crow around.

arrencada f. start.

arrencapins m. stout and strong man.

arrencaqueixals m. dentist. / quack; humbug.

arrencar to pull; pluck; tear up; wrench. / to start.

arrendador m. landlord; hirer.

arrendament m. lease; renting.

arrendar to rent; lease.

arrendatari m. lessee; tenant.

arrenglerar to align; put into line.

arrepapar-se to lounge; loll back;

settle comfortably oneself in a chair.

arreplec m. gatering; collection.

arreplegador m. gatherer; dustpan.

arreplegar to gather; catch; pick; recollect.

arrest m. detention; imprisonment; arrest.

arreu everywhere; throughout.

arreus m. pl. harness.

arreveure m. farewell.

arri! gee up!

arrià Arian.

arriar to lower; haul down.

arribada f. arrival.

arribar to arrive; get at; reach.

arrimador m. wainscot.

arriscar to risk.

arriscat, -ada risky.

arrissar to curl.

arrissat, -ada curly.

arrodonir to round; round out.

arrogància f. arrogance; pride.

arrogant self-important; haughty; proud.

arromangar V. **arremangar.**

arronsar to shrink; contract.

arronsar-se to crouch; shrug. / to shrink.

arrop m. grape juice boiled to a sirup.

arròs m. rice.

arrossaire m cadger; sponger.

arrossegament m. crawl.

arrossegar to crawl; creep; drag; pull; drift.

arrossegar-se to grovel; sneak.

arrova f. (measure of weight) 10,37 Kg.

arrufar to knit; wrinkkle; corrugate.

arruga f. wrinkle; crease; corrugation.

arrugar to crease; wrinkle. / to fold.

arrugat, -ada corrugated.

arruïnar to ruin; demolish; destroy.

arruïnat, -ada impoverished.

arrupir-se to shrink; crouch; cuddle.

arsènic m. arsenic.

art m. f. art; craft; skill.

artefacte m. handwork; appliance; contrivance.

artèria f. (anat.) artery.

arteriosclerosi f. (path.) arteriosclerosis.

artesà m. craftsman; artisan.

artesania f. craft.

artesià Artesian.

àrtic, -a arctic.

article m. article. / item; entry.

articles m. pl. wares; goods.

articulació f. joint; articulation.

articulista m. f. article writer.

artífex m. artist; craftsman; maker.

artifici m. art; skill; device.

artificial artificial; false; imitation.

artificiós, -osa cunning; artful.

artiller m. gunner; artilleryman.

artista m. f. artist; performer.

artritis f. (path.) arthritis.

artritis f. (path.) osteopathy.

arxidiòcesi f. archidiocese.

arxiduc m. archduke.

arxipèlag m. archipelago.

arxiprest m. archpriest.

arxiu m. archives. / file.

arxivador m. letter file.

arxivar to file; deposit in the archives.

arxiver m. archivist; registrary; filing-clerk.

as m. ace; star player; wizard.

ascendència f. line of ancestors; ancestry.

ascendent upward; up. // ascendancy; influence.

ascendir to ascend; rise; raise; climb.

ascens m. rise; up-grade.

ascensió f. ascension; mounting; hoist.

ascensor m. lift; elevator.

ascensorista m. lift-attendant.

asceta m. hermit; ascetic.

ase m. ass; donkey.

asèptic, -a aseptic; free from infection.

asfalt m. asphalt.

asfíxia f. asphyxia; suffocation.

asfixiar to asphyxiate; suffocate; stifle.

asiàtic, -a Asiatic; Asian.

asil m. asylum; refuge; shelter; sanctuary.

asilar to give shelter to; to take in.

asma f. (path.) asthma.

aspa f. X-saped figure. / sail or arm of mill.

aspecte m. aspect; look; appearance.

asperges V. **salpasser.**

aspergir to sprinkle.

aspersió f. sprinkling; spray; spraying.

àspid m. (zool.) asp.

aspiració f. intake; aspiration.

aspirador elèctric m. vacuum cleaner.

aspirant m. aspirant; candidate.

aspirar to aim; be a candidate. / to inhale.

aspirina f. aspirin.

aspre, -a rough; surly; sour; harsh; gruff.

aspror f. roughness; ruggedness.

asprós, -osa rough; rugged.
assabentar to inform.
assabentar-se to hear; learn; get to know.
assebentat, -ada aware; informed.
assaborir to savour; taste; relish; enjoy.
assagista m. f. essayist.
assaig m. essay. / practice; rehearsal.
assajar to practice; rehearsal.
assalariat m. wage-earner.
assalt m. assault; attack; round.
assaltar to assault; assail.
assaonar to tan; make into leather. / to ripen. / to flavour.
assaonat, -ada ripe.
assassí m. murderer; assassin.
assassí, -ina murderous.
assassinar to murder; slay; assassinate.
assassinat m. murder; assassination.
assecant m. drier. / blotting-paper.
assecar to dry; blot; wipe.
assegurança f. insurance.
assedegat, -ada thirsty.
assegurar to assure. / to insure. / to secure; fasten.
assegurar-se to make sure.
assegut, -uda sitting; seated; to be seated.
assemblar-se to be like; resemble; look like.
assemblea f. assembly; meeting.
assentada f. deliberation; interview; sitting.
assentament m. entry (bookkeeping).
assentar to place; make firm. / to enter; note down.
assentir to assent; grant; give agreement.

assenyadament wisely.
assenyalar to point.
assenyalat, -ada notable.
assenyat, -ada sensible; wise.
assequible obtainable; available.
asserció f. assertion; statement.
asserenar to calm; quieten; to serene; pacify; moderate.
asserenar-se to clear; grow calm; clear up.
asserir to assert.
assessor m. adviser; consultant.
assessorament m. advise.
assessorar to advise; give legal advice to.
assessoria f. consultant's offfice.
assestar to aim; strike; give (blow).
assetjament m. siege; blockade.
assetjar to besiege; lay siege to; blockade.
asseure to seat; sit.
asseure's to sit down.
asseverar to asseverate; assert.
assidu, -ídua hard-working; studious. / frequent.
assignació f. assignment. / share; portion.
assignar to assign; allot.
assignatura f. subject of study; study.
assimilar to digest; assimilate.
assiri, -íria Assyrian.
assistència f. attendance; presence. / help.
assistent m. assistant; helper.
assistenta f. stewardess; air hostess.
assistir to assist; attend. / to help.
associació f. association; guild.
associar to associate.
associat m. member; companion; partner.

411

associat, -ada associated; associate.

assolar to desolate.

assolellada f. sunstroke.

assoliment m. reach; acquisition.

assolir to gain; reach.

assonància f. assonance.

assortiment m. stock; supply.

assortir to supply; provide.

assortit m. stock; set.

assossec m. quietness; calm; sedateness.

assossegar to appease; pacify; placate.

assossegat, -ada restful.

assot m. lash; lashing.

assotar to beat; lash; spank; whip.

assumir to assume.

assumpció f. assumption; elevation.

assumpte m. affair; matter; question; subject.

assutzena f. (bot.) white lily.

ast m. roasting jack; spit.

asterisc m. asterisk.

astigmatisme m. astigmatism.

astor m. (orn.) goshawk.

astorament m. amazement; astonishment; fright; scare.

astorar to startle; t r o u b l e; amaze; scare.

astracan m. astrakhan.

astre m. star; heavenly body.

astringent astringent; binding medicine.

astròleg m. astrologer.

astrologia f. astrology.

astrònom m. astronomer.

astronomia f. astronomy.

astronòmic, -a astronomical.

astruc, -uga fortunate; lucky.

astrugància f. hazard; fortune; luck.

astúcia f. shrewdness; craft; astuteness.

astut, -a crafty; cunning; shrewd; sly.

atabalar to stun; daze; overwhelm.

atac m. attack; dash; onrush; stroke.

atacar to attack; assail; provoke; to button.

ataconador m. cobber.

atalaiar to overlook; watch; spy on.

atansar to approach; bring near; place near.

atapeir to tighten; squeeze; oppress.

atapaït, -ïda tight.

ataronjat, -ada orange-coloured.

atavisme m. atavism.

atàxia f. (path.) ataxia; ataxy.

ateisme m. atheism.

atemorir to frighten; daunt.

atemptar to attempt.

atemptat m. attempt; outrage.

atenció f. attention; regard; civility. / look out!

atendre to mind; look after; attend.

ateneu m. atheneum.

atenir-se to relay on.

atent, -a mindful; vigilant; attentive; observer.

atenuant extenuating.

atenuar to attenuate; extenuate; to minimize.

atènyer to reach; attain; catch.

a terra ashore. / on the floor.

aterrador, -a frightening; terrifying.

aterrar to land. / to demolish.

aterratge m. landing.

aterrir to terrify.

atestar to testify to; attest.

atestat m. attestation; certificate.

ateu, atea m. f. godless.

atiar to poke; stir; rouse; stir up.

àtic m. attic.

atipar to satiate; glut; overeat.

atipar-se to overeat; glut; satisfy; gorge;

atlas m. atlas.

atleta m. f. athlete.

atletisme m. athletics.

atmosfera f. atmosphere.

àtom m. atom.

a tomballons overturning.

àton, -a atonic.

atònit, -a thundertruck; astonished.

atonyinar to spank; beat up.

atordiment m. bewilderment.

atordir to stun; bewilder.

atorgar to grant.

atorrollar to perplex; bewilder.

a tort wrongly.

a tort i a dret rightly or wrongly; helter-skelter.

a tot arreu anywhere; everywhere; all over the place.

a totes passades at any risk.

atracador m. gangster; hold-up man.

atracament m. holding up.

atracar to come alongside. / to assault; hold up.

atracció f. attraction; appeal.

atractiu, -iva absorbing; taking; attractive.

atractivament attractively.

artafegat, -ada much occupied; very busy.

atraient attractive.

atrapar to catch; trap.

a través across; through.

a través de through; across.

a trenc d'alba at daybreak.

atresorar to hoard; treasure.

atreure to attract.

atreviment m. daring; boldness. / impudence.

atrevir-se to dare.

atrevit, -ida daring; bold; audacious.

atri m. atrium.

atribolament m. trepidation; excitation; excited state of mind.

atribolar to trouble; vex; grieve.

atribolat, -ada thoughtless; reckless; confused.

atribució f. attribution; ascription.

atribuir to attribute; ascribe.

atribut m. attribute.

atricó f. attrition; contrition.

atroç atrocious; grievous.

atròfia f. atrophy.

atropellament m. knocking down; trampling. / abuse; outrage.

atropellar to knock down; run over. / to abuse; oppress; treat ill.

atrotinat, -ada damaged; spoiled; disbloomed.

atuell m. vessel; pot.

atuir to prostrate; lay out, knock out.

atuïdor, -a overwhelming; shattering.

aturada f. halt; stop.

aturar to halt; stop; hold up.

aturat, -ada diffident slow; spiritless.

atxa f. torch.

atzabeja f. jet.

atzagaiada f. folly; foolishness.

atzar m. chance; hazard; random.

atzavara f. (bot.) agave; American aloe.

atzembla f. pack-mule.

413

atzur sky blue.
au f. bird.
auca f. doggerel; Easter print; cartoon series on a full-page as a comic story.
audaç bold; audacious.
audàcia f. boldness; audacy.
audició f. audition; concert. / hearing.
audiència f. audience.
àudio-visual audio-visual.
auditori m. audience.
augment m. gain; increase; rise.
augmentar to grow; increase; magnify; extend; appreciate.
augurar to augur; predict; portend.
auguri m. augury; portent; omen.
august, -a august; stately.
aula f. classroom.
a ull by guess; by judgement; without taking any measurement.
a ull nu with the naked eye.
a ulls clucs firmly; absolutely; blindly; without examination.
aurèola f. aureole.
auri, àuria golden.
aurícula f. auricle.
auricular m. receiver; earpiece.
aurora f. aurora; dawn.
aurora boreal f. aurora borealis.
auscultar to sound; auscultate.
auster, -a stern; austere.
austral southern; austral.
australià, -ana Australian.
austríac, -a Austrian.
austruç m. ostrich.
auspici m. protection; patronage. real.
autèntic, -a authentic; genuine.
auto m. car.
autobiografia f. autobiography.
autobús m. bus (urban).

autocar m. bus; coach.
autòcton, -a autochthonous.
autodidacte, -a self-made; self-taught.
autogir m. autogiro.
autògraf m. autograph.
autòmat m. automaton; robot.
automàtic, -a automatic; self-acting.
automòbil m. car; motor-car.
automobilista m. f. motorist; driver.
automotor m. Diesel train.
autònom, -a autonomous.
autonomia f. autonomy, home-rule.
autoòmnibus m. bus (urban).
autopista f. motorway; motor-road.
autopista de peatge f. toll road.
autòpsia f. autopsy.
autor m. author.
autoretrat m. self-portait.
autoritari, -ària authoritarian; peremptori.
autoritat f. authority.
autorització f. warrant; autorization.
autoritzar to authorize; permit.
autoservei m. self-service.
autostop m. hitch-hicking.
autosuggestió f. autosuggestilon.
autumnal autumnal.
auxili m. aid; help.
auxiliar m. f. assistant; helper. // auxiliary helping.
auxiliar to assist; help; aid.
avajonera f. (bot.) bilberry.
aval m. indorsement; voucher.
avalar to answer for; vouch; endorse.
avall down; dawnwards; beneath.
avalot m. fuss; riot; tumult; disturbance.

avaluació f. evaluation valuation; appreciation.

avaluar to estimate; calculate.

avanç m. paiment in advance.

avançar to outstrip; advance.

avant forward; onwards; fore.

avantatge m. advantage.

avantatjar to surpass; exceed; outgo.

avantatjós, -osa advantageous; profitable.

avantbraç m. forearm.

avantpassat m. ancestor; forefather.

avar, -a miser; greedy; avaricious.

avaria f. damage; failure; breakdawn.

avariar to damage.

avariar-se to get damaged.

avarícia f. greediness; greed; avarice; closeness.

avellana f. hazel-nut.

avellaner m. (bot.) hazel; hazel tree.

avemaria f Hail Mary. / Angelus bell.

avenc m. gulf; chasm; cave.

avenç m. improvement.

avençar to advance; progress; improve.

avenir m. time to come; future.

avenir-se to match; agree.

aventura f. adventure.

aventurar to venture; gamble; hazard.

aventurat, -ada risky; venturesome.

aventurer m. adventurer.

averany m. augury; presage; omen; token.

avergonyir to shame; abash.

avergonyir-se to be ashamed.

avern m. hell.

aversió f. reluctance; dislike; disgust.

avesar to accustom.

avet m. (bot.) fir.

a veure! now!; let's see!

avi m. grandfather.

àvia f. grandmother.

aviació f. aviation; flight.

aviador m. aviator; flyman.

aviar to let go; cast.

aviat early; soon.

aviciar to pamper; spoil.

aviciat, -ada spoilt; pampered.

avícola chicken; poultry; bird-rearing.

avicultura f. aviculture; poultry-keeping.

àvid, -a eager; anxious; avid.

avidesa f. eagerness; avidity; appetence.

avinagrar to sour; acidulate.

avinença f. agreement.

avinent fit; suitable; accessible.

avinentesa f. opportunity; occasion.

avinguda f. avenue. / flood.

avió m. aeroplane; plane; aircraft.

avioneta f. light aircraft.

avior f. in olden times; of yore. / ancestry.

aviram m. f. poultry; foul.

avis m. pl. grandparents.

avís m. advice; counsel; notice; warning.

avisar to advise warn; admonish. / to inform.

avituallament m. supply; provision. / eatering.

avituallar to provision; victual; cater for.

avivar to brighten; enliven; brisk up.

avolesa f. wickendness; evil.

avorriment m. boredom; weariness. / hate; abhorrence.

avorrir to bore. / to hate; loathe; abhor.

avorrit, -ida weary; boring; dull; tired.

avortament m. abortion.

avortar to abort; miscarry:

avui today.

avui dia nowadays.

axiHa f. (anat.) axilla; armpit.

axioma m. axiom; maxim.

azalea f. (bot.) azalea.

àzim azymous; unleavened.

azimut m. azimuth.

B ARBA BEN REMULLADA, BARBA MIG AFAITADA
Well begun is half done

babarota f. scarecrow.

babau fool; silly.

babord m. port; larboard.

babuí m. (zool.) baooun.

babutxa f. slipper; baboosh.

bac m. shady side; shady place.

baca f. top (of cars and coaches) for luggage. / top of a stage-coach.

bacallà m. (ichth.) cod; codfish.

bacanal f. bacchanalia.

bací m. chamber-pot.

bacil m. bacillus.

bacina f. tray; salver.

bacó m. hog.

bacteri m. bacterium.

bàcul m. stick; staff.

badada f. oversight; absent-mindness.

badall m. yawn; yawning. / sandwich.

badallar to yawn.

badana f. dressed sheepskin.

badar to cease to pay attention; to be absentminded.

badia f. bay. / inlet.

badoc, -a onlooking; silly.

baf m. whiff.

bafarada f. whiff.

baga f. ring; collar

bagateHa f. trifle.

bagatge m. baggage.

bagueta f. clasp.

bagul m. trunk.

baia f. berry.

baiard m. stretchar.

baieta f. baize; floor-cloth.

baix m. shoal. / bass.

baix, -a low; short. / despiclable.

baixà m. pasha.

baixada f. descent; going down; slope.

baixador m. wayside station.

baixamar f. low tide.

baixar to descend; go down. / to take down (d'un vehicle) to alight; get off.

baixesa f. low action; vile deed. /meanness.

baixó m. (mus.) bassoon.

baixos m. pl. shoal.

baix-relleu m. bass-relief.

bajanada f. nonsense; foolishness.

bajoca f. green bean; common bean.

bala f. bullet. / marble. / bale.
balada f. ballad; lay.
baladrejar to scream; brawl.
baladrer, -a loud-mouthed; shouter.
balafiador, -a wasteful; squanderer.
balafiar to waste; squander.
balanç m. balance; stock-taking.
balanceig m. seesaw; swinging; rocking; rolling.
balancejar to swing; dangle.
balances f. pl. scales; balance.
balancí m. rocking chair.
balandra f. (naut.) sloop.
balandre m. (naut.) small sloop; yacht.
balandrejar to swing.
balast m. ballast; gravel.
balb, -a numb.
balbucejar to babble; lisp.
balcó m. balcony.
balconada f. large balcony.
balda f. latch. / knocker.
baldament although; though; notwithstanding.
baldaquí m. tester; canopy.
baldat, -ada cripple; crippled.
baldó m. latch.
baldufa f. whipping top; top.
balena f. whale.
baliga-balaga simpleton.
balística f. ballistics.
ball m. dance; ball.
ballada f. open-air festival of dance.
ballador m. dancer.
ballar to dance.
ballarí m. dancer; professional dancer (man).
ballarina f. dancer; professional dancer (woman).
ballaruga f. public dance.
ballesta f. catapult; bow; spring.

ballester m. crossbowman.
ballet m. ballet; scenic dance.
ballet popular m. folk dance.
ballmanetes m. nursery rhymes; children's songs with clapping hands.
balma f. grot; grotto.
balneari m. health resort; spa.
baló m. football; ball; inflated ball.
bàlsam m. balsam; balm.
balsàmic, -a balsamic; balmy.
baluard m. bastion.
baluerna f. bulk; bulky thing.
balustrada f. banister; balustrade.
balustre m. baluster.
bambolina f. (theatr.) border; fly.
bambú m. (bot.) bamboo.
ban m. edict; proclamation.
banal trivial.
banana f. banana.
banasta f. large basket.
banc m. bank. / bench; seat; shoal.
banca f. bank.
bancari, -ària banking.
bancarrota f. bankruptcy.
banda f. band. / gang; troop. / sash. / side.
bandada f. side. / flock; flight.
bandarra m. f. rascal; vagrant.
bandeig m. dismissal.
bandejament m. dismissal.
bandejar to scrap; dismiss; send away.
bandera f. flag; banner; ensign.
banderí small flag.
banderola f. signaling flag. / pennant; pennon. / weatercock.
bandit m. outlaw; rascal; bandit; robber.
bàndol m. party; team; faction.

417

bandolera f. bandoleer; bandolier.

bandúrria f. (mus.) bandurria; bandore.

banjo m. (mus.) banjo.

banquer m. banker.

banquet m. dinner; banquet; feast. / little bench; stool.

banqueta f. stool.

banús m. ebony.

bany m. bath. / bathe.

banya f. horn.

banyam m. horns of any animal.

banyar to bathe; wash.

banyar-se to bath. / to bathe.

banyera f. bath; bath-tub.

banyeta m. devil; Old Nick.

banyista m. f. bather.

baptisme m. baptism; christening.

baptisteri m. font; baptistery.

baqueta f. (mus.) drum stick. / ramrod

baquetejar to inflict the punishment of the gantlet.

bar m. bar; saloon; public house; snack-bar.

baralla f. strife; quarrel; squirmish.

barallar-se to quarrel; struggle; fight.

barana f. rail; railling; hand-rail; balaustrade.

barat, -a cheap; inexpensive.

baratar to exchange; barter.

barator f. cheapness.

barb m. (ichth.) barbel. / pimple; spot in the skin.

barba f. beard.

barbamec beardless.

bàrbar, -a barbarian; barbarous.

barbàrie f. cruelty; barbarity.

barbarisme m. barbarism (of language).

barbaritat f. barbarity; barbarism; nonsense.

barba-serrat having a thick beard.

barber m. barber.

barberia f. barber's shop.

barbeta f. (bot.) goats beard; salsify.

barbollar to chat.

barbotejar to mutter; mumble.

barbut having a long beard.

barca f. boat; small boat.

barcada f. boat-load.

barcarola f. boat-song; barcarolle.

barcassa f. barge; pontoon.

bardana f. (bot.) burdock.

bardissa f. bramble; hedge; thistle.

baríton m. (mus.) baritone.

barnilla f. whalebone.

barnús m. bathing gown.

baró m. baron.

baròmetre m. barometer.

baromètric barometrical.

baronessa f. baroness.

baronia f. barony.

baronívol, -a manly; virile.

barquer boatman.

barra f. bar; stick; metal bar; lingot. / jaw; jawbone. / stripe.

barrabassada f. mischief.

barraca f. hovel; hut.

barracaire m. (orn.) black redstart.

barracot m. hovel.

barral m. barrel; cask; keg.

barranc m. ravine; precipice.

barraquer m. hut keeper.

barrar to stop; interrupt; bar.

barra-sec, -a thin; lean.

barrat, -ada striped. / fastened; closed; bolted.

barreig m. medley; blend; mixture. / looting.

barreja f. blend; mixture; mix.
barrejar to mingle; mix; jumble.
barrejat, -ada mixted.
barrera f. fence; barrier.
barret m. hat.
barreta f. small bar.
barretada f. salute, bow with a hat.
barretaire m. hatter.
barreter m. hatter.
barreteria f. hat shop. / hat factory.
barretina f. Catalan cap for men; typical Woollen red or blue cap.
barri m. quarter; district.
barriada f. quarter; district.
barricada f. barricade.
barril m. barrel.
barrilla f. frolic; merrymaking; clatter.
barrilaire m. rioter; fond of merrymaking; frolicsome.
barrim-barram pell-mell; helter-skelter.
barrina f. drill; piercer; auger. / jumper bar.
barrinada f. blast hole; blast.
barrinar to drill; pierce; bore. / to think deeply over.
barró m. crossbar; rung; cross-piece.
barroc, -a baroque.
barroer, -a bungling; rude. // bungler.
barrot m. bar; rung.
barrut, -uda barefaced; shameless.
barutell m. sieve.
basalt m. basalt; trap-rock.
basament m. basement.
basar m. bazaar.
basar to base; rest upon.
basar-se to rely on; be based on.

basarda f. fear; dread.
basc, -a Basque.
basca f. faint; sinckiness.
bàscula f. platform - scales; weighbridge.
base f. base; basis.
bàsic, -a basic.
basílica f. basilica; large privilegied church.
basilisc m. basilisk.
basquejar-se to exert; find a way; manage.
basquetbol m. basketball.
bassa f. pond; pool; reservoir.
bassal m. puddie.
basseta f. small chair with a chamberport for children.
bassiol m. pond; pool.
bast, -a coarse; rough; rugged.
basta f. tacking stitch.
bastaix m. porter.
bastant enough; fairly; rather; quite.
bastard, -a bastard.
bastar to suffice; be enough.
baster m. harness maker.
bastida f. trestle; scaffolding; stage.
bastidor m. frame; frame-work. / wing; sidescene.
bastiment m. framecase; frame-work; structure.
bastimentada f. scaffolding.
bastió m. bastion.
bastir to build; construct; set up.
bastó m. stick; walking-stick.
bastonejar to baton; beat.
bastoner m. cane-maker; cane-seller. / Catalan dancer with sticks.
bastonera f. cane-stand.
bat m. (baseball) bat.
bata f. gown; dressing gown.
batall m. clapper (of a bell).

batalla f. battle.
batallada f. stroke (of bell).
batallar to battle; fight.
batalló m. battalion.
batan m. fulling mill.
batata f. sweet potato.
batec m. beat; pulsation; throb-
    bing.
batedor m. whisk; s t i r r e r;
    thrasher.
bategada f. throbbing; pulsation.
bategar to beat; pulse; throb.
bateig m. christening; baptism.
batejar to baptize; christen;
    name.
batent m. leaf of a door. / spot.
    where the sun, wind, rain,
    beats.
bateria f. battery. / footlights. /
    kitchen utensils; pots and
    pans.
batí m. gown; smoking jacket.
batibull m. mess; entaglement.
    bustle.
batista f. cambric; batiste.
batlle m. mayor; lord mayor.
batllia f. Mayorality. / the ma-
    yor's office.
batre to beat; batter; flap;
    thrash; pulse.
batuda f. battue. / thrashing.
batussa f. skirmish; affray.
batuta f. (mus.) baton; conduc-
    tor's wand; stick.
batxillejar to nose out; poke
    about.
batxiller m. bachelor.
batxiller, -a curious; garrulous;
    inquisitive.
batxillerat m. school-leaving exa-
    mination; baccalaureate.
batzegada f. shock; jerk; shake.
batzegar to toss; shake.
batzoles f. pl. rattle.

baula f. link.
bava f. drivel; slaver; slobber;
    spittle.
bavejar to drivel; drool.
be m. sheep.
bé m. good; benefit; estate.
bé well; fine; good; right.
beat, -a devout; beatified; bles-
    sed.
beatificar to beatify.
beatitud f. beatitude; blessed-
    ness.
bebè m. baby. / doll.
bec m. beack; bill; nib; spout.
beç m. brich.
beca f. scholarship; pensioner.
becada f. (orn.) woodcock. /
    grub for a bird.
becadell m. (orn.) snipe.
becaina f. nod; light sleep.
becaire m. (mus.) natural; qua-
    drate; cancel.
becari m. pensioned collegian.
bec d'alena m. (orn.) avocet.
beceroles f. pl. primer; spelling
    book; abecedary.
becut m. (orn.) curlew.
bedoll m. brich.
befa f. jeer; taunt; scoff.
befar to mock; jeer; laugh at.
begònia f. (bot.) begonia.
beguda f. drink; beverage; draft.
begut, -uda intoxicate; inebriated.
beige beige.
beina f. pod; sheath. / scabbard.
beisbol m. baseball.
bel m. bleat.
belar to bleat.
belga Belgian.
belitre rogue; naughty; ruffian.
belladona f. belladona deadly
    comely.
belladona f. belladona deadly
    nightshade.

bellament prettily.
bellesa f. beauty; loveliness.
bèŀlic, -a warlike.
beŀligerància f. belligerance.
bellugadís, -issa movable; unsteady.
bellugar to shake; move; wag.
bellugueig m. motion; wagging; shaking.
belluguet restless boy.
bemoll m. (mus.) flat.
ben well; perfectly; very.
bena f. band; bandage.
ben acollir to welcome.
benamat, -ada beloved; dear.
benauradament happily; fortunately.
benaurança f. happiness; welfare; blessedness.
benaurat, -ada blessed; happy; fortunate.
benaventurança f. wellbeing; blessedness.
benaventurances f. pl. Beatitudes.
ben bé at least.
benedicció f. bleassing; benediction; benison.
benedictí m. Benedictine; Black Monk.
benefactor m. benefactor.
benefactor, -a beneficient.
benefactora f. benefactress.
benèfic, -a beneficient; beneficial; charitable.
beneficència f. beneficence; charity; well-doing.
benefici m. benefit; profit.
beneficiar to benefit; do good to.
beneficiar-se to take advantage.
beneficiari, -ària beneficiary.
beneficiós, -osa beneficial; advantageous; useful.
beneir to bless; consecrate.

beneit, -a blessed; holy. / silly.
beneït, -ïda blessed; holy.
beneiteria f. foolishness; silliness; nonsense.
beneitó, -ona silly; simple.
benemèrit, -a meritorious; well-deserving.
beneplàcit approbation; goodwill.
benestant m. well-to-do; wealthy.
benestar m. comfort; welfare; ease.
benèvol, -a kind; benevolent.
bengala f. Bengal light.
benigne, -a benign; kind; favourable.
benjamí m. youngest; baby of the family.
benjuí m. benzoin.
benmereixent well-deserving.
benparlat, -ada nicely-spoken.
ben plantat, -ada comely; handsome.
béns m. pl. property; goods; possessions; wealth; richess.
benvinguda f. welcome; greeting.
benvingut, -uda welcome.
benvolença f. good will; goodness; affection.
benevolent benevolent; friendly; kind.
benvolgut, -uda dear; beloved.
benzina f. petrol; benzine.
benzol m. benzol; benzole; benzene.
bequerada f. peck; blow with the beak.
berbena f. (bot.) verbena.
berenar m. afternoon collation; tea; snack.
berenar to take an afternoon collation.
bergansí m. coral; rattle; baby's rattle.

bergant m. rascal; rogue; villain.
berganti m. brigantine; brig.
berlina f. coupé.
bernat pescaire m. (orn.) grey heron.
berruga f. wart.
bes. m. kiss.
besada f. kiss.
besar to kiss.
besavi m. great-grandfather.
besàvia f. great-grandmother.
bescantar to defame; denigrate.
bescanvi m. change; exchange; small coins.
bescanviar to exchange money into small coins.
bescomptar-se to miscount (one-self).
bescompte m. miscount.
bescuit m. biscuit; sponge cake.
besllum m. glimmer; diffused light.
besnét m. great-grandson.
besnéta f. great-granddaughter.
besoncle m. great-uncle.
bessó, -ona twin.
bes-tia f. great-aunt.
bèstia f. beast. // rude; igno-rant.
bestial beastly; bestial.
bestiar m. cattle; livestock.
bestiar boví m. kattle; oxen.
bestiesa f. nonsense; stupidity.
bestiola f. vermin; little beast.
bestreta f. advance.
bestreure to advance.
betònica f. (bot.) betony.
betum m. bitumen.
beuratge m. beverage.
beure to drink.
beutat f. beauty; loveliness.
bevedor, -a hard-drinking; bibu-lous.
biaix m. bias; biased; oblique.

bibelot m. statuette.
biberó m. sucking-bottle; nurs-ing-bottle.
Bíblia f. Bible.
bíblic, -a biblical.
bibliòfil, -a book-lover; biblio-phile.
biblioteca f. library.
bibliotecari m. librarian.
bicarbonat m. bicarbonate.
bicèfal, -a bicephalous.
bíceps m. (anat.) biceps.
bicicleta f. bicycle.
bicolor bicolour; bicoloured.
bicòncau, -va biconcave.
biconvex, -a biconvex.
bidell m. beadle; apparitor (in universities).
bidet m. bidet.
bidó m. can; drum (for petrol, etc.).
biela f. crank; brace-strut; con-necting-rod.
biennal biennial.
bienni m. biennium.
bifi, bífia blobber-lipped.
bifocal bifocal.
bifurcació f. branch; turn out; junction; bifurcation.
biga f. timber; rafter; girder; upright.
bigàmia f. bigamy.
bigarrat, -ada variegated; various.
bigoti m. moustache.
bijuteria f. jewellery (cheap); imitation jewellery.
bilabial bilabial.
biliar biliary.
bilingüe bilingual.
bilió m. billion.
bilis f. bile; gall; spleen.
billar m. billiards; billiard-table.
billó m. copper and silver alloy.
binari, -ària binary.

binocles m. pl. fieldglasses; opera-glasses; binoculars.
binomi m. binomial.
biògraf m. biographer.
biografia f. biography; life.
biòleg m. biologist.
biologia f. biology.
bípede m. biped.
bipolar bipolar.
birbador m. weedig hoe. / man who weeds.
birbar to weed.
birectangle birectangular.
birreta f. cardinal's biretta.
bis m. screw. // bis; encore.
bisbat m. bishopric.
bisbe m. bishop.
bisector, -a bisecting.
bisectriu f. bisectrix.
bisell m. bevel; bevel adge.
bisetmanal semiweekly.
bisó m. (zool.) bison.
bistec m. beefsteak.
bistorta f. (bot.) bistort.
bisturí m. bistoury; lancet.
bitlla f. ninepin; skittle. / bobbin; spool.
bitlles f. pl. bowls; skittles; ninepins.
bitllet m. ticket. / banc-note.
bitllet de banc m. banc-note.
bitlletera f. pocket-book.
bitllo-bitllo (to pay) cash; ready money.
bitxac m. (orn.) stonechat.
bitxo m. Cayenne pepper..
bivalve, -a bivalve; bivalvular.
bixest bissextile.
bizantí, -ina Byzantine.
bla, -na soft; fluffy; bland.
blanc m. blank; target; aim; mark.
blanc, -a white.
blancor f. whiteness.

blancúria f. whiteness.
blanesa f. softness.
blanqueig m. whitening.
blanquejar to whiten.
blanqueria f. tannery.
blanquinós, -osa whitish.
blasfem, -a blasphemous; profane.
blasfemador, -a blasphemer.
blasfemar to curse; swear; blaspheme; blame.
blasfèmia f. curse; blasphemy.
blasmable blameworthy; reprehensible.
blasmar to reprove; condemn; blame.
blasme m. vituperation; reproach.
blasó m. blazon; heraldry. / honour; glory.
blasonar to emblazon. / to boast; boast of being.
blat. m. wheat.
blat de moro m. maize; Indian corn.
blau m. bruise.
blau, blava blue.
blauet m. (orn.) kingfisher. / (bot.) bluebottle; cornflower.
blavenc, -a bluish; blue.
blavós, -osa bluish; blue.
ble m. wick.
bleda f. (bot.) chard; Swiss chard. / silly; foolish.
blegar to flex.
bleixar to pant; breathe noisily.
blindar to armour; armour-plate; protect with blindage.
blindat, -ada armoured; armour-plated; shielded.
blindatge m. armour plate; blindage.
bloc m. block. / pad; writing pad.

blonda f. blond lace.
bloqueig m. blockade; blocking.
bloquejar to block; blockade.
bo, -na good; fair; kind.
bo! well!; indeed!
boa f. (zool.) boa; boa-constrictor.
bòbila f. tile-kiln; brick-kiln.
bobina f. bobbin; coil.
bobinar to wind (yarn or wire).
bobinat m. winding (elect.).
bobò m. sweet; candy.
boc m. (zool.) buck; mug.
boca f. mouth.
bocabadat, -ada open-mothed; gaping (showing surprise).
bocada f. mouthful.
bocamànega f. cuff (of sleeve).
bocamoll, -a loquacious; talkative; garrulous.
bocassa f. saburra; coat on the tongue.
bocaterrós, -osa face downward.
bocatge m. prim of a well.
bocí m. bit; piece; morsel; speck; splinter; scrap.
bocoi m. large barrel.
boga f. (bot.) reed-mace.
bogejar to frolic.
bogeria f. madness.
bohemi, -èmia bohemian.
boia f. buoy.
boicot m. boycott.
boicotejar to boycott.
boig, boja mad.
boina f. beret; Basque cap.
boira f. fog; mist; haze.
boirina f. light fog.
boirós, -osa foggy; misty.
boix m. box-tree. / box-wood.
boixerola f. (bot.) bearberry.
boixet m. bobbin for making pillow-lace.
bojament crazily; madly.

bol m. bowl; cup; porringer.
bola f. bowl! ball; globe; sphere.
bolc m. upset; overturning.
bolcar to upset; overturn.
bolet m. mushroom. / slap; buffet.
boletaire m. searcher of mushrooms.
bòlid m. bolide; meteor.
bòlit m. tip-cat.
bolivià, -ana of Bolivia.
boll m. husk; chaff.
bolquer m. baby-linen.
bolquet m. tip-cat; barrow.
bomba f. bomb. / pump. / balloon.
bombar to pump.
bombardeig m. bombardment.
bombardejar to bomb.
bombarder m. bomber.
bombatxo m. short wide breeches.
bomber m. fireman.
bombeta f. bulb; light-bulb.
bombo m. (mus.) bass drum.
bombó m. bonbon; chocolat.
bombolla f. bubble.
bombona f. carboy; demijohn.
bombonera f. sweet-box; sweet-tin.
bon V. bo. (Form of **bo** preceding the substantive) good.
bona cosa a good deal.
bonament with good will; willingly; with kindness; easily
bonança f. fair weather; calm.
bonàs, -assa good-natured; too kind-hearted.
bonastre good-nature; easy-going.
bonaventura f. good luck; fortune.
bondadós, -osa kind; generous.
bondat f. goodness; kindness.

bonesa f. goodness; kindness.
bonet m. cap; biretta.
bonhomia f. honesty; probity.
bonic, -a pretty; beatiful; lovely; bonny.
bonificar to credit; allow discount. / to improve.
bonior f. buzz; hum.
boniquesa f. prettiness; beauty.
bonítol m. (ichth.) bonito; stripped tunny.
bony m. brump; lump; bulge; dent.
bonyegut, -uda bulged; dented.
bonze m. bonze; Buddhist monk.
borboll m. bubble; spout; boiling liquid.
borbollejar to bubble up; gust; spout; boil.
bord m. board.
bord, -a wild; bastard.
borda f. hovel. / (naut.) gunwale.
bordador, -a barking.
bordar to bark.
bordegàs m. lad; fellow; strapping youth.
borderia foundling hospital.
bordó m. pilgrim staff. / (mus.) bass string.
boreal boreal; northern.
borinot m. (ent.) bumblebee.
borla f. tassel.
born m. (elect.) terminal. / place or yard where jousts took place in medieval time.
borni, bòrnia one-eyed; blind in one eye.
borra f. coarse wool.
borrall m. jot.
borralló m. flake; snowflake.
borrasca f. squall.
borratja f. (bot.) borage.
borratxera f. drunkenness.

borratxo, -a drunken; intoxicate; inebriate.
borrego m. Catalan rusk.
borrissol m. fluff; fuzz.
borrós, -osa shadowy; diffused; not clear.
borsa f. stock; exchange; stock market.
borseguí m. laced boot.
borsista m. stockbrocker.
bosc m. forest; wood.
boscà, -ana woodland; wild.
boscarla de canyar f. reed warbler.
boscarla dels joncs f. (orn.) sedge warbler.
boscarla menjamosquits f. (orn.) marsh warbler.
boscater m. woodman.
boscatge m. boscage; thicked.
boscúria f. dense wood; thicket.
bosquet m. small wood; grove.
bosqueta grossa f. (orn.) icterine warbler.
bossa f. pouch; purse; bag.
bosser m. maker of bags and pouches.
bot m. boat. / jump; leap; spring; bounce; bound. / wineskin.
bota f. boot.
bóta f. barrel; leather bottle.
botafoc m. linstock; match-staff.
botaló m. (naut.) boom.
botànic, -a botanic; botanical.
botànica f. botany.
botar to bound; bounce.
botavant m. (naut.) boarding pike.
botavara f. (naut.) small boom.
botella V. ampolla.
boter m. wine-skin or barrel maker.
boterut, -uda bolky; bossy.

botí m. prey; catch; booty. / spat (footwear).

botifarra f. kind of sausage made in Catalonia.

botifler, -a fat and flabby; chubby.

botiga f. shop; store.

botiguer m. shop-keeper; tradesman; retailer. / (ornit.) kingfisher.

botó m. button. / blossom.

botó de coll m. stud.

botó de puny m. sleeve button; cuff link.

botó de roda m. hub.

botonar to button.

botre to bounce.

botxí m. executioner. / (orn.) great grey shrike.

botzina f. hooter.

botzinar to snarl; grunt; grumble.

bou m. ox; steer; bullock.

bover m. ox-herd; ox-driver.

boví, -ina bovne.

boxa f. (sp.) boxing.

boxador m. boxer.

boxar to box.

boxejador m. boxer.

braç m. arm.

braçal m. arm-band.

braçalet m. bracelet; wristlet.

braçat m. armful.

bracejar to move or swing the arms.

bracer m. day-labourer.

braga f. hoisting-rope.

braguer m. truss.

bragues f. pl. breeches.

bragueta f. fly (of trousers).

bram m. bellow.

bramar to bellow; bray; roar.

bramul m. bellow; roar; moo.

bran m. brand.

branca f. branch; bough.

brancatge m. branchage.

brandar to swing; shake. / to wave.

brandó m. large candle.

branquilló m. twig; sprig.

bransoleig m. swinging; rocking.

braó m. strength; vivacity. / arm (from shoulder to elbow).

braol m. bellow.

braolar to bellow; roar;

brasa f. red-hot coal; live coal.

braser m. brazier.

braseret m. foot-stove.

brasiler, -a Brazilian.

brau m. bull.

brau, brava valiant; brave; corageous.

bravada f. strong sudden odour; puff; nasty smell.

bravata f. threat; boast rodomontade.

brea f. pitch.

brega f. squabble; struggle; skirmish.

bregar to struggle; contend. / to work hard.

bregós, -osa squabbler; quarrelsome.

brèndola f. spoke; lath.

bres m. cradle; cot.

bresca f. honeycomb.

bressar to rock; swing a cradle.

bressol m. cradle. cot.

bressolar to rock; swing a cradle.

bressoleig m. rocking motion.

brètol m. scoundrel; villain; rascal.

bretxa f. breach.

breu brief; short; little.

breva f. flat cigar.

brevetat f. brevity.

breviari m. breviary.

bri m. flake; particle; bit. / fine
  canvas.
bricbarca f. (naut.) bark; barque.
brida f. bridle; rein.
brigada m. staff sergeant.
brigada f. gang squad.
brigadier m. brigadier.
brillant m. brilliant; diamond.
brillant bright; brilliant; shining;
  shiny; golden.
brillantina f. brilliantine.
brillantor f. brightness; brillian-
  ce.
brillar to shine; glisten; glare.
brindar to toast. / to offer; pre-
  sent.
brindis m. toast.
brio m. spirit; vivacity.
brioix m. brioche; sponge cake.
brisa f. breeze.
britànic, -a British; Britanic.
briva f. underworld; rascality.
brivall m. rascal; scoundrel; vi-
  llain; cunning.
brivalla f. disorderly mob; rab-
  ble.
broc m. spout; nozzle.
broca f. drill; bit; bore; borer.
brocal m. curbstone. / mouth-
  piece (leather wine bag).
brocar to horse; mount; ride.
brocat m. brocade.
brodadora f. embroiderer.
brodar to embroider.
brodat m. embroidering.
brogit m. clatter; noise; bruit.
broll m. bubbling.
brolla f. weed; thicket.
brollador m. fountain; springing
  up fountain.
brollar to stream; flow; rise.
broma f. fun; joke; jest; trick. /
  fog.
bromadora f. skimmer.

bromejar to joke; make fun.
bromera f. foam; spume.
bromista funny.
bromós, -osa foggy.
bromur m. bromide.
bronja f. powder puff. / shaving
  brush.
bronqui m. (anat.) bronchus.
bronquial bronchial.
bronquina f. wrangle; quarrel;
  squabble.
bronquitis f. (path.) bronchitis.
bronze m. bronze; brass.
bronzejar to tan the skin (on
  the sun).
broquer m. buckkler; shield.
broquet m. cigarette holder.
broqueta f. small drum-stick.
bròquil m. (bot.) broccoli.
brossa f. underbrush; brish-
  wood. / mote; speckle.
brosta f. saplings; rosebuds.
brostada f. sprouting; budding.
brostar to sprout; shoot.
brot m. bud; outbreak; shoot;
  sprout.
brotar to bud; sprout; put forth.
brotxa f. paint brush; large
  paint-brush.
brou m. broth.
bru, -na dark; brunette; dark
  brown.
bruc m. (bot.) heather.
bruel m. roar; bellow. / (orn.)
  firecrest.
brúfol m. (zool.) buffalo.
bruguera f. (bot.) heath.
bruit m. noise; murmur; sound.
bruixa f. sorceress; witch.
bruixeria f. sorcery; witchery.
brúixola f. compass; magnetic
  neadle.
bruixot m. wizard.
brumir to whisper; murmur.

427

brunyir to burnish; polish; brighten.

brunzent humming; buzzing; swish.

brunzir to swish; whizz; buzz; hum.

brunzit buzz; swish; whizz.

brusa f. blouse; overalls.

brusc, -a rude; surly; gruff; brusk; brusque.

bruscament abruptly.

brusquedat f. roughness; abruptness.

brut. m. brute; foul.

brut, -a dirty; filthy. / rough.

brutal brutal; unmannered; beastly.

brutedat f. dirtiness; filthiness.

brutícia f. drit; filth; dirtiness.

buata f. wadding; raw-cotton.

bubota f. fright; scarecrow.

buc m. cavity; hollow.

bucal of the mouth; oral.

bucle m. curl; ringlet; lock.

bucòlic, -a bucolic; pastoral; idyllic.

budell m. (anat.) bowel; gut.

budells m. pl. intestines.

budisme m. Buddhism.

buf m. puff; gust.

buf, -a comic; farcical.

bufa f. slap; buffet.

bufada f. blast; whiff.

búfal m. (zool.) buffalo.

bufallums m. (bot.) groundsel; common dandelion.

bufanda f. scarf; muffler.

bufar to blow; wind.

bufarell m. wind crossing the windows that close badly.

bufarut m. whirlwind.

bufec m. rebuff; roar; snort.

bufera f. ability of blowing. / large lagoon by the sea.

bufet m. sideboard. / office (domestic room). / slap; buffet.

bufeta f. bladder.

bufetada f. slap; buffet.

bufetejar to slap; box; buffet.

bufó m. buffoon.

bufó, -ona pretty; funny; genteel.

bugada f. washing; wash; bucking; leach.

bugadera f. washerwoman.

bugia f. plugh; candle.

buidada f. emptying.

buidar to empty; hollow.

buidor f. emptiness; vacuity.

buirac m. quiver; archer's sheath.

buit m. hollow; gap.

buit, -ida empty; bare; hollow; vacuum.

bulb m. bulb.

buldog m. bulldog.

bullanga f. riot; tumult; disturbance.

bullent boiling; seething.

bullir to boil; seethe.

bullit m. trouble; complicated affair. / boiled meat and vegetables.

bullit, -ida boiled; cooked; baked.

bum-bum m. rumour; report.

bunyol m. bun. (fam.) blunder.

bunyoleria f. shop or stand where **bunyols** are made and sold.

burell, -a drab; dun; dark grey.

burg m. borough.

burgès m. bourgeois; burguess; burgher. / boss.

burgesia f. middle-class; bourgeoisie.

burí m. burin.

burilla f. fag-end; stub (cigarette).

burinar to engrave with a burin.

burla f. scoff; mockery; sneer.

burlar-se to make fun; laugh at.
burlesc burlesque; funny.
burleta m. f. mocking; waggish; sly mocker.
burocràcia f. bureaucracy; political influence.
burot m. exciseman.
burxa f. poker; prickle; spike.
burxar to prick; poke; urge.
bus m. diver.
busca f. particle. / hand (clock).
buscar to look for; search.
busca-raons m. f. troublemaker.
bussada f. dive.
bussar to dive.

bust m. bust.
bústia f. letter-box; letter-drop.
butà m. butane.
butaca f. easy chair; arm-chair; stall.
butlla f. papal bull.
butlleta f. ticket; card; slip of paper.
butlletí m. bulletin.
butllofa f. blister.
butxaca f. pocket.
butxacada f. pocketful.
butxacó m. small pocket.
butxaquejar to poke in the pockets.

C

EL ROGENT, PLUJA O VENT
A red sky in the morning is the shepherd's warning

ca m. dog.
ca f. (contraction for **casa** -home-) at …'s.
ca! oh, no!
cabaler m. heir's brother.
cabalós, -osa carrying much water. / rich.
cabals m. pl. money.
cabana f. hut; hovel.
cabanya f. hut; hovel.
cabàs m. basket.
cabdal principal; main; essential.
cabdell m. ball of yarn; clew; clue.
cabdellar to wind (yarn, thread) in a ball.
cabdill m. lader; chief.
cabeça f. bulf.

cabell m. hair.
cabellera f. hair; loose hair; mane.
cabells f. pl. hair (of head).
cabestre m. halter.
cabestrell m. sling (surgery).
cabila f. kabyle.
cabilenc, -a belonging to a kabyle.
cabina f. cabin.
cabirol m. (zool.) roe; roe-deer.
cable m. cable; hawser.
cablegrafiar to cable.
cablegrama m. cablegram.
cabòria f. preocupation; worry; concern.
cabota f. head of a nail.
cabotatge m. cabotage; coasting trade.

cabra f. (zool.) goat.
cabre to have room; be containable.
cabrejar to roll (sea).
cabrer m. goatherd.
càbria f. hoist.
cabridar to give birth to (a goat).
cabriola f. prance; gambol; caper.
cabrit m. (zool.) kid.
cabritilla f. kid (leather).
cabrot m. (zool.) he-goat.
cabuda f. content; capacity; room.
cabussada f. plunge.
cabussar to plunge.
cabusset m. (orn.) little grebe.
cabussò emplomallat m. (orn.) great-crested grebe.
cabussò orellut m. (orn.) Slavonian grebe.
caça f. hunt; game; chase; hunting.
caçada f. hunt; hunting party; shooting.
caçador m. hunter; gunner; huntsman; fowler.
caçar to hunt; hunt down; chase; go after.
cacatua f. (orn.) cockatoo.
cacau m. cocoa; cacao.
cacauet m. pea-nut.
cacera f. hunt; hunting party.
cacic m. cacique; Indian chief.
cacofonia f. cacophony.
cactus m. (bot.) cactus.
cada each. / every.
cadafal m. catafalque; scaffold.
cadascú each one; everyone.
cadascun, -a each one.
cada un, -a each.
cada vegada whenever.
cadàver m. corpse.

cadell m. puppy; cub.
cadells m. pl. young; brood. (puppies).
cadena f. chain.
cadenat m. padlock.
cadència f. cadence; fall of the voice; rhythm.
cadeneta f. chain-stitch; chainwork.
cadernera f. (orn.) goldfinch.
cadet m. cadet.
cadira f. chair.
cadiraire m. f. chair maker.
cadirat m. (eccl.) stalls.
cadmi m. cadmium.
caduc, -a caducous; worn out.
caducar to be worn out; fall into disuse; dote.
caduf m. bucket of a waterwheel.
cafè m. coffee. / café; saloon; tea-shop.
cafeïna f. caffein.
cafetar m. plantation of coffee-trees.
cafeter m. keeper of a café.
cafetera f. coffee-pot.
cafeteria f. café; saloon.
cafre m. Kaffir; Bantu person.
cafre savage; inhuman; rude.
cagaferro m. iron scoria.
caganiu m. the youngest bird in the nest. / the youngest son.
caient m. aspect; look; appearance.
caiguda f. fall; downfall; drop. / lapse; debacle.
caiman m. aligator; cayman.
cairat, -ada awned.
caire m. border; rim. / aspect.
cairell m. edged-stone.
cairó m. floor tile.
caixa f. box; case; chest; bin. / cash.

caixa alta f. (print.) capital letter.

caixa baixa f. (print.) small letter.

caixer m. cashier.

caixista m. (print.) compositor.

caixó m. large box.

cal (contraction CA+EL).

cala f. loch; small bay.

calabós m. dungeon.

calabruix m. hail.

calafatar to caulk.

calaix m. drawer. / daily income in a shop; daily cash.

calaixera f. chest of drawers.

calaixet m. till; small drawer.

calamars m. squid; calamary (mollusc).

calamarsa f. hail.

calamarsada f. hailstorm.

calamarsejar to hail.

calamitat f. calamity; misfortune; distress.

calandra f. calender.

calàndria f. (orn.) calandra lark.

calapàndria f. bad cold.

calàpet m. (zool.) toad.

calar to soak. / to lower; haul down (sails).

calar foc to kindle; set fire.

calat m. drawn work; fret. / depth; draught.

calavera f. skull.

calaverada f. escapade; foolhardy action.

calb, -a bald.

calba f. bald patch.

calbot m. slap on the head.

calc m. imitation; copy; tracing.

calç f. lime.

calça f. stocking.

calçada f. gutter; roadway.

calçador m. shoe-horn.

calcani m. calcaneus.

calcar to trace; transfer (a drawing).

calçar to put on shoes.

calçasses m. weak fellow; soft fellow; henpecked husband.

calçat m. footwear; shoes.

calces f. pl. trousers; nikers. / jeans.

calci m. calcium.

calcida f. (bot.) creeping thistle.

calcigar to tread; trample.

calcinal m. strump (tree trunk).

calcinar to calcine.

calçó m. legging.

calcomania f. decalcomania; transfer.

calçons m. pl. breeches; knee-breeches.

calçotada f. dish of young onions with special sauce.

calçotets m. pl. pants; drawers; underdrawers.

càlcul m. calculation; reckoning. / gallstone.

calculadora f. computer; calculating machine.

calcular to calculate; reckon; appreciate.

calda f. heat; hotness.

caldejar to warm; heat.

caldejat, -ada stuffy; got very hot.

calder m. boiling kettle; cauldron; caldron.

caldera f. boiler.

calderada f. caldronful.

calderer m. coppersmith; brazier; boiler-maker.

calderó m. (mus.) pause; hold.

caldre to be necessary; need.

caldria que (one) ought to.

calefacció f. heating; heating system.

calendari m. calendar.

calent, -a hot; warm.
calessa f. buggy; chaise.
calfred m. chill; thrill.
calibrar to calibrate; gauge.
calibre m. calibre; capacity; gauge; bore.
càlid, -a warm; hot.
califa m. caliph.
caliginós, -osa darkling; misty.
caliquenya f. thin cigar.
calitja f. haze; thick vapour.
caliu m. hot ashes.
call m. gorge; ravina. / Jewish quarter.
calladament silently; quietly.
callar to keep silence; be silent; shut up.
callat, -ada quiet; dumb.
cal·ligrafia f. calligraphy; penmanship.
callista m. pl. chiropodist; corndoctor.
callositat f. callosity; callus.
calma f. calm; inactivity.
calmant m. appeasing; balmy; sedative.
calmar to calm; a p p e a s e; soothe; quench.
calmós, -osa calmy; tardy; tranquil.
calor f. heat; hotness. / warmth; ardour.
calorada f. ardour; heat; vehemence.
caloria f. calory; heat unit.
calorifer m. heating apparatus.
calorós, -osa warm; hot. / hearty enthusiastic.
caluix m. stem; stalk.
calúmnia f. slander; calumny.
calumniador, -a calumniator.
calumniar to slander; libel.
Calvari m. Calvary; station of the Cross.

calvari m. distressing situation.
calvicie f. baldness.
calze m. chalice. / cup. / calyx.
cama f. leg; human leg.
cama ací cama allà astride.
camacurt, -a short-legged.
camada f. long stride.
camafeu m. cameo.
camal m. trouser-leg.
camaleó m. (zool.) chamaleon.
camàlic porter.
camallarg, -a long-legged.
camamilla f. (bot.) camomile.
camanduleries f. pl. trickeries; nonsenses; silly things.
camarada m. comradé.
cambra f. chamber; room.
cambra de bany f. bathroom.
cambra obscura f. camera obscura.
cambrer m. waiter; steward.
cambrera f. waitress; chambermaid.
cambril m. shrine above the altar; sollar.
cambró m. little-room; chamber.
camèlia f. (bot.) camellia.
camell m. camel.
camerino m. dressing-room.
càmfora f. camphor.
camí m. way; path; road. / journey.
caminada f. walk; tramp; hike.
caminal m. oath; footpath.
caminant m. f. hiker; wayfarer.
caminar m. pace; gait; manner of walking.
caminar to walk; step; go.
caminar al pas to amble.
caminet m. lane; path.
caminoi m. lane; path; footpath.
camió m. lorry; truck.
camioneta f. van.
camí ral m. highroad.

camisa f. shirt.

camisa de dormir f. night gown; night dress.

camiseria f. shirt shop.

camosa f. pippin; sweeting; kind of apple.

camp m. field; camp; country. / range.

campal belonging to the field. / pitched (battle).

campament m. camp; encampment.

campana f. bell.

campanada f. bellstroke. / sensational happening.

campanar m. belfry; steeple.

campaneig m. chime.

campanejar to ring the bell frequently; chime.

campaner m. bell ringer; bellman. / bell-founder. / truant.

campaneta f. (bot.) bluebell. / little bell.

campanetes f. pl. (bot.) bindweed.

campanya f. campaign. / countryside.

campar to live; pass time; manage; contrive well.

campejar to live in the country.

camperol m. countryman; hind.

camperol, -a rural; campestrian.

camperola f. countrywoman; peasant (woman).

campestre rural.

càmping m. camping.

campió m. champion; hero; ace.

campiona f. championess; ace.

campionat m. championship.

camuflar to camouflage; disguise.

camuflament m. camouflage.

camús, -usa flat; flat-nosed; blunt.

camussa f. chamois.

can (contraction CA+EN).

cana f. old long measure about eight spans.

canadelles f. pl. set of cruets for the Mass.

canadenc, -a Canadian.

canal m. channel; inlet.

canal f. rain water pipe; gutter.

canalera f. gutter.

canaleta f. flute; fluted moulding.

canalitzar to canalize.

canalla m. rascal; scoundrel.

canalla f. children; progeny.

canapè m. couch; sofa.

canari m. (orn.) canary; canary bird.

canari, -ària Canarian.

canastra f. hamper.

cancell m. stormdoor.

cancellar to cancel; abolish; revoke.

canceller m. chancellor.

cancelleria f. office of a chancellor. / chancellorship; chancellery.

càncer m. (path.) cancer.

cançó f. song.

cançoner m. song-book.

cançoner, -a slack; lazy.

cançoneria f. unwillingness; time-wasting.

candela f. candle; taper.

Candelera f. Candlemas.

candent candent; red-hot.

candi candy.

càndid, -a simple; easy to deceive.

candidat m. candidate.

candidatura f. candidacy.

candidesa f. candour; simpleness; deceivableness.

candiment m. dejection.

candir-se to decay; decline; lessen; languish.
candor f. candour; purity of mind.
candorós, -osa innocent; ingenuous; naive.
canell m. (anat.) wrist.
canella f. (anat.) shin bone.
canelobre m. candlestick.
cànem m. hemp.
canemàs m. canvas.
canera f. kennel.
cangur m. (zool.) cangaroo.
caní, -ina canine.
caníbal m. cannibal.
canícula f. dog-star; midsummer.
canilla f. pack of hounds.
canó m. pipe; tube. / cannon; gun. / needlecase.
canoa f. canoe.
cànon m. canon; rule; precept. / (mus.) canon. / part of the mass; canon.
canonada f. waterpipe; drain; pipe. / cannon discharge.
canonet m. glass tube (lacework).
canonge m. canon; prebendary.
canongia f. canonry; canonship.
canonització f. canonization; saintliness.
canonitzar to canonize; consecrate.
canós, -osa grey-haired; white-haired; hoary.
canot m. (naut.) canoe.
cansalada f. bacon; salt pork.
cansalader m. porkseller.
cansament m. weariness; fatigue; tiredness.
cansar to tire.
cansar-se to get tired.
cansat, -ada tired; weary; haggard.

cant m. chant; singing.
cantada f. vocal music; sing song.
cantaire m. f. singer; chanter; songster; chorister.
cantant m. f. singer; professional singer.
cantant d'òpera opera singer.
cantar to sing. / to crow.
cantarella f. refrain; singsong; annoying insistent song.
cantata f. cantata.
cantatriu f. chantress; professional singer (woman).
cantell m. edge; border; fore edge of a book.
cantellut, -uda cornered; angular; full of corners.
canterano m. sort of chest of drawers.
càntic m. canticle.
cantimplora f. water-bottle; canteen (metal flask).
cantina f. canteen (place).
cantiner m. butler; sutler; canteen-keeper.
càntir m. jug with handle and a spout for drinking water directly; pitcher.
cantó m. corner.
cantonada f. corner (in a street).
cantor m. singer; chanter.
cantúria f. singing; songs; vocal music.
cantusseig m. humming; noise as a monotonous song.
cantussejar to sing in a low, soft, voice.
canvi m. change; exchange; turn; commutation.
canviar to change; exchange; alter; shift.
cunya f. (bot.) reed; rod; cane.
canyamel f. sugar cane.

canyar m. cane field plantation of canes.

canyella f. cinnamon.

canyet m. rotting place for animals.

caoba f. mahogany.

caolí m. kaolin; china-clay.

caos m. chaos.

caòtic, -a chaotic.

cap m. head. / top. / cape. / boss.

cap no; none; any; neither; nil; not any.

cap a towards; for; to.

capa f. cloak; cape. / layer; film.

capaç capable; able.

capacitar to enable; qualify.

capacitat f. capacity; qualification; contents.

capaçment capaciously.

cap a fora outwards.

cap allí thither.

cap al tard at the late hours of the afternoon.

cap amunt upwards.

cap a on whither; whereabouts.

capa pluvial f. (eccl.) pluvial; cope.

caparró m. little head.

caparrut, -uda obstinate; stubborn.

capatàs m. foreman; boss.

cap avall downwards.

capbaix, -a crestfallen; pensive.

capbussada f. dive; plunge.

capbussament m. dip; plunge.

capbussar-se to dip; dive.

capbussó m. dive; plunge.

capça f. (bot.) head; tender head (cauliflower).

capçal m. upper end; heading.

capçalera f. heading.

capcinada f. blow with the head. / nod.

capciós, -osa captious; deceiving.

cap cosa nothing.

capdavanter, -a leader; foremost.

capell m. hat.

capella f. chapel.

capellà m. chaplain; priest; clergyman; parson.

capelleta f. little chapel. / circle of persons devoted to their own ideas.

cap endavant forwards.

caperutxa f. pointed hood.

capficar to worry.

capficat, -ada anxious; worried.

capgirar to reverse.

capgirat, -ada inside out.

capgirell m. upset; overturning.

cap-gros m. tadpole.

capguardar-se to beware; be on one's guard; take precautions.

cap-i-cua m. palindromic number.

capil·lar capillary.

capir to understand; comprehend.

capità m. captain; chieftain.

capital m. capital; fortune; stock; fund.

capital f. chief town; capital.

capitalisme m. capitalism.

capitanejar to captain; command; lead.

capitell m. (arch.) capital.

capítol m. chapter.

capitomba f. somersault; somerset.

capitost m. chief; leader.

capitulació f. capitulation; rendition; surrender.

capitular capitulary; capitular.

capitular to capitulate; surrender.

capmàs m. computation; calculation; estimation.

capolar to triturate; grind.
caporal m. chief; commander.
cap per avall upside down.
caprici m. fancy; whim; caprice.
capriciós, -osa fanciful; whimsical.
capsa f. box; case.
capsa xinesa f. (mus.) wood block; Chinese cracker.
caps d'ase m. pl. (bot.) French lavender. V. **tomanyí**.
capsigrany m. (orn.) shrike. / blockhead.
càpsula f. cap; detonating - cap; capsule.
capta f. collection. / begging.
captació f. securing; winning.
captaire m. f. beggar.
captar to beg. / to wing; get; pick up.
capteniment m. behaviour.
captenir-se to behave; conduct.
captinença f. appearance; comportment.
captiu, -iva captive.
captivar to captive; grip; win.
captivitat f. captivity; bondage; confinement.
captura f. capture; seizure.
capturar to capture; seize.
caputxa f. hood.
caputxí m. capuchin monk.
capvespral evening; vespertine.
cepvespre m. late afternoon; dusk.
capvuitada f. octave; eight days; the week afterwards.
caqui m. kaki (bot.).
car, -a dear; expensive. / dear; beloved.
car because; since; for.
cara f. face; surface. / heads. / look; appearance. / side; façade; face.

caràcter m. character; nature.
característic, -a characteristic typical.
característica f. characteristic attribute; characteristic.
caracteritzar to act a part (theat.).
caracteritzar-se to make up (theat.).
caragirat, -ada treacherous; turncoat.
cara i creu heads and tails.
caram! gratious me!; strange!; ah!
carambola f. (bot.) carambola. / cannon (billiards).
caramel m. caramel; toffee; sweetmeat; sweet.
caramell m. icicle.
caramella f. (mus.) flageolet; pipe.
caramellaire m. chorist in a **caramelles** group.
caramelles f. pl. party of men singing on Easter in front of their friends' houses; the songs sung in **caramelles**.
caramels m. pl. sweets; lollypoops.
carat! gratious me!; strange!; ah!
caravana f. caravana; camel train; company of pilgrims, traders, &.
caravella f. caravel.
carbassa f. gourd; pumpkin.
carbassera f. (bot.) pumpkin (plant).
carbassó m. (bot.) marrow; vegetable marrow.
carbó m. charcoal; coal.
carbó mineral m. coal.
carboner m. coalman.
carbonera f. scuttle; coal cellar.

carboneria f. charcoal shop.
carboni m. carbon.
carbonissa f. broken up char-
coal.
carbonitzar to carbonize; coal;
char; chark.
carbur m. carbide.
carburador m. carburettor.
carburar to carburet.
carcanada f. skeleton; bones.
carcassa f. skeleton; frame;
structure.
card m. (bot.) thistle.
cardar to card or comb (wool).
cardenal m. cardinal.
cardenalici, -ícia cardinalitian.
cardet m. (bot.) golden thistle.
cardíac, -a cardiac; cordial.
càrdias m. cardia (in the sto-
mach).
cardina f. V. cadernera.
cardot m. (bot.) teasel.
carei m. tortoise shell.
carena f. mountain ridge.
carència f. want; need; lack; pri-
vation.
carestia f. want; scarcity; penu-
ry.
careta f. mask.
cargol m. snail. / screw. / vice.
cargolar to screw; twist; wind;
roll up.
cargolet m. (orn.) wren.
cargolí m. small snail.
cargol marí m. sea shell; conch
or triton shell used as a horn).
cariar-se to grow carious.
caricatura f. cartoon; caricature.
caricaturista m. f. cartoonist;
caricaturist.
carícia f. caress.
càries f. caries; cariosity.
carilló m. carillon.
caritat f. charity.

caritatiu, -iva charitable; hospi-
talable; beneficent.
carlisme m. Carlism.
carmanyola f. lunch basket; din-
ner pail.
carmelita m. f. Carmelite; white
friar.
carmesí crimson.
carmí m. carmine.
carn f. flesh. / meat.
carnal carnal; fleshy.
carnaval m. carnival.
carn de be f. mutton.
carn de bou f. beef.
carn de vaca f. beef.
carn d'olla f. boiled meat and
vegetables.
carnestoltes m. carnival.
carnet m. identification card;
membership card.
carn freda f. cold meat.
carnisser m. butcher.
carnisseria f. butcher's shop.
carnívor, -a carnivorous.
carnot m. carnosity.
carolingi, -íngia Carolingian.
carona f. little face; nice face.
carota f. mask; grotesque mask.
caròtida f. (anat.) the carotid
artery.
carp m. (anat.) carpus; wrist.
carpa f. (ichth.) carp.
carpeta f. table-cover; writing
table-cover.
carpó m. (anat.) coccygeal re-
gion.
carquinyoli m. Catalan hard bis-
cuit, cooked with almonds and
sugar.
carrabina f. carbine; rifle.
carrabiner m. carbineer; customs
soldier; coast-guard.
carrabistell m. piece of wood for
oxen (farming).

carranquejar to walk with difficulty.

carrat, -ada truncated. / square; squadrate.

càrrec m. charge; position.

càrrega f. charge; load; burden. / cargo.

carregament m. cargo; loading.

carregar to charge; load.

carregar-se to take (something) on oneself.

carregat, -ada loaded; full.

carregós, -osa heavy; weighty. / onerous; burdensome.

carrer m. street.

carrera f. career; profession.

carrerany m. path; footpath. / wheel track.

carreró m. lane; alley.

carreta f. long narrow cart.

carretada f. cartful.

carretatge m. cartage; haulage.

carretejar to cart; carry; convey.

carretel·la f. calash; landau.

carreter m. carter.

carretera f. road; highway.

carretó m. handcart; small cart.

carreu m. ashlar; block of stone.

carril m. rail.

carrincló, -ona vulgar; uncouth; in bad taste.

carrisqueig m. squeak; shrill sound.

carro m. cart; chariot.

carronya f. carrion.

carrossa f. chariot; coach; float; state coach.

carrosseria f. carriage body.

carruatge m. coach; carriage; vehicle.

carta f. card. / letter.

cartabò m. square; drawing triangle.

cartaginès, -esa Carthaginian.

cartejar-se to correspond; write each other.

cartell m. poster; mural reading card.

cartellera f. list of plays; theatre section. / bill-board.

carter m. postman.

càrter m. housing; case.

cartera f. wallet; pocket book. / portfolio; brief case. / flap.

carterista m. pick-pocket; pick-purse.

cartílag m. cartilage.

cartilla f. primer; spelling book. / certificate (card, book).

cartipàs m. student's note-book.

cartó m. pasteboard.

cartògraf m. cartographer.

cartoixa f. carthusian order.

cartoixà m. carthusian.

cartolina f. cardboard; Bristol board.

cartró m. pasteboard.

cartutx m. cartridge.

cartuxera f. cartridge box.

carxofa f. artichoke.

cas m. instance; case; event.

casa f. home; house. / household.

casaca f. coat; old long coat.

casa comercial f. firm (commerce).

casa de dispeses f. boarding house.

casa de la vila f. town hall.

casa de pagès f. farm; farming house.

casador, -a marriageable.

casal m. mansion.

casalot m. large ramshackle house.

casamata f. casemate.

casament m. marriage; wedding; bridal.

casar to wed. / to match; harmonize.
casar-se to marry; wed; get married.
casat, -ada married.
casc m. helmet. / (naut.) hull. / hoof.
cascada f. cataract; water-fall.
cascall m. (bot.) opium poppy.
cascavell m. jingle; sleigh bell; hawk-bell.
caseïna f. casein.
casella f. square (chess). / little house.
caseriu. m. hamlet.
caserna f. barracks.
caseta f. little house. / cabin.
casino m. casino; club; club-house.
casinyot m. mean cottage.
casolà, -ana home-made; indoor.
casori m. marriage; wedding.
caspa f. scurf; dandruff.
casquet m. cap; skullcap.
cassa f. dipper; laddle.
cassació f. cessation; annulment.
cassar to annul; abolish.
cassó m. laddle.
cassola f. pan; saucepan.
cassussa f. appetite; ravenous hunger, appetite.
cast, -a chaste.
casta f. race; lineage. / kind; quality.
castany, -a brown; maroon.
castanya f. chestnut.
castanyada f. eating of toasted chestnut on All-hallowmass dinner.
castanyer m. chestnut tree. / sweet chestnut.
castanyer d'Índia m. h o r s e chestnut.

castanyoles f. pl. (mus.) castanets.
castedat f. chastity.
castell m. castle.
castellà m. Spanish Language.
castellà, -ana Castilian.
casteller m. member of a group of xiquets that build human castles climbing on others' shoulders.
càstig m. punishment; penalty.
castigar to punish.
castís, issa pure-blooded; pure style.
castor m. (zool.) beaver.
castrar to castrate.
castrense belonging to military profession.
casual occasional; accidental; casual.
casualitat f. chance; coincidence.
casualment casually; by chance.
casulla f. chasuble.
cataclisme m. cataclysm.
catacumbes f. pl. catacombs.
català m. Catalan language.
català, -ana Catalan.
catàleg. m. catalogue.
catalèpsia f. catalepsy.
catalogar to catalogue.
cataplasma m. cataplasm; poultice.
catapulta f. catapuit.
cataracta f. pearl-eye; cataract of the eye.
catarro m. wooping-cough.
catàstrofe f. smash; catastrophe.
catau m. haunt; lair.
catecisme m. catechism.
càtedra f. cathedra; chair.
catedral f. cathedral.
catedràtic m. lecturer; university professor.

439

categoria f. grade; class; category; kind.

categòric, -a categoric; categorical; absolute; decided; explicid.

catequesi f. catechetics; explanation of a doctrine.

catequista m. f. catechist.

catequitzar to catechize.

catet m. side of a right-angled triangle.

catifa f. carpet; rug.

càtode m. cathode.

catòlic, -a catholic.

catolicisme m. catholicism.

catorze fourteen.

catre m. cot; bedstead.

catúfol m. bucket for elevating water in a draw-wheel.

catxalot m. (zool.) cachalot.

catxet m. capsule (medicine).

cau m. burrow; den; lair; haunt.

caució f. caution; care; attention.

caure to fall drop; fall down.

caure-hi to guess right; find.

causa f. cause; reason; sake.

causant m. causer; responsible.

causar to cause; give rise.

càustic, -a tart; caustical.

causticitat f. causticity; bitingness.

caut, -a cautious; wary; aware; prudent.

cautela f. care; carefulness; precaution; caution; wariness.

cautelós, -osa cautious; wary.

cauteri m. cautery.

cauteritzar to cauterize; burn (to destroy infection).

cautxú m. rubber; cautchouc.

cava f. wine cellar.

cavalcada f. parade; pageant; cavalcade; company of riders.

cavalcar to ride; mount; horse.

cavall m. (zool.) horse. / horsepower. / knight (chess).

cavalla f. (ichth) mackerel.

cavaller m. gentleman; knight; horseman.

cavalleresc, -a knightly.

cavaeria f. cavalry; chivalry; knighthood.

cavallerissa f. stud of horses.

cavallerívol, -a knightly; chivalrous.

cavallerositat f. chivalry; nobility.

cavallet m. trestle.

cavallets m. pl. merry-go-round.

cavalló m. ridge (between furrows).

cavallot m. clumsy lad or lass.

cavar to dig.

càvec m. hoe; large hoe.

caverna f. cavern; cave.

caviar m. caviar; caviare.

caviŀlar to brood; ruminate; muse.

cavitat f. hollow; hole; cavity.

ceba f. onion.

ceballot m. spring onion; cocktail onion; onion sprout; tender onion.

cec, cega blind.

cedir to yield; cede; transfer; give up.

cedre m. (bot.) cedar.

cèdula f. charter; bill; warrant; document; certificate.

cefàlic, -a cephalic.

ceguesa f. blindness.

cel m. heaven. / sky.

celar to conceal; hide.

celatge m. cloud scenery.

celebèrrim, -a most celebrated.

celebrant m. officiating priest; celebrant.

celebrar to celebrate; feast; perform.
cèlebre renowned; celebrated; famous.
celebritat f. renown; celebrity.
celeritat f. celerity; rapidity; swiftness.
celeste celestial.
celestial celestial; heavenly.
celibat m. celibacy.
celibatari, -ària celibate; bachelor; unmarried person.
celístia f. clarity from stars shining.
cella f. brow; eyebrow.
cel·la f. cell; individual room.
celler m. cellar.
cel·lofan m. cellophane.
cèl·lula f. cell; cellule.
cel·luloide m. celluloid.
cel·lulosa f. cellulose.
celobert m. inner free space in a building.
celta Celtic.
celtíber, -a Celtiberian.
cementar (metal.) to cement.
cementiri m. graveyard; cementery.
cena f. the Lord's last supper.
cenacle m. cenacle.
cendra f. ash; cinder.
cendrer m. ashtray.
cendres f. pl. ashes; clay; mortal remains.
cenobi m. cenobium; monastery.
cenotafi m. cenotaph.
cens m. census. / tax; ground-rent.
censaler m. collector of ground-rents.
censor m. censor; critic.
censura f. censorship. / rebuke.
censurable censurable; reprovable: blameful.

censurar to criticise; censor; censure. / to rebuke; blame; reprove.
cent hundred.
centaure m. centaur.
centcames m. (zool.) centipede; scolopendra.
centè, -ena hundreth (ordinal number).
centella f. spark; flash.
centellejar to glitter; sparkle; flash.
centena f. a hundred.
centenar m. a hundred.
centenari m. centenary.
centenari, -ària centenary; centenarian; secular.
centenni m. a hundred years.
centèsim, -a hundredth (partitive number).
cèntim m. cent; centime (hundredth part of a peseta).
centpeus m. centipede.
central f. central; headquarters.
central central; centrical; umbilical.
centrar to center.
centre m. center; middle. / headquarters; head office.
cèntric, -a centrical; focal; central; convenient.
centrifug, -a centrifugal.
centrípet, -a centripetal.
centúria f. century; a hundred years.
centurió m. centurion.
cenyidor m. girdle.
cenyir to engird; embrace.
cep m. (bot.) vine.
cepat, -ada strong-bodied; stout; robust.
ceptre m. sceptre.
cera f. wax.
ceràmica f. pottery; ceramics.

441

cerca f. quest; search.
cercador, -a searcher. / investigator.
cercar to look for; search; seek.
cerca-raons quarreller.
cercavila f. lively march, esp. across the streets in the morning of a village feast.
cercavores m. (orn.) alpine accentor.
cerciorar to assure; affirm; ascertain.
cercle m. circle. / club; society.
cèrcol m. hoop.
cereal m. corn; cereal.
cerebel m. (anat.) cerebellum.
cerebral cerebral; of the brain.
cereria f. wax-chandler's shop.
cerimònia f. ceremony.
cerimoniós, -osa formal; stiff; polite.
cerra f. bristle.
cert, -a certain; sure; true.
certamen m. literary contest.
certament certinly; surely; sure.
certesa f. surety; certitude; assurance.
certificar to register. / to certify.
certificat m. registered letter or packet. / certificate.
certificat, -ada registered.
certitud f. certitude; surety.
cervatell m. (zool.) fawn; young fallow deer.
cervell m. (anat.) brain.
cervesa f. beer; ale.
cerveser m. brewer.
cerveseria f. brewhouse; brewery; ale-house; pub.
cervical cervical.
cervo m. (zool.) deer; stag.
cèrvol m. (zool.) buck; stag; deer.
Cèsar Caesar.

cesària f. Caesarean operation.
cessació f. cessation; stopping.
cessant placeless; out of job; dismissed.
cessar to cease; give up.
cessió f. cession; surrender; transfer.
cesta f. wicker scoop for playing pelota.
cetaci m. cetacean.
cetacis m. pl. cetacea.
ciar (naut.) to hold water; back water.
ciàtica f. (pat.) sciatica.
cibernètica f. cybernetics.
cicatritzar to cicatrize.
cicatriu f. scar; cicatrix.
cicerone m. cicerone; guide; sightsman.
cicle m. cycle; term; series (of lectures).
ciclisme m. cycling; wheeling.
ciclista m. f. cyclist; wheelman; wheelwoman.
ciclostil m. cyclostyle.
cicuta f. (bot.) hemlock.
ciència f. science.
científic m. scientist.
científic, -a scientific.
cigala f. (ent.) cicada. / variety of crayfish.
cigar m. cigar.
cigarret m. cigarette.
cigarreta f. cigarette.
cigne m. (orn.) swan.
cigne mut m. (orn.) mute swan.
cigonya f. (orn.) stork.
cigonyal m. crankshaft.
cigró m. chickpea.
cigronera f. (bot.) chickpea plant.
cilici m. cilice; sackcloth.
cilindrada f. charge; cylinder capacity.

cilindre m. cylinder.
cim m. peak; summit; top.
cimadal m. top.
cimal m. top branch of a tree.
cimall m. top branch of a tree; top ornament.
cimbori m. dome.
ciment. m. cement.
ciment armat m. reinforced concrete.
ciment pòrtland m. Portland.
cimera f. tuft; crest; aigrette.
cinabri m. cinnabar.
cinc five.
cinc-en-rama creeping cinquefoil.
cinegètica f. cynegetics.
cinema m. pictures; cinema; movies.
cinematogràfic, -a cinematographic.
cinerari, -ària cinerary; ashy.
cinètica f. kinetics.
cingle m. cliff; crag.
cinglera f. range of cliffs.
cíngol m. cingulum; cordon.
cínic, -a cyinic; cynical.
cinisme m. cynism.
cinquanta fifty.
cinquè, -ena fifth.
cinta f. tape; band; ribbon; lace; sash.
cinta magnetofònica f. tape-recorder.
cinta mètrica f. tape-mesure.
cintra f. inside curvature of an arch.
cintura f. waist; girdle.
circ m. circus; cirque.
circell m. (bot.) tendril of a vine.
circuir to encircle; surround.
circuit m. circuit.
circulació f. traffic.
circular to run; circulate.
circular f. circular; printed letter.

circular round; circular; moving round.
circumdant surrounding.
circumdar to surround.
circumferència f. circumference; circle; ring.
circumflex circumflex.
circumspecte, -a circumspect; cautious.
circumstància f. circumstance.
circumvallació f. circumvallation.
cirera f. cherry.
cirera d'arboç f. strawberry-tree (fruit).
cirer d'arboç m. (bot) strawberry-tree.
cirerer m. (bot.) cherry tree.
ciri m. wax tapper; wax candle.
cirial m. processional candlestick.
cirurgia f. surgery.
cirurgià m. surgeon.
cirrosi f. cirrhosis.
cisa f. petty theft.
cisalla f. sheet-metal shears; clipper; paper-cutter.
cisar to pilfer.
cisell m. chisel.
cisellar to engrave; carve.
cisma m. schism.
cistell m. basket.
cistella f. hamper.
cisteller m. basketmaker.
cister m. Cistercian order.
cisterna f. cistern; reservoir.
cita f. appointment.
citació f. quotation; quote. / summons; citation; summoning.
citar to quote. / summon. / appoint.
cítric, -a cítric.
ciutadà m. citizen; burgher.
ciutadà, -ana urban; civil.

443

ciutadella f. fortress; citadel.
ciutat f. city; town.
civada f. oat; oats.
civader m. nose-bag.
civera f. stretcher.
cívic, -a civic; civil.
civil civil; civilian. / polite; po-
liteful.
civilització f. civilisation; culture.
civilitzar to civilize; humanize.
civisme m. civism; patriotism.
claca f. claque; applauders in a
theater.
clam m. clamour; outcry. / com-
plaint.
clamar to cry out; vociferate. /
to demand.
clamor f. clamour; outcry.
clamorós, -osa clamorous; noisy;
loud.
clan m. clan.
clandestí, -ina secret; clandes-
tine; private.
clap m. patch; blot.
clapa f. mark; spot; blad spot;
lacune.
clapat, -ada spotted.
clapejat, -ada spotted; sprinkled.
clapit m. yelp.
clapoteig m. splash; splattering;
splashing.
clapotejar to splash; make a
splashing sound.
clar, -a clear; bright; light; trans-
parent; fine; distinct.
clara f. white of egg; glair.
claraboia f. skylight.
clarament plainly; apparently;
clearly.
claredat f. clearness.
clarejar to clear; dawn.
claret m. claret (wine).
clarí m (mus.) bugle; clarion.
clariana f. clearing; sky-light.

clarísia f. explanation; clearing.
clarificar to clear; brighten;
clarify.
clarinet m. (mus.) clarinet.
clarió m. chalk; crayon; white
crayon.
clarividència f. clairvoyance; dis-
cernment.
clar-obscur m. light and shade;
chiaroscuro.
claror f. clarity; light; splendour.
classe f. class; grade; range;
kind; manner; rang; sort. /
class-room.
clàssic m. classicist.
clàssic, -a classic; classical.
classificació f. classification rat-
ing.
classificador m. classifier.
classificar to classify; sort; as-
sort; arrange.
clatell m. back of the neck;
scruff of the neck; nape.
clatellada f. blow or slap on the
back of the neck.
clatellot m. blow or slap on the
back of the neck; slap on the
nape.
clau m. nail.
clau f. key. / clue. / spanner.
clau anglesa f. wrench.
clau de pas f. passkey; master
key.
claudàtor m. bracket.
claudicar to bungle.
clauer m. key-ring.
claustre m. cloister.
clàusula f. clause. / sentence.
clausura f. cloister; monastic
confinement; inner part of a
monastery. / closure.
clausurar to close a period.
clavar to nail; stick; pitch;
thrust.

clavecí m. (mus.) spinet.
claveguera f. sewer.
clavegueró m. drain.
clavell m. c a r n a t i o n; pink (flower).
clavellina f. (bot.) pink; carnation (plant).
clàvia f. peg; pin.
clavicèmbal m. (mus.) clavicembalo; harpsichord.
clavicordi m. (mus.) clavichord.
clavícula f. (anat.) clavicle.
clavilla f. peg; pin.
clàxon m. hooter; horn.
cleda f. fold; sheep-fold.
clemàstecs m. pl. pot-hooks; rack.
clemència f. forgiveness; clemency; mercy.
clement mercyful; clement.
clenxa f. parting of the hair.
clenxinar to comb; to part the hair.
clepsa f. top of the head.
cleptomania f. kleptomania.
clerecia f. clericate; clergy; priesthood.
clergue m. clergyman.
clerical clerical; of the clergy.
client m. customer.
clientela f. clientship; customers; clientele.
clima m. climate.
clínic, -a clinical.
clínica f. clinic; hospital.
clip m. clip.
clissar to see; notice; observe; remark.
clivella f. crevice; cleft.
clivellar-se to crack; be cracked; fissure.
clixé m. cliche; exposure; negative.
cloenda f. epilogue; closing.

clofolla f. eggshell; shell; husk; hull.
cloïssa f. (zool.) clam; quahog.
cloquejar to cluck; cackle.
cloquer m. belfry; church tower.
clor m. chlorine.
clorofiŀla f. chlorophyl.
cloroform m. chloroform.
clorosi (pat.) chlorosis.
clorur m. chloride.
clos m. hedge; yard; orchard; enclosure.
clos, -a close; closed; shut.
closca f. eggshell; shell; hull.
clot m. hollow; pit; hole; cavity; grave.
clotxa f. boys' game that consists in hitting a hole with a stone or a coin.
cloure to close; shut; terminate.
club m. club; association; union; society.
ço this; that. V. **ço que**.
coacció f. coertion; coaction.
coaccionar to coerce; concuss.
coactiu, -iva compelling; coactive.
coadjutor m. coadjutor; assistant.
coadjuvar to co-operate; assist; help to.
coàgul m. coagulum; coagulated blood.
coagular to coagulate; curd.
coartada f. alibi.
coartar to limit; restrain; handicap; restrict.
cobalt m. cobalt.
cobdícia f. greed; cupidity.
cobejança f. cupidity; greed; covetousness.
cobejar to covet; desire eagerly.
cobejós, -osa covetous; greedy; grasping.
cobert m. cover; shed; roof;

hangar. / meal at a restaurant; plate; dinner course.

cobert, -a sheltered; covered.

coberta f. deck. / roof. / envelope. / wrapper.

cobla f. Catalan little orchestra consisting of eleven or twelve instruments, especially devoted to folk music.

cobra f. (zool.) cobra.

cobrable recoverable; collectable.

cobrador m. money collector; conductor.

cobrament m. receipt or collection of money; cashing; collection.

cobrar to collect; cash; earn; receive.

cobrellit m. quilt.

cobretaula m. cover for a table; table runner.

cobricel m. canopy; dais; pallium.

cobriespatlles m shawl; wrap.

cobriment m. covering.

cobriment de cor m. swoon.

cobrir to cover; coat; wrap; clothe.

coc m. coke. / cook.

cóc m. cake.

coca f. especial big and flat pie. / (bot.) coca.

cacaïna f. cocaine.

cocció f. cookling; baking.

còccix m. (anat.) coccyx.

coco m. coconut.

cocodril m. (zool.) crocodile.

cocoter m. (bot.) coconut tree.

còctel m. cock-tail.

còdex m. codex; manuscript.

codast (naut.) stern-post.

codi m. code; digest.

codificar to codify laws.

codina f. roch on the surface of the earth.

còdal m. boulder.

codolar m. stony place.

còdols m. pl. shingle.

codony m. (bot.) quince.

codonyat m. quince jelly.

codonyer m. (bot.) quince tree.

coeficient m. coefficient; modulus.

coent piquant; tart; hot.

coentor f. itching; smarting.

coet m. rocket.

coetani, -ània coetaneous; contemporary.

coexistència f. coexistence.

cofa f. (naut.) top; platform; round top.

còfia f. colf; women's cap.

cofoi, -a satisfied; content and proud.

cofre m. hutch; chest; box.

cofurna f. hovel; narrow room.

cognom m. surname; family name.

cogombre m. cucumbre.

cogullada f. (orn.) crested lark.

cohabitar to cohabit; dwell together.

coherència f. coherence.

coherent coherent; cohesive.

cohereu, -eva coheir; coheiress.

cohesió f. cohesioin.

cohibir to restrain; embarrass; check.

coi m. (naut.) hammock.

coincidència f. coincidence; concurrence.

coincidir to coincide; meet.

coïssor f. smart; itching; burning pain.

coix, -a lame; halt.

coixejar to halt; limp.

coixesa f. limp; lameness.

coixí m. cushion; pillow; bolster; pad.

coixinera f. pillow-case; pillow-slip.

coixinet m. pad; small cushion; pin-cushion. / bearing; ball-bearings.

col f. cabbage.

cola f. glue. / cola-nut; cola.

colador m. strainer; filter; colander.

colar to strain; drain; filter; percolate.

còlera f. anger.

colèric, -a angry; choleric; irascible.

colesterina f. cholesterin.

colesterol m. cholesterol.

colgar to put underground; bury; cover with earth.

colibrí m. (orn.) humming bird.

còlic m. colic; gripes.

col-i-flor f. cauliflower.

coliseu m. coliseum.

còlit gris m. (orn.) wheatear.

colitis f. colitis; colonitis.

coll m. neck; throttle. / collar. / mountain pass.

colla f. party; gang; group; set; pack; team heap.

col·laboració f. collaboration; contribution.

col·laborar to collaborate.

collada f. mountain pass.

col·lapsar to collapse.

col·lapse m. collapse.

collar to screw; screw on.

collaret m. necklace; string (of beads, pearls); necklet; chain.

col·lecció f. collection.

col·lecta f. collection; collecting.

col·lectiu, -iva collective.

col·lectivitat f. collective ownership; whole group; sum total.

col·lector m. collector. / gatherer.

col·lega m. f. colleague.

col·legi m. college. / school.

col·legial m. schoolboy.

col·legiala f. schoolgirl.

col·legiat m. member of a professional association.

col·legiat, -ada collegiate.

col·legiata f. collegial church.

col·legir to collect; infer.

collir to pick up; gather; pluck. / to crop.

col·lisió f. collision.

collita f. crop; harvest.

colliter m. harvester; vintager. / harvest.

col·locació f. situation; employment; settlement; placing.

col·locar to place; set. / to employ.

col·locar-se to perch; put on. / to place oneself.

col·loqui m. colloquy.

col·loquial colloquial.

colltorçar-se to droop.

colltort m. (orn.) wryneck.

colofó m. colophon.

colofònia f. colophony; resin.

colom m. (orn.) dove.

colomar m. pigeon-house; dovecot.

colomassa f. pigeon dung.

colombí, -ina of Columbus.

colombià, -ana Colombian.

colomí m. pigeon.

colom missatger m. carrier pigeon.

colom roquer m. (orn.) rock dove.

còlon m. (anat.) colon.

colònia f. colony; settlemant. / eau-de-Cologne; cologne.

colonització f. colonization; settlement.

colonitzar to colonize.

colonitzador m. colonizer; settler.

color m. f. colour; dye; hue.

coloraina f. bright colour; vivid colour.

colorant colouring; dyeing.

colorar to colour.

coloret m. rouge.

colorit m. colour; colouring; coloration.

colós m. colossus.

colossal colossal; huge; gigantic.

colpejar to hit; knock.

colpidor, -a impressive; striking; moving.

colpiment m. impression; deep emotion.

colpir to smite; impress; strike; move.

colrar to tan; sunburn; make brown.

coltell m. big knife; knife.

columbí, -ina columbine; dove-like.

columbòfil, -a fond of dove breeding.

columna f. column; pillar.

columna vertebral f. snipe; vertebral column.

colze m. elbow.

com as; how; like.

com a as a; like.

coma f. comma. / (pat.) coma. / dale. / (mus.) V. **croma**.

comanador m. knight commander.

comanar to order.

comanda f. order; petiton.

comandància f. commandery; province or district of a commander.

comandant m. commander; leader.

com aquell qui res on the quiet; without noticing.

comarca f. region; district; country.

comarcal regional; district.

comare f. gossip woman; crony woman.

combat m. fight; combat; match.

combatiu, -iva combative; pugnacious.

combatre to combat; fight; struggle.

combinació f. combination; blend.

combinar to combine; amalgamate; blend.

comboi m. convoy; ship under escort; protection.

combregar m. viaticum.

combregar to communicate; take Holy Communion.

combustible m. fuel; combustible.

combustió f. combustion; burning.

comèdia f. play; comedy. / farce; feigning.

comediant m. comedian; actor.

comediant, -a hypocrite; pretender.

comedianta f. comedienne; actress.

comediògraf m. writer of comedies; playwright.

començ m. start; beginning.

començament m. start; beginning; commencement.

començar to begin; start; commence.

comensal m. f. comensal; table companion.

comentar to comment.

comentari m. comment.

comentarista m. f. commentator.

comerç m. commerce; trade.
comerciant m. dealer; trader; merchant.
comerciar to trade; deal.
comesa f. commission; duty.
comestible eatable.
comestibles m. pl. comestibles; groceries; foodstuff.
cometa m. comet.
cometes f. pl. quotation marks.
cometre to commit; perpetrate; make.
comí m. cumin plant.
comiat m. farewell; leave-taking. / paying off.
còmic m. player; comediant; actor.
còmic, -a comic; comical; funny.
còmica f. comedienne actress.
comicitat f. comicalness; humour.
comissari m. commissary; delegate.
comissaria f. commissariat; police-office.
comissió f. committee; commission.
comissura f. (anat.) commissure; join.
comitè m. committee.
comitiva f. court; retinue; suite; cortege.
commemoració f. commemoration.
commemorar to commemorate; celebrate.
commensurable commensurable; measurable.
comminar to threaten; threaten punishment.
commoció f. commotion; agitation.
commoure to move; touch. / to shake.

commovedor, -a moving; touching.
commutador m. switch; commutator.
commutar to switch. / to commute; exchange.
còmodament comfortably; conveniently.
còmode, -a comfortable; cosy; convenient.
comoditat f. ease; comfort; convenience.
compacte, -a compact; solid; dense.
compadir to pity; be sorry for.
compadir-se to pity; be sorry for.
compaginador m. pager; one who paginates.
compaginar to paginate; arrange.
company m. mate; companion; peer; comrade; fellow.
companya f. mate (she).
companyia f. company society. / partnership; fellowship.
companyonatge f. good-fellowship companionship.
companyonia f. good fellowship; companionship.
comparable comparable; fit to be compared.
comparació f. comparison.
comparança f. comparison.
comparar to compare; confront.
comparatiu, -iva comparative.
compare m. compeer; friend.
compareixença f. appearing.
comparèixer to appear; turn up; arrive.
comparsa m. f. supernumerary; figurant on the stage.
compartiment m. compartment; box; enclosure.
compartir to share; divide.

449

compàs m. (mus.) bar. / pair of compasses.
compassió f. pathos; pity; mercy; compassion.
compassiu, -iva merciful; pitiful; sympathetic; compassionate.
compatible compatible; suitable to.
compeŀlir to compel; oblige.
compendi m. abstract; compendium; abridgement.
compendiar to e p i t o m i z e; abridge; summarize.
compenetració f. compenetration; identifying.
compenetrar-se to compenetrate; identitify oneself; interpenetrate.
compensació f. recompense; clearing; compensation.
compensar to repay; compensate for.
competència f. competence; rivalry. / fitness; ability; capableness.
competent capable; qualified; apt.
competició f. competition; contest.
competidor m. competitor; rival.
competir to compete; contend.
compilar to compile; collect (information).
complaença f. pleasure; satisfaction; complacence; complacency; fruition.
complaent compliant; complacent; tractable.
complanta f. lamentation; elegy (esp. poems).
complànyer to pity; be sorry for.
complaure to please; content.
complement m. object. / complement.

complementari, -ària complementary; serving to complete.
complert, -a full; perfect; complete. / done; fulfilled; performed.
complet, -a complete; full.
completar to complete; finish.
complex, -a complex; compound.
complexió f. constitution; nature.
complicació f. complication; complexity; entanglement.
complicar to complicate; involve; entangle; make intricate.
complicat, -ada complicate; complex; intricate.
còmplice m. f. partner; conniver; accomplice.
complicitat f. complicity; implication.
complidor, -a observant; trustworthy.
compliment m. compliment; courtesy. / accomplishment.
complimentar to compliment. / to carry out.
complimentós, -osa overpolite.
complir to fulfil; perform; keep; discharge.
complot m. plot; conspiracy.
compondre to compound. / to compose. / to dress up.
compondre-se-les to manage.
componedor m. (print.) composing stick; stick.
component m. f. component. / ingredient.
comporta f. flood-gate; sluice; sluice-gate.
comportament m. conduct; behaviour.
comportar-se to behave; comport oneself.
composició f. composition.
compositor m. composer.

compost, -a compound; composed; composite.

compota f. compote (fruit cooked in syrup).

compra f. purchase; marketing; buying.

comprador m. buyer; shopper; purchaser; customer.

comprar to buy; purchase.

comprendre to understand; make out; comprehend. / to include; embrace; comprehend.

comprensible conceivable; comprehensible.

comprensió f. sympathy; understanding.

comprensiu, -iva sympathetic. / comprehensive.

compresa f. compress; stupe.

compressió f. compression; compressure.

compressor m. compressor.

comprimir to compress.

comprometedor, -a compromising; embarrassing; endangering.

comprometre to engage; bind; involve. / to embarrass put in an awkward situation.

comprometre's to compromise oneself; get involved.

compromís m. engagement; obligation; pledge; compromise.

compromissari m. compromiser; delegate; representative.

comprovant m. voucher; warrant; schedule.

comprovar to prove; make sure; check.

comptabilitat f. accounts; bookkeeping.

comptable m. book-keeper.

comptador m. meter; computer; counter. / purser.

comptadoria f. accountant's office. / box office for advance booking.

comptafils m. cloth prover.

comptagotes m. medicine dropper.

comptaquilòmetres m. (speedometer) mileometer.

comptar to count; compute.

compta-revolucions m. tachometer.

compte m. acount; count; bill. / attention; care; caution beware.

comptecorrentista m. f. depositor.

compulsar to compare collate.

compunció f. compunction; repentance; contriteness.

compungiment m. compunction.

compungir-se to feel compunction.

còmput m. computation; reckoning.

computadora f. computer.

com que since as.

comsevulla any old way; anyhow.

com si as well as.

comtal relating to an earl or count.

comtat m. county; earldom.

comte m. earl; count.

comtessa f. countess.

comú, -una common; ordinary; current.

comuna f. toilet; latrine; watercloset; lavatory.

comunament commonly; usually; generally.

comunicació f. communication; announcement; information; message. / letter; official despatch.

comunicar to communicate; report; tell.

comunicat m. report.

comunicatiu, -iva communicative; effusive; sociable.

comunió f. communion. / Holy Communion.

comunisme m. communism.

comunitat f. community.

con m. cone.

conat m. conatus; essay; attempt; endeavour.

conca f. river basin. / socker of the eye; orbit.

còncau, -ava concave.

concavitat f. hollow; concavity; recess.

concebible conceivable.

concebre to conceive; form; imagine.

concedir to grant; concede.

concentració f. rally; concentration.

concentrar-se to concentrate. / to be absorbed; concentrate one's mind.

concèntric, -a concentrical; concentric.

concepció f. conception; idea; imgination.

concepte m. concept; conceit; judgement.

conceptuar to conceive; conceit; judge; think.

concernent concerning; affecting.

concernir to concern; relate; regard; belong; respect.

concert m. concert.

concertar to concert; adjust; harmonize; compose.

concertina f. (mus.) concertina.

concertino m. (mus.) leader; first violin.

concertista m. f. concertist.

concessió f. grant; concession.

concili m. council.

conciliació f. conciliation; reconciliation; conciliating.

conciliador, -a conciliator; harmonizer.

conciliar to conciliate; compose; harmonize.

conciliar conciliary; council; of a council.

concís, -isa concise; brief.

conclave m. conclave.

concloent concluding.

concloure to conclude.

conclusió f. conclusion; ending; deduction; result.

conclusiu, -iva conclusive; conclusory; decisive.

conco m. single; bachelor.

concomitància f. concomitance.

concomitant concomitant; concurrent; incident.

concordança f. concordance; concord; agreement.

concordar to accord; harmonize; make agree.

concordat m. concordat.

concòrdia f. concord; peace; harmony.

concorregut, -uda crowded; well attended.

concórrer to attend; be present.

concret, -a concrete; definite.

concretar to concrete; summarize.

conculcar to infringe; violate.

concupiscència f. concupiscence; lust.

concurrència f. concourse; audience; confluence; attendance.

concurrent m. f. attendant; present; frequenter.

concurs m. tournament; competition.

concursant m. f. competitor.

concursar to compete; contest.

condecoració f. decoration; medal; badge; ribbon.

condecorar to decorate; honour; bestow a medal.

condeixeble m. a fellow disciple; school-fellow; classmate.

condemna f. sentence; penance.

condemnar to condemn; blame; damn; censure.

condensador m. condenser.

condensar to condense; compress; contrast.

condescendència f. condescendence; complaisance; obligingness.

condescendent condescending; complacent; indulgent.

condescendir to accede; yeld; consent; condescend; consent.

condícia f. tidiness; care; orderliness.

condició f. condition; estate; state; term; requisite.

condicional conditional; conditioned.

condicionar to condition; accord; agree.

condiment m. condiment; seasoning.

condimentar to season; dress; flavour.

condol m. condolence; condolement.

condoldre's to condole; regret; be sorry for.

condolença f. condolence; sympathy.

còndor m. (orn.) condor.

conducció f. conduction; leading. / conveyance; trans-

port. / driving. / transmission.

conducta f. behaviour; conduct.

conducte m. conduit; duct; pipe.

conductivitat f. conductivity.

conductor m. driver; motorist; conveyer. / leader; conductor.

conductor, -a conducting; leading.

conductora f. lorry for furniture in removals; removal van.

conduir to conduct; convey; drive; lead; pilot; steer.

conegut m. familiar; acquaintance.

conegut, -uda known; welknown.

coneixedor, -a aware.

coneixement m. knowledge. / understanding; intelligence. / notice; information.

coneixença f. acquaintance; familiar. / knowledge.

coneixences f. pl. friends; acquaintances.

conèixer to know; master; perceive.

confabular to confabulate.

confabular-se to enter into conspiracy.

confecció f. ready-made article; handwork; confection.

confeccionar to prepare; make; elaborate; confect.

confederació f. league; confederation.

confederar-se to confederate; federalize; ally.

confegir to spell. / to join again.

conferència f. lecture; conference. / long distance call (phone).

conferenciant m. f. lecturer; speaker.

conferenciar to give a public lecture. / to confer; be in conference. / to have a talk by phone within two different towns or villages.

conferir to give; bestow.

confés m. self confessed; convict. / (eccl.) confessor.

confessar to confess; acknowledge; admit.

confessar-se to confess to a priest; make one's confession.

confessió f. confession.

confessionari m. confessional.

confessor. m. confessor; shriver.

confetti m. confetti.

confí m. border; boundaries.

confiança f. trust; credit; confidence; reliance.

confiar to trust; rely; hope; confide

confiat, -ada confiding; hopeful; confident.

confidència f. confidence; secret.

confidencial confidential; intimate; secret.

confident m. f. confident; counsellor; privy.

configurar to configure; give shape; conform.

confinament m. confinement.

confinar to confine; bound; border. / to exile; banish.

confirmació f. confirmation; sanction.

confirmar to confirm.

confiscar to confiscate; sequestrate.

confit m. small round sweet, gen. / with anise inside.

confitar to candy; preserve; sweeten.

confitat, -ada candied; sugarcoated.

confiter m. confectioner.

confiteria f. confectionery; confectioner's; tuck-shop; sweetshop.

confitura f. jam.

conflagració f. conflagration; disturbance.

conflicte m. conflict. / dilemma; difficulty.

confluència f. confluence.

confluent confluent.

confluir to join; meet; flow together; converge.

confondre to confuse. / to mistake for.

confondre's to be confused; be confunded. / to make a mistake.

conformar to adjust; adapt; conform.

conformar-se to resign oneself; summit; yield.

conformat, -ada well-made; well-shaped. / resigned; patient; long-suffering.

conforme according. / convenient; suitable.

conformista m. f. conformist.

conformitat f. conformity.

confort m. comfort; leisure. / comfort; consolation; alleviation.

confortable comfortable.

confortant comforting; soothing.

confortar to comfort; console.

confós, -osa mistaken; baffled.

confrare m. brother of an order; guild-brother.

confraria f. brotherhood; sisterhood; guild; confraternity.

confraternitat f. confraternity; good understanding.

confraternitzar to fraternize.

confrontació f. confrontation; comparison.

confrontar to confront; bring face to face.
confugir to have recourse; turn to for help.
confús, -usa dim; unintelligible.
confusió f. confusion; muddle; baffle.
congelador m. freezer.
congelar to ice; congeal.
congelar-se to become congealed.
congènere m. congener.
congeniar to sympathize; harmonize.
congènit, -a congenital.
congesta f. glacier.
congestió f. congestion.
congestionar to congest.
conglomeració f. conglomeration.
conglomerar to conglomerate.
conglomerat m. conglomerate.
conglutinar to conglutinate.
congost m. gap; narrow pass; defile.
congraciar-se to ingratiate oneself.
cogratular to congratulate.
congre m. (ichth.) sea-eel; conger-eel.
congregació f. congregation; assembly.
congregant m. member of a congregation or brotherhood.
congregar to gather; congregate; assemble.
congrés m. congress; assembly.
congriar-se to accumulate.
congruència f. fitness; congruence.
congruent congruent; agreeing.
conhort m. relief; consolation; comfort.
conhortar to relieve; comfort.
cònic, -a conical.

coníferes f. pl. coniferae.
conill m. (zool.) rabbit.
conjectura f. conjecture; surmise.
conjecturar to guess; conjecture.
conjugació f. conjugation.
conjugal conjugal; matrimonial.
conjugar to conjugate.
cònjuge m. f. consort; mate; husband; wife.
conjuminar to combine; compaginate; manage; arrange.
conjunció f. conjunction.
conjunt m. ensemble; whole.
conjuntiu, -iva conjunctive; connective.
conjuntivitis f. conjunctivitis.
conjuntura f. conjuncture; occasion; opportunity; chance.
conjur m. conjuration; exorcism; entreaty.
conjura f. conspiracy; plot.
conjurar to conjure; conspire.
conjurat m. conspirator; plotter.
connatural connatural; inborn.
connectar to connect; gear; unite.
connexió f. connection; connexion.
connivència f. connivance.
connubi m. matrimony; marriage.
conqueridor, -a conquering.
conqueridor m. conqueror.
conquerir to conquer; subdue; vanquish; overcome.
conquesta f. conquest; subjection; victory.
conquilla f. shell.
conrear to cultivate; till; farm.
conreria f. country house in a farm.
conreu m. cultivation; tillage.
consagració f. consecration; dedication.

455

consagrar to consecrate; sanctify.

consagrar-se to devote oneself.

consagrat, -ada sacred. / devoted (to); fond of.

consanguinitat f. consanguinity; kindred.

consciència f. conscience.

conscient conscious; aware; awake; responsible.

consecució f. atteinment; obtainment.

consecutiu, -iva consecutive.

conseqüent consequent.

conseqüentment consequently; therefore.

consell m. counsel; warning. / council; congress. / advice.

conseller m. counsellor; counselor. / adviser. / member of a city council of Catalonia.

conselleria f. town councillorship; alderman's office.

consemblant m. f. similar; resembling.

consentiment m. consent; permission.

consentir to consent. / to pamper; indulge.

consentit, -ida pampered; spoiled. / complaisant.

conseqüència f. consequence.

conseqüent consequent; consistent.

conserge m. concierge; caretaker; watchman.

consergeria f. wardenship; keepership.

conserva f. preserved foods; preserve.

conservació f. upkeep; maintenance; conservation.

conservador, -a conservant; conservative; preserver.

conservar to preserve; conserve; keep; maintain.

conservatori m. conservatory; conservatoire; music-school.

considerable considerable; important.

consideració f. reflection; consideration; thoughtfulness. / esteem; respect.

considerar to consider; look up to; regard.

considerat, -ada considerate; thoughtful; prudent. / esteemed; respected.

consigna f. watchword; countersign. / left-luggage office; cloack room.

consignar to assign; consign; deposit; remit to.

consignatari m. shipping agent; consignee; consignatary.

consiliari m. counselor; advisor; ecclesiastic counselor.

consirós, -osa pensive; toughtful; musing.

consistència f. consistence; stability; firmness.

consistent consistent; solid; firm; strong.

consistir to consist; lie; be contained.

consistori m. consistory; town council.

consoci m. partner; fellow member.

consogra f. each of the mothers who marry their children together.

consogre m. each of the fathers who marry their children together.

consol m. relief; comfort.

cònsol m. consul.

consola f. console-table; console.

consolar to console; comfort; relieve.

consolat m. consulate.

consolat, -ada consolated; comforted; submited.

consolda f. (bot.) commen comfrey.

consolidar to strengthen; consolidate; stiffen.

consomé m. clear soup; consommé.

consonància f. consonance; accord; harmony.

consonant m. rime; word that rimes with another.

consonant f. consonant.

consonant consonant; harmonious.

consonar to make harmonious sounds.

consorci m. partnership; association; consortium.

consort m. joint-ruler; consort; the king's wife; the queen's husband.

conspicu, -ícua conspicous; remarkable; eminent.

conspiració f. plot; conspiracy.

conspirador m. plotter; conspirer.

conspirar to conspire; plot; complot.

constància f. perseverance; constance; steadiness.

constant constant; firm; steady; immutable.

constantment steadily; constantly; firmly.

constar to be clear; to be recorded or registered. / to be composed (of).

constatar to verify; prove; attest.

constel·lació f. constellation.

consternació f. consternation; dismay; panic; despair; dejection.

consternar to consternate; dismay; abash.

constipar to constrict; close the pores.

constipar-se to catch a cold.

constipat chill; catarrh; cold.

constipat, -ada suffering from a cold.

constitució f. constitution.

constituent constituent.

constituir to constitute; compose; form; make.

constrènyer to compel; urge.

constringent constringent; constrictor.

construcció f. buiding; construction; structure; erection; edifice.

constructiu, -iva constructive; giving suggestions that help.

constructor m. constructor; builder.

construir to build; construct; erect.

consubstancial consubstantial.

consuet, -a accustomed; used.

consuetud f. custom; habit practice; use; usage; consuetude.

consuetudinari, -ària consuetudinary; customary.

consular consular.

consulta f. consultation; consulting; meeting for deliberation.

consultar to consult.

consultori m. dispensary; clinic; institution where outpatients are treated.

consum m. consumption (of provisions, goods, merchandise).

consumació f. service taken in a café, bar, pub.

consumar to consummate; complete; finish.

consumat, -ada consummate; confirmed; accomplished; fulfilled.

consumidor m. consumer; customer.

consumir to consume; waste away; eat up; exhaust; burn up.

consumpció f. consumption.

consums m. pl. excise; government tax.

contacte m. contact; touch.

contagi m. contagion.

contagiar to infect; communicate by contagion.

contagiós, -osa infectious; contagious.

contalla f. tale; recountment.

contaminar to infect; contaminate.

contar to tell; recount; report; story.

contarella f. tale; story; recountment.

conte m. story; tale.

contemplació f. contemplation; meditation.

contemplar to watch; gaze. / to indulge.

contemporani, -ània contemporary; coetaneous.

contemporitzar to temporize; yield; cede.

contenció f. contention; restraint.

contenciós, -osa contentious; litigious.

contendent litigant; contestant; disputant.

contendre to conflict; contend; fight.

contenir to contain; comprise. /

to refrain; restrain; withhold.

content, -a contented; glad; merry.

contentació f. content; joy.

contertulià m. of the same social cercle; fellow member.

contesa f. contest; fight.

contesta f. reply; response; answer.

contestació f. reply; answer; response.

contestar to answer; reply; rejoin.

context m. intertexture; context.

contextura f. contexture; texture.

contigu, -a next; adjoining.

contigüitat f. contiguity; adjacency; closeness.

continença f. beheaviour; conduct; manners.

continència f. continence; self-control; self-restraint.

continent m. mainland; continent.

contingència f. contingénce; contingency; chance; possibility. / risk; adventure.

contingent casual; contingent; eventual.

contingut m. contest; enclosure.

continu, -ínua continuous; continual.

continuació f. continuation; continuance.

contínuament continually; all the time.

continuar to go on; carry on; continue; pursue; resume.

continuïtat f. continuity.

contista m. f. story-writer.

contorbar to perturb; trouble; disquiet.

contorn m. outline; contour.

contornar to go around; contour.

contorsió f. contortion; distortion.

contorsionista m. f. contortionist.

contra against; versus; counter.

contraalmirall m. rear-admiral.

contrabaix m. (mus.) double bass; contrabass. / contrabassist.

contraban m. smuggling.

contrabandista m. f. smuggler.

contracció f. c o n t r a c t i o n; abridgement; shrinkage.

contraclaror f. view (of a thing) against the light.

contracop m. repercussion; rebound.

contractant m. f. contractor.

contractar to contract; engage; hire.

contracte m. contract; treaty; agreement; bargain.

contractista m. f. contractor.

contrada f. region; district; place; spot.

contradansa f. contra-dance; old dance in pairs.

contradicció f. contradiction; opposition.

contradictori, -òria contradictory.

contradir to contradict; disaffirm; deny.

contraent contracting party.

contrafagot m. (mus.) double bassoon.

contrafer to scoff at; mock.

contrafet, -a malformed; counterfeit.

contrafort m. counterfort; buttress; spur.

contraindicar to contraindicate.

contrallum m. counter-light.

contralt m. f. contralto.

contramestre. m. foreman. / (naut.) botswain.

contrametzina f. antidote.

contramur m. countermure.

contraordre f. countermand.

contrapartida f. compensation; emendatory entry (in bookkeeping).

contrapàs m. (mus.) step in dancing; Catalan folk dance.

contrapès m. counterbalance; counterweight.

contraproduent counteractive.

contrapunt m. (mus.) counterpoint.

contrarestar to counteract; counterwork.

contrari, -ària alien; contrary; opposite.

contrariar to contradict; oppose; disappoint.

contrarietat f. contrariety; adverseness; obstacle; backset.

contrasentit m. counter-sense; inconsistency.

contrasenya f. countersign; watchword.

contrast m. contrast; opposition; difference. / hallmark.

contrastar to contrast; oppose; differentiate. / to assay and stamp metals; hallmark.

contratemps m. mishap; check; disappointment. / (mus.) contretemps.

contravenció f. contravention; infraction.

contravenir to contravene; transgress.

contraventor transgressor; infranger; contravener.

contraverí m. counter-poison; antidote.

contreure to contract; shrink; wrinkle. / to acquire; run into.
contreure's to contract; be contracted; shrink up.
contribució f. contribution; tax.
contribuent m. f. tax-payer; contributing.
contribuir to contribute; supply in aid of some object.
contrició f. contrition; repentance; compunction.
contrincant m. f. competitor; rival; opponent.
contristar to grieve; afflict; sadden.
contrit, -a contrite; compunctious; repentant.
control m. control; restaint; regulating.
controlador m. person who controls.
controlar to control; check.
controvèrsia f. controversy; argument; debate.
controvertir to controvert; dispute; debate.
contumaç obstinate; contumacious.
contundent contusive; forceful; bruising.
contusió f. contusion; bruise.
contusionar to contuse; bruise.
convalescència f. convalescence; recovery.
convalescent convalescent.
conveí m. cohabitant; neighbouring; fellow neighbour.
convèncer to convince.
convenciment m. conviction.
convenció f. convention; contract; congress.
convencional conventional; accepted; common.
convençut, -uda convinced.

conveni m. agreement; concert; convention.
conveniència f. convenience; adventage; interest.
convenient suitable; advantageous; useful; befitting.
convenir to suit; be to the purpose; befit. / to agree; coincide; compound; come to an understanding.
convent m. convent; nunnery; monastery; cloister.
conventual conventual; monastic; monastical.
convergència f. convergence.
convergent convergent; converging.
convergir to converge; agree; concur; be in accord.
conversa f. chat; conversation; talk.
conversació f. conversation.
conversador, -a conversationalist; talkative.
conversar to chat; talk; converse.
conversió f. conversion.
convertir to convert.
convertir-se en to turn into; become; grow.
convex, -a convex, convexed.
convicció f. conviction.
convicte, -a convict; guilty.
convidar to invite; treat; bid.
convidat m. guest; invited person.
convincent convincing; forcible.
convingut, -uda agreed; setled by consent.
convit m. entertainment; invitation; treat.
conviure to live together.
convivència f. living together.
convocar to summon; convene.

convocatòria f. call; notice of meeting.

convulsió f. convulsion; agitation.

conxa f. counterpane.

conxorxa f. confabulation; plot.

conyac m. brandy; cognac.

cooperar to co-operate.

cooperativa f. co-operative; mutual association.

coordenada f. co-ordinate.

coordinar to co-ordinate.

cop m. blow; hit; knock; stroke; strike; bang; thud.

copa f. goblet; glass; wineglass. / cup (trophy).

copar to sorround; cut the retreat.

coparticipació f. copartnership.

coparticipant m. f. sharer; participator.

cop de puny m. punch; thump.

cop d'ull m. glance; look; glimpse.

copejar to hit; strike; knock.

copet m. pat; slight blow.

còpia f. copy; duplicate; facsimile. / abundance; copiousness.

copiar to copy.

copiós, -osa plentiful.

copiosament abundantly; copiously.

copista m. f. copier; copyst.

copó m. ciborium; pyx.

copsar to seize; grasp. / to understand; catch.

còpula f. joining; copulation.

copulatiu, -iva copulative.

ço que what; that which.

coquessa f. cook-maid; cook.

coqueta f. coquette; heartbreaker.

coquetejar to coquet; flirt.

coquí, -ina avaricious; closefis-

ted; niggardly. / coward. / mean; miser.

cor m. heart. / choir; chorus. / core.

corada f. impulse of the heart; presentiment.

coragre m. stomach acidity.

coral m. cordial; hearty. / coral. / choral.

corallí m. coral.

corallí, -ina coralline; coral-like.

coralment cordially; heartily.

coratge m. courage; pluck; bravery.

coratjós, -osa courageous; gallant; brave.

corb m. (orn.) raven.

corb, -a curve; curved; bent; crooked.

corba f. curve; bend; crook; loop.

corbar to bend; curve.

corbata f. tie; necktie.

corbella f. sickle.

corbera f. raven's nest.

corbeta f. (naut.) corvette.

corb marí emplomallat m. (orn.) shag.

corb marí gros m. cormorant.

corc m. woodworn; corroder.

corcar-se to decay; get worm-eaten.

corcó m. gnawing; nibble.

corcoll m. thick nape of the neck; occiput.

corda f. rope; cord. / string; chord; catgut. / voice (bass, tenor, etc.). / string or chain of a clock. / bowstring.

cordada f. roped team.

cordar to button; clasp.

corder m. cord-maker. / (zool.) lamb.

cordial m. cordial; tonic.

cordial hearty; cordial. / invigorating; tonic.
cordialitat f. cordiality; heartiness; friendliness.
cordialment heartily.
cordill m. string; twine.
cordó m. lace; string; cord.
cordovà m. cordwain; tanned goatskin; cordovan leather.
cor-dur, -a heartless; cruel.
coreà, -ana Corean.
corejar to chorus; say all together.
coreografia f. choreography.
coresforç m. effort; moral effort. ·
corferir to afflict; distress.
corglaçar-se to be startled; be frightened; take fright.
corinti -íntia Corinthian.
corista m. f. chorist; chorus singer.
corn m. horn.
cornamusa f. (mus.) gagpipe; pipe; cornemuse.
cornamusaire m. piper; bagpipe player.
corn anglès m. (mus.) cor anglais; English horn.
corn de caça m. hunting horn.
corn de l'abundància m. horn of plenty.
cornella f. (orn.) crow.
cornella negra f. (orn.) carrion crow.
corneta f. (mus.) cornet; bugle.
cornetí m. (mus.) cornet.
còrnia f. cornea.
cornisa f. cornice.
cornut, -uda horned; cornuted.
corolla f. corolla.
corolari m. corollary; deduction.
coromina f. field; countryside; country.

corona f. crown.
corona de flors f. wreath.
coronar to crown.
coronari, -ària coronary (artery).
coronel m. colonel.
coroneta f. crown (of the head); top of the head. / tonsure. / little crown.
corporació f. corporation; community.
corporal V. **corporals.**
corporal corporal; fleshy; bodily.
corporals m. pl. (eccl.) corporalcloth.
corprendre to charm; captivate.
corprenedor, -a moving; touching.
corpulència f. stoutness; corpulence.
corpulent, -a stout; corpulent.
Corpus m. Corpus Christi.
corral m. farmyard; yard; courtyard.
corranda f. ballad.
correcció f. correction; amendment; correctness; discipline.
correccional m. workhouse; reformatory.
correctament correctly.
correcte, -a correct; proper; right.
correctiu m. corrective.
corrector m. reader; printer's proof-corrector; proof-reader.
corre-cuita (a) haste; hurry.
corredís, -issa sliding; running.
corredissa f. scamper; run.
corredor, -a fast running; running.
corredor m. runner. / broker; commercial agent. / corridor.
corredor de borsa m. stockbroker.
corredoria f. brokerage.

462

corregidor m. corregidor; (old) mayor.

corregir to correct; amend. / to read proofs.

correguda f. running; sprint; race.

correlació f. proportion; reciprocal relation; correlation.

correlatiu, -iva correlative.

correligionari m. correligionist.

corrent m. current; flow; draft; course of a river; stream.

corrent average; current; common; usual.

correntment usually; currently.

corrents very quickly.

córrer to run; race; flow; stream.

correspondència f. correspondence; mail; post.

correspondre to correspond; reply; answer; reciprocate.

corresponent corresponding; respective.

corresponsal m. f. correspondent; agent.

corretatge m. brokerage.

corretja f. strap; belt; leather strap; leash; thong.

corretjam m. leather belting; straps.

corretjola f. (bot.) field bind weed; cornbine.

corretjola gran f. (bot.) great bindweed. / great bellbine.

correu m. post; mail.

corriol m. path; lane.

corriola f. pulley.

corriol gros m. (orn.) ringed plover.

corró m. roller; cylinder.

cor-robat, -ada charmed; fascinated; seduced; captivated.

corroborar to corroborate; confirm; strengthen.

corrompre to rot; corrupt.

corromput, -uda rotten; corrupted; depraved.

corrosió f. corrosion; erosion.

corrosiu, -iva corrosive; acrid; corrodent.

corrua f. Indian file; drove; rank.

corrupció f. corruption; corruptness; sinfulness; depravation.

corrupte, -a corrupt; spoiled.

corruptor, -a corrupter; misleader; polluter.

corsari m. corsair; pirate; sea-robber.

corsecar to afflict; waste away; dry up; resect; parch.

corser m. steed; charger.

cort f. court. / sty.

cort de porcs f. sty.

cortès, -esa courteous.

cortesà m. courtier.

cortesament courteously.

cortesana f. courtier. / courtesan.

cortesia f. courtesy.

cortina f. curtain.

cortinatge m. set of curtains.

cortineta f. window-curtain; small lace curtain.

corxera f. (mus.) quaver.

cos m. body. / corps.

cosa f. thing.

cosac m. Cossak.

coscoll m. (bot.) kermes.

cosecant f. co-secant.

cosí m. male cousin; cousin.

cosidor, -a sewer; stitcher.

cosidora f. dressmaker; seamstress; sempstress.

cosina f. female cousin; cousin.

cosir to sew; seam; stich.

cosit m. sewing; needlework; seam.

cosmètic m. cosmetic.

463

cosmopolita m. f. cosmopolite; cosmopolitan.

cosmos m. cosmos; universe.

cossatge m. waist; form; figure; appearance.

cosset m. sleeveless bodice; waist; bodice.

cossi m. basin; dishpan; earthen tub.

cost m. cost; expense; price.

costa f. coast; seashore; shore.

costa amunt uphill.

costal m. large sack; large bundle.

costaner, -a coasting; litoral.

costar to cost. / to cost dear. / to be difficult.

costat m. side. / hip.

costella f. rib. / chop.

costellada f. chops meal, generally outdoors.

costellam m. set of ribs.

coster, -a sloping; steep. / coastal; of the coast; coaster.

costerut, -uda sloping; steep.

costós, -osa expensive.

costum m. custom; habit; usage.

costumista m. f. custom writer.

costura f. seam. / sewing. / primary school for girls.

cot, -a bowed; droping.

cota f. height of a point above a level.

cota de malla f. coat of mail.

cotangent f. cotangent.

cotilèdon m. cotyledon; seedleaf.

cotilla f. corset.

cotilló m. cotillon; cotillion. / feast with dance.

cotització f. paying fees; quotation; price list.

cotitzar to quote; list.

cotna f. rind (of bacon).

cotó m. cotton.

cotó fluix m. cotton-wool.

cotoner m. cotton plant.

cotorra f. (orn.) parroquet; parrot.

cotxa cua-roja f. (orn.) redstart.

cotxa fumada f. (orn.) black redstart.

cotxe m. coach; carriage; cab; car.

cotxer m. cabby; coachman.

cotxera f. coach house.

coure m. copper.

coure to cook; boil. / to smart; sting.

cova f. den; cave.

covar to hatch; incubate.

covard, -a coward.

covardia f. cowardice.

cove m. round basket; pannier.

coverol m. (theat.) prompter's box.

cranc m. crab. / (astr.) Cancer.

crani m. skull.

cràpula m. f. libertine; profligate.

crapulós, -osa crapulous; debauched.

cras, -sa crass.

cràter m. crater.

creació f. creation.

Creador m. the Creator; God.

creador, -a creative.

crear to create.

credença f. (eccl.) credence. / side-board. / cup-board.

credencial f. credential; accreditation.

crèdit m. credit; credence. / reputation. / credit side in cash-book, etc.; assets.

creditor m. creditor.

creditor, -a deserving; worthy.

credo m. creed; belief; credo.

crèdul, -a credulous.

credulitat f. credulity; bonhomie.
creença f. belief; credence; faith; reliance; confidence.
creïble credible; believable.
creient m. believer.
creixença f. growth; growing.
créixens m. pl. (bot.) water cress.
creixent m. crescent; flood.
créixer to grow; grow up; thrive; prosper.
crema f. cream; custard.
cremada f. burn; scald.
cremador m. burner.
cremall m. half-burnt charcoal.
cremallera f. zip-fastener. / rail with cogs; rack railway.
cremallot m. snuff (of candle).
cremar to blaze; burn; ignite. / to smart.
cremar-se to become irritated, angry. / to get burned. / to be warm; be near the object sought for.
crematístic, -a chrematistic.
crematística f. chrematistics; political economy.
crematori m. crematory.
cremor f. burning; ardour.
crémor m. cream of tartar.
crepè m. hair-pad; crèpe (rubber).
crepitar to crackle; crepitate.
crepuscle m. twilight; dusk.
crepuscular crepuscular; twilight.
crescuda f. flood; freshet. / increase. / growth.
cresp, -a curly; crispy.
crespat, -ada curly; crispy.
crespó m. crape.
cresta f. crest; cock's comb.
crestall m. space between forrows.
crestallera f. roof-saddle.

cretí, -ina cretin; mentally undeveloped.
cretona f. cretone; cotton fabric.
creu f. cross.
creuar to cross; traverse; go across.
creuer m. cruise (journey). / (arch.) crossing.
creure to believe; trust; think; consider; give faith; credit.
cria f. breeding young; hatch; suckling.
criada f. maid-servant; maid; house-maid.
criar to breed; nurse; raise; rear.
criat m. servant; groom; manservant.
criatura f. child. / creature.
criaturada f. childish action; childishness.
criaturer, -a fond of children; dandler.
criatures f. pl. children.
cric m. jack; jackscrew.
crida f. appeal; calling.
cridadissa f. outcry; clamour.
cridaire bowling; bawler; brawler; crying.
cridaner, -a brawling; vociferous.
cridar to shout; cry; scream. / to call; summon.
cridar amb gests to beckon.
cridòria f. shouting; vociferation; outcry; hulla-baloo.
crim m. crime; serious lawbreaking.
criminal criminal; crimeful; misdoer.
crin m. f. horse-hair; mane.
crinera f. mane.
crioll, -a creole.
cripta f. crypt; vault.

criptògam, -a cryptogamous.
crisàlide f. chrysalis; pupa.
crisantem m. (bot.) chrysanthemum.
crisi f. crisis.
crisma f. chrism.
crispar to convulse; cause muscles to contract.
cristall m. crystal.
cristalleria f. glassware.
cristallí m. lens of the eye. / crystalline lens.
cristallí, -ina crystalline; transparent.
cristallitzar to crystallize.
cristià, -ana Christian.
cristianitzar to Christianize.
crit m. shout; scream; yell; shriek.
criteri m. criterion; judgement; discernment.
crític m. critizer; critic; reviewer.
crític, -a critical; critic; decisive.
crítica f. criticism.
criticaire censurer; critic.
criticar to criticise; gossip; run down.
critiquejador, -a criticaster; faultfinder; animadverter.
crivell m. cribble; sieve; sifter.
crivellar to pierce with holes like a sieve.
croada f. crusade.
croat m. crusader.
croat, -a Croatian; Croat.
crocant m. croquant (almond paste).
crom m. chromium.
croma f. (mus.) comma; each of the parts into which a tone is divided.
cromar to chrome; chromiumplate.

cromat, -ada chromium-plated.
cromàtic, -a chromatic.
cromo m. chromolithography.
crònic, -a chronic.
crònica f. chronicle; annals; record.
cronista m. f. chronicler; annalist.
cronologia f. chronology.
cronometrador m. time-keeper.
cronometrar to time; clock.
cronòmetre m. chronometer; time-keeper.
croqueta f. croquette.
croquis m. sketch; roung draft.
crossa f. crozier; pastoral staff. / crutch.
crosta f. crust; rind. / scab.
crostó m. crusted end of a loaf.
cru, -a raw.
crucial crucial; decisive; critical. / cruciform; cruciate.
crucificar to crucify.
crucifix m. crucifix.
crucifixió f. crucifixion.
cruel cruel; barbarous; ruffian; pitiless.
crueltat f. cruelty.
cruent, -a bloody.
cruesa f. crudity; bitterness.
cruïlla f. crossroads.
cruixidell m. (orn.) corn bunting.
cruiximent m. weariness; fatigue; lassitude.
cruixir to crackle. / to gnash.
cruixit m. crack; crackling; creacking; gnashing. .
cruspir-se to eat eagerly; devour gluttonously.
crustaci m. crustacean.
crustaci, -àcia shelly; crustaceous.
cua f. tall. / queue; line.
cub m. (geom.) cube.

cubà, -ana Cuban.
cubell m. tub; vat.
cubeta f. cuvette; tray.
cúbic, -a cubical; cubic.
cubicar to cube.
cubisme m. cubism.
cúbit. m. ulna.
cuc m. worm.
cuca f. vermin; bug.
cuca de llum f. glow-worm.
cucanya f. greased pole to climb for sport.
cucurulla f. hood; chaperon.
cucurutxo m. cornet.
cucut m. (orn.) cuckoo.
cuereta f. (orn.) wagtail.
cuereta groga anglesa f. (orn.) yellow wagtail.
cuereta torrentera f. (orn.) grey wagtail.
cugula f. weed; tare; darnel; wild oats.
cuidar to be in danger; be in the point.
cuina f. kitchen.
cuina econòmica f. stove cocking range.
cuinar to cook.
cuinat m. cookery.
cuiner m. cook; male cook; chef.
cuinera f. cook; (female) cook.
cuir m. leather.
cuirassa f. armour; cuirass. / carapace (shell).
cuirassat m. battleship.
cuit, -a cooked.
cuitar to hasten; make haste; hurry up.
cuixa f. thigh.
cuixal m. thigh-guard; cuish.
cul m. buttock; behind. / bottom.
culata f. butt (firearm).
cul-de-llàntia m. (print.) vignette.
cul-de-sac cul-de-sac; blind alley.

culinari, -ària culinary.
culler m. laddle; scoop.
cullera f. spoon.
cullerada f. spoonful.
cullereta f. teaspoon; small spoon. / (zool.) tadpole.
cullerot m. ladle; large spoon.
culminant culminating.
culminar to culminate; reach the highest point.
culpa f. fault; guilt; blame; trespass; sin.
culpabilitat f. culpability; guiltiness.
culpable guilty; culprit; blameworthy.
culpar to blame; inculpate.
culte m. worship; cult; respect.
culte, -a correct; enlightened; cultured; cultivated.
culteranisme m. cultism.
cultiu m. cultivation.
cultivador m. cultivator; tiller; grower.
cultivador, -a cultivating.
cultivar to cultivate; raise; rear; labour; till; farm.
cultura f. culture; cultivation; refinement; education.
cúmul m. heap; pile; amassment; acervation; lot.
cúmulus m. cumulus.
cuneta f. ditch; gutter.
cuny m. wedge; chock; quoin.
cunyada f. sister-in-law.
cunyat m. brother-in-law.
cup m. wine-press.
cupè m. coupé; cab; banquette.
Cupido m. Cupid.
cuplet m. couplet.
cupó m. coupon.
cúpula f. cupola; dome.
cura f. care; watchfulness; serious attention.

curable curable; remediable; healable.

curació f. healing; cure.

curandero m. medicaster; empiric; charlatan.

curar to take care; attend; look after; mind (ill persons).

curatiu, -iva healing; curative; remedial.

curenya f. gun-carriage.

cúria f. ecclesiastical tribunal.

curiós, -osa curious; inquisitive. / queer; rare. / neat; clean.

curiositat f. curiosity; **rarity.** / cleanliness.

curós, -osa careful; mindful.

curosament carefully.

curs m. course; term. / way; current; process.

cursa f. race; course.

cursa pedestre f. footrace.

cursar to follow a course of lectures; study (a subject). / to transmit; expedite.

curset m. short course of lectures.

cursi pretentious; affected.

cursileria f. condition of being affected; vulgarity; pretentiousness.

cursiu, -iva italics; cursive.

cursor m. slider; runner; slide.

curt, -a short; brief. / bashful; timid; shy.

curt de gambals m. slow-wited; dull.

curt de vista m. short-sighted.

curtedat f. shortness. / bashfulness.

curull, -a abundant; full; plentiful.

curvatura f. curvature; curvity; bend.

curvilini, -ínia curvilinear.

cúspide f. top; summit; peak. / vertex.

custodi custodian.

custòdia f. custody. / monstrance.

custodiar to guard; ward; keep; take care of.

cutani, -ània cutaneous; belonging to the skin.

cutis m. skin; complexion.

De GOTA EN GOTA S'OMPLE LA BÓTA
Everly little helps

d'ací d'allà to and fro.

d'acord amb according to.

dacsa f. (bot.) maize.

dactilografia f. typewriting.

dada f. datum; fact; piece of information.

dades f. pl. data; facts; material; information; details.

dador m. giver; bearer; drawer (of a bill of change).

daga f. dagger.

daina f. (zool.) buck; fallow deer.

daixonses that thing; er—.

dali! at it again!

dàlia f. (bot.) dahlia.

dalla f. scythe.
d'allà thence.
dallar to scythe; mow.
d'allí thence.
dallonses that thing; er—.
dalt up; above; upstairs.
daltabaix m. reverse; overturning.
dalt de tot at the very top.
d'altra banda on the other hand.
dama f. dama; lady. / queen (chess).
d'amagat stealthily; by stealth.
dama-joana f. demijohn.
damasquí, -ina Damascene.
damiseHa f. damsel; young gentlewoman; young lady.
damnar to damn; condemn.
damnificació f. damage.
damnificar to damage; hurt; injure; damnify.
damnificat, -ada injured; harmed.
damunt above; upon; on.
dandi m. dandy; coxcomb.
danès, -esa Dane; Danish.
dansa f. dance.
dansa figurada f. ballet.
dansaire m. f. dancer.
dansar to dance.
dantesc, -a Dantesque.
dant m. (zool.) elk.
dany m. damage; harm; injury.
danyar to harm.
danyós, -osa harmful.
d'aquesta manera thus.
dar V. donar.
d'ara endavant forth; henceforth.
dard m. dart; light lance.
dardar to rove; wander.
darrer, -a last; late; latter; past.
darrera behind; after.
darrerament lately.
darreria f. last stage of life; last period.

dàrsena f. dock; basin (harbour).
data f. date (day).
datar to date.
dàtil m. date (fruit).
datiler m. date-palm.
datiu m. dative.
dau m. die; block.
daurar to guild.
daurat, -ada golden; guilded.
davall underneath.
davallada f. downhill; descent; slope.
davallar to descend; come down.
davant before; in front; front; fore; opposite.
davantal m. apron.
davanter m. (football) forward.
davanter, -a forward; first.
davant per davant face to face; directly opposite.
de of; from; for.
debades in vain.
debanadores f. pl. reel; winding frame.
debanar to wind: reel.
de banda aside.
debat m. debate; discussion.
de bat a bat wide-open.
debatre to debate; argue; discuss.
debatre's to strive for to get free from (something).
de bell antuvi from the first; from the very start.
de bell començ at the begining.
de bell nou again; once more.
dèbil dim; faint; weak; frail.
debilitar to weaken.
debilitat f. weakness.
dèbilment feebly.
dèbit m. debit; debt.
de bon grat willingly.
de bon matí early in the morning.
de bracet arm-in-arm.

debut m. début; first perform-
ance.

debutar to make a début; make
a first appearance on a public
stage.

deçà hither.

dècada f. decade; set of ten
years or days.

decadència f. decline; decay; de-
cadence.

decadent decaying; declining.

decàedre m. decahedron.

decàgon m. decagon.

decagram m. decagramme; deca-
gram.

decaigut, -uda haggard; declining.

decaïment m. decay; decline;
weakness.

decàleg m. decalogue.

decalitre m. decalitre.

decàmetre m. decameter.

decandiment m. decay; decline;
weakness.

decandir-se to droop; languish;
decline.

decantar to tilt; incline; lean.

decantar-se per to tend for.

de cap a cap through; from head
to tail.

de cap a peus from head to tail.

de cap i de nou again; anew;
once more.

decapitar to behead.

decasíllab m. decasyllable.

decaure to pine; decay; fall.

decebre to disapoint.

decència f. decency; decorum;
honesty; modesty.

decennal decennial.

decent decent; decorous; honest;
modest.

decepció f. disappointment.

decés m. decease; death.

decidir to decide; make up

(one's) mind; settle; under-
take; determine.

decidir-se to resolve; decide
(oneself).

decidit, -ida decided; determined;
resolved.

dècim, -a tenth.

dècima f. a ten-verse stanza.

decimal m. decimal.

decímetre m. decimeter.

decisió f. decision.

decisiu, -iva decisive.

declamació f. declamation; elo-
cution.

declamador m. declaimer; elo-
cutionist.

declamar to declaim; recite.

declaració f. statement; declara-
tion; affirmation.

declarar-se to propose (mar-
riage); make a declaration of
love. / to declare one's oppi-
nion.

declinació f. decline; descent;
fall. / declension.

declinar to decline; lean; slope.

declivi m. descent; slope; incli-
ne; steepness.

decomissar to confiscate.

de consuetud customary; usual.

de cop i volta at once.

decoració f. decoration; scenery.

decoratiu, -iva decorative; orna-
mental painter; adorner.

decorar to decorate; ornament.

decorador m. decorator, orna-
mental painter.

decorats m. pl. scene; scenery.

decorós, -osa decorous; decent.

decórrer to run down.

decòrum m. decorum; seemli-
ness; decency; dignity; civility.

de costat abreast.

decreixent decreasing.

decréixer to decrease.
decrèpit, -a decrepit; worn out.
decrepitud f. decrepitude; old age.
decret m. decree.
decretar to decree.
de cua d'ull (to look) askance at.
decúbit m. decubitus.
dècuple, -a decuple; tenfold.
decurs m. lapse of time; course.
dèdal m. labyrinth.
de debò truly; really.
de dia by day.
dedicar to apply; devote; dedicate; consecrate.
dedicar-se to devote (to); be engaged in.
dedicat, -ada devoted.
dedicatòria f. dedication; autograph.
dedins inside.
de dret directly; in a direct line.
deducció f. deduction; deducement; consequence.
deduir to collect; conclude; deduce; infer.
deessa f. goddess.
defalcar to detract a part of; defalcate; cut off.
defallença f. faint.
defalliment m. V. **defallença**.
defallir to faint; collapse.
defecció f. defection; desertion.
defecte m. fault; flaw; crack.
defectiu, -iva defective; incomplete; lacking.
defectuós, -osa deficient; flawy; wanting.
defensa f. defense. / back (football).
defensar to defend; shield; champion; stand for; uphold.
defensar-se to plead; defend; turn against.

defensiu, -iva defensive.
deferència f. deference; condescension.
deferent assenting; deferential; showing deference.
deferir to defer; yield.
de ferm hard; arduous; with a will.
deficiència f. deficience; imperfection.
deficient defective; deficient; faulty.
dèficit m. deficit; shortage.
definició f. definition; statement that defines.
definidament definitely.
definir to define; explain; describe.
definit, -ida definite; determinate; sharp.
definitiu, -iva definitive; conclusive.
de fit a fit (to look) fixedly.
deflectir to deflect; deviate; bend.
defloració f. drop of flowers.
defora outside; out.
deformar to deform; disfigure; misshape; deface.
de franc free; gatis; for nothing.
defraudar to disappoint; deceive; defraud; cheat.
defugir to shun; escape; evade.
defunció f. death; decease; obit.
de fusta wooden.
degà m. dean; senior.
de gairell sideways; askance; leant to one side; obliquely.
de gala gala dress; state; in full dress.
deganat m. deanship.
degenerar to dwindle; degenerate.
de genollons kneeling.

deglució f. deglutition; swallowing.
deglutició f. V. **deglució**.
deglutir to swallow.
degollació f. beheading.
degollar to behead; decollate.
de gom a gom crowded; crammed with people.
de gorra at other people's expense.
degotall m. drippings; dribbling.
degotar to drop; drill; dribble.
degoteig m. drippings; dribbling.
degradant degrading.
degradar to degrade; depose; debase.
de grat o per força willy-nilly.
degudament duly; properly.
degustació f. degustation; tasting.
degut, -uda due; just; proper.
deïcidi m. deicide.
deïtat f. deity.
deix m. relish; aftertaste. / peculiar inflexion in speaking.
deixa f. assignement; legacy; bequest.
deixadesa f. negligence; lassitude; slovenliness.
deixalla f. scrap.
deixalles f. pl. rubbish; litter.
deixament m. negligence; decay of spiritits.
deixant m. track of a ship; wake.
deixar to leave. / to lend; let; yield.
deixar anar to release; let go off; loose.
deixar caure to drop; let fall.
deixar córrer to give up; stop; leave over; abandon.
deixar de to give up.
deixar-se anar to let oneself. / to neglect oneself.

deixar-se de to quit (nonsenses).
deixat, -ada slovenly; negligent.
deixatar to dissolve; dilute.
deixeble disciple. / pupil.
deixondiment m. awakening.
deixondir-se to awake; wake up.
deixuplines f. pl. scourge; whip for flogging persons; cat-of-nine-tails.
deixuplinar-se to scourge oneself (as a penance).
dejectar to contempt; despise.
dejorn early in the morning.
de jorn V. **dejorn**.
dejú, -una fasting; having taken no food.
dejunar to fast.
dejuni m. fast; fasting.
dejús under.
del (contraction DE+EL).
de la qual (f. sing.) whose.
delatar to delate; denounce; accuse.
delator, -a delator; accuser; denouncer.
delectança f. delight; pleasure.
delectar to delight.
delegació f. delegation; deputation. / office of a delegate; place office.
delegar to delegate.
delegat m. delegate; commissary.
delegat, -ada deputy.
delejar to desire; long yearn.
deler m. desire; yearning; wish.
delerar V. **delejar**.
delerós, -osa desirous; anxious; panting.
de les quals (f. pl.) whose.
deleteri noxious; poisonous.
delfí m. dauphin (king of France's son).

deliberació f. deliberation; debate.

deliberadament deliberately; intentionally; on purpose.

deliberar to deliberate; consider. / to hold debate.

delicadament gently; delicately.

delicadesa f. delicacy; fineness; nicety. / delicateness; weakness of constitution.

delicat, -ada delicate; fragile; weak; tender. / choice; exquisite; delicious. / scrupulous; honest.

delícia f. delight; delightfulness.

deliciós, -osa delicious; delightful.

delicte m. guilt; trespass; delict; transgression.

delictuós, -osa delictual; unlawful; criminal.

delimitar to delimit; define; delimitate.

delineant m. cartographer; draughtsman; draftsman (who draws plans).

delinear to delineate; draw; desing; lay out; outline.

delinqüència f. delinquency; wrong-doing.

delinqüent m. delinquent; culprit; guilty; evil-doer.

delinquir to trespass; transgress the law.

deliqüescent deliquescent.

deliqui m. faintness; languor; swoon.

delir to nihilate; erase; obliterate.

delirant delirious; raving.

delirar to rave; dote.

deliri m. raving; delirium; derangement.

delit m. delight; pleasure; bliss; joy.

delitós, -osa delightful; delectable.

d'ell its; his.

d'ella its, hers.

dellà beyond; over.

d'elles (f.) theirs.

d'ells (m.) theirs.

delmar to decimate; destroy a large part.

delme m. tithe; dime.

del qual (m. sing.) whose.

dels quals (m. pl.) whose.

delta m. delta.

del tot thorough.

delusió f. delusion; fallacy; fancy.

delusori, -òria deceitful; fallacious; illusory.

demà tomorrow.

demacrat, -ada emaciated.

demagog m. demagogue.

demagògia f. demagogism; demagogy.

demanadissa f. petition; solicitation.

demanaire persistent in asking or begging.

demanar to beg; ask; request.

demanda f. petition; demand; request. / order.

demandant m. claimant; complainant; suitor.

demandar to claim; call for; challenge.

demandat m. respondent; defendant.

de manera que so that.

demà passat the day after tomorrow.

demarcació f. demarcation; partition.

demarcar to delimit.

de matí early in the morning.

demència f. dementia; madness.

dement m. demented; mad; madman; crazy.

demés moreover; too; furthermore; besides.

demesia excess; surplus.

de mica en mica gradually; little by little.

democràcia f. democracy.

demòcrata democrat; democratist.

demografia f. demography; demology.

demolir to demolish.

de moment at the moment; for the moment.

demoníac, -a demoniac; demoniacal.

demora f. delay; postponement.

demorar to delay.

demostració f. show demonstration.

demostrar to demonstrate; prove; show.

demostratiu, -iva demonstrative; serving to point out.

dempeus standing.

dena f. decennial; ten-bead rosary.

d'ençà de since (preposition).

d'ençà que since (conjunction).

denegació f. denial; refusal.

denegar to deny; refuse; reject.

denigrant detractive; infamous.

denigrar to denigrate; defame; blemish.

de nit by night; in the night time.

denominació f. denomination; designation; name.

denominador m. denominator.

denominar to denominate; give a name to.

denotar to denote; indicate.

de nou again. / recently; newly.

dens, -a dense; thick; close; compact.

densitat f. density; compactness

dent f. tooth. / cog.

dentada f. bite; bitting.

dentadura f. denture. / dentition; set of teeth.

dental belonging to the teeth; dental.

dentat m. teeth. / perforation.

dentat, -ada indented; dentated; cogged.

dentició f. dentition; teething.

dentifrici m. dentifrice.

dentista m. f. dentist; odontist.

denúncia f. denunciation; delation; claim.

denunciant m. denunciator.

denunciar to denounce; give notice; acuse.

deontologia f. deontology.

de panxa al sol out of an affair.

departament m. department.

departir to speak; chat; talk; converse.

depauperació f. pauperitzation.

depauperar to depauperate; impoverish; pauperize. / to debilitate; weaken.

de pedra stony.

dependència f. dependence; subjection. / section. / staff; employees.

dependent m. employee; shop assistant; clerk. (man).

dependent, -a depending; subordinate.

dependenta f. employee; shop assistant. (woman).

dependre to depend; hinge.

deperir to perish.

de per riure jokingly; in fun; for fun.

depervaller -a from lowlands.

depilar to depilate.

deplorable regrettable; lamentable; deplorable.

deplorar to deplore; lament; regret.

de pontifical (eccl.) in pontifical dress.

de popa astern.

de por de for fear of (preposition).

de por que for fear of (conjunction).

deport m. recreation; deversion; amusement.

deportar to deport; exile.

deposar to lay aside; set aside; depose; take down.

deposició f. deposition; degradation; dismissal. / declaration; affirmation. / defecation.

depravar to deprave; corrupt; vitiate.

depreciar to depreciate; disprize; undervalue.

depredar to depredate; pillage; plunder.

de pressa quickly; hurriedly.

depressió f. depression. / dejection.

depriment depressive; humiliating.

de primer antuvi from the first.

deprimir to depress; humble; depreciate.

de puntetes on tiptoe; softly.

depuració f. depuration; purifying.

de qui whose.

de retop as a result.

de retruc on the rebound.

de reüll out of the corner of one's eye (look); with the jaundiced eye (look).

dèria f. obsession; desire; mania.

derivació f. derivation; branch; shunt; root; source.

derivar to derive; emanate; proceed from.

derivat, -ada derivative; derivate.

derma m. derm; derma; dermis; skin.

dermatologia f. dermatology.

dermis f. V. **derma.**

derogar to repeal; abolish.

derrocar V. **enderrocar.**

derrota f. defeat.

derrotar to defeat; vanquish.

des V. **des de** and **des que.**

desabrigar to take off warm clothes; deprive of shelter.

desafiador, -a defiant.

desafiament m. challenge; defiance.

desafiar to defy; challenge.

desafinar to be out of tune.

desagradable unpleasant; foul.

desagradar to dislike; displease.

desagraït, -ïda ungrateful; unthankful.

desagreujar to make amends to.

desairós, -osa graceless; ungraceful.

desallotjar to out; extrude; dislodge.

desamortitzar to discentail.

desanimació f. discouragement; spiritlessness.

desanimar to discourage; dismay; dishearten; daunt.

desanimat, -ada discouraged; downhearted.

desaparèixer to vanish, dispear; fly off.

desapassionadament impartially.

desapercebut, -uda unnoticed.

desaplicació f. indolence; inap-

plication; slackness; laziness.
desaplicat, -ada indolent; careless; not studious.
desaprensiu, -iva unscrupulous.
desar to store; put back; put in its place.
desarmament m. disarmament; disarming.
desastre m. disaster; catastrophe; blow reverse.
desatenció f. disrespect; disregard.
desautoritzar to desauthorize; disavow; deprive of authority.
desavantatge m. disavantage; handicap.
desavinença f. dissent; discord; disagreement.
desavinent out of reach; uneasy; unwelcome.
desballestar to upset; unhinge; mess up.
desbancar to supplant.
desbandada f. disbandment.
desbaratador, -a overwhelming.
desbordar to overflow.
desbrossar to clear away rubbish.
descabdellar to unwind.
descabellar to disorder the hair.
descafeïnar to decaffeinate.
descafeïnat, -ada decaffeinated.
descalç, -a barefoot; shoeless.
descalçar to unshoe; take off (somebody's) shoes.
descamisat, -ada shirtless; ragamuffin.
descans m. rest; decess; halt; stop. / interval; half time. / peace; stillness.
descansar to rest; repose.
descansat, -ada fresh; refreshed; restful.
descanviar to exchange.

descarat, -ada impudent; barefaced.
descargolar to unscrew. / to unroll; unwind.
descarnar to excarnate; disflesh. / to corrode; wash away.
descàrrec m. plea; justification.
descàrrega f. volley. / discharge; unloading.
descarregar to unload; discharge.
descarrilament m. derailment.
descarrilar to derail; run off the track.
descartar to scrap; leave aside.
descastat -ada indifferent (to affection).
descavalcar to dismount; alight.
descendència f. offspring; succession; origen; descent; descendants.
descendent descendent.
descendiment m. descension; descent.
descens m. descent; lowering. / slope.
descloure's to open; be opened; blossom.
descobert, -a bareheaded; unveiled; uncovered; open.
descobridor m. discoverer.
descobriment m. discovery.
descobrir to discover; find out; reveal; detect; prospect.
descobrir-se to take off one's hat.
descollar to unscrew.
descolorir to discolour.
descolorit, -ida discoloured; wan; fadded.
descompartir to separate and pacify (quarrellers).
descompondre's to descompose; rot; get out of order.

descomposició f. descomposure; disorder. / analysis.

descompost, -a out of temper; out of order.

descomptar to discount; deduct.

descomptar-se to miscount.

descompte m. dicount; deduction; rebate.

descomunal enormous; extraordinary; monstruous.

desconcert m. disorder; disconcertment; baffle.

desconcertador, -a disconcerting; baffling.

desconcertar to disorder; derange; confuse.

desconegut, u-da stranger; unknown.

desconhort m. affliction; disconsolation.

desconhortar to distress; grieve; afflict; put in pain.

desconjuntar to disjount; luxate.

desconsideració f. disregard; inconsiderateness.

desconsol m. desolation; affliction.

desconsolat, -ada sorrowful; disconsolate.

descoratjador, -a discouraging.

descoratjar to daunt; deshearten.

descordar to unbotton.

descórrer to draw back; run back.

descortesia f. discourtesy; incivility; rudeness.

descosit -ida unseamed; unstitched.

descotxar to take off covering clothes.

descrèdit m. discredit; distrust.

descreient unbeliever.

descripció f. description; sketch; account.

descriure to describe; define.

descuidar-se to forget; leave out.

descuit m. omission; lack of attention.

descurat, -ada careless; made without care.

descurós, -osa untidy; neglectful.

des d'aleshores ever since.

des d'allà thence.

des d'allí thence.

des d'ara henceforth.

des de from. / since.

desdejuni m. breakfast.

desdeny m. scorn; disdain.

desdenyar to scorn; disdain.

desdenyós, -osa scornful; contemptuous; disdainful.

desdinerar-se to cough up; spend lavishly.

desdir-se to withdraw; unsay; retract.

des d'on whence.

desè, -ena tenth.

de segona mà secondhand.

de seguida now; immediately; at once.

de segur certainly; surely; without a doubt.

deseixir-se to contrive to; come out.

deseixit, -ida easy in manner; pert; free.

desembalar to unpack.

desembaràs m. disembarrassment; ease.

desembarassar to disembarras; clear; rid; free.

desembarcador m. quay; jetty.

desembarcar to land; disembark.

desembeinar to unsheathe; draw (one's sword).

desembocadura f. mouth of a river.

477

desembocar to disembogue; flow.

desembolic m. disentangling; unravelling.

desembolicar to unwrap; unfold.

desembós m. disbursement; payment.

desembossar to expend; pay out.

desembragar to ungear; throw out of gear.

desembre m. December.

desembussar to unclog.

desembutxacar to take out of a pocket; pay out; expend.

desemmascarar to unmask; show up; expose.

desempallegar-se to get rid of; rid.

desempalmar to disconnect; unsplice.

desempantanegar to help out of the mud. / get out of a jam.

desempapatxar to free from surfeit.

desemparar to forsake; abandon; desert.

desempat m. breaking of tie-vote; breaking of tie between.

desempatar to decide a tie-vote; break a tie between.

desempenyorar to redeem; recover; take out of pawn.

desempolsar to remove dust; clean.

desena f. ten unities.

desencadenar to unchain. / break loose; break out.

desencaixar to take out of a box.

desencaixar-se to change countenance; become disapointed.

desencallar to set afloat.

desencaminar to mislead; put on the wrong road.

desencant m. disenchantment.

desencantament m. disenchant-ment.

desencarrilar to lead astray; mislead.

desencert m. bad choice; mistake.

desencoratjar V. **descoratjar.**

desendollar to disconnect; unplug.

desendreçar to disarrange; mess up; throw into confusion.

desendreçat, -ada disordered.

desenfeinat, -ada unoccupied; vacant; free.

desenfocat, -ada out of focus.

desenfrenar to unbridle; give loose rein.

desengabiar to uncage; discage.

desenganxar to unhook; unfasten; unharness. / to detach; unstick.

desengany m. disappointment.

desenganyar to disappoint; undeceive.

desenguixar to remove plaster from.

desenllaç m. outcome; unravelling; denouement.

desenllustrar to tarnish; dislustre.

desenredar to disentangle; extricate.

desenrotllament m. development; progress.

desenrotllar to develop; unroll; desinvolve.

desensonyar-se to be unable to sleep.

desensonyat, -ada sleepless.

desentelar to clean (glass, mirror) of steam, vapour.

desentendre's to put off; feign not to understand a thing; wash one's hands; ignore; affect ignorance; cease to be interested.

desentonar to be toneless; to be inharmonious.

desentortolligar to untwist; unroll; disentangle.

desentrayar to find out; solve; to dive into the most arduous matters.

desentrenat, -ada out of training.

desenvolupament m. development.

desenvolupar to develop; promote; work out.

desequilibrar to unbalance.

desequilibrat, -ada unbalanced; lopsided.

desequilibri m. unstable equilibrium. / unbalanced mental condition.

deserció f. desertion; defection.

desert m. desert; wilderness.

desert, -a uninhabited; lonesome; wild; waste.

desertar to desert; forsake.

desertor m. deserter; forsaker; fugitive.

desesper m. despair.

desesperació f. desperation; despair.

desesperançar to deprive of hope.

desesperançat, -ada hopeless; desperate.

desesperar to despair; lose hope.

desesperar-se to sink into despair.

desesperat, -ada desperate; hopeless.

desestimar to disregard; reject; undervalue.

desfalc m. defalcation; detracting; embezzlement.

desfasar to phase out.

desfer to undo; unmake.

desfer-se to get rid; give away. / to melt.

desferra f. waste; tatter; rag.

desferres f. pl. r e m a i n s; leavings; scarps.

desfet, -a melted; in pieces; broken down.

desfeta f. defeat; reverse.

desfici m. uneasiness; disquietness; trouble.

desfigurar to disguise.

desfilada f. parade; pageant.

desfilar to defile; file out; parade.

desflorar to deflower. / to lose the flower.

desfogar to give vent; vent.

desfullar to defoliate; strip off leaves.

desgana f. want of appetite; disgust; aversion.

desganat, -ada without appetite. / reluctant.

desgastar to wear; corrode; wear down; consume.

desgavell m. confusion; desorder; chaos.

desgavellar to disorder; confuse; mix.

desgel m. thaw.

desglaç m. thaw.

desglaçar to thaw; cause to melt.

desglossar to take off; separate; detach.

desgràcia f. disgrace; distress; disaster; casualty.

desgraciadament unfortunately.

desgraciar to disgrace; spoll; cripple.

desgraciat, -ada unfortunate; unhappy; luckless.

479

desgranar to thrash.
desgrat displeasure; discontent.
desgreuge satisfaction for an injure; righting of a wrong.
desguàs m. drain; gutter.
desguassar to drain.
desguitarrar to frustrate; spoil.
deshabitat, -ada uninhabited.
desharmonitzar to disharmonize.
desheretar to disinherit.
desheretat, -ada disinherited; destitute.
desidratar to dehydrate.
deshonest, -a immodest; indecent.
deshonestedat f. immodesty; indecency; impurity.
deshonor f. shame; dishonour.
deshonra f. shame; dishonour; infamy. / seduction (of a woman).
deshonrar to dishonour; defame; ravish; seduce (a woman).
desídia f. negligence; careless.
desig m desire; wish; anxiety; thirst.
designar to design.
designi m. desing; aim; intention; mental plan.
desigual unlike; unequal; uneven.
desigualtat f. inequality; dissimilarity.
desil·lusió f. disillusion; disappointment.
desimbolt, -a easy in manners.
desimboltura f. unembarrassment; easiness; selfconfidence.
desinència f. desinence; inflection; termination.
desinfecció f. desinfection.
desinfectar to desinfect; sterilize.

desintegració f. desintegration.
desintegrar to desintegrate. / to break out.
desinterès m. desinterestedness; unselfishness.
desinteressadament desinterestedly; generously.
desinteressat, -ada desinterested; unselfish.
desistir to give over; desist.
desitjar to wish; desire; will; long; want.
desitjós, -osa desirous; anxious; eager.
deslleial disloyal; untrusty; truthless.
deslletar to wean.
deslligar to loosen; undo; untie. / to play or sing staccato.
deslligat, -ada untied; loose.
deslliurar to free; liberate. / to be delivered of a child.
desllorigar to dislocate; wrench.
deslluir to tarnish; dim the lustre.
deslluït, -ïda shabby; tarnished. / dingy; dull; poor.
desllustrar to deslustre; tarnish; unglaze.
desmai m. faint; dismay; languor; exanimation. / (bot.) weeping willow.
desmaiar-se to faint; dismay; swoon.
desmallar to destroy mails.
desmamar to wean.
desmanegar to remove the handle. / to spoil; put out in order.
desmanegat, -ada disarranged; out of order.
desmanyotat, -ada clumsy; inept; awkward.
desmembrar to dismember.

desmemoriat, -ada forgetful; oblivious.

desmenjament m. indifference; lack of eagerness.

desmenjat, -ada indifferent; without desire.

desmentir to give the lie to; convince of a falsehood.

desmerèixer to demerit; become unworthy.

desmèrit m. want of merit.

desmesuradament beyond measure; immeasurably.

desmillorar to make worse.

desmillorar-se to decline; grow worse; decay.

desmoralitzar to demoralize.

desmoralitzar-se to lose de morale.

desmuntable adjustable; that can be taken to pieces.

desmuntar to dismantle; dismount; alight; unhorse.

desnatar to skim.

desnaturalitzat, -ada unnatural; desnaturalized; denatured. / corrupt; perverted.

desnerit, -ida stunted; meagre; rachitic; rickety.

desnivell m. unevenness; slope; difference of level.

desnivellar to unlevel: lose the level.

desnonament m. eviction; evicting.

desnonar to evict; dispossess. / to oust; drive out (from one's employment). / to declare past recovery; give up.

desnonat, -ada hopeless; dispaired of; past recovery. / evicted.

desnucar to break the neck; disjoint the nape.

desobediència f. disobedience; incompliance.

desobedient disobedient; undutiful; naughty.

desobeir to disobey.

de sobte suddenly; on a sudden; abruptly.

desocupat, -ada empty; vacant; unoccupied.

desoir not to hear; to ignore; be deaf to; not to heed.

desolació f. desolation; solitariness; destruction.

desolat, -ada desolate; in a ruined state.

desordenar to disorder; disarrange; upset; disturb.

desordenat, -ada out of order; orderless; irregular.

desordre m. muddle; disorder; disarray.

desorganització f. confusion; disorganization.

desorganitzar to disorganize; break up; disperse.

desori m. tumult; medley; disorder; confusion.

desorientar to disorient; disorientate; mislead.

desparar la taula to clear the table.

despatx m. office; dispatch.

despatxar to dispatch; transact; give notice.

despectiu, -iva depreciatory; contemptuous; scornful.

despendre to spend; expend.

despenjar to unhang; take down.

despentinar to tousle; disorder the hair.

despentinat, -ada dishevelled; unkempt uncombed.

despenyar to precipitate; fling down a precipice.

desperfecte m. deterioration; flaw; damage.

despert, -a awake. / watchful; lively.

despertador m. alarm-clock.

despertar to wake up; call; wake.

despertar-se to awake; wake up.

despesa f. expense; outlay; spending.

despietat, -ada merciless; cruel; ruthless.

despistar to mislead; misinform.

despit m. spite; grudge.

desplaçar to displace; shift; transfer.

desplaent unpleasant.

desplaure to dislike; displease.

desplegament m. display.

desplomar-se to get out of plumb; sag; come down; collapse; tumble down.

desplegar to unfold; open out.

despoblament m. depopulation.

despoblar to depopulate.

despoblat m. uninhabited place; desert.

despoblat, -ada depopulated; desolate.

desposseir to dispossess; divest; give up; oust.

dèspota m. despot; tyrant.

desprendre to detach; separate; disjoin; fall off.

despreocupació f. non-prejudice; free thought; unconventionality.

despreocupat, -ada unprejudiced; broad-minded; free and easy.

després afterwards; after; then.

desprès, -esa generous; unselfish. / unfastened; loose.

després de after; since.

després que after.

desprestigi m. loss of prestige; unpopularity.

desprestigiar disparage; run down; discredit.

desprevingut, -uda unprovided; unprepared; unawares.

desproporció f. disproportion; inadequacy; imparity.

despropòsit m. absurdity; nonsense.

desproveït, -ïda unfurnished; void of.

despulla f. leaving; scraps.

despullar to undress; strip. / to despoil.

despullat, -ada bare; naked.

despuntar to blunt. / to excel.

despús-ahir the day before yesterday.

despús-demà the day after tomorrow.

desqualificar to disqualify.

des que since.

d'esquitllentes stealthily; on the sly; on the rebound. / out of the corner of one's eye.

dessagnar to bleed to excess.

dessalar to unsalt; desalt.

dessecar to desiccate; dry up; drain.

dessobre over; above.

dessota beneath; under.

dessús above; upon; on.

destacar to stand out; project; emphasize. / detach; separate.

destacat, -ada outstanding.

destalonar to be at one's heels.

destapar to uncover; uncork; open.

destarotar to disconcert.

desteixir to unweave; unravel; undo.

destemprança f. distemperature; distemper.

destenyir to discolour; change from the hue.

desterrar to banish.

destí m. fate; destination; doom; destiny.

destil·lar to distil.

destinació f. destination.

destinar to destine; design.

destinatari m. addressee.

destitució f. dismissal.

destituir to dismiss discharge.

destorb m. hindrance; impediment; nuisance.

destorbar to embarrass; hamper.

destra f right side; right hand.

destral f. axe.

destraler m. woodcutter; axeman. / destructive person. / gluttonous; voracious.

destre, -a dexterois; skilful.

destrempar to lose its temper (steel); untemper.

destrenar to unplait; undo a tress.

destresa f. mastery; dexterity.

destret m. embarrassment.

destriar to descry; perceive; glimpse.

destronar to dethrone; uncrown; depose.

destrossa f. smash; destruction; breakage.

destrossador m. person destructive.

destrossar to smash; shatter; mangle; destroy.

destrucció f. havoc; destruction; overthrow.

destructor, -a destroyer; destructive; demolisher.

destruir to destroy; undo; wipe out; ravage.

desuetud f. disusage; desuetude; obsoleteness.

desunió f. separation; disunion; discord.

desús m. disuse; disusage; desuetude.

desvagat, -ada idie; unoccupied.

desvalgut, -uda helpless; destitute; needy.

desvaporar to evaporate.

desvari m. delirium; dream; ravings; nonsense.

desvariar to rave; be delirious.

desvariejar to rave; talk nonsense.

desventura f. misadventure; misfortune; mishap.

desvergonyiment m. impudence; a u d a c i t y ; barefacedness; grossness; effrontery.

desvergonyit, -ida shameless; blushless; insolent.

desvetllament m. watching; insomnia; vigil.

desvetllar to awake; wake; rouse; arouse.

desvetllat, -ada restiess; sleepless.

desviació f. diversion; deviation.

desviar to divert; switch; shunt; turn aside.

desviar-se to deviate; swerve; diverge; err.

desvirtuar to discredit; impair; detract from.

desxifrar to find out; make out; unriddle; decipher; unravel; solve; make clear.

detall m. detail; item; particular; token; nice gesture.

detalladament in detail.

detallar to detail; specify.

detallista m. f. retailer.

detalls m. pl. particulars; circumstantials.

de tant en tant now and then.

detectar to detect.
detectiu m. detective.
detector m. detector.
detenció f. arrest; stop; stoppage; standstill.
detenir to detain; stop; withhold.
detentar to keep unlawfully.
detergent m. detergent; detersive; abluent.
deterioració f. deterioration; damage.
deteriorar to deteriorate; damage; spoil; impair.
determinació f. determination; resolution; final decision.
determinar to determine; settle.
determinat, -ada resolute; firm.
determinatiu, -iva determinative.
determini m. determination; resolution; final decision.
detestable detestable; hateful; abhorrent; odious.
detestar to detest; dislike; hate.
detingudament attentively; dilatorily; cautiously.
de tomballons with all sorts of difficulties.
detonant m. detonizing.
de tota manera anyhow; any way.
detractor, -a detractor; slanderer; traducer.
de trascantó unexpectly; suddenly.
detritus m. detritus; waste products.
deu ten.
deu f. fountain; spring; source.
Déu m. God.
deure m. duty; obligation.
deure to owe; be in debt. / must; ought.
deute m. debt; indebtness.

deutor m. debtor.
deutor, -a indebted.
de valent hard; strenuously.
devastar to devastate; desolate; destroy; ruin.
de vegades sometimes.
de veritat actual; in truth; really.
devers towards; to.
devesa f. pasture.
devessall m. affluence; abundance; plenty.
de viu en viu alive; living; during life; vividly.
devoció f. devotion; fervour; strong affection.
devocionari m. prayer-book.
devolució f. restitution; return.
devora near; nigh; close by.
devorar to devour; eat hungrily.
de vós (sing.) yours.
de vosaltres (pl.) yours.
devot, -a devout; pious; religious.
d'hora early; soon.
dia m. day.
diabètic, -a diabetic.
diabetis f. diabetes; glucosuria.
diable m. devil; tempter.
diabòlic, -a devilish; diabolic; diabolical.
diàbolo m. diabolo (toy).
diaca m. deacon.
diada f. great day; noted day.
dia del sant m. saint's day; name day.
diadema f. diadem.
diàfan, -a diaphane.
dia feiner m. weekday.
dia festiu m. holiday.
diafragma m. diaphragm.
diagnosi f. diagnosise.
diagnòstic m. diagnosis.
diagnosticar to diagnose.
diagonal f. diagonal; oblique.

diagrama f. diagram; chart.
dialecte m. dialect.
dialèctica f. dialectics; polemics; logic.
diàleg m. dialogue.
dialogar to dialogue.
diamant m. diamond.
diàmetre m. diameter.
diana f. reveille.
diantre damn it!; by Jove!
diapasó m. diapason; tuning fork.
diapositiva f. diapositive; transparency; slide; lantern slide
diari m. newspaper; journal; diary; paper.
diari, -ària daily; diurnal; quotidian; day to day.
diàriament daily; every day.
diarrea f. diarrhoea; looseness.
diatriba f. diatribe; tirade.
dibuix m drawing.
dibuixant m. draughtsman; draftsman. / designer.
dibuixar to draw; design; sketch.
dic m. dock; docks; dam.
dicció f. diction; expression; term.
diccionari m. dictionary.
dictador m. dictator.
dictadura f. dictatorship.
dictamen m. judgement; expert's report; opinion.
dictaminar to veredict; sentence; report.
dictar to dictate.
dictat m. dictation.
dida f. wet-nurse.
didàctic, -a didactical.
didàctica f. didactics.
didal m. thimble.
didalera f. (bot.) foxglove.
didot m wet-nurse's husband.
dièresi f diaeresis.
diesi m. (mus.) diesis; sharp.

dieta f. diet.
dietari m. diary.
difamació f. scandal; defamation.
difamador, -a defamer; detractor; vilifier.
difamar to defame; run down; discredit; vilify; slander.
diferència f. difference; distinction; disparity; disagreement.
diferencial m. differential.
diferenciar to difference; discriminate. / to differ; dissent.
diferenciar-se to differ; distinguish oneself.
diferent different; unlike; separate.
diferents several.
diferir to differ; be different; dissent. / to postpone; put off; adjourn; linger.
difícil difficult; hard; awkward.
difícilment hardly; with difficulty.
dificultar to hinder; impede; obstruct.
dificultat f. difficulty; hardship; hitch.
dificultós, -osa difficult; troublesome.
difondre to diffuse; extend.
diforme deformed.
diformitat f. deformity.
difós, -osa diffused; extended.
difracció f. diffraction.
diftèria f. diphtheria.
diftong m. diphtong.
difunt m corpse; deceased.
difunt, -a dead; deceased; defunct; late; extinct.
difús, -usa diffuse; diffusive.
difusió f. diffusion; spread; propagation.
difusor m. diffuser.
digerible digestible.

digerir to digest.
digestible digestible.
digestió f. digestion.
digestiu, -iva digestive; peptic.
dígit digit.
digitació f. fingering.
digital digital.
digitalina f. digitalin.
dignament worthily.
dignar-se to condescend; deign.
dignatari m. dignitary; high official.
digne, -a worthy; deserving.
dignificar to dignify.
dignitari m. V. dignatari.
dignitat f. dignity.
dígraf m. digraph.
dijous m Thursday.
dijous gras m. Thursday before Shrovetide.
Dijous Sant m. Maundy Thursday.
dilació f. delay.
dilapidar to dilapidate; squander.
dilatar to widen; stretch; dilate.
dilatori, -òria dilatory; delaying.
dilecte, -a darling; beloved; dearly beloved.
dilema m. dilemma.
diligència f. errand; step; affair. / activity; diligence; rapidity. / stage-coach.
diligenciar to take the necessary steps to obtain something.
diligent smart; diligent; active; prompt.
dilluns Monday.
dilucidar to elucidate; explain.
diluir to dilute.
diluvi m deluge; flood.
diluviar to pour; rain hard.
dimanar to issue; proceed from; originate.
dimarts Tuesday.
dimecres Wednesday.

dimensió f. dimension; size.
diminut, -a diminutive; dwarf; tiny; minute.
diminutiu, -iva diminishing. / diminutive.
dimissió f. resignation; abdication; demission.
dimissionari, -ària resigning; outgoing.
dimitir to demit; resign.
dimoni m. devil; demon.
dimoniet m. imp; little devil.
dinàmic, -a dynamical; brisk.
dinàmica f. dynamics.
dinamisme m. dynamism.
dinamite f. dynamite.
dinamo f. dynamo.
dinar m. lunch.
dinar to lunch.
dinastia f. dynasty.
diner m. cash.
dineral m. large sum of money; fortune.
diners m. pl. money.
dinou nineteen.
dinovè, -ena nineteenth.
dins inside; in.
dintre inside; in.
diocesà, -ana diocesan.
diòcesi f. diocese.
diòptria f. diopter.
diorama m. diorama.
diòxid m dioxide.
diploma m. diploma.
diplomàcia f. diplomacy.
diplomàtic m. diplomat; diplomatist.
diplomàtic, -a diplomatic; diplomatical.
dipòsit m. deposit; depot; bin; store; tank; reservoir.
dipositar to deposit; put; place; settle.
dipositari m. depositary.

dipositaria f. depot; depository; trust.

dípter, -a dipterous insect.

diputació f. deputation; delegation; committee.

diputat m. deputy.

dir to say; tell.

direcció f. direction way; conduct; guidance; leadership; steering; management; command.

directament straight; directly.

directe, -a direct; straight.

directiu m. leading; executive.

director m. director; manager; conductor; guide; editor.

directori m. directory; body of directors.

directriu f. directrix.

dirigent m. leader.

dirigible m. dirigible baloon.

dirigible dirigible; rulable.

dirigir to conduct; lead; direct; refer; run; steer.

dirimir to adjust differences; settle.

dir-se to be called; be named.

disbarat m. nonsense; absurdity; folly.

disbauxa f. revelry; wantonness; debauch.

disbauxat, -ada libertine; profligate; debauched.

disc m. disk; discus; dial. / record (phonograph).

discerniment m. discerniment. judgement; choiceness; discrimination; wisdom.

discernir to discern; distinguish; judge; discriminate.

disciplina f. discipline; rule of conduct. / art; science.

disciplinar to discipline; educate; marshal.

discòbol m. discobolus; discus thrower.

discordant discordant; dissonant.

discordar to disagree; discord.

discòrdia f. discord; disagreement.

discórrer to reason; discourse.

discoteca f. collection of phonograph records.

discreció f. discretion; prudence.

discrecional optional; discretional.

discrepància f. discrepance; difference; disagreement.

discrepar to differ; disagree.

discret, -a discreet; circumspect. / prudent.

discriminació f. discrimination.

disculpa f. apology; exculpation; justification; excuse.

disculpar to exculpate; pardon.

disculpar-se to apologize; excuse oneself.

discurs m. speech; speaking; discourse.

discussió f. argument; discussion; squable; debate.

discutible discussable; controvertible; debatable.

discutidor, -a discusser; argumentative.

discutir to argue; debate; discuss; reason.

disfressa f. diguise; fancy dress; costume.

disfressar to disguise; dissemble.

disgregar to disintegrate; disperse; scatter.

disgust m. disgust; discontent; grief; heartbreak.

disíl·lab m. disyllable.

disil·làbic, -a disyllabic.

disjuntiu, -iva disjunctive.

487

dislocació f. sprain; dislocation.

dislocar to dislocate; sprain; luxate.

disminució f. reduction; diminution.

disminuir to decrease; lessen; diminish; decline; dwindle; shrink.

disparador m. trigger.

disparar to shoot; dart; fire; hurl.

disparitat f. disparity; oddness.

dispendi m. squandering; waste; expenditure.

dispendiós, -osa dispendious; prodigal.

dispensa f. exemption; privilege; indult; dispensation.

dispensador, -a dispenser; distributor.

dipensar to dispense; grant. / to dispensate; exempt.

dispensari m. clinic; dispensary.

dispers, -a straggling: scattered; dispersed.

dispersar to disperse; scatter; dispel; disembody.

dispersar-se to disperse; scatter; be dispersed; straggle.

dispesa f. boarding house.

dispeser m. host.

dispesera f. hostess.

displicència f. indifference; lack of enthusiasm.

displicent disdainful; peevish; indifferent; unpleasant.

disponibilitat f. availability.

disponible available; spare; ready.

disposar to dispose; settle; prepare.

disposició f. disposition; arrangement.

dispositiu m. device; appliance.

dispost, -a disposed; minded; prompt.

disputa f. strife; argument; quarrel; dispute.

disputació f. contest; disputation; strife.

disputar to dispute; contest; argue.

disquisició f. disquisition; elaborate speech.

dissabte Saturday.

dissecar to anatomize; dissect.

disseminar to disseminate; scatter; spread; sow.

dissensió f. dissension; angry quarrel; division.

dissentiment m. dissent; disagreement.

dissentir to dissent; disagree.

disseny m. design; sketch.

dissenyador m. designer; sketcher; delineator.

dissenyar to design; outline.

dissertació f. lecture; dissertation.

dissertant m. f. dissertationist; lecturer; discourser.

dissertar to dissertate; discours; lecture.

disset seventeen.

dissetè seventeenth.

dissidència f. dissidence; disagreement.

dissident dissident; dissenter; nonconformist.

dissimilitud f. unlikeness.

dissimulació f. disguise; sly proceeding.

dissimuladament stealthily; slyly.

dissimular to dissimulate; dissemble; disguisse. / conceal; hide.

dissimulat, -ada dissembling; reserved; sly.

dissipar to dissipate; dispel; waste.

dissipar-se to evanesce; disappear.

dissociable dissociable.

dissociar to dissociate; separate.

dissoldre to dissolve; melt.

dissolució f. solution; dissolution.

dissolut, -a dissolute; profligate.

dissolvent m. dissolvent; diluent.

dissonància f. dissonance; discord; harsh sound.

dissonant discordant; dissonant.

dissort f. misfortune; mishap; mischance; adversity.

dissortat, -ada miserable; unfortunate; unlucky.

dissuadir to dissuade; deter; discourage.

dissuasió f. dissuasion; determent.

distància f. distance; space; way; interval.

distanciar to distance; put at a distance.

distant distant; far; remote; afar.

distar to be distant; be away; be far. / be different.

distinció f. distinction; refinement; quality.

distingible distinguishable; discriminable.

distingir to distinguish; differenciate; see clearly at a distance.

distingit, -ida dear; beloved. / distinguished; eminent.

distint, -a distinct; different.

distintiu m. distinctive mark; distinguishing; sign. / characteristic feature; distinctive.

distorsió f. distortion.

distracció f. amusement; recreation. / absentmindness; inattention; distraction; abstraction.

distret, -a inattentive; absentminded. / amusing; entertaining.

distreure to amuse; divert; entertain. / to distract; lead astray.

distribució f. delivery; distribution.

distribuidor, -a distributor.

distribuir to distribute; deliver; share.

districte m. district; quarter.

disturbi m. disturbance; disorder; tumult.

dit m. finger.

dita f. saying; adage; aphorism.

ditada f. finger moil; fingerprint.

dit anular m. ring finger.

dit auricular m. little finger.

dit del mig m. middle finger.

dit del peu m. toe.

dit índex m. index finger; forefinger.

ditirambe m. dithyramb.

dit gros m. thumb.

diumenge m. Sunday.

diürètic, -a (med.) diuretic.

diürn, -a diurnal; daily.

divagació f. digression; wandering.

divagar to d i v a g a t e ; roam; digress; wander.

divan m. couch; divan.

divendres m. Friday.

Divendres Sant m. Good Friday.

divergència f. divergence; deviation.

divergent divergent.

divergir to diverge; dissent; divide; deviate.

divers, -a diverse; different; variant.

diversió f. amusement; diversion; entertainment.

diversitat f. diversity; variety.

diversos m. pl. several; various.

divertició f. amusement; entertainment; diversion.

divertiment m. diversion; pastime; amusement.

divertir to divert; amuse; recreate; tickle.

divertit, -ida amusing; entertaining; funny; jolly.

diví, -ina divine; godlike; godly.

dividend m. dividend.

dividir to divide; part; disjoin; separate; distribute.

divinal divine.

divinitat f. divinity; deity; godship.

divinitzar to divinize; deify.

divisa f. motto; emblem; device; badge.

divisar to descry at a distance; spy out; perceive.

divises f. pl. foreign exchange; foreign currency.

divisible divisible; divisable; partible.

divisió f. division; partition; distribution.

divisor m. divisor.

divisori, -òria dividing.

divorci m. divorce.

divorciar-se to get divorced; divorce.

divuit eighteen.

divuitè, -ena eighteenth.

divulgar to spread; divulge; publish. / popularize.

do m. (mus.) do; C. / faculty; grace; knack; natural gift.

doblament m. doubling; folding.

doblar to double; make double; duplicate.

doble m. double; twofold; twice the quantity.

doblec m. fold; pleat; fold.

doblegar to fold; flex. / to gain by persuasion; force to yield; subdue.

doblement doubly.

dobleta f. doubloon (coin.).

docent teaching; educational.

dòcil meek: docile; obedient.

docilitat f. docility; gentleness; meekness.

docte, -a scholar; learned; wise.

doctor m. doctor.

doctora f. doctoress.

doctoral doctoral; doctorial.

doctorat m. doctorate; doctorship.

doctoressa f. doctoress.

doctrina f. doctrine; body of teaching; c r e e d ; Sunday-school; catechism.

document m. document record; certificate.

documentació f. documentation; papers.

documental documentary; documental.

documentar to document.

dofí m. (zool.) dolphin.

dogal m. halter; slip-knot.

dogma m. dogma; tenet; principle.

dogmàtic, -a dogmatic; dogmatical; assertive.

dol m. mourning; grief. / mourning draperies; mourning.

dòlar m. dollar.

dolç m. cookie; sweetmeat; confection.

dolç, -a sweet. / gentle; mild. / fresh.

dolçaina f. (mus.) flageolet.
dolcesa f. sweetness. / gentleness; mildness. / meekness.
dolçor f sweetness.
doldre to ache; pain; hurt.
doldre's to be sorry for; grieve for; pity; repent of; complain about.
dolença f ailment; disease.
dolent, -a bad; evil; mischievous.
dolenteria f. badness; wickedness; evil.
doll m. torrent; jet; g u s t ; stream; flow.
dolmen m. dolmen.
dolor f. ache; distress; sorrow; grief; pain.
dolorejar to hurt.
dolorit, -ida sore, aching, painful, afflicted.
dolorós, -osa painful; dolorous; pitiful.
dom m. title of some friars.
domador m. tamer; horse-breaker.
domar to tame; subdue; overcome.
domàs m. damask.
domat, -ada tame.
domèstic m. family servant.
domèstic, -a domestic. / home; tamed.
domesticar to tame; domesticate.
domesticat, -ada tame; domesticated.
domicili m. abode; apartment; home; domicile.
dominable easy to dominate.
dominació f. domination; dominion; authority; power.
dominant prevailing; dominant; dictatory.
dominar to dominate; master; prevail; rule. / to overlook. / to repress.
domini m. mastery; authority. / estate; possession; territory; domain; region; reign.
dominic m. Dominican.
domínica f. Lord's day; a Sunday.
dòmino m. game of dominoes.
domtar to tame; break in.
d'on whence.
dona f. woman. / wife.
donació f. bequest; gift; donation.
donar to give; render; grant; pass; hand.
donar corda to wind up.
donar entenent to hint.
donar fe to witness; testify.
donar peixet to give odds.
donar records to remember; convey greetings.
donar-se to surrender; yield; give oneself.
donat, -ada gifted.
donatiu m. gift; donation.
doncs then; therefore; as.
doneta m. sissy; efeminate.
donzell m. (bot.) wormwood; absinth.
donzella f. maid; maiden; lass.
d'or golden; of gold.
dòric, -a Doric.
dorment sleeper; sleeping.
dormida f. short sleep; snap.
dormilec m. sleepyhead.
dormilec, -ega sleepy; lie-abed.
dormilega m. f. sleepyhead.
dormir to sleep; slumber.
dormisquejar to doze; slumber.
dormitar to doze; slumber.
dormitiu m. dormitive.
dormitori m. dormitory; bedroom. / dormitive.
dors m. back; reverse.

dorsal dorsal; of, on, near the back.

dorsal m. number on the back (athlete; sportsman).

dos, dues two.

dosi f. dose.

dosificar to dose; measure out.

dosser m. canopy; baldachin.

dot m. dowry; marriage portion.

dotació f. crew; all the men working on a ship. / endowment; dotation.

dotar to endow; give a dowry.

dotze twelve.

dotzè, -ena twelfth.

dotzena f. dozen.

dovella f. (arch.) voussoir.

drac m. dragon.

dracma f. drachm; drachma.

draconià, -ana draconian.

draga f. dredger.

dragar to dredge

dragó m. (zool.) gecko; wall-gecko.

drama m. drama; play.

dramàtic, -a dramatical; scenic.

dramatitzar to dramatize.

dramaturg m. dramatist.

drap m. cloth; stuff; wiper; rag; duster.

drapaire m. ragdealer; ragman; ragpicer; rag-and-bone man.

draper m. draper; clothier.

draperia f. drapery; clothing-store.

drassana f. arsenal; shipyard.

dràstic, -a drastic.

dreçar to straighten.

drecera f. short cut.

drenar to drain.

dret m. law; right; justice.

dret, -a right; standing; upright; stiff; straight.

dreta f. right-hand side; right.

dretament rightly; properly. / straight.

dret canònic m. canon law.

drets m. pl. fees; taxes; duties.

drets d'autor m. pl. copyright; royalties.

drets reals m. pl. inheritance tax.

dretura f strightness.

dreturer, -a just; honest; sound; righteous.

dril m. drill (cloth).

dring m. tinkle; gingle; ting.

dringadissa f. jingle; gingling; clinking.

dringar to rattle; clink; tinkle, ting-a-ling; ting.

droga f. drug.

droguer m. druggist.

drogueria f. chemist's shop; drugstore.

dromedari m. (zool.) dromedary.

dropejar to idle; be lazy.

dropo, -a idle; idler; lazy.

drosera f. (bot.) common sundew.

dualitat f. duality.

duana f customhouse; customs.

dubitatiu, -iva dubious; dubitative.

dubtar to doubt; hesitate.

dubte m. doubt; hesitation.

dubtós, -osa doubtful; queer.

duc m. duke. / (orn.) eagle owl.

ducal ducal.

ducat m dukedoom.

dúctil flexible; ductible.

duel m. duel; challenge; defiance.

dues two (feminine).

dues vegades twice.

duet m. duet.

dulcificació f. dulcification.

dulcificar to sweeten; dulcify.

duna f. dune.

d'una manera o altra somehow; anyway.

d'una revolada with a pull.

duo m. duet.

duodè m. duodenum.

duple, -a double; twofold.

duplicar to double; duplicate.

duplicat, -ada double; duplicate; copy.

duplicat, -da double; duplicate; doubled; twofold.

duplicitat f. duplicity; falseness; deceitfulness.

duquessa f. duchess.

dur to carry; bring; take; wear.

dur, -a hard; tough; difficult to endure; severe; solid; stony; rude.

duració f. duration; durability; continuance; stability.

durada f. lenght; lastingness; duration.

durament hardly; harshly; rigorously.

durant during; in the meantime; long; over; pending.

durar to last; continue; subsist; stand.

durbec m. (orn.) hawfinch.

duresa f hardness; toughness; firmness; rudeness.

durícia f. corn; callosity.

dutxa f. shower-bath; shower.

dutxar to give a shower-bath.

dutxar-se to take a shower-bath.

dux m. doge.

E

L COSTUM FA LLEI
Custom rules the law

eben m. ebony.

ebenista m. ebonist; cabinetmaker.

ebenisteria f. cabinet-work; cabinetmaker's shop.

ebonita f. ebonite.

ebri, èbria drunk.

ebrietat f. drunkenness.

ebullició f. ebullition; boiling.

eburni, -úrnia eburneous, eburnean; ivory-like.

eclèctic, -a eclectic; eclectical; selecting of will.

eclesiàstic, -a ecclesiastic.

eclipsar to eclipse; overshadow.

eclipsi m. eclipse.

eclíptica f. ecliptic.

eco m. echo.

ecologia f. ecology.

ecònom m. acting parson; ecclesiastical administrator.

economat m. cooperative store.

economia f. economy; thrift.

econòmic, -a economic; economical.

economista m. economist.

economitzar to economize; spare; save.

ecs! ugh!

ecumènic, -a ecumenical.

èczema m. eczema.

edat f. age; time; epoch; era; years.

edèn m. eden; paradise.

edició f. edition; issue.
edicte m. edict; decree.
edificació f. building; construction; edification.
edificant edifying; improving.
edificar to build; erect; construct. / to edify.
edifici m. building; structure; fabric; edifice.
edil m. Roman magistrate. / aedil.
editar to publish; edit.
editor m. publisher; editor.
editorial m. leader article; editorial (newspaper).
editorial f. publishing house.
edredó m. eiderdown.
educació f. manners; breeding; politeness; education.
educació física f. phisical training.
educador m. instructor; educator.
educand m. pupil; student.
educar to breed; educate; train; rear.
educat, -ada polite urbane; civil; well-mannered.
educatiu, -iva educational; educative.
efebus m. ephebe.
efecte m. effect; result.
efectes m. pl. goods; effects.
efectisme m. striving after effect; sensationalism.
efectista sensational.
efectiu m. cash; money.
efectiu, -iva effective; sure; certain; actual; real.
efectivament effectually in effect; crtainly; actually.
efectivitat f. effectiveness.
efectuar to do; effect; perform.
efemèride f. events of the same day in former years.

efeminat, -ada effeminate; lady-like.
efervescència f. effervescence.
efervescent effervescent.
eficaç, effective; efficacious.
eficàcia f. efficacy; effectiveness; activity.
eficiència f. efficiency; effectiveness; effect.
eficient efficient; effectual; effective.
efígie f. effigy; image.
efímer, -a ephemeral.
eflorescència f. efflorescency; efflorescence.
efluència f. effluence.
efluvi m. effluvium.
efusió f. effusion; outflow.
efusiu, -va effusive; demonstrative.
egipci, -ípcia Egyptian.
ègloga f. eclogue; idlly; short pastoral poem.
egoisme m. selfishness; egoism.
egoista m. f. selfish; egoist.
egolatria f. egotism; self-or-worship.
egotisme m. egotism; self-conceit.
agregi, -ègria agregious; eminent.
egua f. mare.
eguassada f. stud; collection of horses.
ei! hark!
eina f. tool; implement; appliance.
eix m. axle.
eix, -a that, that one.
eixalar to cut off the wings.
eixam m. swarm; cluster.
eixamenar to hive; swarm.
eixamorar to air; ventilate; dehumidify; dry up.

eixampla f. suburban development; enlargement; widening.

eixamplar to widen; broaden; expand.

eixancarrar-se to spread the legs wide.

eixarcolar to weed; weed out.

eixarm m. quack remedy.

eixarmar to cure by spells. / to clear of weeds.

eixarreïment m. drought.

eixarreir to dry up.

eixelebrat, -ada scatterbained; happy-go-luck.

eixerit, -ida smart; resourceful; keen-witted.

eixida f. exit; outgoing. / yard.

eixir to go out; get out; issue; peep; rise.

eixorc, -a barren; incapable of produce offspring.

eixordador, -a deafening.

eixordar to deafen; stun.

eixorivir-se to shake sleepness; enliven; wake; rouse.

eixos, -xes pl. those. / those ones.

eixugador m. towel; drier; clothes-drier.

eixugar to dry; wipe.

eixugamà m. hand-towel.

eixut, -a dry; dried up. / gloomy; adust; unkind.

eixutesa f. dryness; aridity.

ejacular to ejaculate.

el art. (m. sing.) the.

el him; it.

elaborable workable.

elaboració m. elaboration; manufacturing.

elaborar to elaborate; process; work; manufacture.

elàstic, -a elastic.

elàstica f. vest; knit-vest.

elasticitat f. spring; elasticity.

elàstics m. pl. braces.

elecció f choice; ballot; election.

eleccions f. pl. election; polls.

elector m. voter; elector.

electora f. voter; electress.

elèctric, -a electrical.

electricista m. electrician; electrical.

electricitat f. electricity.

electrificar to electrify.

electritzar to electrify; electricize; electrize.

electró m. electron.

electrocutar to electrocute.

elèctrode m. electrode.

electròlisi m. electrolysis.

electrònic, -a electronic.

elefant m. (zool.) elephant.

elegància f. elegance; fashion;

elegia f. elegy.

elegant handsome; smart; fashionable; dainty; stylish; elegant.

elegia f. elegy.

elegíac, -a elegiac.

elegir to choose; elect; select; mark out.

elegit, -ida chosen; e l e c t e d; elect. / favourite; select.

element m. element; component.

elemental elementary; elemental; primary. / primordial.

elenc m. (theat.) company; cast.

elevació f. elevation; height.

elevador m. elevator; hoist; lift.

elevar to elevate; lift; raise; heighten.

elevat, -ada lofty; high; elevated; sublime.

elidir to elide; leave out.

eliminar to eliminate; suppress; leave out.

elis! interjection awakening envy.
elisi, -a elysian
elisió f. elision.
èlitre m. elytron.
elixir m. elixir.
ell he. / him.
ella she. / her.
ella mateixa herself; itself.
elles f. they. / them.
elles mateixes (f.) themselves.
el·lipse m. ellipse.
ell mateix himself; itself.
ells m. they. / them.
ells mateixos (m.) themselves.
elm m. helmet.
el màxim utmost.
el meu (m. sing.) my.
el nostre (m. sing.) our.
elocució f. elocution oral delivery.
elogi m. praise; eulogium; encomium.
elogiar to praise; laud; eulogize.
eloqüència f. eloquence; fluency; oratory.
eloqüent eloquent.
el qual (m. sing.) that; which; who.
els art. (m. pl.) the.
els (m.) them.
el seu (m. sing.) his; her; its; their.
els meus (m. pl.) my.
els nostres (m. pl.) our.
els quals (m. pl.) that; which; who.
els seus (m. pl.) his; her; its; their.
els teus (m. pl.) your; (arc.) thy.
els vostres (m. pl) your.
el teu (m. sing.) your.
elucidar to elucidate; illustrate.
elucubració f. lucubration cogitation.

eludir to avoid; shirk; elude.
el vostre (m. sing.) your.
em me.
emanar to emanate.
emancipació f. emancipation; enfranchisement.
emancipar to emancipate; manumit; enfranchise.
emancipar-se to recover liberty; shake off a yoke.
embabaiar to humbing; stand gaping or enchantment.
embadaliment m. rapture; reverie; ravishment.
embadalir to charm; ravish; enchant; absorb.
embafar to cloy; surfeit; sicken; weary.
embalar to pack; bale. / to rev.
embalar-se to race; sprint; get worked up.
embalatge m. packing; boxing; baling; packaging.
embalsamar to embalm.
embalum m. bundle; bulk; mass.
embaràs m. embarrassment encumbrance. / pregnancy.
embarassada preganat; encinte.
embarassar to embarrass; hinder; hamper; obstruct. / to make pregnant.
embarbollar-se to prattle; chatter.
embarbussar-se to stammer; stutter; speak confusedly.
embarc m. shipment; shipping.
embarcació f. craft; embarkation; boat; ship.
embarcador m. pier; wharf.
embarcament m. shipment; shipping; embarkment; embarkation; loading (into a ship).
embarcar to ship; embark.
embarg m. hindrance; nuisance.

/ sequestration; attachment; seizure.

embargar to attach; seize; embargo.

embarrancar to go aground; ground; run ashore.

embarrancat, -ada stranded.

embarrat m. shaft; bar transmitting power.

embarrilar to barrel.

embassament m. reservoir; pond; dam.

embassar to dam up (water).

embasta f. stitch; basting; tacking.

embastar to tack; stitch; baste.

embat m. dashing; buffet; blow; sudden attack.

embeinar to sheathe; invaginate.

embellir to beauty; decorate; embellish; bedeck.

embenar to band; bandage.

embenat m. bandage; splint.

embenatge m. bandage; dressing.

embetumar to black; polish (shoes).

embeure to drench; soak.

embeure's to imbibe; sponge; soak up.

embigar to put the beams.

emblanquinada f. whitewashing.

emblanquinador m. whitewasher; whitener.

emblanquinar to whitewash; plaster.

emblanquinat, -ada plastered.

emblanquir to bleach; whiten; blanch.

emblavir to blue; colour blue.

emblema f. emblem.

embocadura f. entrance (by a narrow passage). / (mus.) embouchure; mouthpiece.

embocar (mus.) to put into one's lips. / to enter by a narrow passage.

embogidor, -a maddening.

embogir to madden; drive mad.

emboirar to cover with mist.

emboirar-se to get misty; cloud over.

èmbol m. plunger; piston.

embolcall m. wrapper; wrapping.

embolcallar to wrap up; wrap.

embòlia f. (pat.) embolism; clot.

embolic m. mess; puzzle; tangle; mix-up.

embolicaire schemer; gossip; busybody.

embolicar to parcel; envelop; wrap. / to tangle; entangle; complicate.

emborbollar to disturb; agitate.

emborratxar to intoxicate; make drunk.

emboscada f. ambush; trap.

emboscat, -ada leafy; luxuriant; covered with forest.

embotellar to bottle.

embotir to make sausages. / to inlay; stuff.

embotit m. sausage.

embotornar to swell.

embotornar-se to swell up; become bloated.

embragar to engage the clutch; couple up. / to sling.

embragatge m. clutch; (shaft) clutching.

embrancar-se to get entangled; get involved; get tied up.

embranzida f. impulsion; push; pressure; shove.

embravir to infuse bravery.

embriac m. drunken.

embriac, -aga drunk; inebriate.

embriagar to inebriate; make drunk.

embriaguesa f. drunkenness; intoxication; inebriety.

embridar to bridle (a horse).

embrió m. embryo.

embrocar to decant (a liquid).

embrollar to entangle; confuse.

embromar-se to become clouded. / to catch a cold.

embruixar to bewitch.

embrunir to blacken.

embrutar to soil; stain.

embrutir to brutalize; besot.

embull m. muddle; confusion.

embullar to confuse; tangle.

embús m. obstruction; obstacle; jam; clog.

embussar to clog; jam; obstruct.

embut m. funnel; filler.

embuts m. pl. circumlocutions; roundabout; beating about the bush.

embutxacar to pocket; collect.

emergència f. emergency; necessity; quandary.

emergir to emerge; surface.

emètic, -a emetic; vomitive.

emetre to emit; exhale; throw out.

èmfasi m. f. emphasis; stress.

emfiteusi m. emphyteusis.

emigrant m. f. emigrant.

eminència f. eminence; excellence; height.

eminent eminent; distinguished; prominent.

emissari m. emissary.

emissió f. issue; broadcast.

emissor, -a emiting.

emissora f. broadcasting station.

emmagatzemar to store; store up.

emmalaltir to fall ill; sicken.

emmandrir to grow lazy.

emmanillar to handcuff.

emmanllevar to borrow.

emmansir to tame; subdue; soften.

emmantellar to cover; veil; wrap up.

emmarat, -ada e x c e s s i v e l y attached to one's mother.

emmarcar to frame.

emmascara f. smut; stain; smear.

emmascarar to stain; smeare.

emmatxucar to wrinkle; crease.

emmelar to (be) honey; to sweeten.

emmenar to convey; direct; lead along.

emmetzinar to poison; envenom.

emmidonar to starch.

emmirallar to reflect; mirror.

emmordassar to gag; muzzle.

emmotllar to mould; form.

emmudir to grow dumb; be still; hush.

emmurriar-se to sulk; get angry.

emoció f. emotion; thrill; excitement.

emocionant moving; thrilling; touching; impressive.

emocionar to touch; thrill; move.

emoluments m. pl. emolument; fee; salary.

emotiu, -va emotional; emotive.

empadronament m. census; registration; poll.

empadronar to take the census.

empaitar to persecute; pursue; hunt.

empallegar to encumber; hinder.

empal·lidir to pale; grow dim.

empalmar to dovetail; clamp; join.

empanada f. pie.

empantanegar to obstruct; jam; clog.

empantanegat, -ada clogged.
empaperador m. paper-hanger.
empaperar to wallpaper; paper.
empaquetar to pack; parcel.
emparança f. protection.
emparar to harbour; protect;
shelter; help.
emparaular to bespeak; agree
by word.
emparedat m. sandwich.
emparentar to relate; become
related (by marriage).
emparrar to embower.
emparrat m. arbour; bower.
empassar-se to swallow.
empastar to paste; plug a tooth;
fill a tooth.
empastellament m. pieing.
empastellar to pie; (print.) pi.
empastifada f. to bedaub; daub.
empastifar to besmear; daub;
bedaub.
empat m. tie; equal number of
votes; dead-heat.
empatar to equal; be a tie; tie;
be quits; draw.
empatoll m. tangle; muddle;
mess.
empatollar-se to embroil; mud-
dle.
empatx m. surfeit; indigestion;
overeating.
empatxar to surfeit; give indi-
gestion.
empedrar to pave; cobble.
empedrat m. stone pavement;
stoneblock; paving.
empedreir to indurate; harden. /
to sear.
empedreït, -ida hard; flint-harted.
/ relentless.
empelt m. graft; stock; ingraft-
ment.
empeltar to ingraft; graft.

empenta f. push; poke; shove.
empentar to push; shove.
empenya f. instep; vamp.
empènyer to push; shove; throw.
empenyorament m. pawn.
empenyorar to engage; hypothe-
cate; pawn; gage.
emperador m. emperor.
emperadriu f. empress.
emperesir to be lazy.
emperò however; notwithstand-
ing; yet.
empesa f. dressing; sizing.
empesar to size (cloth, fabric).
empescar-se to make up; con-
trive; invent.
empetitir to make smaller; dim-
inish; reduce.
empetitir-se to shrink.
empiocar-se to fall ill; become
indisposed.
empiocat, -ada unwell; sickly;
poorly.
empipador, -a bore; troublesome.
empipament m. annoyance; nuis-
ance.
empipar to annoy; trouble; tease.
empipat, -ada cross; angry; an-
noyed.
empíric, -a empiric; empirical;
experimental.
empirisme m. empiricism.
empitjorar to grow worse; agra-
vate.
emplaçament m. emplacement;
site; situation; location.
emplaçar to place; put in a cer-
tain place.
emplastre m. plaster; poultice.
empleat m. employee; clerk.
emplenar to fill.
emplomar to cover with lead.
empobrir to impoverish; depau-
perate.

empolainar to dress up; adorn; titivate; make smart.

empolsegar to dirty; cover with dust.

empolsegat, -ada dirty; dusty.

empolvorar to powder; put powder on.

empori m. emporium; market.

emportar-se to take off; carry away.

empostissar to board; cover with boards; plank.

empostissat m. wooden framework.

emprar to use; employ; spend.

empremta f. tread; trace; print; imprint; mark; sign.

emprendre to undertake; begin on.

emprenedor, -a enterprising; enterpriser; attempter.

empresa f. enterprise. / company; firm.

empresari m. manager; enterpriser; contractor.

empresonament m. imprisonment.

empresonar to imprison; incarcerate.

emprèstit m. loan; lending.

emprova f. fitting; trying on.

emprovador m. fitting room.

emprovar to try on.

empudegar stink; stink out.

empunyadura f. hilt.

empunyar to take by the hilt; clutch; grasp; grip.

èmul m. emulator.

èmul, -a emulous.

emular to emulate; rival.

En Mr.

en (personal article m.)

en in; into; at.

en adv. pron. (of something

mentioned with preposition).

enagos m. pl. petticoat; underskirt.

enaiguar to flood; water.

en algun lloc somewhere.

enaltir to exalt; honour.

enamoradís, -issa amorous; inclined love.

enamorador, -a enamouring; inspiring love.

enamorament m. love-sickness; love-making.

enamorar to enamour; charm.

enamorat, -ada loving; devouted; enamoured.

enarborar to hoist; raise high.

enardidor, -a kindling.

enardiment m. inflaming; heating; excitement.

enardir to kindle; inflame; excite.

enasprar to prop up; stake a plant.

enasprir to roughen.

ençà on this side of; ever since; since then.

encabir to make room for.

encaboriat, -ada worried; concerned; preoccupied.

encabritar-se to rear rise on the hind feet; to rear; prance.

encadellat, -ada tonque and groove joint.

encadenar to chain.

encaix m. adjusting; fitting; encasement; joining; groove; gearing.

encaixada f. handshake grip.

encaixar to fit; fit in; insert. / to shake hands.

encaixonar to box; put in a narrow place.

encalç m. close pursuit; persecution; chase.

encalçar to chase; pursuit; hunt.
encalcinar to whitewash; to lime.
encallar to run aground; jam; stall.
encallat, -ada stranded.
encalmat, -ada becalmed; calm; still.
encamellar to trip up; make trip.
encamellar-se to sit astride.
encaminar to direct; guide; put in the right road; set on the way.
encanonar to put into pipes. / to point at, aim at (firearm).
encant m. enchantment; charm; delight.
encantament m. enchantment; sorcery.
encantat, -ada enchanted; absentminded; charmed.
encanteri m. e n c h a n t m e n t; c h a r m; bewitchment; glamour; fascination.
encants m. pl. s e c o n d h a n d shops or stalls.
en canvi on the other hand.
encanyissada f. weir; kiddle; fence.
encanyissat m. treillage; trellis; espalier; lattice.
encaparrament m. preocupation; worry; care; concern.
encaparrar-se to worry; dive.
encapçalament m. heading.
encapçalar to head; title.
encapotar-se to become cloudy; shadow; gloom.
encapritxar-se to become obstinate; set one's mind on; become infatuated with.
encaputxar to put a hood on; hood.
encara still; yet.

encara bo it is a good job; it is just as well.
encaramellat, -da starry-eyed.
encara que though; although; whereas.
encarar to face; aim; confront.
encarcarament m. stiffness.
encarcarat, -ada stiff; rigid; taut; proud; arrogant.
encariment m. price increase; rise in the price.
encarir to put up the price (of).
encarnació f. incarnation.
encarnadura f. natural state of flesh.
encarnar to incarnate. / materialize.
encàrrec m. errand; o r d e r; charge; commision.
encarregar to recommend; commission; order.
encarregar-se de to see to; deal with.
encarregat m. boss; foreman; manager.
encarrilar to set right; to put upon rails.
encartonar to put cardboard on. / to become cardboardlike.
encartonat, ada cardboard-like.
encasellar to classify; distribute; file; pigeon-hole.
encasquetar to put the hat close to the head; jam. / to put into (someone's) mind.
encast m. enchasing; mount; setting (jewel).
encastar to enchase; set; mount (jewel).
encaterinar-se to take it into one's head; take a fancy (to); be slightly in love.
encatifar to carpet.
encauar-se to go into its hole;

withdraw into one's shell.
encausar to put on trial.
encavallar to overlap.
encavallar-se (print-) to become pied.
encebar to fatten; flesh. / to fetch; prime; inflame; feed.
encèfal m. encephalon.
encegament m. dazzling; obfuscation.
encegar to dazzle; make blind for a moment; obfuscate.
encenall m. shaving of wood.
encenalls m. pl. shavings of wood; kindlings.
encendre to light; k i n d l e ; switch on; ignite.
encenedor m. lighter.
encens m. incense.
encensar to incense; cense.
encenser m. censer.
encepegar V. ensopegar.
encerar to wax; cere; polish.
encerat m. oilcloth.
encerclar to enclose; fence; hedge; surround; hem.
encerclat, -ada close; surrounded; besieged.
en cercle around.
encert m. good hit; dexterity; wisdom; ability; prudence.
encertar to guess right; succeed in; hit; guess; hit upon.
encertat, -ada right; fit; proper.
encès, -esa alight; inflamed; fiery; ruddy.
encesa f. ignition; kining; lighting.
encetar to contract bedsores. / to broach; begin the use of a thing; cut the first slice.
enciam m. lettuce.
enciamera f. salad bowl.
enciclopèdia f. encyclopaedia.

encimat, -ada high; lofty.
encimbellament m. raising; elevation.
encimbellar to raise; elevate; exalt; extol.
encinglerat, -ada steep; craggy.
encinta enceinte; pregnant.
encís m. charm; glamour; bewitchment; b l i s s ; enchantment; sorcery delight.
encisador, -a charming; lovely; taking.
encisar to charm; bewitch; fascinate.
enclaustrar to cloister.
enclavar to nail; prick horses in shoeing.
enclavat, -ada enclaved; s u r-rounded by foreign lands.
enclotar to sink; c a u s e the ground to sink.
enclotat, -ada sunken; deep-set; hollow.
encloure to embody; include; envolve.
enclusa f. anvil.
encobridor, -a hiding; concealing.
encobrir to conceal; hide.
encofrat m. formwork; form (for concrete); plank lining (mining).
encoixinar to quilt.
encolar to glue; stick.
encolerir-se to rage; rave.
encolomar to palm off; foist; transfer (a task) to another person; to saddle with.
encomanadís, -issa contagious; communicable; infectious.
encomanar to infect; contaminate. / to commend; entrust; charge.
encomi m. praise; eulogy; encomium.

encomiar to praice; eulogize.
encomiàstic, -a encomiastic; encomiastical.
encongir-se to schrink; contract. / to retract; get disheartened.
encongit, -ida shrunken; contracted. / bashful; timid.
encontorns m. pl. surroundings.
encontrada f. place; spot; area; region.
en contra de counter to; against.
encontre m. meeting; encounter.
encoratjador, -a encouraging.
encoratjar to cheer; encourage.
encorbar to inflect; bend; arch; curve; hook.
encorbar-se to stoop; bend.
encortinar to hang curtains.
encrespar to curl; ruffle; ripple.
encrespar-se to curl; ruffle; ripple; get rough; get angry.
encreuament m. crossing intersection.
encreuar to cross; put in crosswise.
encubellar to put into a pail.
encuny m. die (for stamping coins, medals).
encunyar to coin; mint.
encuriosir to awake curiosity.
endalt from the bottom to the top.
endarrera backward; past; in the rear.
endarreriment m. lateness; late; delay; backwardness.
endarrerir to put back; set back; delay.
endarrerir-se to lag; remain behind.
endarrerit, -ida late; behind.
endavant forward; forwards; onwards.
endebades in vain; vainly.

endegar to manage; guide; direct; arrange.
en dejú fast; before breakfast.
endemà next day; following day.
endemés besides; in addition.
endèmia f. endemic disease.
endèmic, -a endemic; endemical.
endergues f. pl. things; piece of junk; thingumajig; stuff.
enderiar-se to get an idea into one's head.
enderroc m. ruins; demolition; rubbish.
enderrocament m. demolition; hurling down.
enderrocar to demolish; put down; pull down; ruin; overthrow.
endeutar-se to contract debts.
endeví m. soothsayer; diviner; fortune-teller.
endevinalla f. guess; puzzle; riddle.
endevinar to guess; foresee; divine; be right.
endimoniat, -ada devilish; wild; possessed of the devil; furious.
endins inside; within; inward.
endinsar to penetrate into; thrust into.
endintre within; inside; far in.
endiumenjar-se to put on one's Sunday best.
endiumenjat, -ada in one's Sunday best; dressed up.
endogalar to hold tight; press tightly; halter.
endogen, -ògena endogenous.
en doina disorderly; confused; mixed up.
endolat, -ada in sweeten.
endolcir to sweeten.
endoll m. connexion; joining.

endolla f. plug. / socket.

endollar to connect; plug in.

endomassar to adorn with hangings.

endormiscar-se to drowse; fall asleep.

endós m. endorsament.

endossar to endorse. / to transfer (a task, responsibility) to another person.

endrapar to gobble. / to line.

endreç m. dressing; make up.

endreçar to put in order; trim; tidy.

endreçat, -ada tidy; smart; orderly.

endret m. obverse; head.

endropir to grow lazy; get idle.

enduriment m. hardening.

endurir to harden; toughen; stiffen.

endur-se to take off; carry away.

en efecte actually; in effect; as a matter of fact; really.

enemic m. foe; enemy.

enemic, -iga enemy; adverse.

enemistar to set at odds; make enemies of.

enemistat f. enmity; hatred.

energia f. energy.

enèrgic, -a energetic; spirited; powerful.

energumen m. energumen; demoniac.

enervar to enervate; emasculate; enfeeble.

en esguard de in consideration of.

enèsim, -a (math.) Nth; umpteenth.

enfadar to displease; annoy; anger.

enfadar-se to get angry; huff.

enfadat, -ada angry; annoyed.

enfadós, -osa vexatious; annoying; irksome.

enfaixar to swaddle; wrap up; swathe.

enfaixat m. swaddling; bandaging.

enfangar to bemud; puddle; cover with mud.

enfarcellar to bale; pack; packet.

enfardar to bundle up; parcel up; wrap up.

enfarfec m. snag; mess; jumble; hotchpotch.

enfarfegar to pile up; accumulate; overburden; overornate.

enfarinar to flour; whiten with flour; sprinkle with flour.

enfavat, -ada stupefied; bewildered.

enfebrar-se to become feverish.

enfebrat, -ada febrile; feverish.

enfeinat, -ada busy; engaged.

enfeixar to sheave; sheaf; bind.

enfellonir to infuriate; exasperate; angry.

enfellonit, -ida mad; irritated.

enferritjar-se to get jammed.

enfervoriment m. enthusiasm; warmth.

enfervorir to inflame; incite; heat; enthuse; infuse fervour.

enfilada f. threading.

enfiladís, -issa creeper.

enfilall m. bunch; string.

enfilar to thread; twine.

enfilar-se to climb; creep.

enfit m. overeating; surfeit; indigestion.

enfitar to surfeit; give indigestion.

en flames ablaze.

enfocament m. focusing. / approach (to a problem).

enfocar to focus. / to approach; direct.

enfollir to madden; drive insane.

enfondir to hollow; deepen; get to the bottom of.

enfonsament sinking; foundering; downfall; ruin.

enfonsar to sink; submerge; plunge; founder.

enfora outwards; outside.

enfora de except.

enforcall m. meeting point; intersection; crossroads; crossing.

enformador m. chisel.

enfortir to strengthen; toughen; harden.

enfortir-se to thrive; become strong.

enfosquir to darken; obscure.

enfosquir-se to darken; grow dark; cloud over.

enfranquir to free; liberate.

enfredorir to cool; refrigerate.

enfront opposite; in front.

enfrontar to face; confront.

enfront de in front of.

enfundar to case; put in its case, in its sheath.

enfuriment m. fury; rage.

enfurir to enrage; madden; infuriate.

enfurismar to enrage; infuriate.

enfurrunyar-se to sulk; be in a bad temper.

engabiar to cage; put in a cage.

engalanar to adorn; bedeck; decorate.

engalipar to cajole; coax.

engallinar to deceive; take in; cajole.

engallir-se to become haughty, arrogant.

engalonar to trim with galloons.

engaltar to say abruptly. / to aim a gun (approaching one's cheek to it).

engalzar to fit together; join; make a thing it into another.

enganduliment laziness; idleness.

engandulir to be lazy.

enganxada f. picking; hooking.

enganxar to attach; hook; clasp; paste; stick.

enganxós, -osa sticky; clammy.

engany m. fraud; deceit; cheat.

enganyador, -a treacherous; deceptive; deluding.

enganyapastors m. (orn.) nightjar.

enganyar to deceit; beguile; mislead; take in; trick; cheat.

enganyifa f. trick; deception; catchpenny.

enganyívol, -a deceptive; delusive; deceitful.

engarjolar to imprison.

engatar-se to get drunk.

engegada f. starting; beginning.

engegar to start; loosen; dart.

engelosir to make jealous.

engendrament m. begetting; generation; bringing into existence.

engendrar to engender; beget; generate.

enginy m. wit; smartness; inventive; faculty; dexterity; skill.

enginyar to contrive; thing up.

enginyar-se to manage.

enginyer m. engineer.

enginyeria f. engineering.

enginyós, -osa resourceful; ingenious; witty; artful.

engiponar arrange; fix up; do roughly.

englantina f. dog-rose; brier.

505

englobar to lump together; include; embrace.

englotir to devour; swallow.

engolir to devour; swallow; absorb.

engomar to gum; glue.

engomat, -ada gummy; sticky; adhesive.

engonal m. (anat.) groin.

engorroniment m. laziness; idleness; sloth.

engraellat m. grillage.

engranatge m. gear; gearing; mesh.

engrandiment m. enlargement.

engrandir to enlarge; magnify; aggrandize.

engrapar to cram. / to grasp; clasp; clutch.

engreixar to fatten.

engrescador, -a exciting; entertaining.

engrescament m. excitement; enthusiasm.

engrescar to enrapture; stir up; move.

engrillonar to c h a i n ; put in irons; shackle.

engrossir to increase; enlarge.

engruixir to thicken.

engruna f. crumb.

engrut m. paste. / greasy dirt.

enguany this year.

enguixar to plaster.

enguixat m. plastering; paster; paster cast.

enhorabona f. congratulation; felicitation.

enigma m. enigm; riddle.

eingmàtic, -a enigmatic; puzzling.

enjogassament m. playfulness; frolic; outburst of merrymaking.

enjogassat, -ada playful; frolicsome; frisky.

enjoiar to bejewel; adorn with jewels.

enjoiellar V. **enjoiar.**

enjòlit in the air. / in suspense.

enjovar to yoke.

enjudiciar to sue; prosecute; try.

enlairar to soar; raise; hoist.

enlairat, -ada steep; elevated; high; raised.

enlaire aloft; upside; upwards; up.

en l'endemig meanwhile.

enllà away off; off; beyond.

enllaç m. joint; lacing; union; wedding.

enllaçar to lace; link; join.

enllaminador, -a tempting; enticing.

enllaminir to allure; tempt.

enllardar to lard; baste.

enllaunar to tin; can.

enllefiscar to stain with grease or fat; grease; get grease on.

enllepissar to grease with a viscous substance.

enllepolir to tempt; entice; whet a person's desire; allure.

enllestir to complete; finish; hasten.

enllestit, -ida ready; complete; finished.

enlletgir to make ugly.

enllitar-se to take to bed; fall ill.

enlloc anywhere; nowhere.

en lloc de instead of; in lieu of.

enllosat m. tiling; paving; flagstone paving.

enllosat, -ada paved with slabs.

enlluentir to brighten; polish.

enlluernador, -a dazzling. / overwhelming.

enlluernament m. glare; dazzle; dazzling.

enlluernar to dazzle; glare.

enllumenament lighting; lights.

enllumenar to light; illuminate.

enllumenat m. lighting; illumination.

enllustrar to polish.

enmig in the middle.

enmig de a m o n g ; between; amongst; amid; in the middle of.

ennegrir to blacken.

ennobliment m. ennobling; ennoblement.

ennoblir to ennoble; do honour to.

ennuec m. choking.

ennuegar-se to be choked; stick in the throat.

ennuvolar-se to cloud; become clouded.

ennuvolat, -ada cloudy; overcast.

enologia f. oenology.

enorgullir to make proud.

enorgullir-se to be proud; pride.

enorme enormous; huge; awful.

enormement extremely; tremendously.

enormitat f. enormity; hugeness. / ridiculous mistake; monstruous thing.

en orri mixed up; confused.

en primer lloc firstly; first.

enquadernació f. binding; bookbinding.

enquadernar to bind (a book).

enquadrar to frame; fit in.

enquesta f. inquiry; opinion poll.

enquibir to leave room for; leave space for.

enquimerar to worry; disturb.

enquistar-se to encyst.

enquitranar to tar.

enrabiada f. fit of temper; anger; crossness.

enrabiar to enrage; irritate; anger.

enrajolar to pave with bricks; to tile.

enramada f. shelter of branches; bower.

enrampar-se to get a cramp.

enrancir-se to become rancid.

enraonadissa f. chatting; chatter.

enraonador, -a talkative.

enraonar to speak; talk.

enraonat, -ada moderate; fair; reasonable.

enraonia f. rumour; gossip.

enraonies f. pl. gossip; newsmongering; chitchat; hearsay.

enrariment m. rarefaction; tenuity.

enrarir to rarefy; thin; dilute.

enrastellar to thrash; thresh; beat.

enrastellerar to string (onions).

enravenar-se to stiffen; benumb.

enravenat, -ada stiff; inflexible; straight.

enravenxinament m. temper; rage.

en realitat actually; in fact.

enredada f. deceit; trick; lure.

enredaire troublemaking.

enredar to lie; deceit; tangle up.

enregistrar to register; record; enrol.

enreixat m. iron railing.

en renou disorderly; disarray.

enrenou m. disorder; riot; disturbance; noise; excitement.

enrera backwards; in the rear.

enretirar to draw aside; move away.

enrevessat, -ada difficult; intricate; obscure.

507

enribetar to bind; trim; adorn; border.

enrinxolar-se to curl naturaly.

enriolar-se to get merry; to get jolly.

enriolat, -ada cheerful; gay; riant.

enriquir to enrich.

enriquir-se to become wealthy; be enriched.

enrobustir to make s t r o n g ; strengthen.

enrocar (chess) to castle.

enrogallar-se to get hoarse; go hoarse.

enrogiment m. blush.

enrogir to redden; blush.

enrojolar-se to blush.

enrolament m. enrollment; enlistment.

enrolar to recruit.

enroscar to twine; coil; twist.

enrotllable roll-up; rollable.

enrotllar to roll; coil; wind; circumvolve.

enrullar-se to curl.

enrunar to ruin; put down; demolish.

ens m. being.

ens us.

ensabonada f. flattery.

ensabonar to soap. / to flatter.

ensaïmada f. cake made of a coiled shred of puff paste.

ensalivar to wet with saliva.

ensangonar to ensanguine; stain with blood.

ensarronada f. coaxing; wheedlings.

ensarronar to trick; deceit.

ensellar to saddle.

ensems together; jointly. / at one time; at the same time.

ensenya f. badge. / banner; ensign.

ensenyament m. dicipline; training; teaching; instruction; education.

ensenyança f. schooling; education.

ensenyar to teach; instruct; discipline. / to show; produce; point out.

ensenyorir-se to take possession; make oneself the master (of).

ensetinar to satin; satinize.

ensetinat, -ada satin-like; shiny; satiny.

ensibornador, -a briding; suborner.

ensibornar to bribe; suborn; lure.

ensinistrador m. trainer; instructor.

ensinistrador, -a that trains or instructs.

ensinistrar to train.

ensofrar to sulphur. / to sulphurate.

ensolcar to channel; guide.

ensonyament m. sleepiness; drowsiness; doziness.

ensonyar-se to become drowsy; drowse; doze.

ensonyat, -ada sleepy.

ensopegada f. stumble.

ensopegar to stumble; trip.

ensopiment m. weariness; tedium; drowsiness.

ensopit, -ida drowsy; wearisome; monotonous.

ensordir to deafen.

ensorrada sinking.

ensorrar to sink; ruin; destroy; pull down.

ensotat, -ada sunken.

ensucrar to sugar; put sugar in; sweeten.

ensucrat, -ada sugared; sweet; sugary.

ensulsiada f. crumbling; falling down; abrupt falling; collapse.

ensumada f. n o s i n g around; smelling.

ensumar to sniff; smell out.

ensuperbiment m. haughtiness.

ensuperbir to make proud, haughty, arrogant.

ensurt m. shork; start; fright; scare.

ensutjar to soil; slubber; dirty; stain.

entabanar to get round; coax.

entaforar to thrust; introduce; hide; put hurriedly.

entalla f. groove.

entallar to groove; notch. / to sculpture; carve; engrave.

entapissar to carpet; upholster.

entarimat m. boarded floor; planking; stage.

entatxar to stud.

entatxonar to cram together; squeeze together.

entaular to start (a conversation, a friendship).

entaular-se to sit down to table.

entaulat, -ada seated at table.

entelar to tarnish; dull; steam up.

entelat, -ada steamy; misty.

entelèquia f. entelechy.

entendre to understand; make out.

entendriment m. tenderness.

entendrir to soften; melt; affect; touch.

entenent m. V. **donar entenent.**

enteniment m. mind; intellect; knowledge.

entenimentat, -ada sane; sensible; judicious.

enter m. whole number.

enter, -a entire; whole; complete. / strong; honest.

enterament entirely; fully; quite.

enterenyinar-se to be covered with cob-webs.

enterenyinat, -ada covered with cob-webs.

enterboliment m. mudding; pollution.

enterbolir to confuse; make turbid; trouble; muddle.

enterc, -a stubborn; obstinate.

enteresa f. entirety; integrity; uprightness.

en terra ashore.

enterrament m. burial; interment. / funeral.

enterramorts m. gravedigger; sexton.

enterrar to bury; inter.

entès, -esa understood.

entesa f. agreement; accord; understanding.

entestar-se to get obstinate; insist; persist.

entitat f. society; firm; company; organization. / entity.

entollar to swamp; flood.

entomar to catch; seize (holding out hands, apron, etc.).

entomologia f. entomology.

entonació f. intonation.

entonament m. arrogance; haughtiness, conceit.

entonar to tune; intone. / to match (colours). / to tone up; put right.

entonat, -ada haughty; stuck-up; conceited.

entorn m. around.

entorns m. pl. outskirts; surroundings.

entornar-se to shrink.

entortolligament m. coiling.

entortolligar to twine; coil.

entorxat m. braid; braiding; woven into a band.

entossudir-se to get obstinate; insist; persist.

entrada f. entrance; entry; inlet; way in. / ticket. / door-way; gate-way.

entrampar to tramp; trap; entrap.

entrampar-se to run into debt.

entrant m. hors d'oeuvres.

entranya f. the innermost part; the bottom.

entranyable most affectionate; intimate.

entranyablement affectionatelly.

entranyes f. pl. entrails; vitals.

entrar to get in; enter; go in; come in.

entravessar-se to cross; intersect; put across.

entre among; amongst. / between.

entreacte m. entr'acte; interval.

entrebadar-se to half-open; be ajar.

entrebanc m. trouble; hindrance; obstruction.

entrebancar to obstruct; hinder; get in the way of; hamper; arise an obstacle against the feet.

entrebancar-se to stumble; trip; interfere.

entrecanviar to exchange.

entrecella f. intercilium; space between the eyebrows.

entreclaror f. tenuous light; glimmer.

entrecot m. sirloin.

entrecreuar-se to intercross.

entrecuix m. inner surface of the thighs.

entredir to prohibit; forbid.

entredit m. interdicted; under interdict; prohibit.

entredós m. insertion (sewing).

entrefinestra f. pier; brickwork between windows.

entreforc m. fork (tree).

entregirar-se to half turn oneself.

entrellaçar to interlace; intertwine.

entrellat m. enigma; mystery; hidden reason.

entrellucar to see imperfectly.

entrellum m. glimpse; half light.

entremaliadura f. roguishness; frolic.

entremaliat, -ada rogue; naughty; imp; mischievous.

entremès m. side-dish; relish. / interlude farce.

entremig amongst; between.

entrenador m. trainer; person who trains.

entrenament m. training; coaching.

entrenar to train; coach; discipline; drill.

entreobrir to half-open.

entrepà m. sandwich.

entresol m. entresol; mezzanine.

entresolat attic; garret; loft; upper part of a story divided in two.

entresolc m. space between furrows.

entresuar to sweat lightly.

entresuat, -ada lightly sweating.

entretant meanwhile.

entreteixir to interweave.

entretela f. interlining.

entretemps m. spring or autumn; between season.

entreteniment m. amusement;

entertainment; game; pastime.

entretenir to entertain; amuse. / to make bearable. / to postpone; delay; detain.

entretingut, -uda entertaining; amusing. / long (work).

entreveure to see imperfectly. / to glimpse.

entrevista f. interview.

entrevistar-se to hold an interview.

entristir to s a d d e n ; darken; grieve.

entroncament m. junction; connexion; relationship.

entroncar to make a junction; join; be connected.

entronitzar to throne; enthrone; exalt.

entumir to benumb; numb.

entumir-se to swell.

entusiasmar to fill with enthusiasm; enrapture; transport; excite.

entusiasme m. e n t h u s i a s m ; warmth; zeal; excitement.

entusiasta enthusiastic.

enuig m. anger; a n n o y a n c e; frown; irritation.

enumerar to enumerate.

enunciar to enunciate.

en un no res in an instant.

en un tres i no res in an instant.

enutjar to aggravate; annoy; displease.

enutjós, -osa annoying; irritating; tiresome.

envà m. thin wall; partion-wall.

envaïment m. invasion.

envair to invade.

envalentiment m. encouragement; emboldening.

envalentir-se to grow bold; grow daring.

envaniment m. conceitedness; vainness; conceit; vanity. / vainglory pride.

envanir to make vain.

envanir-se to become vain; swell with pride.

envàs m. cask; vessel; bottle; can; tin.

envasar to cask; bottle; pack; can; put into a container.

enveja f. envy; grudging; jealousy.

envejable enviable.

envejar to envy; covet.

envejós, -osa envious; jealous.

envelat m. large tent; awning (for feasts).

envellir to grow old.

envellit, -ida grown old; old-looking; aged.

envellutat, -ada velvety; velvet-like.

enverdir to grow green.

envergadura f. breadth; wingspan; expanse; span. / reach.

enverinament m. poisoning.

enverinar to poison; envenom. / embitter.

envermellir to redden.

envermellir-se to blush; redden.

envernissar to varnish.

envers towards to.

envestida f. rush; charge; push; attack.

envestir to thrust; rush against; collide.

en veu alta aloud.

enviar to send; dispatch. / to refer.

envidar to bid; bet.

envigorir invigorate; encourage.

envilir to debase; degrade.

envinagrar to put vinegar into.

envinagrat, -ada seasoned with

vinegar. / irritated; grim-faced.
en virtut de in virtue of.
envit m. offer; stake; side-bet.
envitricoll m. tangle; mess.
envoltar to encircle; surround; belt; environ.
envolupar to involve.
enxampar to surprise; take unaware.
enxampurrat, -ada jabbered.
enxarolar to varnish; j a p a n ; polish.
enxiquir to make smaller.
enxubat, -ada rarefied.
enyor m. homesickness.
enyoradís, -issa nostalgic; homesick.
enyorament m. homesickness.
enyorança f. homesickness; nostalgia; regret.
enyorar to miss; regret; pine for; yearn for.
enze dull; silly; stupid; fool.
ep! hark!; hey!
èpic epic; epical.
èpica f. epic poetry.
epicèn, -ena epicene.
epidèmia f. epidemic.
epidèmic, -a epidemic, epidemical.
epidermis f. epidermis.
Epifania f. Epiphany.
epigastri m. epigastrium.
epígraf m. epigraph. / inscription. / headline; title.
epigrama m. epigram; witticism.
epíleg m. epilogue; summing up.
epilèpsia f. (path.) epilepsy.
episcopat m. episcopacy; episcopate; prelacy.
episodi m. episode; incident.
epístola f. epistle; letter.
epitafi m. epitaph.
epitalami m. epithalamium.

epiteli m. epithelium.
epítet m. epithet.
epítom m. epitome.
època f age; era; epoch; tide; time.
epopeia f. epopeye; epic poem.
equació f. equation.
equador m. equator.
equànime equanimous; c a l m ; composed.
equanimitat f. equanimity.
equatorial equatorial.
eqüestre equestrian.
equí, -ina equine.
equidistància f. equidistance; equal distance.
equidistar to be equidistant.
equilàter, -a equilateral.
equilibrar to balance; equilibrate; counterbalance.
equilibri m. balance; equilibrium.
equilibrista m. f. equilibrist; acrobat.
equinocci m. equinox.
equip m. team. / equipment; outfit; kit; tackle.
equipament m. equipment.
equipar to equip; outfit; furnish.
equiparar to compare.
equipatge m. luggage; baggage.
equitació f. horsemanship; horse riding.
equitat f. equity; fairness; impartiality.
equitatiu, -iva equitable; fair.
equivalència f. e q u i v a l e n c e ; equivalency.
equivalent worth; equivalent.
equivaler to be of equal value; be equivalent; offset.
equívoc m. mistake; ambiguity.
equívoc, -a equivocal; ambiguous.
equivocació f. mistake; error; blunder; misunderstanding.

equivocar to mistake; err; be wrong; miss.

equivocat, -ada wrong; mistaken; erroneous.

era f. era; age. / threshing floor.

erari m. exchequer; public treasury; fisc.

erecció f. erection; raising; foundation.

erecte, -a standing up.

eremita m. hermit; eremite.

eriçar-se to bristle; rise on end.

eriçó m. hedgehog.

erigir to erect; rear; build.

erisipela f. erysipelas.

erm, -a waste; barren; wilderness.

ermini m. (zool.) ermine; stoat.

ermita f. hermitage; isolated; chapel.

ermità m. hermit.

ermot m. uncultivated land; moor.

erosió f. erosion.

erosionar to erode.

erotisme m. erotism.

errada f. fault; mistake.

errant errant; wandering.

errar to miss; err; misjudge; mistake

errat, -ada amiss; astray; erroneous; mistaken.

errata f. erratum.

erroni, -ònia wrong; erroneous; incorrect.

error m. f. error; lapse; wrong; mistake; aberrancy.

ert, -a stiff; erected.

eructar to belch; eructate.

eructe m. eructation; belching.

erudició f. knowledge; scholarship; learning.

erudit, -a scholar; erudite; booklearned.

eruga f. caterpillar.

erupció f. eruption; outburst.

es ref. pron. itself; himself; herself; themselves.

esbadellar-se to open (flowers). / to split; crack.

esbalaïment m. astonishment; wonder; shock.

esbalair to amaze; astound; shock.

esbaldir to rinse.

esbaldrec m. breach; gap.

esbandir to rinse.

esbargiment m. recreation; amusement.

esbargir-se to amuse oneself; have a good time.

esbarjo m. recreation; amusement; relaxation.

esbarriar to scatter; mislay.

esbart m. party of dancers.

esbarzer m. bramble; blackberry bush.

esbatanar to open wide.

esbatec m. flapping of wings.

esbategar to flutter; flap the wings.

esbatussar-se to beat each other in a quarrel.

esberla f. crevice; cleft; fissure.

esberlar to cleave; split; breack.

esbiaixada f. bias; obliquity; slant.

esbiaixar to slope; slant; cut on the bias.

esbirro m. wicked man.

esblaimar-se to be bleached; lose colour.

esblanqueir-se to turn white; blanch.

esblanqueït, -ïda pale; pallid; colourless.

esbocinar to shatter; tear to pieces.

513

esbojarrament m. thoughtless; stunned state.

esbojarrar-se to get bewildered.

esbojarrat, -ada scatter-brained; bewildered.

esbombar to divulge; spread.

esborradís, -issa easily delible.

esborrador m. blackboard-duster.

esborrall m. ink blot.

esborrany m. draft; rough copy.

esborrar to rub out; cancel.

esborronament m. horror; fright.

esborronar to horripilate; make the hair (of somebody) stand on end.

esbós m. sketch; rough study.

esbossar to sketch; give an outline.

esbotzar to squash; smash.

esbravar-se to unbosom oneself; vent one's anger.

esbrinar to investigate; detect; desclose one's grief. / to remove the strings (of vegetables).

esbrollar to clear of weeds; clear of undergrowth.

esbroncar to scold.

esbrossar V. **esbrollar.**

esbufec m. puffing; puff.

esbufegar to breathe hard; puff.

esbullar to ruffle the hair; dishevel.

esca f. touchwood. / incentive.

escabellar V. **esbullar.**

escabetx m. pickle; souse; marinade.

escabetxar to pickle; marinate; preserve in a marinade.

escabetxina f. massacre.

escabrós, -osa scabrous harsh, rough; uneven; risky.

escac m. check; pattern of squares.

escac al rei check (chess).

escacat, -ada checkered.

escac i mat checkmate.

escacs m. pl. chess.

escadusser, -a left over; remaining.

escafandre m. diving suit; scaphander.

escafandrer m. diver with scaphander.

escaguitxar to pay money reluctantly.

escaguitxar-se to fray; become ravelled out.

escaiença f. fitting; adjusting; good choice.

escaient fit; suitable.

escaig m. fraction; surplus; part.

escaiola m. scagliola. / stucco.

escaiola f. bird-seed.

escairar to square.

escaire m. square; drawing triangle.

escala f. ladder stairs; staircaise. / range. / port of call. / scale; series of tones in music.

escalada f. climb; climbing; scaling.

escala de cargol f. winding staircase.

escalador m. mountain climber; scaler.

escalafó m. register; roll; army list; scale.

escalar to climb; scale; escalade. / to be promoted (to the rank of).

escaldada f. scald; scalding.

escaldar to scald; burn with hot liquid.

escaldat, -ada scalded; blanched. / cautious; wary.

escaldufar to cook superficially.

escaldums m. pl. fricassee.
escalè, -ena scalene.
escàlem m. rowlock.
escalf m. heat; warmth.
escalfador m. heater.
escalfallits m. bedwarmer.
escalfapanxes m. fireplace.
escalfapeus m. foot warmer.
escalfar to heat; warm.
escalfar-se to get warm.
escalfeta f. small fire pan.
escalfor f. hotness; heat.
escalinata f. flight of steps; front of steps; perron.
escalivada f. cooking by means of embers.
escalivar to cook at the hot ashes.
escalonar to do in stages; place at intervals.
escalonat, -ada graded; s t a g-gered.
escama f. scale; flake.
escamarlà m. Norway lobster (crustacean).
escambell m. stool.
escamnar to cause distrust or suspicion.
escamós, -osa scaly; squamous; covered with scales.
escamot m. patrol; gang.
escamoteig m. sleight of hand; jugglery.
escamotejador m. prestidigitator.
escamotejar to juggle; make disapear by sleight of hand.
escampa prodigal; squanderer; embezzler, wastrel.
escampada f. spreading; scattering; broadcast.
escampadissa f. spreading; scattering.
escampall m. spreading; scatering.

escampar to spread; scatter.
escampat, -ada widespread.
escandalitzar to escandalize; disedify. / to make a lot of noise.
escandall m. (naut.) sounding-lead. / price fixing.
escandalós, -osa shocking. / noisy; loud. / scandalous.
escandinau, -ava Norse; Scandinavian.
escàndol m. scandal; schocking. / tumult; noise.
escantellar to chip; dent the edge of; nick.
escantonar V. **escantellar.**
escanyallops m. (bot.) wolf's bane; aconite.
escanyapobres m. money lender.
escanyar to throttle; shoke; strangle.
escanyolit, -ida meagre; thin; lean.
escanyussar-se to choke; stick in (someone's) throat.
escap m. escape; means of escape.
escapada f. escape; flight.
escapament m. exhaust; release. / escape; flight.
escapar to escape; run away.
escapar-se to flee; run away; escape.
escapatòria f. way out; loophole; means of evasion.
escapçar to cut off the top; lop; behead.
escàpol, -a fugitive; fleeing.
escapolir-se to flee; slip; slip away.
escàpula f. scapula; shoulder blade.
escapulari m. scapulary.
escaquer m. chessboard.

escaquista m. f. chess player.
escarabat m. (ent.) beetle; cockroach.
escarafalls m. pl. fuss; theatricality.
escaramussa f. skirmish; contest.
escaramussar to skirmish; to engage in fight between small parts of armies.
escarapel·la f. rosette; badge; cockkade.
escarbotar to scratch; scrape.
escarceller m. warder; jailer.
escardalenc, -a meagre; lean.
escardot m. (bot.) thistle.
escarlata scarlet; crimson.
escarlatina f. (path.) scarlet fever.
escarment m. punishment; chastisement; example; warning; lesson.
escarmentar to inflict an exemplary punishment. / to take warning.
escarni m. scoffing; mock; derison.
escarnir to mimic; mock; ape; copy in mocking way; imitate.
escarola f. (bot.) endive.
escarpa f. steep slope.
escarpat, -ada steep; rugged; sheer.
escarpell m. rasp.
escarpí m. thin-soled shoe.
escarpidor m. large toothed comb. / carder.
escarpir to untangle (hair); comb (wool, silk).
escarpra f. cold chisel; chisel.
escarransiment m. meanness.
escarransit, -ida mean; stingy.
escarràs m. drudge. / cluster, bunch.

escarrassar-se to toil; drudge.
escarrassat, -ada wretched; hardworking; drudge.
escarxofa f. (bot.) artichoke.
escàs, -assa scanty; scarce; short; spare.
escassament scarcely; hardly.
escassejar to lack; be scarce.
escassetat f. shortage; lack; scarcity.
escata f. scale; flake.
escatainar to cackle; cluck (hens).
escataineig m. cackle.
escatimar to give sparingly; curtail; lessen; stint.
escatinyar to scratch; scrape.
escatir to clear up; elucidate.
escaure to suit; fit; be becoming; please.
escaure's to happen; occur; fall; coincide.
escena f. scene; view. / stage.
escenari m. scenery; setting; stage.
escenificar to adapt for the scene.
escenògraf m. scenographer. / scene painter.
escèptic, -a sceptical; skeptical.
escepticisme m. scepticism; skeptical.
escissió f. scission; division; schism.
esclafar to smash; crush; quash.
esclafat, -ada flattened; ground; broken down.
esclafiment m. crack; crash; outburst.
esclafir to break forth; burst out.
esclafit m. snap; outburst.
esclariment m. clearing up; elucidation.
esclarir to clear up; elucidate.

esclarir-se to dawn; break (the day). / to grow calm; clear up.

esclat m. crackling; burst; explosion; outburst. / splendour; brightness.

esclatar to burst; explode.

esclata-sangs eatable mushroom.

esclau m. slave.

esclau, -ava slave; slavish; captive; drudge; enslaved.

esclava f. slave. / kind of bracelet; bangle.

esclavatge m. V. esclavitud.

esclavitud f. slavery. / yoke; servility.

esclavitzar to slave; enslave. / to chain; overwork.

escletxa f. cleft; crevice; crack.

esclofa f. shell; hard outer covering (eggs, nuts).

esclòfia f. V. esclofa.

esclofollar to shell; take the hard covering off (nuts).

esclop m. clog; wooden shoe.

escó m. bench with back, esp. at the fireplace.

escocès, -esa Scottish; Scotch.

escodrinyar scrutinize.

escola f. school.

escolà m. altar boy; acolyte.

escolania f. altar boys' choir.

escolapi m. Escolapian; Piarist.

escolar m. f. scholar; pupil; student.

escolar scholar-like; scholary; scholastic.

escolar-se to bleed; lose the blood.

escolàstic, -a scholastic; scholastical; Thomist.

escolàstica f. scholasticism; Thomism.

escollarat, -ada low-necked.

escollir to choose; pickout; elect; select.

escollit, -ida select; choice; selected.

escolta! hark!

escolta m. scout; boy scout.

escoltar to listen; harken.

escolteu! hark!; I say!

escoltisme m. scouting (boyand girls scouts).

escombra f. broom.

escombrada f. sweeping.

escombraire m. sweeper.

escombrar to sweep.

escombraries f. pl. rubbish; refuse; sweepings.

escombriaire m. dustman.

escomesa f. rush; dash; assault; attack.

escometre to thrust; assail; attack.

escopeta f. shotgun; gun; rifle.

escopetejar to fire each other (insults, questions, commandments).

escopeter m. gunman; gunner.

escopidora f. spittoon; spitbox.

escopinada f. spit.

escopinya f. quahog (mollusc).

escopir to spit.

escorça f. bark (vegetable skin of trees).

escorçar to bark (a tree).

escorcoll m. frisking; searching.

escorcollar to ransack; search; frisk.

escòria f. slag; dross.

escorpí m. scorpion.

Escorpió m. Scorpio.

escorredís, -issa sliding; slippery.

escorredor, -a sliding.

escorredora f. colander.

escórrer to drain; wring.

escórrer-se to slip out; slip away.

escorrialles f. pl. last dregs; leavings; crumbs.

escorta f. escort.

escortar to escort.

escorxador m. butchery; slaughter house; abatoir. / butcher; slaughterer.

escorxar to skin flay. / to decorticate; strip the bark from.

escot m. low-neck.

escotar to lower the neckline of (dress).

escotat, -ada low-necked.

escotilla f. hatchway.

escotilló m. scuttle; trap-door.

escreix m. increase.

escridassar to scold.

escriptor m. writer; author.

escriptora f. writer; authoress.

escriptori m. writing desk; desk; bureau.

escriptura f. hand-writing; character; script. / scripture.

escripturar to establish by deed or legal instrument.

escrit m. writing.

escriure to write.

escrivà m. actuary; registrar; public clerk.

escrivania f. writing-desk; ornamental inkstand. / public clerk's office.

escrivent m. amanuensis; clerk.

escròfula f. (path.) scrofula.

escrofulós, -osa scrofulous; strumous.

escrostonar to break the edge of.

escruixidor, -a frightful; thrilling.

escruixir to upset; shake; thrill.

escrúpol m. scruple.

escrupolós, -osa scrupulous.

escrupolositat f. scrupulosity; scrupulousness.

escrutar to scan; scrutinize.

escrutini m. scrutiny; counting of votes.

escuat, -ada tailless; with the tail cut off.

escudar to shield.

escudella f. bowl; porringer. / dish of vegetables, rice, noodle, etc., cooked with (in) broth; soup; pottage.

escudella de pagès f. stew; hotch-potch.

escudellar to help or serve soup from the porringer to the plates.

escuder m. squire; shield bearer.

escull m. rock just below or above the surface of the sea; reef.

escullera f. breakwater.

esculpir to sculpture; engrave; chisel.

escultor m. sculptor.

escultòric, -a sculptural.

escultura f. sculpture.

escultural sculptural; sculpturesque.

escuma f. foam; spray; skim.

escumadora f. skimmer.

escumar to skim.

escumejant foamy.

escumejar to foam.

escumós -osa sparkling.

escurabutxaques m. catchpenny. / bamboozler.

escuradents m. toothpick.

escurapous m. well digger.

escurar to clean; prune; pick; clear up; scrape together.

escura-xemeneies m. chimneysweep; one who removes the soot from chimneys.

escurçar to shorten.
escurçó m. vipper; adder.
escut m. shield.
esdentegat, -ada toothless.
esdernegar to smash; crash.
esdevenidor m. future; futurity.
esdeveniment m. event; incident.
esdevenir to become; happen; come; develop.
esdrúixol, -a proparoxytonic; accented on the antepenultimate syllable.
esfera f. sphere; globe; dial. / range.
esfereïdor, -a terrifying; dreadful.
esfereïment m. fright; terror.
esfereir to terrify; terrorize.
esfèric, -a spherical; globular.
esfilagarsar to fray; ravel.
esfinx m. f. sphinx.
esflorar to deflower.
esfondrar to demolish; pull down.
esfondrar-se to crumble; fall to pieces.
esforç m. effort; strain; stress.
esforçar-se to endeavour; strain; stress; exert; strive; toil.
esfulladís, -issa easy, tendentious to be defoliated.
esfullar to defoliate; strip the leaves off.
esfumar to stump; tone down; soften.
esfumar-se to fade; vanish; disappear; evanesce.
esfumí m. stump (drawing).
esgaiar to cut on the bias; slant.
esgargamellar-se to shout oneself hoarse.
esgarip m. shrill; shriek.
esgarrapada f. scratch.

esgarrapar to scratch.
esgarriacries m. f. hindering person.
esgarriar to mislead; lead stray.
esgarriar-se to stray; stragle; go wrong.
esgarriat, -ada stray; astray; lost; on the wrong road.
esgarrifall m. exaggerated show of fear.
esgarrifança f. chill; thrill; shuddering; goose-skin.
esgarrifar to thrill; horrify; make someone's hair stand on end.
esgarrifar-se to shudder; shake; tremble.
esgarrifós, -osa thrilling.
esgarrinxada f. scratch.
esgarrinxar to scratch.
esgavellament m. disorder; confusion; chaos.
esgavellar to make rickety; disjoint.
esglai m. fright; scare; shock; sudden alarm.
esglaiador, -a dreadful; frightful; awful.
esglaiar to frighten; scare.
esglaiar-se to startle; take fright.
esglaó m. stair; step (stairs).
església f. church.
esglesiola f. little church; chapel.
esgotador, -a exhausting.
esgotament m. exhaustion.
esgotar to exhaust; use up; finish.
esgotat, -ada exhausted; worn out; weary. / out of print.
esgranar to thresh; pick the grapes from.
esgratinyar to scratch.
esgrima f. fence; fencing; art of fighting with swords.

esgrimir to fence. / to wield; brandish. / to make use of.

esgrogueir-se to pale; turn pale. / to be yellowish; show yellow.

esgrogueït, -ïda yellowish. / sallow.

esgrumollar to dissolve coagulated mass.

esgrunar to crumb; break into small pieces.

esguard m. look; regard; glance.

esguardar to look; look at; observe; eye; gaze. / to consider; bear in mind.

esgüell m. shriek; squeak.

esguerrada f. cripple (woman). / error; mistake.

esguerrar to fail; spoil; waste; miss; maim.

esguerrat m. cripple; injured; disabled person.

esguerrat, -ada abortive; wasted; maimed.

esguerro m. error; mistake; blunder.

eslau, -ava Slav; Slavic.

eslip m. bathing trunks; trunks.

esllanguir-se to languish.

esllavissada f. sliding.

esllavissar-se to fall to pieces; crumble; slip.

esllenegar to strain.

esllomar to break someone's back; exhaust; wear out.

eslògan m. slogan; catchword for causing public interest.

eslora f. length of a ship.

esma f. tact; aptitude; fittness; ability; skill.

esmalt m. enamel.

esmaltar to enamel. / to varnish; paint.

esmaperdut, -uda wild; reckless.

esmaragda f. emerald.

esmena f. correction; amends.

esmenar to correct; mend.

esment m. mention; notice; reference.

esmentar to mention; quote; cite; name.

esmerçar to use; employ; spend.

esmeril m. emery.

esmerilar to emery; polish with emery.

esmicolar to mince; crumble.

esmocadores f. pl. snuffers; a pair of snuffers.

esmocar to snuff.

esmolador m. grinder.

esmolar to sharpen; grind; whet.

esmolet m. knife-grinder.

esmollar to crumble.

esmorteïdor, -a muffling; deadening.

esmorteir to soften; deaden; muffle.

esmorzar m. breakfast.

esmorzar to breakfast.

esmotxar to lop; cut; scoop out; cut away the out going parts.

esmunyir-se to slip away; slide.

esmús, -ussa blunt.

esmussar to blunt; dull. / to set the teeth on edge.

esmussat, -ada blunt.

esnob snob; foolish admiring of new things.

esnobisme m. snobism; snobbery.

esòfag m. (anat.) oesophagus; gullet.

espacial spatial.

espadanya f. (bot.) bulrush. / small belfry on hermitages; bellgable.

espadar to braxe; scutch.

espadat, -ada cliffy; steep, sheer.

espadatxí m. swordsman.
espadella f. hemp-brake.
espai m. space; stretch; room; area; span; gap.
espaiar to space.
espai en blanc m. blank.
espaiós, -osa roomy; spacious.
espallussar to thresh.
espant m. fright; shock; scare.
espantadís, -issa timid; scary; easily frightened.
espantall m. scarecrow; bugaboo.
espantallops m. (bot.) bladder senna.
espantamosques m. whisk; flyflap.
espantaocells m. scarecrow; packstraw.
espantar to frighten; startle.
espantar-se to startle; get scare; get frightened.
espantós, -osa shocking; ghestly; awful; fearful.
espanyar to break open; force the lock.
espanyol m. Spaniard.
espanyol, -a Spanish.
espaordir to frighten; feel dread.
esparadrap m. sticking plaster.
espardenya f. rope-soled sandal; canvas shoe.
espardenyer m. manufacturer of canvas shoes.
espardenyeria f. canvas shoe shop.
espargiment m. relaxation; recreation. / disemination; scattering.
espargir to spread; scatter.
esparpellar-se to open the eyes shaking sleepiness.
esparrac m. rag; tatter.
esparracar to tear; rip up.

esparracat, -ada ragged.
espàrrec m. asparagus; asparagus shot.
esparreguera f. (bot.) asparagus (plant).
espars, -a loose; apart; separate; dispersed; free.
espart m. (bot.) esparto grass.
espartà, -ana Spartan.
esparver m. sparrow hawk.
esparverar to startle; frighten
espasa f. sword; blade; brand.
espasí m. court sword; rapier.
espasme m. spasm.
espasmòdic, -a spasmodic; convulsive.
espat m. (min.) spar.
espaterrant astonishing; wonderful; amazing.
espaterrar to astound.
espaterrat, -ada stupefied; thunderstruck; amazed.
espatlla f. (anat.) shoulder.
espatllar to spoil; damage put out of order; hurt.
espatller m. back (of a seat); seat-back. / ladies' shawl; shawl.
espatllera f. seat-back.
espatotxí m. clever person; lively person.
espàtula f. spatula.
espavilar to enliven; rouse; awaken.
espavilat, -ada active; smart; lively; watchful.
espècia f. spice.
especial special; especial; particular.
especialista m. f. specialist; expert.
especialitat f. speciality; specialness.
especialitzar-se to specialize.

521

espècie f. sort; kind; class; species.

específic m. specific; remedy.

especificar to specify; define; individualize.

espectacle m. spectacle; sight; show; display.

espectacular spectacular.

espectador m. spectator; looker on; onlooker.

espectral spectral. / ghostly.

espectre m. spectre; phantom. / spectrum.

espectroscopi m. (opt.) spectroscope.

especulació f. speculation; contemplation; surmise.

especulador, -a speculating.

especular to speculate.

espeleòleg m. speleologist.

espeleologia f. speleology; potholing.

espellifar to maim; cripple.

espellifat, -ada ragged; shabby.

espellofar to peel; decorticate.

espelma f. candle; sterin candle.

espera f. suspense; wait; expectation. / delay.

esperança f. hope. / expectation.

esperançat, -ada hopeful.

esperanto m. Esperanto.

esperar to wait; await. / look forward; expect. / hope.

esperit m. spirit; ghost; soul; mind.

esperitat, -ada worker-up. / possessed (by an evil spirit).

Esperit Sant m. Comforter; Holy Ghost.

esperma f. sperm.

espernegar to shake the legs.

esperó m. spur.

esperonador, -a stimulating.

esperonar to poke; prod; prick; spur. / to incite; encourage; stimulate.

espès, -essa thick dense; close. / awkward; clumsy.

espesseir V. **espessir**.

espessir to thicken; make closer.

espessor f. thickness; density; stiffness; closeness.

espetarrecs m. pl. sparking; sputtering; crackle.

espetarregar to crackle; spark; crepitate.

espetec m. snap; outburst; crack.

espetegar to crackle; crack; spark.

espeternec m. stamping with the feet; kicking.

espeternegar to stamp; kick.

espí m. thornbush; hawthorn.

espia m f. spy.

espiadimonis m. (ent.) libellula; dragonfly.

espiament m. peep.

espiar to spy; peep; sneak.

espiell m. peephole.

espiera f. peephole; small hole through which one can have a peep.

espieta m. f. tale-bearer.

espifiada f. blunder; bloomer.

espifiar to miss (blow, stroke, playing games).

espiga f. spike.

espigar to ear; form ears (grain).

espigat, -ada tall; g r o w n. / eared (grain).

espigó m. breakwater; pier.

espígol m. (bot.) lavender.

espigolar to glean; research.

espill m. mirror.

espina f. thorn; fish-bone; bone.

espinac m. spinach.
espinada f. (anat.) spine; backbone.
espina dorsal (anat.) spine; back-bone.
espingarda f. long Moorish musket.
espinguet m. shrieking voice.
espinós, -osa spiny; thorny; prickly; briery. / arduous.
espionatge m. espionage; practice of spying.
espira f. spire; loop. / spark; sparkle.
espiral f coil; spiral; winding spiry. / hair-spring (watch).
espirall m. air hole; breather.
espirar to expire; exhale.
espiritisme m. spiritualism; spiritism.
espiritual spiritual.
espiritualitat f. spirituality.
espiritualitzar to spiritualize.
espirituós, -osa strong (as wine); spirited; lively.
espitllera f. loophole.
espitrar to uncover the breast.
espitregar-se to bare one's breast.
espitregat, -ada with the breast uncovered.
esplai m. recreation; amusement; relaxation.
esplaiar to expand.
esplaiar-se to open one's heart. / to amuse oneself.
esplanada f. esplanade.
esplanar to level; flatten.
esplèndid, -a splendid; magnificent; grand.
esplendidesa f. splendour; magnificence; abundance; generosity.
esplendor f. splendour; fulgency.

esplendorós, -osa splendid; radiant; resplendent.
esplet m. abundance; impletion.
espletar to yield; produce a good crop.
esplomar to pluck (a bird).
espluga f. cave; cavern.
esplugar to delouse.
espoleta f. fuse (bombs).
espoliació f. spoliation; dispossession.
espoliar to expoliate; despoil.
espolsada f. dusting; shaking.
espolsadors m. pl. duster made of leather streps.
espolsar to dust.
espona f. bed side.
esponerós, -osa luxuriant; lush.
esponja sponge.
esponjós, -osa spongy; spongious.
esponsalici, -ícia nuptial.
espontaneïtat f. spontaneity.
espontani, -ània volunteer; spontaneous; instinctive.
espontàniament spontaneously.
esporàdic, -a sporadic. / occasional.
esporgada f. pruning.
esporgador m. pruner.
esporgadora f. pruning knife.
esporgar to prune; trim.
esport m. sport.
esportista m. f. sportsman; sportswoman.
esportiu, -iva sportive; sportsmanlike.
esportivitat f. sportsmanship.
esporuguir to frighten; scare; intimidate.
espòs m husband.
esposa f. wife.
esposalles f. pl. betrothal; sponsals.

esprémer to crush; m a s h ; squeeze; press out; wring.
espremuda f. squeezing; pressing; crushing.
esprimatxar-se to taper off; become slim, thin or slender.
esprimatxat, -ada thinnish; rather lean.
espunyir-se to come out of joint.
espuri, -úria spurious.
espurna f. spark; sparkle; flake.
espurneig m. sparking; sputtering.
espurnejant sparkling; scintillant.
espurnejar to spark.
esput m. spittle; sputum.
esputar to expectorate; espit.
esquadra f. squadron. / fleet.
esquarterar to quarter; divide into pieces.
esqueix m. cutting slip.
esqueixada f. codfish salad.
esqueixar to rip; tear off; break away.
esquela f. note; short letter.
esquela mortuòria f. death note; death notice.
esquelet m. skeleton. / frame.
esquelètic, -a skeleton; raw-boned; wasted; thin.
esquella f. cattle bell; bell.
esquellejar to sound cow-bells.
esquellering m. small spherical bell; sleigh bell; jingle.
esquellí rodó m. (eccl.) wheel sorrounded by b e l l s that chime when rounds.
esquellots m. pl. tin-pan serenade.
esquema m. scheme; skeleton; outline; sketch; plan.
esquena f. (anat.) back; back side; rear.
esquenadret, -a idle; lazy.

esquer m. bait; lure; incentive.
esquerda f. crack; flaw; crevice; fissure.
esquerdar to crack; split.
esquerp, -a gruff; unsociable; surly.
esquerra f. left; left-hand.
esquerrà, -ana left-handed.
esquerre, -a left; left-hand.
esquí m. ski.
esquiador m. slider on skis; ski-runner.
esquiar to ski.
esquif m. (naut.) skiff; small boat.
esquifidesa f. littleness; meanness.
esquifiment m. littleness; meanness.
esquifir-se to contract; shrink; shrivel.
esquifit, -ida short; small; shink; mean.
esquilada f. shearing; sheep shearing.
esquilador m. shearer.
esquilar to shear.
esquimal Eskimo.
esquinç m. tear; tearing; rip.
esquinçada f. rent; rip; ripping; tear.
esquinçar to rip; tear; slash; tear up.
esquirol m. (zool.) squirrel.
esquitllada f. slipping off; evasion; evading.
esquitllar-se to escape; slip off; evade.
esquitx m. sprinkle.
esquitxada f. splash.
esquitxar to dash; sprinkle: splash.
esquiu, -iva scornful; evasive.
esquivar to dodge; shun; shirk.

essència f. essence; being; core.

essencial essential.

ésser m. being; existence.

ésser to be.

est m. east.

estabilitat f. steadiness; stability.

estabilitzar to stabilize; steady.

establa f. stable; stall; laystall.

estable m. stable; stall; laystall.

estable steady; stable; firm.

establia f. stable; stall; laystall.

establiment m. establishment; settiement; foundation. / shop.

establir to establish; dispose; found.

establir-se to settle down; set up on one's own (business).

estabornir to daze; stun; make giddy or dizzy.

estaca f. pole; stick; stake; post; peg.

estacada f. palisade; fence; stockade. / blow with a stick or club; cudgel blow.

estació f. station. / season.

estacional seasonal.

estacionament m. parking. / stationing.

estacionar to station; park.

estacionari, -ària stationary.

estada f. stay; sojourn; abidal.

estadant m. lodger; tenant; renter.

estadi m. stadium.

estadista m. statesman. / f. stateswoman.

estadístic, -a statistical.

estadística f. statistics. / statistic.

estafa f. swindle; trick; deceit; cheat.

estafador m. swindler; cheater; impostor.

estafar to swindle; cheat; deceit; trick.

estafeta f. post-office. / courier; messanger on horse.

estalactita f. stalactite.

estalagmita f. stalagmite.

estalonar to tread the heels to someone. / to be at one's heels; run someone close.

estalvi m. saving; sparingness; thrift.

estalviador, -a thrifty; saving.

estalviar to save; spare; economize.

estalvis m. pl. savings. / tablemat.

estam m. worsted.

estament m. estate; class.

estamenya f. serge.

estamordir to stun; muddle. / to frighten; scare.

estampa f. stamped picture; print; engraving. / image; figure; holy-card; card with a religious picture on its obverse.

estampació f. stamping; engraving.

estampar to print; stamp. / to dash against.

estampat m. printed; cloth printing.

estamper m. print or stampmaker (or seller).

estamperia f. print-shop; holy-cards shop.

estampilla f. seal; stamp.

estampillar to seal; stamp.

estanc m. shop where tobacco and postage stamps are sold.

estança f. room; living room. / stanza.

estancament m. standstill; stagnation; checking.

estancar to stanch; hold up; hold back.

estanquer m. tobacconist.

estantís, -issa stagnant.

estany m. (chem.) tin. / pond; pool.

estanyador m. tinsmith.

estanyar to tin; tin-plate.

estaquirot m. quintain; person who stands like a dummy.

estar to be; stay.

estar cansat to be tired.

estar d'acord to agree.

estar dret to stand.

estarrufar to bristle.

estarrufar-se to puff up; become vain.

estar-se to dwell; live in; lodge.

estar-se de to do without; spare.

estar tip de to be sick of.

estat m. state; condition. / state.

estatal state; pertaining to the state.

estatge m. abode; apartment; lodgings.

estatger m. tenent (of house or apartment).

estàtic, -a statical.

estàtica f. statics.

estatjar to lodge; receive as a guest.

estatjar-se to stay; remain (at a place).

estàtua f. statue.

estatuir to establish; ordain; settle; enact.

estatura f. stature; tallness.

estatut m. statutes; regulations; ordinance; rule.

estavellar to smash against.

estavellar-se to be smashed against; crash; dash.

estel m. kite. / star.

estela f. stele; steia.

estelada f. starry sky.

estella f. ship; splinter.

estellar to splinter.

esteHar stellar; sideral.

estenallat, -ada stretched on one's back.

estenalles f. pl. tongs; pair of tongs; pincers; pliers.

estendard m. banner; flag; standard; oriflamme.

estendre to extend; stretch; spread.

estenedor m. drying place.

estenografia f. V. **taquigrafia**.

estepa f. steppe; treeless plain. / (bot.) rock-rose.

esteranyinador m. large broom (for cobwebs).

esteranyinar to clean cobwebs out.

estereoscopi m. stereoscope.

estereotipia f. stereotype-foundry; stereotypography.

estergidor m. pounce-bag.

estergir to stence; pounce.

estèril sterile; fruitless; barren.

esterilitat f. sterility; infecundity; infertility.

esterilitzar to sterilize; make sterile; destroy germs.

esternudar to sneeze.

estèrnum m. (anat.) sternum; breastbone.

esternut m. sneeze.

estès, -esa widespread; stretched out; diffused.

estesa f. things scattered in disorder; scattering; spreading.

estètic, -a esthetic.

estètica f. esthetics.

esteva f. plow-handle.

estiba f. stowage.

estibador m. stevedore; longshoreman.

estibar to stow.
estigma m. birth-mark; stigme; mark; brand. / mark of infamy; affront.
estigmatitzar to stigmatize; brand. / to mark with stigmata. / to affront.
estigmes m. pl. stigmate; marks resembling those made by the nails on the body of Jesus.
estil m. style; form; manner.
estilar-se to use; be used; be normal, in fashion; be customary.
estilet m. stylet. / style.
estilista m. f. stylist; designer.
estilitzar to stylize.
estilogràfica f. fountain pen; pen.
estima f. steem; respect.
estimable estimable; valuable; appreciable.
estimació f. esteem; estimation; regard.
estimar to love. / to estimate; look up to.
estimbada f. headlong fall; failure; flinging down a precipice.
estimball m. precipice; brink; craggy slope.
estimbar to fling down a precipice; precipitate.
estimbar-se to hurl oneself down; fall headlong.
estímul m. estimulus; incentive.
estimulant m. stimulant.
estimulant stimulating; encouraging.
estimular to stimulate; excite; promote.
estintol m. support; shore.
estintolar to prop; underfoot; shore up.
estipulació f. stipulation.

estipular to stipulate; bargain; contract; settle.
estirabot m. absurdity; nonsense; stupid remark.
estiracabells m. (ent.) libellula; dragonfly.
estirada f. pull; draft; stretching.
estirador m. knob; handle (for pulling).
estirar to draw; pull; tug. / to stretch; outstretch.
estirar-se to lie; couch. / to stretch oneself.
estirat, -ada lofty; haughty.
estireganyar to strain; stretch tightly.
estirp f. race; lineage; family.
estisorada f. cut with scissors; snip.
estisores f. pl. scissors; pair of scissors.
estiu m. summer.
estiueig m. summering; estivation; summer holidays.
estiuejant m. f. holidaymaker; summer vacationist.
estiuejar to spend one's summer holidays; summer.
estiuet de Sant Martí m. Indian summer.
estival estival; summer.
estoc m. stock; suply of anything. / rapier; light sword.
estofa f. quality; condition.
estofar to stew (meat).
estofat m. stewed meat.
estofat, -ada stewed.
estoic, -a stoical.
estoïcisme m. stoicism; impassivity.
estoig m. box, case for jewels, etc.
estol m. group; bevy; flock; party.

estola f. stole.

estomac m. beating; thrashing; drubbing.

estómac m. stomach.

estomacada f. beating; thrashing; cudgelling.

estomacal m. stomachal; stomachical.

estomacar to beat; thrash; cudgel.

estona f. while; moment; time.

estopa f. tow.

estopada f. quantity of stow.

estor m window shade; heavy curtain.

estora f. mat; rug.

estorer m. mat maker.

estoreria f. mat shop.

estoreta f. m a t ; straw plait; small mat.

estornell m. (orn.) starling.

estossec m. coughing.

estossegar to cough.

estossinada f. slaughter; massacre; butchery.

estotjar to put aside (a jewel, etc., in a jewel box).

estovada f. thrashing; beating.

estovalles f. pl. table-cloth.

estovar to soften; fluff. / to beat; cudgel.

estrabisme m. strabismus.

estrada f. stage; platform.

estrafer to counterfeit; mimic; imitate.

estrafolari, -ària e c c e n t r i c ; queer; extravagant.

estrall m. havoc; ravage; damage.

estrambòtic, -a strange; queer; odd.

estranger m. foreigner (man).

estranger, -a foreign.

estrangera f. foreigner (woman).

estrangular to strangle; strangulate.

estrany, -a strange; odd; queer; stranger; weird; alien.

estranyar to surprise wonder.

estranyar-se to be amazed; be surprised.

estrassa f. rag; v. **paper d'estrassa.**

estrat m. stratum; layer.

estratagema f. trick; stratagem.

estrateg m. strategist.

estratègia f. strategy.

estratificar to stratify.

estratocràcia f. stratocracy.

estratosfera f. stratosphere.

estratus m. stratus (cloud).

estrebada f. wrench; pull; sudden and violent pull.

estrebar to wrench; pull. / rest on.

estrella f. star.

estrellat, -ada starry.

estremiment m. thrill.

estremir-se to thrill; shudder.

estrena f. tip; handsel. / first use; first performance; première.

estrenar to use for the first time; handsel.

estrenu, -ènua plucky; strenuous; courageous.

estrenyecaps m. nightcap.

estrènyer to tighten; grip; press.

estrenyiment m. tightness; compression; constriction.

estrenyor f. narrowness; poorness; tightness.

estrep m. stirrup.

estrèpit m. din; bang; crash; noisiness.

estret m. strait. / channel.

estret, -a narrow.

estreta de mà f. handshake.

estretor f. narrowness; tightness; poorness; privation.

estri m. utensil; implement.

estria f. stria; flute; groove.

estribord m. starboard.

estricte, -a strict; stern.

estrident shrill; strident; jangling.

estrip m. tear; rip; rag; rent.

estripada f. tear; rent.

estripar to tear; rip.

estris m. pl. implements.

estrofa f. verse; stanza.

estroncar to stanch; dry out.

estronci m. (min.) strontium.

estruç m. ostrich.

estructura f. structure; frame; make.

estructuració f. structuration.

estructurar to construct; organize; structure.

estuc m. stucco; stucco-work; marmoration.

estucador m. stucco-plasterer.

estucar to stucco.

estucat m. stucco-work; stucco.

estudi m. study; learning. / school. / office; study; studio.

estudiant m. student; scholar; learner.

estudiantina f. student band.

estudiar to study. / to cultivate; learn; read; examine.

estudiós, -osa studious.

estufa f. stove; heater.

estult, -a silly; foolish.

estultícia f. silliness; foolishness.

estupefacció f. astonishment; amazement; stupefaction.

estupefacte, -a stupefied; thunderstruck; astonished.

estupefaent m. stupefacient; narcotic.

estupend, -a stupendous; wonderful.

estúpid, -a stupid; awkward; stockish; dull-brained.

estupidesa f. stupidity; silliness; vacuity.

estupor f. torpor; stupor; lethargy; amazement.

esturió m. (ichth.) sturgeon.

esvaïment m. faint; swoon. / defeat.

esvair to defeat.

esvair-se to faint.

esvalot m. disturbance; uproar.

esvalotador, -a noisy; rowdy; rough.

esvalotar to cause disorder; kick up a row.

esvalotat, -ada excited; agitated; mutinous.

esvanir-se to faint; lose consciousness.

esvelt, -a slender; slim.

esveradís, -issa easily-frightened.

esverament m. alarm; restlessness; anxiety.

esverar to stun; rattle; scare.

esverat, -ada giddy; hare-brained.

esvoletegar to flutter; flap.

esvoranc m. gap; hole; opening; breach.

et tou; thee (object).

etapa f. stage; stopping place; phase.

etcètera m. etcetera and so on.

èter m. ether.

eteri, -èria ethereal; ethereous.

etern, -a eternal; endless.

eternitat f. eternity; time without end; the future life.

eternitzar to eternize; eternalize; perpetuate.

ètic, -a ethic; ethical.

ètica f. ethics; morals.

etimologia f. etymology; derivation.

etíope Ethiopian.

etiqueta f. label. / ceremony; etiquette

etiquetar to label.

ètnic, -a ethnic; ethnical.

etnografia f. ethnography.

etnologia f. ethnology.

etnòleg m. ethnologist.

ets i uts m. pl. circumstantials; details; minutiae.

etzibar to utter, give (a blow, a kick).

eucaliptus m. (bot.) eucalyptus.

Eucaristia f. Eucharist.

eufemisme m. euphemism.

eufònic, -a euphonic; euphonical.

eufòria f. euphoria.

euga f. (zool.) mare.

eugassada f. herd of horses.

eunuc m. eunuch.

europeu, -ea European.

èuscar, -a Euskarian; Basque.

eutrapèlia f. moderation in pleasures.

evacuació f. evacuation.

evacuar to evacuate; empty; quit.

evadir to escape; dodge; quit; avoid; evade; shirk.

evangeli m. Gospel.

evangelista Evangelist.

evangelitzar to evangelize; preach the Gospel.

evaporació f. evaporation.

evaporar to evaporate.

evasió f. escape. / evasion; dodge; excuse.

evasiu, -iva evasive; elusive.

evasiva f. evasion; subterfuge; shift.

eventual eventual; fortuitous; contingent.

evidència f. evidence; proof; obviousness.

evidenciar to evidence; prove; make clear.

evident evident; clear; apparent; obvious.

evidentment evidently; obviously; clearly.

evitable avoidable; eludible; evitable.

evitar to avoid; prevent; keep from.

evitern, -a unending; imperishable.

evocació f. evocation; evoking; recollection.

evocador, -a evocative; evocatory.

evocar to evoke; call up; conjure up; recall.

evolució f. evolution; development / evolution; turn; manoeuvre. / change.

evolucionar to change with development.

evolucionisme m. evolutionism.

evolutiu, -iva evolutionary; evolutional.

evònim m. (bot.) prick-timber.

ex- late; former; ex-.

exabrupte m. abrupt; sharp remark; impolite outburst.

exacció f. exaction.

exacerbar to exacerbate; aggravate.

exacerbar-se to exasperate; irritate.

exactament exactly; just; precisely.

exacte, -a exact; precise; right; strict; true; square; accurate.

exactitud f. exactness; accuracy; punctuality.

exageració f. exaggeration.

exagerar to exaggerate; overdraw.

exagerat, -ada exaggerated; exaggerating; farfetched.

exalçament m. praise; exaltation.

exalçar to exalt; praise; extol; ennoble.

exaltació f. exaltation; extolling. / excitement; passion.

exaltar to exalt.

exaltar-se to carry away by passion; work up; get worked up.

exaltat, -ada excitable; hotheaded.

examen m. examination; test; survey.

examen de consciència m. self-examination.

exàmens m. pl. exercises; examination.

examinador m. examiner.

examinand m. candidate; examinee.

examinar to examine; probe; test; view; scan.

examinar-se to sit an examination; take an examination.

exasperar to exasperate; vex.

excavació f. excavation.

excavacions f. pl. excavations (archeological purposes).

excavadora f. excavator; power shovel.

excavar to excavate; hollow.

excedència f. condition of excedent; temporary retirement (employment). / leave pay.

excedent surplus; left over; excessive; on leave.

excedir to exceed; outnumber.

ecedir-se to go too far; overstep; transgress.

excel·lència f. excellence; excellency.

excel·lent excellent; very good.

excel·lentíssim, -a most excellent.

excel·lir to excel; exceed; flare.

excels, -a lofty; sublime.

excelsitud f. loftiness; sublimity.

excèntric, -a eccentrical.

excentricitat f. eccentricity; departure from normal way of conducting oneself.

excepció f. exception; something that does not follow the rule.

excepcional exceptional; unusual; uncommon.

excepte except; but; save; unless.

exceptuar to except; exempt.

excés m. excess; surplus.

excessiu, -iva undue; excessive.

excitació f. excitement; excitation; provocation; commotion.

excitant exciting; appetizing; stimulating.

excitar to excite; prick; rouse; move; stir up; energize.

exclamació f. exclamation; shout.

exclamar to exclaim; cry out.

exclaustrar to uncloister; secularize monks.

excloure to exclude; bar; reject; deprive

exclusió f. exclusion; shutting out.

exclusiu, -iva exclusive; exclusively.

exclusiva f. patent; sole right.

exclusivisme m. exclusivism; exclusionism.

excogitar to excogitate; meditate.

excomunicar to excommunicate; anathemize.

excomunió f. excommunication; anathema.

excrement m. excrement; dirt.

excrements m. pl. feces; dejecta; dregs; faeces.

exculpar to exculpate; exonerate.

excursió f. excursion; trip; tour; picnic.

excursionisme m. excursion habit; hiking; going on trips.

excursionista m. f. tripper; excursionist; hiker.

excusa f. apology; excuse; evasion.

excusar to excuse; except from.

excusar-se to plea; apologize; excuse oneself.

execució f. function; performance; execution.

executant m. f. performer; executant.

executar to execute; perform; transact. / to put to death.

executiu, -iva executive. / prompt; expeditious.

executor m. executor.

exempció f. exemption.

exemplar m. copy; specimen; pattern.

exemplar exemplary; worthy of imitation.

exemple m. example; instance; lead.

exemplificar to exemplify; illustrate.

exempt, -a exempt; free; deprived; bare.

exèquies f. pl. exequies; funeral rites; funeral ceremonies.

exercici m. exercise; drill; practice.

exercir to exert; profess; cultivate. / to practise; in practice; discharge; fulfill; carry out.

exèrcit m. army.

exercitant person in spiritual retreat; exercitant.

exercitar to practice; drill; exercise; train.

exhalació f. exhalation.

exhalar to exhale; breathe for.

exhaurir to exaust; sell out; use up.

exhaurit, -ida out of print. / exhausted; emptied.

exhaust, -a exhausted; deadbeat.

exhaustiu, -iva exhaustive; thorough; complete.

exhibició f. display; show; exhibition.

exhibir to display; show; exhibit; produce.

exhortació f. exhortation; admonition.

exhortar to exhort; admonish; warn.

exhumar to exhume; unbury; disinter. / to dig up.

exigència f. exigence; demand.

exigent exigent; particular; exacting.

exigir to demand; exact; require; urge.

exigu, -a scanty; exiguous.

exili m. exile; banishment.

exiliar to exile.

exiliat m. outcast; exile.

exiliat, -ada exiled.

eximi, -ímia famous; renowned; eximious.

eximir to exempt; except; free; excuse.

existència f. existence; being; life.

existencialisme m. existentialism.

existències f. pl. stock; goods in hand.

existencialista m. f. existentialist.

existent existing; extant. / in stock.

existir to exist; be.

èxit m. success; achievement; hit.

ex-libris m. ex libris; book-plate.

èxode m. exodus.

exonerar exonerate; release; dismiss.

exorbitant exorbitant; excessive.

exorcisme m. exorcism.

exorcista m. exorciser; exorcist.

exordi m exordium; proem.

exòtic, -a exotic; exotical; foreign; odd.

exotisme m. exoticism.

expandiment m. expansion; spread; diffuseness.

expandir to expand; b r o a d ; spread out; extend.

expansió f. expansion; expanding.

expansionar-se to open one's heart. / to have a good time. / to expand.

expatriació f. exile.

expatriar to expatriate.

expatriat, -ada expatriate.

expectació f. expectancy; suspense.

expectant expectant.

expectativa f. expectation; hope; watch for something.

expedició f. dispatch; expedition; shipment; shipping.

expedient m. proceeding; action.

expedir to dispatch; issue; forward; send.

expedit, -a clear; free. / ready; prompt.

expeditiu, -iva expeditive; epeditious; prompt; speedy.

expel·lir to expel; eject.

expendre to expend; sell on commission; retail.

expenedor m. seller on commission; dealer; retailer.

expenses f. pl. expenses; cost; outgoings.

experiència f. experience.

experiment m. experiment; proof.

experimentar to feel; experience; experiment; test; try.

experimentat, -ada experienced; tried.

expert, -a skiful; expert.

expiar to expiate; purify; atone; atone for.

expiatori, -òria expiatory; satisfactory.

expirar to expire; die. / to come to an end. / to exhale; breathe out; expire (air).

explanar to explain; elucidate.

explicable explicable; explainable.

explicació f. explanation. / apology.

explicar to explain; explicate; describe.

eplicatiu, -iva explicative; expository.

explícit, -a explicit; clear; manifest; definite.

exploració f. exploration.

explorador m. explorer; Spanish boy-scout.

explorar to explore; prospect; scout; search; reconnoitre.

explosió f. burst; explosion; outburst.

explosiu, -iva explosive.

explotable workable.

explotació f. exploitation; plantation; working; works. / development.

explotador, -a exploiting; exploiter; selfish.

explotar to burst; break; out; explode. / to run; exploit; develop; cultivate; operate. / to take advantage of an employee.

eponent m. exponent; expound. er.

exportar to export.

exposar to expose; show; set out; state; put forward; explain; exhibit. / to risk.

exposat, -ada on display; on show; exhibited. / exposed; ben open to. / in danger.

exposició f. public exhibition; exhibit; show; exposure.

expòsit m. foundling.

expositor m. exhibitor; expositor.

exprés, -essa express.

expressament intentionally; on purpose; expressly.

expressar to express; mean; show; convey.

expressió f. expression.

expressionisme m. expressionism.

expressions f. pl. regards; greetings.

expressiu, -iva expressive; demonstrative.

exprimir to squeeze; press out.

expropiar to expropriate; take away.

expugnar to take by storm.

expulsar to expel; withdraw; drive out.

expulsor m. ejector.

expurgar to expurgate; purify; remove objectionable parts (from a book, text).

exquisit, -ida delightful; exquisite; delicious.

exquisitat f. exquisiteness.

exsangüe bloodless; exsanguine.

exsudar to ooze out; exude.

èxtasi m. rapture; trance; ecstasy.

extasiar to enrapture; send into raptures.

extasiar-se to go into raptures; be ecstasized.

extàtic, -a ecstatic; enraptured.

extemporani, -ània unseasonable; untimely; inappropriate.

extens, -a broad; vast; long; extensive.

extensió f. stretch; span; sheet; extent; scope; length; extension.

extensiu, -iva extensive; extendible; extensible.

extenuació f. attenuation; abatement.

extenuant exhausting.

extenuar to attenuate; emaciate; make lean.

extenuat, -ada attenuate; emaciated; weak.

exterior m. foreign countries; outside; exterior.

exterior external; outward; exterior; outer; outside.

exterioritzar to externalize; show; reveal.

exterminador, -a exterminatory.

exterminar to exterminate; destroy.

extermini m. extermination; extirpation; banishment.

extern m. day-pupil; day-scholar.

extern, -a external; outward.

externat m. a school for day-scholars.

extinció f. extinction; extinguishment.

extingir to extinguish; quench.

extingir-se to go out; become extinct; die.

extintor m. fire-extinguisher.

extirpar to extirpate; unroot; remove; eradicate.

extorquir to extort; exact.

extorsió f. extortion; exaction. / inconvenience.

extra m. extra.

extra extra; best quality.

extracció f. extraction; removal.

extractar to extract; abstract.

extracte m. extract. / summary; abridgement.

extractor m. extractor.

extradició f. extradition.

extralimitació f. transgression.

extralimitar-se to overstep; overdo; transgress.

extramurs m. pl. extramural; outside the city.

extraordinari, -ària extraordinary; uncommon; unusual; rare; surprising. / additional; special.

extraradi m. outskirts.

extraterritorial extraterritorial.

extravagància f. extravagance; oddness; wildness.

extravagant odd; eccentric; extravagant; queer; wild.

extraviar to mislead; mislay; misplace.

extraviar-se to go astray; miscarry; err; walk awry.

extrem m. end; tip; extreme; extremity; terminal.

extremar to carry to an extreme.

extremat, -ada extreme; consummate; intense.

extremista extremist; ultraist.

extremisme m. extremism; ultraism.

extremitat f. limb; extremity.

extremitud f. shaking; shudder.

extremunciar to administer the extreme unction.

extremunció f. extreme unction.

extret m. V. **extracte.**

extreure to pull; draw out; extract.

exuberància f. exuberance; luxuriance; overgrowth.

exuberant exuberant; luxuriant; rank; with too much leaf.

exultar to exult, rejoice greatly.

ex-vot m. votive offering.

FETA LA LLEI, FETA LA TRAMPA
Every law has a loophole

fa m. (mus.) F; fa.

fa (v. **fer**) ago; in time past; past; gone. (literally: does makes).

fàbrica f. fabric; factory; mill; works; plant.

fabricació f. manufacture; fabrication.

fabricant m. manufacturer; maker.

fabricar to manufacture; make.

fabril manufacturing.

fabulista m. f. fabulist; fable writer.

fabulós, -osa fabulous; marvellous; extraordinary.

faç f. face; visage.

façana f. façade; front.

facció f. faction; insurgent party.

faccions f. pl. features; physiognomy.

facciós, -osa factious; turbulent.

facècia f. fun; jest; trick; joke.

faceciós, -osa witty; bright; funny.

faceta f facet; side; pane; bezel.

facial facial; of the face; for the face.

fàcil easy. / probable; likely.

facilitar to facilitate; enable.

facilitat f. ease; easiness; facility.

fàcilment easily.

facinerós, -osa criminal; facinerous; wicked.

facsímil m. facsimil; facsimile; autotype.

factible feasible; practicable; workable.

factor m. porter; luggage clerk. / factor; agent.

factoria f. factory; factorage; agency.

factura f. invoice; bill.

facturació f. checking of luggage. / invoicing.

facturar to remit goods by rail; check luggage. / to invoice; bill.

facultar to enable; authorize.

facultat f. permission; ability; faculty; authority. / faculty; school.

facultatiu, -iva facultative; optional. / professional.

fada f. fairy.

fadrí m. young man; lad; youth. / journeyman; skilled worker. / single man; unmarried man; bachelor.

fadrina f. girl; maid; lass; young unmarried woman.

fadrinalla f. young people.

fadristern m. heir's brother.

faedor m. maker.

faetó m. phaeton; light open carriage.

fageda f. beech grove.

fagina f. (zool.) marten.

fagot m. (mus.) bassoon; fagotto.

faiçó f. form; shape.

faig m. (bot.) beech.

faisà m. (orn.) pheasant.

faisó f. manner; way; fashion; mode.

faixa f. wrapper. / belt; strip; girdle; band; bandage.

faixar to swathe; band; belt; girdle.

faixí m. sash; silken band.

faja f. beechmast; beechnut.

fajol m. (bot.) buckwheat.

fajolar m. field of buckwheat.

falaguer, -a promising; rosy.

falange f. phalange; phalanx. / falange.

falangista m. f. falangist.

falç f. sickle.

falca f. wedge; quoin.

falcar to wedge.

falcia f. (orn.) swift.

falcilla f. shoemaker's blade.

falciot V. **falcia.**

falciot negre m. (orn.) swift.

falcó m. (orn.) hawk; falcon.

falcó mostatxut m. (orn.) hobby.

falconer m. falconer.

falconeria f. falconry.

falda f. lap. / skirt. / hillside; slope.

faldada f. lapful.

faldellí m. skirt; short skirt; underskirt.

faldilla f. V. **faldilles.**

faldiller fond of women.

faldilles f. pl. skirt.

faldó m. (coat-)tail.

falguera f. (bot.) fern.

fall m. fault; break. / waterfall.

falla f. bonfire burnt on some feasts, especially with grotesque card-board figures. / break; fault; slide. / failure; deficiency.

fallaç fallacious; deceitful.

fallàcia f. fallacy; deceit; fraud.

fallada f. failure; deficiency; fault.

fallar to fail; miss. / to judge; give sentence.

fallença f. failure; fault.

fallera f. whim; desire; want; wish.

fallida f. crash; collapse.

fallir to go bankrupt; fail.

falòrnia f. fib; gibberish; fable.

fals, -a false; treacherous; sham; untrue; counterfeit.

falsari, -ària lying. / falsifier.

falsedat f. falsehood; falseness.

falsejar to falsify; distort.

falset m. head voice; falsetto.

falsia f. deceitfulness; treacherousness.

falsificador m. falsifier; counterfeiter; forger.

falsificar to falsify.

falta f. fault; error; mistake. / lack; want; need.

faltar to trespass; offend. / to be incomplete; lack; miss; remain.

falua f. launch.

fam f. famine; starvation; hunger.

fama f. fame; name; glory.

famejar to starve; famish; hunger.

famèlic, -a famished; hungry; starveling.

família f. family. / household; breed.

familiar familiar.

famolenc, -a famished; hungry; starveling.

famós, -osa famous; renowned; noted.

fanal m. lamp-post; street lamp; lantern; light. / carriage lamp.

fanaler m. lamplighter.

fanàtic, -a fanatical.

fanatisme m. fanaticism.

fanerògam, -a phanerogamous.

fanfara f. (mus.) brass-band.

fanfàrria f. swagger.

fanfarró, -ona boasting; blusterer.

fanfarronada f. fanfaronade; boast.

fanfarroneria f. fanfaronade; vaunt; boast.

fang m. mud; clay.

fangador m. digger; worker with spade.

fangar m. fen; moor; swamp.

fangar to spade.

fangós, -osa muddy.

fangueig m. squelching.

fanguejar to squelch; bemud.

fanguissar m. fen; swamp; moor.

fantasia f. fancy.

fantasiar to fancy.

fantasista m. f. dreamer.

fantasma m. ghost; phantom.

fantasmagoria f. phantasmagoria.

fantàstic, -a fantastic; fantastical; fanciful; fancy.

537

fantotxe m. marionette; braggart.

faquir m. fakir.

far m. lighthouse; beacon.

faramalla f. patter; claptrap. / crowd of youngsters. / empty show; bluff.

faràndula f. troupe of strolling players.

faraó m. Pharaoh.

farbalà m. flounce; frill.

farcell m. bundle.

farciment m. stuffing; filling; forcemeat.

farcir to stuff; fill up.

farcit, -ida filled up; stuffed; packed; crammed.

farda f. supplies; abundance of mean victuals.

fardam m. weeds; underbrush; brambles.

fardell m. bundle; package; bale.

farell m. beacon; lighthouse; guiding light.

farfallós, -osa stuttering; stammering.

farga f. smithy; foundry; forge.

fargaire m. forger.

farigola f. (bot.) thyme; garden thyme.

farina f. flour.

farinetes f. pl. porridge.

faringe f. pharynx.

faringitis f. pharyngitis.

farinós, -osa floury.

fariseu m. Pharisee.

faristol m. lectern; music stand; faldstool.

farmacèutic m. pharmaceutist; pharmacist; chemist; apothecary; druggist.

farmàcia f. chemist's; pharmacy; drug store.

farola f. beacon; lighthouse.

faroner m. lighthouse keeper.

farratge m. green fodder; forage.

farro m. V. **farinetes.**

farsa f. farce.

farsant humbug; deceiver; sham; pretender.

fart, -a satiated; glutted; surfeit.

fascicle m. instalment; fascicle.

fascinació f. fascination; enchantment.

fascinador, -a charming; fascinating.

fascinar to fascinate; bewitch.

fase f. stage; phase.

fassina f. distillery.

fàstic m. disgusting; loathing; nausea.

fastig m. nuisance; annoyance; boring.

fastigós, -osa filthy; loathsome.

fastiguejar to trouble; disgust; bore; sicken.

fastuós, -osa haughty; ostentous; proud.

fastuositat f. splendour; pomp.

fat m. fate; destiny.

fat, -da tasteless; flavourless; insipid.

fatal fatal; unavoidable.

fat, fada tasteless; flavourless; mischance.

fatalment fatally.

fatic m. great fatigue. / hard breathing.

fatídic, -a fatidical; oracular; ominous.

fatiga f. fatigue; hard breathing; weariness; tiredness.

fatigar to tire; fatigue; weary.

fatigós, -osa tiresome; troublesome.

fatxa f. ridiculous figure; phiz; appearance; looks.

fatxenda m. boaster.

fatxenda f. presumption; conceit; vanity; arrogance.
fatxenderia f. vanity; boastfulness.
faula f. fable.
fauna f. fauna.
faune m. faun.
faust, -a fortunate; lucky.
fava f. broad bean.
favada f. pottage of broad beans.
favera f. (bot.) broad bean plant.
favor m. f. favour; help; succour; kindness.
favorable favourable; propitious; kind friendly.
favorit, -a favourite; beloved.
favoritisme m. favouritism; partiality.
fe f. faith; confidence; believe.
feble feeble; weak; frail.
feblement feebly; weakly.
feblesa f. weakness; feebleness.
febrada f. very high fever.
febre f. fever; temperature.
febrejar to have a fever.
febrer m. February.
febrós, -osa feverish; febrile.
febrosenc, -a feverish.
fecal faecal; feculent.
fècula f. starch; fecula.
fecund, -a fecund; fruitful; fertile.
fecundació f. fertillzing; fecundation.
fecundar to fertilize; fecundate; fructify.
fecunditat f. fecundity; fertility; fruitfulness; productiveness.
federació f. federation; confederation.
federal federal.
federar to federalize.
federar-se to federate.
feina f. work; job; labour; task.

feinada f. great difficulty; great work.
feinejar to work about; work.
feiner, -a laborious; fond of work.
feix m. sheaf.
feixa f. terrace; plot; oblong plot; patch.
feixisme m. fascism.
feixuc, -uga heavy; awkward; burdensome; ponderous.
fel m. gall; bile.
feldespat m. feldspath; feldspar.
felí, -ina feline.
felibre m. felibre; modern Provençal poet.
feliç happy; joyful.
felicitació f. congratulation.
felicitar to congratulate; wish joy to.
felicitat f. happiness; welfare.
feligrès m. parishioner.
feligresia f. a parish district and its inhabitants; parish.
felipa f. (railway) sleeper.
felló, -ona irascible; irate.
fellonia f. indignation; rage; anger.
feltre m. felt.
fem m. manure; dung. / fertilizer.
femater m. person who collects dungs.
fembra f. woman; female.
femella f. female. / nut; female screw.
femení, -ina feminine; female.
femer m. dunghill.
femineïtat f. femineity; feminality.
feminisme m. feminism.
feminitat f. womanhood; feminity.
femoral femoral.

fems m. pl. fertilizer.
femta f. excrement.
fèmur m. femur.
fenar m. hayfield.
fenc m. hay.
fendre to split; cleave.
fènic phenic; carbolic.
fenici, -ícia Phoenician.
fènix m phoenix.
fenomen m. phenomenon.
fenomenal phenomenal.
fènyer to mix.
fer to do; make.
fer, -a fierce; grim; ferocious; wild.
fera f. wild beast.
feraç fertile; feracious.
feracitat f. fertility; feracity.
fer babarotes to awaken desire.
fer bo to be fine (weather).
fer cas to mind; heed.
fer cervesa to brew.
fer delir to tantalize.
feredat f. dread; horror; fear.
feresa f. ferocity; fierceness. / dread; fear.
fer esses to stagger.
feréstec, -ega wild; forester; untamed.
fèretre m. coffin.
fer falta to need.
fer fàstic to nauseate; disgust; loathe.
fer figa to fail; misfire; give way; miscarry; miss.
fer glatir to tantalize.
fer goig to be pleasant to the eye.
fer gruar to tantalize.
ferida f. hurt; wound; injury.
feridor, -a wounding; stabbing. / mortifyin; offensive; cutting.
feridura f. apoplexy.
ferir to wound; hurt.

feristeles f. pl. vermin; game destroyers.
ferit m. injured person; wounded person.
ferit, -ida wounded injured; hurt.
fer joc to match.
fer la guitza to tease; annoy; bore.
fer la viu-viu to be too clever by half try to be clever. / to live as one can.
fer llufa to fail; fall through; miss.
ferm, -a firm; steady; sturdy; fast; hearty secure strong.
fer mal to ache. / to hurt; harm; injure.
fer malbé to damage; spoil; hurt.
fermall m. brooch.
fermament steadily; fast; firmly.
fermesa f. guaranty; security.
fermar to fasten; bolt. / to tether.
fer marrada to deviate; branch off.
ferment m. ferment; leavening; yeast; enzyme.
fermentar to ferment.
fermesa f. fortitude; hardness.
fer mitja to knit.
fer nosa to hinder; hamper.
feroç ferocious.
ferocitat f. ferocity; wildness.
fer olor to smell (intr.)
ferotge fierce.
fer pam i pipa to cock a snook.
fer pessigolles to tickle.
fer punta to sharpen (a pencil).
ferradura f. horseshoe.
ferralla f. scrap iron; iron slag; junk.
ferramenta f. iron fittings; set of iron things.
ferrar to shoe (horses).

ferreny, -a stern; strict; severe; harsh.

ferrer m. blacksmith; smith; ironsmith.

ferreria f. ironworks.

ferreter m. hardware dealer; ironmonger.

ferreteria f. ironmonger's shop; hardware store.

ferrets m. pl. (mus.) triangle.

fer reverència to bow.

ferri, -fèrria iron; ferreous. / strong; severe; tenacious.

ferritja f. filings; bits filed off; scobs.

ferro m. iron.

ferrocarril m. railway.

ferro colat m. cast-iron.

ferroviari m. railroader: railwayman; railway employee.

ferroviari, -ària ailway; rail.

ferruginós, -osa ferruginous.

fer saber to let (somebody) know.

fer-se to become.

fer senyals to wave.

fèrtil fertile.

fertilitat f. fertility; fertileness; fruitfulness.

fertilitzar to fertilize; fructify; enrich.

fer trossos to tear up; divide into pieces.

ferum f. scent; high odour; offensive smell.

fèrula f. ferule; cane.

fer un cop de cap to take the plunge.

fervent fervent.

fer veure to fancy; pretend.

fer via to tread; travel; walk; journey.

fervor m. f. fervour; warmth; devotion.

fervorós, -osa fervent; fervid; earnest; warm in zeal.

fer vot to vow.

fesol m. kidney bean.

fesolera f. (bot.) kidney bean (plant.).

fesomia f. physiognomy; face; features.

festa f. feast; holiday. / party; entertainment; jamboree.

festeig m. wooing; courtship. / public rejoicings.

festejador m. gallant; flatterer; lover; lady-killer.

festejar to woo; make love. / to feast; celebrate.

festes f pl. revels; public rejoicings.

festí m. feast; banquet.

festiu, -iva gay; joyful; humorous. / feast; festive.

festival m. festival.

festivitat f. feast; day; celebration.

festívol, -a humorous; witty.

festós, -osa endearing; loving; flattering.

fet m. act deed; fact; feat; event. / hide-and-seek.

fet, -a made; done; finished.

feta f. feat; deed; achievement.

fetge m. liver.

fètid, -a fetid stinking. / foul.

fetidesa f. fetidity.

fetilier m. wizard; bewitcher.

fetiller, -a bewitching; fascinating; charming.

fetillera f. sorceress; enchantress; witch.

fetor f. stench; stink; foul smell.

feu m. feud; fief; manor.

feudal feudal; feudary.

feudalisme m. feudalism.

feudatari m. feudatory.
fi m. purpose; sake; goal.
fi f. end; finish; close; termination.
fi, -na delicate; fine; thin; polite. / acute subtle.
fiador V. **fiançador.**
fiança f. bail; bond; guaranty.
fiançador m. guarantor; bail.
fiançar to guarantee; vouch for.
fiar to entrust; confide. / to give credit; rely upon.
fiat m. consent.
fibla f. puncheon; punch.
fiblada f. pricking; thrust with a prick.
fiblar to sting; poke; prick; goad.
fibló m. sting; prick.
fibra f. fibre.
fibrós, -osa wiry; fibrous.
ficar to thrust; stick; insert; introduce; put in; set.
ficar els peus a la galleda to put one's foot into it; do something insuitable.
ficció f. fiction; pretence.
fidedigne, -a trustworthy.
fidel m. believer; person with religious faith.
fidel faithful; loyal and true; true to the facts; accurate.
fidelitat f. falthfulness; fidelity faith.
fidelment faithfully.
fideus m. pl. vermicelli.
figa f. fig.
figa de moro f. prickly-pear.
figa-flor f. early fig.
figuera f. (bot.) fig-tree.
figuera de moro f. (bot.) prickly pear (plant.).
figura f. figure; shape; form; image; statue.

figurar to figure represent; depict; appear; be. / to be important.
figuratiu, -iva figurative; symbolical.
figurí m. fashion-plate; model.
fil m. thread; yarn. / linen. / wire. / thin beam, voice, etc.
fila f. line; row; range; rank.
filaberquí m. brace; carpenter's brace.
filacteri m. phylactery.
filador m. spinner.
filadora f. spinner; woman spinner.
filantrop m. philanthropist.
filar to spin.
filassa f. yarn; thread.
filat m. yarn; wire netting; wire fence.
filatèlia f. philately.
filatelista m. f. philatelist.
filatura f. spinning mill.
filera f. file; row; line; string. / diestock; die.
filet m. steak.
filferrada f. barbed-wire barrier; wire-netting.
filferro m. wire.
filharmonia f. fondness of music.
filiació f. filiation; personal description.
filial filial; of a son or daughter. / subsidiary; affiliated.
filigrana f. filigree; delicately worked object.
filipí, -ina Philippine.
filípica f. Philippic.
fill m. son; junior.
filla f. daughter.
fillada f. progeny; offspring.
filla política f. daughter-in-law.
fillastra f. stepdaughter.
fillastre m. stepson.

fillol m. godson; godchild.
fillola f. goddaughter; godchild.
fil·loxera f. phylloxera; vine-disease.
fill polític m. son-in-law.
fills m. pl. children; progeny.
film m. film.
filmar to film.
fil metàl·lic m. wire.
filó m. seam; vein; lode; layer of metal ore.
filologia f. philology; grammar.
filosa f. spinning-wheel.
filòsof m. philosopher; sage; wise man.
filosofar to philosophize.
filosofia f. philosophy.
filtració f. filtration. / leakage.
filtrar to filter; filtrate; seep.
filtre m. filter.
fimbrar to bend; force into a curve.
fimbrar-se to bend; vibrate; become curved; sway.
fimosi f. phimosis.
final m. final; end. / (mus.) finale. / ending; finish; last.
final f. final (competitions).
finalista m. f. finalist (competitions).
finalitat f. goal; purpose; finality; end.
finalitzar to end; conclude; finish.
finalment at last; eventually; finally.
finament nicely; politely.
finança f. finance; country property.
finançament financing.
finançar to finance.
financer, -a financial.
financer m. financier.
finar to die.

finca f. estate; land house; farm; property; domain.
finca urbana f. building.
fincar-se to buy real estate or property.
finesa f. fineness; kindness; friendly gift; favour.
finestra f. window.
finestra corredissa f. sash window.
finestral m. large window; church window.
finestrejar to be frequently at the window.
finestreta f. small window; window (of a car or carriage, booking office, ticket office).
finestró m. shutter.
fingiment m. pretence; simulation; sham.
fingir to feign; pretend; sham.
finir to terminate; end; finish.
finor f. delicacy; fineness; politeness.
fins untill; till. / including; even. / as far as; to.
fins ara hitherto.
fins i tot including; even.
fins que till; untill.
fira f. fair; bazaar; market.
firaire m. f. trader at fairs.
firal m. market; place where fairs are hold.
firar to buy (at the fair, market, shop).
firar-se to buy at the fair for oneself.
firataire m. stall-holder.
fireta f. cheap goods.
firma f. firm (business); commercial partnership. / signature.
firmament m. sky; firmament.
firmar V. **signar.**

fisc m. fisc; national treasury; exchequer.

fiscal m. prosecutor; public prosecutor.

fiscalia f. public prosecutor's office.

fiscalitzar to inspect; control.

fiscorn m. (mus.) the lowest brass instrument in a **cobla**.

físic m. physicist; physician.

físic, -a physical.

física f. physics.

fisiòleg m. physiologist.

fisiologia f. physiology.

fisonomia f. physiognomy; features.

fisonomista m. f. physiognomist.

fissura f. fissure; cleft; split.

fistó m. festoon. / scaloped border.

fit m. target; aim; mark.

fit, -a fixed (glance).

fita f. mile-stone; landmark.

fit a fit fixedly (glance).

fitar to set landmarks.

fitó m. aim; target; mark.

fitora f. harpoon; trident.

fitxa f. counter; chip. / index card; file card.

fitxar to file perticulars of a person.

fitxatge m. signing up (of a player with a team).

fitxer m. card index; card catalogue; file; file cabinet.

fix, -a fixed; still; stationary.

fixació f fixing; setting.

fixador m. fixing bath; fixer; fixative.

fixament m. setting; fixing.

fixament attentively; firmly; stead; fastly; fixedly.

fixar to fix; attach; appoint; settle. / stick.

fixar-se to notice; take notice.

fixedat f. fixity; steadfastness.

flabiol m. (mus.) rustic flute; a kind of flageolet; characteristic instrument in the **cobla** which jointly with a very small tambourin is played simultaneously by the same instrumentist.

flabiolaire m. player of **flabiol**.

flac, -a meagre; weak.

flagell m. plague; scourge; curse.

flagellació f. flagellation; whipping; scourging.

flagellar to lash; flagellate.

flagrant flagrant. / flaming; blazing.

flairant odorous; fragrant.

flairar to smell; sniff; scent.

flaire f. smell; odour.

flairós, -osa odorous; fragrant.

flairosejar to smell.

flam m. solid custard. / flame.

flama f. flame; blaze.

flamant new; brand-new.

flamarada f. blaze; flare; flare-up.

flamaró m. flame which comes out from chimneys.

flamejar to blaze; flare.

flamenc m. (orn.) flamingo.

flamenc, -a Flemish. / Andalusian gipsy.

flamera f. mould for solid custards.

flamífer m. match (for to light).

flamífer, -a flaming.

flamíger, -a flaming.

flanc flank; wing; side.

flaquedat f. leanness; weakness; meagreness.

flaquejar to weaken; loss heart; flag.

flaquesa f. weakness.
flascó m. flask; vial; bottle.
flash m. flashlight; flash.
flassada f. blanket.
flassader m. blanket maker or seller.
flat m. breath; effluvium. / flatulence.
flatulència f. flatulence.
flauta f. (mus.) flute.
flautí m. piccolo; octave flute.
flautista m. f. flute-player.
fleca f. baker's shop; bakery.
flectar to go down on (one's knee).
flectir to bow; flex.
flegma f. phlegm; calmness.
flegmàtic, -a phlegmatical.
flegmó m. phlegmon; gumboll.
flema f. V. **flegma.**
flemó m. V. **flegmó.**
flequer m. baker.
fletxa f. arrow.
flexibilitat f. flexibility; manageableness.
flexible m. (elect.) flexible cord; flex.
flexible flexible; ductile; lithe; manageable.
flexió f. bending; flexion.
flirteig m. flirtation; flirting.
flirtejar to flirt; coquet.
floc m. flake; snow flake; tuft.
floca f. flock; tuft of wool or hair.
flocall m. plume; ornament of feathers.
flongesa f. softness; sponginess.
flonjo, -a soft; spongy; gentle.
flor f. flower; bloom; blossom. / finest part; finest men.
flora f. (bot.) flora.
floració f. bloom; flowering; florescence.

flor de cucut f. (bot.) cowslip.
floret m. foil; fencing foil. / the cream; the pick; the best; the flower.
floreta f. flattering remark to a woman; compliment. / little flower.
florí m. florin (coin).
floricultor m. floriculturist.
floricultura f. floriculture.
florida f. bloom.
floridura f. mould.
florilegi m. florilegium; anthology.
florir to blossom; bloom; flower.
florir-se to get mouldy; mould. / to be vexed; waste away.
florit, -ida mouldy. / flowery; full of flowers. / florid; elegant.
floró m. fleuron; rosette.
flors f. pl. bloom; blossom; flowers.
flota f. fleet.
flotador m. float; floater.
flotant floating; buoyant.
flotar to float.
fluctuar to fluctuate; waver; oscillate.
fluid m. fluid.
fluid, -a fluid; fluent.
fluïdament fluently.
fluïdesa f. fluidity.
fluir to flow; stream; issue; ooze.
fluix m. (med.) flux; discharge of body-fluid.
fluix, -a loose; slack; limp; weak; flaccid.
fluixament loosely.
fluixedat f. weakness; laxity; lassitude; slackness.
fluixejar to weaken; slacken.
fluorescència f. fluorescence.
fluorescent fluorescent.

fluvial fluvial.
flux m. tide; stream; flux; flow; flowing. / (elect.) flux.
flux i reflux m. flow and ebb.
fluxió f. V. **fluix** (m.)
fòbia f. hate; phobia; unfounded opinion.
foc m. fire. / light.
foca f. (zool.) seal.
focal focal.
foc a l'aire lliure m. bonfire.
foc d'encenalls m. nothing; unsubstantial thing.
foc follet m. will-o'the-wisp; Jack-o'-lantern.
focs artificials m. pl. fireworks.
focus m. focus; headlight; spotlight; source; core of an abscess.
fofo, -a spongy; soft.
fogaina f. bonfire.
fogainer m. stoker.
fogar m. hearth; fireplace. / home. / source; focus.
fogassa f. loaf; rough round loaf.
fogó m. oven; cooker; stove.
fogonada f. baking. / flash.
fogoner m. stoker.
fogonet m. small cooker.
fogós, -osa ardent; vehement; mettlesome.
fogositat f. vivacity; heat of temper.
foguera f. bonfire.
foguerada f. sudden blaze; fire with plenty of flames. / blush.
folga f. revel.
folgadament easily; loosely; amply.
folgança f. leisure. / looseness.
folgar to rest; quit work.
folgat, -ada roomy; capacious; wide; l o o s e . / well-off; wealthy; well-to-do.

foli m. folio.
foliar to foliate; number pages.
folklore m. folklore; study of traditions of a people.
folklòric, -a folk; folkloric; popular.
foll, -a mad; crazy; wild; foolish.
follet m. goblin; imp; gnome.
follia f. madness craziness. / popular music.
folrar to line; pad. / to cover.
folre m. lining. / cover.
foment m. fomentation; promoting.
fomentar to foment; promote; protect; carry on.
fona f. sling; strip of leather to throw stones.
fonació f. phonation.
fonament m. base; foundation; bottom. / grounds.
fonamental fundamental; of great importance.
fonamentar to fond; base; ground; set firm.
fonaments m. pl. groundwork; basis; foundation. / grounds.
fonda f. restaurant; e a t i n g house; inn; boarding house.
fondal m. V. **fondalada.**
fondalada f. ravine; deep valley.
fondària f. depth; profundity.
fondejar to anchor.
fondista m. innkeeper.
fondo, -a deep; profund.
fondre to melt; fuse; smelt; found.
fondre's to disappear; evanesce; dissipate.
fonedís, -issa easily disappeared or dissipated.
fonedor m. smelter; foundryman.
fonema m. phoneme.
foner m. slinger.

foneria f. foundry; ironworks.
fonètica f. phonetics.
fònic, -a phonic; acoustic.
fonògraf m. phonograph.
fonoll m. (bot.) fennel.
fonollar m. fennel field; fennel bed.
fons m. bottom; background. / fund.
fons m. pl. funds.
font f. water spring; spring; fountain. / source.
fontada f. picnic; excursion; outing.
fontaneria f. waterworks; hydraulic engineering.
fontinyol m. small fountain.
fora out; outside; off. / except.
forà, -ana foreign; strange.
fora-borda outboard.
foradar to drill; pierce; bore; pick; make a hole; perforate.
fora de excluded; except; excepting. / outside of.
fora de temps out of season; untimely.
foragitar to throw out; expel; eject; discharge; drive out; chase away.
foragitat, -ada outcast.
foral statutary.
foranies f. pl. surroundings; outskirts.
fora que unless; except when.
forassenyat, -ada fool; stupid; insensate.
foraster m. stranger; visitor; guest.
foraster, -a foreigner; exotical; outsider.
forat m. hole; bore; perforation.
forc m. bunch; string of onions, etc.
forca f. fork. / gallows; gibbet.

força f. might; force; strength; stress.
força rather; pretty; fairly; very; greatly. / much; a lot of; very much.
forçadament forcibily forcefully; by force; forcedly.
forcall m. crossroads; junction.
forçar to strain; force; enforce; compel; constrain.
forcejar to strive.
forçós, -osa unavoidable necessary; forced; obligatory.
forçut, -uda strong; stout; vigorous.
forense forensic.
forest f. forest; wood; grove.
forestal forestal; forest.
forfollar to poke around.
forja f. forge; smithy; furnace.
forjador m. forger.
forjar to forge; frame. / to plot; scheme.
forjat, -ada wrought.
forma f. shape; form.
formació f. formation; form; system.
formal earnest; reliable; serious; truthful. / formal; regular; solemn.
formalitat f. seriousness; good behaviour. / formality; required by rules.
formalitzar to formalize; formulize.
formar to form; mould; shape; fashion; frame.
format m. format; form and size of a book.
formatge m. cheese.
formatgera f. cheese d i s h ; cheese mould.
formatgeria f. cheese shop; dairy.

formatiu, -iva formative; educational.

forment m. bread wheat.

formidable formidable; dreadful; uncommonly large.

formiga f. (ent.) ant.

formigó m. concrete.

formigueig m. tingle.

formiguejar to tingle. / to swarm; teem.

formiguer m. anthill. / place swarming with people.

formós, -osa beautiful; lovely; good-looking; handsome.

formosor f. beuty; loveliness.

fórmula f. formula; courtesy. / prescription; recipe.

formulari m. form; formulary.

formulari, -ària prefunctory; formulary.

formulisme m. formulism.

forn m. oven; furnace; stove. / bakery.

fornada f. hatch; baking.

fornal f. forge; furnace.

forner m. baker.

fornícula f. recess; niche.

fornir to furnish; provide; equip; supply.

fornit, -ida sturdy; robust.

forquilla f. fork; table fork.

forrellat m. bolt; lock.

forrolla f. crush; noise.

fort m. fort; strongpoint; fortress.

fort, -a strong; hard; mighty; tought; stout. / loud.

fortalesa f. fortress; fort. / vigour; strength.

fortament forcibily; fast; thick; strongly. / loudly.

fortí m. small fort.

fortificació f. fortification; military architecture.

fortificant fortifying; strengthener; invigorating.

fortificar to fortify.

fortitud f. fortitude.

fortor f. stench; foul smell.

fortuït, -a random; fortuitous.

fortuna f. luck; fortune; good luck. / wealth; fortune.

fòrum m. forum.

fosa f. smelting; melting; founding.

fosc, -a dark; obscure; dim; gloomy; deep.

fosca f. darkness; obscurity.

foscant dusk; twilight.

foscor f. darkness; blackness; obscurity.

fosfat m. phosphate.

fosfatúria f. (path.) phosphaturia.

fòsfor m. phosphorus.

fosforescència f. phosphorescence.

fosforescent phosphorescent.

fosquedat f. darkness; dark; dimness; obscurity.

fosquejar to grow dark; arrive at nightfall.

fossa f. grave; ditch; pit.

fossar m. cemetery; graveyard.

fossat m. pit; hole in the ground.

fosser m. gravedigger; fossor; burier.

fòssil m. fossil.

fossilitzar-se to fossilize; petrify.

fotesa f. trifle; triviality; bagatelle.

fotja vulgar f. (orn.) coot.

fotocòpia f. photoprint; photocopy.

fotocopiar to photocopy.

fotoelèctric, -a photoelectric.

fotogènic, -a photogenic.

fotògraf m. photographer.

fotografia f. photography; photo-

graph; photo.
fotografiar to photograph; take a photograph of.
fotogràfic, -a photographic; photographical.
fotogravar to photoengrave.
fotogravat m. photoengraving; photogravure.
fotòmetre m. photometer.
fototeràpia f. phototherapeutics.
fototipografia f. phototypography.
fra m. title prefixed to the names of friars.
frac m. full-dress coat; swallow-tailed coat.
fracàs m. failure; crash; collapse; downfall.
fracassar to collapse; fail; crash; be unsuccessful.
fracció f. fraction; part.
fraccionar to fraction; fractionate.
fraccionari, -ària fractional.
fractura f. fracture; breaking.
fracturar to fracture; beak; rupture.
fragància f. scent; fragrance.
fragant fragrant; odoriferous.
fragata f. frigate.
fràgil frail; brittle; breakable.
fragilitat f. fraility; brittleness.
fragment m. fragment; piece; fraction; shiver.
fragmentar to fragment.
fragmentari, -ària fragmentary; incomplete; broken.
fragorós, -osa noisy; thundering.
fragós, -osa rough; uneven.
franc, -a frank; open; free.
francament frankly.
francès, -esa French.
franciscà, -ana Franciscan.
fracmaçoneria f. freemasonry.
franeHa f. flannel.

franja f. stripe; ornamental; band; trimming, border.
franqueig m. postage.
franquejar to post; stamp. / to free; exempt; enfranchise.
franquesa f. frankness; planness; sincerity.
franquícia f. exemption.
frare m. friar.
fraret m. (orn.) puffin.
frase f. phrase.
fraseologia f. phraseology; verbosity; style of a writer.
fratern, -a fraternal; brotherly; sisterly.
fraternal fraternal; brotherly; sisterly.
fraternitat f. fraternity; brotherhood.
fraternitzar to fraternize; cordialize.
fratricida fratricidal.
fratricidi m. fratricide.
frau m. fraud; deceit; cheat.
fraudulent, -a fraudulent; dishonest; deceitful.
fre m. brake; restraint; bit of the briddle.
frec m. graze; rub; rubbing; friction.
frec a frec nearly; very near; with light touch; grazing.
fred m. cold; coldness; chill; low temperature.
fred, -a cold; frigid; bleak; of low temperature. / unemotional; half-hearted.
fredament coldly; frigidly; coolly.
fredeluga f. (orn.) lapwing.
fredolic, -a sensitive to cold; chilly.
fredor f coldness. / indifference; insipidity.

frega f. friction; rubbing.
fregadís m. rubbing.
fregadissa f. rubbing.
fregall m. mop; swab.
fregar to wipe; rub; scrub; mop.
freginat m. fry; fried dish.
fregir to fry.
freixe m. (bot.) ash; ash-tree.
freixeneda f. plantation of ash-trees; ash grove.
freixura f. offal; entrails (as food).
fremir shake; shudder.
frenada f. act of braking.
frenar to brake.
frenesí m. vehemence; fury; francticness; frenzy.
frenètic, -a frantic; furious; frenzied.
frenologia f. phrenology.
frenòpata m. alienist; psychiatrist.
frenopatia f. (path.) phrenopathy.
freqüència f. frequency; periodicity.
freqüent frequent; continual.
freqüentar to frequent; haunt.
freqüentment frequently; often.
fresa f. drill; milling cutter.
fresar to mill (metals). / to spawn (fishes).
fresc m. fresco (painting).
fresc, -a cool; breezy. / fresh. / shameless; cheeky.
fresca f. breeze; cool air.
frescor f. breeze; cool air; coolness.
fresquejar to become cool; cool; freshen.
fressa f. noise; blare; din; row; sound.
fressejar to murmur; make a din.
fressós, -osa noisy; loud.

fretura f. lack; want deprivation; scarcity.
freturar to want; lack; be without.
freturós, -osa wanting; lacking; in need; needy.
frèvol, -a feeble; weak.
fricandó m. (cook) fricandeau.
fricció f friction; rubbing.
frígid, -a frigid; cold.
frigorífic m. refrigerator.
frigorífic, -a freezing; refrigerating.
fris m. frieze; ornamental band along a wall. / frieze.
frisança f. anxiousness; impatience; eagerness; longing.
frisar to become impatient.
frisós, -osa wishful; anxious; eager.
frívol, -a frivolous; trivial; light; flimsy.
frivolitat f. frivolity triviality; shallowness.
frondós, -osa leafy; luxuriant; frondose; foliate.
frondositat f. frondage; frondose; foliose; branchiness.
front m. forehead. / front.
frontal frontal; relating to the forehead.
frontera f. frontier; boundary; border.
fronterer, -a limitaneous; bordering; fronting.
frontissa f. hinge.
frontó m. wall of a pelota court. / pelota court. / (arch.) pediment.
fructífer, -a fructiferous; fruitful.
fructificar to fructify; produce yield fruit.
fructuós, -osa fruitful; profitable.

frugal frugal; economical (of food).

frugalitat f. frugality; moderation.

fruïció f. fruition; pleasure.

fruir to enjoy.

fruit m. fruit; product; profit; gain; benefit.

fruita f. fruit.

fruitar to fruit; bear fruit.

fruitera f. fruit dish.

fruiteria f. fruitery; fruit store.

fruitós, -osa fruitful.

frustrar to frustrate; disappoint; defraud; fail.

fúcsia f. (bot.) fuchsia.

fuet m. whip; horse-whip. / a kind of long pork sausage, hard and thin.

fuetada f. lash with a whip.

fuetejar to whip; lash.

fuga f. escape; flight. / (mus.) fugue.

fugaç fugacious; brief.

fugacitat f. fugacity; fugitiveness; brevity.

fugida f. flight; escape.

fugir to escape; flee; run away; move away; withdraw.

fugir d'estudi to evade the issue.

fugisser, -a fugitive; evasive; fugacious; fleeting.

fugitiu, -iva fugitive; runaway.

fulgent fulgent; refulgent; brilliant.

fulgor f. brilliancy; fulgency; flare; resplendence.

fulgurar to flash; fulgurate; gleam.

full m. leaflet; sheet; leaf.

fulla f. (bot.) leaf. / blade.

fullam m. foliage; leaves.

fullaraca f. excessive foliage; superfluous words.

fullatge m. foliage; leaves.

fullejar to scan a book; leaf through.

fullet m. pamphlet; brochure.

fulletó m. newspaper serial; feuilleton.

fullola f. sheet of thin wood.

fulminant fulminant; exploding; violent.

fulminar to fulmine; fulminate.

fum m. smoke. / fume.

fumador m. smoker. / smoking room.

fumall m. smouldering brand.

fumar to smoke. / to be steaming.

fumarada f. cloud of smoke.

fumarella f. cloud of smoke; tenuous cloud of smoke.

fumejant smoking; smoky. / steaming.

fumejar to emit smoke. / to be steaming.

fumera f. cloud of smoke.

fumigar to fume; fumigate; disinfect by means of fumes.

fumista m. stove maker; stove repairer.

fumisteria f. oven shop; oven works; stove works.

fumós, -osa smoky.

funàmbul m. funambulist.

funció f. performance; show; function.

funcional functional.

funcionament m. operation; working; running; functioning.

funcionar to work; run; function.

funcionari m. civil servant; functionary.

funció religiosa f. Divine service; service.

funda f. sheath; cover; wrapper; covering.

551

fundació f. foundation; establishment; institution. / endowment.

fundador m. founder; institutor.

fundar to found; establish; set up.

fúnebre funereal; mournful; dark; lugubrious.

funeral m. funeral pomp; exequies.

funerals m. pl. exequies; funeral; memorial service.

funerari, -ària funerary.

funerària f. undertaker's shop.

funest, -a unfortunate; sad; baneful; fatal.

funicular m. funicular.

funicular aeri m. cable car.

fur m. privilege; statute; law of a country.

fura f. (zool.) ferret.

furetejar to ferret; discover by searching; snoop.

furgar to poke; stir; thrust.

furgó m. waggon; truck; van; boxcar.

furgoneta f. van.

fúria f. fury; rage; furar; rush.

furibund, -a furious; angry; furibund.

furient swift; impetuous; fast; quick.

furiós, -osa furious; frantic; raging; fierce.

furóncol m. furuncle.

furor f. furor; fury; wrath.

furt m. stealing; larceny; theft.

furtar to steal.

furtiu, -iva furtive; stealthy.

fus m. spindle.

fusa f. (mus.) demisemiquaver.

fusell m. gun; rifle; musket.

fusible m. fuse; plug.

fusible fusible.

fusió f. fusion; mixing; melting.

fusionar to unite; amalgamate; merge; fuse.

fusta f. wood; timber; lumber.

fuster m. carpenter.

fusteria f. carpenter's shop.

fustigar to fustigate; thrash; whip.

futbol m. football; soccer.

futbolista m. footballer; soccer player.

fútil futile; trivial.

futilesa f. futility.

futilitat f. futility.

futur m. future; futurity.

futur, -a future; about to come

G

GIREM FULL, QUE L'EPÍSTOLA NO ÉS D'AVUI
Turn over a new leaf

gàbia f. cage.

gabial m. large bird cage; aviary.

gabinet m. cabinet; living-room; sitting room; study.

gafa f. grapple; cramp.

gafarró m. (orn.) serin.

gafet m. hook and eye; clasp.

gai, -a joyful glad; bright; gay.

gaiament merrily; happily; gaily.

gaiato m. shepherd's hook; crook.

gaig m. (orn.) jay.

gaire much (negative and interrogative).

gairebé almost; nearly.

gaires pl. many (negative and interrogative).

gaita f. (mus.) pipe; bagpipe.

gaiter m. bagpiper.

gala f. show; display; pompous display; vain show.

galà, -ana genteel; graceful.

galaic, -a Galician.

galania f. prettiness; gracefulness.

galant gallant; courteous; complimentary.

galant jove m. (theat.) juvenile lead.

galantejar to court; flirt; compliment; gallant.

galanteria f. gallantry; compliment.

galàpet m. (zool.) toad.

galàxia f. galaxy.

galdiró m. (bot.) marigold.

galdós, -osa (ironical) graceful; brave; excellent.

galera f. (naut.) galley. / (print.) galley.

galerada f. (print.) galley proof.

galeria f. gallery; lobby. / inside balcony in a storey.

galet m. spout.

galeta f. biscuit.

galga f. hub brake.

Gàlia f. Gaul.

gàlib m. gauge for the load of an open freightcar.

galifardeu m. overgrown fellow. / scoundrel.

galileu, -a Galilean.

galimatias m. gibberish.

galindaina f. knicknack; tawdry thing; trifle; trinket.

galindó m. bunlon.

galió m. (naut.) galleon.

gall m. (orn.) cock; rooster.

gallard, -a brave; gallant.

gallardejar to show gallantry; bear oneself well.

gallardet m. (naut.) pennant; streamer.

gallardia f. gallantry; bravery.

gallaret m. V. gallardet. / (bot.) poppy.

gall dindi m. (orn.) turkey.

gallec, -ega Galician.

galleda f. bucket; pail.

gallès, -esa Welsh.

gallet m. weathercock. / trigger (gun).

gall fer m. V. gall salvatge.

gaŀlicisme m. gallicism.

gallina f. (orn.) hen.

gallinaci, -àcia gallinaceous.

gallinaire m. f. poultry dealer.

gallinassa f. hen droppings; hendung.

galliner m. hen-coop. / (theat.) top gallery (fam.).

gall salvatge m. (orn.) capercailye.

galó m. gallon. / ribbon; stripe; braid.

galop m. gallop. / haste; speed.

galopar to gallop; career.

galta f. cheek.

galtaplè, -ena chubby-cheeked.

galteres f. pl. mumps.

galvana f. laziness; idleness; sloth.

galvanitzar to galvanize; electroplate.

galze m. notch; nick; indentation.

galzeran m. (bot.) butcher's broom.

gamarús m. silly folly. / (orn.) tawny owl.

gamba f. shrimp; prawn (shell fish).

gambada f. stride; long stride.

gambal m. action; comprehension; understanding.

gamba roja f. (orn.) redshank.

gambejar to kick one's legs.

gamma f. range; gamut; scale.

gana f. appetite; hungry.

ganàpia m. overgrown.

gandul, -a lazy; idle; idler; sloth.

gandula f. deckchair.

gandulejar to laze; loaf.

ganduleria f. laziness; idleness.

ganes f. pl. will; wish; desire.

ganga f. bargain; cinch; gift; giveaway; sinecure. / (min.) gangue.

gangli m. ganglion.

gangrena f. (path.) gangrene.

gangrenar-se to gangrene.

gànguil m. (zool.) greyhound.

ganivet m. knife.

ganiveta f. blade; large knife.

ganivetada f. slash from a knife.

ganiveter m. cutler.

ganiveteria m. cutlery; cutler's shop.

gansejar to dawdle.

ganseria f. dawling; slowness.

ganso, -a slow; lazy; dawdling.

gansoneria f. dawdling; slowness.

ganxet m. knitting; crochetwork. / crochetneedle.

ganxo m. hook; crochet.

ganya f. gill. / grimace; grin.

ganyota f. grimace; grin.

garantia f. guarantee; warrant; pawn; pledge.

garantir to guarantee; insure; warrant.

garapinyar to candy; to cover (an almond) with clotted syrup.

garapinyat, -ada covered with clotted syrup.

garatge m. garage; car shed.

garba f. sheaf.

garbejar to carry the sheafs to the threshing floor.

garbell m. sieve.

garbellar to sift; sieve.

garbera f. (agr.) shock of sheaves.

garbí m. SW wind.

garbuix m. muddle; confusion.

gardènia f. (bot.) gardenia.

gargall m. spit.

gargamella f. throat; gullet.

gargamelló m. (anat.) uvula.

gàrgara f. gargling; gargle.

gargaritzar to gargarize; gargle.

gàrgola f. gargoyle.

gargot m. scribble; scrawl.

gargotejar to scribble; scrawl; blot.

garita f. sentry-box.

garjola f. clink; prison; nick.

garlaire chattering; loquacious

garlanda f. wreath; garland.

garlar to chatter; prattle; talk.

garlopa f. smooth plane; plane.

garnatxa f. purplish grape. / wine made from purplish grape.

garneu, -a evil-disposed egoistic; astute.

garra f. shank (leg).

garrafa f. carafe; decanter; demijohn.

garranyic m. squeak; shrill.

garratibat, -ada stiff-legged.

garrell, -a knock-kneed.

garrepa mean; miserly, stingy.

garreperia f. stinginess; meanness; miserliness.

garreta f. (anat.) back of the knee.

garrí m. sucking pig; piglet.

garric m. (bot.) kermess; scarlet oak.

garriga f. thicket; brushwood.

garrit, -ida handsome; good-looking; genteel.

garró m. ankle.

garrofa f. carob bean.

garrofer m. (bot.) carob-tree.

garrofí m. (bot.) vetch; spring vetch; tare.

garrot m. club; bludgeon; cudgel.

garrotada f. blow with a cudgel; blow.

garsa f. (orn.) magpie.

garsa de mar f. (orn.) oyster-catcher.

gas m. gas.

gasa f. lint; gauze.

gascó, -ona Gascon.

gasela f. (zool.) gazelle.

gaseta f. gazette; politic or literary newspaper.

gasetilla f. news in brief (in newspapers).

gasificar to gasify.

gasiu, -iva mean; niggard; stingy; miser.

gasiveria f. niggardness; stinginess; meanness.

gasó m. (bot.) turf; lawn; grass.

gasogen m. gasogene; gas producer.

gas-oil m. gas-oil.

gasoline f. gasoline; petrol.

gasolinera f. petrol station.

gasós, -osa gaseous; gassy.

gaspatxo m. cold vegetable soup.

gassa f. bight; loop.

gastar to waste; wear; fret; fray.

gàstric, -a gastric.

gastronomia f. gastronomy.

gat m. (zool.) cat. / (mech.) jackscrew; jack.

gata f. she-cat; tabby.

gata maula hypocrite; person feigning meekness.

gatejar to scramble; creep.

gatera f. cat's hole in a door.

gatet m. kitten.

gatonera f. V. **gatera**.

gatosa f. furze; gorse; whin.

gatzara f. revel; revels; clatter; din; noisy merry-making.

gaubança f. joy; mirth; glee.

gaudi m. joy; pleasure; gladness; fruition.

gaudir to enjoy; have fruition.

gavany m. overcoat; great-coat.

gavardina f. gabardine; gabardine raincoat.

gavarra f. (naut.) barge; lighter.

gavarrera f. (bot.) dog rose.

gavarrot m. tack; stud (nail).

gavella f bunch; bundle.

gaveta f. mortar-trough; mortar-hod.

gavina f. (orn.) seagull.

gavina cendrosa f. (orn.) common gull.

gavina vulgar f. (orn.) black-headed gull.

gebrada f. frost; frozen dew condition.

gebre m. frost; white frost: frozen dew; hoarfrost.

gec m. jacket.

gegant m. giant.

gegant, -a giant; gigantic.

gegantí, -ina gigantic; giant

gegantessa f. giantess.

gel m. ice; frozen water.

gelabror f. intense cold.
gelada f. frost; nip; rime; hoarfrost.
geladora f. ice-creem freezer.
gelar to freeze; ice; congeal.
gelat m. ice-cream.
gelat, -ada freezing; bleak; icy.
gelatina f. gelatine; jelly.
gelatinós, -osa gelatinous; jellied; colloid.
gelea f. jelly.
gelera f. perpetual snow.
gèlid, -a gelid; frigid.
gelor f. V. **gelabror.**
gelós, -osa jealous.
gelosia f. jealousy.
gema f. (bot.) bud. / yolk.
gemat, -ada fresh; lusty; green.
gemec m. moan; groan; wail; whine.
gemegaire lamenter; howler; mourner.
gemegar to groan; wail; grieve; howl.
geminat, -ada geminate; twin.
Gèminis m. Gemini; Twins.
gemma f. gem; precious stone.
gendarme m. gendarme.
gendre m. son-in-law.
genealogia f. genealogy; lineage.
gener m. January.
generació f. generation. / multitude; crowd.
generador m. generator.
general m. general; superior of a religious order.
general general; common; usual; current.
Generalitat f. Catalan Government.
generalitat f. generality; great majority; corporation.
generalitzar to generalize.
generalment usually; generally.

generar to generate; engender; beget. / to cause; produce.
generatiu, -iva generative; prolific.
generatiu f. generatrix.
gènere m. kind; sort. / gender.
gèneres m. pl. goods; wares; merchandise.
gèneres de punt m. pl. hosiery; knitting.
genèric, -a generic; generical.
generós, -osa generous; magnanimous; free-hearted; liberal; unselfish; ungrudging. / fine (wine).
gènesi m. genesis. / origin.
genèsic, -a genetic.
genet m. horseman; cavalier; rider.
genètic, -a genetic.
genètica f. genetics.
geni m. temper; peculiar character; mood. / genius; creative intellect. / spirit; genie.
genial genial; pleasant; cheerful; witty; inspired.
genialitat f. stroke of genius; brilliant idea.
genital genital.
genitiu m. genitive.
geniüt, -üda angry, irascible; wrathful.
geniva f. (anat.) flesh round the teeth; gum.
genocidi m. genocide.
genoll m. (anat.) knee.
genollera f. knee guard.
genovès, -esa Genoese.
gens not; not at all; not a bit; nothing.
gent f. folk; people; crowd.
gentada f. crowd; throng; multitude; concurse.
genteta f. rabble; riff-raff.

gentil graceful. / heathen; pagan.

gentilesa f. grace; gracefulness; courtesy.

gentilhome m. gentleman.

gentilici, -ícia gentilic.

gentussa f. rabble; populace.

genuí, -ina genuine.

geodèsia f. geodesy.

geògraf, -a geographer.

geografia f. geography.

geòleg m. geologist.

geòloga f. woman who is a geologist.

geologia f. geology.

geològic, -s geologic; geological.

geòmetra m. f. geometer.

geometria f. geometry.

gep m. hump; humpback; hunch; gibbosity.

gepa f. V. gep.

geperut, -uda humpy; gibbous.

gerani m. (bot.) geranium.

gerd m. (bot.) raspberry.

gerd, -a fresh; green; luxuriant.

gerdera f. (bot.) raspberry-bush.

gerdor f. luxuriance; freshness.

gerència f. managering; management.

gerent m. manager; gerent; director.

germà m. brother.

germà, -ana similar; brother; sister.

germana f. sister.

germanastra f. stepsister.

germanastre m. stepbrother.

germandat f. confraternity; guild; religious association; beneficient association.

germànic, -a German; Germanic.

germanor f. confraternity; friendship; brotherhood.

germen m. germ.

germinar to germinate.

gernació f. multitude; crowd; host; throng.

gerra f. jar; earthen jar.

gerrer m. potter; pottery maker.

gerreria f. pottery; potter workshop.

gerreta f. small jar.

gerro m. jug; flower-vase; pitcher.

gerundi m. gerund; present participle.

gespa f. grass; lawn; turf.

gessamí m. (bot.) jasmine.

gest m. gesture; manner; gesticulation; expression.

gesta f. f e a t; achievement; deed; exploit.

gestació f. gestation; bearing.

gesticulació f. gesticulation; gesture.

gesticular to gesticulate.

gestió f. effort; management; agency; step.

gestionar to procure; negotiate.

gestions f. pl. approach; procurements.

gestor m. agent; manager.

gibel·lí, -ina Ghibelline.

gibrell m. earthware bowl; tub.

gibrella f. washbowl; wash-basin; basin.

gibrelleta f. chamber-pot; urinal.

gimnàs m. gymnasium.

gimnasta m. f. gymnast.

gimnàstica f. gimnastics.

ginebra f. gin.

ginebre m. (bot.) juniper.

ginebró m. juniper berry.

gineceu m. gynaeceum.

ginecòleg m. gynecologist.

ginecologia f. gynecology.

ginesta f. (bot.) broom; genista.

ginestera f. (bot.) broom.

gingebre m. (bot.) ginger.
gínjol m. (bot.) jujube.
ginjoler m. (bot.) jujube tree.
giny m. device; machine.
gipó m. jerkin; doublet.
gir m. money order. / turn of phrase.
gira f. fold in upper part of bed-clothing.
girada f. turn; bending; winding.
girafa f. (zool.) giraffe.
giragonsa f. sinuosity; curl; twist; bend.
girar to turn; turn round; re-volve.
gira-sol m. (bot.) sun-flower.
giratori, -òria gyratory; revol-ving; rotatory; turning.
giravolt m. whirl; high kick.
giravolta f. whirl; turn; turning.
giravoltar to twirl; whirl.
gitana f. gypsy woman.
gitanada f. contemptible trick.
gitanalla f. gypsydom; assembly of gypsies; band of gypsies.
gitano m. gypsy; gipsy.
gitar to throw; cast.
gla f. (bot.) acorn.
glaç m. ice.
glaçada f. freeze.
glaçar to freeze.
glaçat, -ada frozen; icy.
glacera f. glacier.
glacial chilly; freezing.
glacis m. glacis; esplanade (around a fortification).
gladiador m. gladiator.
gladiol m. (bot.) gladiolus.
glàndula f. gland.
glapir to yelp.
glapit m. yelp; bark.
glatir to long for; long; desire earnestly.
glavi m. sword.

gleva f. lump of earth. / clot; coagulum.
glicerina f. glycerin.
global global; total; comprehen-sive.
globalment as a whole; all in all.
glòbul m. (anat.) corpuscle.
globular globular; globical; spher-ical.
globus m. balloon. / globe.
glop m. gulp; drink; sip; swal-low.
glopada f. sip; gulp; swallow. / puff.
glopeig m. rinsing; rinse.
glopejar to rinse (the mouth).
glòria f. glory; honour. / glory; heaven.
gloriar-se to glory; boast in.
glorieta f. bower; shady place (in gardens); arbour.
glorificar to glorify.
gloriós, -osa glorious; excellent; exalted.
glossa f. comment; gloss; ex-planation; interpretation.
glossar to gloss; comment.
glossari m. glossary; collection of glosses.
glotonia f. gluttony; practice of eating too much.
glucèmia f. (path.) glucemia; glucaemia.
glucosa f. glucose; grape-sugar.
gluten m. gluten.
gnom m. gnome; shrimp; small goblin.
gobelet m. dicebox; cup (for dice); mug. / shaped mould for cooking.
goig m. gladness; joy; pleasure.
goja f. fairy.
gojós, -osa joyful; joyous.
gol m. goal (score).

gola f. throat; throttle. / greed;
  voracity.
golafre glutton; greedy.
golafreria f. greediness; greed.
goleró m. chasm.
goleta f. (naut.) schooner.
golf m. bay; gulf. / golf.
golfa f. loft; atic.
golfes f. pl. loft; atic.
golfo m. hinge.
goll m. (path.) goitre.
golosia f. greed; greediness.
golut, -uda glutton; greedy.
goma f. rubber; India rubber. /
  glue; gum.
gomat, -ada with glue; containing
  glue.
gomós m. dandy; beau.
gòndola f. gondola.
gondoler m. gondolier.
gonella f. (ant.) long garment
  without sleeves.
gonfanó m. gonfalon; banner;
  standard.
gonfanoner m. gonfalonier; stan-
  dard bearer.
gong m. gong.
goniometria f. goniometry.
gorg m. gorge.
gorga f. eddy; whirl-pool (in a
  river).
gorilla m. (zool.) gorilla.
gorja f. throat. / gorge.
gormand, -a gluttonous.
gormanderia f. gluttony.
gorra f. cap; cap with a peak.
gorra de cop f. cap for pro-
  tecting children's heads; tum-
  bling-cap.
gorrista m. f. sponger; person
  who sponges.
gos m. dog.
gosadia f. boldness; audacity;
  . daring.

gosar to dare; venture.
gos coniller m. bloodhound.
gos petener m. lapdog.
gossa f. bitch.
got m. tumbler.
got, goda Goth.
gota f. drop. / (path.) hip-gout;
  sciatica.
gotejar to drop.
gotera f. leak; drop; dripping.
gòtic, -a Gothic.
gotim m. cluster.
governació f. government.
governador m. governor; ruler;
  master.
governall m. helm; tiller.
governamental governmental;
  loyalist.
governant m. ruler; person who
  governs.
governar to govern; rule; direct.
governatiu, -iva governmental;
  gubernatorial.
gra m. grain; corn. / (pat.) pim-
  ple; spot.
gràcia f. grace; jest; wit; charm.
  / grace; God's mercy.
gràcies f. pl. thanks; thank you.
gràcies a thanks to.
gràcil gracile; slender; delicate.
graciós, -osa graceful; witty; fun-
  ny.
grada f. tier. / altar step. /
  (naut.) slipway; slip.
gra d'all m. clove of garlic.
gra de rosari m. bead (rosary).
gradient m. gradient.
graduació f. gradation; gradua-
  tion; measure; rank.
gradual m. gradual; response
  sung at mass.
gradual gradual; proceeding by
  degrees; gradatory.
gradualment gradually.

graduar to graduate; regulate.
graduat m. graduate.
graduat, -ada graduated; marked with degrees.
graella f. grill; gridiron.
graellada f. grill; barbecue.
grafia f. mode of writing a word.
gràfic m. diagram.
gràfic, -a graphical; graphic; pictorial.
grafologia f. graphology.
gralla f. (orn.) jackdaw. / (mus.) kind of flageolet; hornpipe.
grallar to caw; squawk.
graller m. chirimia player.
gram m. gramme.
gramàtic m. grammarian.
gramàtica f. grammar.
gramatical gramatical.
gramínies f. pl. gramineae; graminaceae.
gramòfon m. gramophone; record-player.
gramola f. gramophone.
gran big; large; great; awful. / elder; senior.
grana f. seeding; seed dry fodder.
granada f. bomb; grenade.
granader m. grenadier.
granalla f. granulated metal.
granar to seed; run to seed; kern.
granat, -ada seedy; mature; grainy; ripe.
grandària f. magnitude; size.
grandesa f. greatness; magnificence.
grandiós, -osa grand; magnificent; splendid.
grandiositat f. greatness; grandiosity.
grandíssim, -a very large; very big.

granejar to live on a grand scale.
granellut, -uda granulous.
graner m. barn; granary. / cereal dealer.
granera f. V. **escombra.**
granger m. farmer; granger.
grangera f. farmer (woman).
granís m. hail. / small seeds.
granissada f. hailstorm. / (path.) eruption; rash.
granissar to hail.
granissat m. iced drink.
granit m. granite.
granja f. farm; grange. / dairy (shop).
granment greatly; extremely; much.
granota f. (zool.) frog. / overalls.
granular to granulate.
graó m. stair; step.
graonada f. steps; series of gradins.
grapa f staple (to fasten). / paw.
grapada handful. / blow with a paw.
grapar to scratch (the ground).
grapat m. handful.
grapejar to handle, feel repeatedly; finger.
gras m. greasy part of meat.
gras, -sa fat; obese; stout; fleshy.
grassonet, -a plump.
grat m. pleasure. / will; willing.
grat, -a grateful; pleasant; pleasing.
gratacels m. sky-scraper.
gratar to scrape.
gratcient V. **a gratcient.**
gratificació f. reward; recompense; tip.
gratificar to reward; gratify; tip.

gratis free; gratis; costless.
gratitud f. gratefulness; thanks-giving; gratitude.
gratuït, -a free; gratuitous. / unfounded.
grau m. degree. / grade; stage; level; rank.
graula f. (orn.) rook.
grava f. gravel; crushed stone.
gravació f. recording.
gravador m. engraver.
gravamen m. impost; duty; mortgage.
gravar to engrave; carve. / to record. / to tax.
gravat m. engraving. / picture; illustration.
gravat, -ada engraved; carved. / pockmarked.
gravetat f. gravity; seriousness. / solemness. / gravitation.
gràvid, -a gravid; pregnant.
gravidesa f. pregnancy; gravidness.
gravimetria f. gravimetry.
gravíssim, -a extremely serious or grave.
gravitar to gravitate; weigh down.
grec, -ega Greek.
greca f. greque; fretwork; fret.
greco-romà, -ana Greco-Roman.
gregal north-east wind.
gregari, -ària gregarian; herd instinct.
gregorià, -ana Gregorian.
greix m. grease; fat.
greixar to grease; oil; lubricate.
greixatge m. greasing; lubrication.
greixinós, -osa greasy; oily; lardaceous; filthy.
greixós, -osa greasy fat; unctuous; lardy smeary.

greixum m. filth; grease stain; grime; dirt greasy.
gremi m. guild trade-union; corporation; brotherhood; professional association.
grenya f. shock (hair.)
gres m. sandstone.
gresca f. merry noise; merry uproar; revelry; merry making; mirth.
gresol m. crucible. / severe trial or test.
greu severe; serious; grave. / deep; low. (V. **saber greu**).
greuge m. wrong. / affront; insult.
greument gravely.
grèvol m. (bot.) holly.
grial m. grail.
grífol m. shoot; young growth on a plant.
grill m. (ent.) cricket. / each division of an orange, tangerine; etc.; segment (orange, etc.).
grillar to germinate; to take root (tubers).
grilló m. shackle.
grimpar to climb; scramble.
grinyol m. shrill; squeak.
grinyolar to creak; screech; squeak.
grip f. influenza; flu; grippe.
gripal grippy.
gripau m. (zool.) toad.
gris, -a grey; gray. / dull; monotonous.
grisú m. (min.) fire-damp; fire-damp explosion.
griva f. (orn.) mistle thrush.
griva cerdana f. (orn.) fieldfare.
groc, -oga yellow. / pale.
grog m. grog; rum p u n c h (drink).

561

grogor f. yellow. / sallowness.
groguenc, -a yellowish.
groller, -a coarse; rough; rude; impolite; ill-manered.
grolleria f. rudeness; impoliteness; vulgarity; coarseness.
gronxadís, -issa swinging; rocking.
gronxador m. see-saw.
gronxar to rock; swing; dandle.
gronxar-se to dangle; balance; swing; rock.
gropa f. rump.
gros, -sa big; bulky fleshy; massy; large.
grosella f. currant; gooseberry.
grossa f. gross; twelve-dozen.
grossària f. thickness; size; volume; mass.
grotesc, -a grotesque; laughable because strange.
grua f. crane; hoist. / (orn.) crane.
gruar to hoist. / to desire; long.
gruix m. thickness.
gruixut, -uda thick; bulky.
grum m. lump; coagulated mass; clot. / pageboy; buttons.
grumet m. cabin boy; ship boy.
grumoll m. clot; lump; grume.
grumollós, -osa grumous; clotty.
gruny m. grunt; snarl; growl; mutter.
grunyir to growl; snarl; mutter.
grup m. group party; patrol; set; assembly; assemblage.
gruta f. grotto; cavern; grot.
guacamai m. (orn.) macaw.
guaita m. watch; lookout (man); watchtower.
guaitar to look at; watch; overlook.
gual m. ford.
gualdrapa f. horse-trappings.

guano m. guano.
guant m. glove.
guantellet m. gauntlet.
guanteria f. glover's shop.
guany m. gain; profit; winnings.
guanyador m. winner.
guanyador, -a winning.
guanyar to win. / to get; gain; earn; keep.
guarda m f. guard; keeper; custodian.
guarda f. warden.
guardaagulles m. switchman.
guardabarrera m. f. crossing keeper.
guardabosc m. forester; woodsman.
guardaespatlles m. large square shawl.
guardafrens m. brakeman.
guardamobles m. warehouse.
guardapols m. overalls; dustguard; dust coat.
guardar to guard; ward.
guarda-roba m. wardrobe; coatroom.
guardar-se to beware.
guàrdia m. constable; policeman.
guàrdia f. ward; guard; defense; protection.
guardià, -ana guard; warden; keeper.
guardiola f. savings-box; toybank.
guardó m. reward; prize.
guardonar to reward; recompense.
guarició f. recovery (health).
guaridor, -a curative; curing; healing.
guariment m. healing; cure.
guarir to heal; cure.
guarnició f. garrison. / adornment; trimming.

guarnicioner m. harness-maker; saddler.

guarniment m. adornment; trimming; ornament.

guarniments m. pl. harness; gears of horses.

guarnir to adorn; embellish; ornament.

guatlla f. (orn.) quail.

gúbia f. gouge.

guenyo, -a squint; cross-eyed.

guèisser m. geyser.

güelf, -a Guelf; Guelph.

güell m. speak; shrill cry.

guerra f. war.

guerrejar to war; fight.

guerrer m. warrior.

guerxesa f. bend; loop; winding; strabism; squint.

guerxo, -a crooked; twisted; bent; warped. / squint.

gueto, -a old person.

guia f. guide; leader; lead.

guiador, -a guide; director; leader.

guiar to guide; lead; direct; drive; steer.

guiatge m. guidance; directory.

guilla f. fox.

guillar to go away; decamp; bolt; run away.

guillotina f. guillotine.

guimbar to jump; leap about; romp.

guinda f. morello cherry; sour cherry.

guinder m. (bot.) sour cherry tree.

guineu f. fox.

guingueta f. hut; booth.

guió m. dash. / banner.

guionet m. hyphen.

guirigall m. gibberish; jabber; hub-bub.

guisa f. manner; wise; way.

guisar to cook.

guitarra f. (mus.) guitar.

guitarrista m. f. guitar player.

guitza f. kick.

guix m. plaster; gypsum. / chalk.

guixa f. (bot.) vetchling; bitter vetch.

guixada f. smudge; mark; trace with chalk or coal.

guixaire m. plasterer; gypsum worker.

guixar to mark with chalk or coal; chalk.

gumia f. moorish dagger.

guspira f. spark; sparkle.

guspirejar to sparkle; flash.

gust m. taste; flavour. / ability to choose the best. / pleasure.

gustejar to taste; try.

gustós, -osa tasty; savoury. / pleasant; glad.

gutural guttural.

H

I HA MÉS DOCTORS QUE MALALTS
I CADA DIA ESTAN MÉS MALS
There are more doctors than sickmen, and they grow worse

hàbil skilful; clever; capable; fit; apt.

habilitar to qualify; reclaim; enable; entitle.

habilitat f. ability; skill; art; dexterity.

habilitat, -ada qualified.

hàbit m. habit; custom. / monk or nun's dress.

habitable habitable; lodgeable.

habitació f. room; apartment.

habitacle m. dwelling; residence; housing.

habitança f. dwelling; lodging; apartment; housing.

habitant m. inhabitant.

habitar to dwell; inhabit; live.

hàbitat m. habitat; natural place of growth; home.

habitual customary; usual; habitual.

habituar to habituate; accustom.

habitud f. habit; custom.

haca f. small horse; pony; nag.

hagiografia f. hagiography.

ha, ha! interjection denoting laughter.

haitià, -ana Haitian.

haixix m. marijuana; hasheesh; hashish.

hàlit m. breath; halitus; soft air.

halo m. halo; aureole; corona.

ham m. hook; fishhook.

hamaca f. hammock.

handicap m. handicap; anything likely to lessen one's chance of success.

handicapar to handicap.

hangar m. hangar; shed; airshed.

harem m. harem.

harmonia f. harmony.

harmònic, -a harmonic.

harmònica f. mouth-organ; harmonica.

harmoniós, -osa harmonious.

harmonització f. harmonization.

harmonitzar to harmonize.

harmònium m. harmonium.

harpia f. (mith.) harpy.

havà, -ana of Havana.

havà m. (cigar) Havana.

havanera f. (mus.) habanera.

haver to have.

haver de to have to; must; ought to.

haver-hi to be (there); exist.

haveria f. pack mule; beast of burden.

hebraic, -a hebrew.

hebreu, -ea hebraic; hebrew.

hecatombe f. hecatomb.

hectàrea f. hectare ($= 2,47$ acres).

hectogram m. hectogramme (100 grammes).

hectolitre m. hectolitre (100 litres).

hectòmetre m. hectometre (100 metres).

hedonisme m. hedonism.
hegemonia f. hegemony; leadership.
hèlice f. helix; helical line; spiral. / propeller.
helicoïdal helicoid; helicoidal; spiral.
helicòpter m. helicopter.
heliografia f. heliography.
heliotrop m. (bot.) heliotrope.
hèlix f. helix; spiral.
hel·lènic, -a Hellenic; Hellenistic.
helvètic, -a Helvetic; Swiss.
hemeroteca f. newspaper library.
hemicicle m. hemicycle.
hemiplexia f. hemiplegia; hemiplegy.
hemisferi m. hemisphere.
hemistiqui m. hemistich.
hemorràgia f. bleeding; hemorrhage.
hendecasíl·lab m. hendecasyllable.
hepàtic, -a hepatic; hepatical.
hepatitis f. hepatitis; inflammation of the liver.
heptaedre m. heptahedron.
heptàgon m. septangle; heptagon.
heptasíl·lab m. heptasyllable.
herald m. herald; messenger; harbinger.
heràldica f. heraldry.
herba f. grass; herb.
herba fetgera f. (bot.) hepatica; liverwort; common hepatica.
herbari m. herbarium.
herbei m. grass; lawn; turf; herbage; pasture.
herbolari m. herb seller; herbist; herbalist.
herculi, -úlia Herculean.
hereditari, -ària hereditary lineal; entailed on a family.
herència f. descent; inheritance; heirship; heritage.

heresiarca m. heresiarch.
heretar to inherit; heir.
heretat f. country property; country estate.
heretatge m. heritage; heirship.
heretge m. f. heretic; heathen.
heretgia f. heresy.
herètic, -a heretical.
hereu m. heir.
hereu escampa spendthrift. // prodigal.
hereva f. heiress; inheritress.
hermètic, -a hermetical; hermetic.
hèrnia f. hernia; rupture.
herniat, -ada herniated; ruptured.
heroi m. hero; champion.
heroic, -a heroical; heroic.
heroïcitat f. heroism; heroicalness; heroicity; heroic deed.
heroïna f. heroine. / (chem.) heroin.
heroisme m. heroism; great courage; gallantry.
herpes m. (pat.) herpes.
hesitar to hesitate.
heterodox, -a heterodox; not orthodox.
heterogeni, -ènia heterogeneous.
heura f. (bot.) ivy.
heure to have; to get; obtain.
heure-se-les amb to have it out with.
heus ací here is; behold.
heus ací que una vegada once upon a time.
heus aquí V. **heus ací.**
hexàedre m. hexahedron.
hexàgon m. hexagon.
hexàmetre m. hexameter.
hi him; her; it. / there; to a mentioned place; about a mentioned thing.
hiatus m. hiatus.

híbrid, -a hybridous; hybrid.
hidra f. Hydra.
hidrat m. hydrate.
hidratar to hydrate.
hidràulic, -a hydraulic; hydraulical.
hidroavió m. hydroplane.
hidròfil, -a hydrophil; water-loving.
hidrofòbia f. hydrophobia; rabies.
hidrogen m. hydrogen.
hidroteràpia f. hydrotherapy.
hiena f. (zool.) hyaena.
hieràtic, -a hieratic; sacerdotal.
higiene f. hygiene; sanitation.
higiènic, -a hygienic; sanitary.
higienitzar to make sanitary; sanitate.
hilaritat f. hilarity; laughter; noisy merriment.
himeneu m. marriage; epithalamium.
himenòpter m. (ent.) hymenopter.
himnari m. hymnary; hymnal.
himne m. hymn.
hindú Hindu; Hindoo; Indian.
hipèrbaton m. hyperbaton; transposing the natural order of words.
hipèrbola f. (geom.) hyperbola.
hipèrbole f. (rhet.) hyperbole; exaggerated statement.
hípic, -a horsy; horse; equine.
hipnotisme m. hynotism.
hipnotitzar to hypnotize.
hipocondri m. hypochondrium.
hipocondria f. hypochondria; depression; dejection.
hipocondríac, -a hypochondriac; melancholic.
hipocresia f. hypocrisy.
hipòcrita m. f. hypocrite.
hipòcrita hipocritical.

hipòdrom m. hippodrome; the turf; racetrack (for horses).
hipopòtam m. (zool.) hippopotamus.
hipoteca f. mortgage; hypothecation; pledge.
hipotecar to mortgage; pledge; hypothecate.
hipotecari, -ària hypothecary; belonging to a mortgage.
hipotenusa f. hypotenuse; hipothenuse.
hipòtesi f. hypothesis.
hipotètic, -a hypothetical; hypothetic; suppositional.
hirsut, -a hirsute; hairy; bristly; shaggy.
hisenda f. land property; estate; farm; possessions.
hisendat, -ada squire; landholder; landowner.
hisop m. aspergill. / (bot.) hyssop.
hispànic, -a Spanish; Hispanic.
hissar to hoist; heave; haul up.
histèria f. hysteria.
histèric, -a hysteric; hysterical.
histologia f. histology.
història f. history.
historiador m. historiographer; historian.
historial m. dossier; record; account of an affair.
històric, -a historical.
historieta f. short story or tale; novelette.
histrió m. actor; player.
hivern m. winter.
hivernació f. hibernation.
hivernada f. winter time; winter.
hivernal wintery; wintry.
hivernar to hibernate.
ho (object) that (thing).
hodiern, -a today's.

hola! hallo!; hullo! / it's strange!
holandès, -esa Dutch; Hollandish; of the Netherlands. / size of sheet paper (21 × 27 cm).
holocaust m. holocaust; sacrifice; burnt offering.
hològraf, -a holograph (autograph) handwriting.
hom one; oneself; anyone; you.
home m. man. / husband. / fellow. / mankind.
homeier, -a homicidal.
homenàs m. big man; sturdy man.
homenatge m. treat; homage; tribute.
homenatjar to pay homage to.
homenet m. little man; manikin.
homeopatia homeopathy.
homicida homicidal; murderous.
homicidi m. homicide; manslaughter; murder.
homilia f. homily; lecture.
homòfon, -a homophonous.
homogeneïtat f. homogeneity.
homogeni, -ènia homogeneous; similar.
homònim, -a homonimous; namesake.
honest, -a modest; pure; chaste; honest.
honestedat f. decency; chastity; morality; modesty; honesty.
hongarès, -esa Hungarian.
honor f. honour.
honorabilitat f. honorableness; dignity.
honorable honourable; creditable; noble.
honorar to honour.
honorari, -ària honorary.
honoraris m. pl. fee; professional fee; wages.
honorífic, -a honorific; honorary.

honra f. honour; respect; fame; chastity in women; virginity.
honradament honestly.
honradesa f. honesty; strightness.
honrar to honour; respect.
honrat, -ada honest; straigh; upright; righteous.
honrós, -osa honorary; creditable; honourable.
hoquei m. hockey.
hora f. hour; time; o'clock.
horari m. timetable.
horari, -ària horary; horal.
horda f. horde; gang; crew.
horitzó m. horizon.
horitzontal horizontal; level.
horrible horrible; frightful; fearful; ghastly.
hòrrid, -a horrid; horrible.
horripilant horripilating; horrifying.
horrífic, -a frightful; horrifying.
horror f. horror; horridness; dread; terror.
horroritzar to horrify.
horrorós, -osa horrible; frightful; awful.
hort m. orchard; fruit garden; vegetable garden.
horta f. irrigated region; large vegetable or f r u i t garden; large orchard.
hortalissa f. vegetable.
hortènsia f. (bot.) hydrangea.
horticultor m. horticulturalist.
horticultura f. horticulture; gardening.
hortolà m. horticulturist; gardener. / (orn.) ortolan; ortolan bunting.
hospici m. hospitium; hospice; orphanage.
hospital m. hospital.

hospitalari, -ària hospitable.
hospital de sang m. field hospital.
hospitalitat f. hospitality.
hospitalitzar to hospitalize; send to hospital.
host f. host; army.
hostal m. inn; road-house; lodging.
hostalatge m. lodging; hospitality.
hostaler m. host; innkeeper.
hostalera f. hostess; landlady.
hoste m. guest; lodger.
hostessa f. guest; lodger (woman).
hòstia f. wafer; unleavened bread; azyme.
Hòstia f. Host; Holy Communion.
hostil hostile.
hostilitat f. hostility; adverseness.
hostilitzar to harass; make repeated attacks on; worry; harry.
hotel m. hotel.
hoteler m. hotel-keeper.
hule m. oil-cloth; cerecloth.
hulla f. pit-coal; coal.
huller, -a pertaining to pit-coal.
humà, -ana human. / humane; merciful.
humanament humanely; possibly; humanly.
humanisme m. humanism.
humanista m. f. humanist; philologist; classical scholar.

humanitari, -ària humanitarian; philanthropic.
humanitat f. humanity; mankind; benevolence.
humanitzar to humanize.
húmer m. (anat.) humerus.
humil meek; humble; modest.
humiliació f. humiliation; abasement; abjection.
humiliant humiliating; humuliant; degrading.
humiliar to humiliate; humble; lower; abash; depreciate.
humiliat, -ada humiliated; abased.
humilitat f. humility; humbleness; modesty; submission.
humilment humbly; in a humble way.
humit, -ida wet; damp; moist; undried.
humitat f. wetness; dampness; moisture; humidity.
humitejar to moisten; wet; soak.
humor m. f. humour; temper; spirit. / (med.) humour.
humorada f. sally; humorousness; fancy; whim; gall.
humorisme m. humour; humorism; humorousness.
humorista m. f. humorist.
humorístic, -a humorous; funny; amusing.
huracà m. hurricane.
hurí f. houri.
hurra! hurra!
hússar m. hussar.

INFANTS I ORATS DIUEN LES VERITATS
Children and fools tell the truth

i and.

iaia f. granny; grandma.

iaio m. grandpa.

ianqui m. yankee.

iarda f. yard.

iber m. Iberian.

iber, -a Iberian.

ibis m. (orn.) ibis.

iceberg m. (Engl.) iceberg.

iconoclasta m. f. iconoclast.

icosaedre m. icosahedron.

icterícia f. (pat.) jaundice.

ictiologia f. ichthyology.

idea f. idea; thought; conceit.

ideal m. ideal; idea, example, looked upon as perfect.

idealista m. f. idealist; ideologist.

idear to ideate; project; contrive; plan; invent.

ideari m. ideational system ideology.

ídem idem; ditto; the same.

idèntic, -a identic; identical; selfsame.

identificació f. identification.

identificar to identify.

identitat f. identity sameness.

ideologia f. ideology.

idiłli m. idyll.

idioma m. languge; tongue.

idiosincràsia f. idiosyncrasy; nature.

idiota m f. idiot; fool; oaf.

idiota stupid; nonsensical; oafish; idiotic.

idiotesª f. silliness; idiocy.

ídol m. idol.

idolatrar to idolize; idolatrize.

idolatria f. idolatry; paganism; heathenism.

idoneïtat f. fitness; suitability; accommodation.

idoni, -ònia fit; suitable; convenient.

idus m. ides.

igni, ígnia igneous.

ignomínia f. ignominy; infamy.

ignorància f. ignorance; illiteracy; nescience.

ignorant ignorant; estupid; illiterate; unwise; guileless.

ignorar to ignore; not to know; be unacquainted with.

ignot, -a unknown; occult.

igual alike; same; equal; even; worth.

igualar to equal; level; match; smooth.

igualment alike; so; equally; evenly; likewise.

igualtat f. equality; sameness; likeness.

iguana f. (zool.) iguana.

ilíac, -a iliac.

illa f. island; isle. / block (of houses); area of buildings bounded by different streets.

iłłació f. illation; train of thought; cohesion.

iłłegal illegal; unlawful; illicit.

iłłegible illegible; unreadable.

iłłegítim, `-a illegal; illegitimate; misbegotten; natural.

569

il·lès, -esa safe; harmless; un-
hurt; uninjured.
il·lícit, -a illicit; unlawful; undue;
forbidden.
il·limitat, -ada boundless; unlimi-
ted; illimitable; unrestrained.
il·lògic, -a illogical; inconsequent.
illot m. small island; islet.
il·luminació f. illumination; light-
ing; floodlighting.
il·luminar to illuminate; light; en-
lighten. / to colour.
il·luminat m. inspired by God.
il·luminat, -ada luminous; en-
lighted; enlightened.
il·lús, -usa dreamer; visionary; de-
ceived; deluded.
il·lusió f. illusion; delusion; day-
dream.
il·lusionar to build up someone's
hopes.
il·lusionar-se to indulge in wish-
ful thinking.
il·lusionisme m. illusionism; pres-
tidigitation.
il·lusionista m. f. illusionist; con-
jurer.
il·lusió òptica f. optical illusion.
il·lusori, -òria illusory; unreal; de-
ceitful; fantastical.
illustració f. illustration; picture.
/ learning.
il·lustrar to illustrate. / to explain
by examples.
il·lustratiu, -iva illustrative.
il·lustre illustrious; worthy; dis-
tinguished; celebrated.
imaginació f. imagination; con-
ception; fancy.
imaginar to imagine; fancy; form
a picture in the mind.
imaginari, -ària imaginary; exist-
ing only in the mind.
imam m. imam; conductor of the

prayers among Mohamme-
dans.
imant m. magnet; lodestone. /
attraction; person or thing that
attracts.
imantar to magnetize; give mag-
netic properties to.
imatge f. image. / close like-
ness.
imatgeria f. imagery; religious
imagery; statuary.
imbecil imbecile; simple; silly.
imbecil·litat f. imbecility; stupi-
dity.
imbuir to imbue; persuade; ins-
pire.
imitació f. sham; imitation;
copying.
imitador m. imitator; counterfei-
ter.
imitador, -a imitating; imitative.
imitar to imitate; mimic; make
a likeness of; copy; take af-
ter; counterfeit.
immaculat, -ada stainless; im-
maculate; pure; faultless.
immanent immanent; inherent;
permanent; present.
immarcescible imperishable; un-
dying; unfading; unwithering.
immaterial immaterial; incorpor-
eal.
immatur, -a immature; not yet
fully developed.
immediat, -a immediate; nearest.
immediatament immediately;
straight away; at once;
without delay.
immemorable immemorial.
immemorial immemorial.
immens, -a immense; enormous;
huge.
immensitat f. vastness; immen-
sity.

immensurable immeasurable; unmeasurable.

immergir to immerse.

immigrant m. immigrant.

immigrar to immigrate.

immillorable unimprovable; unsurpassable; unbeatable.

imminent imminent; likely to happen soon.

immiscir-se interfere; intermeddle; meddle.

immòbil still; motionless; immobile.

immobilitzar to immobilize. / take out of circulation.

immoble m. property; building.

immoderat, -ada immoderate.

immodest, -a immodest.

immolar to immolate; sacrifice.

immoral immoral; wicked and evil.

immoralitat f. immorality; immoral act.

immortal immortal; living for ever.

immortalitat f. immortality; endless life; endless fame.

immortalitzar to immortalize; give endless life or fame.

immotivat, -ada unmotivated.

immund, -a unclean; impure; dirty; filthy.

immundícia f. impurity. / filth; lewdness; dirt.

immune immune; exempt; free; secure.

immunitzar to immunize; make immune.

immutable immutable; that cannot be changed; changeless.

immutar to alter; change.

immutar-se to change countenance; become disturbed.

impaciència f. impatience; anxiousness; fret; fidget; eagerness.

impacient eager; anxious; impatient.

impacientar-se to get impatient; get fret.

impacte m. impact; stricking; collision; incidence.

imparcial impartial; equitable; dispassionate.

imparcialitat f. impartiality; justice; fairness; evenness.

imparell unmatched.

impartir to grant; impart; give; share; bestow.

impassible impassible; cold; insensible; stolid; not easily excited.

impàvid, -a undaunted; fearless.

impecable spotless; faultless; impecable.

impediment m. impediment; hindrance; clog; encumbrance.

impedir to hinder; prevent; impede; interfere.

impel·lir to impel; propel; throw; drive; push.

impenetrable impenetrable; impermeable; incomprehensible. / unphantomable.

impenitent impenitent; obdurate; inveterate; confirmed. / unrepentant.

impensadament unexpectedly; inadvertently.

impensat, -ada unexpected; unforeseen; random.

imperant ruling; prevailing; commanding.

imperar to rule; command; reign.

imperceptible imperceptible; undiscernible.

imperdible m. safety-pin; babypin.

571

imperdonable unpardonable; inexcusable; unforgivable.

imperfecció f. imperfection; deficience; defect; fault.

imperfecte, -a defective; imperfect; faulty; not perfect.

imperfet, -a (gram.) imperfect. / incomplete; unfinished.

imperi m. empire. / haughtiness.

imperial m. coach-top; top seats on a stage-coach.

imperial sceptred; purple; imperial; august; magnificent.

imperialisme m. imperialism; belief in the value of colonies; policy of extending a country's influence.

impericia f. unskilfulness; inexperience.

imperiós, -osa imperious; commanding; lordly; imperative.

impermeabilitzar to waterproof; make impermeable.

impermeable m. mackintosh; waterproof; rain coat.

impermeable water-proof; impermeable; impervious.

impersonal impersonal; not referring to any particular person.

impertèrrit, -a undaunted; intrepid; unshaken; unafraid.

impertinència f. impertinence; impertinent remark.

impertinent impertinent; intrusive; importunate.

impertorbable imperturbable; impassive; stolid.

impetrar to impetrate; beseech.

ímpetu m. violence; impetuosity; impetus.

impetuositat f. impetuosity; vehemence; violence.

impietat f. impiety; lack of reverence; ungodliness. / lack of dutifulness; lack of pity.

impiu, -ia impious; irreligious.

implacable implacable; relentless; hatred.

implantació f. implantation; introduction.

implantar to implant; introduce.

implicar to implicate; involve; apply.

implícit, -a implicit; implied.

implorar to implore; beg; request earnestly.

imponderable imponderable; unutterable; of little weight.

imponent imposing; impressive.

impopular unpopular.

import m. amount; cost; value.

importació f. importation; imports.

importador m. importer.

importància f. importance; worth; significance; consequence.

important important; considerable.

importunar to pester; importune; beg urgently and repeatedly.

imposar to impose. / to deposit.

imposició f. imposition. / sum which a person deposits in bank. / (rel.) laying on (hands).

impossibilitat m. paralytic; invalid; cripple.

impossibilitat f. impossibility.

impossibilitat, -ada unable; helpless; disabled.

impossible m. impossible thing.

impossible impossible; not possible.

impost m. income tax; tax; duty.

impostor m. impostor.

impotable undrinkable.

impotència f. impotence; unability.

impotent powerless; impotent; unable; weak.

imprecació f. imprecation; curse.

imprecís, -isa imprecise; vague.

impregnar to impregnate; permeate; cover; fill; saturate.

impremeditat, -ada unpremeditated; undeliberated.

impremta f. printing; print; press; printing house.

imprès m. printed paper; printed matter.

imprescindible indispensable; essential.

imprescriptible imprescriptible; not subject to loss through disuse; inherent.

impresos m. pl. printed matter; publications.

impressió f. impression. / print; printing; presswork.

impressionable sensitive; emotional; impressionable.

impressionant impressive; moving; amazing.

impressionar to impress; touch; move. / to record.

impressionisme m. impressionism.

impressor m. printer.

imprevisió f. improvidence; lack of foresight.

imprevist, -a unforeseen; unexpected; unthought-of; sudden

imprimir to print; impress; im print; stamp.

improbable improbable; unlikely

improcedent unrighteous; improper; unseembly; unsuitable.

improductiu, -iva unproductive.

improperi m. abusive remark; insult; censure.

improperis m. pl. (rel.) reproaches.

impropi, -òpia amiss; improper; unfitting; unsuited.

improrrogable that cannot be prolonged.

improvable that cannot be proved; not capable of proof (see for oneself).

improvisar to improvise; get ready. / (mus.) to extemporize.

imprudència f. imprudence; impolicy; indiscretion.

imprudent imprudent; rash; indiscreet.

impúdic, -a immodest; impudent; shameful.

impudor m. f. impudence; dishonesty; cynism; impudicy.

impugnar to impugn; contradict; challenge; refute.

impuls m. impulse; rush; prompting.

impulsar to impel; move; drive; carry; force.

impulsiu, -iva impulsive; accelerative tending to impel.

impulsor m. impeller; instigator.

impune unpunished.

impunement without punishment.

impur, -a impure. / unchaste. / dirty; defiled.

impuresa f. impurity. / unchasteness.

imputable imputable; chargeable.

imputar to impute; inculpate; charge; attribute.

inacabable endless; interminable.

inacabat, -ada unfinished.

inaccentuat, -ada unaccented; atonic; unstressed.

inacceptable unacceptable.

inaccessible inaccessible; out-of-the-way; unapproachable; prohibitive.

inacció f. inaction; inactivity.

inactiu, -iva inactive; actless; passive; inert.

inadaptable inadaptable; unadaptable.

inadequat, -ada unsuited; unsuitable; inappropriate; inadequate.

inadmissible inadmissible; intolerable; irreceivable; that cannot be allowed.

inadvertència f. inattention; inadvertence; inadvertency.

inadvertidament inadvertently; unaware.

inaguantable unbearable; intolerable; unendurable.

inajornable unpostponable; undelayable; undeferable.

inalterable unalterable; unchanging.

inanició f. starvation; inanition; emptiness.

inanimat, -ada inanimate; exanimate; lifeless.

inapel·lable unappealable; without appeal.

inaplicat, -ada indolent; careless; lazy; slack.

inapreciable inappreciable; inestimable; invaluable.

inapropiat, -ada unsuited; not suitable; unlikely; amiss; inappropriate.

inassequible unattainable.

inassolible unreachable; unattainable; beyond someone's grasp.

inaudit, -a unheard-of; unprecedented.

inauguració f. inauguration; commencement; outset; opening.

inaugural inaugural; opening.

inaugurar to inaugurate; open; be the beginning.

inca m. Inca.

incalculable incalculable; untold.

incandescència f. incandescense; glow.

incandescent incandescent; red-hot.

incansable tireless; untiring; indefatigable.

uncapaç unable; incapable. / unfit; inefficient.

incapacitar to disable; incapacitate; make unfit.

incapacitat f. incapacity; unability; powerlessness.

incaut, -a incautious; unwary; rash.

incendi m. fire; firing; conflagration.

incendiar to set fire; set on fire; burn; set alight.

incendiar-se to catch fire.

incendiari m. incendiary.

incensurable irreproachable; unblamable.

incentiu m. incentive; incitement; encouragement.

incert, -a uncertain; doubtful. / untrue; not certain.

incertesa f. suspense; uncertainty; doubt.

incertitud f. V. **incertesa.**

incessant incessant; unceasing; perpetual; pertinacious.

incest m. incest.

incidència f. incidence; way in which something affects things.

incident m. incident; event.

incidir to fall in; fall into. / to fall upon.

incineració f. incineration burning up.

incinerar to incinerate; burn to ashes.

incipient dawning; budding; incipient.

incís m incidental c l a u s e ; clause; comma; parenthetic sentence.

incisió f. incision; cut; cutting; sharp.

incisiu, -iva incisive; sharp and cutting; acute.

incisives f. pl. (anat.) incisors; foreteeth.

incitant inciting; inviting; provoking.

incitar to incite; stir up; rouse; spur.

incivil uncivil; uncorteous; unpolite.

inclemència f. inclemency; rigour; severity; mercilessness.

inclement inclement; cruel; merciless.

inclinació f. inclination; bend; bow; incline; slope; slant; turn. / hobby; tendence; predisposition.

inclinar to incline; bow; bend; slope; tilt.

inclinar-se to lean; droop; tend; be favourably disposed to.

inclinat, -ada slant; slanting; sloping. / inclined; disposed.

ínclit, -a renowned; illustrious.

inclòs, -osa included. / enclosed.

incloure to enclose; include.

inclús, -usa included.

inclusió f. inclusion.

inclusiu, -iva inclusive.

inclusivament inclusively.

incoatiu, -iva inchoative; inceptive.

incògnit, -a unknown; incognito.

incògnita f. unknown quantity; hidden motive.

incoherència f. incoherence; incoherency.

incoherent not coherent; incoherent.

incolor, -a colourless; achromatic.

incombustible incombustible; that cannot be consumed by fire.

incommensurable immeasurable; incommensurable.

incommovible stolid; inexorable; unrelenting.

incòmode, -a uncomfortable. / awkward.

incomoditat f. discomfort; uncomfortableness.

incomparable incomparable; matchless; beyond compare.

incompatible incompatible; opposed in character; uncongenial; discordant.

incomplet, -a incomplete; unfinished; deficient; sketchy.

incompliment m. default; non-fulfilment.

incomprensible incomprehensible; that cannot be understood; inconceivable.

incomprensió f. incomprehension.

incomprès m. misunderstood person.

incomprès, -esa misunderstood; unappreciated.

incompressibilitat f. incompressibility.

incomptable countless; uncountable.

incomunicar to deprive of communication; isolate.

inconcebible inconceivable; that cannot be imagined; hard to believe.

inconcús, -ussa indubitable; inquestionable; undeniable.

incondicional unconditional; not subject to conditions; absolute.

inconegut, -uda unknown; strange; unfamiliar.

inconfés, -essa unconfessed.

inconfessable unconfessable; shameful; unspeakable.

inconfusible unmistakable; unique.

incongruència f. incongruence; disharmony; solecism; impropriety.

inconnexió f. disconnection.

inconscient unconscious; senseless; unaware.

inconseqüent inconsistent; inconsequent.

inconsistent inconsistent; unsteady; unsubstantial.

inconsolable comfortless; unconsolable.

inconstància f. inconstancy; variableness.

incontaminat, -ada undefiled; uncontaminate.

incontenible which cannot be retrieved; unrestrainable.

incontestable indisputable; incontestable; unquestionable.

incontinència f. incontinence.

inconvencible inconvincible.

incoveniència f. inconvenience; unsuitability; inadvisability; impropriety.

inconvenient m. objection; disadvantage; handicap; obstacle.

incorporació f. incorporation. / sitting-up. / induction.

incorporal incorporeal; not composed of matter.

incorporar to incorporate; join; induct; embody.

incorporar-se to sit up.

incorpori -òria unbodied.

incorrecció f. incorrectness; inaccuracy impropriety; unseemliness.

incorrecte, -a incorrect; improper. / discourteous; impolite.

incorregible incorrigible; that cannot be cured.

incórrer to incur; bring upon oneself; fall into.

incorrupte, -a uncorrupt; uncorrupted; incorrupt.

incorruptible incorruptible; corruptless.

increat, -ada uncreate; unmade.

incrèdul m. unbeliever; disbeliever.

incrèdul, -a incredulous; unbelieving.

increïble incredible.

increment m. increase; increment.

incrementar to increase. / to promote.

increpar to reprehend; scold; chide; rebuke.

incriminar to incriminate; accuse.

incruent, -a bloodless; without bloodshed.

incrustar to incrust; inlay.

incubadora f. incubator; brooder.

incubar to hatch; incubar.

inculcar impress; inculcate; instill.

inculpable unblamable; blameless.

inculpar to blame; inculpate; accuse.

inculte, -a incult; incultured; uneducated.

incultura f. lack of culture; ignorance. / uncultivation.

incumbència f. concern; incumbency; duty.

incumbir to concern; pertain; relate.

incunable m. incunabulum; early printed book (XV century).

incurable incurable; hopeless.

incurós, -osa careless; negligent; slack.

incúria f. cerelessness; negligence.

incursió f. raid; incursion; penetration.

indagació f. inquiry; search; inquest; investigation.

indagador m. investigator; ascertainer; searcher.

indagar to inquire; investigate; indagate; search out.

indecència f. indecency; indecorum; obscenity; dirtiness.

indecent indecent; obscene; immodest; shameful.

indecís, -isa undecided; hesitant; dubious.

indecisió f. indecision; irresolution; hesitation.

indeclinable unavoidable; inevitable. / (gram.) indeclinable.

indecorós, -osa indecorous; indecent; improper.

indefens, -a defenceless; shieldless; helpless.

indefensable indefensible.

indefinit, -ida vague; shadowy; undefined; indefinite; indeterminate.

indefugible unavoidable.

indegudament unduly; improperly; unlawfully.

indegut, -uda undue; illicit; improper.

indeleble indelible; ineffaceable.

indeliberadament indeliberately; unpremeditatedly.

indelicadesa f. indelicacy; rudeness.

indemne unhurt; unharmed; uninjured; undamaged.

indemnització f. indemnification; compensation; reparation.

indemnitzar to indemnify; compensate; make amends.

indemostrable indemostrable; cannot be proved.

independència f. independence; freedom.

independent independent; free; self-governing.

indescriptible indescribable; nondescript.

indesitjable undesirable; objectionable.

indestructible indestructible; imperishable.

indesxifrable undecipherable; illegible.

indeterminat, -ada vague; undeterminate; indeterminated; indefinite.

índex m. index; table of contents; syllabus.

indi, índia Indian.

indicació f. indication; sign; suggestion; show; instruction; hint.

indicador m. directory; indicator; index.

indicar to indicate; point; denote; hint; give a hint.

indicatiu m. (gram.) indicative.

indicatiu, -iva indicative; pointing.

indici m. clue; token; sign; mark; symptom.

indicible unspeakable.
indiferència f. indifference; apatty; incuriosity.
indiferent indifferent; half-hearted; unconcerned.
indígena m. f. native; inhabitant.
indigència f. indigence; need.
indigent needy; poor; indigent.
indigest, -a indigestible.
indigestar-se to indigest; to cause indigestion; get indigestion.
indigestió f. indigestion; surfeit.
indignació f. indignation; anger.
indignant indignant; provoking; infuriating.
indignar to irritate; anger; infuriate.
indignat, -ada indignant; angry.
indigne, -a unworthy. / mean; scoundrel; low; contempting.
indiot m. (orn.) turkey.
indirecta f. hint; insinuation; allusion.
indirecte, -a indirect; not straight.
indisciplina f. lack of discipline; indiscipline.
indiscreció f. indiscretion; offence angainst social conventions.
indiscret, -a indiscreet; injudicious; not cautious.
indiscutible unquestionable; indisputable.
indispensable indispensable; essencial; necessary.
indisposar to indispose. / to set a person against another.
indisposició f. indisposition; ailment; passing ailment.
indisposat, -ada indisposed; unwell.
indispost, -a not disposed; not ready.

indissoluble indissoluble; indissolvable.
indistint, -a indistinct; not distinct.
indistintament indistinctly; indiscriminately.
individu m. fellow; poll; member; person; individual.
individual individual; particular; single; respective.
individualment s i n g l y ; individually.
indivisible indivisible; impartible.
indocumentat, -ada having not papers for identification.
indoeuropeu -ea Indo-European.
índole f. nature; kind; class; sort.
indolent indolent; indifferent; apathetic; sluggish.
indomable indomitable; irrepressible.
indòmit, -a masterless; unruly; unsubmisive. / untamed.
indret m. site; place; spot; parts.
indubtable certain; doubtless; indubitable.
inducció f. induction. / inducement; persuasion.
inductor m. inductive. / inducer; inductor.
induir to induce; tempt; instigate.
induït m armature; rotor; keeper; coil of an electric motor.
indulgència f. indulgence; grace; forgiveness; clemency.
indulgent indulgent; lenient; clement.
indult m. pardon; indult; reprieve; exemption.
indultar to pardon; forgive; reprieve; exempt.
indument m. clothing; garments.

indumentària f. costume; raiment; dress; clothing; kit.
indústria f. industry; trade.
industrial m. manufacturer; trader; tradesman.
industrial industrial; manufacturing.
industrialitzar to industrialize.
inèdit, -a unpublished.
inefable ineffable; indescribable.
ineficaç inefficient; inoperative; ineffectual; inefficacious.
ineficàcia f. inefficacy; ineffectiveness.
ineficiència f. inefficiency.
ineficient inefficient; not fully capable.
ineludible inevitable; unavoidable.
inenarrable inexpressible; indescribable.
inepte, -a good-for-nothing, inept; useless; incapable.
ineptitud f. ineptitude; inaptness; uncapability.
inequívoc, -a unequivocal; unmistakable.
inèrcia f. inertia; inertness.
inesborrable indelible; ineffaceable. / unforgettable.
inesbrinable unascertainable.
inescrutable unsearchable; inscrutable.
inesperadament unexpectedly.
inesperat, -ada unexpected; unforeseen.
inestabilitat f. instability.
inestable unstable; not stable; shifting; fluctuating.
inestimable priceless; invaluable; inestimable.
inestroncable unquenchable.
inevitable unavoidable; inevitable; necessary; fatal.

inexacte, -a inexact; incorrect; untrue.
inexcusable inexcusable; indispensable; unforgivable.
inexhaurible inexhaustible; exhaustless.
inexistència f. inexistence.
inexorable inexorable; implacable; unbending; relentless.
inexperiència f. inexperience; greenness.
inexpert, -a inexperienced; green; untrained; inexpert.
inexplicable inexplicable; inexplainable; unutterable.
inexplorat, -ada unexplored; untravelled.
inexpressiu, -iva inexpressive.
inexpugnable inexpugnable; firm; secure; inassailable; impregnable.
inextingible inextinguishable; queenchless. / eternal.
infactible unrealisable.
infal·libilitat f. infallibility.
infal·lible infallible; never failing.
infalsificable which cannot be counterfeited.
infamant defaming; infamous; opprobrious.
infame infamous; wicked.
infàmia f. infamy; deshonour; ignominy.
infància f. childhood; infancy; babyhood. / beginning.
infant m. child; kid; infant; minor. / king's son.
infanta f. king's daughter.
infantament m. childbirth.
infantar to give birth to.
infanteria f. infantry.
infantesa f. childhood; infancy.
infantil childish; childlike; puerile; infantile.

infantívol, -a childlike; innocent; puerile.
infantó baby; babe.
infants m. pl. children.
infart m. (path.) infarct.
infatigable tireless; indefatigable.
infaust, -a unlucky; unhappy; infaust.
infecció f. infection; contagion.
infecciós, -osa infectious; contagious.
infectar to infect; give disease to.
infectiu, -iva septic; infective; affected by bacteria.
infecund, -a infecund; infertile; sterile.
infeliç m. poor devil.
infeliç inhappy; unfortunate; luckless.
infelicitat f. unhappiness; misfortune.
inferior inferior; low; subordinate; under; lesser.
inferir to infer; deduce.
infermer m. male nurse. / (mil.) medical orderly.
infermera f. n u r s e ; hospital nurse.
infermeria f. infirmary; sickroom.
infern m. hell; underworld. / pandemonium. / inside pocket of a garment.
infernal infernal; hellish; allfired.
infestar to infest; plague; overrun.
infidel m. f. infidel; pagan; unbeliever.
infidel unfaithful; disloyal.
infidelitat f. infidelity; unfaithfulness.

infiltració f. infiltration.
infiltrar to infiltrate; p a s s through; pass into.
ínfim, -a least; lowest; undermost; poorest; worst.
infinit, -a endless; infinite.
infinitat f. infinity; countless; awful lot; innumerable.
infinitiu m. (gram.) infinitive.
inflació f. inflation.
inflamable inflammable; combustible.
inflamació f. inflammation.
inflamar to kindle; inflame; set on fire.
inflar to swell; pump; blow; inflate; puff up; fill out.
inflexible inflexible; iron; merciless; unyielding.
inflexió f. inflection bending; warping.
infligir to inflict; cause to suffer.
inflor f. swelling; bulge; tumefaction; inflation; puffiness.
inflorescència f. inflorescence; flowring.
influència f. influence; ascendancy.
influenciar to influence; prevail upon; interfere.
influent influencing; powerful; influential.
influir to influence; prevail upon; interfere.
infondre to infuse; inspire with; imbue.
informació f. information; reportage; material; account.
informador m. informer.
informal informal; irregular. / unconventional.
informar to inform; notify; report; make kown to; tell.

informe m. report; information; account; record; memoir.

infortunat, -ada unfortunate; unlucky; disastrous.

infortuni m. distress; woe; misfortune; ill luck; evil.

infracció f. trespass; infringement; infraction.

infractor m. infringer; infractor; transgressor.

infraroig m. infrared; infrared radiation.

infrascrit, -a underwritten; undersigned.

infreqüent unusual; infrequent; uncommon.

infringir to trespass; transgress; infringe.

infructuosament vainly; fruitlessly.

infundat, -ada groundless; baseless; causeless; unfounded.

infusió f. infusion; liquid made by infusing. / baptism by sprinkling.

ingènit, -a innate; unbegotten.

ingent very large; huge.

ingenu, -ènua ingenuous; candid; open-hearted; open; unfeigned; true.

ingenuïtat f. naturalness candour; ingenuousness.

ingerir to ingest; eat.

ingerir-se to interfere; work one's way into.

ingestió f. ingestion; the act of introducing food into the body.

ingrat, -a ungrateful; thankless; harsh; unpleasant.

ingratitud f. ingratitude; ungratefulness; want of gratitude.

ingredient m. ingredient; element; one of the parts of a mixture.

ingrés m. ingress; entrance; admission; entry; earning.

ingressar to enter; become a member; join. / to deposit; incase.

ingressos m. pl. income; receipts; revenue.

inhàbil unable; incapable; unfit; disqualified.

inhabilitar to disqualify; disable; incapacitate.

inhabitable uninhabitable.

inhabitat, -ada uninhabited; desert.

inhalació f. inhalation; act of drawing air into the lungs; act of breathing in vapour or fumes for medical treatment.

inhalador m. inhaler.

inhalar to inhale; inspire.

inherent inherent; immanent.

inhibir to inhibit; restrain.

inhibir-se to keep out of.

inhospitalari, -ària unsheltering; inhospitable.

inhumà, -ana inhuman; cruel; merciless; savage.

inhumació f. inhumation; sepulture; burial; interment.

inhumar to bury; inhumate; inter.

inic, -iqua iniquitous; unjust; wrongful; very wicked.

inici m. beginning; commencement.

iniciador m. initiator; starter.

inicial f. initial; initial letter.

inicial initial; elementary.

inicials f. pl. initials; first letters of a person's name.

iniciar to begin; initiate; commence.

iniciativa f. enterprise; initiative; start; introductory step.

inimaginable unimaginable.

inimitable inimitable; incomparable; unequalled; matchless; defying imitation.

inintel·ligible unintelligible; not capable of being comprehended.

iniquitat f. inquity; want of moral principle.

injecció f. injection.

injectable m. ampoule.

injectar to inject; syringe.

injúria f. offense; affront; insult.

injuriar to insult; outrage; abuse; offend.

injust, -a unjust; inequitable; unfair; unrighteous.

injustícia f. injustice; inequality; iniquity; grievance.

injustificat, -ada unjustified.

innat, -a innate; unborn; inherent.

innecessari, -ària unnecessary; needless.

innegable undeniable.

innoble ignoble; dishonourable; shameful.

innocència f. innocence; guiltlessness; candour.

innocent innocent; guileless; naïve. / guiltless; innocent; not guilty.

innocentada f. practical joke on Holy Innocents Day; funny lie.

innocu, -a innocuous; harmless.

innombrable innumerable; numberless.

innovació f. innovation; innovating.

innumerable V. **innombrable**.

inoblidable unforgettable; memorable.

inocular to inoculate; infect.

inofensiu, -iva harmless; inoffensive.

inoïble inaudible.

inòpia f. poverty; penury.

inoportú, -una inopportune; unseasonable.

inorgànic, -a inorganic.

inoxidable stainless; inoxidable.

inqualificable unqualifiable; most reprehensible.

inquiet, -a restless; anxious; impatient.

inquietar to disquiet; disturb; worry; trouble.

inquietud f. suspense; fidget; fuss; restlessness; trouble; inquietude.

inquilí m. tenant; lodger; renter.

inquirir to inquire; search; look into; investigate.

inquisició f. inquiry; inquest. / inquisition.

inquisidor m. inquisitor.

insà, -ana insane; mad; crazy.

insaciable insatiable; unquenchable; greedy.

insadollable insatiable.

insalubre insalubrious; unhealthy.

insània f. insanity; madness.

insatisfet, -a unsatisfied; dissatisfied.

inscripció f. legend; epigraph; inscription. / record; registration.

inscrit, -a registered; enrolled. / inscribed.

inscriure to register; record. / inscribe.

insecte m. insect.

insecticida m. insecticide.

insegur, -a insecure; unsafe. / uncertain; d u b i o u s . / unsteady; precarious; unstable.

inseguretat f. insecurity. / uncertainty. / instability. / unsafety.

insensat, -ada senseless; insensate; stupid.

insensibilitzar to make insensitive; insensibilize.

insensible insensible; senseless; unfeeling; insensitive.

inseparable inseparable; that cannot be separated.

insepult, -a umburied; uninterred.

inserció f. insertion; inserting.

inserir to insert. / to graft. / to interject; fill.

inserit, -ida inserted.

inservible useless; unserviceable.

insídia f. maliciousness.

insidiós, -osa insidous; guileful; treacherous.

insigne notable; egregious; illustrious.

insígnia f. badge; emblem; decoration; medal.

insignificança f. insignificance; slightness; smallness.

insignificant insignificant; petty; tiny; mean; slight.

insinuant insinuating; suggestive; engaging.

insinuar to insinuate; imply; intimate; hint; suggest.

insípid, -a flavourless; tasteless; dull; insipid.

insistència f. insistence; insistency; instancy.

insistir to insist; enforce; persist; stress.

insociable unsociable; dissocial; inconversable.

insofrible unbearable; intolerable.

insolació f. sunstroke; insolation.

insolència f. insolence; impertinence; rudeness.

insolent insolent; scornful; impudent; barefaced.

insolentar-se to become insolent.

insòlit, -a unusual; unaccustomed; uncommon.

insoluble insoluble; indissoluble.

insolvència f. insolvency; being insolvent.

insolvent insolvent; unable to pay debts.

insomne insomnious; sleepless.

insomni m. insomnia; inability to sleep.

insondable unbottomed; unfathomable; fathomless.

insospitat, -ada unsuspected.

inspecció f. review; survey; inspection; control.

inspeccionar to inspect; supervise; examine; oversee.

inspector m. inspector; examiner; surveyor; overseer.

inspiració f. inspiration; breathing; inhalation. / illumination; divine guidance; good idea.

inspirar to inspire; inhale. / to suggest; induce.

instaŀlació f. settlement; fixture; installation; instalment.

instaŀlar to install; set up; lay; place.

instaŀlar-se to settle; install oneself.

instància f. request instance; plea; entreaty.

instant m. instant; moment; flash.

instantani, -ània instantaneous.

instantània f. (phot.) snap; snapshot.

instaurar to establish; set up. / to renew; re-establish.

instigar to provoke; instigate; urge; incite.

instint m. instinct.

instintivament instinctively.

institució f. institution; settlement.

instituir to institute; set up; establish.

institut m. institute.

institutor m. institutor.

institutriu f. instructress; governess.

instrucció f. instruction; teaching; learning; knowledge.

instruccions f. pl. directory; directions; instructions.

instructiu, -iva instructive; enlightening; educational.

instructor m. monitor; instructor; educator.

instruir to instruct; teach; discipline.

instruït, -ïda learned; educated.

instrument m. instrument; implement; tool.

instrumentació f. (mus.) instrumentation; orchestration.

instrumental m. set of instruments; apparatus.

instrumental instrumental; documentary.

instrumentar (mus.) to instrument; orchestrate; score.

instrumentista m. f. (mus.) instrumentist; instrumentalist; player. / instrument maker.

insubordinació f. insubordination.

insubordinar-se to rebel; become insubordinate.

insubordinat, -ada insubordinate; rebellious; unruly.

insubornable incorruptible; that cannot be corrupted by being bribed.

insubstancial unsubstantial; vain; trivial. / not solid; not real.

insubstituïble which cannot be substituted.

insuficiència f. shortage; insufficiency; scantiness.

insuficient insufficient; short; inadequate.

insular insular; of an island.

insulina f. insulin.

insuls, -a insipid; tasteless.

insult m. insult; affront; outrage.

insultar to insult; affront.

insuperable insuperable; unsurpassable; insurmountable.

insuportable unbearable; intolerable.

insurgir-se to rebel; revolt.

insurrecció f. rising; rebellion; insurrection.

insurreccionar-se to rebel; revolt.

insurrecte m. insurgent; rebel; inserructionist.

intacte, -a untouched; intact; safe.

intangible intangible. / not to be touched.

integèrrim, -a most honest; irreproachable.

integral integral; whole; entire.

integrar to integrate; form part of.

íntegre, -a honest; straight; integral; complete; whole; entire.

integritat f. honesty integrity; wholeness.

intel·lecte m. intellect; intelligence; understanding.

intel·lectiu, -iva intellective.

intel·lectual m. f. intellectual; intellectual person.

intel·lectual intellectual; of the intellect; mental.

intel·ligència f. intelligence; intellect; minds; wits; knowledge; ability; comprehension.

intel·ligent clever; intelligent; skilful (learned.)

intel·ligible distinct; intelligible; comprehensible.

intemperància f. intemperance; immoderation.

intempèrie f. open air; outdoors; inclemency (weather).

intempestiu, -iva intempestive; ill-timed; unseasonable.

intenció f. intention; idea; purpose; mind; design; pretence.

intencionadament intentionally; on purpose; deliberately.

intencionat, -ada deliberate; intentioned.

intendència f. intendancy; administration; management.

intendent m. intendant; manager; quarter-master.

intens, -a intense; hard; vehement; emphatical.

intensament intensely.

intensificar to deepen; intensify.

intensitat f. intensity; intenseness. / (elect.) strength.

intensiu, -iva intensive.

intent m. attempt; purpose; intent; design.

intentar to aim; attempt; try; endeavour. / to purpose; intend; pretend.

intercalar to interpolate; intercalate; insert.

intercanvi m. interchange; intercourse.

intercanviar to interchange.

intercedir to intercede; advocate; speak for.

interceptar to intercept; interclude; cut off; shut off; stop; interrupt.

intercessió f. intercesion; mediation; advocacy.

intercessor, -a intercessor; mediator.

interdicte m. prohibition; injunction; interdiction.

interdir to prohibit; forbid.

interès m. interest.

interessadament selfishly; sordidly.

interessant interesting; keen; quaint; arousing interest.

interessar to interest; care; concern.

interessar-se to take an interest in; be interested.

interessat m. person concerned; party concerned.

interessat, -ada interested; concerned. / sordid; selfish; mercenary.

interfecte m. murdered person; victim.

interferència f. interference; interfering; intervention.

interferir to interfere.

interfoliar to interleave (a book).

interí m. holder of a temporary job or office.

interí, -ina provisional; temporary.

interin menanwhile.

interinament meantime; in the meantine; in the interim. / temporarily.

interinitat f. temporariness.

interior m. inland; the interior; inward; mind; soul.

interior inward; indoor; inner; internal; inside.

interioritat f. interiority; inwardness.

interioritats f. pl. family or personal secrets.

interiorment inwardly; internally.

interjacent interjacent.

interjecció f. interjection.
interlinear (print.) to interlineate; lead; space.
interlínia f. (print). space line; lead.
interlocutor m. interlocutor; collocutor.
interludi m. interlude; interval.
intermedi m. interval; interlude; interstice.
intermediari m. mediator; middleman.
interminable interminable; endless.
intermitent intermittent; continual; stopping at intervals.
intern, -a internal; interior; indoor; intimate.
internació f. internment.
internacional international.
internar to intern.
internar-se to go into the interior of; go deeply.
internat m. boarding-school.
interpeŀlació f. interpellation.
interpeŀlar to interpellate; appeal to.
interplanetari, -ària interplanetary.
interpolar to interpolate; interpose.
interposar to interpose; place between.
interposició f. interposition; interposing.
intèrpret m. interpreter; translator. / performer; exponent; artist.
interpretació f. interpretation; performance.
interpretar to interpret. / to perform; act; play.
interregne m. interregnum.
interrogació f. interrogation; question; inquiry; interrogation point.
interrogant m. query; interrogation point; interrogative.
interrogar to ask; question; interrogate.
interrogar-se to wonder; ask oneself.
interrogatori m. interrogatory; examination.
interrompre to interrupt; cut short; hinder; switch off; disturb; obstruct.
interrupció f. break; interruption; discontinuance.
interruptor m. switch; circuit breaker; interrupter.
interstici m. interstice; interval; clearance.
interurbà, -ana interurban.
interval m. interval; pause; time; gap.
intervenció f. intervention; control; auditorship.
intervenir to intervene; intercede; come between.
interventor m. comptroller; inspector; superintendent.
interviu m. interview.
interviuar to interview.
intestí m. intestine; gut.
intestí, -ina internal; intestine.
intestinal intestinal; of the intestines.
intestins m. pl. intestines; bowels; entrails.
íntim, -a intimate; cosy; private; personal; innermost.
intimar to intimate; show clearly.
intimidar to intimidate overawe; frighten.
intimitat f. intimacy; closeness; familiarity.
intitular to title; entitle; call.

intocable untouchable.

intolerable intolerable; unbearable; insufferable.

intoxicació f. intoxication; being intoxicated; poisoning.

intoxicar to poison; intoxicate.

intractable intractable; impracticable; unsociable.

intranquil, -il·la uneasy; restless.

intransferible not transferable.

intransigent intransigent; uncompromising.

intransitable impassible; pathless.

intrèpid, -a bold; fearless; intrepid; brave.

intrepidesa f. boldness; intrepidity; courage.

intriga f. plot; intrigue; secret plan.

intrigant intrigant; intriguing.

intrigar to intrigue; plot. / to intrigue; arouse the curiosity of.

intrínsec, -a intrinsical; essential; inherent; intrinsic; beloging naturally; existing within.

introducció f. introduction. / presentation; exordium; preliminary words.

introduir to introduce; insert; bring in.

introduir-se to get into; push oneself in.

introit m. introit. / an ancient prologue.

intromissió f. intromission; meddling; interference.

introspecció f. introspection; introspecting.

introvertit, -ida introvert; introverted.

intrús m. usurper; unauthorized practitioner; intruder.

intrús, -usa intruding.

intrusisme m. intrusion; obtrusion; practice of a profession without authority.

intuïció f. intuition; the immediate understanding of something without conscious study.

intuir to know by intuition.

inundació f. flood; inundation; flooding.

inundar to flood; inundate; overflood. / overwhelm.

inusitat, -ada unusual obsolete.

inútil useless; vain; worthless; good-for-nothing; helpless.

inutilitzar to disable render useless; spoil.

inútilment uselessly; in vain.

invàlid m. invalid; invalid person.

invàlid, -a invalid; disabled. / void; null; invalid.

invalidar to invalidate; nullify; void.

invalidesa f. disablement; invalidhood; invalidity.

invariablement invariably.

invasió f. invasion; irruption; attack.

invasor m. invader; irruptor.

invectiva f. invective; abusive language.

invencible invincible; unconquerable.

invenció f. invention; device; artifice. / discovery. / fiction; untrue story.

invent m. invention; invent.

inventar to invent; make up; devise; contrive.

inventari m. (com.) stock-taking; inventory; detailed list of goods.

inventariar to inventory, schedule.

inventiva f. creativeness; imagination; inventiveness.

inventor m. inventor; one who invents.

invers, -a inverse.

inversemblant unlikely; not verisimilar; improbable.

inversió f. investment. / inversion.

invertebrat, -ada invertebrate.

invertir to pass (time); spend; invest. / to reverse; invert; overset.

invertit, -ida upside-down.

investidura f. investment; investiture.

investigació f. investigation; inquiry; research.

investigador m. investigator.

investigar to investigate; search; inquire; inspect.

investir to invest; clothe.

invicte, -a invincible; unbeaten; unvanquished, unconquered.

inviolable inviolable; not to be disobeyed; not to be treated disrespectfully.

inviolat, -ada inviolate; kept sacred; not violated.

invisible invisible; unseen; sightless.

invitació f. invitation; bidding; solicitation.

invitar to invite.

invocació f. invocation; invoking.

invocar to invoke; implore; call upon.

involucrar to involve; introduce irrelevantly.

involuntàriament involuntarily; unintentionally.

invulnerable invulnerable; incapable of being wounded.

iode m. iodine.

iodur m. iodide.

ioga m. yoga.

iogurt m. yoghourt.

iol m. (naut.) yawl.

ion m. ion.

ionitzar to ionize.

iot m. (naut.) yacht.

ipecacuana f. (bot.) ipecacuanha.

ira f. anger; wrath; rage; ire.

iracund, -a iracund; angry; ireful.

irascible irascible; choleric; irritable.

irat, -ada furious; wrathful.

iridescent iridescent; rainbowhued.

iris m. iris; coloured part of the eyeball. / rainbow.

irisació f. iridescence.

irisar to iridesce; be iridescent.

irlandès, -esa Irish.

ironia f. irony.

irònic, -a ironical; ironic; backhanded.

ironitzar to ironize.

irracional irrational; not endowed with reason.

irradiació f. irradiation.

irradiar to radiate; glow; irradiate.

irreal unreal; illusory; imaginary.

irrealitat f. unreality.

irrealitzable unrealisable; not realisable.

irrebatible indisputable; certain; unquestionable.

irreconciliable irreconcilable; implacable; unappeasable; incompatible.

irrecuperable irrecoverable; irretrievable.

irrecusable unimpeachable; unchallengeable.

irredent, -a unredeemed.

irreductible irreducible; unyielding.

irreemplaçable irreplaceable; of which the loss cannot be supplied.

irreflexió f. thoughtlessness; rashness.

irreflexiu, -iva reckless; rash; thoughtless.

irrefutable irrefutable; that cannot be proved false.

irregular irregular; abnormal; contrary to rules.

irreligiós, -osa irreligious; impious; showing no interest in religion.

irremeiable irremediable; helpless; hopeless.

irremissible irremissible; unforgivable. / ineludible; inescapable.

irremissiblement irremissibly. / without any subterfuge.

irreparable irreparable; remediless.

irreprimible quenchless; irrepressible.

irreprotxable unreproachable; irreproachable.

irresistible irresistible; resistless; opposeless.

irresolut, -uda irresolute; hesitant; indecisive.

irrespectuós, -osa disrespectful; irreverent; disesteem.

irrespirable irrespirable; unfit for respiration.

irresponsabilitat f. irresponsibility.

irresponsable irresponsible; not liable to answer (for consequences). / carefree; without a due sense of responsibility.

irreverència f. irreverence; profanity.

irreverent irreverent; disrespectful.

irreversible irreversible; that cannot be reversed.

irrevocable irrevocable; incapable of being recalled.

irrigació f. irrigation; watering.

irrigador m. irrigator; sprinkler.

irrigar to irrigate; water.

irrisori, -òria derisive; risible.

irritació f. irritation; irritating.

irritant irritant; causing irritation.

irritar to irritate; annoy; cause discomfort; excite the temper. / make sore or inflamed.

irrogar to cause damage; occasion harm.

irrompible unbreakable.

irrompre to raid; irrupt; brust through.

irrupció f. irruption; raid; inrush; foray.

isard m. (zool.) chamois.

islandès, -esa Icelandic.

isolador m. insulator.

isolar to insulate; isolate.

isòsceles isosceles.

isotèrmic, -a isothermic; isothermal.

israelita Israelite.

istme m. isthmus.

italià, -ana Italian.

ítem item; also; morover.

itinerari m. itinerary; route.

i tot included.

iugoslau, -ava Yugoslavian.

ivori m. ivory.

ixent rising; outgoing.

J

ja already; by this time.

jaç m. couch; bed, esp. for animals.

jacent lying; jacent. / (law.) abeyant.

jaciment m. (min.) bed; deposit; field.

jacint m. (bot.) hyacinth.

jacobí, -ina Jacobinic; Jacobinical.

jactància f. boasting.

jactar-se to boast; brag; boat; glory.

jaculatòria f. ejaculation; short prayer.

jade m. jade; hard green stone.

jaguar m. (zool.) jaguar.

jai m. old man; grandfather.

jaia f. old woman; grandmother.

jaló m. stake; range pole; milestone; peg.

jalonar to stake; stake out; peg; mark out.

jamai never; at no time.

jan good-natured; naïve.

ja no no longer.

japonès, -esa Japanese.

ja que since; as; inasmuch as; because; seeing that.

jaqué m. cutaway coat; morning coat.

jaques m. somebody wearing loose clothes.

jaqueta f. jacket coat; jacket.

jardí m. garden.

jardiner m. gerdener.

jardinera f. basket carriage; open carriage; open tram-car.

jardineria f. gardening.

jardins m. pl. grounds.

jaspi m. jasper; red, yellow or brown stone.

jaspiat, -ada marbled; jaspery.

jàssera f. girder.

jatsia although.

javanès, -esa Javanese.

javelina f. (sp.) javelin.

jatsia que although; though.

jeia f. temper; mien; person's appearance; personal way of laying down.

jejúnum m. jejunum.

jerarca m. hierarch.

jerarquia f. hierarchy.

jeroglífic m. hierogliphic.

jersei m. jersey; jumper; pullover; sweater; vest.

jesuïta m. jesuit.

jeure to lie; be confined to bed; rest.

jo I. / ego. / I myself; me.   ,

joc m. play; game. / set; number of things of te same kind; collection; assortment. / gamble.

jóc m. place where fowl rest.

joc brut m. foul play.

joc de cartes m. pack or deck of cards. / card game.

joc de mans m. sleight of hand.

joc de taula m. table linen.

joc net m. fair play.

jocós, -osa jocose; facetious; humorous.

jocs florals m. pl. poetical competition; literary feast; yearly party with three flowers as a price given to poems to love, falth and homeland.

jocs olímpics m. pl. Olympic Games.

jocund, -a jocund; cheerful; merry.

joglar m jongleur; minstrel.

joguina f. toy.

joguinejar to toy; frolic; play; triffle with.

joia f. gladness; joy; merriment; glee; mirth. / jewel; gem.

joiell m. jewel.

joier m. jeweller. / jewel case; jewel box.

joieria f. jeweller's shop.

joies f. pl. jewellery.

joiós, -osa joyful; happy; overjoyed; cheerful.

joliu, -a nice; pretty; jovial; cheery; blithe.

jo mateix m. myself.

jo mateixa f. myself (woman).

jonc m. junk; reed; rush.

jonça f. (bot.) sedge.

joncar m. ground full of rushes.

jònic, -a Ionic; Ionic order.

jonquera f. rush; bulrush.

jonquill m. (bot.) jonquil.

joquei m. jockey.

jorn m. day.

jornada f. one day's work. / day's journey.

jornal m. day's wages

jornaler m. labourer; wage earner; proletarian.

jota f. jota (Spanish dance, Aragonese, Valencian, Majorcan, Navarrese).

jou m. yoke.

jove m. young man; junior; youth.

jove f. daughter-in-law.

jove young; juvenile.

jovençà youthful.

jovencell m. young man; lad; youngster.

jovenesa f. youth.

jovenívol youthful; juvenile.

jovent m. young people; youth.

joventut f. youth.

jover m. ploughman; ploughboy.

jovial mirthful; jovial; cheerful; merry.

jubilació f. retirement; retiring; pensioning-off.

jubilar to retire; pension-off.

jubilar-se to retire; be pensioned; go into retirement.

jubileu m. jubilee.

judaic, -a Judaical; Jewish.

judicar to judge; give judgement.

judici m. judgement; trial.

judicial judicial; legal.

judiciós, -osa judicious; wise; discreat.

judo m. judo.

jueu, -eva Jewish; Hebrew; Judean.

jugada f. stroke; act in a play or game; move; a throw. / ill turn; wicked trick.

jugador m. player; one who plays a game; gamester. / gambler; vicious person.

juganer, -a playful, frolicsome.

jugar to play, gamble; hazard.

jugar-se to risk.

juguesca f. bet; wager.

jugular jugular.

juí m. opinion; look.

juli m. beating-up. / very fast skipping rope.

juliol m. July.
julivert m. (bot.) parsley.
jull m. (bot.) darnel.
junció f. joint; juncture.
jungla f. jungle.
junt, -a united; joined. / near; close.
junta f. council; committee; board. / assembly; session; meeting.
juntament together; jointly.
junts, -tes pl. together.
juntura f. joint; juncture.
juny m. June.
junyent m. confluence.
junyir to yoke.
jupa f. jacket or waistcoat with four tails worn by farmers.
Júpiter m. Jupiter; Jove.
jurament m. oath.
juramentar-se to take an oath.
jurar to swear; make an affirmation after having taken an oath.
juràssic Jurassic.
jurat m. jury; adjudicators.
jurat d'empresa m. works council.
jurídic, -a juridical; legal.
jurisconsult m. jurisconsult; jurist.
jurisdicció f. jurisdiction; parish.
jurisprudència f. jurisprudence; science of human law.

jurista m f. jurist; expert in law; lawyer.
just (adv.) very; exactly; just. / tight; tightly.
just, -a fair; just; square; righteous; exact. / tight.
justa f. tournament; joust ./ competition.
justacòs m. waistcoat; underwaist; corset cover.
justament just; very; exactly; precisely; equitably.
justar to tourney.
justejar to fit too closely.
justesa f. exactness.
justícia f. justice; the law and its administration. / justice; fairness.
justicier, a- just; righteous.
justificació f. justification; defense; excuse; apology.
justificant m. warrant; proof.
justificar to justify; vouch; prove.
jute m. jute; fibre used for making canvas, rope, etc.
jutge m. judge; magistrate; referee; umpire.
jutjament m. judgement; trial.
jutjar to judge; try; esteem.
jutjat m. tribunal of justice; court of justice; forum.
juxtaposar to juxtapose; place side by side.

L'EXPERIÈNCIA ÉS LA MARE DE LA CIÈNCIA
Experience is the best teacher

la m. (mus.) la; A.

la art. (f. sing.) the. / (personal article f.)

la pron. (f. sing.) her; it.

laberint m. labyrinth.

labial labial; of the lips.

labor f. labour; task; work.

laborable workable. / tillable.

laborar to work assiduously; regularly.

laboratori m. laboratory.

laboriós, -osa laborious; diligent; assiduous.

laboriositat f. laboriousness; industry.

laca f. lac; gum-lac.

lacai m. lackey; groom; footman.

lacerar to lacerate; tear; hurt.

lacònic, -a laconic; laconical; brief; succint.

la cosa que what.

lacrar to seal (with wax).

lacre m. sealing-wax.

lacrimal lachrimal.

lactància f. lactation.

lacti, làctia lacteal; lacteous / milky.

làctic, -a lactic.

lactosa f. lactose.

lacustre lacustrian; lacustrine; laky.

laic m. layman.

laic, -a lay, laic; secular.

laicisme m. laicity.

laietà, -ana from or about Laietània, old land of Barcelona.

lama m. lama (Buddhist priest in Tibet).

lament m. lament; moan; complain.

lamentable grievous; regretable; lamentable.

lamentació f. lamentation; lamenting; lament; wail.

lamentar to lament; grieve; regret; mourn wail.

la meva (f.) my.

làmina f. engraving; picture; sheet; plate; lamina.

laminar to laminate; roll into sheets.

lampadari m. lampadary; attendant to the lamps (old times).

lampista m. lampist; lamp dealer; plumber.

lampisteria f. lamp-store; plumber's shop.

lanceolat, -ada (bot.) lanceolate.

landa f. moor; moorland; heath land.

landó m. landau.

lànguid, -a languid; lacking in energy; slow-moving.

lànguidament languidly.

lanífer, -a laniferous; woollen; woolly.

la nostra (f.) our.

làpida f. mural tablet; tablet; memorial stone; tomb stone.

lapidació f. lapidation; stoning (to death).

lapidar to stone to death; stone.
lapidari m. lapidary; gem-cutter.
lapidari, -ària lapidary; cut on stone. / concise style.
lapidificar to petrify; lapidify.
lapó, -ona Lapp.
lapse m. lapse; space time.
lapsus m. lapse; slip; slight error.
la qual (f. sing.) who; which; that.
laringe f. larynx.
laringitis f. laryngitis.
larinx f. larynx.
larva f. larva; insect in its first stage.
las, -sa languid; weak; downcast; disheartened; dejected.
lasciu, -iva lascivious; libidinous; concupiscent.
lascívia f. lasciviousness; lewdness; salacity.
la seva (f. sing.) her; his; it; their.
lassitud f. lassitude; tiredness.
lat, -a diffuse; extensive; large; broad; ample.
lata f. bore nuisance; drag; too long speech.
latent latent; dormant; hidden; concealed; present but not yet active.
lateral lateral; sidelong; side.
la teva (f. sing.) your; thy.
latifundi m. latifundium; large landed estate.
latitud f. latitude. / width.
latrina f. latrine; water closet.
laudable laudable; praiseworthy.
laudatori, -òria laudatory; panegiric; panegirical.
laude m. award (of tribunal); decision; finding.
laurèola f. laurel wreath.

lava f. lava; material flowing from a volcano.
lavabo m. lavatory; toilet.
lavatge m. washing. / lavage.
lavativa enema.
lavatori m. maundy; the religious ceremony of washing feet on Maundy Thursday.
la vostra (f. sing.) your; thy.
lax, -a loose; slack; lax.
laxant m. laxative; loosener.
laxant loosening; softening; laxative.
laxar to loosen; soften; slacken.
leccionari m. lectionary; matins book.
lector m. reader; lecturer (man).
lectora f. reader; lecturer (woman).
lectura f. reading; lecture; perusal.
legació f. legation; legateship.
legal lawful; due; legal.
legalitat f. legality; lawfulness.
legalitzar to legalise; legalize.
legat m. legate; Pope's ambassador to a country; legacy; bequest.
legatari m. legatee.
legió f. legion; a great number; a military force; foreign legion.
legionari m. legionary; member. of a legion.
legislació f. legislation; the laws which are made.
legislar to legislate; enact laws.
legislatura f. legislature.
legista m. legist; jurist.
legítim, -a legal; lawful; legitimate.
legitimar to legitimate; legalize.
lema m. motto; lemma; theme; slogan.

lemúrids m. pl. (zool.) group of the monkeys called lemur.

l'endemà the following day.

l'endemà passat two days afterwards; the day after tomorrow.

l'endemà passat l'altre at the third day.

lenitiu, -iva lenitive; mitigant.

lent f. lens.

lent, -a slow; tardy; slack; sluggish.

lentament slowly.

lenticular lenticular; lentiform.

lentitud f. slowness; sluggishness.

lepra f. leprosy.

leprós m. leper.

leprós, -osa leprous.

leproseria f. leprosery; hospital for lepers.

leri-leri about to happen; very nearly.

les art. (f. pl.) the.

les pron. (f. pl.) them.

les, -a hurt; wounded; injured.

lesió f. injury; wound; hurt.

lesionar to hurt; injure; wound; damage.

lesiu, -iva injurious; harmful; prejudicial.

les meves (f. pl.) my.

les nostres (f. pl.) our.

les quals (f. pl.) who; which; that.

les seves (f. pl.) his; her; its; their.

les teves (f. pl.) your; thy.

les vostres (f. pl.) your; thy.

letal lethal; mortal; deadly.

letàrgia f. lethargy; unnatural heavy drowsiness.

letícia f. joy; delight.

letó, -ona Lettish; Latvian.

leucèmia f. leucaemia.

leucòcit m. leucocyte.

levita f. frock-coat; long-coat. / Levite; one of the tribe of Levi.

levític, -a Levitic; Levitical; priestly; clerical.

lèxic m. lexicon; vocabulary; glossary.

lexicologia f. lexicology.

li him; her; it (dative).

liana f. liane; bush-rope.

libar to suck; sip; extract the juice.

libel m. libel; lampoon.

libèl·lula f. libellula; dragonfly.

liberal liberal; generous; large; free-handed.

liberalitat f. liberality; generosity; largeness; bounty; free-giving.

liberià, -ana Liberian.

libidinós, -osa libidinous; lewd; lustful.

liceu m. lyceum.

lícit, -a legitimate; licit; lawful; legal; just; admissible.

licitar to bid at auction.

licitud f. licitness.

licor m. liqueur; liquor; cordial.

licorera f. table utensil which holds a bottle and glasses for liquor or spirits.

líder leader; first; number one.

lignit m. lignite; coal of recent origin.

lilà m. (bot.) lilac.

liliaci, -àcia liliaceous.

lil·liputenc, -a Lilliputian.

limbe m. (bot.) limb.

limfa f. lymph.

limfàtic, -a limphatic. / sluggish; slow-moving.

liminar liminary; introductory.

límit m. bound; boundary; border; verge; limit.

limitar to limit; bound; restrict; cut down.

limítrof, -a limiting; borderer; conterminous.

límpid, -a limpid; crystal-clear.

lineal linear. / lineal.

lingot m. lingot; ingot; bar; lump of metal; pig.

lingual lingual; pertaining to the tongue.

lingüista m. f. linguist; person skilled in foreign languages.

lingüístic, -a linguistic; of languages.

lingüística f. linguistics.

linguodental linguadental; dentilingual.

línia f. line; range; route; limit; progeny.

liniment m. liniment; liquid for rubbing aching parts of the body.

linòleum m. linoleum; floor-covering of canvas treated with corck, oil and gum.

linotip f. linotype.

tinotipista m. linotyper; linotypist.

linx m. (zool.) lynx.

linxar to lynch.

lionesa f. capsular cake with cream or custard.

liquar to liquefy.

liquen m. (bot.) lichen.

líquid m. liquid.

líquid, -a liquid; in the form of a liquid. / (com.) net; clear.

liquidació f. (com.) sale; settlement; bargain.

liquidar (com.) to liquidate. / to liquate; liquefy.

lira f. lyre. / lire (italian money).

líric, -a lyrical; lyric.

liró m. (zool.) dormouse.

liró, -ona simple-minded; silly; foolish.

lis f. (bot.) iris; lily.

litargiri m. litharge.

literal literal; verbal.

literalment literally; word by word.

literari, -ària literary; of literature.

literat m. writer; literary person.

literatura f. literature.

liti m. lithium.

litigar to litigate; go to law.

litigi m. litigation; contest; lawsuit; cause.

litògraf m. lithographer.

litografia f. lithography.

litoral m. coast; littoral; shore; along the coast.

litre m. litre; liter; 1 3/4 pints.

lituà, -ana Lithuanian.

litúrgia f. liturgy.

litúrgic, -a liturgic; liturgical.

lívid, -a livid; of the colour of lead; blue grey.

lividesa f. lividity; lividness; sallowness.

llac m. lake; loch.

llaç m. bow; knot; ribbon.

llaçada f. bow; bowknot; loop.

llacer m. lassoer; dogcatcher.

llaç escorredor m. noose.

llacuna f. lagoon; lakelet; small lake.

lladella f. (ent.) crab louse.

lladrar to bark.

lladre m. robber; thief; burglar.

lladre de camí ral m. highwayman; holdup man.

lladregada f. robbery; thievishness; stealing; larceny; theft.

lladregot m. burglar; pilferer.

lladreguejar to thieve; steal.
lladronici m. robbery; stealing; larceny; theft.
lladruc m. bark.
llagasta f. (ent.) tick.
llagosta f. lobster (crustacean). (ent.) grasshoper; locust.
llagostí m. prawn (crustacean).
llagotejar to cajole; flatter.
llàgrima f. tear.
llagrimeig m. lacrimosity; tearfulness; frequent shedding of tears.
llagrimejar to shed tears.
llagrimós, -osa lacrimose; watery (eyes).
llagut m. (naut.) catboat.
llama f. (zool.) llama. / gold or silver tissue in silk.
llamborda f. paving stone.
llambregada f. glance; look.
llambregar to eye; watch; spy.
llambric m. worm; earthworm.
llamí m. delicacy; sweet; titbit.
llaminadura f. sweet; delicacy; dainty.
llaminer, -a sweet-toothed; fond of delicacies.
llamineria f. delicacy; titbit; sweet tooth.
llamins m. pl. sweets.
llamp m. lightning; ray; beam; flash.
llampant garish; over-coloured; loud. // rapid, fast, as a lightning.
llampec m. lightning; flare; flash.
llampegant sparkling; gleaming; flashing.
llampegar to lighten.
llampeguejar to lighten; flash; sparkle.
llamprea f. (ichth.) lamprey.

llana f. wool.
llança f. spear; lance.
llançada f. lance thrust; spear thrust.
llançadora f. shuttle (loom).
llançament m. throw; fling; hurl. / throwing; flinging; hurling. / launching; dropping. / eviction; evicting; dispossession.
llançar to throw; cast; dart; launch; hurl; fling.
llançar-se to rush; jump; throw oneself.
llancer spearman; lancer.
llancers m. pl. lancers (dance).
llancívol, -a missile; for throwing.
llanda f rim; tyre; iron hoop.
llaner m. wool dealer.
llaner, -a wool; woolen.
llaneria f. wool shop. / woolen goods.
llaneta f. nap; thin flannel.
llangardaix m. (zool.) lizard.
llangor f. languor; lassitude; sentimental softness.
llànguid, -a faint; languid.
llànguidament languidly.
llanguiment m. languor; faintness; lassitude.
llanguir to languish.
llanós, -osa woolly.
llanta V. **llanda.**
llanterna f. lantern.
llàntia f. lamp; oil-lamp. / stain; dirty mark; dirty patch.
llantiat, -ada full of oil-stains.
llantió m. small lamp.
llantiós, -osa stained; dirty; greasy; grease-spotted.
llanut, -uda woolly; woolen. / zealot; fool.
llanxa f. boat; launch; gig.
llanxer m. boatman; bargee.

llaor f. praise
llapis m. pencil.
llar f. home. / hearth; fireplace.
llard m. lard.
llar de foc f. hearth; fireplace.
llardó m. fried piece of fat.
llardons m. pl. cracklings.
llardós, -osa greasy; lardaceous.
llarg, -a long; prolonged.
llargada f. length; longitude.
llargament for a long time. / generously.
llargària f. length; long.
llargarut, -uda lanky; lank; too long compared to its width; long and thin.
llarguesa f. generosity; liberality; munificence.
llast m. ballast; dead weight.
llastar to ballast; weight down.
llàstima f. pity; compassion; pathos.
llastimós, -osa pitiful; piteous; sorrowful.
llastimosament dolefully; grievously.
llatí m. Latin.
llatí, -ina Latin. / (naut.) lateen (sail).
llatinista m. f. Latinist.
llatinitzar to Latinize.
llatzerat -ada lazar-like.
llatzaret m. lazaretto; lazaret.
llatzarós, -osa leprous; lazar-like.
llauna f. tin plate. / can; tin.
llauner m. tinsmith; tinner; tinman.
llauneria f. tin-shop.
llaurada f. ploughing.
llaurador m. ploughman.
llaurar to plough; cultivate; till.
llausanger, -a flattering; adulating.
llaüt m. (mus.) lute.

llautó m. brass.
llavi m. lip.
llavor f. seed; pip.
llavors then; at that time. / so then.
llebeig m. southwest wind.
llebre f. hare. (zool.)
llebrer m. greyhound.
llebrós m. leper.
llebrós, -osa leprous.
llec m. lay brother.
llec, -ega lay; laic. / unprofessional; ignorant; uninformed.
lledesme, -a legitimate; rightful.
lledó m. (bot.) hackberry; fruit of the nettle-tree.
lledoner m. nettle-tree.
llefiscós, -osa viscous; sicky; semi-fluid.
llega f. lay sister.
lleganya f. eyelid's secretion; blear.
lleganyós, -osa bleary; rheumy.
llegar to legate.
llegat m. legacy; bequest.
llegenda f. legend. / title; inscription.
llegendari, -ària legendary.
llegible legible; readable.
llegir to read.
llegítima f. legitime (inheritance, estate).
llegua f. league (measure of distance = 3 miles).
llegum m. legume; legumen.
llei f. law; rule; precept.
lleial loyal; lawful.
lleialment truly; loyally.
lleialtat f. loyalty; loyal conduct.
lleig, -etja ugly.
lleixa f. ledge; shelf.
lleixiu m. lye; alkaline solution.
llémena f. nit (egg of louse).
llemosí, -ina Limousin; of the Li-

mousin (old French province).

llenç m. canvas. / screen.

llenca f. slice; strip; thong.

llençar to dash; throw away; cast off.

llenceria f. linen goods; draper's shop.

llençol m. sheet; linen sheet.

llenega f. toadstool; mushroom.

llenegadís, -issa slippery; lubricous.

llenegall m. toadstool. / slippery place.

llenegar to slide; glide; slip.

llenegós, -osa slippery; lubricous; skiddy.

lleneguívol, -a slippery; sliding.

llengot m. (print.) slug.

llengotejar to stick out one's tongue (to mock).

llengua f. tongue. / language; tongue.

llenguado m. (ichth.) sole.

llengua d'oc f. Langue d'oc; languages of S. France.

llenguadocià, -ana of the Langue d'oc.

llenguallarg, -a foul-mouthed.

llenguatge m. language; speech; tongue.

llengüeta f. (mus.) reed; tongue. / pointer (scales). / tongue (shoe).

llengut, -uda foul-mouthed; impudent.

llentia f. V. **llentilla**.

llentilla f. (bot.) lentil.

llentiscle m. (bot.) lentisk; mastic tree.

llenya f. fire-wood. / beating; beating up.

llenyada f. provision of kindling wood.

llenyam m. V. **llenyada**.

llenyataire m. woodman; woodcutter.

lleó m. (zool.) lion.

lleona f. (zool.) lioness.

lleonat, -ada tawny; fulvous; fulvid.

lleopard m. (zool.) leopard.

llepada f. spot; stain. / lick; lap.

llepafils m. squeamish.

llepaire m. lickspittle.

llepar to lick; lap.

llepar-se els dits to lick one's lips.

llepissós, -osa viscous; viscid; semifluid; clammy.

llépol, -a sweet-toothed; fond of delicacies.

llepolia f. sweet; delicacy; titbit.

llesca f. slice (of bread).

llescar to slice (bread).

llessamí m. jasmine.

llest, -a ready; finished. / nimble-witted; clever; resourceful.

llestesa f. smartness; cleverness; sagacity.

llet f. milk.

lletania f. litany. / long list; rigmarole.

lleter m. milkman; dairyman.

lletera f. milkmaid; dairymaid.

lleteria f. d a i r y ; creamery (shop).

lletgesa f. ugliness.

lletimó m. (bot.) dittany.

lletjor f. ugliness.

lletó m. sucking (animal).

lletra f. letter; character representing a sound. / type. / letter; written message.

lletra de canvi f. bill of exchange.

lletraferit, -ida fond of letters; fond of literature.

lletrat m. lawyer.

lletrejar to spell.
lletsó m. (bot.) sow thistle.
lletuga f. (bot.) lettuce.
lleu light; slight; trivial; unimportant; gentle; weightless.
lleuger, -a light; slight; buoyant; nimble; agile; frivolous.
lleugerament lightly slightly.
lleugeresa f. agility; lightness; levity; swiftness.
lleure m. leisure; spare time; free time.
lleva f. levy; recruitment.
llevadís, -issa that can be lifted or raised; liftable.
llevadora f. midwife.
llevant m. east. / Levant.
llevant de taula m. dessert; chat after dinner; after dinner.
llevantí, -ina eastern. / Levantine.
llevar to draw out; take out.
llevar-se to get up (from the bed).
llevat m. yeast.
llevat except.
llevat de except; but not; not including.
llevataps m. corkscrew.
lli m. linen; flax.
llibant m. rope; cord.
llibert, -a emancipated; freedman; freedwoman.
llibertador m. liberator; deliverer.
llibertador, -a liberating.
llibertar to free; set free; liberate.
llibertat f. freedom; liberty.
llibertí, -ina libertine; licentious; loose-liver.
llibertinatge m. libertinage; libertinism; licentiousness.
llibre m. book.

llibre d'actes m. minute book.
llibre d'adreces m. address book.
llibre de bord m. (naut.) ship's log; logbook.
llibre de butxaca m. paperback.
llibre de caixa m. cashbook.
llibre de comptabilitat m. account book.
llibre de contes m. storybook.
llibre de cuina m. cookbook.
llibre de missa prayer book.
llibre de reclamacions m. complaints book.
llibre d'hores m. Book of Hours.
llibre major m. ledger.
llibre sant m. each book of the Bible.
llibrer m. bookseller.
llibreria f. bookcase. / bookstore; bookseller's shop.
llibret m. libretto. / booklet; small book.
llibreta f. notebook; copybook.
llibreter m. bookseller; stationer.
llibreteria f. bookstore; stationery shop.
llibretista m. f. librettist.
lliç m. warp thread (textile).
lliça f. combat; contest. / lists; ground for fights.
llicència f. license; permit; permission.
llicenciar to license; discharge.
llicenciat m. licenciate; graduate.
llicenciatura f. degree of master or bachelor.
llicenciós, -osa licentious; dissolute.
lliçó f. lesson; lecture.
llicorella f. (min.) slate.
lliga f. league; alliance. / alloy.
lligabosc m. (bot.) honeysuckle; woodbine.

lligacama f. garter.

lligada f. tying; knot; ligature; ing; fastening.

lligam m tie; bond; binding; lacing; fastening.

lligar to tie; bond; fasten; knot; attach; lace.

lligat m. (mus.) ligature.

llim m. mud; slime.

llima f. file (metal tool for smoothing).

llimac m. (zool.) slug.

llimalla f. filings; bits filed off by a file.

llimar to file; make smooth with a file.

llimbs m. pl. limbo.

llimona f. lemon.

llimonada f. lemonade; squash.

llimona dolça f. lime.

llimoner m. lemon tree.

llimoner dolç m. lime tree.

llinar m. flax-field.

llinassa f. (bot.) flowering rush.

llinatge m. descent; lineage; progeny; ancestry.

llinda f. doorhead; lintel.

llindar m. threshold; door sill.

llinosa f. flax seed; linseed.

llinya f. fish-line.

llinyol m. shoemaker's string.

llir m. V. **lliri**.

lliri m. (bot.) lily.

lliri d'aigües m. calla lily.

llis, -a smooth; even. / flat; even; plain.

lliscadís, -issa slippery; slippy.

lliscar to glide; slide; skim; skid.

lliscós, -osa slippery.

llisor f. smoothness.

llisquent gliding.

llíssera f. (ichth.) mullet.

llista f. list. / stripe.

llistat, -ada striped.

llistó m. strip of wood; cross bar (of a chair); lath.

llit m. bed.

llitera f. berth. / bunk; stretcher.

llitet m. cot; small bed.

lliura f. pound.

lliura esterlina f. pound sterling; pound; sovereign.

lliurador m. deliverer.

lliurament m. delivery.

lliurança f. pay-order.

lliurar to deliver; give.

lliurar-se to surrender; rid.

lliure free.

lliurea f. livery (worn by a servant).

lliure albir m. free will.

lliure canvi m. free trade; free change.

lliurecanvista m. freetrader.

lliurement freely.

llivell m. V. **nivell**.

lloa f. praise; glory.

lloable praiseworthy; creditable; likely; laudable.

lloança f. praise; eulogy.

lloar to praise; extol; eulogize.

lloba f. (zool.) she-wolf.

llobarro m. (ichth.) sea bass.

llobató m. wolf cub.

llobí m. (bot.) lupin. V. **tramús.**

llobina f. V. **llobarro.**

llòbrec, -ga dismal; gloomy.

lloc m. place; spot; post; stand; site. / room; space.

lloca f. broody hen.

lloca overripe.

llocada f. brood hatch.

lloctinent m. lieutenant.

llogar to hire rent; let.

llogarret m. hamlet; village; small village.

llogater m. tenant.

lloguer m. hire; rent.

llom m. loin. / chine of pork. / back of an animal. / back of a book, knife, etc.

llomadura f. lumbago.

llombard, -a Lombard; native of Lombardy.

llombrígol m. navel; (anat.) umbilicus.

lloms m. pl. loin of human body.

llonganissa f. a kind of sausage.

llonguet m. oblog roll (bread) divided by a furrow.

llonza f. chop.

llonze, -a foolish; silly.

llop m. (zool.) wolf.

llopada f. pack of wolves.

llor m. laurel. V. **llorer.**

llord, -a dirty. / ugly.

llorejar to honour; reward.

llorer m. (bot.) laurel.

llorers m. pl. laurels; honours.

lloriga f. lorica. / iron ring in an axle box.

llorigó m. young rabbit.

lloriguera f. burrow.

lloro m. (orn.) V. **papagai.**

llosa f. slab; gravestone.

llosera f. quarry.

llossa f. ladle; scoop.

llossada f. ladleful.

llot m. mud; mire.

llotja f. (theatre) box. / (arch.) gallery; porch. / exchange market.

llotós, -osa marshy; boggy.

lluc m. sprout; shoot; young growth on a plant. / tact; skill; understanding.

lluç m. (ichth.) hake.

llucar to spy; see; discern. / to guess right. / to sprout; shoot.

llucareta f. (orn.) citril finch.

llúdria f. (zool.) otter.

lluent bright; lucent.

lluentejar to glow; shine; glitter.

lluentó m. sequin; spangle.

lluentor f. brilliance; polish; shine; brightness.

lluer m. (orn.) siskin.

lluerna f. (ent.) glow-worm. / sky-light transom.

llufa f. silent fart. / rag or grotesque figure cut out in paper, hanged on someone's back as a mockery, usual trick on the Holy Innocents' day.

llufar-se to break wind without noise.

lluïment m. success; triumph; splendour; brilliancy.

lluir to shine; glow. / to display; exhibit; show; excel be eminent.

lluïssor m. brightness; brilliance.

lluït, -ïda brilliant; successful.

lluita f. fight; struggle; conflict.

lluitador m. fighter.

lluita greco-romana f. Graeco-Roman wrestling; wrestling.

lluitar to fight; struggle.

llum m. lamp.

llum f. light; clarity. / (arch.) span; opening.

llumenera f. oil lamp.

llumeneta f. (ent.) glow-worm.

llumenetes f. pl. phosphorescent lights or sparkles.

llumí m. match; wax-match; paper-match.

lluminària f. illumination; lighting; enlightment.

lluminós, -osa luminous; bright. / brilliant.

lluna f. moon.

lluna de mel f. honeymoon.

llunació f. lunation; lunar month.

llunàtic, -a lunatic; whimsical.

lluny afar; far; far off; away; off; a distance.
llunyà, -ana far; distant; remote.
llunyania f. distance; remoteness.
lluny de far from.
llunyedat f. background; in the distance.
llúpol m. (bot.) hop; hops.
llur (sing.) their.
llurs (pl.) their.
llustre m. shine; polish; splendour.
llustrina f. lustring (cloth).
-lo him; (m.) it.
lòbul m. lobe; lobule.
local m. place; site; rooms. / headquarters.
local local; special to a district or place.
localisme m. localism; regionalism.
localitat f. locality; place; town; village. / (theatre) seat.
localitzar to find; locate. / to localize; confine within a particular area.
locaut m. lockout.
loció f. lotion. / washing; lavatory.
locomoció f. locomotion.
locomotor, -a locomotor; locomotive.
locomotora f. engine; locomotive.
locomotriu f. engine; locomotive.
locució f. (gram.) idiom; locution; phrase.
locutor m. speaker; announcer.
locutori m. parlour.
logaritme m. logarithm.
lògia f. lodge.
lògic, -a logical.
lògica f. logic; dialectics.

lona f. canvas.
londinenc, -a of London.
longevitat f. longevity.
longitud f. length; longitude.
longitudinal longitudinal; linear.
lonx m. refreshments; refreshment drink.
loquaç loquacious; talkative.
lord m. Lord. / the English Lords; peer.
-los (m. pl.) them.
losange m. lozenge; diamond shape figure.
lot m. lot; set of articles.
loteria f. lottery; lotto.
lotus m. (bot.) lotus.
lúbric, -a lascivious. / slippery; lubricous.
lubricant m. greaser; antifriction.
lubricar to lubricate; grease; oil.
lubrificar V. **lubricar.**
lúcid, -a lucid; shining; clear; perspicuous.
lucidesa f. lucidity; perspicuity.
lucífer, -a luminous.
lucrar to obtain benefit; profit.
lucratiu, -iva lucrative; profitable; remunerative.
lucre m. lucre; profit; gain; advantage; money-making.
luctuós, -osa mourning; sad; sorrowful.
lúgubre gloomy.
lul·lisme m. philosophical system of Ramon Llull (Raymond Lully).
lumbago m. lumbago; lumbar rheumatism.
lumbar lumbar; of the loins.
lumen m. lumen; unit of quantity of light.
lumínic, -a pertaining to light.
lunar lunar; of the moon.
lupa f. magnifying glass.

lustre m. lustrum; lustre; a period of five years.
luterà, -ana Lutheran.
luxació f. luxation; dislocation.
luxar to dislocate; luxate.
luxe m. luxury; profuseness; finery.

luxós, -osa showy; luxurious; costly; magnificent.
luxosament showily.
luxúria f. lust; lewdness; lasciviousness.
luxuriós, -osa lustful; lewd; voluptuous.

Més val anar sol que mal acompanyat
Better be alone than in ill company

ma (f. sing.) my.
mà f. hand.
maç m. bundle.
maça f. mace; mallet. / (mus.) drumstick.
macabre, -a macabre.
macadura f. bruise; bruising.
macar to bruise; injure.
macar-se to begin to rot; blet; decay.
macarrons m. pl. macaroni.
macedoni, -ònia Macedonian.
macedònia f. macedoine; fruit salad.
macer m. macebearer; macer.
maceració f. maceration; the act of softening by soaking.
macerar to macerate; make soft by soaking in water.
macilent, -a haggard; pale.
macip m. manservant. / slave. / apprentice.
macip de ribera m. porter.
macrocèfal, -a macrocephalous.
màcula f. stain; blemish.
macular to maculate; stain; soil.
madeixa f. skein; silk or wool yarn coiled into a bundle.

madona f. madonna.
madrastra f. stepmother.
madrèpora f. madrepore; white perforate coral.
madrigal m. madrigal; short love poem. / part song for several voices without instrumental accompaniment.
madrileny, -a Madrilenian.
maduixa f. strawberry.
maduixera f. (bot.) strawberry plant.
maduixot m. (bot.) strawberry (bigger than the **maduixa**).
madur, -a ripe.
maduració f. maturity; ripeness.
madurar to ripen.
maduresa f. ripeness.
magall m. spade.
magalló m. weeding hoe.
magarrufa f. cajolery; caresses.
magatzem m. store; warehouse. / depot. / magazine.
magatzems m. pl. store; department store.
magatzematge m. storage.
magatzemista m. warehouseman; shopkeeper.

magdalena f. bun made with flour, egg and sugar.
magí m. imagination; mind; good sense.
màgia f. magic.
magià m. magician.
màgic m. magician.
màgic, -a magic; magical.
màgica f. V. **màgia**.
magisteri m. teaching; mastership; mastery; scholastic degree.
magistral magistral; magisterial. / masterful.
magistrat m. magistrate. / judge.
magistratura f. magistracy; judicature.
magnànim, -a magnanimous; large-hearted; high-spirited.
magnat m. magnate; eminent person.
magne, -a great; grand.
magnesi m. magnesium.
magnèsia f. (chem.) magnesia.
magnet m. magnet. V. **imant**.
magnètic, -a magnètic; magnetical. / attractive.
magnetisme m. magnetism. / hypnotism.
magnetitzador m. magnetizer; hypnotizer.
magnetitzar to magnetize. / to hypnotize.
magnetòfon m. tape-recorder; magnetophon.
magnífic, -a magnificent; grand; gorgeous; great.
magnificència f. magnificence; splendour; gorgeousness.
magnitud f. magnitude; greatness.
magnòlia f. (bot.) magnolia.
magrament poorly; meagrely.
magrana f. pomegranate.

magraner m. (bot.) pomegrante tree.
magre, -a meagre; lacking in flesh; poor; scarce.
magror f. meagreness; leanness.
mahometà, -ana Mohammedan; Moslem.
mai never. / ever; sometimes.
maig m. May.
mai més never more; never again.
mainada f. children.
mainadera f. nurse; nursemaid; dry nurse.
majestat f. majesty. / grandeur; stateliness; kingly appearance.
majestuós, -osa majestic; august; kingly; royal; pompous.
majòlica f. majolica; Spanish and Italian ornamented pottery.
major greatest; major; main; high. / greater; bigger.
majoral m. chief; overseer. / coachman.
majordom m. steward; butler.
majordoma f. house-keeper; matron; stewardess.
majordomia f. stewardship; administration; butlership.
majordona f. housekeeper of a priest.
majoria f. majority.
majorista m. wholesale merchant.
majorment chiefly; principally.
majors m. pl. forefathers; ancestors.
majúscul, -a large; important.
majúscula f. capital letter.
mal m. ache; pain; malady. / evil; ill; harm; incury; wrong; mischief.
mal adv. badly; ill; wrongly.
mal, -a bad; unpleasant; unwelcome; incorrect.

malabarista m. f. juggler.
malàconsellar to mislead.
malacostumar to spoil.
malacostumat, -ada spoiled; having bad habits.
malagradós, -osa sullen; unsociable; unpleasant.
malagraït, -ïda ungrateful; ingrate; thankless.
malaguanyat, -ada failed; frustrated. / illfated; late; deceased.
malai, -a Malay.
malairós, -osa ungraceful; ungenteel.
malalt, -a sick; ill; in bad health.
malaltejar to be unhealthy.
malaltia f. disease; illness; sickness; disorder; infirmity.
malaltís, -issa sickish; feeble; healthless.
malament badly; wrong; incorrect; unwell.
malànima m. wicked man; scoundrel.
malànima wicked; mischievous.
malapte, -a awkward; clumsy.
malastre m. distress; calamity; misfortune.
malastruc, -uga ill-fated; ill-starred; unlucky.
malastrugança f. misadventure; misfortune.
mal auguri m. doom; bad omen.
malauradament unfortunately.
malaurança f. misfortune; unhappiness.
malaurat, -ada unfortunate; unhapy; unlucky.
malaventura f. misfortune.
malavesar to spoil; pamper.
malavingut, -uda incompatible; non-conformist.
mala voluntat f. spite; ill-will; malice.

malbaratar to sell cheap; squander.
malbé V. **fer malbé.**
malcarat, -ada sullen; surly; grimfaced.
malcarós, -osa grim-faced; sullen.
malcontent, -a discontented; ill-pleased.
malcreient disobedient.
malcriar to spoil; indulge (a child).
malcriat, -ada illbred; spolled.
maldar to strive; attempt; persist.
maldat f. badness; wickedness; mischievousness.
mal de cap m. headache.
maldecap m. worry; anxiety; concern.
mal de cor m. faintness; weakeness.
mal de queixal m. toothache.
maldestre, -a unhandy; torpid; thickset; ham-fisted; clumsy; unskilful.
maldiença scandal evil-speaking; slander.
maledicció f. malediction; damnation; curse.
malefactor m. villain; criminal; malefactor.
malèfic, -a malefic; maleficent; malicious.
malefici m. witchcraft; sorcery; incantation.
maleir to curse; damn; utter curses.
maleït, -ïda accursed; damned; wicked; perverse.
malejar to pervert; corrupt; harm; spoil; injure.
malencaminar to mislead; lead astray; lead into evil ways.

malencert m. error; mistake; blunder.

malenconia f. melancholy; gloominess; sadness.

malenconiós, -osa melancholic.

malendreç m. disorder; disarray.

malentès m. misunderstanding.

malesa f. roguery; roguishness; archness; gambol; playful; mischief. / underbrush thicket; weed. / wrongness; wicked act.

malestar m. uneasiness; discomfort.

maleta f. suitcase; case.

maleter m. valise porter. / valise maker; valise seller.

maletí m. small valise; satchel.

malèvol, -a spiteful; hateful; malevolent; malignant.

malevolència f. malevolence; spite; ill-will.

malfactor m. evil-doer; malefactor.

malfaent maleficient; maleficent; malefic.

malfeiner, -a botched; bungled. / idle; idle; lazy.

malferir to wound badly.

malfiar-se to distrust; suspect.

malfixar-se to mistaken; deceive oneself.

malforjat, -ada careless; neglectful; ungainly (esp. in dressing).

malganós, -osa unenthusiastic.

malgastador, -a spendthrift; wasterful; lavish.

malgastar to waste; use more than is necessary; dissipate; squander.

malgeniüt, -üda ill-tempered; bad-tempered; irritable.

malgirbat, -ada careless; neglect-

ful; slovenly; ungainly; ungraceful; gawky.

malgrat although; despite.

malgrat això nevertheless; still; even so; even then; even now.

malgrat que though; notwithstanding the fact that; in spite the fact that; although.

malgustós, -osa nasty; unpleasant; disagreeable.

malhumorat, -ada ill-humoured; irritable; peevish.

malícia f. malice; malignity; mischief.

maliciar to suspect maliciously.

malifeta f. mischief; misdeed.

maligne, -a malignant; malign; evil; perverse; malicious.

malintencionadament unkindly; ill-intentionedly.

malintencionat, -ada evil-minded.

mall m. mall (game). / maul; big hammer for forging.

malla f. net; mail; network.

mà-llarg, -a long-handed.

malleable malleable; soft.

mallerenga f. (orn.) tit.

mallerenga carbonera f. (orn.) great tit.

mallot m. bathing-suit.

malmenjat, -ada poorly fed.

malmetre to hurt; spoil; ruin; damage.

malmirat, -ada disliked; inconsiderate.

malnom m. nickname; sobriquet.

malordenat, -ada careless; slovenly.

malparat, -ada ill-treated; damaged.

malparlat, -ada foul-mouthed.

malpensar to suspect; distrust.

malpensat, -ada nasty-minded.

mal presagi m. doom; bad omen.

mal que though; although.
malsà, -ana unhealthy; morbose.
malson m. nightmare.
malsonant ill-sounding; nasty; rude.
malt m. roasty barley; malt; maltha.
maltempsada f. storm; tempest. / temporary adversity.
maltractar to treat ill; abuse; misuse; spoil; use roughly.
maluc m. (anat.) hip.
malura f. evil thing. / plants' epidemic.
malva f. (bot.) mallow. / mauve (colour).
malva-rosa f. (bot.) (pelargonium capitatum) plant similar to crane's bill.
malvasia f. (bot.) malvasia (grape). / malmsey (wine).
malvat, -ada wicked; ruffian; scoundrel; evil; villainous.
malvendre to sell with loss; sacrifice; sell off cheap.
malversar to misapply; embezzle. / to waste; squander.
malvestat f. evil; badness. / calamity; disaster.
malveure m. malevolence.
malví m (bot). marshmallow; mallow.
malviatge! damn!; damn it!
malvist, -a disliked; unpopular.
malviure m. bad time; misery.
malvolença f. ill-will; malevolence.
malvolent malignant; hater.
malvoler to dislike; hate.
malvoler m. malvolence; ill-will.
malvolgut, -uda disliked; estranged.
mam m. drinking (children's speech).

mama f. mother (children's speech).
mamà f. mother (children's speech).
mamada f. suck; lactation time.
mamar to suck.
mamarratxo m. guy; grotesque figure.
mamella f. mamma; udder.
mamífer m. mammal.
mamut m. mammoth.
manada f. herd; flock.
manaire domineering; fond of command.
manament m. commandment; command.
manar to command; give orders.
manat m. handful; bunch; cluster.
manc, -a armless; handless; one-handed.
manca f. lack; want; need; shortage.
mancament m. want; defect; unfulfilment.
mançanilla f. type of Andalusian white wine.
mancar to lack; be without; not have; miss.
mancomunitat f. association; union; commonwealth.
mandarí m. mandarin. / V. **taronger mandarí.**
mandarí, -ina tangerine (tree).
mandarina f. mandarin orange; mandarine; tangerine.
mandatari m. chief executive; president.
mandíbula f. jaw; mandible.
mandolina f. (mus.) mandolin; mandoline.
mandonguilla f. meatball; rissole.
mandra f. laziness; idleness; sloth.

mandrejar to laze; idle; lounge; loaf.

mandrí m. chuck (of the lathe); mandrel.

mandril m. (zool.) mandrill; baboon.

mandró m. sling (for hurling stones).

mandrós, -osa lazy; idle; slothful.

manduca f. food; fare.

mànec m. handle; shaft.

manefla m. f. whippersnapper.

mànega f. sleeve. / hose.

manegar to mortise; put a handle or shaft on.

manegar-se to manage; make shift.

maneguí m. sleeve protector; oversleeve.

maneig m. handling; wielding; management; manipulate.

manejable manageable; wieldy.

manejar to handle; wield; manipulate; work; ply.

manera f. manner; mode; way.

maneres f. pl. manners; breeding; social behaviour.

manescal m. veterinarian; veterinary surgeon.

maneta f. handle; crank.

manganès m. (min.) manganese.

mangra f. red ocher; reddle; raddle.

mania f. mania; whim.

maníac, -a maniac.

manicomi m. insane asylum; madhouse.

manicur m. manicurist; manicure.

manicura f. manicure (care of hands and nails).

manifasser, -a meddlesome.

manifest m. manifest. / manifesto (public declaration).

manifestació f. statement; declaration; proclamation. / exhibition; manifestation; public demonstration.

manifestant m. demonstrator; demonstrant.

manifestar to state; declare; manifest; show; expose.

màniga f. sleeve.

manigua f. jungle.

maniguet m. muff (cylinder covering for the h a n d s) . / (mech.) sleeve; shaft coupling.

manilla f. (jew.) bracelet. / manacle; handcuff.

manillar m. handlebars.

maniobra f. manoeuvring; operation; driving; handling; shunting; move; stratagem.

maniobrar to operate make a handwork; drive; manoeuvre.

maniós, -osa fussy; crank.

maniple m. (eccl.) maniple.

manipular to manipulate; handle; work.

maniquí m. dummy.

maniquí f. mannequin; model; feminine live model (dressmakers).

manlleu f. loan; borrowing.

manllevar to borrow.

mannà m. manna.

manobre m. bricklayer.

manoll m. handful; bunch.

manòmetre m. manometer.

mans, -a meek; mild; tame.

mansió f. residence; mansion; home. / sojourn stay; short stay.

mansoi, -a mild; meek.

mansuet, -a mild; meek.

mansuetud f. meekness; mildness; gentleness.

mant, -a many; many a; a lot-of; lots of.

manta f. wrap; covering; rug.

mantega f. butter.

manteguera f. butter-dish. / churn.

mantegueria f. buttery; creamery; dairy.

mantell m. cloak; robe; manteau.

mantellina f. mantilla; headshawl.

mantenidor m. member of the adjudicators in a literary competition.

manteniment m. upkeep; maintenance.

mantenir to maintain; keep; hold.

mantenir-se to sustain oneself. / stand firm.

mantó m. wrap.

manual m. manual; handbook; small text book.

manual made by hand; manual; handy.

manubri m. crank; handle.

manufactura f. manufacture; fabric; factory.

manufacturar to manufacture.

manumissió f. manumission.

manuscrit m. manuscript; written out by hand.

manutenció f. maintenance; support; sustenance; food or drink.

manxa f. bellows.

manxaire m. blower; organblower (person).

manxar to blow with bellows.

manxol, -a handless; one-handed; one-armed.

manya f. handiness; dexterity; craftiness; skill.

manyà m. locksmith.

manyac, -aga meek; affable; pleasant; mild; gentle.

manyagueria f. flattery; cajolery; blandishment; coaxing.

manyoc m. tuft; bunch; bundle.

manyós, -osa dexterous; skilful; ingenious; cunning.

maó m. brick.

maonesa f. mayonnaise (sauce).

mapa m. map.

mapamundi m. map of the world.

maqueta f. scale model; maquette.

maquiavèllic, -a Machiavellian.

maquillar to make up; prepare an actor for the stage (paint, powder, false hair).

maquillatge m. (theat.) make-up.

màquina f. engine; machine.

màquina automàtica f. robot; automatic machine.

màquina d'afaitar f. safety razor.

mquina de cosir f. sewing machine.

màquina de rentar f. washing machine.

màquina de retratar f. camera.

màquina d'escriure f. typewriter.

màquina de tren f. engine; locomotive.

màquina fotogràfica f. camera.

maquinal mechanical.

maquinalment undesignedly; mechanically; unconsciously.

maquinar to plan; machinate; plot; contrive.

maquinària f. machinery.

maquinista m. engine-driver; driver; engineer.

mar m. f. sea.

marabú m. (orn.) marabou; marabout.

maragda f. emerald.

maraques f. pl. (mus.) maraca.

marasme m. marasmus; depression; consumption; wasting.

marató m. marathon (pedestrian race: about 26 miles).

marbre m. marble (limestone).

marc m. frame; border for a picture. / setting (scenery, place). / mark (German money).

març m. March.

marca f. mark; make; brand. / record; score (sports).

marcador m. s c o r e b o a r d (sports).

marcar to mark; brand. / to mark (an opposing player in sports); score (a goal in sports).

marca registrada f. trade-mark.

marcial martial; military; warlike.

marcir-se to decay; fade; wilt; wither shrivel.

marcit, -ida limp; dead; faded; withered.

marduix m. (bot.) sweet marjoram.

mare f. mother. / parent.

marea f. tide.

maregassa f. heavy sea.

mareig m. seasickness. / dizziness.

marejada f. (mar.) swell.

marejar to bother; annoy; make feel sick.

marejar-se to be sick; feel sick; get seasick. / to get dizzy. / to get a bit drunk.

marejat, -ada seasick; sick. / dizzy. / drunk.

maremàgnum m. confusion; pandemonium.

mareperla f. pearl oyster.

mareselva f. (bot.) honeysuckle; woodbine.

maresma f. salt marsh; marshy region at the seaside.

màrfega f. straw mattress.

marfil m. V. **vori**.

margalló m. (bot.) palmetto (tree).

margarida f. (bot.) daisy; ox-eye daisy.

margarina f. margarine; butterine.

marge m. margin; border; edge. / bank; shore. / skirt; enclosure.

marginal marginal.

marginar to margin; leave a margin.

marí, -ina marine; nautical.

marialluïsa f. bot. lemon verbena.

maridar to marry (women).

maridar-se to marry; get married (women).

maridatge m. marriage; union.

marieta f. (ent.) ladybird.

marina f. navy. / marine; seascape.

marinada f. sea breeze.

mariner m. sailor; seaman.

marineria f. seamanship; ship's crew.

marisc m. shellfish.

mariscal m. marshal.

marit m. husband.

marital marital; of a husband; of marriage.

marítim, -a marine; maritime; nautical; connected with the sea or navigation.

marjada f. (agr.) terrace.

marjal m. marsh; moor.

marmessor m. testamentary executor.

marmita f. boiler; kettle; pot; stew-pot.

marmitó m. scullion; kitchen boy.

marmori, -òria marbly; marmoreal; marble.

marmota f. (zool.) marmot.

maroma f. rope; thick rope.

maror f. swell (of the sea). / agitation; excitement.

marquès m. marquis; marquess.

marquesa f. marchioness.

marquesat m. marquisate; marquessate.

marquesina f. canopy; awning (at hotel door, over an entrance).

marqueteria f. marquetry; marqueterie.

marrà m. ram; male sheep.

marrada f. detour; roundabout way.

marradejar to deviate; branch off.

marrameu m. mew; mewing.

marranada f. dirty trick.

marranejar to howl with rage; moan.

marraneria f. tantrum; paddy; fit of bad temper; rage (children).

marrar to deviate; branch of.

marrec m. kid; child; youngster; young lad. / young goat; kid.

marriment m. sulk; melancholy.

marrit, -ida gloomy; depressed; withered.

marro m. sediment; dregs.

marró m. brown; brownish red colour; chestnut-brown; chestnut colour.

marroquí, -ina Moroccan.

marroquineria f. leather goods; leather goods store.

marruix m. pussy.

marsuí m. (zool.) porpoise.

mart m. (zool.) marten.

martell m. hammer.

martellada f. stroke with the hammer.

martelleig m. hammering; clatter.

martellejar to hammer.

martellet m. hammer of a piano.

martinet m. drop-hammer; ram. / (orn.) egret.

martinet ros m. (orn.) squacco heron.

martingala f. knack; trick.

màrtir m. f. martyr.

martiri m. martyrdom.

martiritzar to martyrize.

martirologi m. martyrology; a history of martyrs or saints.

marxa f. departure. / march; s p e e d ; course. / (mus.) march.

marxamo m. stamp; mark (in custom house).

marxant m. pedlar.

marxapeu m. threshold; doorstep; step.

marxar to leave; go away; get off; set off; march; quit; depart.

mas m. farm; grange; country place.

màscara f. mask.

mascarada f. masquerade.

mascaró de proa m. (naut.) figurehead.

mascle m. male.

mascota f. mascot; amulet.

masculí, -ina masculine; male; virile.

masegament m. bruising; contusion; crushing.

masegar to squeeze; m a s h ; bruise; mangle.

masia f. farmhouse; country

house; coutry house with agri-
cultural land.
masmorra f. dungeon.
masover m. farmer; tenant farm-
er.
masoveria f. V. **masia.**
massa f. mass; dough; bulk.
massa too. / too much; too
many; over.
massapà m. marzipan.
massatge m. massage.
massatgista m. f. massagist;
masseur or masseuse.
massís, -issa massive; solid.
mastegar to chew.
mastegatatxes m. (orn.) pied
flycatcher.
mastegot m. slap; blow with the
hand.
mastí m. mastiff; bulldog; watch-
dog.
màstic m. putty.
mastodont m. mastodon.
masurca f. mazurka.
mat m. check-mate (chess).
mat dull; mat; lusterless; not
shiny.
mata f. bush; shrub.
matadissa f. slaughter; butchery.
matadura f. harness-sore; saddle-
gall; navel-gall.
matafaluga f. (bot.) aniseed;
anise seed; anise.
mataiàs m. mattress.
matalasser m. mattress maker.
matalasseria f. upholsterer's;
mattress maker's.
matallops m. (bot.) wolf's-bane;
aconite.
matament m. backbreaking job.
matança f. slaughter; butchery;
slaughtering.
matar to kill; slay; slaughter;
murder.

matar-se to kill oneself; commit
suicide. / to get killed. / to
wear onself out.
mata-segell m. cancelling stamp
(post). / obliterate.
matavelles m. (bot.) sarsaparilla.
mate m. (bot.) maté. / Para-
guayan tea; maté.
mateix, -a same. / self. / very.
matemàtic m. mathematician.
matemàtic, -a mathematical.
matemàticament mathematically.
matemàtiques f. pl. mathemat-
ics; maths.
matèria f. matter. / substance;
stuff; material. / object; sub-
ject; question.
material m. material; stuff; in-
gredient matter.
material material; physical; cor-
poral. / rude; actual; coarse.
materialisme m. materialism
hylicism.
materialista materialistic; mate-
rialist.
materialitzar to materialize.
materials m. pl. materials.
matern, -a maternal; mother;
motherly; native.
maternal maternal; motherly.
maternitat f. motherhood. / ma-
ternity hospital.
matí m. morning.
matinada f. dawn.
matinal matinal; morning.
matinar to rise early; get up
with the dawn.
matiné m. bed jacket.
matinejar V. **matinar.**
matiner, -a early rising; who
gets up early.
matís m. shade; tint; hue; nu-
ance; tinge; blending of col-
ours.

matisar to tinge; nuance; shade; variegate; blend colours.

mató m. curd; cottage cheese; cream cheese.

matoll m. brake; brush; shrub; thicket; bramble patch.

matriarcat m. matriarchy.

matrícula f. register; matriculation; entrance.

matricular to matriculate; register.

matricular-se to enter; register; be matriculated.

matrimoni m. married couple. / married state; marriage; matrimony.

matrimonial matrimonial; connubial; conjugal.

matriu f. (anat.) uterus; womb. / mould; plasm; die; matrix. / stub; counterfoil. / master copy; original.

matrona f. matron.

matusser, -a botched; bungled.

matusseria f. botched job; shoddy piece of work; patching up; shoddiness.

matuta f. contraband; smuggling.

matutí, -ina matutinal; matutine; morning.

matx m. (sport) match.

matxucar to crush; bruise.

maula f. trick; swindle.

maula m. f. hypocrite.

maurar to masage.

mausoleu f. mausoleum; magnificent tomb.

maxil·lar maxillar; maxillary.

màxim m. maximum.

màxim, -a greatest; principal.

màxima f. maxim; saying; rule.

me me. / me; to me.

meandre m. meander; bend; winding course of a river.

mec hairless; beardless.

mecànic m. mechanic; repairman.

mecànic, -a mechanical.

mecànica f. mechanics.

mecanisme m. device; mechanism; works. / machinery; technique.

mecanitzar to mechanize.

mecanògraf m. typist; typewriter (man).

mecanògrafa f. typist; typewriter (woman); type girl.

mecanografia f. typing; typewriting.

mecenas m. Maecenas; generous patron of art.

macenatge m. patronage; support.

medalla f. medal.

medalló m. locket; pendant. / medallion.

medecina f. medicament; remedy.

medi m. element; medium.

mediació f. mediation; intervention; agency.

mediatitzar to mediatize.

mèdic, -a medical.

medicació f. medication; treatment.

medicament m. medicament.

medicar to medicate.

medicina f. medicine.

medicinal medicinal; remedial; healing.

medieval mediaeval.

mediocre mediocre; moderate; neither very good nor very bad.

meditabund, -a meditative; pensive; thoughtful.

meditació f. meditation; contemplation; speculation.

meditar to meditate; t h i n k about; consider; muse; deliberate; brood; study up.
meditatiu, -iva meditative; reflective; rumiant.
mediterrani, -ània mediterranean; midland; Mediterranean.
mèdium m. medium.
medul·la f. pith; medulla; marrow.
medul·lar medullary; marrowy.
medusa f. (ichth.) medusa; jellyfish.
mefistofèlic, -a Mephistophelean; Mephistophelian.
mefític, -a mephitic.
megalític, -a megalithic.
megalomania f. megalomania.
meitat f. half; middle.
mel f. honey.
melangia f. melancholy.
melangiós, -osa melancholic.
melassa f. molasses; treacle.
melic m. (anat.) navel.
melindro m. sponge cake.
melindrós, -a finicky; finical; affected.
melis m. a kind of pine wood.
melissa f. (bot.) lemon balm.
mel·lífer, -a melliferous.
mel·liflu, -a mellifluous; honeyed.
melmelada f. marmalade; jam.
meló m. melon; muskmelon.
melodia f. melody; air; tune.
melòdic, -a melodic; of melody; melodious.
melodiós, -osa melodious; sweet; musical; songful.
melodrama m. melodrama; emotional drama.
melòman, -a melomane.
melomania f. melomania; passion for music.
melonera f. (bot.) melon (plant).
melopea f. (mus.) melopoeia.

melós, -osa honey-like; honeyed; sweet.
melrosat m. rose honey.
melsa f. (anat.) spleen.
membrana f. membrane; thin skin. / web (webfooted bird).
membre m. limb. / member.
memorable memorable; commemorable. / notable; famous.
memoràndum m. memorandum; note-book; diplomatic note.
memòria f. memory; report.
memorial m. memorandum book; memorial; petition. / brief.
memòries f. pl. regards. / memoirs; written account of a person's life.
memoriós, -osa having a good memory.
mena f. manner; kind; sort. / ore (min.).
menar to steer; pilot; drive. / to take care of.
menció f. mention; quote; reference.
mencionar to mention; quote; state.
mendicant m. mendicant; beggar; poor.
mendicar to beg as a mendicant.
menester m. need; necessity; necessary.
menestral m. artisan; handicraftsman; workman.
menestralia f. workmanship; craftsmen; artisans.
mengim m. snatch; bit; bite; snack.
mengívol, -a appetizing; tasty; eatable.
menhir m. menhir; a monolith.
menisc m. meniscus (anat.).
menja f. food; dish.
menjada f. meal.

615

menjador m. dining-room.
menjador, -a big-eating; heavy-eating; eater.
menjadora f. manger; trough.
menjamiques m. fussy; squeamish; fastidious (eating).
menjar m. food; dish.
menjar to eat.
menjuc m. snack; bite.
menopausa f. menopause.
menor m. f. junior; minor.
menor minor; smaller.
menor d'edat under age; minor.
menstruació f. menses; menstruation.
mensual monthly.
mensualitat f. monthly pay; a month salary.
mènsula f. bracket; corbel; sapport for a shelf.
ment f. mind; intellect; understanding.
menta f. mint. / peppermint.
mental mental; intellectual; psychical.
mentalitat f. mentality; characteristic attitude of mind.
mentida f. lie; falsehood; untruth; mendacity.
mentider, -a liar; mendacious; deceitful; false.
mentir to lie; fib; feign; delude.
mentó m. (anat.) chin.
mentor m. mentor; monitor; counsellor; adviser.
mentre while; meantime.
mentre que whereas; while.
mentrestant meantime; meanwhile.
menú m. menu; bill of fare.
menuderies f. pl. trifles.
menut, -uda minute; petty; tiny; small.
menuts m. pl. tripes; giblets.

menys less; not so much; minus. / least; except.
menyspreable despiciable; worthless.
menysprear to despise; scorn; disdain; contemn; slight.
menyspreu m. scorn; contemn; disregard; slight.
mer, -a mere; bare; pure; simple.
merament merely; simply.
meravella f. marvel; wonder.
meravellar to marvel; wonder; admire; astonish; surprise.
meravellar-se to wonder; marvel; be filled with wonder.
meravellós, -osa wonderful; marvellous.
mercadal m. market-place.
mercadeig m. trading; trade.
mercadejar to market.
mercader m. merchant; dealer; tradesman; trader.
mercaderia f. merchandise. / manure (fertilizer); excrement.
mercaderies f. pl. goods; merchandise; wares.
mercant merchant.
mercantil commercial; mercantile; merchant.
mercat m. market; marketplace.
mercè f. mercy. / favour; grace; grant.
mercenari, -ària mercenary; hireling.
mercer m. haberdasher; mercer.
merceria f. haberdashery; haberdasher's shop.
mercès f. pl. thanks; thank you.
mercuri m. mercury. V. **argent viu**.
mereixedor, -a deserving; worthy; deserver.
mereixement m. merit; desert.

merèixer to deserve; be worthy of; merit.

merenga f. meringue (cake).

merescudament meritoriously.

meridià m. meridian.

meridional southern; meridional.

mèrit m. credit; desert; merit; worth.

meritíssim most deserving.

meritori m. probationer; improver; office apprentice.

merla f. (orn.) blackbird.

merla d'aigua f. (orn.) dipper.

merlet m. embattlement; merlon of a battlement; merlon.

mes m. month.

més more; plus. / else.

mes (f. pl.) my.

mes conj. but.

mesa f. V. **altar.** / executive board (of a meeting).

mesada f. a month's pay or salary.

més amunt above.

més avall below; beneath.

més aviat rather.

més bo better.

mesc m. musk.

mescla f blend; mixture. / mingling.

mescladissa f. mixture; medley.

mesclar to mingle; mix; blend.

mesell, -a senseless; insensitive.

més enllà m. eternity; the future life; the beyond.

més enllà farthest; beyond; yonder.

més enllà de beyond.

més lluny further; farther; further away.

mesocràcia f. mesocracy.

mesquer m. muskdeer.

mesquí, -ina mean; miserable; selfish.

mesquinesa f. meanness; misery; stinginess.

mesquita f. mosque.

messes f. pl. ripe grain in the field. / harvest time.

mestís, -issa mongrel.

mestra f. schoolmistress; woman teacher.

mestral m. northwesterly wind.

mestratge m. mastery; skill; master's degree.

mestre m. master; teacher; professor.

mestre de cases m. master bricklayer.

mestre de minyons m. schoolmaster.

mestressa f. landlady; matron; mistress. / schoolmistress.

mestressa de casa f. housewife.

mestressa de claus f. housekeeper.

mestrívol, -a masterly; masterful.

mestrívolament masterly; magisterially.

mesura f. measure; gauge.

mesuradament moderately; measurably.

mesurador m. meter; measurer.

mesurar to measure; gauge.

meta f. goal. / breast (mamary gland) (children's speech).

metabolisme m. metabolism.

metacarp m. (anat.) metacarpus.

metafísica f. methaphysics.

metàfora f. metaphor.

metall m. metal. / (mús.) brass.

metàl·lic m. cash; hard cash; specie.

metàl·lic, -a metallic.

metal·loide m. metalloid.

metal·lúrgia f. metallurgy.

metal·lúrgic m. metallurgist.

metal·lúrgic, -a metallurgic; metallurgical.

metamorfosar to metamorphose; change in form or the nature of.

metamorfosi f. metamorphosis; transformation.

metatars m. (anat.) metatarsus.

metàtesi f. metathesis.

metazou m. metazoan.

metge m. physician; doctor.

metge de capçalera m. family doctor.

metgessa f. lady doctor; woman doctor.

meticulós, -osa meticulous; finicky.

meticulosament meticulously; scrupulously; thoroughly.

meticulositat f. meticulousness; meticulosity.

mètode m. method; process; system.

metòdic, -a methodical; systematical; systematic.

metodista m. methodist.

metralla f. shrapnel; grape-shot.

metre m. metre (39,27 inches).

mètrica f. metrics.

metro m. underground; subway train.

metròpolis f. metropolis; city; mother-country.

metropolità m. underground; tube.

metropolità, -ana metropolitan.

metxa f. fuse; wick.

metzina f. poison; venom.

mèu m. mewing; miaowing. / miaow; mew.

meu (m. sing.) mine.

meus (m. pl.) mine.

meva (f. sing.) mine.

meves (f. pl). mine.

mexicà, -ana Mexican.

mi m. (mus.) mi; E.

mi me.

miasma m. miasm; miasma.

mica f. (min.) mica. / bit; particle; drop; speck; shred.

mica adv. little; not much.

mico m. monkey.

microbi m. germ; microbe.

microcosmos m. microcosm.

micròfon m. microphone.

microfilm m. microfilm.

microorganisme m. micro-organism; germ.

microscopi m. microscope.

microscòpic, -a microscopical; microscopic.

microsolc m. microgroove.

mida f. measure. / size.

mida natural f. full size.

midó m. starch.

mig m. middle; half; centre.

mig, -itja half; half a.

mig adv. half; semi-; half-; partly.

migdia m. noon; midday.

migdiada f. afternoon nap; nap; siesta.

migpartir to divide in two.

migranya f. headache; migraine.

migrar to emigrate. V. **emigrar.**

migrar-se to languish; waste away; pine away.

migrat, -ada stunted; emaciated; puny; small and weak; stinge; scarce.

migratori, -òria migratory; having the habit of migrating.

migtemps m. spring or autumn; between season.

mil thousand.

milà m. (orn.) kite.

milà negre m. (orn.) black kite.

milà reial m. (orn.) red kite.

míldiu m. mildew.
miler m. thousand; a thousand.
milfulles f. (bot.) yarrow; mil-
foil.
milhomes m. nickname for little
persons.
milícia f. militia; warfare.
milicià m. militiaman.
milió m. million.
milionari m. millionaire.
milionèsim, -a millionth.
militant m. militant.
militar m. soldier; military man.
militar to serve in the army;
militate.
militar military; warlike; martial;
soldierly.
militarisme m. militarism.
militaritzar to militarize.
mill m. (bot.) millet.
milla f. mile (1.482 m.).
mil·lenari, -ària millenary; mil-
lennial.
mil·lenni m. millennium.
mil·lèsim, -a thousandth.
mil·ligram m. milligramme.
mil·lilitre m. millilitre.
mil·límetre m. millimetre.
millor better. / best.
millora f. improvement.
millorar to get better; improve;
gain; progress; surpass.
milloria f. amelioration; improve-
ment; recovery.
miloca f. (orn.) Tengmalm's owl.
milord m. great, rich man.
milratlles m. stripped cotton.
mim m. mime; buffoon.
mimar to imitate; parody; repeat
another's mannerisms; mime.
mimetisme m. mimesis; mime-
tism; mimicry.
mímic, -a mimic; mimetical; imi-
tative.

mímica f. pantomime; mimic art;
mimicry.
mimosa f. (bot.) mimosa.
mina f. mine (pit for mineral ex-
cavations). / mine (explosive
to blow up rocks, fortifica-
tions, ships). / pencil lead.
minaire m. collier; miner.
minar to undermine.
miner m. miner; collier.
mineral m. mineral; ore.
mineralogia f. mineralogy; scien-
ce of minerals.
mineria f. mining.
minerva f. small printing ma-
chine.
minervista m. printer working
in a **minerva.**
minestra f. food; stew made of
dried vegetables.
mini m. (min.) minium; red-lead.
miniatura f. miniature.
mínim m. minimum.
mínim, -a minimal; smallest;
least.
minimitzar to lessen; diminish.
mínimum m. minimum.
ministeri m. ministery.
ministre m. minister.
minoria f. minority.
minso, -a flimsy; frail. / scanty.
minúcia f. trifle.
minuciós, -osa minute; particul-
ar; meticulous; careful; thor-
ough.
minuciosament scrupulously; mi-
nutely.
minuciositat f. thoroughness; ex-
haustiveness.
minuend m. minuend; the num-
ber from which another is to
be subtracted.
minuet m. minuet (dance for
two persons).

minúscul, -a tiny; trifling; small.
minúscula f. small letter; lower case letter.
minut m. minute.
minuta f. bill of fare. / professional's bill. / rough draft.
minutera f. minute hand of a clock.
minuteres f. pl. hands of a clock.
minva f. decrease; wane; decline.
minvant dwindling; diminishing.
minvar to decrease; wane; dwindle; shrink.
minyó m. lad; youngster; boy.
minyó de muntanya m. boy scout.
minyona f. girl; maid. / maidservant.
minyonia f. youth (from childhood to manhood); childhood.
miol miaowing; mewing.
miolar to mew; miaow.
miolador, -a miaowing; mewing.
miop short-sighted.
miopia f. shortsightedness.
miosotis f. (bot.) forget-me-not.
miquel m. disappointment; deceit.
mira f. sight; design; vigilance; object.
mira! look!
miracle m. miracle; a wonder; a prodigy.
miraculós, -osa miraculous; wonder-worker.
miraculós, -a miraculous; wonderful.
mirada f. glance; look; regard.
mirador m. bay window. / belvedere; watchtower.
miraguà m. kapok; thatch palm.
mirall m. looking glass; mirror.
mirament m. regard. / circumspection; prudence; delicacy.

miranda f. observatory; watchtower; look-out.
mirar to look at; look; gaze; regard; watch; view.
mirar de to endeavour; try; see about.
mirar fix to stare.
mirat, -ada circumspect; cautious; careful.
miratge m. mirage; illusion.
mirinyac m. hoop-skirt; crinoline.
mirra f. myrrh.
misantrop m. misanthropist; man-hater.
misceŀlània f. miscellany; mixture; medley.
míser, -a very poor; miserable.
miserable poor; miserable; mean.
miserablement miserably.
miserere m. miserere. / (path.) volvulus.
misèria f. misery; poverty; need; want. / trifle; of little value.
misericòrdia f. mercy; pity; compassion.
misericordiós, -osa merciful.
misògam, -a misogamist; who hates marriage.
misogin m. misogynist; woman-hater.
missa f. Mass.
missal m. missal; Mass-book.
missatge m. message; errand; despatch.
missatger m. messenger.
missatger, -a message-carrying.
missatgeria f. transport service; transport office.
missió f. mission; errand; embassy.
missioner m. missionary.
missiva f. letter; missive; message.

mistela f beverage made of spirits, water, sugar and cinnamon; liquor made of must and alcohol.

misteri m. mystery; secret; enigma. / mystery (of the rosary).

misteriós, -osa mysterious; enigmatic; enigmatical.

misteriosament mysteriously; in secret.

místic m. mystic.

místic, -a mystic; ascetic; spiritual; mystical.

mística f. mysticism. / mystical theology.

misticisme m. mysticism.

mistificació f. falsification.

mistificar to falsify.

mite m. myth.

mitena f. mitt (fingerless glove).

mític, -a mythical.

mitigar to relieve; mitigate; alleviate.

míting m. political meeting.

mitja f. stocking.

mitjà m. means; method; agency; help; influence.

mitjà, -ana middling; moderate; mediocre; fair; reasonable.

mitjacanya f. fluted moulding.

mitjana f. average; middle; rate; standard. / sirloin.

mitjanament moderately pretty well.

mitjançant by means; by virtue of.

mitjançar to intercede; advocate.

mitjancer m. mediator.

mitjancer, -a mediating; interceding.

mitjancera f. mediatrix.

mitjania f. mediocrity; moderate circumstances; average.

mitjanit f. midnight.

mitjans m. pl. resources; means; income.

mitjó m. sock.

mitologia f. mythology.

mitra f. mitre. / bishopric.

mitral (anat.) mitral.

mitrat, -ada mitred.

mixa f. pussy.

mixt, -a mixed; mingled; composite.

mixtura f. mixture; compound.

moaré m. moiré.

mòbil mobile; movable.

moblament m. furnishing.

mobiliari m. furniture; suit of furniture.

mobilitzar to mobilize.

moblar to furnish; put furniture in.

moblatge m. household furniture.

moble m. piece of furniture.

moc m. mocus; nasal mocus.

moca m. mocha coffee; mocha.

mocador m. handkerchief; kerchief. / shawl.

mocar to blow (someone's nose).

mocar-se to blow one's nose.

moció f. motion; movement. / motion (in an assembly).

mocós, -osa full of mocus; snottynosed.

moda f. fashion; style; mode; custom.

modal modal.

mdalitat f. modality.

mode m. mood; mode.

model m model; patern; standard; example.

model f. mannequin; model; feminine live model (dressmakers).

modelador m. modeller.

modelar to model; shape; mould.

modelatge m. modelling.

modelista m. f. modeller. / dress designer.

moderació f. moderation temperance; measure.

moderadament moderately.

moderador m. moderator; regulator.

moderador, -a moderating.

moderar to moderate.

moderat, -ada moderate; temperate; limited; sober.

modern, -a modern; up-to-date; late; recent; new.

modernament recently; nowadays.

modernisme m. modernism.

modernitzar to modernize.

modest, -a modest; humble; quiet; decent; chaste.

modestament modestly.

modèstia f. modesty; decorousness; humility; decency; chastity.

mòdic, -a moderate; inexpensive; reasonable.

modificar to modify; alter; make different.

modisme m. idiom.

modista m. f. dressmaker; modiste; milliner.

mòdul m. module. / modulus.

modulació f. modulation; modulating; cadence. / (mus.) changing of key.

modular (mus.) to modulate; tune; inflect; make a change in the tone.

mofa f. jeer; taunt; mock; scorn.

mofar-se to make fun; mock; taunt sneer.

mofeta m. mocker; joker.

mofeta mocking.

moix, -a depressed; crestfallen; gloomy; dejected.

moixaina f. pat; caress.

moixera f. (bot.) white beam.

moixernó m. variety of fungus.

moixiganga f. masquerade; morris dance; folk religious dance.

moixó m. small bird.

moixoni! silence!

mola f. grindstone; millstone. / huge mass.

molar f. jaw-tooth; cheek-tooth; mill-tooth.

molar molar.

moldre to grind; mill; crush.

molècula f. molecule.

molest, -a troublesome; tiresome; annoying.

molestar to annoy; bother; bore; trouble; tire; pester.

molèstia f. annoyance; nuisance; trouble.

molí m. mill.

molibdè m. molybdenum.

molí de vent m. windmill (worked by the action of the wind on sails. / windmill (toy).

moliner m. miller.

molinet m. chocolate-beater; whisk.

molinet de mà m. grinder (for coffee); hand mill.

molinet de vent m. windmill (toy).

moll m. dock; docks; pier; quay; wharf. / pith; marrow.

moll, -a wet; moist; soaked. / soft.

molla f. crumb (bread). / spring (metal) elastic device.

molló m. milestone; sign-post; land-mark.

molls m. pl. tongs.

mollusc m. mollusc.

molsa f. moss.

molsut, -uda pulpy; fleshy.

molt m. mickle.
molt adv. very; greatly; a lot; much. / mickle.
molt, -a much; plenty; a lot (of); long.
mòlt, -a p. p. of **moldre**. ground; milled.
moltes vegades often.
moltíssim very much; great many.
moltó m. mutton; ram; sheep.
molts, -tes pl. of **molt, -a** many; a lot of; lots of.
mom m. funny grimace.
moma f. bargain; gift.
moment m. moment.
momentani, -ània momentary.
momentàniament momentarily; for a short time.
mòmia f. mummy (a dead body preserved by embalming).
momificar to mummify.
mon (m. sing.) my.
món m. world.
mona f. (zool.) ape. / Easter cake.
monacal monachal; monastic; monastical.
monacat m. monkhood; monachism.
monada f. flattery. / pretty thing; lovely thing.
mònada f. monad.
monarca m. monarch; souvereign.
monarquia f. monarchy; kingdom.
monàrquic, -a monarchic; monarchist.
monàstic, -a monastic; monachal.
moneda f. coin. / money.
moneder m. minter; one who makes coins.
monestir m. monastery.
monetari, -ària monetary; financial.

mongeta f. kidney-bean; French bean; bean.
mongeta tendra f. green bean; green kidney-bean; haricot; French bean.
mongetera f. kidney-bean plant; haricot plant.
moniato m. sweet potato.
monitor m. monitor; adviser; gymnastics instructor.
monja f. nun.
monjo m. monk.
monjoia f. landmark.
monocle m. monocle; eyeglass for one eye.
monògam m. monogamous.
monografia f. monograph.
monòleg m. monologue; soliloquy.
monòlit m. monolith.
monomania f. monomania.
monòmetre m. (poet.) monometer.
monomi m. monomial.
monoplà m. monoplane; aircraft with one wing on each side of the fuselage.
monopoli m. monopoly.
monorim, -a monorime; monorhyme.
monosíllab m. monosyllable.
monosíllab, -a monosyllabic.
monoteisme m. monotheism.
monòton, -a monotonous; lack of variety.
monotonia f. monotony; sameness; absence of variety; wearisome.
monsenyor m. monsignor; monseigneur; my lord.
monsó m. monsoon.
monstre m. monster; a prodigy; of unnatural shape. / a person of abnormal wickedness. / imaginary creature.

monstruós, -osa monstruous; extraordinary; shicking.

mont m. mountain; mount.

mont de pietat m. mount of piety; pawnshop.

monticle m. hillock; mound.

montserratí, -ina of Montserrat (Our Lady, Monastery, Mountain).

montuós, -osa mountainous, hilly.

monument m. memorial; monument.

monumental monumental; very great; of lasting value.

monyeca f. pad; polishing bag; pouncing bag.

monyó m. stump.

móra f. (bot.) blackberry.

moradenc, -a light purple.

moral f. ethics; morality; morals.

moralitat f. morality; virtue; morals. / moral (of a fable).

moralitzar to moralize. / to give a moral interpretation.

morat m. bruise.

morat, -ada purple.

moratòria f. moratorium; authorization to delay payments.

mòrbid, -a morbid; morbose; diseased.

morbós, -osa morbid; unwholesome; diseased.

morbositat f. morbidity; morbidness.

mordaç mordant; mordacious; hitter.

mordacitat f. bitterness; mordacity; pungency.

mordassa f. gag (to prevent speach or cry).

mordasses f. pl. pincers; gas pliers.

morè, -ena brown; tawny.

morena f. (path.) hemorrhoids;

piles (pl.). / (ichth.) muraena; moray.

morenor f. quality of brown.

morent dying; about to come to and end.

morera f. (bot.) mulberry tree.

morera blanca f. (bot.) Chinese white mulberry.

morera de cucs f. V. **morera blanca** (silkworms).

moresc m. (bot.) maize. V. **blat de moro**.

morfina f. morphine; morphia.

morfinòman m. morphinomaniac; morphine addict.

morfologia f. morphology.

moribund m. moribund.

moribund, -a moribund; at the point of death.

moridor, -a mortal; perishable.

morigeració f. temperance; moderation.

morigerat, -ada temperate; abstemious; moderate.

morir to die; perish; depart; decease; expire.

morisc m. Morisco; baptized Moor.

mormol m. mutter; murmur; whisper.

mormolar to mutter; mumble; whisper.

moro m. Moor, Moslem.

moro, -a Moorish; Mohammedan.

morós, -osa tardy; slow.

morra f. mora; guessing game with the fingers.

morral m. nosebag.

morralles f. pl. headgear (of harness).

morratxa f. an ancient watering vessel. V. **almorratxa**.

morrió m. muzzle; guard or covering p l a c e d over the muzzle of a dog to prevent it bitting.

morro m. muzzle.

morrut, -uda grim-faced.

morsa f. (zool.) walrus.

mort m. dead person; corpse.

mort f. death.

mort, -a dead; deceased; lifeless. / tired out.

mortadel·la f. mortadella; Bologna-sausage.

mortal m. mortal; human being.

mortal deadly; mortal; deathful.

mortaldat f. slaughter; massacre.

mortalitat f. mortality; death-rate.

mortalla f. shroud.

mortalment mortally; fatally.

morter m. mortar.

mortífer, -a deathful; death-dealing.

mortificació f. mortification; annoyance; humiliation; vexation.

mortificador, -a mortifying; wounding; cutting.

mortificar to mortify; vex; humiliate.

mortuori, -òria mortuary.

mos m. bite; morsel.

mos (m. pl.) my.

mosaic m. mosaic. / brick paving; glazed-tile work.

mosaic, -a Mosaic (of Moses).

mosca f. (ent.) fly.

mosca morta m. f. person feigning meekness.

moscatell m. muscatel.

mosca vironera f. bumble-bee.

moscovita m. Muscovite.

mosquer m. swarm of flies.

mosquet m. musket.

mosqueter m. musketeer.

mosquetó m. musketoon.

mosquit m. mosquito; gnat.

mosquitera f. fly-net.

mosquiter groc gros m. (orn.) willow warbler.

mosquiter groc petit m. (orn.) chiffchaff.

mosquiter xiulaire m. (orn.) wood warbler.

mossa f. lass; girl; maidservant.

mossàrab mozarabic.

mossegada f. bite; biting.

mossegar to bite.

mossèn m. title for priests.

mosso m. youthful; waiter; porter.

mosso de corda m. porter; street porter.

mosso d'esquadra m. country guard in Catalonia (today only in the **Generalitat** of Catalonia).

most m. must; grape juice.

mostassa f. mustard.

mostela f. (zool.) weasel.

mostra f. specimen; sample; display; model. / token.

mostrar to display; show; produce; exhibit.

mostrari m. collection of samples; show-case.

mot m. word.

mota f. squad. / clod (of earth).

motejar to nickname.

motet m. (mus.) motet.

motí m. riot; mutiny.

motilitat f. ability to movement.

motiu m. motive; cause; reason; sake. / motto; nickname.

motivar to give a reason; give rise to. / to motive.

motlle m. mould; form; matrix; pattern.

motllura f. moulding.

moto f. motorcycle; motorbyke.

motocicle m. motorcycle.

motocicleta f. motorcycle; motorbyke.

motociclista m. motorcyclist.

motonau f. motorship; motorboat.

motor m. motor; engine.

motor, -a motor; propellent; motive; driving.

motor d'arrencada m. starting motor.

motorista m. motorcyclist.

motoritzar to mechanize; motorize.

motriu motive; kinetic; motor; driving.

motxilla f. haversack; knapsack; rucksack.

motxo, -a crestfallen; dejected.

moure to move; stir; shake; wag.

moure's to wag; move; budge; move about.

movible movable; mobile.

moviment m. motion; move; movement; moving.

mucílag m. mucilage.

mucositat f. mucosity; mucus.

muda f. change. / change of linen.

mudada f. change of linen.

mudadís, -issa changeable.

mudança f. moving; removal; mutation; change.

mudar to remove; move; change; shift. / to put on holiday's dress; dress; dress up.

mudar-se to remove. / to put on oneself holiday's dresses; dress; dress up oneself.

mudat, -ada dressed; dressed up.

mudesa f. dumbness.

mufla f. muffle.

mugir to low; bellow; roar.

mugit m. bellow; moo; groan, roar; lowing of cattle.

mugró m. teat; nipple.

mul m. (zool.) mule.

mulassa f. processional figure representing a monster, a dragon.

mullada f. drenching; wetting; moistening.

mullader m. puddle.

mullar to wet; drench, soak.

mullat, -ada wet; sodden; soaked trough.

mullena f. steep; soaking.

muller f. wife.

mullerar-se to get married (the man); marry a woman.

multa f. fine (as a punishment).

multar to fine; punish by a fine.

multicolor multicoloured.

multimilionari, -ària multimillionaire.

múltiple m. multiple.

multiplicar to multiply.

multitud f. multitude; crowd. / lots of things.

mundà, -ana worldly; mundane.

mundanal worldly; mundane.

mundial world-wide; world; all parts of the world.

mundialment worldly.

munició f. ammunition.

municionar to ammunition; store.

municipal municipal; of a town or city. / town guardsman.

munió f. herd; multitude; great number; throng; crowd.

munir V. municionar.

munt m. mountain; hill. / heap; pile; large number.

muntacàrregues m. elevator; lift for goods.

muntador m. mounter; assembler.

muntant m. uprigt; post; support in a structure.

muntanya f. mountain.
muntanyenc m. montaineer.
muntanyenc, -a mountain; per-
taining to a mountain.
muntanyisme m. mountaineering.
muntanyós, -osa muntainous, hil-
ly.
muntar to mount; climb. / to
ride.
muntatge m. assembling; setting
up.
muntura f. mounting. / mount
(riding horse, ass, camel).
munyir to milk; draw milk from
(a cow, an owe, a goat).
mur m. wall; rampart.
mural mural.
muralla f. wall; rampart.
murga f. drag; nuisance; bore.
murmuració f. murmuring.
murmurar to gossip; backbite;
murmur; whisper.
murmurejar to mutter; mumble;
whisper.
murmuri m. murmur; mutter;
whisper; ripple.
murri, -úrria cunning; crafty;
wily.
murrieria f. roguishness; rascally
trick.
murtra f. (bot.) myrtle.
musa f. muse; inspiration. /
Muse (goddess protective of
arts and science).
musaranya f. (zool.) shrew.
musclada f. eating of mussels;
dish made from mussels.
musclaire m. f. mussels' seller.
muscle m. shoulder. V. espatlla.

musclo m. common mussel; mus-
sel (mollusc).
múscul m. muscle.
muscular muscular; of the mus-
cles.
musculatura f. muscles.
musell m. muzzle. V. morro.
museu m. museum.
músic m. musician.
música f. music.
musical musical.
musicalitat f. musicality; musical-
ness.
musicar to set to music.
musicòleg m. musicologist.
mussitar to mumble; whisper.
mussol m. (orn.) little owl.
mussol banyut m. (orn.) long-
eared owl.
mussolina f. muslin.
mussol menut m. (orn.) pygmy
owl.
musti, -ústia V. místic.
místic, -iga withered; faded. /
languid; sad.
musulmà, -ana Moslem.
mut, -uda dumb; mute; silent.
mutació f. mutation; change.
mutilar to mutilate; criple; maim.
mutis m. (theat.) exit.
mutisme m. mutism; muteness.
mutu, -útua mutual; reciprocal.
mutualitat f. mutuality; mutual-
ism.
mútuament mutually; one ano-
ther.
mutuant m. lender; loaner; pawn-
broker.
mutuatari m. mutuary.

627

No DIGUIS BLAT QUE NO SIGUI AL SAC I ENCARA BEN LLIGAT
Do not count your chickens before they are hatched

Na Mrs.

nabiu m. (bot.) bilberry.

nació f. nation; people; land.

nacional national; native; domestic; home.

nacionalisme m. nationalism; patriotism.

nacionalitat f. nationality.

nacionalitzar to nationalize; make (a person) a national; naturalize.

nacrat, -ada nacreous; nacrine; nacred.

nacre m nacre; mother-of-pearl.

Nadal m Christmas; Xmas.

nadala f Christmas carol. / Christmas greeting (in a card).

nadalenc, -a (attrb.) Christmas; (pertaining to Christmas).

nadiu, -iva native (land, place).

nadó m. just born baby.

nafra f. sore; ulcer. / wound.

nafrar to ulcerate; make sore; wound.

nafta f. naphta.

naftalina f. naphtalene.

nàiade f. naiad; water-nymph.

naip m. card (playing).

naixement m. birth. / source; origin.

naixença f. birth; nativity.

naixent incipient; rising (sun).

nan m. dwarf; shrimp. / carnival figure with a huge head.

nansa f. handle; bail; grip.

nap m. (bot.) turnip.

nap-buf m. scallywag, undersized boy.

nap-i-col m. (bot.) a kind of turnip.

napoleònic Napoleonic.

napolità, -ana Neapolitan.

narcís m. (bot.) narcissus; daffodil.

narcòtic m. sleeping-draught; narcotic.

narcòtic, -a narcotic; producing sleep.

nard m. (bot.) tuberose. V. **vara de Jessè.**

narius m. pl. nostrils.

naronja f. (bot.) grapefruit; pomelo; shaddock.

narració f. narration; account; tale.

narrador m. narrator; teller; relater.

narrar to relate; narrate; recount; tell.

nas m. nose.

nasal nasal; of the nose.

nascut, -uda born.

nassut, -uda large-nosed.

nat, -ada born.

nata f. cream; skim.

natació f. swimming; swim.

natalici m. birthday.

natalitat f. natality; birth-rate.

natiu, -iva native; innate; indigenous.

nativitat f. nativity.

natja f. buttock.
natura f. nature; every creating thing.
natural natural; naive; true. / native; indigenous.
naturalesa f. nature. / nationality. / constitution; person's constitution.
naturalisme m. naturalism.
naturalista m. f. naturalist.
naturalitat f. naturalness; candour; unaffectedness.
naturalitzar to naturalize; nationalize.
naturalment naturally; of course.
naturisme m. naturism.
natzarè, -ena Nazarene.
nau f. ship; boat; vessel.
nàufrag m. castaway; shipwrecked person.
nàufrag, -a wrecked.
naufragar to wreck; sink.
naufragi m. shipwreck; wreck.
nàusea f. nausea; sicknes; repulsion; disgust.
nauta m. sailor; mariner.
nàutic, -a nautical.
nàutica f. navigation; seamanship; the art of navigating.
naval naval; of a navy.
navalla f. razor; penknife; pocketknife; folding knife.
navegació f. navigation; shipping.
navegant m. f. navigator.
navegar to navigate; sail; voyage.
naveta f. censer; vessel in which incense is Kepb.
navili m. ship; boat.
-ne adv. pron. of something mentioned with preposition **de.**; (coming) from a place mentioned before.

neboda f. niece.
nebot m. nephew.
nebulós, -osa nebulous; cloudy.
nebulosa f. nebula.
necessari, -ària necessary; essential; needful.
necesser m. dressing-case; toilet-case; kit.
necessitar to need; want; require; lack.
necessitat f. necessity; need; want. / poverty.
necessitat, -ada poor; needy; necessitous.
necessitós, -osa necessitous; poor; needy.
neci, -ècia silly; fool; foolish; stupid.
neciesa f. nonsense; silliness; folly; foolishness.
necròfag, -a necrophagous.
necrologi m. necrology.
necrologia f. necrology; obituary.
necrològic, -a necrologic; necrological.
necròpolis f. necropolis; cemetery.
nèctar m. nectar; sweet liquid in flowers; delicious drink. / the drink of the gods.
nedador m. swimmer (man, boy).
nedador, -a swimming.
nedadora f. swimmer (woman, girl).
nedar to swim.
nefand, -a abominable; nefandous.
nefast, -a ominous; funest; noxious.
nefritis f. nephritis; inflammation of the kidneys.
negació f. denial; negation; negative particle.
negada f drowning; flooding.

629

negament m. flood; flooding; inundation.

negar to deny; refuse. / to flood; drown.

negatiu, -iva negative; contradictory.

negativa f. denial; refusal.

negligència f. neglect; carelessness; negligence.

negligent slack; negligent; careless; neglectful.

negligir to neglect; omit; leave

negoci m. business; trade; bargain; affair; deal; transaction.

negociable negotiable.

negociació f. negotiation. / clearance.

negociador, -a negotiator; transactor; business agent.

negociant m. dealer; trader; businessman; merchant.

negociar to trade; deal; negotiate; bargain; merchandise.

negociat m. bureau; department; section; office.

negra f. negress. / (mus.) crotchet.

negre, -a black coloured. / dark; black; gloomy.

negre m. negro; black-skinned man. / black.

negrenc, -a blackish; nigrescent; darkish.

negrer m. slave trader.

negreta f. (print.) boldfaced type.

negror f. blackness.

neguit m. uneasiness; discomfort.

neguitejar to cause uneasiness.

neguitós, -osa worried; uneasy; anxious.

néixer to be born. / to blossom; bud.

nen m. boy; child.

nena f. girl; child.

nen de bolquers m. baby; babe.

nen petit m. baby; babe.

nens m. pl. children.

nenúfar m. (bot.) white water lily.

neó m. (chem.) neon.

neoclàssic, -a neoclassic.

neòfit m. meophyte; proselyte.

neologisme m. neologism.

nepotisme m. nepotism.

nero m. (ichth.) red grouper.

nervi m. nerve; sinew. / vigour; energy.

nerviós, -osa nervous; nerve; nervy; excitable.

nerviüt, -üda wiry; sinewy; nervous; strong-nerved.

nespler m. (bot.) medlar (tree).

nespra f. medlar (fruit).

nesprer m. (bot.) medlar; medlar-tree.

net, -a clean; tidy; spotless; stainless; neat.

nét m. grandson.

néta f. granddaughter.

netament cleanly; neatly.

netedat f. tidiness; cleanness; neatness.

neteja f. cleanness; cleanliness; cleaning; household cleaning.

netejaparabrisa m. windshield wiper.

netejar to clean; tidy; cleanse; clear; purify.

néts m. pl. grandchildren.

neu f. snow.

neula f. wafer; rolled wafer.

neular-se to wither.

neuler m. wafer seller. / wafermould.

neulir-se to languish; decline.

neulit, -ida weak; feeble.

neuràlgia f. neuralgia; pain along a nerve.

neuràlgic, -a neuralgic.

neurastènia f. neurasthenia; exhausted condition of the nervous system.

neurastènic, -a neurasthenic; neurasthenical.

neuròleg m. neurologist (a man).

neuròloga f. neurologist (a woman).

neurologia f. neurology; medical science concerned with nerves.

neurològic, -a neurological.

neuroma m. neuroma.

neurosi f. neurosis.

neuròtic, -a neurotic; suffering from a neurosis; easily excited.

neutral neutral; taking neither side; indifferent.

neutralitzar to counteract; neutralize.

neutre, -a neutral. / neuter.

nevada f. snowfall.

nevar to snow.

nevat, -ada snowy; snow-covered; snow-white.

nevera f. refrigerator; fridge.

nevisquejar to snow lightly.

nexe m. link; bond; union; nexus.

ni neither; nor; not; not even.

niada f. hatch; nest of eggs; brood.

niar to nest; nidify.

nicaragüenc, -a Nicaraguan.

nici, nícia V. **neci.**

niciesa f. nonsense; silliness; folly.

nicotina f. nicotine; poisonous substance in tobacco.

niella f. (bot.) corn cockle.

nigromància f. nicromancy; black art.

nihilisme m. nihilism; denial of all reality in phenomena.

niló m. nylon.

nimbe m. halo; nimbus.

nimfa f. nymph.

nimi, nímia verbose; prolix.

nimietat f. verbosity; prolixity. / triviality; trifly.

nin m. child; boy; infant.

nina f. doll.

nineta f. pupil of the eye; pupil; apple of the eye.

ningú anyone; nobody; no one; none.

ninot m. cartoon; badly drawn figure. / grotesque figure of a man.

ninotaire m. caricaturist; cartoonist; sketcher.

ninou f. New Year's day.

nínxol m. burial niche. / niche; recess in a wall; vaulted niche.

nipó, -ona Japanese.

níquel m. (chem.) nickel.

niquelar to nickelize; nickelplate.

niquelat, -ada nickel-plated.

nirvi m. nerve.

nissaga f. race; breed; family; lineage.

nit f. night.

nítid, -a clean; neat; well-defined.

nitidesa f. cleanness; neatness.

nitrat m. (chem.) nitrate.

nítric, -a nitric.

nitrogen m. (chem.) nitrogen.

niu m. nest.

niuada f. brood; hatch.

ni un borrall not a jot.

nivell m. level; line or surface

parallel with the horizon. /
spirit level; level.

nivi, nívia snowy; snow white.

no no; not.

nobiliari, -ària nobiliary.

noble m noble; noble man; noble woman.

noble noble; lofty; generous; handsome.

noblement nobly; splendidly.

noblesa f. nobleness; noblity. / gentlemanhood; noblesse; aristocracy.

noces f. pl. wedding; marriage; marriage ceremony.

noció f. notion; idea; opinion.

nociu, -iva harmful; noxius; bad; injurious.

noctàmbul, -a noctambulist nightwalker; noctivagant; streetwalker

nocturn, -a nocturnal; nightly; night.

nocturnitat f. condition of nocturnal.

nodridor, -a nourishing.

nodriment m. nutriment; nourishment; nutrition.

nodrir to nourish; strengthen; support; foment.

nodrís m sucking pig. V. **porcell.**

nodrissó m. sucking child.

no gaire not much.

no gens not a bit.

nogensmenys notwithstanding; nevertheless.

noguera f. (bot.) walnut-tree.

noi m. boy; lad.

noia f. girl; lass.

noïble V. **nociu.**

noli m. freightage.

noliejar to charter; freight.

nòlit m. V. **noli.**

nom m. name. / (gram.) noun.

nòmada nomad; nomadic.

nombre m. number. / quantity.

nombre primer m. prime (number).

nombre trencat m. fraction.

nombrós, -osa numerous.

nom de fonts m. first name; Christian name.

nom de pila m. first name; Christian name.

nomenament m. nomination; naming; appointment.

nomenar to nominate; appoint.

nomenclàtor m. catalogue of names; technical glossary.

nomenclatura f. nomenclature; terminology.

no menys likewise; in like manner.

només only; solely.

només que only that; with the exception that; if only; provided that.

nòmina f. pay-list; pay-roll; list.

nominal nominal; titular.

nominatiu m. (gram.) nominative.

nona f. (eccle.) nones.

nonagenari, -ària nonagenarian.

nonat, -ada unborn. / born by Caesarian section.

nònius m. nonius; vernier.

non-non f. lullaby; cradle song.

nopal m nopal; prickly pear. V. **figuera de moro.**

no pas not at all; not (even though you think the contrary).

no poder cannot; not to be able; may not.

nora f. daughter-in-law.

noranta ninety.

nord m. north.

nord-americà, -ana North American; United States.

nord-est m. north-east.

nòrdic, -a Norse; Nordic.

nord-oest m. north-west.

no res anything; nothing.

no-res m. nought; naught; nothing.

norma f. norm; standard; rule; model; norma.

normal average; normal; standard.

normalitat f. normality.

normalitzar to normalize; standardize.

normand, -a Norman.

normalment normally.

normatiu, -iva normative.

-nos us.

noruec, -ga Norwegian.

nós we (used by a sovereign for I).

nosa f. hindrance; obstacle; hamper.

nosaltres we. / us.

nosaltres mateixes ourselves (feminine).

nosaltres mateixos ourselves (masculine).

nostàlgia f. homesickness; nostalgia.

nostra (f.) ours.

nostrat, -ada of ours own.

nostre (m.) ours.

nostres (m. f. pl.) ours.

nota f. note; bill; warning; remark; mark; memorandum; touch. / (com.) order.

notabilitat f. a notable; notability.

notable remarkable; notable; noted; outstanding; worthy.

notació f. (mus.) notation.

notar to notice; observe; remark; note; see.

notari m. notary; public notary.

notaria f. notariate; notary's office.

notícia f. notice; report; information; advice.

noticiar to give notice; inform.

noticiari m. news bulletin; newscast.

notificació f. notification; notice; communication.

notificar to inform; communicate; notify.

notori, -òria notorious; widely known.

nou f. nut; walnut.

nou nine.

nou, nova new; fresh; recent.

noucentista of the 20th century.

nou-cents nine hundred.

nou de trinca brand-new.

nou moscada f. nutmeg.

noure to damage; harm.

nova f. news; tidings.

novament again; overagain. / newly.

novè, -ena ninth.

novell, -a new; novel; recruit; inexperienced.

novella f. novel; fiction; romance; tale.

novellesc, -a novelistic; romantic; fantastic.

novellista m. f. novelist; novelwriter.

novembre m. November.

novena f. (eccl.) novena; devotion of prayers during nine consecutive days.

novençà, -ana beginner; novices; freshman; tiro; tyro.

noves f. pl. news; tidings.

novetat f. latest fashion novelty. / news; alteration; change; recent event.

novici m. (eccl.) novice (man).

novici, -ícia V. **novençà.**

novícia f. (eccl.) novice (woman).

noviciat m. (eccl.) novitiate; probation.

noviluni m. new moon.

nu, -a bare; naked; nude.

nuar to knot.

núbil nubile; marriageable.

nuca f. nape of the neck. V. **clatell.**

nuclear nuclear; of an atom.

nucli m. nucleus; core.

nuesa f. nudity; nakedness.

nul, nuHa null; invalid; void; incompetent.

nuHitat f. nullity; incompetent person.

numen m. numen; inspiration; muse; poetical vein.

numeració f. numbering; numeration.

numerador m. numerator. / numberer.

numeral numeral; standing for a number.

numerar to number; numerate.

numerari m. cash; coin.

numerari, -ària numerary.

numerat, -ada numbered.

numèric, -a numeric; numerical.

número m. figure; number.

numismàtic m. numismatist.

numismàtic, -a numismatic; pertaining to coins or medals.

numismàtica f. numismatics.

nunci m. Papal nuncio; nuncio.

nunciatura f. nunciature.

nuós, -osa knotty; full of knots.

nupcial bridal; nuptial; wedding; hymeneal.

núpcies f. pl. nuptials; wedding.

nus m. knot.

nutrici, -ícia nutritious nourishing; nutritive.

nutrició f. nutrition; nourishment.

nutritiu, -iva nutritive; nourishing.

nuvi m. bridegroom.

núvia f. bride.

nuviances f. pl. wedding; wedding feasts.

nuviatge m. dowry; property given to the bride when she marries.

núvol m. cloud.

núvol cloudy.

nuvolada f. mass of clouds.

nuvolós, -osa cloudy; misty; grey (sky).

nyam m. (bot.) yam.

nyandú m. (zool.) nandu; South-American ostrich.

nyanyo m. bump; swelling on the head.

nyap m. blunder; bungle.

nyèbit m. urchin; troublesome small boy; loafer.

nyicris m. f. frail; delicate person.

nyonya f. drowsiness; heaviness.

nyu m. (zool.) gnu.

O

o or.

o! o!

oasi m. oasis.

obac, -aga shady; umbrageous.

obaga f. umbrage.

obagós, -osa shady.

obcecació f. obfuscation; obduracy.

obcecar to obfuscate; blind.

obediència f. obedience.

obeir to obey; do what one is told to do.

obelisc m. obelisk.

obert, -a open. / opened.

obertura f. opening; breach; inlet; slit. / (mus.) overture.

obès, -esa obese; fat.

òbit m. decese; death.

obituari m. obituary; parish book recording deceses.

objecció f. objection.

objectar to object; make a protest against.

objecte m. object; goal; purpose; aim; sake. / object; material thing. / (gram.) object; complement.

objectiu m. aim mark; target. / (phot.) lens.

oblació f. oblation; offering.

oblic, -iqua slant; oblique.

oblidadís, -issa forgetful; absent-minded.

oblidament m. oblivion; forgetfulness; omission.

oblidar to forget; neglect.

oblidar-se to forget.

obligació f. duty; charge; obligation.

obligar to oblige; bind; force; compel.

obligat, -ada (mus.) obligato; monody. / obliged.

obligatori, -òria obligatory, binding; coercitive; that is necessary; compulsory.

obliquar to oblique; slant.

obliqüitat f. obliquity; slant.

oblit m. V. **oblidament.**

oblong, -a oblong; longer than broad.

oboè m. (mus.) oboe; hautboy.

òbol m. obol; mite; small contribution.

obra f. work; fabrication; piece; construction; task.

obrador m. workshop.

obrar to work; make; do; effect; operate.

obrellaunes m. can-opener.

obrer m. workman; worker; employee; labourer.

obrera f. workman; worker; craftswoman.

obrerisme m. labourism; labourers.

obridor m. opener.

obriment m. opening.

obrir to open; slit; put up.

obrir de bat a bat to open wide.

obrir el pany to unlock.

obrir la gana to whet (appetite).

obscè, -ena obscene; morally disgusting.

obscenitat f. obscenity; lewdness.

obscur, -a obscure; gloomy; dark.

obscurantisme m. obscurantism; opposition to enlightenment.

obscuriment m. darkening; dimness; black-out.

obscurir to obscure; shadow.

obscuritat f. obscurity; gloom; darkness; dimness.

obsequi m. gift; present; courtesy; treat.

obsequiar to present; treat; entertain; pay attentions to; compliment; make presents.

obsequiós, -osa attentive; gallant; flattering.

observació f. comment. / watch; observation; note; notice; advertence; remark.

observador, -a observant; observer; watchful.

observança f. observance.

observant observant; careful to observe (laws, customs).

observar to observe; see and notice. / to pay attention to rules. / to mark; note.

observatori m. observatory; building from which natural phenomena may be observed.

obsés, -essa obsessed.

obsessió f. obsession; captivity; fixed idea that occupies one's mind.

obsessionar to haunt; obsess.

obsessiu, -iva obsessive.

obstacle m. obstacle; handicap; barrier; clog; check; hindrance difficulty.

obstaculitzar to obstruct; hamper; hinder.

obstar to withstand; oppose; hinder.

obstinació f. obstinacy; stubborness; steadfastness.

obstinar-se to persist; become obstinate; stick to.

obstinat, -ada obstinate; stubborn; not easily overcome.

obstrucció f. obstruction; block; blockade; impediment.

obstruir to block up; obstruct; hinder; bar; stop up.

obstruït, -ïda clogged; blocked up; hindered.

obtenció f. obtainment; attainment; procurement.

obtenidor, -a available; that may be obtained.

obtenir to obtain; get; procure; attain; purchase.

obturador m. plug; stopper; obturator. / (phot.) shutter.

obturar to obturate; stop up; choke up.

obtús, -usa blunt; obtuse.

obvi, òbvia obvious; evident; apparent; palpable.

òbviament plainly; obviously.

oca f. goose; gander.

ocàs m. setting of any heavenly body; sunset. / decline; declining.

ocasió f. occasion; chance; tide; opportunity.

ocasional occasional; accidental.

ocasionar to cause; occasion; bring; originate; entail.

oca vulgar f. (orn.) grey lag goose.

occident m. occident; west.

occidental occidental; western.

occipit m. (anat.) occiput.

occipital occipital.

occir to slay; kill; murder.

occità, -ana of Occitania.

oceà m. ocean.

oceànic, -a oceanic.

ocell m. bird.

ocellada f. large number of birds; flock of birds.

ocellaire m. bird-seller. / bird-fancier.

ocell de tempesta m. (orn.) storm petrel.

ocellot m. ugly bird.

oci m. leisure; idleness; disengagement; pastime.

ociós, -osa idle; lazy. / useless; needless.

ociosament idly.

ociositat f. idleness; leisure.

oclusió f. occlusion; obliteration.

oclusiu, -iva occlusive.

ocórrer to occur; happen; befall; come about.

ocre m. ochre; yellow earth.

ocre ochreous.

octàedre m. octahedron.

octàgon m. octagon.

octau m. octavo; pamphlet.

octava f. (mus.) octave. / (poet.) octave.

octavari m. (eccl.) octave.

octubre m. October.

ocular ocular; of seeing.

oculista m. occulist; ophtalmologist.

ocult, -a secret; inward; occult; hidden.

ocultament secretly; underground; stealthily; occultly.

ocultar to conceal; hide; secret; cover; cloak.

ocultisme m. occultism.

ocupació f. employment; job; function.

ocupar to occupy; employ; take up; fill a space.

ocupar-se to devote onself to; attend to; engage.

ocupat, -ada busy; engaged; occupied.

ocurrència f. ocurrence; event.

oda f. ode; a lyric poem.

odalisca f. odalisk; odalisque; female slave or concubine (in a seraglio).

odi m. hate; hatred; aversion; abhorrence.

odiar to hate; abhor; detest; feel hatred.

odiós, -osa hateful; disgusting; odious; ugly.

odissea f. odyssey.

odontòleg m. dentist; odontologist.

odorant odorous; fragrant; odorific.

odorar to scent. V. olorar.

oest m. west.

ofec m. suffocation; anguish; breathing trouble.

ofegar to drown; suffocate; smother.

ofegat, -ada drowned; asphyxiated; suffocated.

ofendre to offend; do wrong; insult.

ofendre's to take offence; resent; take exception.

ofensa f. offense. / attack. / offence.

ofensiu, -iva offensive; causing offence; disagreeable.

ofensiva f. attack; offensive; attacking.

oferiment m. present; offer; offering.

oferir to offer; give; present; promise.

oferir-se to offer oneself; offer one's services as.

oferta f. offer; proposal; bid.

ofertori m. (eccl.) offertory.

ofès, -esa offended.

ofici m. service; office. / occupation; work; employ; craft; job; trade.

oficial m. skilled worker. / officer.

oficial official.

oficialment officially.

oficiant m. (eccl.) officiant; ministrant.

oficiar to officiate; minister.

oficina f. bureau; office. / pharmacist's laboratory.

oficinista m. f. office clerk; employee; office worker.

oficiós, -osa officious; semi-official; unofficial.

ofrena m. offering; religious offering.

ofrenar to give; offer; make an offering.

oftalmia f. ophtalmy; ophtalmia; inflammation of the eye.

oftalmologia f. ophtalmology.

ofuscament m. obfuscation; confused reason; dazzlement; haze.

ofuscar to obfuscate; dazzle; confuse the judgement.

ogiva f. (arch.) ogive.

ogival ogival.

ogre m. ogre; cruel man; eating giant; fabulous man.

ogressa f. ogress; fabulous woman.

oh! oh!

oi? is it?; isn't it?

oïble audible.

oïda f. hearing; ear.

oïdà! excellent!; bravo!; hurrah!

oïdor m. hearer.

oient m. listener; auditor; hearer.

oir to hear.

oleaginós, -osa oleaginous; oily.

olfacte m. smell; sense of smell.

oli m. olive oil; oil; salad oil. / oil colour.

òliba f. (orn.) owl; barn owl.

oli de fetge de bacallà m. cod-liver oil.

oli de ricí m. castor oil.

oli de vitriol m. oil of vitriol; sulphuric acid.

oli en un llum! in the nick time; just right!

oligarquia f. oligarchy.

olimpíada f. olympiad.

olimpíades f. pl. olympic games.

olímpic, -a olympic.

odiós, -osa oily; oleaginous.

oli pesat m. fuel oil.

oliu m. olive-tree.

oliva f. olive.

olivaire m. olive dealer.

olivera f. (bot.) olive-tree.

oliverar m. olive-grove; olive-yard.

olla f. kettle; pot; boiler; cooking pot; hotpot; stew.

olla a pressió f. pressure cooker.

ollada f. boilerful; cauldronful.

olla de cols f. disorder; confusion.

oller m. pottery dealer.

olor f. smell; scent; odour.

olorar to smell (can smell); scent; smell out; nose.

olorós, -osa odorous; fragrant.

om m. (bot.) elm; elm tree.

ombra f. shade; shadow.

ombratge m. shady place; shade; umbrage.

ombrejar to shade; cast a shadow.

ombrella f. parasol; sunshade.

ombriu, -iva shady.

ombrívol, -a shady; situated in shade.

omeda f. elm-grove.

omega f. omega.

ometre to miss; neglect; omit; forget; shirk.

omissió f. omission; default; neglect.

òmnibus m. omnibus, bus.

omnímode, -a omnimodous; all-embracing; absolute.

omnipotència f. omnipotence; infinite power.

omnipotent omnipotent; almighty; all-powerful.

omnisciència f. omniscience.

omniscient omniscient; having infinite knowledge.

omòplat m. shoulder blade; omoplate; scapula.

omplir to fill; fill up; stuff.

on where; whereabouts.

ona f. wave. / surge; billow.

ona curta f. (rad.) short wave.

onada f. wave; billow.

ona llarga f. (rad.) long wave.

ona mitjana f. (rad.) medium wave.

oncle m. uncle.

onda f. wave in the hair. / scallop (as a decoration).

ondar to wave (hair, flexible things).

ondat, -ada undulated; rippled.

ondejar to wave; billow (hair).

ondejat, -ada undulated; rolled; waved.

ondina f. undine; water sprite.

ondular to wave (movement). / to wave (soft things).

ondulat, -ada undulated; rippled.

oneig m. waving; fluctuating; folling; ripple.

onejar to ripple; wave.

onerós, -osa onerous; grievous; burdensome.

onomàstic, -a onomastic.

onomàstica f. onomastics; Saint's day.

onomatopeia f. onomatopoeia; formation of words in imitation of the souds that suggest the object concerned.

onsevulga anywhere; wherever.

onsevulla anywhere; wherever.

ontòleg, -òloga ontologist.

ontologia f. ontology; the essence of things.

onze eleven.

onzè -ena eleventh.

opac, -a opaque; not allowing light to pass through.

opacitat f. opacity opaqueness.

òpal m. opal.

opalí, -ina opaline.

opalina f. opaline.

opció f. option; choice.

òpera f. opera; musical drama.

operació f. operation; action; transaction. / surgical operation.

operador m. operator. / surgeon.

operar to operate; act; work.

operari m. workman; worker; working man; operator; operative.

opereta f. operetta; short light musical comedy.

opi m. opium.

opinar to judge; believe; estimate; consider; opine; think; suppose.

opinió f. opinion conceit; belief; judgement.

oportú, -una opportune; suitable; fitting; favourable.

oportunista opportunist.

oportunitat f. opportunity; occasion; chance; set of circumstances.

oposant opponent.

oposar to oppose; object; match; controvert.

oposar-se to interfere; contradict; oppose.

oposat, -ada opposite; reverse; opposed.

oposició f. opposition; contradiction; antagonism.

opositor m. opposer; opponent; competitor.

opressió f. oppression; coercion; pressure; pressing.

opressiu, -iva heavy; oppressive; overwhelming.

opressor m. oppressor; tyrant.

oprimir to oppress; push; press; tyrannize.

oprobi m. opprobrium; scorn; public shame.

optar to opt; choose; optate.

optatiu, -iva optative.

òptic m. optician.

òptic, -a optical; optic.

òptim, -a best; highest; optimum; most favourable.

optimisme m. optimism; the doctrine that good must prevail in the end.

optimista m. f. one who takes a hopeful view; optimist.

optimista optimistic; rosy; expecting the best.

opulència m. opulence; wealth; abundance.

opulent, -a wealthy; rich; opulent.

opuscle m. opuscle; small treatise; pamphlet.

or m. gold.

oració f. prayer. / (gram.) sentence.

oracle m. oracle.

orador m. orator; speaker.

oradura f. craziness; madness; insanity.

oral oral; spoken, not written.

orangutan m. (zool.) orang-utan; orang-outang.

orar to pray; request. / to make a speech.

orat, -ada mad; lunatic.

oratge m. land breeze; light wind.

oratgell m. land wind; land breeze.

oratjol m. light wind.

oratori m. oratory. / (mus.) oratorio.

oratori, -òria oratorical; oratorial; rhetorical.

oratòria f. oratory; eloquence.

orb, -a blind.

òrbita f. orbit. / eye-pit.

orde m. (eccl.) order. / order; array; order of knight-hood.

ordenació f. (eccl.) ordination. / disposition; array.

ordenador, -a ordering; arranging.

ordenança m. errand boy or man. / (mil.) orderly.

ordenança f. order; command.

ordenar to arrange; order; straighten; put in order. / to command; decree.

ordenat, -ada methodical; tidy; orderly.

ordi m. barley.

ordinal ordinal; showing order in a series.

ordinari m. messenger; commissionaire.

ordinari, -ària ordinary; common. / coarse; inferior.

ordir to warp; weave. / to brew; plan. / to plot.

ordit m. warp.

ordre m. order; regularity; method; system; arrangement discipline.

ordre f. mandate command; order; precept.

oreig m. breeze; gentle wind. / airing.

orejar to ventilate; air.

orella f. ear.

orellut, -uda long-eared; flapeared.

oreneta f. (orn.) swallow.

oreneta cuablanca f. (orn.) house martin.

orfandat f. orphanhood; orphanage.

orfe m. orphan boy; waif.

orfe, òrfena orphan; motherless; orphaned; unprotected; without parents.

orfebre m. goldsmith; silversmith.

orfebreria f. gold or silver work; goldsmithery; silversmithing.

orfe de mare motherless.

orfe de pare fatherless.

òrfena f. orphan girl; waif.

orfenesa f. orphanhood; orphanage.

orfeó m. mixt choir; singing society; choral society.

orfeonista m. f. orpheonist; member of a mixt choir.

òrgan m. organ.

organdí m. organdy; organdie; muslin of great transparency and lightness.

orgànic, -a organic; organical.

organisme m. organism; the human system.

organista m. f. (mus.) organist.

organització f. organization; order.

organitzador, -a organizer.

organitzar to organize; arrange in a system.

orgia f. orgy; revelry; wassail.

orgue m. (mus.) organ; pipeorgan.

orguener m. organ-maker; organbuilder.

orgull m. pride; haughtiness; arrogance.

orgullós, -osa proud; haughty; bloated; conceited; selfsufficient.

orient m. east; orient; Levant; sunrise.

orientació f. orientation; situation; orientating.

orientador, -a orientating.

oriental oriental; eastern; orient.

orientar to orientate; guide; direct.

orientar-se to find one's bearings; make one's way.

orifany m. V. **elefant.**

orífex m. goldsmith.

orifici m. orifice; hole; aperture.

oriflama f. oriflamme; flag; banner.

origen m. origin; genesis; source.

original m. original; manuscript. / (typ.) copy.

original novel; original; primitive; odd; earliest.

originalitat f. originality; eccentricity; oddness.

originar to originate; s t a r t ; cause; give rise to.

originar-se to arise; originate; spring.

originari, -ària original; primary; aboriginal; descendent from.

orina f. urine.

orinada f. piss; mark or stain of urine.
orinador m. urinal; urinary.
orinal m. chamber-pot.
orinar to urinate.
orins m. pl. urine.
oriol m. (orn.) golden oriole.
oripell m. tinsel. / showy brilliance.
oriünd, -a aboriginal; native of; descendent from; proceeding (from); coming (from).
orla m. fringe; border.
orlar to border; edge, fringe.
ormeig m. harness; gear; (naut.) apparel.
ormeigs m. pl. equipment; utensils.
ornament m. adornment; embellishment; dressing.
ornamentació f. ornamentation; decoration.
ornamentar to ornament; adorn; bedeck.
ornar to grace; adorn; embellish.
ornitòleg m. ornithologist; birdman.
ornitologia f. ornithology; scientific study of birds.
orografia f. orography; orology.
oronell m. (orn.) swallow. V. oreneta. / nostril.
oronejar to flutter; fly about.
orquestra f. orchestra.
orquestració f. orchestration.
orquestral orchestral.
orquestrar to orchestrate; score for orchestral performance.
orquídia f. (bot.) orchid.
ortiga f. nettle (bot.).
ortigall m. (bot.) nettle field.
ortodox, -a orthodox.
ortodòxia f. orthodoxy; soundness of faith.

ortoèpia f. orthoepy; correct pronunciation of words.
ortografia f. orthography; system of spelling; spelling; correct spelling.
ortopèdia f. orthopaedy; orthopaedics; treatment of bodily deformities.
ortopèdic, -a orthopaedic.
ortopedista m. f. orthopaedist; specialist in orthopaedics.
orxata f. orgeat; refreshing drink made on earth-almonds.
orxateria f. refreshment stall.
os m. bone.
ós m. (zool.) bear.
os bertran laziness. V. mandra. / (anat.) sacrum. V. sacre.
osciŀlar to sway; waver; oscillate.
ós formiguer m. (zool.) anteater.
osca f. notch.
oscar to notch; damage (a cutting edge).
osciŀlació f. orcillation; swinging.
ossada f. bones; skeleton.
óssa major f. (astr.) Great Bear.
óssa menor f. (astr.) Little Bear.
ossat, -ada bony; raw-boned.
ossera f. ossuary.
osset m. knuckle bones (game). / little bone; ossicle.
ossi, òssia osseous; bony.
ossificar to ossify.
ossut, -uda bony; raw-boned.
ostatge m. hostage; person handed over to the enemy as a pledge.
ostensible ostensible; evident.
ostensori m. (eccl.) monstrance.
ostentació f. display; boast; pageant; pomp; parade; ostentation.
ostentar to display show; parade.

ostentós, -osa ostentatious; showy; sumptuous.
ostra f. oyster.
ostracisme m. banishment; ostracism; exclusion from society.
otomà, -ana Ottoman; Turk.
otomana f. divan; ottoman; cushioned settee.
ou m. egg.
ouera f. egg-cup.
ou ferrat m. fried egg.
ovació f. ovation; shouting.
ovalat, -ada oval; egg-shaped.
ovari m. ovary; ovarium.

ovella f. (zool.) ewe.
oví, -ina ovine; pertaining to sheep.
ovípar, -a oviparous; producing young from eggs.
ovoide ovoidal; oviform.
òvul m. ovule.
oxalidàcies f. pl. (bot.) oxalidaceae.
òxid m. (chem.) oxide; oxid.
oxidar to oxidate; oxidize.
oxigen m. oxygen.
oxigenar to oxygenate.
ozena f. ozoena; foul breath.
ozó m. (chem.) ozone.

P

REGUNTANT, PREGUNTANT, ES VA A ROMA
Better to ask the way than go astray

pa m. bread.
paborde m. (eccl.) provost; prelate.
pabordessa f. woman or young lady in charge of a feminine confraternity (eccl.).
pàbul m. pabulum; support; aliment.
paciència f. patience.
pacient m. f. patient; sick person; sufferer.
pacient tolerant; patient; enduring.
pacífic, -a paceful; pacific.
pacificar to pacify; calm down.
pacifisme m. pacifism.
pacifista m. f. pacifist.
pactar to agree upon; covenant; bargain; contract.

pacte m. pact; agreement; covenant; contract; bargain.
pa de pessic m. a kind of sponge cake.
pa de Viena m. milk bread.
padrastre m. stepfather.
padrí m. godfather.
padrina f. godmother.
pa eixut m. stale bread.
paella f. frying pan. / dish of rice made in a frying pan.
paga f. pay; wages.
pagà, -ana pagan; heathen.
pagadoria f. pay office.
paga i senyal f. deposit; earnest money; earnest.
pagament m. payment.
paganisme m. paganism; heathenism.

643

pagar to pay; satisfy, give a sum.

pagaré m. (com.) promissory note.

pagerol m. country bumpkin; bumpkin.

pagès m. farmer; peasant; farm labourer.

pagesia m. farmstead; farm; farmhouse. / peasantry.

pagesívol, -a rural; country; rustic.

pàgina f. page (in a book, magazine, newspaper).

païdor m. stomach.

pa integral m. whole-wheat bread.

pair to digest (food).

pairal pertaining to a noble house; manorial; ancestral; paternal; fatherly; from the father line.

país m. country land; territory; nation; region.

paisà m. compatriot. / civilian; not military.

paisà, -ana of the same place or country.

paisatge m. landscape; scenery; eyesight; view.

paisatgista m. f. landscapist; painter of landscape.

paixà m. pasha; Turkish governor of a province.

pal m. pole; mast; staf; stick.

pala f. shovel; spade; paddle; bat.

palada f. shoveful.

paladar m. palate. / taste; relish.

paladejar to relish; taste; enjoy the taste of.

paladí m. champion; paladín.

palaia f. (icht.) plaice.

palafrè m. palfrey.

palafrener m. horse carrier; palfrey rider; groom; stable man.

palanca f. lever; crowbar.

palangana f. basin; washbowl.

palangre m. boulter; fishing line with many hooks.

palangrer m. boulterer (fisherman).

palatal palatal; palatine; sound made by placing the tongue against the hard palate.

palatí, -ina palatine; courtier; palatial.

palau m. p a l a c e ; mansion; manor.

palauet m. small palace.

paleolític, -a paleolithic; paleolithical.

paleologia f. palaeology; paleology; the study of antiquities; the study of ancient languages.

paleontologia f. paleontology; science of fossils.

paleozoic, -a paleozoic; palaeozoic.

palès, -esa evident; patent; plain.

palesar to patent; make evident; show; reveal.

palestra f. palestra; gymnasium; wrestling school; place where a competition is hold.

palet m. pebble; boulder; cobble; cobblestone.

paleta m. bricklayer; mason; workman who builds with bricks.

paleta f. trowel. / palette (painting).

paletada f. shoveful.

palla f. straw.

pallassada f. clownery; buffoonery; clowning.

pallasso m. clown. / joker.

paller m. haystack.

pallet m. small mat. / (naut.) storeroom (for sails).

palli m. pallium.

palliar to palliate; lessen the severity.

pàllid, -a pale; wan; pallid.

pallidesa f. pallidness; pallor; wanness.

pallissa f. b a r n . / beating; thrashing.

pallola f. woman's wide-brimmed straw hat.

pallús m. silly; stupid. / leftover straw.

palma f. palm leaf. / palm as symbol of victory. / artistic worked yellow palm for Palm Sunday.

palma de la mà f. V. **palmell.**

palmari, -ària clear; obvious.

palmell m. palm; inner part of the hand.

palmer m. micrometer calliper.

palmera f. palm tree; palm.

palmeta f. ferule; flath ruler for punishing boys on his hand (school). V. **fèrula.**

palmetada f. caning; beating with a ferule.

palmípede m. webbed-feet; web-footed.

palmó m. yellow palm (for Palm-Sunday).

palp m. touching; feeling; feel; touch.

palpable palpable; obvious.

palpablement palpably.

palpar to touch; feel; grope; search blindly.

palpís m. pulp; soft part.

palpitació f. palpitation; pant.

palpitant palpitating; vibrating.

palpitar to palpitate; pant; beat rapidly.

palplantat, -ada stiff-legged; fixed; confined.

paludisme m. malaria; marsh-fever.

pam m. span (about 9 inches).

pamela f. broad-brimmed hat.

pàmfil, -a stupid; foolish; indolent.

pamflet m. pamphlet.

pam i pipa mocking gesture with the hand streetched before the nose; snook.

pampa f. pampas.

pampallugueig m. twinkling; twinkling light.

pampalluguejar to twinkle.

pampallugues f. pl. twinkling intermittent l i g h t s (on the sight).

pàmpol m. grapevine leaf.

pana f. corduroy; cloth similar to velvet.

panadís m. (path.) whitlow.

panameny, -a Panamanian.

panarra m. bread-loving person.

panarra who eats a lot of bread.

pancarta f. placard (portable).

pàncreas m. (anat.) pancreas.

pancreatina f. (chem.) pancreatin.

pandereta f. (mus.) tambourine.

pandero m. (mus.) large tambourine.

panegíric m. panegyric; eulogium.

panellet m. small pie (for All Saints Day).

paner m. basket; hamper.

panera f. hamper; basket without a lid; flat basket.

panerola f. pill bug; pill woodlouse.

panet m. roll (bread).

pànic m. panic; overwhelming terror.

panificació f. bread making; baking.

panís m. (bot.) millet. / (bot.) maize.

panòplia f. panoplia.

panorama m. view; prospect; panorama; scenery.

panotxa f. cob (of maize), ear (of maize).

pansa f. raisin; dried grape.

pansa de Corint f. currant; small dried grape (grown in Greece).

pansiment m. withered condition.

pansir-se to wither; fade.

pansit, -ida withered; faded; limp; wilted.

pantà m. moor; marsh; swamp; pond.

pantalla f. screen. / lamp-shade.

pantalons m. pl. pants; trousers.

pantanós, -osa marshy; swampy; moory.

panteisme m. pantheism; doctrine that identifies God with the universe.

panteix m. pant; gasping; breathlessness.

panteixar to pant; gasp; puff.

panteó m. pantheon; mausoleum.

pantera f. (zool.) panther.

pantomima f. pantomime; dumbshow.

panxa f. belly; paunch.

panxacontent, -a loafing; opportunist; non-committal; being on the fence.

panxada f. push with the belly. / bellyful.

panxó de riure m. a good laugh.

panxut, -uda big-bellied; paunchy.

pany m. lock; bolt.

pany de paret m. stretch of a wall.

paó m. (orn.) peacock.

paorós, -osa awful; dreadful; frightful.

pap m. maw; craw.

papa m. pope. / dad; daddie.

papà m. dad; daddie.

papadiners m. sponger.

papafigues m. (orn.) figpecker.

papagai m. (orn.) parrot.

papaia f. papaya (fruit).

papaier m. (bot.) papaya tree.

papal (eccl.) papal.

papalló m. V. **papallona.**

papallona f. (ent.) butterfly.

papallonejar to chop and change; to hover around.

papamosques m. (orn.) flycatcher.

papamosques gris m. (orn.) spotted flycatcher.

papaorelles m. (ent.) earwig. V. **papa-sastres.**

paparra f. (ent.) tick.

papa-sastres m. (ent.) earwig.

paper m. paper.

paperam m. pile or mess of papers.

paper assecant m. blotting paper.

paper bíblia m. bible paper; India paper.

paper carbó m. carbon paper.

paper de barba m. untrimmed paper.

paper de fumar m. cigarette paper.

paper d'estany m. tinfoil.

paper d'estrassa m. wrapping paper; brown paper; rag paper.

paper de vidre m. sandpaper.

papereig m. rummage of papers.
paperer, -a pertaining to paper.
paperera f. waste paper basket.
papereria f. stationery; paper shop.
papereta f. ticket; ballot paper; slip; narrow strip of paper.
paperets m. pl. confetti.
paper higiènic m. toilet paper.
paperina f. cone wrappig (paper); paper cone or bag (for sweets).
paper per a calcar m. tracing-paper.
paper vegetal m. grease-proof paper.
papir m. papyrus.
papissot, -a lisping; with a lisp.
papista papist; popish.
papu m. bogy; bogey-man.
paquebot m. packet-boat.
paquet m. parcel; packet; package.
paquiderm m. (zool.) pachyderm.
par m. peer.
paràbola f. parable. / (geom.) parabola.
parabrisa m. windscreen.
paracaigudes m. parachute.
paracaigudista m. paratrooper; parachutist.
parada f. stop; halt; stay. / parade; review. / stall; stand; booth.
paradella f. (bot.) sorrel.
paradigma m. paradigm; example; pattern.
paradís m. paradise; heaven.
parador m. halt; stopping place. / end to which a thing has come.
paradoxa f. paradox.
paradoxal paradoxical.
parafang m. mudguard.

parafina f. paraffin; paraffine; paraffin wax.
parafrasejar to paraphrase.
paràfrasi f. paraphrasis; paraprase.
paràgraf m. paragraph.
paraguaià, -ana Paraguayan.
paraigua m. umbrella.
paraigüer m. umbrella stand. / maker or seller of umbrellas.
paràlisi f. paralysis.
paralític m. paralytic.
paralític, -a paralysed; paralytic.
paralització f. paralyzation; stagnancy; paralysis.
paralitzar to paralyse; palsy; stop.
paralitzat, -ada paralyzed; paralised; stagnant.
parallamps m. lightning-rod; lightning-conductor.
parallel m. parallel; comparison.
parallel, -a parallel; similar.
parallelepípede m. parallelepiped.
parallels f. pl. parallel bars (for gymnastic exercises).
parallelogram m. parallelogram.
parament m. adornment; ornament.
parament de casa m. apparel; household furniture.
parament de cuina m. kitchen utensils.
paràmetre m. parameter.
parangó m. comparison.
parangonar to compare; parallel.
paranimf m. paranymph; assembly hall in a university.
parany m. trap; snare.
parapet m. parapet; breastwork.
parapetar to shelter behind a parapet.
parar to stop; cease. / to lay.

647

parar-se to stop; pull up; pause.
parar taula to lay the table; to set the table.
paràsit m. parasite.
para-sol m. sunshade; parasol.
parat, -ada fainthearted.
paratge m. place; spot; area; region.
paraula f. word; term. / word; promise; assurance.
paraulota f. swearword.
paravent m. shelter; screen; folding-screen.
para-xocs m. bumper; buffers.
parc m. park.
parca f. death; fate.
parcella f. parcel; lot; particle; piece of ground.
parcellar to parcel; parcel out; divide into plots.
parcer m. share tenant; tenant farmer; métayer.
parceria f. partnership; métayage.
parcial partial; incomplete. / prejudiced; partial judgement.
parcialitat f. partiality; prejudice.
parc zoològic m. zoo.
pardal m. (orn.) sparrow; house sparrow.
pardal de bardissa m. (orn.) dunnock.
pardalets m. pl. unfounded hopes.
pare m. father. / parent.
parèixer to seem; look; appear. V. **semblar.**
parell m. couple; pair.
parell, -a even; equal; like.
parella f. partner; peer; mate. / pair; couple.
parenostre m. Lord's prayer.
parent m. relative; kinsman; relation.

parentela f. parentage; kindred; relations.
parèntesi m. parenthesis.
parentiu m. relationship; kinship.
pare pedaç m. good-natured; indulgent father.
parer m. opinion; vote; belief; way of thinking.
pares m. pl. parents.
parèsia f. (path.) paresis.
paret f. wall partition.
pària m. pariah; outcast.
parietal m. (anat.) parietal bone.
parió, -ona like even; equal; similar. / fellow; one of a pair.
parir to give birth.
parisenc, -a Parisian.
paritat f. parity; equality.
parla f. speech. / tongue; language.
parlador, -a talkative.
parlaire talkative.
parlament m. parliament. / speech.
parlamentar to parley; converse.
parlamentari m. parliamentary.
parlant talking.
parlar to speak; talk; utter.
parleria f. slanderous talk; gossip.
parnàs m. parnassus; assemblage of poets.
paròdia f. parody; weak imitation.
parodiar to make a parody; parody.
paroxisme m. paroxysm; sudden attack; outburst.
parpella f. eyelid; lid.
parpelleig m. wink; nictitation.
parpellejar to twinkle; blink; wink; nictate.
parquedat f. sparingness; paucity.

parquet m. parquet; parquet flooring; parquetry.

parra f. vine; grapevine; climbing plant.

parrac m. patch; rag.

parricidi m. parricide; patricide; parenticide.

parròquia f. parish. / clientèle; patronage; customers.

parroquià m. customer. / parishioner.

parroquial parochial; parish.

parroquiana f. customer; regular customer (woman). / parishioner (woman).

parrup m. cooing of the doves.

parrupar to coo; bill (doves).

parsimònia f. parsimony; calmness.

parsimoniós, -osa prudent; circumspect; parsimonious; economical.

part m. parturition; childbirth; confinement; delivery.

part f. part; share; allotment; division.

partença f. departure; departing; going away; leave; starting; leaving.

partera f. parturient; woman in confinement.

parterre m. parterre; level space with lawns and flower beds.

particel·la f. (mus.) written part for an instrument or voice; part.

partició f. partition; division; lot; sharing out.

participació f. share; concern; participation; contribution; notice.

participant participant; person who participates.

participar to share; go in for;

partake. / to inform, give notice.

participi m. (gram.) participle.

partícula f. particle.

particular particular; private; own; proper.

particularitat f. particularity; peculiarity; singularness; strangeness.

particularitzar to particularize; name one by one. / name specially; give details.

particularment particularly; in particular.

partida f. departure. / game; form of play. / entry.

partidari, -ària supporter; partizan.

partió f. boundary; limit.

partir to halve; part; cleave; break; chop. / to depart; set off; go away; leave.

partit m. match; game. / party; side; body of persons united in opinion. / district.

partitiu, -iva partitive.

partitura f. (mus.) score.

parturició f. parturition.

pàrvul m. little child.

parvulari m. infant school.

pas m. pace; step; tread; passage; gap.

pas adv. (adversative word in negative sentences; word reinforcing a negative form).

Pasqua f. Easter.

Pasqua de Pentecosta f. Whitsuntide.

Pasqua de Resurrecció f. Easter.

Pasqua florida f. Easter.

Pasqua granada f. Whitsuntide.

pasqual (eccl.) paschal.

pasqüetes f. pl. eight days after Easter.

pasquí m. pasquin; lampoon posted un in public place.

passa f. pace; step; stride. / epidemic; plague; wave.

passable passable.

passada f. long step. / song of birds (series). / trick played on somebody.

passadís m. corridor; gangway; lobby.

passador m. slide (for the hair); hairpin. / bodkin.

passador, -a bearable; tolerable.

passamà m. rail; handrail; railing. / passement; passementerie; trimming for dresses; lace.

passamaneria f. passementerie; lacework.

passamuntanyes m. balaclava; Balaclava helmet.

passant m. assistant; clerk (lawyer).

passantia f. passant's profession.

passa-pas m. draught excluder; weather-strip.

passa-passa f. legerdemain; juggler.

passaport m. passport.

passar to pass; go over; cross. / to spend. / to hand.

passar a gual to ford; wade.

passarella f. gangway; footbridge.

passar per alt to overlook; fail to see.

passar-se to go bad (food); become spoiled.

passat m. past; past time.

passat, -ada past; last. / ago. / weak; exhausted. / bad; nasty.

passatemps m. pastime; anything done to pass time pleasantly.

passatge m. passage; alley; throughfare. / passengers.

passatger m. passenger.

passatger, -a passing; transitory.

passavolant m. passer-by customer; occasional client.

passeig m. promenade; avenue. / walk; stroll.

passejada f. walk; stroll.

passejar to walk; ramble. / to go for a walk.

passera f. step; stepping stone.

passerell m. (orn.) linnet.

passerell adj. raw; inexperienced.

passi m. permit; pass.

passibilitat f. passibility.

passió f. passion.

passional passionate; filled with passion.

passionera f. (bot.) passionflower.

passlu m. liabilities; debts.

passiu, -iva passive; (gram.) passive (voice).

passivitat f. passiveness; passivity.

past m. grass for feed.

past f. paste. / cake; bun. / dough. / pastry.

pasta fullada f. puff pastry.

pastanaga f. carrot.

pastar to knead into a firm paste.

pastel m. crayon; pastel.

pastell m. (print.) pie; pi. / entanglement.

pastera f. trough; kneading trough.

pastes f. pl. pastries; pastry.

pastetes f. pl. paste; sticky mess.

pasteuritzar to pasteurize; rid milk of disease germs.

pastilla f. lozenge. / pill; tablet; drop. / bar; piece.

pastís m. cake; bun; tart; pie.

pastisser m. pastry cook. / person who sells cakes.

pastisseria f. confectionery. / cakes' shop; confectioner's; pastry ahop.

pastisset m. patty; tart. / typical cake from Tortosa, with preserved pumpkin in it.

pastissos m. pl. pastries; pastry.

pastor m. shepherd. / pastor; protestant clergyman.

pastora f. shepherdess.

pastoral pastoral; of shepherds and country life. / pastoral; of a bishop.

pastoret m. shepherdling; little shepherd.

pastoreta f. little shepherdess; shepherdling (girl).

Pastorets (Els) m. pl. Christmas traditional theatrical work (esp. for children).

pastós, -osa pasty; mellow; doughy.

pastositat f. pastiness; pastosity.

pastura f. pasture; grass; grazing; pasturing.

pasturar to graze; pasture.

pasturatge m. pasture land; grazing land.

patacada f. bang; thump; thud; bump.

patacons m. pl. children's game with illustrated trimmed fine cardboards.

patafi m. botch; mess.

patamoll m. marsh; wed land.

patata f. potato.

patatera f. (bot.) potato (plant.).

patates fregides f. pl. chips; fried slices of potato.

patatum m. syncopation; mishap; sudden decay of health.

patatxap! splash!

patena f. (eccl.) paten.

patent f. patent; warrant. / obvious; evident.

patentar to patent; register (invention, process).

patentat, -ada patented; registered.

patentitzar to evidence; make evident; make obvious.

patern, -a from the male line; fatherly.

paternal paternal; like a father.

paternitat f. paternity; fatherhood.

patètic, -a pathetic; touching; causing pity.

patge m. page; boy in training for knighthood (Middle Ages).

pati m. yard; court.

patí m. skate; ice skate. / roller skate. / set of floaters used to skate on the sea as a little boat.

patíbul m. scaffold; gibbet; gallows.

pati de butaques m. (theat.) pit; ground floor.

patilla f. whisker.

patilles f. pl. sideburns; whiskers; sideboards.

patiment m. sufferance; suffering.

pàtina f. patina; tempering colour; surface formed on old things.

patinada f. skip; side-slip.

patinador m. skate. / skater.

patinar to skate.

patinet m. scooter (locomotive toy).

patir to suffer.

patologia f. pathology.
patològic, -a pathological; pathologic; morbid.
patoll m. crowd.
patracol m. boring book; bundle of papers; hefty tome; whacking great book; papers; documents.
patri, pàtria native; home; paternal.
pàtria f. homeland; country; land; place of birth fatherland; native country; mother country.
patriarca m. patriarch.
patrici m. patrician; of noble birth.
patrimoni m. patrimony; inheritance.
patriota m. f. patriot; person who loves his country.
patrioter, -a chauvinist; ostentatiously patriotic.
patriotisme m. patriotism.
patró m. patron. / (eccl.) patron saint. / employer; master. / landlord.
patrocinar to patronize.
patrocini m. patronage; support.
patrona f. patroness. / (eccl.) patron saint; patroness.
patronal f. pertaining to a patron or a patronage.
patronat m. patronage; guardianship; sponsorship. / society; board; organization.
patronatge m. patronage.
patronímic, -a patronymic.
patrulla f. patrol; gang.
patrullar to patrol; go the rounds.
patufet m. tiny shild; hop'o'-my-thumb.
Patufet (En) m. popular Catalan

children's magazine (1904-1938).
patuleia f. gang, soldiery or disorderly folks.
patum (la) f. traditional folk's feast by Corpus Christi time in Berga (Catalan town).
patxoca f. gracefulness; jauntiness.
pau f. peace.
paüra f. fright.
pausa f. pause. / (mus.) rest.
pausadament slowly; deliberately.
pausat, -ada slow; calm.
pavana f. pavan; pavane (old courtly Spanish dance) with slow movement.
pavelló m. pavilion; bell tent; block.
pavès m. pavis (large shield).
paviment m. flooring; paving.
peanya f. pedestal stand.
peatge m. toll.
pebet m. aromatic burning stick.
pebeter m. perfume burner.
pebràs m. kind of mushroom.
pebre m. pepper.
pebre vermell m. paprika.
pebrot m. (bot.) green; pepper.
pebrotera f. green; pepper plant.
peça f. piece; fragment; part. / composition. / room; apartment.
pecador m. sinner.
pecador, -a sinner; sinning.
pecaminós, -osa sinful.
pecar to sin; trespass.
pecat m. sin; trespass; wrong.
pecíol m. stem; petiol.
pectoral m. (eccl.) breast-plate.
pectoral pectoral; pulmonic.
peculi m. private purse; peculium.

peculiar peculiar; proper; special.

peculiaritat f. peculiarity; property; characteristic; speciality.

pedaç m. mending piece; patch.

pedagog m. pedagogue; teacher; educator.

pedagogia f. pedagogy.

pedagògic, -a pedagogical; pedagogic; educational.

pedal m. treadle; pedal.

pedalejar to wheel; pedal.

pedant pedant; bookish.

pendanteria f. pedantry; pedantism; priggishness.

pedestal m. pedestal; stand; base; support.

pedestre pedestrious; pedestrian.

pediatre m. pediatrist; paediatrician.

pediatria f. paediatrics; medicine concerned with children.

pedicur m. chiropodist. V. **callista**.

pedra f. stone. / hailstone. V. **càlcul**.

pedra angular f. foundation stone; cornerstone.

pedrada f. blow with a stone. / stone-fight.

pedra de molí f. millstone.

pedra d'encenedor f. flint.

pedra d'esmolar f. grindstone.

pedra d'escàndol f. source of scandal.

pedra de toc f. touchstone.

pedra filosofal f. philosopher's stone.

pedra foguera f. flint.

pedra preciosa f. precious stone.

pedra tosca f. pumice-stone.

pedregada f. hail; hailstorm.

pedregar to hail.

pedregós, -osa stony.

pedrer m. gizzard; bird's second stomach.

pedrera f. quarry.

pedreria f. gemmery; gems.

pedreta f. pebble; smail stone.

pedrís m. stone seat against a wall.

pedruscall m. gravel; stone chippings.

peduncle m. peduncle.

pega m. pitch; sticky substance; tar.

pegadella f. scab; filth; dirt.

pega de sabater f. pitch mixed with wax.

pega dolça f. liquorice.

pega grega f. colophony; rosin.

pegar to knock; spank; hit; strike; beat.

pegat m. patch; plaster; sticking plaster.

pegot m. cobbler; mender of shoes.

peix m. fish.

peixater m. fishmonger.

peixateria f. fish market; fish shop.

peix espasa m. (ichtch.) swordfish.

péixer to feed; nourish.

peixera f. fish bowl; flish globe; aquarium.

peix martell m. (ichth.) hammerhead.

peix volador m. (ichtch.) flying fish.

pejoratiu, -iva (gram.) pejorative. / depreciatory.

pel (contraction PER + EL).

pèl m. hair; pile; fibre; down.

pela f. peel; rind.

pelacanyes m. penniless; ragamuffin.

pelada f. scratch; abrasion; sore spot; graze.
pelar to peel; skin; pluck. / to hair; cut out the hair.
pelat m. poor; penniless.
pelat, -ada bared; plucked; hairless. / poor.
pelatge m. hairiness.
pel cap baix at the least.
pelegrí m. pilgrim.
pelegrinatge m. pilgrimage.
pelfa f. plush.
pelfut, -uda plushy; velvety.
pelicà m. (orn.) pelican.
pelicà vulgar m. (orn.) white pelican.
pell f. skin. / fur. / leather. / peel.
pell adobada f. leathery.
pellaire m. skinner.
pelleringa f. tag; rag; tatter.
pelleter m. furrer.
pelleteria f. fur shop.
pel·lícula f. film; moving picture. / pellicle.
pel·lícula de dibuixos f. cartoon film.
pellissa f. pellisse; fur garment; fur-lined garment.
pellofa f. hull; skin; rind; thin skin covering some fruits.
pell-roja m. American Indian; redskin.
pèl-roig, -oja red-haired.
pels voltants about; by the borders.
pels volts de about; near to.
pelussa f. fluff.
pelut m. rug; woollen wrap.
pelut, -uda hairy; schaggy; pilous.
pelvis f. (anat.) pelvis; bony cavity at the base of the human trunk.
pena f. grief; pain. / penalty; punishment. / pity; compassion.
pena capital f. capital punishment.
pena de mort f. death as a punishment.
penal m. penitenciary prison.
penalitat f. suffering. / punishment; penalty.
penalty m. (foot-ball) penalty.
penar to be tormented.
penat m. convict.
penca f. cut; slice.
pencar to work (slang)
pendent m. slope; declivity.
pendent depending; pending; pendent. / sloping.
pendís m. slope; declivity.
pendó m. standard; pennon; banner.
pèndol m. pendulum.
pèndola f. pendulum (clock).
pendonista m. f. standard bearer (person).
pendular pendular.
penediment m. regret; repentance.
penedir-se to repent.
penedit, -ida repentant; regretful.
penell m. weathercock.
penelló m. chilblain.
penes i treballs f. pl. hardship.
penetrant deep; bitter.
penetrar to penetrate; break into.
pengim-penjam without grace; not gracefully.
penic m. penny.
penicil·lina f. penicillin.
península f. peninsula.
penitència f. penance; penitence.
penitencial penitential.
penitenciari m. (eccl.) confessor. / penitentiary (person).

penitenciari, -ària penitenciary.
penitencieria f. (eccl.) peniten-
tiary (tribunal).
penitent m. penitent; repenter.
penjador m. h a n g e r ; peg;
clothes-tree; coat-hanger.
penjar to hang. / (intr.) to dan-
gle; droop; hang.
penja-robes m. p e g ; clothes-
hanger; clothes tree.
penjoll m. trinket; locket; hang-
ing jewell. / cluster (fruit).
penó m. pennon; standard.
penombra f. penumbra; margin
shadow.
penós, -osa grievous; fatiguing.
pensada f. idea; thought; witty
remark.
pensador m. thinker.
pensament m. thought; idea. /
(bot.) pansy.
pensar to think; consider; in-
tend; imagine.
pensarós, -osa pensive; thought-
ful.
pensió f. pension. / boarding
house; hostel.
pensionat m. boarding school.
pensionista m. f. pensioner;
boarding-pubil.
pensívol, -a V. pensarós.
pentàgon m. pentagon.
pentagrama f. (mus.) staff; set
of five parallel lines.
Pentecosta f. Withsunday; Pente-
cost.
pentinada f. combing. / repri-
mand.
pentinador m. dressing-gown;
wrapper. / hairdresser; comb-
er.
pentinar to comb.
pentinat m. hairstyle; hairdres-
sing; coiffure.

penúltim, -a penultimate; last
but one.
penúria f. want; stress; stringen-
cy; penury; scarcity; indi-
gence.
penya f. rock boulder. / circle;
group of friends.
penyal m. large rock; crag.
penyalar m. rocky place; craggy
place.
penya-segat m. cliff.
penyora f. fine; token. / securi-
ty; pawn; pledge.
penyorament m. fine; penalty.
penyorar to fine; amerce.
peó m. pedestrian. / unskilled la-
bourer. / (chess) pawn.
peoner m. pioneer.
peònia f. (bot.) peony.
pepida f. pip (disease of poul-
try).
pepsina f. pepsin.
per for. / by. / through. / per.
per a for; intended for. / to; in
order to.
pera f. pear.
per això so; therefore; that is
why.
per amor de for the sake of.
per bé que though; although.
perboc m. disappoinment; re-
buff.
perbocar to vomit; throw up
from the mouth.
percaça f. quest; hunting for.
percaçar to chase; hunt for;
seek.
percala f. percale (fabric).
percebre to perceive.
per cent per cent.
percentatge m. percentage; rate.
percepció f. perception; receiv-
ing; feeling.
perceptible perceivable; percep-

tible; audible; discernible.

per conseqüent hence; therefore; for this reason.

percudir to percuss; strike.

percussió f. percussion; violent striking.

percussor m. percussor; percussion hammer.

per damunt over. / superficially.

per davant past; before.

perdició f. losing; perdition; destruction; eternal death.

perdigó m. shot; tiny ball of lead.

perdigonada f. hailshot; grapeshot; shotgun shot.

perdiguer, -a partridge hunting.

perdiu f. (orn.) partridge.

perdiu xerra f. (orn.) partridge.

perdó m. pardon; forgiveness.

perdonar to forgive; pardon; let pass; overlook.

perdonavides m. bully; hector; bluster.

perdre to lose; miss; mislay.

perdre el món de vista to faint.

perdre la xaveta to lose one's mind.

perdre's to go astray.

pèrdua f. loss; lost property.

perdulari m. reckless; sloppy person; vicious person.

perdurable perdurable; eternal; perpetual.

perdurar to last long; perdure; subsist.

peregrí, -ina quaint; strange; unique; queer.

peregrinar to peregrinage; make a pilgrimage.

peremptori, -òria peremptory; urgent.

per endavant beforehand; in advance.

perenne perennial; ceaseless.

perera f. (bot.) pear-tree.

peresa f. laziness; sloth; idleness.

peresívol, -a causing laziness.

peresós, -osa lazy; idle.

perfecció f. perfection; faultlessness.

perfeccionar to perfect; improve; refine.

perfectament perfectly; thoroughly.

perfecte, -a perfect; faultless.

perfectible perfectible; improvable.

perfet m. (gram.) perfect.

perfet, -a complete.

pèrfid, -a perfidious; false-hearted.

perfídia f. perfidy; falsehood; disloyalty.

perfil m. outline; profile; sideface.

perfilar to outline; profile. / to shape; mould.

perforadora f. rock-drill.

perforar to bore; perforate; pierce.

perfum m. perfume; smell; fragrance; odour. / essence scent; perfume.

perfumar to perfume; embalm; fumigate.

perfumeria f. perfumery; perfume shop.

perfumista m. f. perfumer.

pergamí m. parchment; vellum. / diploma.

pèrgola f. pergola; arbour.

perícia f. skill; dexterity.

perifèria f. periphrery; circumscription.

perífrasi f. periphrasis; circumlocution.

perifràstic, -a periphrastical; circumlocutory.

perill m. danger; risk; peril; emergency.

perillar to be in danger.

perillós, -osa dangerous; risky; hazardous.

perillosament critically; dangerously.

perímetre m. perimeter; contour; round.

període m. period; term; stage; cycle.

periòdic m. journal; newspaper.

periòdic, -a periodical; periodic.

periòdicament periodically; from time to time.

periodicitat f. periodicity; rhythm.

periodisme m. journalism.

periodista m. f. journalist; pressman; newspaper man.

periodístic, -a journalistic.

peripatètic m. peripatetic; pertaining to the philosophy of Aristotle.

peripècia f. peripetia; incident; vicissitude.

periquito m. (orn.) parrakeet; parakeet.

perir to perish. V. **morir.**

periscopi m. periscope.

perit m. expert; appraiser; connoisseur.

peritatge m. degree of technical studies.

perjudicar to damage; harm; hurt; injure. / to disadvantage; wrong; prejudice.

perjudicat, -ada sufferer; damaged; injured; wronged.

perjudici m. mischief; injury; damage.

perjudicial harmful; prejudicial.

perjur m. forswearer; perjurer.

perjurar to perjure; forswear.

perjuri m. perjury; oath-breaking.

perla f. pearl.

perlejar to cover with drops shining as pearls.

perleria f. pearls; collection of pearls.

perllongar to prolong; lengthen.

permanència f. consistence; durability; permanence.

permanent permanent; constant; enduring; lasting.

permeabilitat f. permeability; perviousness.

permeable permeable; pervious; porous.

per més que however much.

permetre to allow; let; permit; enable.

permís m. license; permission; permit liberty; leave.

permís de conduir m. driving license.

permissible permissible; allowable; licensable.

permuta f. permutation; exchange.

permutador m. changeover switch; commutator.

permutar to permute; exchange; barter.

pern m. bolt; join-bolt; join-pin.

pernejar to kick one's legs.

perniciós, -osa pernicious; harmful.

pernil m. ham.

pernil dolç m. ham boiled in white wine.

pernoctar to pass the night.

però but; yet. / even so; in spite of.

perol m. pan; iron cooking pot.

perola f. boiling kettle in form of hemisphere.

peroné m. fibula; splinter-bone.

perorar to perorate; make a speech.

perpal m. crowbar; lever.

perpalina f. crowbar; lever (short).

perpendicular perpendicular; at right angles.

perpetrar to perpetrate; commit.

perpetu, -ètua perpetual; everlasting.

perpetuar to perpetuate; preserve of being forgotten.

perpetuïtat f. perpetuity.

perplex, -a perplexed; puzzled.

per por de for fear of.

per què why; the reason why.

per què? why?

perquè because; for; as. / in order that; so that.

perquè sí without rhyme or reason; without objective or aim.

per quina raó? why?; what is the reason (for)?

perruca f. wig. / peruke.

perruquer m. hairdreser; barber.

perruquera f. hairdesser; woman who dresses and cuts hair.

perruqueria f. hairdresser's shop; barber's shop.

perruquí m. toupee; small wig.

persa Persian.

persecució f. pursuit; chase; hunt; persecution.

persecutori, -òria persecution; persecutory; pursuing.

perseguidor m. pursuer; persecutor.

perseguir to chase; persecute; pursue; shadow.

per sempre for ever.

perseverança f. perseverance; constancy.

perseverant persevering.

perseverar to persevere; persist (in).

persiana f. Persian blind; Venetian blind.

persignar to cross; make the sign of the cross over.

persignar-se to cross oneself.

persistència f. persistence; persisting.

persistent persistent; persisting; steady.

persistir to persist; persevere.

persona m. person; individual.

personal m. staff. / group of assistants.

personal private; individual; personal.

personalitat f. personality.

personalitzar to personalize.

personalment personally; in person.

personatge m. personage; character.

persones f. pl. people; persons.

personificació f. personification; embodiment.

personificar to personify.

perspectiva f. perspective. / view; prospect.

perspicaç perspicacious; sagacious; quick-witted.

perspicàcia f. sagacity; perspicacity; insight.

persuadir to persuade; convince; influence.

persuasió f. persuassion; firm belief.

per tal com as; for; since.

per tal de in order to.

per tal que so that; in order that.

per tant hence; therefore; then.

pertanyent belonging; appertaining.

pertànyer to belong; appertain; concern.
pertinaç pertinacious; obstinate.
pertinença f. ownership; belonging.
pertinences f. pl. belongings.
pertinent appropriate.
pertocar to concern; pertain; be the share of.
pertorbador m. perturber disturber.
pertorbar to disturb; perturb; trouble.
pertot thoroughout; everywhere.
pertot arreu thoroughout; everywhere.
pertret m. ammunition; stores.
peruà, -ana Peruvian.
pervers, -a evil; perverse; wicked; depraved.
perversió f. perversion; depravation; corruption.
pervertir to pervert; corrupt; mislead.
perxa f. perch; pole; pole-vault.
pes m. weight; heaviness. / graded piece of metal for weighing in scales. / load; burden; heavy object.
pesada f. weighing.
pesadesa f. heaviness; torpidness; oppresion.
pesantor f. heaviness; gravity.
pesar m. sorrow; grief.
pesar to weigh; be heavy. / to weigh; weigh down.
pesarós, -osa sorrowful; afflicted.
pesat, -ada boring; bore; tiresome. / heavy.
pes brut m. gross weight.
pesca f. fishing.
pescador m. fisher; fisherman.
pescador de canya m. angler.
pescaire m. fisher.

pescant m. coachman's seat. / (naut.) davit.
pescar to fish; angle.
pescater m. fishmonger.
pescatera f. fishmonger (woman).
pescateria f. fish market.
pes específic m. specific weight.
pes net m. net weight; without tare.
pèsol m. pea.
pèsol caputxí m. sugar pea.
pèsol d'olor m. sweet pea.
pesqueria f. fishing; fishery.
pessebre m. crib; manger. / Christmas crib; Nativity scene.
pessebrista m. f. maker of Christmas cribs.
pesseta f. peseta (monetary unit in Spain).
pesseter, -a selfish; self-interested.
pessic m. pinch; nip; squeeze.
pessigada f. pinch; nip.
pessigar to pinch; nip.
pessigolles f. pl. tinckling; ticklishness; tickles.
pèssim, -a very bad; worst.
pessimisme m. pessimism.
pessimista m. f. pessimist.
pessimista pessimistic.
pesta f. plague; pestilence.
pestanya f. eyelash; lash.
pestanyejar to winck; blinck.
pestell m. door-latch; catch; bolt.
pestilència f. plague; pestilence.
pestilent pestilent; noxious.
pet m. outburst. / wind through the anus; fart.
petaca f. pouch; cigar case.
pètal m. (bot.) petal; flowerleaf.
petament m. crack; snap; cracle; chattering.

petar to crackle; burst. / to break; crack.

petard m. petard; firecracker; cracker; firework.

petarrell m. pouting.

petarrellada f. sparking; sputtering.

petarrellejar to crepitate; spark; sputter.

pet de monja m. small cookie.

petge m. foot (of a piece of furniture); leg (id.).

petició f. petition; demand; request; suit.

peticionari m. petitioner.

petit, -a little; small; short; petty; young.

petitesa f. smallness; littleness; meanness.

petits m. pl. young ones; young; cubs; kids. / children.

petja f. V. petjada.

petjada f. tread; footstep; imprint; trail.

petjapapers m. paper-weight.

petjar to tread on; step on.

petó m. kiss.

petonejar to kiss repeatedly; cover with kisses.

petoner, -a fond of kissing. / inviting to be kissed.

petri, pètria rocky; stony; petrous.

petricó m. mesure for liquids (about 23 cl).

petrificar to petrify; change into stone.

petroler m. tanker; tank-steamer (ship).

petroli m. oil; kerosene; petroleum.

petrolífer petroliferous.

petulància f. insolence; arrogance; flippancy.

petulant flippant; not showing deserved respect; insolent; arrogant.

petxina f. shell; scallop; shellfish.

peu m. foot. / leg; support, base.

peüc m. sock for keeping the feet warm in bed.

peu de rei m. slide calliper.

peu d'impremta m. publisher's print.

peülla f. hoof.

pi m. (bot.) pine (evergreen tree). / (maths.) Greek letter, especially 3,14159).

piadós, -osa pious.

piafar to paw (horses).

pianista m. f. pianist; person who plays the piano.

piano m. (mus.) piano; pianoforte.

piano de manubri m. hurdy-gurdy; street piano.

pianola f. pianola; mechanically played piano.

pi blanc m. (bot.) aleppo pine.

pic m. dot. / peak. / pick; pickaxe (tool). / knock.

pica f. basin (of a fountain); stone trough; holywater font.

picabaralla f. resentment; severe discussion.

picada f. peck; prick; sting.

picador m. knocker; paddle.

picaflor m. humming bird.

picant piquant; high-seasoned.

picantor f. burning pain; smart pain; itching.

picapedrer m. stone-cutter.

picaplets m. litigious person.

picapoll m. white grape.

picaporta m. knocker; door-knocker.

picar to knock; trike. / to pick. /

to prick; sting; tingle; smart.
/ to rap.
picar-se to be offended.
picar de mans to applaud; clap.
picardia f. knavery; roguery;
malice.
picaresc, -a roguish; knavish.
picaresca f. the life of «pícaros»
(Spanish word for graceful
roguish persons).
picarol m. bell; little bell (for
horses, cats).
picaroleig m. jingling; tinkling.
picarolejar to jingle.
pica-soques m. (orn.) wood-
pecker.
pica-soques blau m. (orn.) nut-
hatch.
picat, -ada spotted. / minced
(meat). / (mus.) staccato.
picatotxos m. fault-finding.
piconadora f. road-roller; steam-
roller.
piconar to ram down; roll; flat-
ten.
picor f. itch; itching.
picot m. pick; pickaxe. / (orn.)
V. **pigot.**
picot cendrós m. (orn.) grey-
headed woodpecker.
picotejar to pick; beak.
picot garser gros m. (orn.) great-
spotted woodpecker.
pictòric, -a pictoric; pictorial.
pidolaire m. importunate asker.
pidolaire persistent in asking.
pidolar to beg; crave; ask earn-
estly for.
piemontés, -esa Piedmontese.
pierrot m. pierrot; character
dressed in loose white clothes
and witered face.
pietat f. pity; mercy. / piety.
pietós, -osa pious.

pietosament compassionately. /
piously.
piezòmetre m. piezometer (for
measuring the compressibility
of liquids).
pífia f. error; stupid mistake;
blunder.
piga f. speck.
pigall m. boy guide for a blind
person.
pigard, -a freckle-faced.
pigat, -ada freckle-faced.
pigment m. pigment; colouring
matter.
pigmentació f. pigmentation.
pigmeu, -ea pygmy; dwarf.
pignorar to pledge; hypothecate;
put in pawn; pawn.
pigot m. (orn.) woodpecker.
pijama m. pyamas.
pila f. pile; heap. / (elect.) bat-
tery; pile. / holy water font.
pilar m. pillar; post; support;
column.
pilastra f. pilaster rectangular
column
pillatge m. plunder; stealing.
pilleria f. scoundrelism; trick;
slyness.
pillet m. little rouge; little
scamp.
piló m. chopping block (for cut-
ting meat, fish).
pilós, -osa hairy; pileous.
pilot m. heap; lot; mass; pile. /
pilot; person trained to navi-
gate. / driver; guide.
pilota f. ball; football. / meatball.
pilotada f. blow with a ball.
pilota basca f. pelota; Basque
game of pelota.
pilotaire m. pelota player.
pilotejar to pilot; drive. / to
play with a ball.

pim-pam-pum m. aunt sally; game at fairs with balls.

pimpinella f. (bot.) burnet.

pinacle m. pinnacle; summit; highest pitch.

pinacoteca f. picture-gallery; pinacotheca.

pinassa f. pine needles.

pinça f. clip. / dart (dress).

pinces f. pl. pincers; tongs; tweezers.

pinçar to take with tweezers or pincers.

píndola f. pill.

pineda f. pine grove.

pinetell m. (bot.) milk mushroom; saffron milk.

pinetó m. (bot.) young pine.

ping-pong m. ping-pong; table tennis.

pingüí m. (orn.) penguin.

pinsà m. (orn.) chaffinch.

pinsà borroner m. (orn.) bullfinch.

pinso m. feed; food for animals.

pinta f. comb. / stain; spot.

pintallavis m. lipstick.

pintar to colour. / to paint.

pintat, -ada painted; coloured.

pintat de nou wet paint.

pintor m. painter.

pintoresc, -a picturesque; scenic.

pintura f. paint; pigment; colour. / painting; picture.

pinxo m. bully; swaggerer.

pinya f. pine-cone; cone. / cluster. / blow.

pinyac m. blow with the fist.

pinya d'Amèrica f. pineapple; ananas.

pinyó m. pine nut. / small gearwheel; pinion.

pinyol m. kernel; stone; nut; seed.

pinzell m. paint-brush; brush.

pinzellada f. stroke; touch; brush-stroke.

pioc, -a sticky; poorly; unwell.

piolet m. piolet (mountaineering).

pipa f. pipe; tobacco pipe.

pipada f. puff; drag (smoking a pipe).

pi pinyer m. (bot.) stone pine (tree).

pipirigall m. (bot.) sainfoin.

piqué m. piqué; quilting (cotton fabric).

piquet m. picket; strike picket.

pira f. pyre; bonfire.

piragua f. pirogue; canoe.

piramidal pyramidal. / colossal.

piràmide f. pyramid.

pirata m. pirate.

piratejar to pirate; practice piracy.

pirateria f. piracy.

pirinenc, -a Pyrenean.

pirotècnia f. pyrotechnics.

pirotècnic m. pyrotecnist; fireworks manufacturer.

pirotècnic, -a pyrotechnical.

pis m. storey; flat; apartment; floor.

pisa f. fine earthware; china.

piscina f. swimming-pool.

pis de lloguer m. tenement flat to let.

pispar to pinch; steal.

pissarra f. slate. / blackboard.

pissarrí m. slate pencil.

pista f. track; trail; trace; court; ring. / clue; that suggests an answer to a problem.

pistil m. (bot.) pistil (seed-bearing organ of a flower).

pistó m. percussion cap. / (mus.) piston (sliding valve).

pistola f. pistol.
pistoler m. gunman gangster; pistoler.
pistolera f. holster.
pit m. breast; chest; bosom; teat.
pita f. (bot.) American aloe; agave. V. **atzavara**.
pitagòric, -a Pythagorean.
pitança f. daily food; dole; ration (especially in welfare institutions).
pitet m. bib; chin-cloth.
pitjar to tighten; push.
pitjor worse.
pitjora f. worsening.
pitjoria f. worsening.
pitó m. (zool.) python.
pitonissa f. pythoness (priestess of Apollo).
pitral m. breastplate (harness).
pitrera f. shirt-front.
pit-roig m. (orn.) robin.
pitxer m. vase; pitcher; pot.
piu m. pin; pivot; button.
piula f. cracker; firecracker.
piula dels arbres f. (orn.) tree pipit.
piuladissa f. chirp; twitter; (ensemble of birds) chirping together.
piular to twitter; pip; cheep; chirp; peep.
piulet m. chirp; twitter.
piu-piu m. V. **piuladissa**.
pixide f. (eccl.) pix.
pla m. plain; plane; flatland.
pla; -na flat; level. / (gram.) paroxytone; with the penultimate syllable accentuated.
placa f. (phot.) dry plate. / (med.) plaque.
plaça f. square; circus; open place. / market. / situation;

employment. / town; city; village.
placenta f. (anat.) placenta (after birth).
placid, -a calm; peaceful; placid.
placidesa f. placidity; placidness.
plaent pleasant; joyful; grateful.
plaer m. pleasure.
plafó m. panel.
plaga m. rogue; wag; witty person.
plaga f. plague. / sore; ulcer.
plagi m. plagiarism; plagiarizing.
plagiar to plagiarize; use somebody else's words, ideas, etc. as if they were one's own.
plagiari m. plagiarist; plagiary; copier; pirate.
plaguejar to jest; joke.
plana f. plain; flatland. / page; one side of a leaf.
planador m. glider (aeronautics).
plana major f. officers; staff.
planar to hover.
plançó m. sapling; shoot; sprout.
plançonada f. nursery of plants.
planejar to plan. / to smooth; flatten. / to be flat (land, soil).
planell m. plateau; table-land.
planella f. prairie; plain; level country.
planer, -a plain; homely; easy. / level; smooth.
planerament plainly.
planeta m. planet.
planícia f. plain; prairie; level country.
planísferi m. planisphere.
plànol m. plan (map.).
planta f. plant; vegetable. / plan (arch.). / good apearance.
planta baixa f. ground floor.
plantació f. planting. / plantation.

663

planta del peu f. (anat.) sole; underpart of a foot.

plantador m. trowel for lifting plants.

plantar to plant; set up; bed; establish.

plantar-se to stand oneself; settle.

planteig m. exposition; laying out; setting out.

plantejament m. V. **planteig**.

plantejar to expound; bring up; lay out.

planter m. seedbed; nursery (of plants).

plantificar to place; put; station.

plantilla f. insole (for shoes). / playroll; staff; employees; personnel. / model; pattern.

plantofa f. slipper; house slipper.

plantofada f. slap in the face; blow with the open hand.

planxa f. sheet; plate (metal). / iron; flat iron. / (coll.) blunder; stupid mistake. / slab.

planxadora f. ironer; presser (woman).

planxar to iron; squash; press (clothes).

plany m. complaint; plaint; querulousness.

plànyer to pity; be sorry for.

plànyer-se to complain; lament; bewail.

planyívol, -a pitiful; doleful.

plasenteria f. facetiousness; witty saying.

plasma m. plasma; plasm.

plasmar to mould; shape; make.

plàstic m. plastic; industrial plastics.

plàstic, -a plastic; flexible; easily shaped; mouldable. / descrip-

tive; expressive; evocative (arts).

plàstica f. plastic art.

plastificat f. plasticity.

plastró m. large cravat; wide tie. / breastplate; plastron.

plat m. plate. / dish; course; part of a meal.

plata f. dish; vessel for serving up food.

plataforma f. stand; platform car; boarding platform.

plàtan m. banana. / plane tree.

platanar m. plane tree grove.

platea f. (theat.) pit; ground floor. V **pati de butaques**.

plater m. V. **argenter**.

plàtera f. V. **plata**.

plateret m. saucer.

platerets m. pl. (mus.) cimbals.

platet m. V. **plateret**.

platí m. platinum.

platina f. (print.) platen; imposing-table.

platja f. beach; seaside.

platònic, -a Platonical; pure; disinterested.

plats-i-olles m. pottery shop. / crockery seller.

platxèria f. merriment; fun.

platxeriós, -osa merry; lively; merrymaking; funloving.

plaure to please; enjoy; like; love; content.

plausible plausible; acceptable; laudable; praiseworthy.

ple, -na full; crowded; filled. / stout; plump.

plebeu, -ea plebeian; of low degree.

plebiscit m. plebiscite; general vote.

plebs f. plebs; populace; vulgar people.

plec m. fold; pleat; crease. / folded paper; sheet.

pleca f. (print.) drawing line.

pledejar to litigate.

plegable pliable; easily bent.

plegadís, -issa pliable; folding.

plegador m. folding instrument.

plegadora f. collecting dish or plate.

plegar to fold; crease. / to cease; finish. / to pick up; pick.

plèiade f. pleiad; constellation.

plenamar f. full tide; high tide.

plenament fully; in full.

plenari, -ària complete; full. / plenary.

plenet, -a plump; chubby.

pleniluni m. full moon.

plenitud f. plenitude; fullness.

pleonasme m. pleonasm; redundance.

plesiosaure m. plesiosaurus.

plet m. lawsuit; suit; litigation; judicial action.

pleta f. sheepfold; fold; pack.

pletòric, -a plethoric; abundant. / sanguine.

pleura f. (anat.) pleura.

pleuresia f. (path.) pleurisy.

plica f. sealed envelope.

ploguda m. V. **pluja.**

plom m. lead. / (elect.) fuse.

ploma f. feather; plume. / pen; writing pen.

plomada f. plumb line; plumb.

ploma estilogràfica f. fountain pen.

plomall m. feather duster. / plume.

plomar to pluck.

plomatge m. plumage; bird's feathers.

plomer m. pencil box.

plomí m. nib; point of a fountain pen. V. **tremp.**

plomissol m. down; first soft feathers of young birds.

plomós, -osa feathered; feathery.

plor m. weeping; crying.

ploramiquejar to whimper; whine; moan.

ploramiques m. f. sniveller; falsely tearful.

ploraner, -a snivelling; blubbering; weeper.

plorar to weep; cry. / to grieve.

ploricó m. whine; whimper; snivelling.

ploriquejar to whimper; whine; moan.

plorós, -osa tearful.

plosiu, -iva plosive.

ploure to rain; shower.

plovisqueig m. drizzle; rain in very small fine drops.

plovisquejar to drizzle; mizzle.

plugim m. drizzle.

pluja f. rain.

plujós, -osa rainy; wet; showery.

plumbagina f. graphite.

plural m. plural.

pluralitzar to pluralize; make plural.

plus m. extra pay; extra; bonus.

plusquamperfet pluperfect.

plus-vàlua f. enhanced value; increase.

plutocràcia f. plutocracy; rich class.

pluvial pluvial; rain.

pneumàtic m. pneumatic tire; tire.

pneumonia f. (path.) pneumonia; inflammation of the lungs.

poal m. bucket; pail.

poalera f. bench for jars or jugs.

població f. town; village; city. / population. / peopling.

poblador m. settler; founder; colonizer; inhabitant.

poblar to populate; people; settle; colonize.

poblat m. settlement; inhabited place; built-up area.

póble m. village; settlement. / population; people; folk. / country; land.

pobra f. beggar woman; poor woman.

pobre m. beggar; poor person; poor man; pauper.

pobre! woe!

pobre, -a poor; needy.

pobre de mi! poor me!

pobre de solemnitat m. penniless person; wretched.

pobre d'esperit m. poor in spirit.

pobresa f. poverty; necessity; poorness; penury; want.

pobrissalla f. poor people; beggars.

pobrissó, -ona poor; poor little thing; poor little.

poc, -a little; slight; scanty.

poca-pena m. f. shameless person.

poca-solta f. nonsense; senseless behaviour.

poca-solta fool; stupid; tomfool.

poca-soltada f. nonsense; stupid thing.

poca-traça m. clumsy; tactless; unskinful.

poca-vergonya m. f. shameless; immodest.

poció f. draught; dose; potion; drink.

pocs m. pl. few.

podada f. pruning.

podador m. pruner.

podadora f. pruning tool.

podar to prune; lop; cut away parts of a tree.

poder m. power; might; strenght; capacity.

poder to be able. / can. / may.

poderós, -osa powerful; forcible; mighty; potent.

podridura f. putrid matter; corruption.

podriment m. rottennesss; putrefaction.

podrir to rot; corrupt; putrefy.

podrir-se to putrefy; decompose; become rotten.

podrit, -ida rotten; decayed; bad; putrid.

poema m. poem.

poemàtic, -a poematic; poetic.

poesia f. poem. / poetry; poems.

poeta m. poet.

poetessa f. poetess.

poètic, -a poetical; poetic.

poètica f. poetry.

poetitzar to poetize; poeticize.

pol m. pole; end of the earth axis. / (elect.) terminal points of an electric battery; magnetic end.

polaina f. legging; gaiter.

polar polar; of the North or South pole.

polaritzar to polarize.

polca f. (mus.) polka.

polèmica f. polemic; controversy.

polemista m. f. polemist; polemicist.

polemitzar to argue; polemicize.

policia m. constable; policeman.

policia f. police; police force.

policíac, -a police; detective; thriller. / policial; pertaining to the police.

policromia f. polychromy.
polidesa f. tidiness; smartness.
polidor m. polisher; burnisher.
poliedre m. polyhedron.
polifacètic, -a many-sided; versatile.
polifàsic, -a polyphase.
polifonia f. polyphony; counterpoint (mus.).
polifònic, -a polyphonic; music contrapuntal.
poligàmia f. polygamy.
poliglot m. polyglot.
poliglot, -a polyglot.
polígon m. polygon.
poliment m. polish; gloss.
polinesi, -èsia Polynesian.
polinomi m. polynomial.
poliol m. (bot.) penny royal; poly; mountain germander.
poliomielitis f. poliomyelitis.
pólip m. (pat.) polypus. / (zool.) polyp.
polir to polish; brighten; burnish.
polisil·lab m. polysyllable.
pòlissa f. policy; certificate. / paybill. / tax stamp.
polissó m. stowaway.
polisson m. bustle (of a skirt).
polit, -ida polite; smart; tidy.
polit cantaire m. (orn.) whimbrel.
politècnic, -a polytechnic.
politeisme m. polytheism.
polític m. politician.
política f. politics. / policy.
polític, -a political.
politicastre m. politicaster; petty politician.
politiquejar to talk politics; play at politics.
politja f. pulley.
poll m. (ent.) louse.

pollada f. brood; hatch.
polla d'aigua f. (orn.) moorhen.
pollancre m. poplar; black poplar.
pollancreda f. poplar grove.
pollastre m. chicken; cockerel.
pollataire m. f. poulterer.
polleguera f. pivot hole; hinge.
pol·len m. pollen; fertilizing fine powder.
pollera f. go-cart; frame for teaching childs to walk. / ring for keeping chicks in.
polleria f. poultry shop.
pollet m. chick; chicken.
pollí m. (zool.) young donkey; young ass.
pollós, -osa lousy.
pol·lució f. pollution.
polo m. polo; ball game played on horseback.
polonès, -esa Polish.
polonesa f. (mus.) polonaise; dance of Polish origin.
polpa f. pulp.
pols m. pulse. / temple.
pols f. dust; dirt.
pols m. pl. powder.
polsada f. pinch of snuff or powder.
polsar to pulse. / to press (a button). / (mus.) to play with the fingers a string instrument.
polseguera f. cloud of dust; dust.
polsejar to raise dust.
polsera f. bracelet. / hair on the temples.
polsim m. fine dust.
polsós, -osa dusty.
poltre m. (zool.) foal; young horse. / horse (for torture).
poltró, -ona lazy.
poltrona f. easy-chair.
pólvora f. powder; gun powder.

667

polvorera f. face-powder case; compact.

pólvores f. pl. powder; face-powder.

polvorí m. powder-magazine.

polvoritzador m. spray; sprayer.

polvoritzar to spray. / to pulverize.

polzada f. inch.

polze m. thumb.

pom m. knob. / bouquet; tuft.

poma f. apple.

pomada f. pomade; scented ointment. / ointment.

pomell m. bouquet; tuft; bunch (of flowers).

pomera f. (bot.) apple-tree.

pompa f. pomp; magnificence; splendid display.

pompós, -osa majestic; ostentatious.

pòmul m. cheekbone.

poncella f. flower bud. / maid; maiden.

poncellatge m. girlhood; maidenhood.

poncem m. citron.

poncemer m. (bot.) citron (tree).

ponderar to ponder; consider; weigh up. / to praise highly; exaggerate.

pondre to lay (produce eggs).

pondre's to set (the sun, stars).

ponedor, -a layer; egg-laying.

ponència f. report; piece of information.

ponent m. west; occident. / reporter; report maker.

ponentí, -ina western; occidental.

pont m. bridge.

pontífex m. pontiff; pope.

pontifical m. pontifical.

pontificat m. pontificate; papacy.

pontifici, -ícia papal; pontifical.

pont llevadís m. drawbridge; lift bridge.

pontó m. pontoon bridge.

ponx m. punch; drink made of spirits mixed with hot water, sugar, etc..

ponxera f. punch bowl.

pop m. octopus.

popa f. (naut.) stern; poop.

popular popular. / (mus.) traditional; (folk-song).

popularitat f. popularity.

popularitzar to popularize.

popularitzar-se to become the rage; spread; become popular or generally liked.

populatxo m. mob; plebs; masses.

poquedat f. littleness; scarcity; paucity; scantiness; fewness.

poquejar to be scarce; fall short.

poquesa f. V. **poquedat**.

por f. fear; dread; fright; awe.

porc m. zool.) pig; hog; swine. / pork.

porcada f. dirty trick. / herd of swine.

porcairol m. pigman swineherd.

porcairola f. pigwoman; swineherd.

porcell m. sucking pig.

porcellana f. china; porcelain.

porcellera f. pigsty.

porc espí m. (zool.) porcupine.

porcí, -ina porcine.

porció f. portion; part; lot; share.

porc senglar m. (zool.) wild boar.

porfídia f. persistence; obstinacy.

porfidiejar to persist; insist.

porfidiós, -osa stubborn; persistent; importunate.

pòrfir m. (min.) porphyry.

porgadora f. V. **escumadora.**

porós, -osa porous; allowing liquid to pass through.

porositat f. porosity; porousness.

porpra f. purple.

porqueria f. filth; dirt; nastyness; indecency.

porquerol m. swineherd; hogherd.

porra f. club; budgeon; cudgel; truncheon.

porrer m. mace bearer.

porro m. (bot.) leek.

porró m. glass wine-jar with long spout (to drink) and a neck (to fill it).

port m. heaven harbour; port.

porta f. door. / gate.

portaavions m. aircraft carrier.

portabagatge m. trunk luggagerack.

portabandera m. ensing; standard-bearer.

portable portable; that can be carried about.

portabombetes m. lamp-holder; screw socket adapter for bulbs.

portabugia m. short candlestick with a handle.

portaclaus m. key ring. V. **clauer.**

portada f. cover; page of a book with the heading; author, etc.

portador m. bearer; carrier; payee.

portadora f. wooden tub for carrying grapes.

portaequipatges m. rack; luggage-rack.

portal m. town's gat. / gate; entrance; main gate of a house; front door.

portalada f. gate; big gate of a building.

portallàntia m. lamp-holder.

portaló m. gangway (ships).

portamonedes m. purse.

portantveus m. representative; deputy; lieutenant.

portapau m. (eccl.) pax (tablet).

portaploma m. penholder.

portar to carry; bear. / to bring. / to wear. / to take.

portar el compàs (mus.) to beat the time.

portàtil portable.

portaveu m. megaphone. / spokesman.

portaviandes m. dinner pail. V. **carmanyola.**

portell m. gap. / passage in a fence; gate.

portella f. little door (esp. in a big one).

portent m. prodigy; wonder.

porter m. doorkeeper; janitor; porter. / (foot-ball) goal keeper.

portera f. (woman) doorkeeper; janitress; porter.

porteria f. porter's lodge; porter's box; gatehouse.

pòrtic m. porch; entry; portico.

porticat, -ada with arcades (street, square).

porticó m. shutter. V. **finestró.**

pòrtland m. portland cement.

portuari, -ària pertaining to a port; harbour.

portuguès, -esa Portuguese.

poruc, -uga fearful; timorous.

porus m. pore.

porxada f. porch; portico; arcade.

porxo m. porch; colonnade; arcade.

posa f. pose; position.

posada f. lodging; lodging-house. / strophe; verse; stanza.

posar to put; set; lay; place.

posar-se to put on; dress; perch. / to place oneself; put oneself.

posat m. appearance; air; gesture; manners.

posat que since; as; supposing that; assuming; inasmuch as.

posició f. position; attitude; way in which someone or something is placed; condition.

pòsit m. sediment; dregs; lees.

positiu, -iva positive.

positivista positivist.

positura f. posture; position; attitude.

posposar to postpone.

posposició f. postposition. / postponement.

posseïdor m. owner; holder.

posseïdor, -a who possesses.

posseir to possess; own; have.

possessió f. property; possession.

possessionar-se to take possession; take over. / to seize.

possessions f. pl. estate; belongings.

possessiu, -iva possessive.

possessor m. V. **posseïdor**.

possessor, -a possessor.

possessor, -òria possessory.

possibilitat f. possibility; chance.

possible possible; feasible.

possiblement possibly.

post f. shelf; slab; board.

posta f. sunset. / post; mail.

posta de sol f. sunset; set.

postal f. post-card.

postdata f. postscript.

postdiluvià, -ana postdiluvial.

postergar to postpone; delay.

posterior rear; back; hinder; posterior.

posterioritat f. posteriority.

posteriorment subsequently; thereinafter; posteriorly.

posteritat f. posterity.

postís, -issa artificial; detachable; false; pretended; sham.

postor m. bidder.

postres m. pl. dessert.

postular to postulate; demand; seek.

postulant m. candidate. / petitioner.

pòstum, -a posthumous; happening after death. / born after the death of its father.

postura f. posture; pose.

posturer, -a affectectedly nice.

postures f. pl. grimace; simpering ways.

pot m. pot; jug; jar; can.

pota f. leg (furniture and animals).

potable drinkable; fresh; potable.

potassa f. potash.

potassi m. potassium.

potència f. power; strength; potency; capacity.

potencial m. potencial; capacity.

potent powerful; potent; mighty.

potentat m. potentate; ruler.

pot ésser it may be.

potestat f. faculty; power; authority.

potestats f. pl. powers (angels).

potinejar to paw; handle awkwardly.

potiner, -a dirty (person); careless; botcher.

potineria f. filth; dirt; botch; bungle.

potinga f. medicinal concoction; brew.

potser perhaps; maybe.
pou m. well; dip; shaft.
pouar to draw water from a well.
pràctic m. (naut.) coastal pilot.
pràctic, -a practical.
pràctica f. practice; experience; knowledge.
practicable practicable; feasible; workable.
practicant m. medical assistant; orderly.
practicar to practise; exercise.
prada f. meadow; lawn; prairie.
pragmàtica f. gragmatic sanction.
pragmatisme m. pragmatism.
prat m. lawn; meadow; pasture; field.
preàmbul m. preamble; introduction; preliminary statement.
prear to appreciate; judge rightly the value of; understand and enjoy.
preat, -ada precious.
prebenda f. prebend; canonship. / sinecure; soft job.
prec m. request; instance; prayer; entreaty.
precari, -ària precarious; uncertain.
precaució f. precaution; caution.
precaucionar to beware; try to prevent.
precaucionar-se to take precautions. V. **capguardar-se**.
precedència f. priority; precedence.
precedent m. precedent.
precedent former; prior; foregoing.
precedir to precede; herald; go before.
precepte m. regulation; rule; commandment; precept; order; injuction.

preceptiva literària f. literary rules.
preceptor m. teacher; tutor; master.
preceptuar to lay down precepts; give orders.
precintar to seal; strap; bind.
precinte m. seal; strap; band.
preciós, -osa precious; charming.
preciositat f. preciousness; beautiful thing.
precipici m. precipice; cliff.
precipitació f. precipitation; rush. / (chem.) precipitation.
precipitar to precipitate; rush.
precipitar-se to swoop; rush; come (down) with a rush.
precipitat, -ada hasty; precipitate hurried.
precís, -isa precise; accurate; distinct; exact.
precisament just; precisely; exactly.
precisar to specify; determinate; define exactly; state clearly; fix.
precisió f. precision; preciseness; accuracy.
preclar, -a illustrious; famous.
precoç precocious. / premature.
precocitat f. precociousness; precocity.
preconitzar to eulogize; commend publicly.
precursor m. precursor; forerunner; herald.
precursor, -a precursory; premonitory.
predecessor m. predecessor; former holder of a position.
predestinació f. predestination; destine.
predi m. premises; estate; property.

prèdica f. sermon; preaching.
predicador m. preacher.
predicar to preach.
predicat m. predicate.
predicció f. forecast; prediction.
predilecció f. predilection; preference.
predilecte, -a preferred; favourite.
predir to forecast; foretell; predict; forerun.
predisposar to predispose; prejudice.
predisposició f. predisposition; inclination.
predominant predominant; prevailing; prevalent.
predominar to predominate; prevail.
predomini m. superiority; predominance; prevalence.
preeminència f. pre-eminence; superiority.
preeminent pre-eminent; prominent.
preexistir to pre-exist; exist before.
prefaci m. preface; foreword.
prefecte m. prefect.
prefectura f. leadership; managership. / headquarters; prefecture.
preferència f. preference; predilection.
preferent preferring; preferential; preferred; preferable.
preferir to prefer; like; chose; would rather.
prefix m. prefix.
pregadéu m. prie-dieu prayingdesk; kneeling-desk / (entom.) grasshoper.
pregar to pray; beg; request; ask; plead; implore.

pregària f. prayer.
pregó m. public announcement.
pregon, -a deep profound.
pregonar to proclaim; announce.
pregoner m. town crier. V. **nunci.**
pregunta f. question; query; inquiry.
preguntaire inquisitive.
preguntar to ask; question; inquire.
prehistòria f. prehistory.
prehistòric, -a prehistoric.
prejudici m. prejudice; bias; partiality; prejudgement.
prejutjar to prejudge.
prelacia f. prelacy.
prelat m. prelate.
preliminar preliminary; proemial.
preludi m. (mus.) prelude. / introduction; opening paragraph.
preludiar to prelude.
prematur, -a premature.
premeditació f. premeditation; deliberation.
prémer to squeeze; press.
premi m. prize; award; recompense; reward; merit; premium.
premiar to reward recompense.
premissa f. premise; each of the two first parts of a sylogism.
premsa f. press; machine for pressing.
premsar to press; squeeze.
premuda f. pressure; pressing.
prendre to take. / to catch; seize. / to steal; rob. / to have (meals, food). / to take root.
prendre comiat to take leave; say good-bye.
prendre el sol to sunbathe.
prendre mal to hurt oneself.
prendre's to curdle; coagulate.

prendre-s'ho malament to take something badly.
prenyada pregnant; with child.
prenyar to make pregnant.
prenyat, -ada filled; full.
prenys pregnant; with child.
preocupació f. worry; fret; preoccupation.
preocupar to worry; bother; trouble; concern.
preocupat, -ada worried; anxious; concerned.
preparació f. preparation; training; adapting.
preparador m. trainer; preparator; assistant.
preparar to prepare; arrange; make ready.
preparatius m. pl. preparations; preliminaries.
preparatori, -òria preparatory.
preponderància f. preponderance; superiority.
preposició f. preposition.
prepòsit m. prevost; prelate.
preposterar to reverse; transpose; interchange.
prerrogativa f. prerogative; privilege.
pres m. prisoner; convict.
pres, -a imprisoned.
presa f. prey. / dam. / dose (bar of chocolate).
presa de corrent f. (elect.) intake.
presagi m. omen; presage.
presagiar to forecast; forerun; forebode; presage.
presbiteri m. presbytery; chancel.
prescindir to do without; omit.
prescripció f. prescription.
prescrit m. prescript; ordinance; command.

prescriure to prescribe.
presència f. presence.
presenciar to be present; witness; see; watch.
present m. gift; present. / present tense.
present present; now existing.
presentable presentable; fit to appear in public.
presentació f. presentation; introduction.
presentador m. presenter.
presentalla f. (eccl.) votive offering.
presentar to present. / to introduce.
presentar-se to present oneself; appear; offer oneself.
preservar to preserve; protect.
presidència f. presidency; president's chair.
president m. chairman; president.
presidi m. penitenciary; prison.
presidiari m. convict.
presidir to preside; act as a chairman.
presó f. prison; gaol; jail.
presoner m. prisoner.
pressa f. hurry; haste; speed; rush.
préssec m. peach.
presseguer m. (bot.) peach tree.
pressentiment m. foreboding; presentiment.
pressentir to forebode.
pressió f. pressure; stress.
pressuposar to presupose.
pressupost m. budget; estimate.
pressupostar to work out; budget; draw up the budget for.
prest, -a prompt; quick.
prestació f. contribution; help. / lending; loan.

prestador m. lender. / pawnbroker.

prestar to lend; advance; render; give.

prestar-se to offer; lend oneself.

prestatge m. shelf; ledge.

préstec m. lending; loan.

prestesa f. haste; promptitude; alacrity.

prestidigitació f. prestidigitation; sleight of hand; conjuring.

prestidigitador m. conjurer; juggler.

prestigi m. prestige; fame; importance; name.

presumir to boast; presume. / to assume; presume.

presumit, -ida self-important; conceited; vain.

presumpció f. presumption.

presumpte, -a presumed; presumptive; supposed.

presumptuós, -osa presumptuous; pretentious.

pretendent m. wooer. / pretender; solicitor.

pretendre to pretend; mean; intend. / to court.

pretensió f. claim; aim; object; pretension.

pretensiós, -osa pretentious.

preterició f. preterition; omission.

preterir to miss out; leave out. / to postpone.

pretèrit m. past; preterite.

pretèrit, -a past.

preternatural preternatural.

pretès, -esa pretended.

pretext m. pretext; false reason; pretence.

pretextar to feign; make use of a pretext.

pretori m. pretorium.

preu m. price; fare; worth; value; cost.

preuar to apprize; esteem; value.

preuat, -ada precious; valued. V. **preat.**

preufetaire m. pieceworker.

prevalença f. prevalence.

prevalent prevailing.

prevaler to prevail; predominate.

prevaricar to prevaricate; play false; betray one's trust.

prevenció f. prevention; provision. / guardhouse.

prevenir to prevent; provide; warn; forewarn.

prevere m. priest.

preveure to foresee.

previ, -èvia previous; prior.

prèviament before; previously; beforehand.

previsió f. prevision; foresight; providence.

previsor, -a foreseer; provident.

prim, -a thin; slim; slender; lean.

prima f. premium. / (mus.) treble (string); first string.

primacia f. primacy.

primal, -a yearling.

primari, -ària primary.

primària f. thinness; slenderness.

primat m. (eccl.) primate; archbishop.

primatxó, -ona lank; thin.

primavera f. spring; springtime.

primaveral springlike; spring.

primaverenc, -a sprinklike.

primer m. premier; prime.

primer adv. first; in the first place; before; firstly.

primer, -a first.

primerament before; firstly; first.

primer de tot above all; first of all.

primerenc, -a early (plants).
primeria f. beginning; origin.
primeries m. pl. first fruit.
primesa f. thinness; slenderness.
primfilar to split hairs.
primicer, -a first (in kind, class).
primícia f. first fruit.
primitiu, -iva primitive; original.
primmirat, -ada pernickety; fussy.
primogènit m. eldest (son); first-born.
primogenitura f. birth-right; primogeniture.
primor f. thinness; slenderness.
primordial fundamental; original; basic.
príncep m. prince.
princesa f. princess.
principal m. chief; premier. / first and main floor in a multi-storey building.
principal main; chief; principal; highest in importance.
principalment principally; chiefly; mainly.
principat m. principality.
principesc, -a princely.
principi m. principle; basis. / beginning; start.
principiant beginner.
principiar to begin; start.
prior m. prior.
priora f. prioress.
priorat m. priorship; priorate.
prioressa f. prioress.
prioritat f. priority; seniority.
prisar to pleat.
prisat m. pleating.
prisma m. prism.
prismàtics m. pl. prism binoculars; field glasses.
privació f. privation; want.
privar to forbid. / to deprive.
privar-se to deprive oneself.

privat, -ada private. / forbidden.
privatiu, -iva peculiar; restricted to.
privilegiat, -ada privileged.
privilegiat, -da privileged.
pro profit; advantage; benefit.
proa f. (naut.) prow; bow.
probabilitat f. probability; likelihood.
probable likely; probable.
probablement probably; in all likelihood.
probitat f. integrity; rectitude.
problema m. problem; question.
problemàtic, -a problematic; doubtful.
procaç impudent; shameless.
procedència f. source; origin; point of departure.
procedent coming; originating. / proper; suitable.
procediment m. process; method.
procedir to proceed; behave. / to arise; come; issue.
procedir m. behaviour; proceeding.
pròcer m. important person; person in exalted station.
procés m. action; process.
processament m. indictment.
processar to process; action.
processó f. procession.
proclama f. proclamation; banns.
proclamació f. aclamation; proclamation.
proclamar to proclaim; reveal; show.
procrear procreate.
procuració f. proxy.
procurador m. solicitor; procurator; attorney.
procurar to endeavour; try to; see that.

pròdig, -a prodigal; wasteful.
prodigar to lavish; squander.
prodigi m. prodigy; marvel.
prodigiós, -osa prodigious; portentous; marvellous.
producció f. production; product; produce; make.
producte m. product; produce.
productes m. pl. produce; commodities; goods.
productiu, -iva productive; profitable; fruitful.
productor m. producer; worker.
productor, -a productive.
produir to produce; yield; make; generate.
proemi m. prologue; preface.
proesa f. prowess; exploit; feat; valorous deed.
profà, -ana profane; secular.
profanar to profane; desecrate. / to blacken.
profecia f. prophecy.
proferir to utter; speak; express.
professar to profess. / to practise.
professió f. profession. / occupation; career; trade.
professor m. professor; teacher; lecturer; instructor.
professora f. instructress; (woman) teacher; lecturer; professor.
professorat m. teaching staff; faculty.
profeta m. prophet.
profetessa f. prophetess.
profetitzar to prophesy; foretell.
profilàctic, -a prophylactic.
profilaxi f. prophylaxis.
profit m. profit; benefit.
profitós, -osa profitable; beneficial; advantageous.
pròfug, -a absconder; deserter.

profund, -a deep; profound.
profundament profoundly; deeply. / soundly.
profunditat f. depth; profundity.
profunditats f. pl. underworld.
profunditzar to deepen; make deeper. / to study in depth; examine thoroughly.
profusament profusely.
profusió f. plenty; profusion; abundance.
progènie f. progeny.
progenitor m. progenitor; ancestor; begetter.
progenitura f. offspring; descent; progeniture; progeny.
programa m. programme; program. / playbill. / schedule.
progrés m. progress; advance; growth.
progressar to progres; advance; growth.
progressió f. progression.
progressista m. f. progressist.
progressiu, -iva progressive; advancing.
progressivament progressively; onward.
prohibició f. prohibition; interdiction; disallowance.
prohibir to forbid; prohibit; interdict.
prohibit, -ida forbidden; prohibited.
prohom m. outstanding man; great figure.
proïsme m. other persons; neighbour; fellow-being.
projectar to plan; intend; set up; scheme; design; construct.
projecte m. project; scheme; draft; plan; design.
projectil m. missile; projectile.

projectista m. planner; schemer; designer.

projector m. searchlight; spotlight. / projector.

prole f. progeny; offspring; children.

pròleg m. foreword; preface; prologue.

proletari m. proletarian.

proletariat m. proletariat; proletariate.

prolífic, -a prolific; producing much or many.

prolix, -a prolix; long-winded; diffuse; spun out.

prologar to preface; prologize.

prolongar to lengthen.

prolongat, -ada spun out; extended.

promès m. fiance; betrothed. (man).

promesa f. fiancée, betrothed (girl). / promise.

prometatge m. engagement; courtship.

prometedor, -a hopeful; promising.

prometença f. vow; promise; oath.

prometre to promise; pledge.

prometre's get engaged.

prominència f. protuberance; prominence; elevation.

prominent prominent; protuberant.

promiscuïtat f. mixture; confusion; promiscuity.

promissió f. promise.

promoció f. promotion; advancement; furtherance.

promontori m. promontory; headland; high p o i n t of land standing out the coast-line.

promoure to promote; provoke.

promptament promptly; quickly.

prompte soon.

prompte, -a prompt; rash; swift.

promptitud f. promptness; speed; quickness; swiftness.

promulgar to promulgate; proclaim; publish.

pronom m. pronoun.

pronominal pronominal.

pronòstic m. prognostic. / (med.) prognosis.

pronosticaire m. f. prognosticator; diviner; augur.

pronosticar to predict; foretell; prognosticate.

pronúncia f. pronunciation.

pronunciació f. pronunciation.

pronunciament m. pronunciamento; insurrection; pronunciamiento.

pronunciar to pronounce. / to utter; say.

prop near; not far away; at hand; close.

propagació f. propagation; spreading; diffusion.

propaganda f. propaganda; advertisements; spreading of doctrines.

propagar to propagate; spread; disseminate.

propalar to divulge; report; disperse; publish.

prop de near to; close to.

propendir to incline; tend (to, towards); run to.

propens, -a apt to; predisposed. / inclined.

propensió f. propension; tendency; proclivity.

proper, -a near; close; nearing; adjoining.

propi, -òpia proper; own. / very; true.

pròpiament properly.

propici, -ícia propitious; favourable; friendly.

propietari m. owner; proprietor; landlord.

propietària f. woman owner; proprietor; landlady.

propietat f. ownership; property. / premises; estate.

propina f. tip. V. **estrena.**

proponent m. proposer.

proporció f. proportion; rate.

proporcional proportional; corresponding in degree or amount.

proporcionar to proportionate. afford.

proporcionat, -ada proportionate; fit; adequate.

proposant m. proposer.

proposar to propose; suggest; offer.

proposició f. proposition; proposal. / (gram.) sentence.

propòsit m. purpose; plan; design; intention.

proposta f. proposal; proposition; offer.

proppassat, -ada last (day, week).

propugnar to advocate; defend.

propulsar to drive forward; propel; drive.

propulsor m. pusher; propeller.

propvinent next (day, week, year).

prorrata f. share; quota; apportionment.

prorrateig m. apportionment.

pròrroga f. prorogation. / extra time.

prorrogar to prorogue adjourn; postpone.

prorrompre to burst out; beak forth.

prosa f. prosa.

prosaic, -a prosaic, prosy; ordinary.

prosàpia f. ancestry; lineage.

prosceni m. proscenium.

proscrit, -a outcast; proscribed person; outlaw.

proscriure to proscribe; banish.

prosèlit m. proselyte; convert.

prosista m. prose-writer.

prosòdia f. prosody; rules for pronunciation and accentuation.

prospecció f. prospecting; prospection.

prospecte m. prospectus; prospect.

pròsper, -a prosperous; fair.

prosperar to prosper; get on; flourish; thrive.

prosperitat f. prosperity; success.

prossecució f. prosecution; continuation; pursuit.

prosseguir to continue; go on; proceed.

prosternar-se to prostrate oneself; kneel down.

prostituir to prostitute.

prostració f. prostration; dejection; complete exhaustion.

prostrar to prostrate; cause to be prostrate.

prostrar-se to kneel down; prostrate oneself.

protagonista m. f. hero; heroine; protagonist.

protecció f. protection; favour.

protector m. protector; guardian.

protector, -a protective.

protectorat m. protectorate.

protegir to protect; shield; ward; cover; screen.

proteïna f. protein.

pròtesi f. prothesis; prosthesis.

protest m. (com.) protest. / protestation.

protesta f. protestation; protest. / (com.) protest.

protestant m. f. (eccl.) protestant.

protestantisme m. protestantism.

protestar to protest; assure.

protocol m. procedure; protocol.

protocol·lari, -ària protocolary; ceremonial.

protomàrtir m. protomartyr.

prototipus m. prototype; ideal; example.

protuberància f. protuberance; bulge; prominence.

prou enough; sufficient.

prou! stop!; enough! halt!

prova f. proof; test; trial; witness; sample.

provar to prove; try; try out; test.

provatura f. test; experiment; trial.

proveïdor m. furnisher; purveyor; supplier.

proveïment m. equipment; providing; supplying.

proveir to furnish; afford; stock; supply; provide.

proveït, -ida provided; supplied; stocked.

provençal Provençal.

provenir to proceed from; issue from; originate in; come.

proverbi m. proverb; saying; short saying.

proverbial proverbial; widely known.

proveta f. (chem.) test tube.

providència f. Providence; God's care for human beings. / foresight.

providencial providential; coming from Providence.

provident provident; providing for future needs.

província f. province.

provinent coming from; arising; originating; coming; proceding; issuing from.

provisió f. supply; provision; stock.

provisional provisional; interim.

provisionalment provisionally.

provisions f. pl. provisions; supply.

provisor m. supplier; purveyor; provider.

provisori, -òria temporary; provisional.

provocació f. provocation; that provokes.

provocador, -a provoking.

provocar to cause; provoke; rouse.

provocatiu, -iva provocative; provoking.

pròxim, -a next; near; neighbouring; close to. / next.

proximitat f. approach; proximity; nearness.

prudència f. prudence; wisdom; sound judgement.

prudencial prudential; reasonable.

prudent careful; prudent; wary; cautious; wise; judicious.

prudentment wisely; prudently.

pruïja f. itching; prurigo; longing; restless desire.

pruir to smart; sting; itch.

pruna f. plum.

pruna seca f. dried plum; plum.

prunera f. plum tree.

prunyoner m. (bot.) blackthorn.

prussià, -ana Prussian.

679

psalm m. psalm.
pseudònim m. pseudonym.
psicòleg m. psychologyst.
psicologia f. psychology.
psicosi f. psychosis.
psiquiatre m. psychiater; psychiatrist; alienist.
psiquiatria f. psychiatry.
psíquic, -a psychical; psychic.
pua f. tooth of a comb; prong. / plectrum.
púber pubescent; adolescent.
pubertat f. puberty.
pubilla f. first-born daughter. / girl; young lady.
públic m. audience; public.
públic, -a public; common; general; overt.
publicació f. publication (book; periodical).
públicament publicly; openly; aboveboard.
publicar to publish; issue. / proclaim; announce; divulge.
publicista m. publicist; newspaper man (writer).
publicitat f. publicity.
puça f. (ent.) flea.
pudent malodorous; fetid; stinking.
púdic, -a chaste; modest; decorous; moral.
pudicícia pudicity; chastity; modesty.
púding m. pudding.
pudir to stink; emit offensive smell.
pudor m. pudicity; pudence; modesty.
pudor f. sink; stench; foul smell.
pudorós, -osa modest; shy; delicate; chaste.
puericultura f. puericulture; pediatrics.

pueril puerile; childish; boyish.
puerilitat f. puerility; childhood; silliness.
púgil m. boxer; pugilist.
pugna f. combat; conflict; struggle.
pugnar to struggle; strive.
pugó m. (ent.) plant louse.
puig m. hill; height; hillock.
puix since; because; for.
puixança f. power; might; puissance; strength; growth; increase.
puixant strong; lively; vigorous.
puix que since; inasmuch as; because; since as.
pujada f. climb; rise; going up; ascension.
pujador m. stirrup; mounting block; horse block.
pujador, -a accessible.
pujar to rise; mount; soar; get up; ascend; climb. / carry up; bring up. / to rear; educate.
pujol m. hillock; rise (ground).
pulcre, -a neat; smart; tidy; clean; refined exquisite.
pulcritud f. tidiness; cleanliness; seemliness.
pulla f. taunt; gibe; rude word.
pul·lular to pullulate; swarm; abound; be lively.
pulmó m. (anat.) lung.
pulmonar pulmonary; lung.
pulmonia f. (path.) pneumonia.
púlpit m. pulpit V. **trona.**
pulsació f. pulsation; beating.
pulverulent, -a pulverulent; powdery; dusty; apt to crumble.
puma f. (zool.) puma; cougar.
punció f. puncture (of skin).
punible punishable.
punir to punish; chastise; penalize.

punitiu, -va punitive.

punt m. dot; spot; point; place. / stitch.

punta f. point; tip; nib. / end; head. / lace.

puntada f. stitch.

puntada de peu f. kick.

punta de cigar f. cigarette end; cigar stub; butt.

puntaire f. lacemaker woman; laceworker woman.

puntal m. support; stay; prop.

punt de vista m. point of view; viewpoint.

punt d'honor m. honour; dignity.

punteig m. mark point with the tiptoe (dance).

puntejar to mark points with the tiptoes (dance: sardana). / to dot; stipple.

punter V. **busca**, pointer.

puntera f. toecap (shoe).

punteria f. aim; aiming.

punt i a part m. full stop; new paragraph.

punt mort m. dead centre; deadlock.

puntós, -osa punctillous.

puntuació f. punctuation. / number of marcs; score.

puntual punctual; neither early nor late.

puntualitat f. preciseness; punctuality.

puntualitzar to specifi; give a detailed account; determine; settle.

puntualment on time; punctually.

puntuar to mark; score; punctuate.

punxa f. prick; thorn. / (arch.) spire.

punxada f. puncture; prick; stab; jab.

punxant sharp.

punxar to prick; punch; prod; poke at with pointed stick.

punxa-sàrries m. exciseman.

punxegut, -uda sharp; sharp-pointed.

punxó m. punch; graver; burin.

puny m. fist; wrist. / hilt; handle (sword).

punyal m. dagger; poniard.

punyalada f. stab; stabbing blow.

punyent shooting; painful; distressing; stabbing.

punyida f. wrench; pain; affliction.

punyir to prick; pain; hurt; punch.

pupil m. ward; pupil; minor.

pupil·la f. pupil (eye).

pupil·latge m. wardship; boarding house.

pupitre m. desk.

puput m. (orn.) hoopoe.

pur, -a pure; chaste. / fresh. / unalloyed.

purament purely; simply.

puré m. purée (soup).

puresa f. purity. / virginity.

purga f. purge (medicament). / purge; clearing out.

purgacions f. pl. gonorrhoea.

purgant m. purgative; purge (medicine).

purgar to purge. / to expiate.

purgatori m. purgatory.

purificació f. purification.

purificador, -a purifying; cleansing.

purificar to purify; refine.

purista m. f. purist.

purità m. puritan.

purpurat m. a cardinal.

purpurí, -ina purple.

purpurina f. metallic paint.

púrria f. underworld; rabble; mob.

purulència f. suppuration; purulence.

purulent purulent; containing pus.

pus m. pus.

pusiłłànime pusillanimous; timid; faint-hearted; easily frightened.

pusiłłanimitat f. pusillanimity; faint-heartedness.

putatiu, -iva putative; reputed.

putget m. small hill.

putrefacció f. putrefaction; rotting.

putrefacte, -a rotten; putrefied.

pútrid, -a putrescent; corrupt.

putxinełłi m. puppet; punchinello.

Q

QUI TOT HO VOL, TOT HO PERD
Grasp all, lose all

quadern m. copybook; notebook; exercise-book.

quadra f. stable; barrack; large hall.

quadragenari, -ària quadragenarian.

quadrangle m. quadrangle.

quadrant m. quadrant; quarter (horizon); sun-dial.

quadrar to square. / to fit; suit.

quadrat, -ada square.

quadratura f. quadrature.

quadre m. painting; picture; square.

quadrícula f. grid; cross ruling.

quadricular to grid; square; divide into squares.

quadriga f. chariot; quadriga.

quadrigemin, -èmina quadriplet. V. **quatrebessó**.

quadrilàter m. quadrilateral.

quadrilàter, -a quadrilateral.

quadrilla f. party; band; gang; squad.

quadrilong, -a oblong; rectangular.

quadrumà m. quadrumane.

quadrúpede, -a quadruped; four-footed.

quàdruple, -a quadruple; fourfold.

qual (V. **el qual, la qual; els quals; les quals**).

qualificació f. mark; qualification; numerical unit for awards in an examination.

qualificar to qualify; mark.

qualificat, -ada competent; important; declared.

qualificatiu, -iva qualifying.

qualitat f. rank; kind; quality; term. / property; quality.

quallar to coagulate; concrete; curd.

qualsevol pron. anyone; anybody; somebody.

qualsevol adj. any; whatever; whichsoever.

qualsevol qui whoever.

qualsevulla (adj., pron.) V. **qualsevol**.

qualssevol (pron. pl.) somebody; anybody.

qualssevol (adj. pl.) any; whatever; whichever.

qualssevulla (adj. pl.) (pron. pl.) V. **qualssevol**.

quan when.

quant adv. the more. / how!

quant, -a (adj. m.) as much... as.

quant? m. how much?

quant a regarding; with reference; as for; concerning; with regard to.

quanta (adj. f.) as much... as.

quanta (f.) how much?

quantes (adj. f.) as many... as.

quantes (f.) how many?

quantia f. amount; quantity; importance.

quantitat f. quantity; amount; sum; lot; deal.

quantitatiu, -iva quantitative according to quantity.

quants (adj. m.) as many... as.

quants? (m.) how many?

quaranta forty.

quarantè, -ena fortieth. / one-fortieth.

quarantena f. quarantine. / forty; two score.

quaresma f. Lent.

quaresmal Lenten.

quars m. (min.) quartz.

quart m. quarter.

quart, -a fourth.

quarter m. quarters.

quartet m. (mus.) quartet.

quarteta f. (poet.) quatrain.

quartilla f. sheet of note paper; sheet.

quasi almost; nearly.

quatre four.

que pron, that; which; who.

que conj. than. / that.

que adj. adv. what; what a.

què pron. what.

quec, -a stammerer.

quedar to remain. / to have 'left.

quedar-se to queep; retain. / remain; stay.

quefer m. job; task; work business.

queixa f. complaint; groan; plaint; moan; lament.

queixal m. tooth; molar tooth; grinder.

queixal del seny m. wisdom tooth.

queixalada f. bite. / mouthful; snack; bite to eat.

queixar-se to complaint; lament; moan; groan.

queixós, -osa displeased; angry; annoyed.

quelcom something; anything. / rather.

quepis m. kepi.

quequeig m. stammering.

quequejar to stammer.

quequesa f. stammering; stuttering.

querella f. quarrel. / complaint.

querellant m. complainant; plaintiff.

querellar-se to lodge a complaint against.

querubí m. cherub.

qüestió f. question; matter. / dispute.

qüestionari m. questionary.

queviures m. pl. provisions; food; victuals.

qui who. / whom.

quid m. gist; knot; question; hidden motive.

quiet, -a still; restful; quiet; motionless.

quietud f. quietude; calm; still.

quil m. chyle.

quilla f. (naut.) keel.

quilo m. kilogramme (2,5 lbs.).

quilogràmetre m. kilogrammeter.

quilolitre m. kilolitre.

quilòmetre m. kilometre 5/8 of mile).

quilovat m. kilowatt.

quimera f. monster. / spite; grudge. / restlessness.

quimèric, -a chimerical; unreal.

químic m. chemist.

químic, -a chemical.

química f. chemistry.

quimono m. kimono; loose garment worn as a dressing gown.

quin, -a (s.) which.

quina f. quinine.

quina cosa what.

quincalla f. hardware; ironmongery; fancy goods.

quincallaire m. pedlar.

quincalleria f. hardware trade.

quinina f. quinine.

quinqué m. oil-lamp.

quinquennal quinquennial; five-year.

quinquenni m. quinquennium; five-year period.

quins, -es (pl.) which.

quinta f. mus.) fifth. / (mil.) call-up conscription (yearly).

quintana f. piece or plot of arable land; near a farm house.

quinta essència f. quintessence; most subtle part.

quintar m. hundred weight. (1 lbs.); quintal.

quintet m. (mus.) group of live players. / piece of music for five players or singers.

quíntuple, -a quintuple; fivefold.

quintuplicar to quintuple.

quinze fifteen.

quinzena f. fortnight.

quinzenal fortnightly.

quinzenari m. habitual prisoner for two weeks.

quiosc m. kiosk; pavilion.

quiquiriquic m. cock-a-doodle-doo.

quirat m. carat; measure of the purity of gold.

quiròfan m. (med.) operating-theatre.

quiromància f. chiromancy; palmistry.

quiròpters m. pl. chiropter; alipede.

quirúrgic, -a surgical.

qui-sap-lo, -la (who knows how much); great quantity.

quisso m. doggie; dog.

quist m. (path.) cyst.

quisvulla que whoever.

quitrà m. tar.

quitxalla f. children; kids.

quixot m. quixoting person; unrealistic person.

quixotada f. quixotic act.

quocient m. quotient.

quòniam m. blockhead; stupid person.

quòrum m. quorum; number of persons who must be present at a meeting.

quota f. quota; share; membership fee.

quotidià, -ana quotidian; daily; every day.

rabadà m. shepherd boy; young shepherd.

rabassa f. underground butt of a bole; underground part of a stock (tree or plant).

rabassaire m. tenant farmer during the first grapevines giving fruit.

rabassut, -uda thickset; having a short, stout body.

rabeig m. soaking; bathing. / pleasure; satisfaction.

rabejar to soak; bathe.

rabejar-se to be pleased; rejoice.

rabent swift; impetuous; rapid.

rabí m. rabbi.

ràbia f. rage; wrath; fury. / (path.) rabies.

rabiola f. violent crying (child).

rabior f. itching; itch.

rabiós, -osa rabid; furious; enraged. / (path.) affected with rabies; mad.

raça f. race; breed; kindred; nation; tribe line of descent; strain.

racial racial; race; relating to race.

ració f. ration; portion (food).

raciocinar to reason.

raciocini m. reasoning; reason.

racional rational; reasonable.

racionament m. rationing.

racionar to ration.

racó m. corner; nook.

raconada f. corner; nook; recess; secluded place.

rada f. creek; roadstead; roads; natural bay.

radar m. radar.

radi m. (geom.) radius; spoke (of a wheel). / (anat.) radius. / (chem.) radium.

radiació f. radiation.

radiador m. radiator.

radiant radiant; beaming.

radiar to radiate; irradiate. / to broadcast; transmit (by radio).

radical radical; fundamental.

radicar to reside; live; be situated; be. / to take root.

ràdio f. wireless; radio.

radioactivitat f. radioactivity.

radiodifusió f. broadcast.

radiofònic, -a radiophonic.

radiografia f. radiography; radiograph; X-ray.

radiòleg m. radiologist.

radiologia f. radiology.

radiooient m. f. listener.

radioreceptor m. wireless set; radio receiver; radio set.

radiotelegrafia f. radiotelegraphy.

radiotelegrama m. radiotelegram.

radioteràpia f. radiotherapy.

rafal m. angar; bower.

ràfec m. eaves.

ràfega f. gust; rush of wind.

rafegada f. blast; strong rush of wind.

ràfia f. (bot.) raffia; kind of palm tree.

rai m. raft; ferry; flat floating structure.

rai expression showing that a thing is easy or no important, or (about persons), that they are in easy condition.

raier m. raftsman.

raig m. ray; beam; jet; spout; stream. / spoke (wheel).

rail m. rail.

raïm m. grape. / cluster.

raima f. ream (paper).

rajà m. rajah; Indian prince.

rajada f. (ichth.) skate; ray.

rajar to flow; spring; run; gush; stream.

rajola f. tile; square paving tile; glazed tile.

rajolí m. drip-drop; continual flow; trickle (of water).

ral m. coin of 25 cents. / royal.

ram m. bunch; bouquet.

rama f. branch.

ramada f. herd; flock.

ramaderia f. cattle raising; stock-breeding. / stock farm.

ramader m. cattle-raiser; stock farmer.

ramal m. branch (way).

ramat m. flock; herd; pack.

rambla f. avenue; boulevard. / gully.

ramell m. bouquet.

ramificar-se to ramify; branch.

rampa f. slope; inclined plane; ramp. / cramp (path.).

rampant (heraldics) rampant.

rampell m. sudden impulse.

rampellut, -uda given to sudden fancies; lunatic.

rampí m. rake.

rampinar to rake.

rampinyar to pilfer; steal.

rampoina f. trash; worthless material. / rabble; mob.

ran close to; near; next to. V. **arran.**

ranc, -a lame; with a crippled leg.

ranci, rància stale; not fresh. / aged (wine). / miser.

ranciejar to tend toward stale.

rancor f. grudge; rancour; animosity.

rancorós, -osa rancorous; resentful.

rancúnia f. spitefulness; rancour; grudge; bitterness.

randa f. lace; lace trimming.

ranera f. death rattle. / abnormal noisy breathing.

rang m. rank; position in a scale; dignity; status.

ranquejar to limb; hobble; walk wrongly.

ranura f. groove; rabbet.

ranxo m. mess; cooked food for soldiers. / ranch; rustic cottage.

raó f. reason; motive; argument; right; occasion.

raonable reasonable; rational.

raonablement fairly; reasonably; prudently.

raonadament in a proved way.

raonament m. reasoning; argument.

raonar to reason. / to reason out.

raó per la qual the reason why.

rap m. (ichth.) angler; toadfish; frog-fish.

rapaç rapacious. / (zool.) predatory. / (orn.) of prey; raptorial.

rapacitat f. rapacity; greed.

rapar to shave; cut (hair) very close.

rapè m. snuff.

ràpid, -a fast; rapid; quick; swift; speedy.

ràpidament fast; quickly.

rapidesa f. quickness; swiftness.

rapinya f. robbery.

rapinyar to steal.

rapsode m. rhapsode.

rapsòdia f. rhapsody.

raptar to rape; seize and carry off by force.

rapte m. rape; abduction; kidnapping.

raptor m. abductor.

raqueta f. racket.

raquis m. vertebral column; rachis.

raquític, -a rachitic; feeble. / (med.) rickety.

raquitisme m. (path.) rickets.

rar, -a odd; queer; rare; strange; quaint; scarce.

rarament rarely; seldom. / oddy; strangely.

rara vegada seldom.

raresa f. rarity; rareness. / tantrum; fit of temper.

ras, -a bare; bald; open. / clear; fine; cloudless.

rasa f. trench.

rasant f. gradient; incline.

rasant grazing; touching lightly in passing.

rasar to skim. / to graze; touch lightly in passing.

rascada f. scratch; rasping.

rascador m. scraper.

rascar to scrape. / to strike.

rasclar to rake.

rascle m. rake.

rasclet m. rake. / (orn.) baillon's crake.

rascleta f. adze.

rascletó m. (orn.) little crake.

rascló m. (orn.) water rail.

rasclonar to rake; make even the ground with a small rake.

raser m. level (instrument).

raspa f. rasp (tool).

raspador m. scraper; scraping knife.

raspall m. brush; dust-brush.

raspallada f. brushing. / flattery; adulation.

raspallar to brush. / to flatter.

raspallet de les dents m. toothbrush.

raspar to scrape; scratch.

raspat m. scratching. / scraping. / (med.) scrape.

raspera f. hoarseness (in throat).

raspinell m. (orn.) short-toed tree creeper.

raspinell pirinenc m. (orn.) tree creeper.

raspor f. harshness; asperity.

raspós, -osa asperous; rough.

rasqueta f. scraper.

rastellera f. series; row; file; string.

rastre m. trail; trace.

rastrejar to track; scent out; trace.

rasurar to shave. V. **afaitar.**

rat m. mouse. V. **ratolí.**

rata m. thrifty; miser.

rata f. rat.

ratafia f. ratafia; ratafee (liquor).

rata-pinyada f. (zool.) bat.

ratat, -da gnawed; eaten; miserable; penurious.

ratera f. mouse trap.

rateria f. meanness; littleness; niggardness.

ratificar to ratify; confirm; validate.

ratlla f. line; streak; stripe; stroke; scratch.

ratlla addicional f. (mus.) ledger.

ratlla divisòria f. (mus.) bar-line.

ratllar to line; rule. / to cross out; cancel; obliterate; blot out.

ratllat m. ruling lines; striped pattern.

ratllat, -ada stripped; lineated.

ratolí m. mouse.

rat-penat m. (zool.) bat.

ratxa f. gust; violent rush of wind. / volubility.

ratxós, -osa whimsical.

ràtzia f. run; battue; brush; razzia; foray; raid.

rauc m. croack (frogs' sound).

raucar to croak.

rau-rau m. remorse; compunction.

raure to be; lie; stay; stop; lodge; get at.

rauxa f. impulse; outburst; rage; fury; fit.

raval m. suburb; outskirts.

rave m. radish.

re m. (mus.) re; D.

reabsorbir to reabsorb.

reacció f. reaction; retrograde tendency.

reaccionar to react; respond.

reaccionari m. reactionary; one opposed to progressive ideas.

reactiu m. (chem.) reagent.

reactor m. jet engine; jet plane.

real actual; real; genuine.

realç m. splendour; higt-light; importance; relief.

realçar to enhance; heighten; highlight.

realista realistic; hard-headed.

realitat f. fact; reality; certainty.

realització f. realization; fulfilment; achievement; accomplishment.

realitzar to effect; achieve; fulfil; carry out; do; accomplish.

realitzar-se to come true; materialize.

realment actually; really; in reality.

reanimar to revive; reanimate.

reaparèixer to reappear.

reaparició f. reappearance; return; recurrence.

reassumir to resume; reassume; take again.

rebaix m. rabbet; groove; notch.

rebaixa f. reduction; drop; lowering.

rebaixar to lower reduce; rebate; cut down.

rebatre to refute; rebut.

rebé very well.

rebec, -a rebellious; unruly.

rebedor m. entrance room; hall; reception room; drawing-room.

rebel rebellious; insurgent; stubborn.

rebel·lar-se to rebel; revolt.

rebel·lia f. disobedience; rebelliousness; defiance.

rebel·lió f. uprising; rebellion; rising.

rebequeria f. tantrum; fit of bad anger; fit.

rebesavi m. great-great-grandfather.

rebesàvia f. great-great-grandmother.

rebesnét m. great-great-grandson.

rebesnéta f. great-great-granddaughter.

reblar to clinch (a nail).

reble m. gravel; rubbish; fragments of stone. / useless word (in verse).

reblir to pad; fill out hollow spaces.

rebló m. rivet.

rebolcada f. wallowing; rolling over.

rebolcar-se to wallow.

reboll m. sprout; shoot.

rebollar to sprout; shoot; burgeon.

rebombori m. hubbub; noisy tumult; clamour.

rebost m. pantry; store-room.

rebosteria f. pastry; confectionery.

rebot m. bounce.

rebotar to bounce; bound.

rebotiga f. inner-shop; backshop.

rebotre to bounce; bound.

rebre to receive; get; admit; welcome.

rebrec m. wrinckle; corrugation.

rebregar to corrugate; winckle; crumple.

rebroll m. sprout; shoot.

rebrollar to sprout; shoot.

rebrot m. V. **rebroll.**

rebuda m. greeting; reception; welcome.

rebuf m. rebuff; unkind refusal.

rebufar to blow up; blow with force.

rebuig m. refuse; wastematerial; waste.

rebulla f. tumult; riot.

rebut m. receipt; voucher; quittance.

rebutjar to refuse; reject; repel.

rec m. drain; ditch; channel; irrigation conduit.

recaiguda f. relapse.

recalar (naut.) to reach land.

recalcar to emphasize; harp on.

recalçar (agr.) to earth up.

recalcitrant recalcitrant; refractory; disobedient.

recamar to embroider with raised work.

recambra f. dressing-room.

recambró m. room behind a bedchamber.

recança f. sorrow; regret; regret for something not done or achieved.

recanvi m. spare part; replacement; refill.

recapitulació f. recapitulation; summing-up.

recapitular to sum up; summarize; recapitulate.

recaptació f. collection; sum collected.

recaptar to collect.

recapte m. provision; store; stock.

recar to regret; feel sorry.

recargolament m. twist; twisting.

recargolar to twist; curl; wring.

recàrrec m. surtax; recharge; increase; extra charge.

recarregar to reload; overcharge.

recaure to suffer a relapse; fall back.

recel m. suspicion; fear; mistrust.

recelar to suspect; fear; distrust.

recelós, -osa distrustful; aprehensive; suspicious.

recensió f. recension; revisal of a text.

recent recent; fresh; late; new; just out.

recentment just; lately; recently.

recepció f. reception; admission.

recepta f. prescription; recipe.

receptacle m. receptacle. / (bot.) holder.

receptar to prescribe; order.

receptor m. receiver.

recer m. haunt; sheltering; shelter; protection.

recerca f. pursuit; research; quest; search.

recercar to hunt out; search carefully for.

recés m. retreat; retirement; privacy.

recinte m. enclosure; area; precinct; place.

recipient m. receptacle; bin; vessel; container.

recíproc, -a reciprocal; mutual.

reciprocar to reciprocate; give in return.

reciprocitat f. reciprocity.

recitador m. reciter.

recital m. recital; performance of music by one person.

recitar to recite; say aloud by heart.

recitat m. (mus.) recitative; style of music betwen singing and talking.

recitatiu m. V. **recitat.**

reclam m. advertisement. / bait; allurement; birdcall.

reclamació f. claim; demand.

reclamar to claim; reclaim; demand.

reclinar to recline; lean back; lie down; be in a position of rest.

reclinatori m. kneeling desk; prie-dieu.

recloure to shut away; intern; confine; seclude.

reclús m. prisoner; inmate; recluse.

reclús, -usa imprisoned.

reclusió f. reclusion; imprisonment; retirement.

recluta m. recruit.

reclutar to recruit; enlist.

recobrar to recover; rescue.

recobrar-se to recover; recollect.

recobrir to cover; re-cover; surface.

recol·lecció f. harvest; gathering (of fruits). / spiritual meditation.

recol·lectar to harvest; crop; gather.

recolliment withdrawal; retreat.

recollir to collect; gather; pick up.

recollir-se to withdraw; take shelter. / to retire; retire from the world; be absorbed in spiritual meditation.

recolzar to lean; rest.

recolzar-se to rest upon; be supported; lean; be based on; rely (on, upon).

recomanar to recommend.

recomençar to renew; resume; begin again; recommence; start again.

recompensa f. award; reward; recompense.

recompensar to reward; compensate; recompense.

recompte m. recount; inventory.

reconciliar to reconcile; bring into harmony.

reconciliar-se to be reconciled; restore to friendship after estrangement.

recòndit, -a recondite; hidden; secret; abstruse.

reconeixement m. recognition; acknowledgement.

reconeixença f. gratitude; thankfulness; acknowledgement.

reconèixer to acknowledge; admit; recognize. / to reconoitre.
reconfortar to comfort; strengthen.
reconquerir to reconquer.
reconquesta f. reconquest.
reconstituent m. reconstituent; tonic; restorative.
reconstruir to rebuild; reconstruct.
reconvenció f. reproach; reprehension.
recopilació f. abridgement; compilation.
recopilar to compile; abridge; collect
record m. reminder; token; souvenir. / remembrance; memory.
rècord m. (sport) record; attainment, mark, not reached before.
recordança f. token; remembrance; memory.
recordar to remember; remind; recollect.
recordar-se to remember; recollect; recall.
recordatori m. reminder; something that helps to remember.
records m. pl. regards; remembrances.
recorregut m. range; course; run; overhaul; stroke; journey route; distance travelled.
recórrer to tour; go over; traverse; travel. / to appeal; resort to; reverse.
recosir to sew again.
recrear to ause; delight. / to re-create.
recreatiu, -iva recreative.
recriminar to recriminate; accuse in return.

rectament straightly; rightly. / justly; honestly.
rectangle m. rectangle.
recte, -a straight; right; just.
rectificar to rectify; correct.
rectilini, -ínia rectilinear.
rectitud f. straightness. / righteousness; rectitude; uprightness.
rector m. parson; curate; rector.
rector, -a governing; directing.
rectoral pertaining to the parish.
rectoria f. rectory; house of the parish.
recuina f. pantry; scullery; office.
rècula f. mule-train; train (of animals).
reculada f. retreat; falling back.
recular to retreat; recoil; fall back; move back.
recull m. collection; compilation.
recuperable recoverable; retrievable.
recuperació f. recovery; regain.
recuperar to recover; regain; recuperate; regain; retrieve.
recurrent recurrent. / appellant (law.)
recurs m. resort; resource. / recourse. / (law.) appeal.
recursos m. pl. resources; means.
recusació f. (law) challenge. / refusal; rejection.
recusar to reject; challenge.
redacció f. editorial staff. / newspaper' offices. / redaction; wording; style; writing.
redactar to redact; draw up; word; compose; write; edit.
redactor m. redactor; writer; journalist.
redempció f. redemption.

Redemptor m. Redeemer.
redemptor, -a redeeming; redemptive.
redimir to redeem; rescue.
rèdit m. interest; revenue; income.
redituar to produce; yield (interest).
redoblament m. (mus.) roll (of a drum).
redoblar to double; redouble; intensity. / (mus.) to play a roll on the drum; beat (the drummers).
redol m. thrashing-floor; round flat ground.
redós m. haunt; shelter; refuge.
redreçar to straighten; erect; set right.
redreçar-se to rear; bridle.
reducció f. decrease; reduction.
reducte m. redout; reboubt.
reductor m. reducer.
reduir to reduce; contract.
redundància f. redundance; superfluity; copiousness.
redundant redundant; superfluous.
reduplicar to reduplicate; redouble.
reedició f. reissue.
reedificar to rebuild; reconstruct.
reeditar to reissue; reprint.
reeixida f. achievement; outcome; success; hit; event.
reeixir to succeed; achieve; be successful.
reeixit, -ida successful; just right.
reelegir to re-elect.
reembarcar to re-embark; reship.
reembossament m. reimbursement; repayment; refund.
reembossar to reimburse; repay; refund.

reemplaçable replaceable.
reemplaçar to replace.
reenganxament m. re-enlisting.
reenganxar-se to re-enlist; enroll oneself again.
refecció f. refection refreshment.
refectori m. refectory.
refer to rebuild; remake; do over.
refer-se to get better (health); recover.
referència f. reference; instance of referring.
referèndum m. referendum; popular vote for ascerting on a definite issue.
referent concerning; referring; relating
referir to refer; recount; report.
referir-se to make allusion; apply to.
refermança f. ratification; confirmation; affirmance.
refermar to confirm; sanction; ratify.
refiar-se to rely; entrust.
refiat, -ada confiding; unsuspecting; trusting; self-confident.
refilada f. chirp.
refiladissa f. chirp.
refilar to chirp; trill; tremble (voice).
refilet m. trill; shake; chirp; quaver.
refinament m. refinement.
refinar to refine; polish.
refineria f. refinery.
reflectir to reflect; glint; reverberate.
reflectir-se to be reflected.
reflector m. reflector; searchlight.
reflex m. reflex; reflection.

reflexió f. reflection; thought; consideration; meditation.

reflexionar to reflect; consider; meditate.

reflexiu, -iva thoughtful; reflective.

reflorir to blossom or flower again.

reflux m. ebb; ebb-tide.

refondre to recast. / remodel.

reforç m. reinforcement; strengthening; support.

reforçant m. reconstituent; tonic; restorative.

reforçar to reinforce; trengthen.

reforma f. reformation; reform; modification; change.

reformador, -a reforming.

reformar to reform; renovate; modify.

reformatori m. reformatory; remend home.

reformisme m. reformism.

refosa f. recasting. / adaptation.

refractar to refract.

refractari, -ària refractory; heat resistant; fireproof. / wilful; resisting control; recalcitrant.

refrany m. proverb; adage; saying.

refrec m. rubbing; hard rubbing.

refredament m. cooling. / chill; cold.

refredar to cool; cool down.

refredat m. chill; cold; catarrh

refregada f. rubbing; abrasion.

refregar to wipe; rub; scrub.

refrenar to refrain; restrain; check.

refrenar-se to restrain oneself.

refresc m. refreshment; cooling drink; snack.

refrescada f. refreshing.

refrescant cooling; refreshing.

refrescar to refresh; cool; refrigerate.

refrigeració f. refrigeration; freezing; cooling.

refrigerar to refrigerate; cool.

refrigeri m. refreshment; light meal; snack; refection. / relief; comfort.

refringent refringent; refractive; having the power to turn from a direct course (rays of light).

refugi m. refuge; shelter; harbour; haven; resort.

refugiar to harbour; shelter.

refugiar-se to take shelter; take refuge.

refulgent refulgent; shining; bright; brilliant.

refulgir to shine; glitter.

refús m. refusal; denial; negative.

refusar to refuse; reject; deny.

refutar to refute; disprove.

reg m. irrigation watering.

regada m. watering; sprinkling.

regadiu m. irrigated land.

regadora f. watering can.

regal m. present; gift.

regaladament delicately; comfortably.

regalar to present; give; give as a present; give away.

regalat, -ada dainty; delightful; «a gift»; delicate.

regalèssia f. liquorice.

regalia f. royal rights. / privilege; prerogative.

regalim m. trickle; drip-drop.

regalimar to trickle; dribble; drip; pour; spout out in slim trickles.

regany m. snarl; scolding; reprimand; angry word.

reganyar to scold; chide.

reganyós, -osa grumbling; snarling.

regar to irrigate; water; sprinkle.

regata f. race (sail, row). / furrow.

regateig m. bargaining.

regatejar to bargain; haggle.

regatera f. furrow; irrigating furrow.

regatge m. irrigation.

regató m. narrow irrigating furrow.

regència f. regency; regentship.

regenerar to regenerate; reproduce; revive.

regent m. (print.) foremen. / regent; director.

regent governing; ruling.

regentar to govern; manage.

regi, règia royal; regal; sumptuous; stately.

regidor m. town concillor, alderman.

regidoria f. town concillorship; aldermanship.

règim m. regimen; diet. / system; rule; management; régime; regime.

regiment m. regiment. / administration ruling.

regina f. V. **reina.**

reginjolat, -da merry; gay; in high spirits; cheerful.

regió f. region; district; territory; tract; country.

regional regional; local; home.

regionalisme m. regionalism.

regir to rule; direct; govern; control; manage.

regirament m. stirring; shaking.

regirar to stir up, remove; upset; disarrange; alter.

registrar to record; register; note; put down.

registre m. record; register. / organ stop (mus.).

regla f. rule; regulation.

regla de tres f. rule of three.

reglament m. regulations; rule; statute; bylaws.

reglamentar to standardise; regulate; stablish rules for.

reglamentari, -ària customary; regulative.

reglar to draw lines; rule lines (on paper). / to give rules or directions.

regle m. ruler.

regles f. pl. directory; rules.

regna f. reins; rein of a bridle.

regnant reigning; regnant. / prevailing.

regnar to reign; govern. / prevail.

regnat m. reign.

regolf m. whirlpool.

regolfar to flow back; eddy.

regraciament m. gratitude; thankfulness.

regraciar to thank; be grateful.

regraciar-se to be reconciled; become reconciled.

regrés m. return.

regressar to return; regress.

regressió f. regression; decline. / backward motion.

regressiu, -iva regressive.

reguard m. misgiving; fear; aprehension.

reguardejar to inspect; beat.

reguer m. irrigation ditch.

regueró m. brooklet.

reguerot m. ditch; small trench for irrigation.

reguitnar to kick; kick out (horses, mules).

reguitzell m. string, series of many things.

regulador, -a regulating; governing.

regular to regulate; control systematically.

regular fair; even; periodical; steady; regular; normal.

regularitat f. regularity state of being regular.

regularitzar to regulate; regularize.

regust m. aftertaste.

rehabilitar to rehabilitate; refit; restore to a good condition; bring back to a normal life.

rei m. king.

reial royal; regal.

reialesa f. royalty.

reialme m. kingdom; realm.

reietó m. (orn.) goldcrest.

reig m. (bot.) variety of mushroom.

reimplantar to implant again; introduce once more.

reimpressió f. reprinting; reprint.

reimprimir to reprint; reissue.

reina f. queen.

reïna f. resin.

reincidència f. backsliding; relapse; recidivation.

reincident recidivist; relapsing; backsliding.

reincidir to relapse; backslide; relapse into error.

reincorporar to reincorporate.

reincorporar-se to rejoin; re-embody.

reinflar to refill; stuff anew.

reingrés m. re-entry; act of re-entering.

reingressar to re-enter.

reïnós, -osa resinous.

reintegrament m. restoration; re-

imbursement; refund; repayment.

reintegrar to reintegrate; reimburse; refund; pay back.

reiteradament repeatedly; reiteratedly.

reiterar to reiterate; repeat.

reivindicar to claim (the right to); vindicate; regain possession.

reixa f. iron railing; grating; grille.

reixat m. bar; iron railing; grating.

reixeta f. lattice; grating (small). / cane-work; wicker-work.

rejoveniment m. rejuvenation.

rejovenir to rejuvenate.

rejovenir-se to become young again; be rejuvenated.

rel f. root; stem. V. **arrel.**

relació f. relation; account; connection; record; list.

relacionar to connect; relate; have reference.

relapse, -a relapsed; backslider; relapsed into error.

relat m. statement; report; tale; account.

relatar to relate; report; narrate.

relatiu, -iva relative; concerning; comparative.

relativitat f. relativity; relativeness.

relator m. relater; teller; narrator.

relaxament m. relaxation; laxity.

relaxar to relax; loosen.

relaxat, -ada relaxed; slack; loose.

relegar to relegate; exile.

religió f. religion.

religiós m. monk; religious.

religiós, -osa religious; pious.

religiosa f. nun; religious (female member of a religious order).

religiositat f. religiousness.

relinquir to give up; abandon.

relíquia f. holy relic. / remains; vestige. / survival.

reliquiari m. shrine; reliquary; locket.

rella f. ploughing; plough.

rellegir to re-read.

rellei m. shelf; corbel.

rellent m. night dew; night dampness.

relleu m. relief; relieve; relievo. / relay; relief.

rellevant notable; outstanding.

rellevar to remove; relieve; acquit; replace; substitute for.

relligador m. bookbinder.

relligar to bind (books).

relligat m. binding; bookbinding.

relliscada f. slip; stumble; lapse; slipping. / misstep.

relliscar to slip; skid; slide.

relliscós, -osa slippery.

rellogar to sublet; sublease; relet.

rellogat, -ada sublessee.

rellotge m. clock. / watch.

rellotge d'antesala m. grandfather's clock.

rellotge d'arena m. sandglass; hourglass.

rellotge de butxaca m. watch; pocket watch.

rellotge de caixa m. V.**rellotge d'antesala.**

rellotge de pèndol m. pendulum clock.

rellotge de polsera m. watch; wristwatch.

rellotge de sol m. sundial.

rellotge de sorra m. sandglass; hourglass.

rellotger m. watchmaker; clockmaker.

rellotgeria f. w a t c h m a k e r's clockmaker's; watchmaker's shop. / watchmaking.

relluir to shine; glisten.

reluctància f. reluctance.

rem m. oar.

remador m. rower.

remar to row.

remarca f. remark.

remarcable remarkable; noteworthy; notable.

remarcar to remark; notice; observe.

rematar to finish off; top; crown; complete; kill; give the finish stroke.

remei m. remedy; redress; help; cure.

remeiar to redress; remedy; help; repair.

remeier, -a medicinal.

remembrança f. remembrance; recollection; memory.

remembrar to remember; recall; put in mind.

rememorar to remember; recall.

rememoratiu, -iva remindful; reminiscent; recalling.

remenar to shake; wag; whisk.

remença m. feudatory person; vassal.

remença f. personal redemption from a feudal lord.

remer m. rower; oarsman.

remesa f. instalment; shipment; remittance.

remetre to send; dispatch.

reminiscència f. reminiscence; recollection; recalling of past experiences.

remirat, -ada excessive scrupulous; pernickety; overcautious.

remís, -isa slack; remiss; reluctant.

remissible remissible; able to be remitted.

remissió f. remission; forgiveness of a sin. / sending. / remission; lessening (illness).

remitent m. sender.

remitent remittent; remitting.

remoguda f. removal; stirring-up.

rèmol m. (ichth.) turbot; flounder.

remolatxa f. beetroot; beet.

remolc m. towing; trailer; caravan.

remolcador m. tug; tugboat; tender.

remolcar to tug; tow; take in tow.

remolí m. whirlwind; whirlpool.

remollir to soften; mollify; beat up.

remor f. murmur; rumble; buzz; rumour.

rèmora f. (ichth.) sucking-fish; remora. / hindrance.

remordiment m. remorse; regret; compunction.

remordir to trouble (conscience); cause remorse.

remorejar to whisper; rustle.

remorós, -osa murmurous.

remot, -a remote; far away in space or time.

remotament remotely; vaguely.

remoure to stir; cause to move. / to take off.

remugar to ruminate. / to mumble; mutter.

remull m. soak; steeping; soaking.

remullada f. soaking; cloudburst; wetting.

remullar to drench; soak; steep.

remuneració f. remuneration; payment; reward.

remunerar to remunerate; reward.

remunta f. remount; supply of fresh horses.

remuntar to supply with fresh horses. / to rise; lift.

ren m. (zool.) reindeer.

renaixement m. renascence; rebirht; revival.

renaixença f. renascence; rebirth; revival.

renal renal; kidney.

renard m. foxfur (made in to a garment).

renda f. rent; income; revenue.

rendició f. surrendering; surrender; capitulation.

rendiment m. profit yield. / income; rent.

rendir to yield. / to render.

rendir-se to resign; surrender; give in; give up.

rendista m. rentier; one who lives on the interest of bends, shares.

reneboda f. grandniece great-niece.

renebot m. grandnephew; great-nephew.

renec m. curse; blasphemy; swear.

renegaire swearer; blasphemer.

renegar to swear; blaspheme. / to apostatize.

renegat m. renegade; traitor; person who deserts his religious or political faith.

renegat, -ada renegade; apostate; false; traitorous.

renéixer to be born or spring up again; revive.

renét m. V. besnét.

renéta f. V. **besnéta.**
rengle m. row; file; line.
renglera f. V. **rengle.**
renill m. neigh.
renillar to neigh.
renoc m. tadpole.
renoc, -a ricketi; rachitic; meagre. / old bachelor.
renocs m. pl. useless things.
renoi! gracious me!
renom m. renown; fame. / motto; nickname.
renou m. bustle; ado; uproar.
renouer, -a restless; alive; noisy.
renovació f. renovation; renewal; restoration.
renovador, -a renovator; reformer.
renovar to renew; refresh; renovate.
renovellar to refresh; renew.
rentable washable.
rentada f. washing; cleaning; wash.
rentador m. laundry.
rentadora f. washerwoman. / washing machine.
rentamans m. ewer; washbowl.
rentapeus m. washing bowl, for feet; pan.
rentaplats m. dishwasher; scullion; kitchen boy.
rentar to wash; clean.
rentar els plats to wash up (plates, dishes).
rentat m. washing; wash.
rentatge m. V. **rentat.**
renúncia f. renouncement; resignation; abdication.
renunciar to renounce; resign; abjure; abandon.
reny m. reproof; scolding; reprehension.
renyar to scold; rebuke

renyina f. squabble; dispute; quarrel.
renyir to break with; end a friendship with.
renyit, -ida on bad terms.
reobertura f. reopening.
reobrir to reopen.
reordenar to rearrange.
reorganitzar to reorganize. / to reshuffle (government).
repapar-se to loll; sprawl out.
repapieig m. dotage; weakness of mind caused by old age.
repapiejar to reach dotage; grow feble.
reparació f. repair; amends.
reparador m. repairman.
reparador, -a reparative; refreshing; fortifying.
reparar to repair; mend; correct.
repartició f. sharing out; division; distribution.
repartidor m. distributor; delivery man or boy.
repartiment m. sharing out; distribution. / (law) assessment.
repartir to share; distribute; deliver.
repàs m. revision; going over; check; overhaul.
repassar to review; go over; scan; run the eyes over every part of.
repatani, -ània stubborn; wilful; headstrong.
repatriació f. repatriation.
repatriar to repatriate; send or bring back to one's country.
repèl m. the wrong way (opposite direction to the nap tissue).
repel·lent repulsive; repellent.
repel·lir to repel; refute; repulse.
repeló m. hangnail.

repenjar-se to recline; lean back; rest on.

repensar-s'hi to change one's mind.

repercussió f. repercussion; driving back.

repercutir to rebound; re-echo.

repertori m. repertoire; repertory.

repetidor, -a repeating.

repetir to repeat; do again; echo; say again.

repetjó m. short slope in a way, road.

repeu m. pedestal; base.

repic m. chime; ringing; peal.

repicar to ring; ring merrily; peal.

repicatalons m. (orn.) reed bunting.

repicó m. repeated knocking with a doorhandle.

repintar to repaint.

replà m. landing (stairs).

replè, -ena replete; cram-full.

replec m. fold; crease.

replega f. provision; collecting; store.

replegar to gather. / to take back.

rèplica f. reply; answer; retort; retorting.

replicar to reply; retort; answer back; argue.

repoblació f. repopulation; resettlement.

repoblació forestal f. reafforestation.

repoblar to repopulate. / reafforest (woods).

repolit, -ida dressy; smart; stylish.

report m. report; news item.

reportatge m. repert; article.

repòrter m. reporter; news paperman.

repòs m. rest; repose; calm; peace.

reposar to rest; repose; lie.

reposat, -ada peaceful; calm; quiet; restful.

reposició f. replacement.

reprendre to renew; resume. / to reprove; scold. / to cause indigestion a food; refuse a food the stomach.

reprensible reprehensible; deserving to be reprehended.

reprensió f. rebuke; scolding; reprehension.

represa f. resumption; renewal.

represàlia f. reprisal; paying back injury with injury.

representació f. performance. / representation; statement.

representant m. representative.

representar to represent. / to act; perform; play. / to stand for.

representatiu, -iva representative.

repressió f. repression.

reprimenda f. reprimand; reprehension.

reprimir to repress; supress; rebuke; put down; quell; hold back.

reprimir-se to refrain withhold; contain

rèprobe, -a reprobate; damned.

reproducció f. reproduction; copy of something.

reproduir to reproduce.

reproduir-se to reproduce; breed.

reprotxar to reproach.

reprovable reproachable; reprovable; reprehensible.

reprovar to condemn; reproach; reprove

reptar to repress; supress. / to defy; challenge.

repte m. reproof; reproval. / challenge; defiance.

rèptil m. reptile; creeper.

república f. republic; commonwealth.

republicà, -ana republican.

repudiar to repudiate; disclaim; reject.

repugnància f. disgust; repugnance; repugnancy; distaste; dislike.

repugnant disgusting; repugnant; distasteful.

repugnar to disgust; disrelish; dislike; loathe.

repulsa f. refusal; rebuke; repulse; rebuff.

repulsiu, -iva repulsive; repugnant; appalling.

repunt m. back-stitch.

repuntar to back-stitch.

repussar to make repousse work; goffer; emboss.

reputació f. reputation; name; distinction.

reputar to repute; esteem; regard.

requeriment m. requisition; request; intimation.

requerir to require; request; intimate.

requesta f. request; requerition; injuction.

requetè m. Carlist volunteer (Spanish pretender to throne for Carlos /s. XIX/).

rèquiem m. requiem; special mass for the repose of the souls of the dead.

requisa f. requisition; act of requiring.

requisar to requisitlon; impress

(as provisions in wartime).

requisit m. requisite; requirement; qualification.

rera behind; at the back of.

reracor m. retrochoir; back of the choir.

reraguarda f. rearguard.

reravera f. autumn. V. **tardor.**

res none; nothing. / anything.

rés m. prayer; praying. / saying (prayers).

resar to pray; say prayers.

rescabalament m. compensation; indemnity; reparation.

rescabalar to recompense; indemnity; compensate; recoup.

rescabalar-se retrieve; make up for.

rescalfar to reheat.

rescat m. rescue; ransom; barter.

rescatar to rescue; set free; redeem; barter.

rescindir to rescind; annul; cancel.

rescissió f. rescission; cancellation.

resclosa f. dam; lock; mill-dam; flood-gate.

rescripte m. rescript; reply made by a Pope to a question on matters of law.

reserva f. reserve; reservation; fund. / secrecy. / (eccl.) reservation.

reservar to reserve; keep secret. / to book (seat; ticket).

reservar-se to keep; be distrustful.

reservat, -ada reserved; circumspect; confidential; private. / reserved (booking).

resguard m. voucher; safeguard. / preservation.

resguardar to screen; shelter; protect

residència f. residence; stay; lodgings; hostel.

residencial residentiary.

resident m. resident; inhabitant.

resident residing; resident.

residir to reside; stay; dwell.

residu m. remnant; rest; residue.

residual residuary; residual; residuous.

resignació f. resignation; patience.

resignar-se to resign oneself; submit.

resina f. resin.

resinós, -osa resinous.

resistència f. resistence; reluctance; toughness; endurance.

resistent resistent; tough; repelling.

resistir to resist; withstand. / to endure.

resoldre to solve; resolve. / to make up (one's) mind.

resolució f. resolution; courage; boldness; decision.

resolut, -uda resolute; plucky; brave.

respatller m. back of seat.

respectable respectable; considerable; quite fair.

respectar to respect; reverence; honour.

respecte m. respect; reverence; regard; attention.

respecte a regarding; with reference to.

respectiu, -iva respective; to each of those in question.

respectivament respectively; separately.

respectuós, -osa respectful; reverential; dutiful.

respectuosament respectfully.

respir m. respiration; breathing. / respire; time of relief of rest.

respiració f. breath; breathing; respiration.

respirador m. breathing-hole; ventiduct.

respirall m. vent; air-hole; air passage; loophole.

respirar to breathe; respire.

respiratori, -òria respiratory; breathing.

resplendent brilliant; resplendent; shiny; sihning.

resplendir to shine; glitter; glisten; flash glare; blaze.

resplendor f. glow; blaze; shine; glare; brilliancy.

respondre to answer; reply. / respond. / to be responsible (for); take the reponsibility.

respondre de to be responsible for; take the reponsibility; vouch for.

responsabilitat f. responsability.

responsable responsible; liable.

resposta f. answer; response; reply.

respostejar to reply; answer back; answer impolitely.

resquícies f. pl. remains; what is left.

resquill m. splinter; chip.

ressaca f. undertow; backward flow of a wave after it has reached the shore.

ressagar-se to lag; straggle; be too slow.

ressaguer, -a straggler; drop behind.

ressalt m. protrusion; projection; prominence; jut.

ressaltar to stand out; jut.

701

ressec, -a too dry; very dry.
ressecar to dry thoroughly.
resseguir to edge swords.
ressentiment m. resentment; grudge.
ressentir-se to resent; be resentful; suffer from.
ressentit, -ida sore; resentful; offended; sullen.
ressenya f. report; account; description.
ressenyar to review; sketch.
ressò m. echo; resonance.
ressol m. sun's glare.
ressonància f. resonance; echo; importance.
ressonar to resound; echo; ring out.
ressopó m. supper; light second supper.
ressorgiment m. resurgence; revival.
ressorgir to resurge; revive; spring up again.
ressort m. spring; device which tends to return to its position when pressed. V. **molla**.
ressortir to jut out; project.
ressuscitar to resuscitate; resurrect; revive.
resta f. rest; subtraction. / remainder; residue.
restabliment m. recovery; revival. / restoration.
restablir to restore; re-establish.
restablir-se to recover; get better; recuperate; be restored from illness.
restant m. remainder; surplus; residue.
restant remaining.
restar to subtract; deduct. / to remain; stay.
restauració f. restoration.

restaurador m. restorer.
restaurant m. restaurant; eating-house.
restaurar to restore; re-establish.
restes f. pl. remains.
restitució f. return; restitution.
restituir to pay back; repay; replace; restore; return.
restrènyer to contract; compress; constrict; astringe; astrict.
restrenyiment m. constipation; costiveness; restriction; obstruction.
restricció f. restriction.
restringent restrictive; tending to restriction; restricting.
restringir to restrict; limit; confine.
resulta f. result; effect; consequence.
resultar to result; come about as a natural consequence.
resultat m. result; effect; product.
resum m. summary; brief account giving the chief points.
resumir to sum up; abridge; summarize; resume.
resurrecció f. resurrection; resuscitacion; revival.
ret m. hair net.
retall m. scrap (cloth); remnant; piece; cutting; clipping.
retallada f. cutting.
retalladures f. pl. cuttings; trimmings.
retallar to cut out; outline; trim.
retaló m. hinder part of the heel.
retard m. delay; retard; slowness.
retardar to delay ; slow down; slacken.
retardar-se to lag; be behind time.

retaule m. retable; altarpiece.

retenció f. retention; retaining.

retenir to keep back; withhold; retain.

retentiva f. retentiveness; memory.

reticència f. insinuation; innuendo; reticence.

reticent reticent; private; insinuating.

reticular reticular; reticulated.

reticulat, -ada reticulated.

retina f. retina; layer of membrane at the back of the eyeball.

retir m. retirement; reclusion. / (eccl.) retreat.

retirada f. likeness; resemblance. / withdrawal; retirement.

retirar to retire; withdraw.

retirar-se to retreat; withdraw; recede.

retirat, -ada retired; secluded; isolated; distant; quiet. / retired; pensioned.

retoc m. retouch; touch up.

retocar to retouch; finish; touch up.

rètol m. sign-post; label; notice; heading; sign.

retolar to label; title; mark; letter.

rètols m. pl. headlines.

retop m. rebound; r e b u f f; bounce.

retorçar V. **retòrcer.**

retòrcer to twist; contort.

retòrica f. rhetoric. / subtleties.

retorn m. return; coming back.

retornar to return; come back. / to reanimate; revive.

retorsió f. retorting (argument).

retort m. twilled cotton fabric.

retorta f. retort (vessel for distilling liquids).

retracció f. retraction; retracting.

retractació f. retractation; recalling of a statement; withdrawal.

retractar-se to go back from one's word; withdraw; retract; disavow.

retracte m. right to purchase at an assigned price.

retraïment m. seclusion; withdrawal.

retransmetre to rebroadcast; broadcast. / relay; repeat.

retransmissió f. broadcast; repeat; rebroadcast.

retrat m. portrait; picture; likeness.

retratar to photograph; portray; make a portrait.

retratista m. f. photographer; portrait-painter.

retre to render; give; pay (tribute); surrender.

retre's to surrender; subdue; submit.

retret m. reproach; rebuke; upbraiding.

retret, -a reserved; shy.

retreta f. retreat; tattoo.

retreure to reproach; blame.

retribuir to pay; reward; repay.

retroacció f. retroaction.

retroactiu, -iva retroactive.

retrobament m. rencounter; collision.

retrobar to meet again; find again.

retrocedir to retire; go back; reverse; recede from.

retrocés m. setback; receding; backward motion; retrocession; withdrawal; recoil.

retrògrad, -a retrogressive.

retrovisor m. rearview mirror; driving mirror.

retruc m. kiss (billiards).

retruny m. peal; loud echoing noise.

retrunyiment m. resounding; boom (gun, thunder).

retrunyir to grumble; peal; resound; echo; thunder; boom.

returar to stammer; speak in halting way.

reu m. culprit; accused; one deserving a penalty; offender.

reuma m. (path.) rheumatism. / rheum (fluid during a catarrh).

reumàtic, -a rheumatic.

reumatisme m. (path.) rheumatism.

reunió f. meeting; party; rally.

reunir to assemble; recollect; rally.

reunir-se to flock; gather; join; get together; concentrate.

revàlida f. final examination.

revalidar to confirm; ratify; revalidate.

revelació f. revelation; exposure; dispensation.

revelador m. (phot.) developer. / revealer.

revelar to reveal; announce. / (phot.) to develop.

revelat m. (phot.) development; developing.

revellir to make old.

revenda f. resale; retail.

revendre to resell; retail; scalp (tickets).

revenedor m. reseller; retailer; scalper; ticket speculator.

revenir to grow; increase. / to come round; regain consciousness.

revenja f. revenge; retaliation; return match.

revenjar-se to take revenge for; to take vengeance.

reverberació f. reverberation; reflection.

reverberar to reverberate; reflect.

reverdir to grow green again; acquire new vigour.

reverència f. reverence; honour; inclination.

reverenciar to worship; venerate; revere.

reverend, -a reverend; Rev.

reverent reverent; showing reverence.

revers m. reverse; back side.

reversible reversible; revertible.

revertir to revert; return; restore.

revés m. reverse disappointment; defeat. / slap. / wrong side.

revessa f. back-water; eddy; contrary current.

revés, -essa intricate; obscure.

revestiment m. coating; lining; facing.

revestir to coat; clothe; revest; invest; cover.

revetlla f. night festival on the eve of a saint's day.

revifalla f. revival; recovery; revivification.

revifar to reanimate; revive; revivify.

revinclada f. wrench; strain; sudden and violent twist.

revinclar-se to twist; contort; become twisted.

revingut, -uda stout; robust.

revisar to revise; go over; review.

reviscolar to revive; acquire life; enliven.

revisió f. revision; review; revisal.

revisor m. ticket collector; inspector. / reviser.

revista f. magazine; journal. / review; inspection. / (theat) revue.

reviure to revive; be renewed; resuscitate.

revocar to revoke; repeal; abrogate.

revolada f. sudden pull; haul; tug.

revolt m. turn; bend.

revolta f. revolt; disturbance; riot.

revoltar to bring out in revolt.

revoltar-se to rise; revolt; rise in rebellion; rebel.

revoltó m. small vault; cove; space between girders.

revoltós, -osa turbulent; mischievous.

revolució f. revolution.

revolucionar to revolt; raise the country; revolutionize.

revolucionari, -ària revolutionist; revolutionary.

revòlver m. pistol.

rialla f. laughter; guffaw.

riallada f. laugh; noisy laugh.

rialler, -a jolly; full of laughter; smiling; riant; cheerful.

riba f. bank; edge; shore; brink.

ribera f. bank; land near the river or the sea.

riberenc, -a waterfront; riverside.

ribet m. braid; binding.

ribetejar to bind.

ribot m. plane (tool).

ric, -a rich; wealthy. / splendid.

ricí m. castor-oil plant.

ridícul, -a ridiculous; risible.

ridiculesa f. ridiculousness; ludicrousness.

ridiculitzar to ridicule; caricature; mock at; deride.

riell m. rail.

rient rient without noticing; on the quiet.

riera f. brook; stream; small stream

rierada f. torrent; flood.

rieral m. gully; bed of a stream.

rierany m. rivulet; gutter.

rierol m. small brook; rivulet; rill.

rifa f. lottery; raffle.

rifada f. making fun; trick; deception.

rifaire m. wag; leg-puller; merry person fond of practical jokes.

rifar to rafle.

rifar-se to make fun of; mock; ridicule

rifle m. rifle.

rígid, -a stiff; stern; rígid; inflexible.

rigidesa f. rigidity; sterness; severity.

rigor f. hardness; sterness; rigour; strictness.

rigorós, -osa strict; absolute; rigorous.

rigorosament rigorously; severely; strictly.

rima f. rhyme.

rimar to rhyme; versify; jingle.

rinoceront m. (zool.) rhinoceros.

rínxol m. curl; lock; ringlet.

rioler, -a riant; jolly; smiling.

riota f. jeer; jeering remark; taunt; mock; mockery.

riquesa f. richness; riches; wealth; fruitfulness.

ris m. curl; ringle; frizzle.

705

risc m. chance; risk.
ritmar to put rhythm into.
ritme m. rhythm.
rítmic, -a rhythmical; accentual; measured.
ritu m. rite.
ritual m. ritual; ceremonial; formulary.
riu m. river.
riuada f. flood; freshet.
riure m. laughter; laugh.
riure to laugh.
riure's to mock; laugh at; make fun of.
rival m. f. rival.
rivalitat f. rivalry.
rivalitzar to compete; rival; claim to be as good as; vie.
roba f. cloth; clothes; linen; stuff.
roba blanca f. linen.
robada f. ensemble of clothes.
robador m. robber; thief.
robador, -a robbing; thieving.
roba interior f. underwear; underclothes.
robar to steal; rob; thieve; plunder.
robatori m. plunder; stealing; theft; robbery.
rober m. charitable organization that makes and distributes clothes to the poor.
robí m. ruby; jewel (in a watch).
robínia f. (bot.) robinia; false acacia.
robust, -a s t u r d y; strong; healthy; robust; hale; vigorous.
roc m. stone; piece of stone; rough stone.
roca f. rock.
rocall m. stone chippings.

rocam m. rocky place.
rococó m. rococo; with much elaborate ornament.
rocós, -osa rocky.
roda f. wheel.
roda de la fortuna f. wheel of fortune.
roda del timó f. steering; wheel; helm.
roda de molí f. millstone.
rodalia f. neighbourhood; surroundings; skirts; vicinity.
rodament m. rolling; rotation.
rodament de cap m. giddiness; fainting; fainting fit.
rodamón m. wanderer; tramp; globetrotter.
rodanxa f. round slice.
rodanxó, -ona dumpy; chubby; plump.
rodar to roll; twirl; wheel; revolve; turn.
roda-soques m. f. wandering.
rodatge m. (cinema) shooting; filming. / set of wheels (cars). / running in (car proofs).
rodeig m. dodge. / roundabout way.
rodeigs m. pl. evasions; circumlocution; ambages.
rodejar to ring; encircle.
rodell m. wood hoop.
rodella f. blanck; target; aim.
rodera f. tread; wheel track; cart track; rut.
rodet m. reel; spool; small roler.
rodó, -ona round.
rodolar to roll; fall rolling.
rodolí m. rhyming couplets.
rodona f. circle; ring. / (mus.) semibreve.
roent white-hot; glowing; red-hot.

roentor f. candescence; white-heat.

rogall m. hoarseness (voice).

rogallós, -osa hoarse; husky (voice).

rogatives f. pl. rogation; rogations; public prayers for.

rogenc, -a reddish; reddy.

rogent with red clouds.

roger m. (ichth.) red mullet.

roí, -ïna mean; base; wretched; wicked.

roig, roja red; ruddy; crimson.

roïnesa f. meanness; malice; misery baseness.

rojor f. blish. / redness.

rol m. list; roll.

roleu m. (print.) inking roller; roller.

roll m. round log; trunk of tree without either branches nor roots.

rom m. rum (alcoholic drink).

rom, -a blunt.

romà, -ana Roman.

romana f. steelyard.

romanalla f. remainder; leftover.

romanç m. romance; tale of chivalry. / Romance.

romança f. (mus.) romance; romanza.

romancejar to be slow; waste time; dawdle.

romancer, -a slow; dawdling.

romanços m. pl. excuses; subterfuges.

romandre to remain; stay; settle.

romanent m. remainder; residue.

romanès, -esa Rumanian.

romaní m. (bot.) rosemary.

romànic, -a Romanesque.

romaní mascle m. (bot.) French lavender.

romàntic, -a romantic; romanticist.

romanticisme m. romanticism,

rombe f. lozenge; rhomb; rhombus.

romboide m. rhomboid.

romeguera f. bramble; blackberry bush.

romeria f. pilgrimage; gathering at a shrine.

romesco m. highly seasoned sauce for fish.

romeu m. pilgrim; palmer.

romiatge m. pilgrimage.

rompent m. surf; breaker (wave). / reef (rock).

rompible breakable; fragile.

rompre to break; fracture.

ronc, -a hoarse; raucous.

roncador, -a snoring.

roncar to snore.

ronda f. round; way around a town. / night patrol; rounds. / round (in games).

rondalla f. tale; story.

rondallaire m. f. narrator of tales; story writer.

rondar to patrol; wander; haunt; roam; rove.

rondinaire surly; mutterer; grumbler.

rondinar to grumble; growl; mutter; snarl; snort.

rònec, -ega forlorn; neglected; ramshackle, run-down.

ronquera f. hoarseness.

ronsal m. halter; rope for leading a horse.

ronsejar to linger; be slow; defer action.

ronya f. filth; dirt.

ronyó m. (anat.) kidney.

roquerol m. (orn.) crag martin.

roquet m. (eccl.) rochet.

ros, -sa blond; fair (hair).

rosa f. pink (colour). / (bot.) rose. / (path.) rosecoloured rash; roseola; rubella.

rosada m. dew.

rosa dels vents f. compass card.

rosari m. rosary. / series; string

rosassa f. rose window.

rosat, -ada pink; rosy; flushed; rose.

rosbif m. roast beef.

rosca f. screw thread; coil; spiral.

roscar to thread (a screw); tap (with the die).

rosec m. gnawing; nibbling; unrest; uneasiness (remorse).

rosegada f. gnawed part; gnaw mark. / gnawing.

rosegar to bite; gnaw; nibble.

rosegat, -ada penurious; miserable. / gnawed; eaten.

rosegó m. crust; bit of uneaten bread; scrap (bread).

rosella f. (bot.) poppy.

roser m. (bot.) rose-bush.

roserar m. rose-garden; rose-bed.

rosetó m. rose-window.

rosquilla f. small ring-shaped cake.

ròssec m. train; trailing backfolds of a lady's dress.

rossejar to show yellow; yellow.

rossenc, -a yellow; blond; fair.

rossí m. nag; hack; small horse.

rossinyol m. (orn.) nightingale.

rossolar to slip; slip over; slide.

rossor f. reddishness; tending to yellow.

rost m. slope; decivity.

rostir to roast.

rostir-se to be roast; to be terribly hot.

rostit m. roast.

rostoll m. stubble.

rostre m. face; countenance; visage.

rot m. belch; belching.

rotació f. rotation; revolution; turn.

rotatiu m. daily press.

rotativa f. rotary printing press.

rotatori, -òria circumrotatory; rotatory; rotative.

rotllana f. hoop; round; circle.

rotlle m. roll; coil; film cartridge.

rotonda f. rotunda (arch.).

rotor m. rotatory part of an electric motor.

ròtula f. (anat.) rotula; kneecap.

rotund, -a categorical; firm; flat; resounding.

rotundament categorically.

rou m. dew. V. **rosada**.

roure m. (bot.) oak; oak-tree.

roureda f. oak grove.

rovell m. rust; mould. / yolk.

rovellar to rust; make mouldy.

rovellar-se to get mouldy.

rovellat, -ada rusty; mouldy.

rovell d'ou m. yolk (of an egg).

rovelló m. edible milk mushroom; mushroom.

rua f. cavalcade (carnival).

rubicund, -a rubicund; reddish (skin).

ruble m. ruble (Russian coin).

rubor f. blush; bashfulness; erubescence.

ruboritzar-se to blush; flush.

rúbrica f. signature; ornament in handwriting (signature); flourishing.

rubricar to sign; subscribe.

ruc m. donkey; ass. / foolish; ass.

rucada f. folly; silliness; nonsense.

ruda f. (bot.) rue; herb of grace.
rude rude; harsh.
rudesa f. rudeness; wildness.
rudimentari, -ària rudimentary; elementary; undeveloped.
rufa f. wrinkle. / mountain blizzard.
rufada f. blizzard.
rufagada f. gust of wind.
rúfol, -a squally; stormy.
rugby m. rugby (sport).
rugir to roar.
rugit m. roar; howl.
rugós, -osa corrugated; wrinkled; creased.
rugositat f. rugosity; state of being wrinkled.
ruïna f. ruin; wreck; fall.
ruïnes f. pl. ruins; remains.
ruïnós, -osa wasteful; ruinous.
ruixada f. spray; sprinkle; sprinkling. / shower; brief fall of rain.
ruixador m. spray; sprinkler.
ruixar to spray; sprinkle.
ruixat m. shower; brief fall of rain.
ruixim m. drizzle.
ruleta f. roulette (gambling game).
rull m. curl.

rull curly.
rullar to curl.
rumb m. rhumb; bearing; course.
rumbós, -osa ostentatious; splendid.
rumiar to think; think over; meditate.
rumor f. rumour; gossip; hearsay.
runa f. rubbish; waste material.
runes f. pl. ruins; remains.
rupit m. (orn.) robin. V. **pit-roig.**
ruptura f. rupture; break.
ruqueria f. V. **rucada.**
rural rural; rustic; country.
rus, -sa Russian.
rusc m. hive; beehive.
rústec, -ega rough; coarse.
rústic, -a rustic; unmannerly. / rural; country.
ruta f. route; way; course.
rutilant sparkling; shining.
rutilar to glitter; twinkle; sparkle.
rutina f. routine.
rutinari, -ària mechanical; routinish.
rutlla f. hoop. / wheel (transmission).
rutllar to roll; turn; run; go; work; perform; operate.

S
I VOLS ESTAR BEN SERVIT, FES-TE TU MATEIX EL LLIT
If you want a thing well done, do it yourself

sa (f. sing.) his; her; their. V. **la seva.**
sa, -na healthy; sound; wholesome; hearty.

saba f. sap; pith.
sabata f. shoe.
sabatasses m. silly; fool.
sabater m. shoemaker.

sabateria f. shoe shop; shoe-maker's shop.

sabatilla f. slipper; light shoe.

sabatot m. old shoe.

sabedor, -a aware; having know-ledge.

saber m. knowledge; learning.

saber to know; know how. / can; to be able.

saber greu to regret; be sorry for; feel sorry for.

saberut, -uda pretending great hnowledge.

sable m. (herald.) black; sable.

sabó m. soap.

sabonera f. soap-dish.

sabor m. f. taste; flavour.

saborós, -osa flavorous; savoury; tasty.

sabotatge m. sabotage.

sabre m. sabre; blacksword; cav-alry sword; cutlass.

sabut, -uda well-known; afores-aid; usual.

sac m. sack; bag.

sacabutx m. (mus.) sackbut.

sacarí, -ina saccharine.

sacarina f. (chem.) saccharine.

sac de gemecs m. (mus.) pipe; bagpipe.

sacerdoci m. priesthood.

sacerdot m. priest; clergyman.

sacerdotal sacerdotal; connected with the priests.

sacerdotessa f. priestess.

saciar to satiate; satisfy; sur-feit; sate.

saco m. V. **pilota basca.**

sacramental sacramental; of sacraments.

sacre m. (anat.) sacrum (bone).

sacre, -a sacred.

sacrificar to sacrifice.

sacrifici m. sacrifice.

sacríleg, -a sacrilegious.

sacrilegi m. sacrilege.

sacseig m. moving to and fro; shaking.

sacsejar to shake; stir; jolt.

sacsó m. roll of fat. / tuck.

sàdic, -a sadistic; sadist.

sadollar to satiate.

safanòria f. V. **pastanaga.**

safareig m. laundry; washing-place.

safata f. tray; platter.

safir m. sapphire.

safrà m. saffron.

saga f. rear; back part. / saga; Norwegian old legend.

sagaç shrewd; sagacious.

sagacitat f. shrewdness; sagaci-ty; cleverness.

sageta f. arrow; dart.

sagí m. suet.

sagitari m. bowman; archer.

sagnant bloody.

sagnar to bleed.

sagnia f. bleeding.

Sagrada Escriptura f. Scripture; the Holy Scriptures; Bible.

sagrament m. sacrament.

sagramental m. sacramental.

sagramentar to administer the last sacraments to.

sagrari m. tabernacle for holding the elements of the Eucharist.

sagrat, -ada holy; sacred.

sagristà m. sexton; parish clerk.

sagristana f. nun in charge of the sacristy. / sexton's wife.

sagristia f. sacristy; vestry.

saguer, -a rear; back; bottom.

sa i estalvi safe; safe and sound.

saïm m. suet.

sainet m. sketch; one-act co-medy.

salg m. executioner.

sal f. salt.
sala f. hall; room; drawing-room; lounge.
salabror f. saltness.
salabrós, -osa briny; brackish.
sala capitular f. chapter house.
salacot m. sun helmet.
sala d'actes f. assembly hall.
sala de descans f. lounge.
sala de rebre f. sitting-room; drawing room.
sala d'espectacles f. theatre; cinema; concert room; hall.
sala d'espera f. waiting room.
sala d'estar f. living room; sitting room; lounge.
salamandra f. (zool.) salamander. / kind of heating stove.
salamàndria f. V. **salamandra.**
salamó m. chandelier.
salar to salt.
salari m. earning; salary; wages
salat, -ada salty; salt.
salconduit m. safeconduct (document).
saldar to liquidate; settle; balance; pay (in full).
saldo m. settlement; balance; remnant.
saler m. salt cellar.
salfumant m. hydrochloric acid.
salí, -ina saline; salinous; salt.
salina f. salt-pit.
saliva f. saliva; spittle.
salivera f. foam; froth.
salm m. psalm.
salmó m. (ichth.) salmon.
salmorra f. brine; pickle.
salnitre m. saltpetre.
saló m. drawing- rom; hall.
salobre m. salt crust; dry sea froth.
salpar to sail; set sail; weigh anchor.

salpasser m. hyssop.
salsa f. sauce; gravy; dressing.
salsera f. gravy dish; gravy boat; sauceboat.
salsitxa f. sausage.
salt m. jump; hop; leap; spring.
saltabarrancs m. scatterbrain; harum-scarum.
saltamarges m. marauder; person that marauds; prowler; thief of fields.
saltamartí m. tumbler; roly-poly (toy).
saltant m. water-fall; cataract.
saltar to jump; hop.
saltar a corda to skip; jump over a rope. / skipping.
saltar-i-parar m. to leap-frog.
salta-regla f. sliding-rule.
saltataulells m. shop clerk.
saltaterrats m. burglar (on flat roofs and floors).
salt d'aigua m. waterfall.
saltejador m. highwayman.
saltimbanqui m. juggler who plays in streets.
saltiri m. psalm-book. / (mus.) psaltery.
saltiró m. little jump; little hop.
saltironar to jump; leap; spring; do little hops.
saludable healthy; wholesome.
saludar to salute; greet; hail; pay one's compliments.
salut f. health.
salutació f. salute; greeting; salutation.
salutacions f. pl. greetings; regards.
salva f. salvo.
salvació f. salvation.
Salvador m. the Saviour; Jesus Christ.
salvador, -a saviour.

salvament m. rescue; salvation; rescuing; life-saving.

salvant que unless.

salvar to rescue; save; deliver. / to avoid; surmount.

salvat except.

salvatge savage; wild; barbarous; brutish.

salvatgeria f. savage deed; barbarity.

salvatgí, -ina wild beast.

salvatgisme m. savagery.

salvatjada f. savagery; brutal action.

salvavides m. life-buoy; life-belt.

salve! hail!

sàlvia f. (bot.) sage; salvia; garden sage.

salze m. willow; willow-tree; white willow.

salzeda f. willow plantation.

samarità, -ana Samaritan.

samarra f. sheep-skin jacket (for shepherds).

samarreta f. undervest; undershirt; vest; singlet.

samfaina f. stew (culinary).

sanar to heal; recover from sickness. / to restore; health.

sanatori m. sanatorium; nursing home; hospital for convalescent people.

sanció f. penalty; sanction. / ratification; sanction.

sancionar to sanction; penalize. / to confirm; ratify; sanction.

sàndal m. sandal; sandalwood (tree and wood).

sandàlia f. sandal (shoe).

sandvitx m. sandwich; two slices of bread with meat, cheese, etc., between.

sanefa f. border; list on the border of a garment.

sanejament m. sanitation; drainage.

sanejar to improve the sanitary conditions.

sang f. blood.

sang freda f. cold blood; serenity.

sanglot m. sob.

sanglotar to sob.

sangonera f. (zool.) leech; bloodsucker.

sangonós, -osa bloody; bleedy.

sangtraït m. bruise; eechymosis.

sanguinari, -ària bloody; cruel; sanguinary.

sanguini, -ínia sanguine; of red complexion.

sanitari m. (mil.) soldier of the Medicine Corps.

sanitat f. healt; soundness; sanitation; healtfulness.

sanitós, -osa healthy; wholesome; salutary.

sant m. saint. / image of a saint. / illustrations; engravings.

sant, -a holy; blessed; saint.

santament virtuously; in a saintly manner. / wisely; well.

santedat f. holiness; sanctity.

santificació f. sanctification; holiness.

santificar to sanctify; hallow.

santificar una festa to keep a holy day.

santoral m. calendar of saints' days.

santuari m. shrine; sanctuary; sacred place.

saó f. ripeness; maturity.

sapa f. spade. / sap; trenching.

sapador m. sapper.

sapastre m. clumsy workman; botcher..

sapiència f. wisdom.

sapient m. learned; sage; wise man.

saqueig m. plunder; sacking.

saquejador m. plunderer; sacker; pillager; looter.

saquejar to plunder; sack; loot.

sarabanda f. (mus.) saraband; stately old Spanish dance.

saragata f. hubbub; noise; rumpus.

saragüells m. pl. wide-legged overhalls.

sarau m. ball; dance. / noisy merrimaking; party.

sarauista m. f. frequenter of balls.

sarbatana f. blowgun; blowpipe.

sarcasme m. sarcasm; bitter remarks.

sarcàstic, -a sarcastic; sarcastical; taunting.

sarcòfag m. sarcophagus.

sard, -a Sardinian.

sardana f. Catalan traditional dance with the dancers in circle. / (mus.) composition for the folk Catalan dance, played by the **cobla** (V.).

sardanista m. f. dancer of **sardanes**. / fond of **sardanes**.

sardina f. (ichth.) sardine.

sarga f. (bot.) osier or willow.

sargantana f. (zool.) lizard; small lizard.

sargidora f. darner; mender.

sargir to darn; mend; sew up.

sargit m. darning.

sarja f. silk serge; twill.

sarment m. f. sarment; sarmentum; vinestock branch.

sarna f. itch; mange.

sarraí, -ïna Saracen; Moor.

sàrria f. frail; large basket.

sarrió m. small frail or basket.

sarró m. shepherd's pouch.

sarsa f. sarsaparilla.

sarsuela f. musical comedy. / fish dish with spicy sauce.

sastre m. tailor.

sastreria f. tailor's shop.

sastressa f. tailoress.

Satanàs m. Satan, the Devil; the Evil one.

satànic, -a Satanic; diabolical; devilish.

satèl·lit m. satellite.

sàtir m. satyr.

sàtira f. satire.

satíric, -a satiric; satirical.

satiritzar to satirize; attack with satires.

satisfacció f. satisfaction.

satisfactori, -òria satisfactory; successful.

satisfer to satisfy. / to pay.

satisfet, -a satisfied; content; pleased. / full; satiated.

saturar to saturate; fill.

saüc m. (bot.) elder (tree).

saüquer m. V. **saüc**.

saurí m. water diviner.

saurís m. pl. (zool.) sauria.

savi m. learned man; wise person.

savi, sàvia wise; cunning; learned.

saviesa f. wisdow; sageness; knowledge.

savina f. (bot.) savin; savine.

saxó, -ona Saxon.

saxofon m. (mús.) saxophone.

se (reflexive pronoun) itself; himself; herself; themselves.

sebollir to bury. V. **enterrar**.

sec, -a dry. / dried up.

séc m. crease; pleat; wrinkle.

seca f. bean. V. **mongeta**. / mint;

house where coins are made. / dryness; drought.

secada f. drought; dry season.

secall m. rusk; kind of slim biscuit.

secant f. (geom.) secant.

secció f. section.

seccionar to section; separate into sections; divide.

secreció f. secretion; process of secreting or elaborating (emit natural substance).

secret m. secrecy; secret.

secret, -a secret; hidden.

secretament secretly; clandestinely.

secretari m. secretary.

secretaria f. secretary's office.

secretària f. woman secretary.

secretari particular m. private secretary.

secret de domini públic m. open secret.

secta f. sect.

sectari, -ària sectarian.

sector m. sector; section.

secular secular; lay. / according to an age-old tradition.

secularització f. secularization.

secularitzar to secularize; transfer from ecclesiastical to civil; make worldly.

secundar to help; support; second.

secundari, -ària secondary; minor; of lesser importance.

seda f. silk.

sedalina f. artificial silk; mercerized cotton.

sedant sedative; calming.

sedàs m. sieve; sifter.

sedejant thirsty.

sedejar to be thirsty.

sedenc, -a silky; silken; silklike.

sedentari, -ària sedentary; requiring a sitting posture. / not-migratory; attached to a substratum.

sederia f. silk goods. / silk trade. / silk shop.

sedició f. sedition; any act aimed at disobey the government.

sediciós, -osa seditious; mutinous; rebellious.

sediment m. sediment; deposit; matter that settles to the bottom of a liquid.

sedós, -osa silky.

seducció f. seduction; fascination.

seductor, -a seducer.

seduir to seduce; allure.

sefardita m. f. sephardi.

sega f. harvest; reaping; mowing.

segador m. reaper; mower; harvester.

segar to mow; reap; cut; cut off.

segell m. stamp; postage stamp. / seal. / rubber seal.

segellar to seal; stamp.

seglar m. layman.

seglar secular; lay.

segle m. century; a hundred years.

segment m. segment.

segó m. bran; ground bran; ground husk of wheat.

sègol m. common rye.

segon m. second; sixtieth part of a minute.

segon, -a second.

segona mà second coat (paint).

segonet m. very small ground bran (reduced to fine powder).

segons according to; according as.

segons com depending on how.

segons que according as; depending.

segregar to segregate; separate. / to secrete.

segrest m. kidnapping.

segrestador m. kidnapper.

segrestar to kidnap.

següent next; following.

seguici m. suite; cortege; train; procession.

seguidament fortwith; right after that.

seguidor m. follower; supporter; fan.

seguir to follow; go on; pursue; continue.

seguit, -ida consecutive; running.

segur adv. sure; certain.

segur, -a safe; secure; steady; positive; fast.

segurament surely; sure; certainly.

seguretat f. safety security; trust; assurance.

seient m. seat.

seitó m. (ichth.) anchovy.

seixanta sixty.

selecció f. choice; selection.

seleccionar to select; choose; pick out.

selecte, -a select; choice; prime; chosen.

selector m. (elect.) selector.

selení m. (chem.) selenium.

selenita m. f. selenite.

sella f. saddle.

selló m. pitcher. V. **càntir**.

selva f. forest; jungle.

semàfor m. semaphore. / trafic lights.

semaler m. each of the two

staffs to carry the wooden tubs for grapes (on vintage).

semàntica f. semantics.

semblança f. likeness; resemlook; appear. / to resemble; cal sketch.

semblant m. countenance; aspect; face; look.

semblant alike; like; such.

semblar to seem; look like; look; appear. / to resemble; be alike.

sembra f. sowing.

sembrador m. sower.

sembrar to sow; plant; scatter.

sembrat m. sown ground.

semen m. semen.

semença f. seed. / semen.

sement f. seed; germ; grain; semen.

semental m. stud; breeding (horses).

semestral half-yearly.

semestre m. period of six months; half-year.

semicercle m. semicircle.

semicorxera f. (mus.) semiquaver.

semidéu m. demigod.

semifinal f. semifinal; match that precedes the final (championship).

semifinalista m. semifinalist; semifinal.

semifusa f. (mus.) hemidemisemiquaver.

seminari m. theological seminary; seminary. / seminar.

semitò m. (mus.) semitone; half tone.

semivocal f. semivowel.

sèmola f. semolina.

sempre always; ever.

sempre que provided; whenever.

715

sempreviva f. (bot.) everlasting flower; immortelle.
senador m. senator.
senalla f. basket made of palm-leaf.
senar uneven; odd.
senat m. senate.
sencer, -a whole; entire; complete; unbroken; honest; upright.
senda f. path.
sendera f. path; foot-path.
senderi m. judgement; practical sense; wisdom.
senderó m. narrow foot-path; by-path.
senectut f. old age.
senet m. (bot.) senna.
senet bord m. (bot.) leguminous plant (coronilla emerus).
senet de pagesos m. (bot.) spurge laurel.
senglar m. (zool.) wild boar.
sengles adj. pl. one... each; each of them.
senil senile.
sens V. **sense.**
sensació f. feel; feeling; sensation.
sensacional sensational; causing a sensation.
sensat, -a sensible; judicious; having good sense.
sensatesa f. good sense; wisdom; sense.
sens dubte certainly; no doubt; without a doubt.
sense without.
sense direcció adrift; at the mercy of circumstances; loose.
sense parió without equal; matchless.
sense que conj. without.
sense senderi stupidly.

sense sentits unconscious; faint; collapsed giddy.
sense solta ni volta without rhyme or reason.
sensibilitat f. sensibility; sensitiveness; soulfulness.
sensibilitzar to sensitize.
sensible sensitive.
sensitiu, -iva sensible; sensitive; susceptible.
sensitiva f. (bot.) sensitive plant; mimosa.
sensual sensual; sensuous.
sensualitat f. sensuality; voluptuousness.
sentència f. judgement; sentence; verdict; decision.
sentenciar to judge; sentence; pass judgement; condemn.
sentenciós, -osa sententious; axiomatic; aphoristical.
sentida f. pain; feeling of pain.
sentiment m. sense; pathos: feeling; sentiment.
sentimental sentimental; emotional; romantic.
sentimentalisme m. sentimentalism; sappiness.
sentimentalment sentimentally.
sentinella m. sentry.
sentir to hear. / to perceive.
sentit m. meaning; sense. / wit. / direction; way.
sentit, -ida delicate; tender; sensitive; touchy.
sentor f. aftertaste; odour; scent; smell.
seny m. sense; wisdom; prudence; discretion; judgement sanity soundness of mind.
senya f. sign; token; indication.
senyal m. mark; sign; signal; token.
senyala f. chalk clay.

senyalar to mark; leave a scar on.

senyar to make the sign of the cross over.

senyar-se to make the sign of the cross; cross oneself.

senyera f. banner; standard; standard colours; (side)-pennon.

senyor m. lord; gentleman; master; Mr.; sir.

senyora f. lady; madam; Mrs.; dame.

senyorejar to dominate; rule over; overmaster.

senyoret m. master; young gentleman.

senyoreta f. young lady; Miss.

senyoria f. rule; sway; dominion.

senyoriu m. mannor. / lordship; dominion.

senyorívol, -a seignorial; lordly; noble; manorial. / genteel; distinguished.

senzill, -a plain; single; unaffected; natural. / simple; easy. / good-natured; genial; open.

senzillament simply; naturally; plainly; naturally.

senzillesa f. simplicity; homeliness; plainness.

sèpal m. sepal.

separació f. separation; removal.

separadament separately; apart; assunder.

separador m. separator; divider.

separar to separate; isolate; detach; sever.

separat, -ada separate; apart.

separatisme m. separatism; secessionism.

sepeli m. burial; interment.

sèpia f. sepia (mollusc). V. **sípia**. / (colour) sepia.

septentrion m. north.

septentrional northern; septentrional.

septet m. (mus.) septet.

sèptic, -a septic.

septicèmia f. (path.) septicaemia.

sèptima f. (mus.) seventh.

septuagenari m. septuagenarian.

septuagèsima Septuagesima.

sepulcral sepulchral.

sepulcre m. grave; tomb; sepulchre.

sepultar to bury; entomb.

sepultura f. sepulture; burying.

sequaç m. follower; henchman.

sequedat f. dryness.

seqüència f. sequence.

sèquia f. irrigation canal; irrigation ditch.

ser m. being. V. **ésser.**

ser to be. V. **ésser.**

serafí m. seraph.

serè, -ena calm; clear; cloudless; serene.

serena f. night dew.

serenament serenely; calmly; peacefully.

serenata f. serenade.

serenitat f. serenity; calmness; coolness; self-possession.

serenor f. serenity; calmness; peacefulness.

serf m. serf; drudge.

sergent m. sergeant.

serial m. serial (novel, stoory by instalments).

sèrie f. series; range; set; succession.

serietat f. seriousness; sobriety; reliability.

serigrafia f. serigraphy; silkscreen process.

seriós, -osa serious; earnest;

solvent; reliable; honest; responsible.

seriosament seriously.

seriositat f. seriousness; earnestness; reliability.

serjant m. clamp.

sermó m. sermon; homily. / lecture; reprimand.

sermonejar to sermonize; lecture. / to preach; sermonize.

serp f. (zool.) snake; serpent. serpent.

serpejar to serpent; meander.

serpent f. snake; serpent.

serpentari m. (orn.) serpent eater.

serpentària f. (bot.) green dragon.

serpentejant winding; wriggling.

serpentejar to serpent; wind; creep; meander.

serpentí m. coil; cooling coil.

serra f. saw. / mountain range.

serra circular f. circular saw.

serradures f. pl. sawdust.

serralada f. mountain range; range; ridge.

serraller m. locksmith.

serralleria f. locksmith's shop.

serrar to saw.

serrat m. low mountain range.

serrell m. fringe; hair hanging over the forehead. / bang. / fringe; flounce.

sèrum m. serum.

serva f. servant (woman) serf (woman).

servar to keep; maintain; preserve. / to observe; pay attention to rules.

servei m. duty; service. / usefulness. / staff of servants. / service; set (ware, crockery, cutlery).

servent m. servant; waiter; manservant.

serventa f. maid-servant; maid.

server m. (bot.) service tree.

servicial helpful; kind; obliging; accommodating.

servidor m. server; servant.

servil servile.

servir to serve; be useful to. / to wait; attend.

servitud f. servitude; subjection.

ses (f. pl.) his; her; their.

sessió f. session; meeting. / show; performance.

sesta f. early afternoon. / afternoon snap. V. **migdiada.**

set m. tear in a garment; rip; slash.

set f. thirst.

set seven.

setanta seventy.

set-ciències m. know-it-all; wiseacre.

setè, -ena seventh.

setembre m. September.

setge m. siege.

seti m. place; seat.

setí m. satin.

setial m. chair seat of honour.

setinar to satin; glaze; calender.

setinat, -ada glossy; smooth and shiny.

setmana f. week.

setmanada f. weekly wage.

setmanal m. amount of the weekly wages of a whole staff (in a firm or company).

setmanalment weekly; every week.

setmanari m. weekly publication; weekly magazine.

setmesó, -ona prematurely born.

setrill m. cruet.

setrilleres f. pl. cruet stand.
setze sixteen.
seu f. cathedral church; see.
seu (pron. m. sing.) his; hers;
theirs.
sèu m. suet.
seure to sit down; sit; seat.
seus (pron. m. pl.) his; hers;
thirs.
seva (pron. f. sing.) his; hers;
thirs.
sever, -a severe; rigid; grim;
stern.
sèver m. aloes; bitterness.
severitat f. sternes; severity;
rigour.
seves (pron. f. pl.) his; hers;
thirs.
sexe m. sex.
sexta f. (mus.) sixth.
sextant m. sextant (in ships).
sextet m. (mus.) sextet; sex-
tette.
sexualitat f. sexuality.
si m. sinus. / (mus.) si; B.
sí yes.
si if. / whether.
sia V. sigui.
si bé although.
sibarita m. f. sybarite.
siberià, -ana Siberian.
sibil·la f. sibyl.
sicilià, -ana Sicilian.
sideral sideral; astral.
siderúrgia f. siderurgy; iron and
steel industry.
sidra f. cider.
si fa no fa more or less.
sífilis f. (path.) syphilis.
sifó m. siphon.
signant m. f. signer; subscriber.
signar to point at; point out. /
to sign; undersign.
signatura f. signature.

signe m. sing; signal.
significar to mean; signify; im-
ply.
significat m. meaning; significa-
tion; sense.
sigui that I, he, she, it, may be
(subjuntive).
sigui com sigui anyhow; anyway.
sigui el que sigui whatever.
silenci m. silence; quiet. /
(mus.) rest.
silenciador m. silencer.
silenciós, -osa silent; quiet;
noiseless.
silent silent; quiet; noiseless.
sílex m. silex; flint. V. pedra fo-
guera.
sílfide f. sylph.
sílice f. silica; quartz.
silici m. silicon.
síl·laba f. syllable.
síl·labari m. syllabary; spelling
book.
síl·logisme m. syllogism.
silueta f. silhouette; outline; pro-
file.
silva f. miscellaneous metrical
composition (poetry).
silvestre wild; rustic; uncultiva-
ted.
símbol m. symbol; emblem.
simbolitzar to symbolize; repre-
sent; emblematize.
simbomba f. (mus.) rustic mu-
sical instrument with a mono-
tonous and low sound (kind
of drum pierced by a reed).
si més no at the least.
simetria symmetry.
simètric, -a symmetrical.
simfonia f. symphony.
simi m. (zool.) ape; monkey.
símil m. simile; comparison; re-
semblance.

similar similar; like; of the same sort.

similitud f. likeness; similarity; similitude.

simitarra f. scimitar; short curved sword.

simpatia f. sympathy; congeniality; winsomeness.

simpàtic, -a n i c e; winsome; pleasant; congenial. / sympathetic.

simpatitzar to get on; feel fellowfeeling.

simple mere; simple; single.

simplement simply.

simplicitat f. simplicity.

simplificar to simplify.

símptoma f. symtom.

simptomàtic, -a symptomatic. / significant.

simulació f. simulation; feigning.

simulacre m. superficial copy; sham; simulacrum.

simular to simulate; feign; sham.

simultaneïtat f. simultaneity.

simultani, -ània simultaneous.

sina f. chest; shirt front; bosom; breast.

sinagoga f. synagogue.

sinalefa f. synaloepha.

sincer, -a sincere; honest; hearty; straight; transparent.

sincerament sincerely.

sincerar-se to tell the truth; vindicate oneself.

sinceritat f. sincerity.

sincopar (mus.) syncopate.

sincopat, -ada (mus.) syncopated.

síncope f. (mus.) syncope. / (path.) syncope.

sincrònic, -a synchronous; synchronic; synchronistic.

sincronitzar to synchronize.

síndic m. syndic; magistrate; trustee.

sindicar to unionize.

sindicat m. trade union. / syndicate.

síndria f. water-melon.

singlot m. hiccough; hiccup.

singlotar to hiccough; hiccup.

singular singular; unique; single.

singularitat f. singularity.

singularitzar to singularize; single out.

singularitzar-se to distinguish oneself.

sínia f. draw-wheel; chain-pump; waterwheel.

sinistre m. disaster; accident; fire; casuality; wreck; conflagration.

sinistre, -a sinister; ominous.

si no otherwise; if not

sinó but; except.

sinònim m. synonym.

sinònim, -a synonymous.

sinòptic, -a synoptic; synomptical.

sinó que but (after negative).

sintàctic, -a syntactic; syntanctical.

sintaxi f. syntax.

síntesi f. synthesis.

sintètic, -a synthetic; synthetical.

sintetitzar to synthetize.

síntoma f. syntony; tuning of wireless to same wavelength.

sintonitzar to tune in (radio); syntonize.

sinuós, -osa winding; sinuous.

sinuositat f. sinuousness; winding.

sinus m. sinus; hollow; concavity.

sionisme m. Zionism.

sípia f. sepia; cuttlefish (mollusc).

sirena f. siren; hooter; foghorn. / (myth.) siren; seamaid; mermaid.

sirga f. (naut.) towrope.

sirgar (naut.) to tow.

sis six.

sisavat, -ada hexagonal.

sisè, -ena sixth.

sisme m. earthquake. V. **terratrèmol**; seism.

sísmic, -a seismic.

sismògraf m. seismograph.

sisó m. (orn.) little bustard.

sistema m. system; policy; machine.

sistema mètric m. metric system.

sistemàtic, -a systematic.

sitja f. silo; granary; storehouse for grain.

sit negre m. (orn.) rock bunting.

situació f. situation; site; state; position.

situar to station; place; situate; locate.

situat, -ada located; lying; situated.

sivella f. buckle.

smòking m. dinner-jacket.

so m. sound; blare; ring.

sobec m. drowsiness; heavy slumber.

soberg, -a superb; proud.

sobergueria f. pride; haughtiness.

sobirà m. sovereing; ruler.

sobirà, -ana excellent; higher; highest; high; highland.

sobirania f. sovereignity; haughtiness.

sobra f. surplus.

sobralles f. pl. remains; leavings.

sobrant m. surplus; residue.

sobrant spare; remaining.

sobrar to be more than enough.

sobrassada f. Balearic sausage.

sobre m. envelope.

sobre on; upon. / over; above.

sobreabundant superabundant.

sobrealimentació f. supernutrition.

sobreàtic m. the flat over the attic (in a building).

sobrecàrrega f. overload; overburden.

sobrecarregar to overcharge; overload; overburden.

sobrecarta f. envelope.

sobrecoberta f. wrap; double cover.

sobreeixidor m. spillway; overflow.

sobreeixir to overflow; brim over.

sobreentendre to understand of course; take something for granted.

sobreentès, -esa implied; implicit.

sobrefilar to overcast (sew).

sobrehumà, -ana superhuman.

sobrenatural supernatural; weird.

sobrenom m. nickname.

sobrepaga f. bonus.

sobrepassar to surpass; outnumber.

sobrepellís m. surplice.

sobreposar to put on top; put over.

sobreposar-se to overcome; pull oneself together.

sobrepreu m. surcharge.

sobrepujar to surpass.

sobrer, -a remaining; left over.

sobresalt m. shock; startle.

sobresaltar to startle; alarm.

sobrescrit m. superscription; address.

sobresortir to jut out; excel; stand out.

sobresou m. extra-pay; extra wages.

sobretaula f. sitting at table after eating.

sobretot m. overcoat.

sobretot above all; principally; chiefly.

sobrevenir supervene; come unexpectedly.

sobreviure to survive. / to outlive.

sobri, sòbria sober; spare; moderate; frugal.

sobrietat f. thift; sobriety; moderation.

sobtadament suddenly.

sobtar to surprise; take unawares; astonish.

sobtat, -ada sudden; unexpected; abrupt.

soc m. log; billet.

soca f. slump; stock.

socarrar to scorch.

socarrim m. singeing

socarrimar to storch; singe.

soci m. member; fellow; partner.

sociable sociable; companionable.

social social.

socialisme m. socialism.

socialment socially.

societat f. society; club; association; community.

sociologia f. sociology.

sòcol m. socle.

socórrer to assist; help; aid; soccour.

socorrisme m. first aid; life saving.

socors m. help; aid; assistance.

soda f. (chem.) soda. / soda water.

sodi m. (chem.) sodium.

sòdic, -a (chem.) sodium.

sofà m. sofa.

sofert, -a hard-wearing; practical. / long suffering; patient.

sofisma m. sophism.

sofre m. sulphur; brimstone.

sofregir to fry lightly.

sofregit m. anything lightly fried.

sofrença f. suffering; endurance.

sofriment m. suffering; endurance; sufferance.

sofrir to suffer; endure; undergo; agonize; bear up; tolerate.

soga f. rope. halter.

sogra f. mother-in-law.

sogre m. father-in-law.

soja f. (bot.) soya; soya bean.

sojorn m. stay; period of staying.

sojornar to stay; lodge; reside.

sol m. sun. / sunshine; sunlight. / (mus.) sol; G.

sòl m. soil; ground.

sol, -a alone; single; lonely; lone; sole.

sola f. sole leather; sole (of shoe).

solaç m. recreation; entertainment.

solament only; merely; solely.

solana f. sunny place; sunny side of a mountain. / veranda; sun-terrace; sun-gallery.

solapa f. lapel.

solar m. lot; plot; building site.

solar of the sun; solar.

solàrium m. solarium.

solatge m. sediment; lees; dregs; grounds.

solc m. groove; furrow; wrinkle.

solcar to furrow; plough.

soldà m. sultan.

soldada f. pay; salary; wages.
soldadesca f. soldiery.
soldador m. soldering iron (tool) / welder; workman who welds.
soldadura f. soldering; solder. / soldered joint.
soldar to weld; solder.
soldat m. soldier.
solecisme m. (gram.) solecism.
soledat f. loneliness; privacy; wilderness; solitude.
solellada f. sunstroke; insolation. / sunning.
solemne solemn.
solemnitat f. solemnity. / ceremony.
solemnitzar to solemnize; celebrate; commemorate.
soler to use to; be wont to.
solera f. lower millstone.
solfa f. sol-fa; musical notation; music.
solfeig m. sol-fa; act of singing in sol-fa.
solfejar to sol-fa; sing in sol-fa.
soli m. throne.
sòlid, -a sound; stout; solid.
solidari, -ària solidary; in sympathy with.
solidaritat f. solidarity.
solidaritzar to make common cause.
solidesa f. hardness; stoutness; solidity; strength; firmness.
solidificar to solidify; corporify.
soliloque m. soliloquy.
solípede m. soliped.
solista m. f. soloist.
solitari m. solitaire (playing-cards).
solitari, -ària lonely; alone; desolate; single; isolated.
solitària f. tapeworm.
solitud f. loneliness; solitude; retiredness. / lonely place.
soll f. sty.
sollevar to rouse; stir up; irritate. / to rebel; revolt.
sol·lícit, -a solicitous; obliging; affectionate.
sol·licitant m. f. peticioner; applicant.
sol·licitar to solicit; seek; ask for; beg; request; apply.
sol·licitud f. demand request; petition. / care; diligence; solicitude.
solo m. (mus.) solo.
sols only; merely; solely; just.
sols que only; but.
solstici m. solstice.
solt, -a loose; separate; detached; free; offprint.
solta f. good sense; judgement; brain.
soltar to release. V. **deixar anar**.
solter m. single man; bachelor.
solter, -a unmarried; single.
soltera f. spinster; single woman.
solteria f. celibacy; bacherlorhood; singleness.
soltesa f. looseness; easiness; agility; fluency.
soluble soluble; solvable.
solució f. solution.
solució de continuïtat f. interruption; solution of continuity.
solucionar to solve; resolve; to bring to a favourable issue.
solvència f. solvency. / reliability.
solvent sound; responsible; reliable; solvent.
som, -a shallow; superficial; of little depth.
sometent m. body of armed citizens in Catalonia, gathering in

cases of danger; alarm bell from belfry.

somicaire cry-baby; crying with little cause.

somicar to whimper; snivel; moan; whine.

somier m. spring-mattress.

somiquejar V. somicar.

somnàmbul m. sleep-walker.

somni m. dream.

somniador, -a dreamy.

somniar to dream.

somnífer, -a somniferous; somnific.

somnolència f. doziness; drowsiness; somnolence.

somnolent, -a sleepy; somnolent; drowsy.

somorgollaire m. (orn.) guillemot.

somort, -a pale; wan; dim; fading.

somoure to remove; heave up.

somrient smiling; agreeable.

somrire m. smile.

somriure to smile.

son m. nap; sleep.

son f. sleepiness; sleep; drowsiness.

son (m. sing.) his; her; their.

sonall m. baby's rattle; rattle.

sonar to ring; sound; rattle. / to be pronounced; be sounded.

sonata f. sonata.

sonda f. sounding; lead. / probe.

sondar to fathom; find the depth of; probe.

sondeig m. sounding. / probing. / poll; inquiry. / observation.

sondejar to sound; take soundings in; explore.

sonet m. (poet.) sonnet.

sonor, -a loud; sonorous; clear; resounding. / (gram.) sonant; voice.

sonorament loudly.

sonoritat f. sonority; sonorousness.

sonso, -a tasteless; dull; vapid.

sopa f. soup.

sopar m. dinner; supper (evening or night meal.

sopar to dine.

soper, -a soup.

sopluig m. shelter; roofing; cover; refuge.

soplujar to shelter; cover; preserve protect.

sopor m. doze; somnolence. / sopor; letargy.

soporífer, -a sleep-inducing; soporific; soporiferous.

soprano m. f. (mus.) soprano; treble.

sor f. (eccl.) sister (nun).

sord, -a deaf. / (gram.) voiceless.

sordària f. deafness.

sordejar to deaf (occasionally).

sordesa f. deafness.

sòrdid, -a sordid; squalid.

sordina f. (mus.) damper; mute; silencer; sordine.

sord-mut m. deaf-mute.

sord-mut, -a-muda deaf - and-dumb; deaf-mute.

sorell m. (ichth.) saurel; mackerel.

sorgir to arise; emerge; spring; sprout.

sorgo m. (bot.) sorghum.

sorna f. sarcasm; sluggishness.

sorneguer, -a sly; cunning; mocking.

sornegueria f. cunning trickery.

sorneria f. tardiness; phlegm.

soroll m. noise; blare; fuss; clashing; uproar.

sorollar to quake; shake.

sorollós, -osa noisy; loud; clamorous; making much noise.

sorprendre to surprise; amaze; astonish; catch unaware.

sorprenent surprising; astonishing.

sorpresa f. surprise; wonder.

sorra f. sand.

sorral m. sandy; beach; sandy ground.

sorramoll m. marsh; creek; swamp.

sorrenc, -a sandy.

sorruderia f. sulkiness; sullenness.

sorrut, -uda grim; severe; dissocial; sullen. / taciturn.

sort f. luck; fortune; fate; lot.

sorteig m. drawing of lots; raffle; casting lots.

sortejar to raffle; draw lots for.

sortida f. exit; outgoing; issue. / start. / tour; trip; outing.

sortilegi m. sortilege; sorcery.

sortir to go out; get out; leave; start; issue; sally; jut.

sortós, -osa lucky; happy; fortunate.

sortosament fortunately; luckily.

sos (m. pl.) his; her; their.

soscavar to socavate; undermine.

sosa f. (chem.) soda.

sospesar to weigh; test the weigh of (by lifting); heft; try the weigh of.

sospir m. sigh.

sospirar to sigh.

sospita f. suspicion; mistrust.

sospitar to suspect; have a feeling that somebody may be-guilty; feel doubt about.

sospitós, -osa suspiciuos; afraid; mistrustful.

sostenidor m. supporter; sustainer.

sostenidors m. pl. brassière.

sosteniment m. sustenance; subsistence; support.

sostenir to bear; sustain; uphold; support.

sostracció f. subtraction.

sostre m. ceiling.

sostremort m. garret; space within the roof and the ceiling.

sostreure to subtract; draw; deduct. / to steal.

sot m. hollow; road hole; small hole; pock.

sota f. underneath; under; below.

sotabarba m. double chin.

sotabosc m. thickness; underbrush; undergrowth.

sotana f. cassock.

sotasignat, -ada undersigned.

sotavent m. leeward.

soterrani m. basement; vault; cellar.

soterrar to put underground. / to bury.

sotjar to lurk; spy; watch by stealth.

sotmetre to submit; surrender; subject.

sotmetre's to submit; surrender; humble oneself.

sotrac m. jerk; shake; sudden shake; jolt; swing.

sotragada f. jerk; jolt; blow.

sotragar to toss; shake; jolt; jerk.

sotraguejar V. **sotragar.**

sots-arrendador m. subletter; subleasser.

sots-arrendament m. sublease.
sots-arrendar to sublet.
sots-arrendatari m. subtenant;
sublessee; undertenant.
sots-delegació f. subdelegation.
sots-direcció f. assistant-director-
ship.
sots-director m. assistant mana-
ger; deputy manager. / (mus.)
second conductor.
sotsobrar to founder; sink.
sotsobre m. sinking; upset of a
ship.
sou m. wages; pay; salary.
sovint often; frequently.
sovintejar to repeat frequently.
Sr. Mr.
Sra. Mrs.
Srta. Miss.
suada f. sweat; perspiration;
sweating. / anxiety; effort.
suar to sweat; perspire; ooze.
suara just now; right now; just.
suat, -ada wet with sweat. /
stale.
suau smooth; soft. / gentle; mel-
low.
suaument softly; gently; smooth-
ly.
suavitat f. softness; smooth-
ness; gentleness; suavity.
suavitzar to s o f t e n; make
smoother.
subaltern, -a subaltern; subordi-
nate.
subaquàtic, -a subaqueous; un-
derwater.
subconscient m. subconscious.
subdelegació f. subdelegation.
súbdit m. liegeman; subject; al-
legiant.
subdividir to subdivide.
subhasta f. auction; auction sale.
subhastar to auction.

subjectar to subject; fasten.
subjecte m. subject. / matter.
subjugar to subdue; subjugate.
subjuntiu m. subjunctive.
sublim sublime; stately; noble;
eminent; lofty.
sublimar to sublime. / sublimate.
sublimat m. sublimate.
submarí m. submarine.
submarí, -ina submarine; under-
water.
submergible submergible.
submergir to submerge. / to
plunge; dip; sink.
submersió f. submersion; sub-
mergence.
subministració f. supply; provi-
sion.
subministrador m. supplier.
subministrar to afford; supply;
provide; furnish; render.
submís, -isa submissive.
submissió f. surrender; submis-
sion; submissiveness.
submúltiple m. submultiple.
subnormal subnormal.
subordinar to subordinate; sub-
ject.
subordinat m. subordinate; infe-
rior; junior.
suborn m. bribe; subornation.
subornació f. bribe; subornation.
subornador, -a briber; suborner;
corrupter.
subornament m. bribe; suborna-
tion.
subornar to suborn; bribe; cor-
rupt; anoint the palm.
subratllar to underline. / empha-
size.
subrogar to subrogate; substi-
tute.
subscripció f. subscription.
subscriptor m. subscriber.

subscriure to sign; subscribe.
subscriure's to subscribe to.
subsegüent subsequent; following; later.
subseguir to follow next.
subseqüent V. **subsegüent.**
subsidi m. subsidy; subvention; aid.
subsistència f. living; subsistence.
subsistir to subsist; last; live; exist; remain.
subsòl m. subsoil; undersoil.
substància f. substance; stuff; matter; essence. / material.
substancial substantial; material; vital; important.
substanciar to substantiate; verify; prove.
substanciós, -osa wholesome. / juicy; substantial.
substantiu m. noun; substantive noun.
substantivar to substantivize.
substitució f. substitution; replacement; relay; behalf.
substituïble replaceable; which may be substituted.
substituir to replace; substitute.
substitut m. substitute; replacer; succedaneum.
substract m. substratum.
subterfugi m. subterfuge.
subterrani, -ània subterranean; underground.
subtil subtle; keen; thin; fine.
subtilesa f. fineness; subtlety; sharpness.
subtítol m. subtitle.
subtracció f. subtraction.
subtrahend m. subtrahend.
suburbà, -ana suburban.
suburbi m. suburb; slim; outskirt.

subvenció f. subvention; subsidy; grant.
subvencionar to subsidize; subvention.
subvenir to assist; elp; pay for.
subverció f. subversion; overthrow; revolution.
subversiu, -iva subversive; tending to subvert.
subvertir to subvert; upset.
suc m. juice; gravy; pith.
sucada f. sop (bread, biscuit); soaked in gravy, liquor, etc.
sucar to soak; soak; soak (bread, biscuits) in gravy, liquor, etc.
succedani, -ània succedaneum; substitute.
succeir to happen; occur. / to succeed; inhert.
succeït m. event; happening. V. **succés, esdeveniment.**
succés m. event; happening. V. **esdeveniment.**
successió f. heirs; successions; series; issue; inheritance; children.
successiu, -iva successive; consecutive.
successivament successively.
successor m. successor; heir.
succint, -a succint; concise.
succió f. intake; suction; suck.
sucós, -osa juicy; full of matter; succulent.
sucre m. sugar.
sucre candi m. rock-candy; sugar candy.
sucre de canya m. sugar-cane.
sucre de remolatxa m. sugarbeet.
sucre roig m. brown sugar.
suculent, -a juicy.
sucumbir to succumb to.

sucursal f. branch; branch-office; subsidiary.

sud m. south.

sudari m. shroud.

sud-est m. southeast.

sud-oest m. southwest.

suec, -a Swedish.

suèter m. sweater (garment).

suficiència f. capacity; sufficiency. / complacency; self-importance.

suficient sufficient; enough; ample; sufficing.

suficientment s u f i c i e n t l y; enough; adequately.

sufix m. suffix.

sufocant stuffy; suffocating.

sufocar to suffocate; stifle; smother; quell; put down; suppress; quench; make (somebody) blush.

sufocar-se to swelter. / to blush.

sufocat, -da ashamed; blushed.

sufragar to defray; meet (expenses); support; help; finance.

sufragi m. suffrage; allot; piece of paper used in secret voting. / prayer for the death.

suggeridor, -a suggestive.

suggeriment m. suggestion.

suggerir to suggest; propose. / to hint.

suggestió f. suggestion; hint; prompting.

suggestionar to influence; dominate.

suggestiu, -iva attractive; stimulating.

suïcida m. f. suicide.

suïcida suicidal.

suïcidar-se to commit suicide.

suïcidi m. suicide.

suís, -ïssa Swiss.

sulfamida f. sulphonamide.

sulfat m. sulphate.

sulfur m. sulphide.

sultà m. sultan.

sultana f. sultaness.

suma f. sum; amount. / (math.) addition.

sumand m. addend.

sumar to add; up; sum up.

sumari m. summary; summary proceedings. / precis.

sumaríssim, -a (jur.) expeditious; swift.

sumir to immerse; plunge; sink; submerge. / (eccl.) to swallow (the priest) the elements of the Eucharist at Mass.

summa f. summary; compendium.

summe, -a supreme; highest.

súmmum m. limit; the limit; the highest degree.

sumptuari, -ària sumptuary.

sumptuós, -osa gorgeous; palatial; sumptuous.

sumptuositat f. sumptuosity; luxury. / sumptuousness; magnificence.

suor f. sweat; perspiration; exudation.

supeditar to subordinate. / subdue.

superar to excel; pass; win; exceed.

superàvit m. surplus.

superb, -a proud; arrogant; lofty. / magnificent; splendid; superb.

supèrbia f. pride; arrogance; presumption.

superbiós, -osa pround; haughty; arrogant.

superficial superficial; surface.

superfície f. surface.

superflu, -a superfluous.
superfluïtat f. superfluity; super-
fluousness.
superhome m. superman.
superior m. abbot; rector; supe-
rior. / boss.
superior upper; high; higher; su-
perior.
superiora f. superioress; mother
superior.
superioritat f. superiority; ad-
vantage; pre-eminence.
superlatiu m. superlative.
superlatiu, -iva superlative; sur-
passing.
superposar to superpose.
superproducció f. overproduction.
supersònic, -a supersonic.
superstició f. superstition.
supersticiós, -osa superstitious.
supervivència f. survival; survi-
vorship.
supervivent surviving; survior.
superxeria f. fraud; deceit;
cheat.
suplantador m. supplanter.
suplantar to supplant; alter by
fraud; forge.
suplement m. supplement; sup-
plying.
suplementari, -ària supplementa-
ry; extra; additional.
suplent m. f. substitute.
suplent substituting.
supletori, -òria supplemental;
suppletory.
súplica f. petition; request; de-
mand; prayer.
suplicació f. demand; petition;
supplication.
suplicar to implore; beg; re-
quest; supplicate.
suplici m. torture; torment; an-
guish; punishment.

suplir to replace; substitute.
suport m. support; standard;
bearing; stay; protection.
suportable bearable; supportable;
tolerable.
suportar to support; endure;
bear; resist; stand.
suposança f. supposition; as-
sumption; surmise.
suposar to suppose; imagine; as-
sume; presume.
suposat, -ada supposed; assum-
aed; pretended.
suposició f. presumption; as-
sumption; supposition.
supòsit m. hypothesis; supposi-
tion; assumption.
supositori m. (med.) suppository.
suprem, -a supreme; extrem; up-
permost.
supremacia f. supremacy; prima-
cy.
supremanent supremely.
supressió f. suppression; abo-
lishment.
suprimir to suppress; cut out;
leave out; abolish.
supurar to suppurate; discharge;
fester.
sura f. calf; back of the leg.
surar to float.
sureda f. cork oak grave.
suro m. cork; bark of the cork-
oak.
surra f. blow on the rump;
spanking.
surt m. start; shock; fright;
scare; sudden state of fear.
susceptible susceptible; ready to
take offence; touchy; tender.
suscitar to originate; stir up;
raise; promote.
susdit, -a forementioned.
suspendre to suspend; hang up.

729

/ to refuse to give the pass mar (examination). / to fail; pluck (in an examination). / to stop; delay; adjourn.

suspens m. failure; fail.

suspensió f. suspension.

suspensió de pagaments f. suspension of payments.

suspicaç suspicious.

suspicàcia f. suspicion; mistrust; distrust.

sustentar to sustain; maintain.

sutge m. soot.

sutura f. seam. / suture.

sutzura f. filth; dirtiness; nastiness.

TAL FARÀS, TAL TROBARÀS
As a man makes his bed, so must he lie

ta (f. sing.) your.

taba f. astragalus; knuckle bones (game). / gossip; chat.

tabac m. tobacco.

tàbac m. blow with the fist. V. **cop de puny.**

tabal m. drum.

tabalot m. reckling; scatter-brain.

tabaqueria f. tobacconist's; tobaco shop.

tabard m. tabard.

tabernacle m. tabernacle.

tabola f. revel; merrymaking; fun; merriment.

tabolejar to ravel; make merry.

tabú m. taboo.

tabular tabular; arranged in tables.

tac m. plug; piece of wood for holes; stopper. / cue (billiards).

taca f. speck; stain; blot; spot; mark.

tacada f. stroke (billiards). / break (billiards).

tacar to stain; blot; smear; dirty.

tàcit, -a tacit; silent; implicit.

taciturn, -a taciturn; silent; melancholy; reserved.

tacte m. feel touch; feeling; touching. / tact.

tàctic, -a tactic; tactical.

tàctica f. orderly array; tactics.

tafanejar to pry into other's affairs; trust the nose into.

tafaner, -a prying; curious; having too much interest in the affairs of the others.

tafaneria f. prying; curiosity; pry.

tafetà m. taffeta; thin silk.

tafetà anglès m. sticking plaster.

tafilet m. morocco leather.

tafona f. oilmill.

tal such; the same as; like. / such a thing.

tala f. felling of trees; felling.

talaia f. hill; outlook; watchtower; height.

talar to fell trees; deforestate.

talar (applied to) long robes.

talc m. talc; French chalk; talcum.

tal com as; the same as.

taleia f. task; hobby.

tàlem m. pallium; canopy.

talent m. intelligence; talent. / talent, ancient Greek money.

talió m. talion; retaliation.

talismà m. talisman; amulet. charm.

tall m. cut; incision; cutting; slit. / cutting edge. / style in which clothes are made by cutting. / slice. / steak.

talla f. high; tallness; size. / wood carving.

tallada f. slice; cut.

tallador m. cutter (tailor).

tallaferro m. cold chisel (tool).

tallamar m. (naut.) cutwater.

tallant m. chopper.

tallapapers m. paper knife.

tallaplomes m. penknife. V. **trempaplomes.**

tallar to cut; slit; chop; cut off; slice.

tallareta vulgar f. (orn.) whitethroat.

tallarines f. pl. noodies.

tallarol capnegre m. (orn.) Sardinian warbler.

tallarol de casquet m. (orn.) blackcap.

tallarol gros m. (orn.) garden warbler.

tallarol xerraire m. (orn.) lesser whitethroat.

tallat m. precipice. / coffee with a little milk.

tallat, -ada cut. / made.

taHà-taHera so, so; more or less.

taller m. works; workshop; mill; shop.

talment in such a manner; apparently; in the same manner.

taló m. (anat.) heel; back part of the human foot. / part of a shoe supporting the heel. / cheque.

talonari m. book of vouchers, receipts, tickets; chequebook; stub book.

talòs, -osa awkward; clumsy.

talp m. (zool.) mole.

tal qual such as.

talús m. talus; slope; incline.

tal vegada perhaps; maybe.

tal volta perhaps; maybe.

tamarisc m. (bot.) tamarisk.

tamariu m. (bot.) tamarisk.

també also; too; as well.

tambor m. (mus.) drum.

tamboret m. stool; seat without a back.

tamborí m. (mus.) little drum.

tamborinada f. squall; light thunderstorm.

tamís m. sieve; slfter.

tamisar to sift; sieve.

tampó m. ink pad; pad.

tampoc neither; nor; not either; either.

tan so; such; as.

tan aviat com as soon as.

tanc m. tank.

tanca f. fence; hedge. / closing; closure. / latch; bolt. / bracket; clasp.

tancament m. closure; locking; shutting; fastening. / lockout.

tancar to close; shut. / to enclose; fence; fold. / to bolt; lock. / to seal (an envelope). / to turn off (a tap).

tancar amb clau to lock; fasten.

tancar-se to close; shut. / to heal (a wound).

tancat m. enclosure; yard; fenced field.

tancat, -ada close; closed; shut.

tanda f. turn; relay; shift; task.

tàndem m. tandem; tandem bicycle.

tangent f. tangent.

tangible t a n g i b l e ; manifest; touchable.

tango m. (mus.) tango (South American dance).

tanmateix anyhow; at any rate; however; nevertheless.

tannara f. bun (hair); chignon.

tanoca simple; half-witted.

tanoca m. f. simpleton; fool.

tan sols at least; just; even.

tant, -a as much; so much.

tàntal m. tantalum. / (orn.) wood stork.

tantalitzar to tantalize.

tant com as much as; as well as.

tant de bo! God grant!; I wish; would to God!

tantost at once; without delay; immediately.

tants, tes as many; so many.

tant-se-me'n-dóna m. happy-go-lucky.

tant se me'n dóna I don't care; I couldn't care less.

tant se val it is all the same; don't mention it! isn't worth while!

tant si és com si no és whether or not.

tany m. stem; stal; sprout; shoot.

tap m. cork; plug; stopper sap. / obstruction.

tapa f. cover (box).

tapaboques m. scarf.

tapabruts m. deceit; false pretext; concealment; occasionally cover to hide an unpleasant thing.

tapadora f. lid cover; loose lid.

tapar to cover; close; stop; plug; cork. / conceal; veil; screen.

tapar-se to become cloudy.

tapat, -ada covered; close.

tàpera f. (bot.) caper.

tapet m. table cover.

tapeta f. pocket-flap.

tap fusible m. fuse plug; fuse.

tapí m. chopine (ancient shoe for women).

tàpia wall; mud wall; fence.

tapiar to wall up.

tapineria f. chopine shop.

tapioca f. tapioca; substance obtained from the root of the cassava plant.

tapís m. tapestry.

tapisser m. tapestry maker. / upholsterer.

tapisseria f. upholstery. / shop where tapestries are sold; tapestries.

taponar to stop up; close up (an orifice, breach).

taquígraf m. stenographer; shorthand writer.

taquigrafia f. shorthand stenography.

taquilla f. booking-office; ticket window.

taquiller m. ticket clerk; booking clerk.

tara f. flaw; crack.

tarallejar to hum a tune.

tarallirot m. fool; scatterbrain.

tarannà m. temper; countenance; mien; nood.

taràntula f. tarantula; large hairy spider.

tarar to make a flaw. / to tare.

tarat, -ada damaged with a flaw.

tard late; too late.

tarda f. afternoon.

tardà, -ana tardy; late; coming or done late.

tardança f. delay; tardiness.

tardar to be late; take a long time; tarry.

tard o d'hora sooner or later.

tardor f. autumn; fall.

targeta f. card.

targeta postal f. postcard.

tarifa f. fare; tariff; price list.

tarima f. dais; stand; platform; wooden platform.

tarja f. target; shield; transom.

taro m. cold wind.

taronger m. (bot.) orange-tree.

taronger mandarí m. tangerine (tree).

tarongerar m. orange grove.

tarongina f. orange blossom.

taronja f. orange.

taronjada f. orangeade.

tarot m. aged hat.

tartà m. Scotch plaid; tartan (woollen fabric).

tartana f. covered two wheeled carriage.

tartaner m. driver of a **tartana**.

tasca f. tark; job; work.

tascar to work; carry out a task.

tascó m. wedge; chock.

tasconar to wedge.

tassa f. cup.

tassó m. large cup (for milk, broth).

tast m. taste; tasting; sample.

tastador m. taster; sampler.

tastaolletes m. dabbler; rolling-stone; person who starts things but gives up easily.

tastar to taste; sample.

tastavins m. wine taster.

tatà m. h o r s e (children's speech).

tatuatge m. tattoo.; tattooing;

tatx m. sample slice.

tatxa f. stud; tack.

tatxar to sample; plug (fruit).

tatxonar to stud.

taujà, -ana rustic; churlish; good-natured; easy-going.

taula f. table. / board.

taula de xocolata f. square of chocolate. (dark chocolate).

taulat m. plank-floor; platform.

taulell m. counter; table where customers are served.

tauler m. board; chess-board.

tauler d'anuncis m. notice-board.

tauler d'escacs m. chess-board.

taules f. pl. draw (chess).

tauleta f. small table.

tauleta de nit f. bedside table.

tauló m. plank.

taumaturg m. thaumaturge; miracle worker.

tauró m. (ichth.) shark.

taüt m. coffin.

tàvec m. (ent.) horsefly; gadfly.

tavella f. (bot.) pod. / pleat.

taverna f. tavern.

taverner m. keeper of a wine shoop.

taxa f. tax.

taxació f. appraisement; valuation; appraisal.

taxar to tax; appraise.

taxatiu, -iva limitative; restrictive. / precise.

taxi m. taxi; taxicab; cab.

taxímetre m. taximeter.

taxista m. f. taxi driver; cabman or cabwoman.

te m. tea.

teatral scenic; theatrical.

teatre m. theatre.

tebi, tèbia lukewarm; tepid.

tebiesa f. V. **tebior**.

tebior f. tepidity; lukewarmness. / coolness; indifference.

tec m. big meal; plentiful repast.

teca f. (coll.) food. / (bot.) teak.
tecla f. key (piano, typewriter).
teclat m. keyboard.
tecleig m. fingering (piano). / clatter (typewriter).
teclejar to finger the keyboard. / to type
tècnic m. authority; tecnician; expert; specialist.
tècnic, -a technical.
tècnica f. technics; technique; technical ability.
tecnicisme m. technicality.
tecnologia f. tecnology.
tectònic, -a tectonic; pertaining to the earth's crust.
tedèum m. Te Deum.
tedi m. tediousness; boredom.
tediós, -osa tedious; boring.
teia f. brand; firebrand; torch; candlewood.
teiera f. cresset; fire-basket.
teix m. (bot.) yew; yew-tree.
teixidor m. weaver.
teixir to weave.
teixit m. fabric; tissue; textile; stuff; cloth; material; texture.
teixó m. (zool.) badger.
tel m. flim; pellicle; membrane; skin.
tela f. web; cloth; stuff; fabric.
tela encerada f. tarpaulin.
telaire m. f. draper.
tela metàl·lica f. wire netting.
telèfon m. telephone; phone.
telefonar to telephone; ring up; phone.
telefonista m. f. telephone operator.
telègraf m. telegraph.
telegrafia f. telegraphy; wire.
telegrafiar to telegraph; wire; cable.
telegrafista m. f. telegrapher; te-

legraphist; telegraph operator.
telegrama m. telegram.
telèmetre m. range finder; telemeter.
teleobjectiu m. telephoto lens.
telepatia f. telepathy.
teler m. loom.
telescopi m. telescope.
telesella f. chair lift.
teletip m. teletype; teletypewriter.
televident m. televiewer; viewer.
televisar to televise.
televisió f. television.
televisiu, -iva telegenic; television.
televisor m. television set.
tell m. (bot.) linden tree.
teló m. (theat.) drop curtain; curtain.
tema m. theme; subject.
temàtic, -a thematic.
temença f. dread; fear.
témer to fear; dread.
temerari, -ària reckless; bold; rash; temerarious.
temeritat f. temerity; recklessness; boldness; rashness.
temible fearsome ; dreadful; frightful.
temor m. f. fear; dread; awe.
temorec, -ega afraid; fearful; timorous.
temorejar to be afraid; fear; be suspicious.
temorenc, -a V. **temorec.**
temorec, -ega afraid; fearful; timorous.
temperament m. temperament; nature; constitution.
temperància f. temperance; moderation.
temperar to temper; quench; moderate.

temperar-se to restrain oneself; adjust oneself.

temperat, -ada temperate; with temperance.

temperatura f. temperature.

temperi m. tempest; storm; bad weather.

tempesta f. storm; tempest.

tempestat f. tempest; storm.

tempestívol, -a stormy.

tempestuós, -osa stormy.

templa f. temple (side of the forehead).

templari m. Templar; knight Templar.

temple m. temple (building).

templet m. kiosk; niche.

temporada f. season; tide; period of time.

temporal m. storm (esp. at sea). / temporal; temporary; wordly; provisional.

temporalment temporally. / temporarily.

temporer, -a seasonal; temporary.

temporitzar to temporize. / to pass time; kill time.

temprança f. temperance; moderation.

temps m. time; long; tide. / weather.

temptació f. temptation.

temptador m. tempter; devil.

temptador, -a tempting; alluring.

temptar to tempt; incite; allure.

temptativa f. attempt; attempting.

tempteig m. calculation; trial.

temptejar to feel; explore by touching; test; reckon.

tenaç tenacious; stubborn; persistent.

tenaces f. pl. of **tenaç.**

tenacitat f. toughness; tenacity.

tenalles f. pl. tongs; pincers.

tenda f. tent; canvas shelter. / stall; booth.

tendal m. sunblind; awning; tent.

tendència f. tendency; trend.

tendenciós, -osa tendentious.

tendent having a tendency; apt.

tènder m. tender; wagon for fuel behind a locomotive.

tendir to tend; have a tendency.

tendó m. tendon.

tendó d'Aquil·les m. Achilles' tendon.

tendral fresh; new.

tendre, -a tender; delicate; kind; loving. / easily chewed no tough.

tendresa f. tenderness; softness.

tendrum m. gristle; cartilage.

tenebra f. darkness.

tenebror f. darkness; gloom.

tenebrós, -osa tenebrous; dark; gloomy.

tènia f. taenia; tapeworm.

tenidor de llibres m. book-keeper.

tenidoria de llibres f. book-keeping.

tenir to have; keep; own; have got; possess.

tenir... anys to be... years old.

tenir calor to be hot.

tenir fred to be cold.

tenir gana to be hungry.

tenir lloc to take place.

tenir mal de cap to suffer from headache.

tenir mal de queixal to suffer from toothache.

tenir por to be afraid; fear.

tenir pressa to be in a hurry.

tenir relacions to court; woo; be engaged to.

tenir set to be thirsty.
tenir son to be sleepy.
tenir un refredat to have a bad cold; have a cold.
tennis m. tennis.
tennista m. f. tennis player.
tenor m. (mus.) tenor.
tenora f. (mus.) wind instrument of the woodwind group but with metallic bell, peculiar in **cobles** of **sardanes** and other Catalan folk dances, with reed mouthpiece.
tens, -a tense; tight.
tensar to tighten; tauten; draw.
tensió f. train; tension. / voltage; tension. / tautness; stress.
tensor m. tightener. / (anat.) tensor.
tentacle m. tentacle.
tentinejar to toddle; totter; stagger.
tentines f. pl. toddle; staggering.
tènue faint; dim; thin; slender.
tenyir to dye; tint; tinge.
tenyit, -ida dyed.
teòleg m. theologian.
teologia f. theology.
teorema m. theorem.
teoria f. theory.
teòric, -a theorical; theoric.
teòrica f. theoretics; theory.
teosofia theosophy.
teranyina f. cobweb; web; spider's web.
terapèutic, -a therapeutic; therapeutical.
terapèutica f. therapeutics; therapy.
teràpia f. therapy.
teratologia f. teratology.
tèrbol, -a turbid; not clear; muddy.
terbolí m. whirlwind.

terç m. a third part of something.
terç, -a third.
tercer, -a third.
tèrcia f. (eccl.) tierce.
terciari m. (eccl.) tertiary.
tergiversar to distort; misrepresent; tergiversate.
termal thermal; of heat.
terme m. bound; boundary mark; limit; end. / word; term; expression.
terme mitjà m. average; standard.
termenal m. boundary; limit.
termener, -a contiguous; bordering.
termes f. pl. thermal springs; hot baths.
tèrmic, -a thermal; thermic; heat.
terminal m. (elect.) terminal; connexion in an electric circuit.
terminal terminal; final; ultimate.
termini m. instalment.
terminant categorical; conclusing; convincent.
tèrmits m. pl. (ent.) termite (white ant).
termòmetre m. thermometer.
termonuclear thermonuclear.
termos m. thermos flask; thermos bottle; thermos.
tern m. set of three. / three piece suit.
ternal m. pulley-block.
terra f. earth; world. / land. / soil; earth. / ground.
terrabastall m. loud noise; din; clatter. / attic; auxiliary floor.
terraplè m. mound; embankment; rampart; bank.
terraqüi, -a terraqueous.

terrassa f. terrace.
terrassà, -ana peasant; rustic; tiller.
terrat m. roof; terrace; flat roof.
terratinent m. landlord; land-owner.
terratrèmol m. earthquake.
terregada f. coal-dusk; broken up charcoal.
terrejar turn over the ground.
terrenal wordly; earthly; mundane.
terrenc, -a earthy; earth-coloured.
terreny m. ground; soil; land; plot.
terrer m. native soil; land where one lives. / piece of land. / ant-hill.
terrestre terrestrial; earthly.
terrible awful; terrible.
terriblement terribly.
terrícola m. Earth dweller.
terrina f. jar; earthenware jar.
terrissa f. terra-cotta; porcelain.
terrissaire m. potter; pottery dealer.
terrisseria f. pottery.
territ bec-llarg m. (orn.) curlew sandpiper.
territori m. territory; land.
terror m. f. awe; terror.
terrorífic, -a terrorifying; dreadful; awful.
terrorisme m. terrorism.
terrorista m. terrorist; one who rules by terror.
terroritzar to terrify; frighten.
terròs m. lump; mound. / bit of earth; homeland.
tertúlia f. party; circle; social gathering.
tes, -a stiff; starchy.
tes (f. pl.) your.

tesar to tighten; stiffen.
tesi f. thesis.
tessitura f. (mus.) tessitura. / frame of mind; mood. / situation; circumstances.
test m. flower-pot. / test; trial of skill, knowledge.
testa f. head.
testador m. testator.
testament m. testament; will.
testar to make a testament; will.
testarut, -uda stubborn; obstinate; wilful; headstrong.
testicle m. (anat.) testicle.
testificar to testify.
testimoni m. witness; testimony. / token.
testimoniar to witness; certificate.
testimoniatge m. attestation; affidavit.
tètan m. tetanus.
tètanus m. tetanus.
tetera f. teapot; kettle.
tetina f. nipple; rubber mouthpiece of a baby's feeding bottle.
tetrarca m. tetrarch.
tètric, -a dismal; gloomy; dark.
teu (m. sing.) yours.
teula f. tile; roof tile.
teulada f. roof; tiled roof.
teular to tile; cover with tiles.
teuler m. tile maker; brickmaker.
teus (m. pl.) yours.
teva (f. sing.) yours.
teves (f. pl.) yours.
text m. text.
tèxtil textile.
textual textual.
textura f. texture; tissue.
tia f. aunt.
tiara f. tiara; triple crown worn by the Pope.

tibant tense; tight; taut.

tibantor f. tightness; tautness, tenseness.

tibantor de muscles f. pain from overexercise.

tibar to tighten; stiffen; tauten.

tibat, -ada conceited; haughty; proud. / rigid; starchy; erect; straight.

tiberi m. big meal; plentiful repast.

tíbia f. (anat.) tíbia; shinbone.

tible m. (mus.) wood wind instrument, hight-keyed, w i t h reed mouthpiece, characteristic in the assemble **cobla de sardanes.** Smaller than the oboe.

tic m. tic; nervous tic.

tic nerviós m. nervous tic; tic.

tic-tac m. tick-tock.

tifó m. typhoon.

tifus m. (path.) typhus.

tigrat, -ada tabby; striped.

tigre m. (zool.) tiger.

tija f. stem; stalk.

tiŀla f. lime-flower; linden-flower. / linden blossom tea.

tiŀler m. (bot.) lime-tree; linden tree; large-leaved lime.

timba f. crag; precipice. / gambling house.

timbal m. (mus.) drum.

timbala f. (mus.) kettledrum.

timbaler m. drummer.

timbrar to stamp. / to seal.

timbre m. bell; call-bell; electric bell; ring. / seal; stamp.

tímid, -a timid; shy.

timidesa f. timidness; shyness

timó m. helm; rudder.

timoner m. helmsman; steersman.

timpà m. (anat.) tympanum;

eardrum. / (arch.) tympanum.

tina f. vat; tub; wine-press.

tinell m. show-case; side-board.

tinència f. tenancy.

tinent m. lieutenant.

tinguda f. capacity; content.

tint m. dye; stain; tint.

tinta f. ink.

tinter m. inkstand; inkpot.

tintorer m. dyer; dry cleaner.

tintorera f. (ichth.) female shark.

tintoreria f. dyeing. / dyer's shop; cleaner's shop; dry-cleaner's.

tintura f. dye; tint. / tincture.

tintura de iode f. tincture of iodine.

tinya f. tinea; scald-head; scald; ringworm.

tinyós, -osa scabby; scald.

tió m. brand; log.

tip, -a satisfied; fed-up; satiated; more than enough.

típic, -a typical; traditional.

tiple m. f. (mus.) treble; soprano.

tipografia f. typography.

tipus m. type. / rate. / specimen.

tiquet m. ticket.

tir m. shot; discharge.

tira f. strip (of cloth, paper).

tirà m. tyrant; despot.

tirà, -ana tyrannic; tyrannical.

tirabec m. (bot.) tender pea.

tirabuixó m. corkscrew curl; corkscrew; curl. / lick (hair).

tirada f. issue; printing; publication. / distance; space. / amount (water, wine) drunk at a time draught from a **porró** or **càntir.** / part of a **sardana.**

tirador m. thrower. / marksman.

tiralínies m. ruling pen.

tirallonga f. series of many things; string.

tirania f. tyrany.

tiranitzar to tyrannize.

tirant m. brace; strut; stay.

tirants m. pl. harness traces.

tirar to throw; cast; fling; hurl.

tiratge m. draft. / press-work; issue; edition; printing.

tireta f. neckband of a shirt; strip; band.

tiroïdal thyroid.

tiroide m. (anat.) thyroid.

tirolès, -esa Tyrolese.

tiroteig m. shooting; exchange of shoots; firing.

tirotejar to exchange shots; blaze away at.

tírria f. ill-will; aversion.

tisana f. tisane; medical tea; infusion.

tisi f. (pat.) phthisis; consumption.

tísic, -a phthisical; consumptive; tubercular.

tisores f. pl. scissors.

tisoreta f. (ent.) earwig.

tissú m. gold or silver tissue; lamé.

titànic, -a titanic.

titella f. puppet; glove puppet. / (orn.) meadow pipit.

titellaire m. pupeteer.

titil·lar to twinkle; flicker.

titlla f. dot; diacritical sign. / bad name; fault.

titllar to stigmatize; brand. / to dot.

títol m. headin; title. / charter.

titot m. turkey. V. **gall dindi.**

titubeig m. hesitation; vacillation.

titubejar to hesitate; vacillate; stagger; stammer.

titular m. titular; holder. / (typ.) headline.

titular to title; entitle.

titular official; titular.

to m. tone; sound. / shade; degree. / (mus.) pitch.

tobogan m. toboggan; tobogganslide.

toc m. touch. / ringing; ring; beat; call.

toca f. headdress; hood; wimple; cornet (nuns).

tocacampanes m. quack; talker of nonsenses.

tocador m. dressing-table.

tocant by; near.

tocant a referring to; with reference to; concerning.

tocar to touch; feel. / (mus.) to play; sound; blow; beat; ring. / to strike; hit; knock.

tocar el dos to go; leave; make off.

tocar el pirandó to take one's heels.

tocar-hi to be in one's right mind.

tocata f. (mus.) toccata.

tocatardà, -ana slow; sluggish.

tocat de l'ala crazy; foolish.

tocat i posat circumspect; meticulous; careful and exact.

tocòleg m. tocologist; obstetrician.

tocologia f. tocology; obstetrics.

tocom m. place; spot. V. **indret.**

tofa f. thickness (hair, bushes).

tòfona f. truffle (fungus).

toga f. gown; robe (magistrate).

toia f. bouquet; bunch of flowers.

toís m. fleece; wool cut from a sheep.

toisó m. fleece (chicalry order).

toixarrut, -uda rough; rude.
toixó m. badger. V. **teixó.**
toldre to take away; take off; move; deprive; subtract.
tolerable bearable; tolerable.
tolerància f. tolerance.
tolerant tolerant.
tolerar to allow; tolerate; suffer; diggest.
tolir-se to be crippled.
tolit m. cripple; disabled.
toll m. puddle; small dirty pool.
tom m. volume; large book; tome.
tomanyí m. (bot.) type of red lavender; French lavender. V. **caps d'ase.** / small stopper or cap for a flask.
tomaquera f. (bot.) tomato-plant.
tomàquet m. tomato.
tomaquet m. small tomato.
tomar V. **entomar.**
tomb m. stroll; q u i e t walk; walk.
tomba f. tomb; grave.
tombada f. turn; turning movement.
tomballar to overturn repeatedly (on the ground or on the floor).
tombant m. bend; turn.
tombar to turn; go round.
tombar-se to turn round; look back.
tombarella f. somersault.
tómbola f. fancy fair for charity; bazaar.
ton (m. sing.) your.
tona f. ton (mesure of weight) 1.000 kilogrammes).
tonada f. tune; air.
tonalitat f. mus. tonality.
tonant thundering.

tonatge m. tonnage; capacity; ship's cubic content.
tondre to shear.
tonedor m. shearer (of animals).
tonell m. barrel; tun; wooden round container.
tongada f. period of time; series.
tònic, -a tonic.
tònica f. (mus.) key-note; key-tone.
tonificar to invigorate; tone up; strengthen.
tonyina f. (ichth.) tunny fish; tunny.
topada f. collision; clash. / skirmish; hit; smash; knock.
topadís, -issa said of a person who contrives an apparently chance meeting.
topall m. buffer; buffer-stop.
topants m. pl. by-roads; out-of-the-way place.
topar to collide; strike; conflict; come together violently.
topazi m. topaz.
tòpic m. topic; subject; commonplace.
topògraf m. topographer; surveyor.
topografia f. topography.
toponímia f. study of place-names.
toquejar to finger; handle; paw; feel.
toràcic, -a thoracic.
tòrax m. (anat.) thorax; chest.
torb m. blizzard; whirl of rain or snow.
torbament m. confusion.
torbar to trouble; annoy; obstruct; disturb; alter normality. / to daze.
torbat, -ada dazed.

torbonada f. thunderstorm.
torçada f. twist; sprain.
torçat, -ada twisted; oblique; tor-
tuous.
tòrcer V. **torçar.**
torcívol, -a pliant; flexible.
tord m. (orn.) thrush; song
thrush.
torlit m. (orn.) stone curlew.
torn m. lathe. / turn; shift; in-
nings.
torna f. portion (of bread) added
to level the weight when it
is sold.
tornaboda f. party on the day
after a wedding.
tornada f. return. / corus; re-
frain.
tornado m. tornado; hurricane.
tornallum m. reflector.
tornar to return; come back; go
back. / to bring back; restore;
give back.
tornar-se to turn; develop; grow;
become.
tornar-se'n to return; go back;
turn round; go back to one's
starting point.
tornar-s'hi to turn on; answer
back; reply; take revenge.
tornassol m. iridescence.
tornassolat, -ada shot (silk).
tornaveu m. sounding board;
echo.
tornavís m. screw-driver.
torn de filar m. spinning wheel.
torneig m. tournament; contest;
joust; tilt; competition.
tornejar to turn (with a lathe).
torner m. turner; person who
works with a lathe.
torniquet m. tourniquet (applian-
ce for stopping boodflow). /
turnstile.

toro m. bull. V. **brau.**
torpede m. torpedo.
torpediner m. torpedo boat.
torrada f. toast; slice of bread
browned before the fire.
torrar to toast; bake.
torrassa f. turret; tower.
torrat, -ada toasted. / (fam.)
drunk.
torratxa f. watch-tower.
torre f. tower. / cottage. / rook
(chess).
torrefacció f. toasting; torrefac-
tion.
torrencial torrential; overwhelm-
ing.
torrent m. stream; torrent; rush.
torrentada f. torrent; flood.
tòrrid, -a torrid; hot.
torronaire m. maker or seller of
torrons.
torrons m. pl. nougat; sort of
hard sweet made of almond,
nut, hazelnuts, honey, served
as a dessert on Christmas
meals.
tors m. trunk of the body (sta-
tues).
torsió f. twist; torsion.
tort m. wrong; injustice.
tort, -a crooked; bent; twisted;
curved.
tortell m. ring-shaped cake made
of flour, sugar, etc.
torticoli f. (path.) torticollis;
stiff neck.
tórtora f. (orn.) turtle dove.
tortuga f. tortoise.
tortugada f. roof gutter.
tortuga de mar f. (zool.) turtle.
tortuós, -osa tortuous; sinuous.
tortura f. torture; torment; rack.
torturar to torture; agonise; tor-
ment.

torxa f. torch.
tos f. cough.
tos (m. pl.) your.
tosc, -a coarse; rough; rugged.
tosca f. tartar; fur; chalk-like
    substance.
tosella f. (bot.) summer wheat;
    beardless wheat.
tosquedat f. coarseness; rough-
    ness.
tossa f. bulk; mass; bulge.
tossal m. little high; height;
    bank; hillock.
tossir to cough.
tossuderia f. stubborness; obsti-
    nacy.
tossut, -uda hard-headed; stub-
    born; obstinate.
tost soon; quickly.
tostemps always; at all times.
tòt m. the bigger spout of a càn-
    tir, to fill it with water.
tot everything; all.
tot, -a all; every; whole; com-
    plete; total.
total m. whole; utter; total; en-
    tire.
tot d'un plegat all of a sudden.
totalitari -ària totalitarian.
totalitarisme m. totalitarianism.
totalitat f. totality; w h o l e ;
    wholeness.
totalment totally; wholly; tho-
    roughly; quite; off; altogether.
tothom everybody.
tothora always; at all time.
tòtil m. (zool.) toad.
tot plegat althogether; in short.
totpoderós,- osa almighty.
tot rient rient on the quiet;
    without noticing; merrily.
tots everybody.
tots, -tes every; all (pl.).
tots dos both.

tot seguit immediately; at once;
    forthwith.
tots junts all together.
totxana f. large brick.
totxo m. thick brick.
totxo, -a good-natured.
tou, tova soft; gentle; mild; mel-
    low; fluffy; downy.
tovalles f. pl. tablecloth.
tovalló m. napkin.
tovallola f. towel.
tovalloler m. towel rack; towel
    rail.
tòxic, -a toxic; toxical; poiso-
    nous.
toxina f. toxin; toxine.
trabuc m. blunderbuss.
trabucaire m. a rebel armed with
    a blunderbuss.
trabucar to mistake; invert the
    order of; upset; confuse.
traç m. feature; streak; stroke;
    line; outline.
traca f. string with petards as
    fireworks.
traça f. skill; dexterity; mind; ta-
    lent.
traçar to draw; trace; devise;
    sketch.
traçat m. drawing planning; tra-
    cing.
tracció f. traction.
tracoma m. (path.) trachoma.
tractable reasonable; tractable.
tractadista m. writer on special
    subjects.
tractament m. treatment; usa-
    ge. / tittle; address; form.
tractant m. trader; deadler.
tractar to treat; deal; handle;
    trade; bargain.
tractar de to try to; endeavour.
tractar-se de to be about; be a
    question of.

tractat m. treaty; agreement. / treatise; book that deals with one subject.

tracte m. treatment; usage; manner. / pact; agreement.

tractor m. tractor; lorry; traction engine.

traçut, -uda skilful; dexterous; clever.

tradició f. tradition.

tradicional traditional; that has-prevailed from generation to generation.

tradicionalisme m. adherence to tradition.

traducció f. translation.

traductor m. translator; interpreter.

traduir to translate.

tràfec m. busy affair; bustle. / active person.

trafegar to transvase.

trafeguejar to work actively.

tràfic m. trade; trading; commerce. / traffic; transport business.

traficant m. trader; trafficker.

traficar to deal; trade; traffic.

trafiquejar V. **traficar.**

tragèdia f. tragedy.

tragella f. levelling-harrow.

tragellar (agr.) to level ground.

tragí m. transport; haulage. / extraordinary activity; bustle; hustle.

tràgic, -a tragical; tragic.

tràgicament tragically.

tragicomèdia f. tragicomedy.

traginar to carry goods; cart goods.

traginer m. carrier.

tragirar to stir; turn over; disarrange.

traguet m. amount of liquid

drunk during a short swallowing from the spout of a **porró** or **càntir.**

traïció f. betrayal; treachery; treason.

traïdor m. traitor; betrayer.

traïdor, -a treacherous; treasonable.

traïdora f. traitress.

traïdoria f. treachery.

trair to betray; do treason.

trajecte m. stretch; distance; section of line in a regular transport service.

trajectòria f. trajectory.

tralla f. lash; part of a whip.

tram m. section; stretch; distance. / flight of stairs.

trama f. plot. / weft (weaving).

tramar to plot; scheme.

tramesa f. remittance.

trametre to send; convey; remit.

tràmit m. business transaction; procedure.

tramitar to transact; negotiate; proceed.

tramoia f. (theat.) artifice; craft; stage machinery. / trick; scheme.

tramoista m. (theat.) stage-machinist.

trampa f. trap; snare; foul play.

trampejar to manage; get along.

trampista cheat; tricker; swindler.

trampolí m. springboard.

trampós, -osa deceitful; tricky; swindling.

tramuntà, -ana transmontane; tramontane.

tramuntana f. north wind.

tramús m. (bot.) lupin; lupine.

tramvia m. tramway; tram.

tramviaire m. tramwayman.
tramviari, -ària relative to tram-
ways.
tràngol m. swell; surf. / commo-
tion; excitement.
tranquil, -il·la calm; quiet; rest-
ful; gentle; secure; tranquil.
tranquil·litat f. peace; quiet; tran-
quillity.
tranquil·litzar to tranquillize; calm.
transacció f. transaction; com-
promise; adjustment.
transatlàntic m. liner; transatlan-
tic ship.
transbord m. change; transfer;
transshipment.
trasbordador m. ferry. / funicu-
lar railway.
transbordar to trans-ship.
transcendència f. consequence;
significance; importance. /
transcendency; transcendence.
transcendent transcendent; im-
portant; significant.
transcendental transcendental;
important.
transcendir to be transcendent;
be known; penetrate.
transcórrer to elapse; pass; go
off.
transcripció f. transcription.
transcriure to transcribe.
transcurs m. course; period;
space.
transeünt m. passer-by. / tempo-
rary resident. / pedestrian.
transferència f. transfer; transfe-
rence.
transferible transferable.
transferir to transfer.
transfiguració f. transfiguration.
transfigurar to transfigure.
transformador m. transformer.
transformador, -a transforming.

transformar to transform; chan-
ge.
trànsfuga m. f. deserter; turn-
coat.
transfusió f. transfusion.
transgredir to transgress.
transgressió f. transgression.
transhumant transhumant; noma-
dic; migrating.
transició f. transition.
transigir to give in; accommo-
date; be tolerant; compromise.
transistor m. radio transistor.
trànsit m. traffic. / transit; pas-
sage. / death (of a saint).
transitable passable.
transitar to pass; travel.
transitiu, -iva (gram.) transitive.
transitori, -òria temporary; tran-
sitory; ephemeral.
translació f. transfer; move; re-
moval.
translúcid, -a translucent.
translucidesa f. translucence;
translucency.
transmetre to convey; transmit;
forward.
transmigrar to transmigrate.
transmissor m. transmitter.
transmutable transmutable.
transmutar to transmute; convert
i n t o something different;
change (shape, nature, form)
of.
transparència f. transparence.
transparent m. window shade.
transparent transparent; translu-
cent; limpid.
transparentar to reveal; betray;
show. / to allow to be seen.
transparentar-se to be transpar-
ent; show through; be able
to be seen. / to show what is
underneath.

transpirar to transpire; perspire.
transport m. transportation; traffic; hauling. / (mus.) transposition.
transportar to carry; convey; transport. / (mus.) to transpose.
transsubstanciació f. transubstantiation; impanation.
transsumpte m. transcript; copy.
transvasament m. decanting; transvasing; racking.
transvasar to decant; pour into another container; transvase.
transversal oblique; traverse; cross.
tranuitador m. night-bird; person who goes about at night; one who keeps late hours.
tranuitar to keep late hours; sit up late at night.
trapa f. scuttle; trap door.
trapeig m. swell; heavy sea.
trapella mischievous; tricky; crafty.
trapelleria f. trick; mischief.
trapezi m. trapeze; swing. / (geom.) trapezium.
trapezoide m. (geom.) trapezoid; trapezium.
tràquea f. trachea; windpipe.
trasbals m. upset; derangement; trouble.
trasbalsar to upset; disturb; disarrange.
traslladar to move; remove; shift; transfer.
traslladar-se to remove; go to live in another place; change one's dwelling-place.
trasllat m. removal. / (law.) notification. / copy; transcription.
traslluir-se to be translucent.

trasmudar to transmute; change (shape, nature, substance of).
traspaperar-se to be mislaid among other papers.
traspàs m. transfer; passing; conveyance. / decease; death.
traspassar to pierce; go through. / to transfer. / to die.
trasplantar to transplant.
traspontí m. folding seat (car; coach). / under-mattress.
traspuar to ooze (passing of fluids through pores).
trastaire m. old furniture dealer.
trastejar to move things about.
trastets m. pl. implements.
trastocat, -ada wild; crazy.
trastocar-se to become crazy.
trastorn m. disturbance; trouble.
trastornar to upset; disturb.
trastornat, -ada dazed; disturbed.
trasviar to divert; shift.
trau m. buttonhole.
traumatisme m. traumatism; trauma.
traüt m. rushing about; busy affair.
trava f. clog; hindrance.
travada f. joining; bond; tie.
travar to fasten; hinder; hobble; join fetter.
través m. thickness.
travessa f. sleeper; railway sleeper; tie. / football pool; bet; wager.
travessar to cross; traverse. / to pierce.
travesser m. crosspiece; crossbar; jamb.
travesser, -a cross; transverse.
travesera f. cross street.
travessia f. crossroad. / passage; voyage; crossing.
traveta f. trip; deceit; trick with

the foot in order to cause (an opponent footballer) to fall down.

treball m. work; labour; job; occupation; toil.

treballador m. worker; workman.

treballador, -a hard-working; laborious.

treballar to work; labour; toil.

treballat, -ada wrought.

treballós, -osa hard; arduous; not easy.

tremebund, -a terrible; dreadful.

tremend, -a tremendous; wonderful; awful; imposing. / mischievous; roguish.

trementina f. turpentine.

tremir tremble; quake.

trèmol m. aspen (kind of poplar tree).

tremolament m. tremble trembling.

tremolar to quiver; shiver; shudder; tremble.

tremoleda f. aspen; grove; poplar grove.

tremolor f. quiver; shiver; tremble; trembling.

tremolós, -osa shaking; shivering.

tremp m. temper; decision. / nib; point (writing pen).

trempaplomes m. penknife; jackknife.

trempar to temper; anneal.

trempat, -ada good-humoured; frank; open; hearty.

trèmul, -a shaking; shivering.

tren m. train.

trena f. plait.

trenar to plait; braid; twist.

trenc m. wound in the head.

trencacaps m. riddle.

trencaclosques m. puzzle.

trencacolls m. stumbling-rock; difficult matter.

trencadís, -issa easily broken; fragile; brittle.

trencadissa f. breakage; smash; crash (of fragile things).

trencadura f. hernia. / breakage; fracture.

trencall m. cross-roads; detour; deviation.

trencament f. breakage; fracture; crushing.

trencanous m. nutcracker. / (orn.) nutcracker.

trencapinyes m. (orn.) crossbill.

trencar to break; crack; fracture. / to turn; go round; double.

trencat m. (math.) fraction.

trencat, -ada broken; torn. / (path.) herniated; ruptured.

trenta thirty.

trentena f. thirty; group of thirty units.

trenyella f. braid.

trepa f. band; gang; group.

trepà m. (med.) trepine.

trepadella f. (bot.) sainfoin.

trepanar (med.) to trepan.

trepant m. drill; boring instrument.

trepar to drill; bore; punch.

trepidar to quake; shake; vibrate.

trepig m. tread; footstep.

trepitjada f. tread on someone's foot; stamp on the foot.

trepitjar to tread; trample; step on.

tres three.

tresavi m. great-great-grandfather.

tresàvia f. great-great-grandmother.

trescar to walk fast. / to work hard.

treset m. (mus.) triplet.
tresor m. treasure.
tresorer m. treasurer.
tresoreria f. treasury.
trespeus m. tripod. / trived.
trespol m. eiling V. **sostre.**
tres vegades three times; thrice.
tret m. shot; discharge. / feature; characteristic part.
tret de except; apart from.
tretze thirteen.
treure to draw out; take out; take off; drive out; expel.
treva f. respite; rest; break; truce.
trèvol m. (bot.) shamrock; clover; trefoil.
tria f. selection; choosing.
triangle m. triangle.
triangle equilàter m. equilateral triangle.
triangle escalè m. scalene triangle.
triangle isòsceles m. isosceles triangle.
triangular triangular.
triar to choose; select; pick out.
triat, -ada select; choice; choosen.
tribu f. tribe; clan.
tribú m. tribune; official chosen to protect the interests of common people in ancient Rome.
tribulació f. tribulation; affliction.
tribuna f. grand stand; sun parlour; bay window.
tribunal m. court; jury. / examining board.
tribut m. tribute.
tributació f. taxation; system of taxes.
tributant m. tax-payer.

tributar to pay taxes. / to pay (homage, respect).
tributari, -ària tributary; vassal; affluent.
tricicle m. tricycle.
tricolor tricoloured.
tricorni m. three-cornered hat.
tricot m. tricot.
trident m. trident.
tríduum m. (eccl.) triduum.
trienni m. triennium; term of three years.
triftong m. triphtong.
trifulga f. critical moment. / quarrel.
trifurcat, -ada trifurcate; trifurcated.
triganer, -a slow; sluggish.
trigar to be late; be long; be slow.
trigemin m. (anat.) trigeminal.
trigemin, -èmina triplet; one of three children born at a birth.
trigonometria f. trigonometry.
trilió m. trillion.
trill m. thresher.
trillar to thresh. V. **batre.**
trilogia f. trilogy; group of three (operas, plays).
trimestral three-monthly; quarterly.
trimestralment quarterly, every three months.
trimestre m. quarter; term; trimester.
trinar to fume; blow one's top. / (mus.) to trill, shake.
trinat m. (mus.) trill.
trinc m. clink; chink; jingle.
trinca f. trio; group of three; threesome.
trincar to drink; toast; clink.
trineu m. slege; sleigh.
Trinitat f. Trinity.

trinquet m. court; hall for playing Basconian ball.

trinquis m. breaking.

trinxant m. carving-knife. / sideboard table.

trinxar to carve; mince; grind.

trinxera f. ditch; trench. / trench coat.

trinxeraire m. street urchin; urchin.

trio m. trio; group of three singers or players.

triomf m. triumph; success; victory.

triomfador m. trumpher; victor.

triomfador, -a triumphant; victorious.

triomfal triumphal. / triumphant.

triomfant triumphant; victorious.

triomfar to succeed; be successful; triumph.

tripa f. gut; intestine.

tripartir to divide into three.

tripijoc m. tangle; mess.

triple treble; triple; threefold.

triplicar to treble; triplicate.

trípode m. tripod.

tríptic m. triptych; form in three parts.

tripulació f. crew member; man.

tripular to man (ship, aircraft); be a member of a crew.

triquinosi f. trichinosis.

trirectangle trirectangular.

trirrem m. trireme.

trisagi m. (rel.) trisagion.

triscar V. **trescar.**

trisíllab m. trisyllable.

trisíllab, -a trisyllabic.

trist m. (orn.) fan-tailed warbler.

trist, -a sad; sorry. / gloomy; bleak; dismal.

tristesa f. sadness; sorrow; grief. / gloom.

tristor f. sadness; sorrow; grief. / gloom.

tristor f. sadness; sorrow; grief.

tris-tras onomatopoeic word imitative of the noise in walking.

tritlleig m. chime; tinkle.

tritllejar to chime.

tritó m. (myth.) triton.

trituradora f. crusher; grinder; crushing machine.

triturar to grind; triturate.

triumvir m. triumvir.

triumvirat m. triumvirate.

trivial trivial; commonplace; humdrum; trite.

tro m. thunder.

trobadís, -issa that may be met on the way.

trobador m. troubadour; minstrel.

trobadoresc, -a pertaining to troubadours.

troballa f. find; act of finding; finding; discovery.

trobament m. meeting; encounter.

trobar to find; detect; discover; meet. / to make verses.

trobar-se to meet. / to feel (well, ill).

trobar-se bé to feel (oneself) well; be well.

trobar-se malament to feel (oneself) bad; be bad.

troca f. hank; coil (of wool, silk).

trofeu f. trophy.

tromba f. water-spout.

trombó m. (mus.) trombone. / trombone player.

trompa f. trunk; long nose of an elephant. / (mus.) h o r n; French horn. / horn player.

trompada f. bump; dull sound

made by a blow; blow; knock.

trompeta f. (mus.) trumpet. / trumpet player.

trompeteig m. trumpeting; blare.

trompeter m. trumpeter.

trompitjol m. little top (toy).

tron m. t h r o n e ; ceremonial chair. / royal authority.

trona f. pulpit. / high-chair (for babies).

tronada f. thunderstorm.

tronar to thunder.

tronat, -ada impoverished; decayed; ruined; worn out.

tronc m. log; trunk; bole. / sock; line of ancestry.

tronera m. night-bird; 'person who goes about late at night.

tronera f. embrasure; loophole.

trontoll m. jolt; sudden shake.

trontollar to quake; sway; stagger.

tronxo m. stem of a cabbage, cauliflower, etc.

tropa f. troop.

tropell m. rush; bustle.

tròpic m. tropics.

tropical tropical; tropic.

tros m. bit; piece; space; shred; fragment.

tros de pa good-natured; kind; easy-going.

trossa f. bun (of hair).

trossejar to tear up; divide into pieces; destroy; shatter.

trot m. trot; trotting pace.

trotador, -a trotting.

trotar to trot; go at a pace faster than a walk but not so fast as a gallop.

truà m. rascal; cunning; rogue; funny man.

truà, -ana rascal; knavish; tricky.

truc m. knock ring. / trick;

stratagem; **trickery; hanky-panky.**

trucador m. knocker; door-knocker.

trucar to knock; rap at the door; ring; call.

trucatge m. use of tricks.

truculència f. truculence; truculency; cruelty; horror.

trufa f. joke; jeer; taunt. / (bot.) truffle (fungus).

truita f. omelette. / (ichth.) trout.

truja f. (zool.) sow.

trull m. oil press.

trullar to mill; crush.

trumfa f. (boot.) potato. V. **patata.**

truncament m. truncation; cutting short.

truncar to truncate; cut off.

truncat, -ada truncated.

trust m. trust; cartel; combination of traders to control marketing.

tsar m. tzar; czar.

tsarina f. czarine; tzarine.

tu you; thou. / you; thee

tub m. tube; pipe.

tuba f. (mus.) tuba.

tubercle m. (bot.) t u b e r . / (path.) tubercle.

tubèrcul m. V. **tubercle.**

tuberculina f. tuberculin.

tuberculós m. consumptive; tubercular.

tuberculós, -osa tuberculous; tubercular.

tuberculosi m. tuberculosis.

tubular tubular; consisting of tubes.

tucan m. (orn.) toucan.

tudó m. (orn.) wood pigeon.

tuf m. offensive smell.

tuguri m. slum; hovel; poky little room.

tuïció f. custody; protection; tuition.

tul m. tulle; soft silk net-like material.

tulipa f. (bot.) tulip. / lampshade (tulip shaped).

tumbaga f. tombac ring.

tumor m. (path.) tumour.

túmul m. tumulus; barrow; catafalque; mound.

tumult m. tumult; riot.

tundra f. tundra.

túnel m. tunnel.

túnica f. tunic.

tupè m. turf; toupee.

tupí m. cooking pot.

tupinada f. wangle; fiddle; dirty business.

tupiner m. pottery dealer.

turba f. rabble; disorderly crowd.

turbant m. turban; oriental man's head dress.

turbina f. turbine.

turbonada f. squall; sudden violent wind.

turc, -a Turkish.

turgència f. turgescence; turgidness.

turió m. turion.

turisme m. tourism; touring.

turista m. f. tourist.

turmell m. ankle. (anat.).

turment m. torture; torment.

turmentar to torment.

turó m. hill; hillock; slope.

turpitud f. crassness; clumsiness.

turquesa f. turquoise.

tururut! (and) that is the end of it!

tustar to knuckle; knock at a door.

tuteig m. thouing; addressing a person as **tu**, familiarly.

tutejar to address someone as **tu**; treat with familiarity.

tutela f. tutelage; protection.

tutelar tutelary; tutelar.

tutor m. tutor; guardian; protector.

tutora f. tutoress; guardian.

txecoslovac, -a Czeco-Slovac.

U

NA FLOR NO FA ESTIU, NI DUES PRIMAVERA
One swallow does not make a summer

u m. one.

uberós, -osa abounding; uberous.

ubèrrim, -a uberous; very fruitful.

ubiqüitat f. ubiquity; multipresence.

udol m. howl; yell; screech; squeal; cry.

udolar to howl; yell.

uf! ugh!

ufana f. conceit; over-high opinion of oneself. / bloom; luxuriance; freshness; opulence.

ufanor f. freshness; bloom; vigour; opulence.

ufanós, -osa luxuriant fresh;

green; blooming. / proud; ex-
ultant.

ui! ouch!

uixer m. usher; janitor.

úlcera f. sore; ulcer.

ulcerar to ulcerate.

ulcerós, -osa ulcerous.

ull m. eye.

ullada f. glance; glimpse; look;
outlook.

ullal m. e y e tooth; canine
tooth. / tusk.

ullastre m. wild olive-tree.

ull de bou m. (naut.) porthole.

ull de poll m. corn; hardened
skin on the toe.

ullera f. telescope.

ulleral m. span (of a bridge).

ulleres f. pl. eye-glasses; specta-
cles; glasses.

ullerós, -osa haggard; having
rings under the eyes.

ullet m. eyelet; eyehole.

ullprendre to charm; fascinate.

ulterior ulterior; beyond what is
first seen.

últim, -a last; later; late.

ultimàtum m. ultimatum.

últim model up-to-date.

ultra besides; beyond; past.

ultraisme m. extremism.

ultramar beyond the sea.

ultramarí m. fine ultramarine
produce; grocery.

ultramarí, -ina ultramarine; over-
sea.

ultramesura beyond measure.

ultrapassar to surpass; exceed;
overflow; pass.

ultratge m. offence; outrage; in-
jure.

ultratjar to offend; injure; out-
rage; insult.

ultratomba f. beyond the grave.

ultraviolat, -ada ultraviolet.

ultravioleta ultraviolet.

ulular to ululate; howl.

umbilical (anat.) umbilical; of
the navel; central.

umbracle m. shaded place for
plants.

un (art. m.) a; an.

un (pron. m.) one; you; oneself.

un, -a one.

una (art. f.) a; an.

una (pron. f.) one; you; oneself.

una mateixa (f.) oneself.

una mica a bit; a little.

una mica de some.

unànime unanimous.

unanimitat f. unanimity; comple-
te agreement.

una vegada once; once upon a
time.

unça f. ounce; unit of weight;
1/12 of **lliura**. / ancient golden
coin.

un camí once.

unció f. unction; anointing.

un cop once.

unes (f. pl.) some.

unes mateixes (f. pl.) them-
selves.

unes quantes (f. pl.) some.

ungir to anoint.

ungla f. nail; fingernail; toenail.

unglada f. nail scratch.

unglera f. ingrowing nail.

unglot m. hoof; horny part of the
foot of a horse.

ungüent m. ointment; salve.

un hom one; you.

únic, -a sole; only; unique; lone.

únicament only; solely.

unicolor all one colour; of one
colour.

unificació f. unification; being
unified.

unificador, -a unifying.
unificar to unify; standardise; combine.
uniformar to uniform; standardize. / to clothe in uniform.
uniforme m. uniform; dress worn by all members of an organization; official dress.
uniforme uniform; even.
uniformement uniformly.
uniformitat f. uniformity; condition of b e i n g the same throughout.
unigènit, -a unigenital; only-begotten.
unilateral unilateral.
unió f. union; connection.
unir to unite; associate; join; connect.
unir-se to unite; cling; combine.
uníson, -a unison unisonal.
unisonant unison; unisonal.
unitari, -ària unitary.
unitat f. unity; oneness; unit. / agreement; harmony.
univers m. universe.
universal universal; world-wide.
universalment universally.
universitari, -ària universitarian; university.
universitat f. college; university.
unívoc, -a univocal.
un mateix (m.) oneself; self.
un poc a bit; a little.
uns (m. pl.) some.
uns mateixos (m.pl.) themselves.
uns quants (m. pl.) some.
untament m. ointment.
untar to anoint; grease; oil; smear; spread.
untatge m. greasing.
untós, -osa unctuous; greasy; oily.
unture f. ointment; liniment.

un xic a bit, a little.
un xic de some.
upa up!; up you go!
uralita f. uralite.
urani m. uranium.
urbà, -ana urban; city.
urbanisme m. city planning.
urbanitat f. urbanity; paliteness.
urbanització f. urbanization; development works in a city; town planning.
urbanitzar to urbanize; build on.
urbs f. city; large city.
urc m. pride; arrogance.
urèter m. (anat.) ureter.
urgència f. hurry; urgence; emergency; exigence.
urgentment urgently.
urgir to be urgent; be of the utmost importance; press.
úric, -a uric; of urine.
urinari m. urinal (place).
urinari, -ària urinary.
urna f. urn; glass; case.
urna electoral f. ballot-box.
urpa f. claw; paw.
urpada f. stroke with a paw.
urpar to claw; scratch.
urpejar to scratch; hurt with a paw.
ursulina f. Ursuline (nun).
urticària f. (path.) nettle rash; hives; urticaria; skin eruption.
ús m. use; usage.
us (pron. pl.) you (object); yourselves.
usança f. custom; usage; fashion.
usar to use; spend.
usat, -ada used; worn; employed.
usatge m. usage; custom; use.
usdefruit m. usufruct.
userda f. (bot.) lucerne; alfalfa.
usual costumary; usual; normal.

usualment usually; in ordinary way.

usuari m. user; usuary.

usufructuar to enjoy the usufruct of.

usufructuari m. usufructuary; one who has the use of another's property by usufruct.

usura f. usury; lending of money at exorbitant interest.

usurer m. usurer; one who practises usury.

usurpador m. usurper.

usurpar to usurp; assume unlawfully.

utensili m. utensil.

úter m. uterus; womb.

útil useful; helpful.

utilitari, -ària utilitarian.

utilitat f. utily; usefulness; worth; use; service.

utilitzar to use; make use of; utilize.

utillatge m. implements; tools.

utopia f. Utopia.

utòpic, -a Utopian; visionary; chimerical.

úvula f. (anat.) uvula; pendent fleshy part of soft palate.

uxoricida m. uxoricide (man).

V

AL MÉS BOIG CONEGUT QUE SAVI PER CONÈIXER
Better a known madman than an unknown wiseman

va, -na vain; of an empty nature.

vaca f. (zool.) cow.

vacació f. vacation; holiday.

vacada f. herd of cows.

vacances f. pl. holidays; vacation; period of rest from work.

vacant vacant; unoccupied.

vacar to be vacant.

vacil·lació f. hesitation; vacillation.

vacil·lant flickering; unsteady; vacillating; halting; hesitant.

vacil·lar to vacillate; hesitate; flicker.

vacu, vàcua empty; vacuous; vacant.

vacuïtat f. emptiness; vacancy. vacuity.

vacuna f. vaccine; cow-pox.

vacunar to vaccinate; protect

(against smallpox, etc.) by injecting vaccine.

vaga f. strike; act of striking.

vagabund m. wanderer; tramp; vagabond person.

vagabund, -a vagabond; having no fixed living-place.

vagabundejar to roam; wander.

vagament vaguely.

vagància f. vagrancy; idlenes; loitering.

vagar to idle; wander; roam; lounge; rove.

vagina f. vagina.

vagit m. cry of a newborn child.

vagó m. carriage; wagon; coach.

vagoneta f. truck; open railway truck; small wagon.

vague, -a vague; dim; indistinct.

vaguista m. striker.

vailet m. boy; kid; child; lad.
vainilla f. (bot.) vanilla.
vaivé m. ups and downs.
vaixell m. ship; vessel; boat.
vaixella f. table service; dinner set.
vaixell a vapor m. steamer.
vaixell de vela m. sailing ship.
val m. warrant; promissory note.
valedor m. protector; defender.
valencià, -ana Valencian.
valent, -a brave; valiant; fearless; gallant; bold.
valentament valianty.
valentia f. prowess; bravery; valour; boldness.
valer to be worth; be valued at; cost; amount to.
valer m. value; worth.
valeriana f. (bot.) valerian.
valerós, -osa brave; effective; powerful.
vàlid, -a valid.
validesa f. validity.
valiment m. influence; favour; protection.
valisa f. valise; mailbag.
vall m. moat; ditch; foss.
vall f. vale; valley.
valona f. vandyke collar.
valor m. f. value worth; efficience. / courage; valour; pluck.
valoració f. valuation; appraisement; assessment.
valorar to estimate; appraise; value.
valors m. f. stock; securities.
vàlua f. value; influence; worth.
valuós, -osa valuable; useful; worthwhile.
vàlvula f. valve.
vampir m. vampire.
vampiressa f. vamp.

vanaglòria f. boast; pride; conceit; vainglory.
vanagloriar-se to be vainglorious; boast; pride; vaunt.
vanagloriós, -osa vainglorious; boastul.
vanament vainly; in vain.
vàndal m. Vandal. / vandal; person who destroys works of art.
vandàlic, -a vandalic; vandal.
vandalisme m. vandalism.
vanitat f. vanity; conceit; pride; presumption.
vanitós, -osa conceited; vain.
vànova f. quilt; coverlet; bed cover.
vantar-se V. **vanagloriar-se**.
vapor m. vapour; mist; steam. / steamer; liner; steamship; steamboat.
vaporada f. puff; breath; breathing; exhalation.
vaporitzador m. vaporizer; spray.
vaporitzar to vaporize; spray.
vaporós, -osa vaporous; steamy. / light; airy; diaphanous.
vaquer m. cowboy; cowherd; herdsman.
vaquera m. cowherdess.
vaqueria f. dairy; cow-house.
vaquí, -ina bovine; of oxen. V. **boví**.
vara f. rod; shaft; stick; twig.
vara de Jessè f. tuberose (bot.).
varar to launch; beach.
vareta f. wand; slender stick; twig.
vari, vària various; varied.
variable variable; changeable.
variació f. variation.
variadament variously.
variant f. difference; variant form.

variant variant; varying; differing.

variar to vary; change; alter.

variat, -ada varied; various; variegated.

variça f. (path.) varix; a vein in a varicose state.

varicel·la f. (path.) varicella; chicken pox.

varicós, -osa varicose.

variejar to stray (in thoughts).

varietat f. variety; diversity.

vas m. tumbler. / vessel; receptacle; glass.

vascular vascular; of d u c t s through which blood flows.

vaselina f. vaseline; petroleum jelly.

vassall m. vassal; subject; dependant.

vassallatge m. vassalage; subjection.

vast, -a vast; immense.

vastitud f. vastness.

vat m. watt.

vaticinar to vaticinate; prophecy; foretell; divine.

vaticini m. prediction.

veça f. (bot.) vetch.

veda f. close season; interdiction.

vedar to forbid.

vedat m. enclosure; game preserve; boundary.

vedell m. (zool.) calf; bullock.

vedella f. (zool.) young cow. / veal meat.

vegada f. turn; time.

veges imp. look; behold.

vegetació f. vegetation; growth.

vegetal m. plant; vegetal; vegetable.

vegetar to vegetate; grow.

vegetarià, -ana vegetarian.

vegetatiu, -iva vegetative.

veguer m. ancient magistrate; magistrate; civil officer acting as a judge.

vegueria f. jurisdiction of a **veguer.**

vehemència f. heat; vehemence; passion.

vehement impetuous; vehement.

vehicle m. vehicle; any conveyance for passengers or goods on land.

veí m. neighbour.

veí, -ïna near by; next; neighbouring.

veïnal vicinal; local.

veïnat m. neighbourhood; people living near; local inhabitants.

veïnatge m. neighbourhood; vicinity.

veire m. glass; fumbler.

veixiga f. (anat.) bladder.

vejam! now!; let's see!

vel m. veil.

vela f. sail. / awning.

velam m. sails (of a ship).

velar (anat. gram.) velar.

veler m. sailing-ship; sailboat.

vell m. old man.

vell, -a old; ancient; aged; antique; old-fashioned.

vella f. old woman.

vel·leïtat f. whim; caprice; versatility; velleity.

vellesa f. old age; oldness.

velló m. fleece.

vellúria f. antiquity; great age; oldness.

vellut m. velvet.

vellutat, -ada velvety; velvet-like.

velluter m. velvet-weaver.

veloç swift; quick; fast; rapid.

velocitat f. speed; velocity. / rate.

755

veloçment quickly; r a p i d l y ; swiftly.

velòdrom m. velodrome.

vena f. (anat.) vein; blood vessel. / (min.) seam; lode; layer of metal ore. / underground stream.

venal venal; mercenary; ready to do something dishonest for money.

vencedor m. winner; victor; conqueror.

vencedor, -a winning; vanquishing; victorious.

vèncer to win; overcome; vanquish.

venciment m. expiration; maturity; falling due.

vençut, -uda defeated; beaten.

venda f. sale; selling.

vendaval m. gale; strong wind.

vendre to sell. / to betray; sell out.

vendre's to betray one's freelings; give oneself away.

venedissa f. abundant sale.

venedor m. seller; salesman.

venedora f. seller; saleswoman.

venerable venerable; deserving respect.

veneració f. worship; veneration.

venerar to worship; venerate.

veneri, -èria venereal.

vènia f. consent; leave. / pardon; forgiveness.

venial venial; excusable.

venidor m. future; posterity. V. esdevenidor.

venidor, -a future; coming.

venir to come.

venir a tomb to be opportune; be relevant.

venir de nou to astonish; surprise.

venjança f. vengeance; revenge.

venjar to revenge; avenge.

venjar-se to take r e v e n g e ; avenge oneself.

venjatiu, -iva revengeful; vindicative; retaliatory.

vent m. wind; air in motion.

ventada f. gust; blast; sudden rush of wind.

ventafocs f. cinderella.

ventall m. fan (waved in the hand); blowing fan.

ventar to fan; blow gently on.

ventejar to blow (the wind).

ventijol m. light wind.

ventilació f. ventilation; airing.

ventilador m. fan; electric fan; ventilator.

ventilar to ventilate; air. / to make a question known and cause it to be discussed.

ventre m. b e l l y ; abdomen; paunch. / womb.

ventrell m. stomach.

ventricle m. (anat.) ventricle; cavity in the heart.

ventríloc m. ventriloquist.

ventrut, -uda big-bellied.

ventura. f. happiness; fortune. / hazard; risk.

venturer, -a secondhand.

venturós, -osa happy; fortunate; lucky.

ver, -a true; real; actual; genuine.

vera veracious; truthful.

veracitat f. veracity; truth; truthfulness.

verals m. pl. by-roads.

verament trully; indeed; really.

verat m. (ichth.) mackerel.

Verb m. the Word.

verb m. verb.

verbal verbal; oral.

verbalment verbally; in spoken words, not in writing.

verbigràcia for example.

vèrbola f. verbosity; wordiness.

verd, -a green.

verdejar to grow green; look green; turn green; grow green again.

verderola f. (orn.) yellowhammer.

verdet m. rust; mould; verdigris.

verdolaga f. (bot.) purslane.

verdulaire m. f. greengrocer.

verdum m. (orn.) greenfinch.

verdura f. vegetables.

vereda f. path; lane.

veredicte m. veredict; judgement.

verema f. grape-gathering; vintage; grape harvesting.

veremador m. vintager; grape-gatherer.

veremar to harvest grapes; gather the vintage.

verga f. shaft; stick; staff; pole. / (naut.) yard; long pole-like piece of wood fastened to a mast for supporting a sail.

vergassada f. stroke with a bough, branch, etc.

Verge f. the blessed Virgin.

verge f. virgin; pure; untouched; unused.

verger m. orchard g a r d e n ; flower-garden.

vergonya f. shyness; s h a m e ; bashfulness. / modesty. / honour; dignity.

vergonyant shame-faced.

vergonyós, -osa shameful. / shy; timid.

verí m. venom; poison.

verídic, -a truthful, true.

verificador m. tester; inspector.

verificar to verify; check; test.

verinor f. poisonousness.

verinós, -osa poisonous.

verisme m. realism; truthfulness.

veritable true; real; veracious.

veritablement really; i n d e e d ; truly.

veritat f. truth; that which is true; verity.

veritat true; according with fact; real.

verm m. worm. V. **cuc.**

vermell, -a red; ruddy.

vermelló m. vermilion; bright red (colour).

vermellor f. redness; blush.

vermiforme vermiform; worm-like in shape.

vermut m. vermouth.

vern m. (bot.) alder-tree.

vernacle, -a vernacular; native.

vernís, m. polish; varnish; japan lac.

verola f. (path.) smallpox.

verra f. (zool.) s o w ; female pig. / (mus.) double-bass. V. **contrabaix.**

vers m. verse; line of a poem. with definite number of feet or accented sillables.

vers towards to.

versaire m. versifier.

versat, -ada versed (in); conversant (with).

vers dins inwards.

versemblança f. verisimilitude.

versemblant verisimilar; likely; credible.

verset m. verse; versicle.

versicle m. versicle; verse.

versificar to versify; make verses.

versió f. version; translation.

vèrtebra f. vertebra; single segment of the backbone.

vertebrat, -ada vertebrate; vertebrated.

vèrtex m. vertex; apex.

vertical vertical; upright.

verticil m. whorl; verticil.

vertigen m. vertigo; dizziness; giddiness.

vertiginós, -osa vertiginous; giddy; dizzy.

ves! look!; behold! V. **veges.**

vés! go!

vesània f. rage; fury; mental derangement.

vesc m. (bot.) mistletoe.

vescomte m. viscount.

vescomtessa f. viscountess.

vescós, -osa viscid; glutinous; slimy; viscous; sticky.

vesícula f. vesicle; small bladder.

vesícula biliar f. (anat.) gall bladder.

vespa f. (ent.) wasp; hornet.

vesper m. wasps' nest. / swarm of wasps.

vespertí, -ina evening; vespertine.

vesprada f. sunset; evening.

vespre m. evening.

vesprejar to grow dark; get late.

vespres f. pl. vespers; evensong. church service in the evening.

vessament m. pouring; shedding.

vessant m. mountain slope.

vessar to pour; shed; spill; overflow.,

vestíbul m. hall; entry porch; vestibule.

vestidor m. vestry; dressing room.

vestidura f. robe; clothing.

vestidures f. pl. vestments.

vestigi m. survival; vestige; trace.

vestimenta f. clothes; garments.

vestir to clothe; dress; wear.

vestir-se to dress oneself; dress.

vestit m. dress; costume; suit; frock; clothes; garb.

vestits m. pl. clothes reiment; gear; dress.

vestit sastre m. tailored suit.

vestuari m. clothes; wardrobe; costume. / changing room; dressing room; cloakroom.

vet m. veto.

veta f. band; tape. / seam (min.).

vet aquí here is; here are; behold.

veterà, -ana veteran.

veterinari m. veterinary; veterinarian; veterinary surgeon.

veterinària f. veterinary medicine.

vetes-i-fils m. haberdasher; shopkeeper who sells small articles of dress; pins, cotton, etc.

vetlla f. night watch.

vetllada f. soirée; social evening; night festival.

vetllador m. vigilkeeper; watchman. / pedestal table.

vetllar to sit up; stay up; keep vigil; work at night.

vetllar per to watch over; protect.

vetust, -a very old; ancient.

veu f. voice.

veuarra f. powerful voice; booming voice.

veuassa f. loud harsh voice; powerful voice.

veueta f. feeble voice.

veure to see.

veure-hi to be able to see.

veure's to meet; see each other.
vexació f. vexation; oppression.
vexar to vex; ill-treat; humiliate.
vi m. wine.
vi blanc m. white wine.
via f. way; route.
viabilitat f. viability.
viaducte m. viaduct; causeway.
via fèrria f. railway; track; railroad.
vianant m. passer-by; pedestrian; itinerant.
vianda f. food; dish.
via pública f. throuroughfare; public way; street.
viarany m. path; footpath.
viaró m. path; track; footpath.
viat, -ada striped; (b a c o n) streaky.
·iatge m. travel; journey; voyage; tour; trip.
viatger m. traveller; passenger.
viàtic m. viaticum; the Communion given to dying persons.
viatjador, -a traveller; that travels.
viatjant commercial traveller.
viatjar to travel; journey; make a journey.
vibra f. viper.
vibració f. quivering; quiver; vibration.
vibrant vibrant. / vibrating; shaking.
vibrar to vibrate; quiver; throb; oscillate.
vibre m. (zool.) viper.
vicari m. vicar; priest-in-charge.
vicaria f. vicarship. / vicarage.
vicariat m. vicarship; vicarage.
vice- vice-.
vicennal vicennial; twenty years long.
vicenni period of twenty years.

vice-president m. vice-president.
vice-rector m. vice-rector.
viceversa vice versa; the other way round.
vici m. vice; defect; bad habit.
viciar to vitiate; corrupt.
viciós, -osa vicious; defective; given up to vice.
vicissitud f. vicissitude; change (fortune).
vicissituds f. pl. ups and downs; vicissitudes.
víctima f. victim.
víctor m. cheer; aclamation.
victorejar to acclaim; cheer; applaud.
victòria f. victory; triumph; win.
victoriós, -osa victorious; having gained the victory.
victoriosament victoriously.
vicunya f. (zool.) vicuña; South American woolly-haired rumiant, like a llama.
vida f. life.
vidassa f. comfortable life.
vident m. f. seer; prophet. / sighted person.
vident seeing; sighted.
vi dolç m. sweet wine.
vidre m. glass; glass pane.
vidre de colors m. stained glass.
vidre de multiplicar m. magnifying glass.
vidre pla m. pane; glass pane.
vidriaire m. glassworker. / glass dealer.
vidrier m. V. **vidriaire.**
vidriera f. glass window; glass door.
vidriera de colors f. stained glass window.
vidrieria f. glass shop.
vidriol m. vitriol.
vidriós, -osa brittle; glassy.

vidu m. widower.
vídua f. widow.
viduïtat f. widowhood.
vigència f. state of being in use (law, custom).
vigent in use; in force (law, custom); valid; standing.
vigèsim, -a twentieth.
vigilància f. vigilance; guard; watchfulness.
vigilant m. watchman.
vigilant nocturn m. night-watchman.
vigilar to watch; keep guard.
vigília f. eve; day before. / night study; night work. / wakefulness; vigil.
vigor f. vigour; strenght; force.
vigoritzar to invigorate; encourage; strengthen; animate.
vigorós, -osa vigorous; living; active.
vil mean; vile; despiciable.
vila f. village; borough; town.
vilatà m. villager; countryman.
vilatge m. hamlet; village.
vilesa f. meanless; vileness; baseness.
vilipendi m. opprobium; contempt; scorn.
vilipendiar to vilipend; revile; denigrate.
vil·la f. cottage; villa; country residence.
vil·là m. thistle down.
vilment vilely; infamously.
vimenera f. V. **vimetera**.
vimet m. osier; wicker; willow.
vimetera f. crack willow. (bot.).
vinagre m. vinegar.
vinater m. wine merchant; vintner.
vinclada f. bending; folding.
vincladís, -issa easily bent.

vinclar to bend; flex; sway; bow.
vincle m. knot; vinculum; bond; tie.
vinculació f. tying; attaching; linking. / entail; entailment.
vincular to entail. / tie; attach.
vindicació f. vindication.
vindicar to reclaim; vindicate.
vi negre m. red wine.
vinent coming; next; future.
vinga! look!; here!
vinguda f. arrival; coming.
vínic, -a vinic, pertaining to wine.
vinícola winegrowing; wine-producing.
vinicultor m. wine producer; winegrower.
vinicultura f. winegrowing; viniculture; wine production.
vint twenty. / score.
vintena f. score; set of twenty.
vinya f. vineyard; vine.
vinyater m. vine-grower.
vinyeta f. vignette; ornamental design at the beginning or end of a chapter in a book.
vions m. pl. striped cotton duck (cloth).
viola f. (bot.) wallflower. / (mus.) tenor violin.
violaci, -àcia violet-coloured.
violar to trespass; violate.
violència f. violence; constraint; forcibleness.
violent, -a violent; strained.
violentar to do violence; force; enforce.
violer m. (bot.) wallflower; gillyflower.
violeta f. (bot.) violet.
violí m. violin; fiddle.
violinista m. f. violinist; fiddler.
violoncel m. violoncello; cello.
violoncel·lista m. f. violoncellist.

vira f. welt of a shoe. / slim dart.

virada f. (naut.) tacking; tack.

vi ranci m. mature wine; mellow wine.

virar to turn; change direction; veer round. / (naut.) to tack.

viratge m. turning; turn.

virginal virginal; maidenly; pure. / of the Virgin.

virginitat f. virginity; girlhood.

vírgula f. virgule; slight line.

viril virile; manly.

virilitat f. virility; manhood.

virior f. vigour; force; virility.

viró m. larva; grub.

virolai m. ancient poem to put in music.

virolat, -ada brightly coloured; showy.

virolla f. ferrule.

vi rosat m. claret (wine).

virrei m. viceroy.

virreina f. vicereine; vice-queen.

virtual virtual; «de facto» though not nominaly.

virtuós m. virtuoso.

virtuós, -osa moral; virtuous.

virtuositat f. virtuosity.

virtut f. virtue.

virulència f. virulence; malignity; bitterness.

virulent, -a virulent; malignant.

virus m. virus (poisonous element).

vis m. screw; wood screw.

visar to visa; endorse.

visatge m. visage; the human face.

visca! long live!; hurrah!

viscós, -osa viscid. V. **vescós**.

viscositat f. viscosity.

visera f. eye-shade.

visibilitat f. visibility.

visible visible. / evident.

visigot m. Visigoth.

visió f. vision; sight; fantasy.

visionari, -ària visionary.

visir m. vizier; Turkish minister.

visita f. visit; call. / visitor; caller.

visitant m. f. visitor; caller; visitant.

visitar to visit; call on; call.

visó m. (zool.) mink.

visor m. view-finder.

vista f. sight; view; eyesight; scenery. / (jur.) trial.

vistent showy; stricking; beautiful.

vist i plau m. approval; authorization.

vistós, -osa showy; bright; gorgeous.

vist que considering that.

visual f. visual; line of sight.

visualitat f. suitability to the vision; quality of visible.

vital vital.

vitalici, -ícia life (life annuity).

vitalitat f. vitality.

vitalitzar to vitalize.

vitamina f. vitamin.

viticultor m. vine-grower.

viticultura f. vine growing; viticulture.

vitrificar to vitrify.

vitrina f. cabinet; china cabinet.

vitualles f. provisions; victuals.

vituperable blameworthy; reprehensible.

vituperar to vituperate; censure; reprehend.

vituperi m. vituperation; censure; reprehension.

viu m. braid; binding.

viu, viva alive; living; lively; vivid; live; bright; brisk.

viure m. life; course of one's life.

viure to live. / to dwell; inhabit.

vivaç lively; vivacious.

vivacitat f. keeness; vivacity; liveliness; brightness; vividness.

vivament vividly; quickly; brisky; deeply.

vivent live; alive; living.

viver m. fish hatchery; fishpond.

vívid, -a vivid; intense; bright.

vividor m. person who makes the most of life; opportunist.

vivificar to vivify; give life to.

vivor f. vividness; liveliness.

vocable m. word; term.

vocabulari m. vocabulary.

vocació f. vocation; calling.

vocal m. member (of a council, committee).

vocal f. vowel.

vocal vocal; using the voice.

vocalitzar to vocalize.

vociferar to vociferate; scream; shout.

vodevil m. vaudeville; music hall.

vodka m. vodka; alcoholic drink distilled from rye (Russian, Polish).

voga f. vogue; popularity; current fashion.

vogador m. rower.

vogar to row.

vogir to sorround; to make a fretwork with a fretsaw.

vol m. flight. / flock of brids.

volada f. flight. / (arch.) jut; projection.

voladissa f. manifold flight; flock of birds.

volador, -a flying.

voladúria f. fluttering. / flock of birds.

volander, -a ready to fly; restless; wandering.

volandera f. washer.

volant m. leaflet. / flywheel; balancewheel. / steering wheel. / flounce; frill.

volant de direcció m. steering wheel.

volantí m. hand line, a cord with several hooks for fishing.

volar to fly. / to blast.

volateria f. fowl; falconry.

volàtil volatile.

volatilitzar to volatilize.

volcà m. volcano.

volcànic, -a volcanic.

volea f. volley (ball).

voleiar to hover; fly around.

voleibol m. volleyball.

volença f. will; wishes.

volenterós, -osa willing; willful.

voler m. will.

voler to will; want; wish.

voletejar to flutter.

voliac m. V. rata-pinyada.

voliaina f. (entom.) butterfly. V. papallona.

volt m. stroll; quiet walk. / turn. / (electr.) volt.

volta f. tour. / turn. / arch.

volta artística f. tour.

voltadits m. (path.) whitlow; agnail.

voltants m. pl. surroundings; outskirts; skirts.

voltar to hover about; wander; roam. / to surround; go all round. / turn; spin; revolve.

voltatge (elect.) voltage.

volteig m. way round; roundabout way.

voltejar to go the rounds. / to sail going zigzag.

voltímetre m. (elect.) voltmeter.

voltor m. (orn.) volture; griffon vulture.

voltor negre m. (orn.) black vulture.

voluble changeable; fickle. / revolving. / winding.

volum m. volume (book). / bulk; mass; volume.

voluminós, -osa bulky; massive; voluminous.

voluntari m. volunteer.

voluntari, -ària voluntary; spontaneous.

voluntat f. will; volition; purpose. / desire; pleasure.

voluptuós, -osa voluptuous; sensual.

voluptuositat f. voluptuousness; sensuality.

voluta f. scroll; volute.

volva f. particle; flake; fleck.

vòmit m. vomit.

vomitar to vomit.

vomitiu m. emetic.

vora f. border; edge; fringe; brim; rim; hem; verge; skirt; shore.

vora near close; nigh. V. **a la vora.**

voraç voracious.

voracitat f. greediness; greed; voracity.

vorada f. edge. / kerb stone edging the pavement.

vora del mar f. beach; strand; littoral; shore.

vora del riu f. bank; riverside; strand.

voravia f. kerb.

voraviu m. herm; border of cloth turned and sewn down.

vorejar to go along the edge of; skirt.

vorell m. hedge-fence; hedge; border.

vorellar to hedge.

vorera f. pavement.

vori m. ivory.

vós you; thou. / you; thee.

-vos you; thee.

vosaltres you (pl.).

vostè V. **vós.**

vostra (f. pl.) yours. Example; the house (**casa** f.) is yours (**vostra** pl.).

vostre (m. pl.) yours. Example; the horse (**cavall** m.) is yours (**vostre** pl.).

vostres pl. yours. Example; the horse and the house (**el cavall i la casa**) are yours (**vostres** pl.).

vot m. vote. / vow; solemn promise.

votació f. voting; vote.

votant m. f. voter.

votar to vote.

vuit eight.

vuitada f. octave.

vuitanta eighty.

vuitè, -ena eighth.

vulcanitzar to vulcanize.

vulgar common; vulgar.

vulgaritat f. vulgarity; commonplace.

vulgarment vulgarly; commonly.

vulnerable vulnerable.

vulnerar to wound.

vulva f. vulva.

W

wagnerià, -ana Wagnerian.

wàter m. water closet; toilet; lavatory.

wàter-polo m. (sp.) water polo.

whisky m. whisky.

X

**XANXES VÉNEN, XANXES VAN,
COM QUE NO EM TOQUEN, RES NO EM FAN
I don't care mockeries as they don't hurt me**

xa m. shah; ruler of Iran.

xabec m. (naut.) xebec.

xacal m. (zool.) jackal.

xacona f. chaconne (slow Spanish dance).

xacra f. ailment; weakness.

xacrós, -osa sickly; ailing; unhealthy.

xafardeig m. gossip; tale-bearing.

xafardejar to gossip; talk gossip; tattle.

xafarder, -a gossipy; tattler; gossip-monger.

xafarderia f. mischievous tale; piece of gossip.

xafarranxo m. (naut.) clearing of a part of a ship.

xàfec m. shower; heavy shower; rain-storm; squall.

xafagor f. suffocating heat; sultriness; hot and opressive weather.

xafagós, -osa sultry; hot.

xagrí m. shagreen (leather).

xai m. lamb.

xal m. shawl; wrap.

xala f. marrymaking; spree.

xalana f. (naut.) river small boat; wherry; scow.

xalest, -a merry; always joking.

xalet m. cottage; chalet.

xalina f. cravat; scraf.

xaloc m. sirocco wind; south-east wind.

xalupa f. (naut.) open boat; launch.

xamba f. fluke; chance.

xambó m. lucky but not good player.

xambra f. housecoat.

xamerlí m. (orn.) plover.

xamfrà m. chamfer; bevel.

xamós, -osa pretty; charming; nice.

xampany m. champagne (wine).

xampú m. shampoo.

xampurrat, -ada broken speaking; bad spoken language.

xampurrejar to jabber (a language).

xanca f. stilt.
xancle m. clog; patten.
xancleta f. slipper.
xanguet m. small fish; small fry.
xano-xano slowly; slow (walk).
xanxa f. jest; joke; mockery; hoax.
xanxejar to joke; jest.
xap! splash!, sound made by an object falling into a liquid.
xapa f. plate; sheed. / small piece of metal plate.
xapar to plate.
xarada f. charade.
xaragall m. rivulet.
xarampió m. measles.
xaranga f. brass band; fanfare.
xarcuteria f. pork butcher's.
xardor f. sultriness; ardour; heat.
xardorós, -osa hot; burning; sultry.
xareHo m. wine from sweet grapes.
xarlatà m. salesman; swindler; gossipmonger; charlatan.
xarnera f. hinge.
xaró, -ona common; plain; coarse; ordinary; uncouth.
xarol m. patent leather.
xarop m. syrup.
xarpa f. paw.
xarpellera f. sackloth.
xarret m. a light carriage.
xarretera f. epaulet; buckle; shoulder-yoke; shoulder-strap.
xarrup m. swallow; draught; sip; sup.
xarrupar to suck; sip; absorb; sup.
xarrupeig m. sucking.
xaruc, -uga dotard; doddering.
xarxa f. net; network.
xarxet m. (orn.) teal.

xassís m. chassis.
xato, -a blunt; flat-nosed.
xatrac comú m. (orn.) common tern.
Xauxa m. land of milk and honey; Cockaigne.
xaval m. lass; lad.
xavalla f. small (loose) change; coppers; copper coins.
xaveta f. pin; peg.
xec m. cheque; check. / check (chess).
xef m. chef; head-cook.
xefla f. V. xeflis.
xeflis m. revelry; banquet; merry feast; big meal.
xeixa f. white wheat.
xemeneia f. chimney; funnel.
xenòfil, -a xenophilous.
xenòfob, -a xenophobic.
xeremia f. (mus.) flageolet.
xeremina f. mouth-piece of a wine-skin.
xerès m. sherry.
xerevia f. (bot.) parsnip.
xèrif m. sheriff; police official in United States of America.
xerif m. shereef; sherif (Mahomedan dignity).
xeringa f. syringe.
xeringar to syringe. / to annoy; bother.
xeringuilla f. (bot.) syringa.
xerinola f. jamboree; revel; merrymaking; frolic.
xerrac m. rattle. / pad-saw; hand-saw.
xerrada f. talk; chatter; prattle.
xerradissa f. gab; prattle; tattle. / plenty of chirps.
xerraire talkative; chattering; prattling.
xerrameca f. chat; chatter; small talk.

xerrar to chat; chatter. / to sneak.

xerric m. noise of a liquid in the mouth when is drunk from the spout of a vessel in aerial stream. (V. a galet).

xerric-xerrac m. rattle.

xerroteig m. warble; noise of many birds peeping together.

xerrotejar to p e e p together (birds).

xeviot m. cheviot.

xibeca f. owl. V. òliba.

xic, -a minute; s m a l l; trifle, small, young, short.

xicalla f. children; kids.

xicarró baby boy; undersized; tiny child; infant.

xicarrona f. baby girl; undersized; tiny child; infant.

xicoira f. (bot.) chicory.

xicot m. lad; old chap; fellow.

xicota f. lass; young girl.

xicra f. cup; chocolate cup.

xifra f. figure; number; cifer.

xifrar to cipher; number; write in code.

xilè, -ena Chilean.

xíling m. shilling.

xilofon m. xylophone.

xilofonista m. f. xylophonist.

xilògraf m. xylographer; wood-engraver.

xilografia f. xylography.

ximpanzé m. (zool.) chimpanzee.

ximple foolish; simple.

ximpleria f. nonsense; silly thing; foolishnes; stupidity.

ximplet, -a foolish; silly; stupid.

xim-xim m. drizzle. / a lot of ballyhoo; ballyhoo.

xíndria f. water-melon. V. síndria.

xinella f. slipper.

xinès, -esa Chinese.

xinxa f. (ent.) bug.

xinxeta f. tack; small flat-headed nail. / nightlight; night-taper.

xinxilla f. (zool.) chinchilla.

xipell m. (bot.) heather; ling heather.

xipoll m. puddle; small pool of rain-water.

xipollejar to splash; splatter.

xiprer m. cypress-tree; cypress.

xip-xap m. splashing.

xiribec m. wound in the head.

xirimoia f. (bot.) cherimoya; a kind of sweet apple; cherimoyer.

xirimoier m. cherimoya-tree.

xirivia f. (bot.) parsnip.

xiroi, -a jolly; gay; graceful; comely.

xiscladissa f. screaming.

xisclador, -a shrieking; squeaking; screaming.

xisclar to scream; shriek; yell.

xiscle m. scream; screech; yell; squeal; shriek.

xisclet m. shriek. V. xiscle.

xitxarello m. dandy; young person; coxcomb; novice.

xiulada f. blow of a whistle; hissing; whistling; catcall.

xiuladissa f. V. xiulada.

xiulador, -a hissing; whistling; whistler; hisser.

xiular to whistle.

xiulet m. whistle; siren; hooter.

xiu-xiu m. whispering; chattering.

xiuxiueig m. whisper; rustle.

xiuxiuejar to hiss; whisper; mumble.

xivarri m. uproar; scandal; racket; hubub; tumult; noise.

xivitona f. (orn.) sandpiper; common sandpiper.

Xixona town in Valence, famous

for the manufacturing of its **torrons,** called **torrons de xixona.**

xoc m. shock; hit; collision; clash.

xocant surprising; funny; startling.

xocar to collide; clash / to surprise.

xocolata f. chocolate.

xocolater m. chocolate maker.

xocolatera f. chocolate pot.

xocolateria m. chocolate shop.

xocolatí m. chocolate drop; chocolate.

xofer m. driver; chauffeur.

xollador m. shearer.

xollar to shear.

xop m. V. **pollancre.**

xop, -a soaked; drenched; wet.

xopar to drench; soak; imbibe.

xoriç m. pork sausage.

xot m. (orn.) scops owl.

xotis m. schottische (dance).

xuclada f. suction; sucking.

xuclador m. whirlpool; vortex.

xuclar to suck; absorb; suck up; sip.

xuclat, -ada thin; emaciated.

xucla f. (bot.) tiger nut; ground nut; earth-almond (tuber).

xumar to drink liquids sucking them.

xup-xup m. boiling noise.

xurma f. mob; disorderly crowd; rabble.

xurreria f. (stall, stand) shop where fried potatoes, fritter, doughnuts, etc. are sold.

xurriaques f. pl. whiplash; lash.

xurro m. a long cylindrical fritter sweetened with sugar.

xut m. kick (football).

xutar to kick; shoot (fooball).

Z

zebra f. (zool.) zebra.

zebú m. (zool.) zebu.

zèfir f. zephyr (wind). / zephyr cloth.

zel m. zeal.

zelador m. curator; warden.

zelandès, -esa Zeeland.

zelar to guard; keep; supervise.

zelós, -osa zealous; enthusiastic.

zenc m. cinc.

zenit m. zenith.

zenital zenithal; zenith.

zepelín m. Zeppelin; dirigible ballon; dirigible.

zero nought; naught; zero; nil; nothing.

ziga-zaga f. zigzag.

zig-zag m. zigzag.

zigzaguejar to zigzag.

zim-zam m. zway; oscillation.

zinc m. V. **zenc.**

zíngar, -a Tzigany; Hungarian gypsy.

zitzània f. (bot.) darnel. V. **jull.** / discord. / tares; weed.

zodíac m. zodiac.
zona f. zone.
zoo m. zoo; zoological garden.
zoògraf, -a zoophagous.
zoologia f. zoology.

zoològic, -a zoological; zoologic.
zuau m. (mil.) zouave.
zumzeig m. act of bending; swaying.
zum-zum m. buzz; buzzing.